桐庐年鉴

TONGLU NIANJIAN

2021

（总第25卷）

桐庐县地方志编纂委员会　编

方志出版社
Publishing House of Local Records

图书在版编目（ＣＩＰ）数据

桐庐年鉴．2021／桐庐县地方志编纂委员会编．--
北京：方志出版社，2021.10
ISBN 978-7-5144-4921-1

Ⅰ．①桐… Ⅱ．①桐… Ⅲ．①桐庐县－2021－年鉴
Ⅳ．①Z525.54

中国版本图书馆CIP数据核字（2021）第252861号

桐庐年鉴（2021）

编　　者：桐庐县地方志编纂委员会
责任编辑：刘方圆
出 版 者：方志出版社
地址　北京市朝阳区潘家园东里9号（国家方志馆4层）
邮编　100021
网址　http://www.zgfzcb.cn
发　　行：方志出版社图书经销中心
电话（010）67110500
经　　销：各地新华书店
制　　版：杭州汉罡文化创意有限公司
印　　刷：小麦（杭州）印刷科技有限公司
开　　本：889mm×1194mm　1/16
印　　张：32.25
字　　数：864千字
版　　次：2021年10月第1版　2021年10月第1次印刷
印　　数：0001～1000册
ISBN 978-7-5144-4921-1　　**定价**：280.00元

桐 庐 县 行

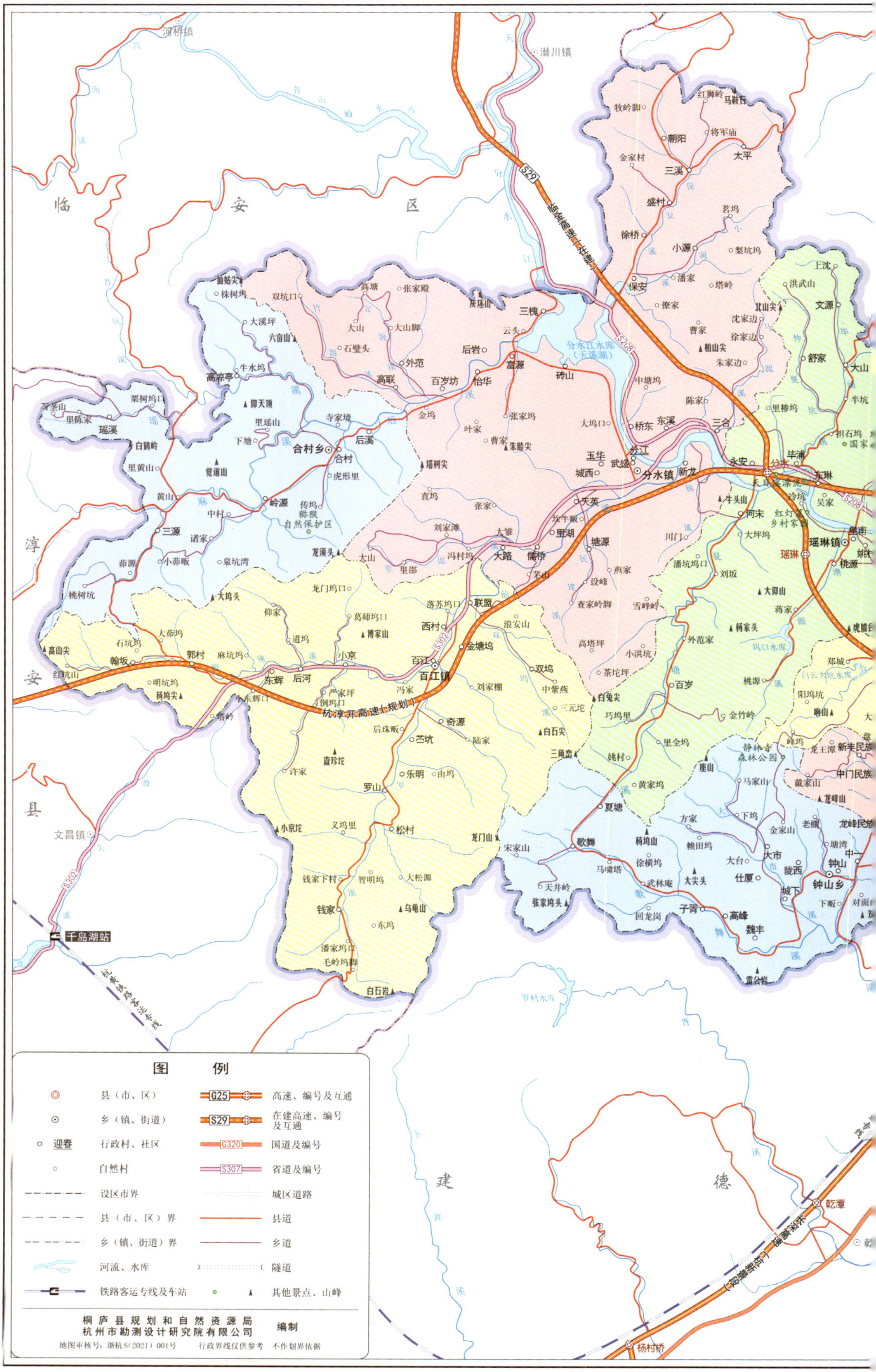

临 安 区
淳 安 县
建
德
分水江水库（天溪湖）
临金高速（在建）
杭淳开高速（规划）
杭黄铁路客运专线
千岛湖站
分水镇
百江镇
瑶琳镇
钟山乡
合村乡
猕猴自然保护区
静林寺森林公园
潜川镇
河桥镇
文昌镇
乾潭
杨村桥
图 例
县（市、区）
乡（镇、街道）
迎春 行政村、社区
自然村
设区市界
县（市、区）界
乡（镇、街道）界
河流、水库
铁路客运专线及车站
G25 高速、编号及互通
S29 在建高速、编号及互通
G320 国道及编号
S307 省道及编号
城区道路
县道
乡道
隧道
其他景点、山峰
桐庐县规划和自然资源局
杭州市勘测设计研究院有限公司
编制
地图审核号：浙杭S(2021)001号
行政界线仅供参考 不作划界依据

政 区 划 图

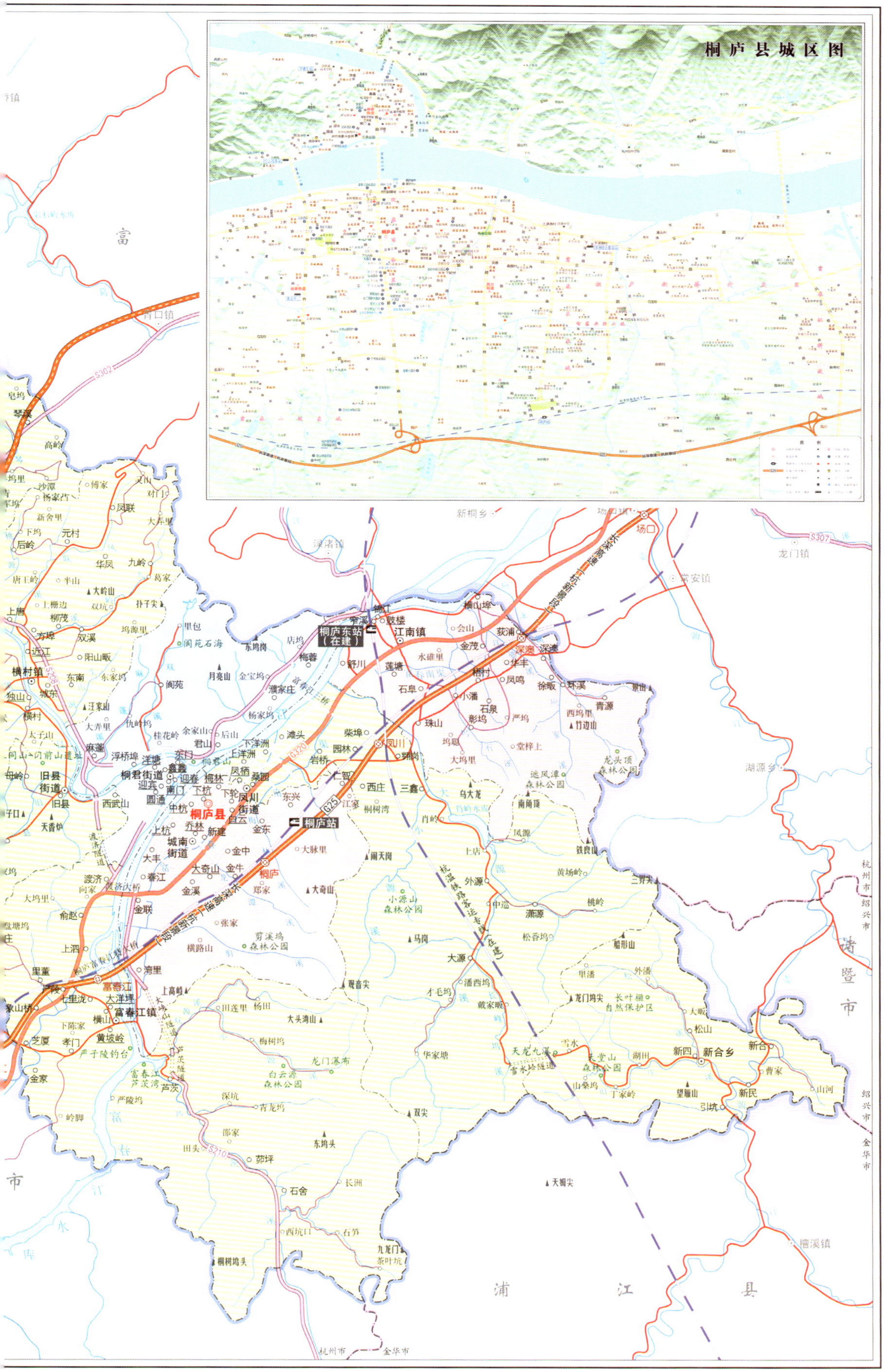
桐庐县城区图
富
青口镇
S302
皂坞
琴溪
高岭
坞里
沙潭
杨家店
傅家
义山
对门
凤联
新舍里
下坞
元村
大岸里
后岭
华凤
九岭
唐王岭
半山
大岭山
葛家
上栅边
双坑
扑子尖
上唐
柳茂
方埠
双溪
坞源里
近江
阳山畈
横村镇
东南
东家坞
城东
独山
横村
江家山
大岸里
太子山
仇岭坞
麻蓬
浮桥埠
旧县
旧县街道
西武山
旧县
天香炉
里包
阆苑石海
东坞岗
店坞
梅蓉
舒川
阆苑
月亮山
金宝坞
濮家庄
杨家坞
桂花岭
余家山
后山
君山
下洋洲
滩头
洋塘
东门
桐君山
上洋洲
桐君街道
鑫鑫
迎春
梅林
凤栖
桑园
岩桥
迎宾
南门
下坊
下舍
凤川
圆通
中杭
白云
街道
东兴
桐庐县
城南
乔林
新建
金东
上杭
城南街道
大丰
金中
大奇山
金牛
春江
金溪
渡济
向家
大坞里
俞赵
金联
张家
桐庐
郑家
大脉里
大奇山
剪溪坞森林公园
横路山
上泗
里董
富春江
窄溪
芦茨
象山桥
七里泷
大洋埭
富春江镇
横山
下陈家
芝厦
孝门
黄坡岭
严子陵钓台
富春江芦茨湾
芦茨
严陵坞
金家
岭脚
市
新桐乡
洞诸镇
场口
S307
龙门镇
富安镇
桐庐东站（在建）
钟江
窄溪
江南镇
深澳
柏山埠
会山
荻浦
金茂
水碓里
深澳
环溪
莪山
青源
华丰
凤鸣
徐畈
石阜
柏村
莲塘
小潘
石泉
严坞
西坞里
竹边山
彭坞
珠山
坞畈
凤川
大坞里
堂梓上
龙头顶森林公园
湖源乡
遮风潭森林公园
柴埠
园林
三鑫
石源
西庄
仁智
乌龙
肖岭
江家
桐树湾
南角顶
凤源
上店
铁良山
黄场岭
三界
外源
小源山森林公园
中溪
潇源
桃岭
马岗
松香坞
大源
船形山
里溪
外溪
观音尖
潘西坞
龙门坞尖
长叶榧自然保护区
大头湾山
戴家畈
大畈
松山
新四
新合乡
新合
天龙九溪
雪水岭隧道
天堂山森林公园
湖田
曹家
山桑坞
丁家岭
望珊山
新民
引坑
山河
上高岭
田莲里
杨田
梅树坞
龙门瀑布
白云源森林公园
华家塘
深坑
青龙坞
双尖
邵家
东坞头
田头
S210
茆坪
石舍
长洲
西坑口
石笋
九龙门
茶叶坑
桐树坞头
天锡尖
檀溪镇
浦 江 县
杭州市
金华市
诸暨市
杭州市
绍兴市
金华市
G25
G320
桐庐站

2020 年 4 月 21 日，浙江省人民政府省长袁家军（右二）在严子陵钓台调研钱塘江唐诗之路建设情况

（余　勤 摄）

2020 年 11 月 13 日，全省抗击新冠肺炎疫情总结表彰大会桐庐分会场颁奖仪式举行

（单佳铭 摄）

2020 年 10 月 24 日，第二届中国哲学家论坛在桐庐举行

（胡　军　摄）

2020 年 5 月 6 日，全国首个快递物流装备物资集中采购交易中心上线运行

2020 年 9 月 16 日，2022 杭州亚运会马术场馆开工奠基

2020 年 4 月 2 日，2020 年第一批重大项目“双集中”活动暨韵达全球科创中心项目奠基仪式举行

2020 年 7 月 22 日，“全国少数民族 5G 示范应用第一乡”建设暨数字乡村试点启动仪式在莪山举行　（黄　强 摄）

2020 年 9 月 28 日，以“美丽长三角　生态健康游”为主题的首届长三角森林康养和生态旅游宣传推介活动在桐庐县启动　（黄　强 摄）

2020 年 9 月 9 日，桐庐县文化旅游投资集团有限公司与浙江富春江旅游股份有限公司资产收购签约仪式举行

2020 年 6 月 28 日，桐庐县首个“飞地入园”项目签约仪式在富春江科技城孵化园举行

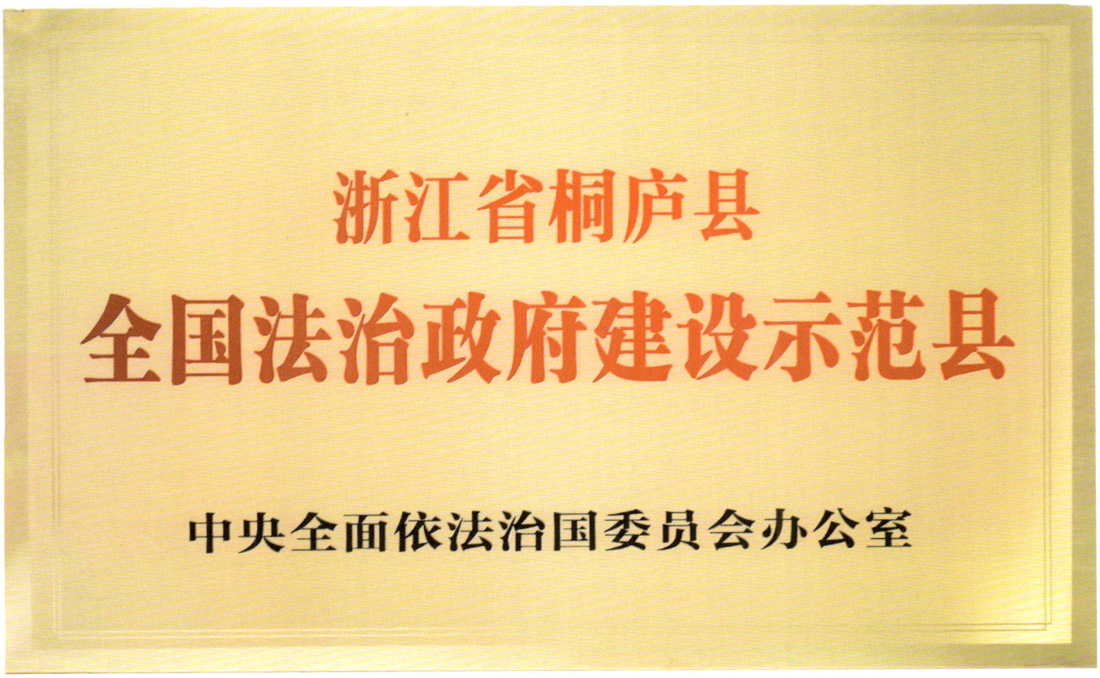

2020 年，桐庐县入选第一批全国法治政府建设示范县

2020 年 12 月 26 日，桐庐县获评“2020 年度中国全面小康十大示范县市”

2020 年 9 月 25 日，富春山健康城被评为首批 8 个长三角现代服务业示范基地之一

2020 年 12 月 1 日，富春江（芦茨）慢生活体验区获评 2020 杭州浙西文旅融合示范项目

2020 年 3 月 11 日，桐庐县战疫情促发展暨奋进 2020 大会举行

（滕晶晶　摄）

2020 年 11 月 8 日，第九届杭州 · 桐庐“君山引凤”科技人才周开幕式暨“富春院士村”开村仪式举行

2020 年 6 月 16 日，浙江省农村文化礼堂运动会启动仪式暨“我们的村运”首站——桐庐站拉开帷幕

2020 年 9 月 20 日，首届“中鹰建筑杯”桐庐·生仙里半程铁人三项赛在桐庐合村生仙里景区开赛

2020 年 5 月 6 日，桐庐县“百姓日”首届垃圾分类嘉年华活动举行

2020 年 7 月 18 日，首届富春江渔获节暨“百县千碗·桐庐味道”江南美食体验季在江南镇举行

编辑说明

1.《桐庐年鉴（2021）》以马克思列宁主义、毛泽东思想、邓小平理论、“三个代表”重要思想、科学发展观、习近平新时代中国特色社会主义思想为指导，坚持辩证唯物主义和历史唯物主义的立场、观点和方法，全面、系统地记载2020年桐庐政治、经济、文化、社会和生态文明发展的基本情况，为广大读者了解和研究桐庐提供基本信息资料。

2.《桐庐年鉴（2021）》采用分类编辑法。保持卷首、百科、卷末三个基本组成部分和栏目、分目、条目三个层次的框架结构。卷首设特载、大事记、专记、总述；百科设中共桐庐县委员会、桐庐县人民代表大会等22个类目；卷末设文献、名录、专刊、索引。

3.《桐庐年鉴（2021）》所采用的文字原稿和数据，均由桐庐县各部门、各乡镇（街道）提供。稿件由专人撰写，领导审核，文后署作者名。凡涉及全县性国民经济和社会发展的数据，均以桐庐县统计局提供的为准。

4.《桐庐年鉴（2021）》中的特载、文献中的重要文件辑录按原文登录；县级主要机构及负责人名录，由县委组织部提供；专刊中的国家及部属部门、省级和省级部门、杭州市级的获奖名单由各部门单独提供；县级的获奖名单以县委、县人大、县政府、县政协公布的文件为准。

5.《桐庐年鉴（2021）》随文图片由各单位撰稿人提供，均不署名。年鉴卷首彩页及辑封图片由县委宣传部、县融媒体中心、县文联等单位提供，署拍摄者名；但因选用图片来源较广，少数图片未能在出版前及时联系到拍摄者，请拍摄者看到后与我们联系。

目　录

特　载

大事记

专　记

总　述

中共桐庐县委员会

桐庐县人民代表大会

桐庐县人民政府

政协桐庐县委员会

中国共产党桐庐县
纪律检查委员会
桐庐县监察委员会

民主党派·群众团体

农业农村

工　业

商业・贸易

综合管理与监督

基础设施建设

财政・税务・银行

城乡建设与管理

自然资源·生态环境

人力资源与社会保障

法治·军事

教育·科技

文化·体育·旅游

卫 生

社会生活

乡镇·街道

重大平台

文　献

名　录

专　刊

索　引

特　载

Special Reports

开启美丽新元年 开局壮丽“十四五”
全面建设美丽幸福的社会主义现代化示范县

——在县委十四届十次全体（扩大）会议上的讲话

中共桐庐县委书记　方　毅

（2021 年 1 月 4 日）

中共桐庐县委书记　方　毅

同志们：

这次全会的主要任务是：高举习近平新时代中国特色社会主义思想伟大旗帜，深入贯彻习近平总书记考察浙江、杭州时的重要讲话精神，全面贯彻党的十九届五中全会和省委十四届八次全会、市委十二届十一次全会精神，听取县委常委会工作报告，审议通过《中共桐庐县委关于制定桐庐县国民经济和社会发展第十四个五年规划和二〇三五年远景目标的建议》，进一步动员全县党员干部鼓足干劲、拼搏实干，乘势开启美丽新元年，全面建设美丽幸福的社会主义现代化示范县，确保以新面貌实现“十四五”精彩开局，以新姿态献礼建党 100 周年。

下面，我代表县委常委会做报告。

一、全面回顾过去一年的主要工作

刚刚过去的 2020 年，是桐庐发展历史上极不平凡的一年。面对国际国内形势的深刻复杂变化，特别是新冠肺炎疫情带来的严峻挑战，县委常委会坚持以习近平新时代中国特色社会主义思想为指导，深入学习贯彻习近平总书记考察浙江、杭州重要讲话精神，团结带领全县上下以“奋进 2020”的状态，攻坚克难、砥砺前行，全县经济社会发展取得新进展。预计全年地区生产总值比上年增长 2%；一般公共预算收入比上年增长 1.2%；城乡居民人均可支配收入比上年分别增长 3.3% 和 6%。

我们统筹推进疫情防控和经济社会发展，努力实现“两手硬、两战赢”。始终坚持生命至上，紧紧依靠全县人民，全力抗击新冠肺炎疫情，打赢了疫情遭遇战、城南保卫战、全域大决战。运用专班机制，慎终如始抓好常态化疫情防控。扎实做好“六稳”工作，全面落实“六保”任务，大力开展争先创优专项行动，出台“春风2020（第二批）”“助企返岗四条”“金融十二条”“稳外贸稳外资促发展7+1”等系列惠企政策，推广“企业码”“亲清在线”等应用，推出“爱上桐庐”消费嘉年华，密集开展“我们的”系列活动，全力帮扶各类市场主体渡过难关。全年累计落实“五减”政策14.63亿元、降本减负政策12.19亿元；新增各类市场主体9389家，其中企业3160家。全年实现固定资产投资增长20%，其中高新技术产业投资增长50%，工业投资增长40%；货物出口总额比上年增长1.5%。

我们打好经济领域“四大攻坚战”，全力推动高质量发展。建立县领导挂帅的指挥保障体系，四大攻坚战取得重要战果。打好制造业高质量发展攻坚战。深入实施“12065”行动，全年盘活和新增工业用地3500亩，供应土地3289亩，出让面积实现翻番，近10年首次从1平方公里的保障量迈入2平方公里，其中完成工业供地1062亩；建成小微园区4个，新认定省级小微企业园2家；电子信息产业规模工业总产值增长10%左右，磁性材料产业规模工业总产值和增加值均增长45%左右，康基医疗在港交所“云上市”；招引制造业项目80个，其中“152”工业项目5个。打好快递回归攻坚战。制定实施快递物流产业发展规划。入选全省物流示范县综合改革创新试点。建成运营全国首个快递物流装备物资集中采购交易中心，入驻供应商196家、采购商1022家，实现交易额101.53亿元。全年新招引落户快递物流产业链项目43个，总投资195.5亿元；全县快递物流产业实现税收10.27亿元。开展服务快递百日专项行动，落实“十条”举措。2020年成为县委县政府与“三通一达”联系最紧密、合作最有成果的一年，是桐庐快递物流产业发展最快的一年。打好富春未来城建设攻坚战。韵达全球科创中心、申通国际总部、中通快递第二总部、圆通国家工程实验室创新研发基地、中通快运全球总部等“三通一达”总部项目落地，米其林、康明斯等产业链项目相继落户。以“未来社区”理念，高品质推进县第一人民医院、综合客运枢纽、银泰城商业综合体、富春未来湖、叶浅予建兰学校等重点公建配套项目。富春未来城的产业基础越来越实、平台吸引力越来越强、魅力值期待值越来越高。打好传统产业转型升级攻坚战。持续加大传统产业数字化改造力度，省级制笔产业创新服务综合体实体化运作，中国围巾城建成运营。依法依规收购瑶琳仙境、严子陵钓台等六大景区资产，桐君山景区向全球永久免费开放；深度谋划全域旅游再出发，创成“第二批国家全域旅游示范区”，被美国《国家地理》杂志推介为2021年全球最佳旅行目的地之一。与此同时，健康产业保持良好发展态势，位列“2020中国健康产业百佳县市”榜首。

我们坚持生态优先不动摇，加快建设全域美丽大花园。深入推进“绿水青山就是金山银山”实践创新基地创建、全省首批大花园典型示范县建设，率先创成省级森林休闲养生城市，入选国家县城新型城镇化建设示范名单。全力做好第二轮中央生态环保督察反馈问题整改工作。全面启动垃圾分类文明示范县建设，创成省级垃圾分类示范小区3个、示范村5个、市级示范小区36个。持续推进“城市环境大整治、城市面貌大提升”百日攻坚行动。深化美丽城镇建设，分水镇、莪山畲族乡创成美丽城镇省级样板，新增省级美丽河湖2条。顺利通过全国首批城乡交通运输一体化示范县创建工作验收。

我们深化改革攻坚不停步，着力增强科技创新驱动力。围绕党政机关数字化转型，深化“最多跑一次”改革，出台全省首个《投资项目“一站式”服务中心工作规则》，“24小时自助政务服务省级标准化试点”项目通过验收，商事登记档案实现“零见面”查询，退役军人、机关事业单位人员职业生涯全周期管理“一件事”改革工作走在全市前列。深化“最多跑一地”改革，社会矛盾纠纷调处化解中心入选全市改革创新最佳实践案例。完成全县事业单位改革。国企改革深入推进，新增2家AA信用评级企业。实施科技型企业全生命周期梯度培育计划，新培育国家高新技术企业63家、省科技型中小企业120家；国家级众创空间、省级科技企业孵化器、省级国际合作基地、省级农业科技园区实现“零”的突破。出台“君山引凤”16条人才新政，新招引顶尖人才、国家级领军人才13名，“富春院士村”建成开村，新增市级院士专家工作站2家。

我们打造美丽乡村3.0版，积极探索乡村振兴新路径。深化国家级乡村振兴发展规划试点工作，推动“两带一点”规划成果落地，村域规划“多规合一”试点做法入围“浙江乡村振兴十大模式”，荣获省政府乡村振兴督查激励，成功争取2020—2022年“绿色转化”省级财政激励资金3亿元。启动数字乡村、法治乡村、艺术乡村、创业乡村、文明乡村建设，首批41个村试点工作加快推进。圆满完成农村人居环境提升三年行动，全省农村生活污水治理现场推进会在桐召开，被评为“全国村庄清洁行动先进县”。“四好农村路”三年行动计划全面收官。高标准推进全域土地综合整治，实施省级以上项目12个，全市全域土地综合整治现场会在桐召开。打好增收化债组合拳，全县村级集体经济总收入达2.1亿元，经营性收入达1.3亿元，110个村实现“5030”目标。

我们着力兴文化育文明，全面提升县域发展软实力。深化新时代文明实践中心试点建设，以全国第九、全省第一的优异成绩通过全国文明城市复评并获中央文明办通报表扬。旧县街道西武山村、莪山畲族乡入选全国文明村镇，富春江镇获评省级农村文化礼堂建设示范乡镇。高质量举办“第二届中国哲学家论坛”、第八届药祖桐君中医药文化节以及全民运动节、全民旅游节、全民艺术节等活动。列入全省首批文化传承生态保护区培育名单。桐君传统中药文化入选国家级非物质文化遗产代表性项目名录。全面推进亚运城市行动，亚运马术项目主场馆开工，配套设施和无疫区建设加速推进。

我们坚定重法治促平安，扎实推进社会治理现代化。深入推进“县域法治首善之区”建设，全域法治大格局加速构建，成功创建“全国首批法治政府建设示范地区”。县域法治督察、分水镇“一支队伍管执法”被评为浙江省县乡法治政府建设最佳实践项目。积极探索全域集成综合行政执法体制改革，相关做法得到中央编办调研组肯定。打好平安桐庐建设攻坚战，健全完善新时代大调解体系，一体推进法治乡村、平安村（社）创建，规范提升县乡村三级矛调中心，全面完成扫黑除恶“六清”行动，创成“省无信访积案县”“省无欠薪县”，实现平安建设“十六连创”，荣获全省首批“一星平安金鼎”。面对超越历史极值的梅汛期雨情水情和史无前例的新安江水库九孔泄洪，迅速响应，科学应对，全力守护了群众生命财产安全。

我们践行人民至上理念，不断增强人民群众幸福感。推出重磅惠民政策，创新开展“云上百姓日”，持续深化“温暖之城”建设，年度政府为民办实事项目全面完成，荣登“2020中国最具幸福感百佳县市”榜首，被评为“2020年度中国全面小康十大示范县市”。召开全县民政会议，出台推进新时代民政事业高质量发展实施意见。大力推进美好教育，科技城未来学校、文正小学、徐凝小学、马云乡村教育寄宿制学校等建成投用，华师大附属桐庐学校加快建设，新引进名优教师16名，高校新生体质健康测试连续三年优良率排名全省前十，教育质量稳步提升。召开全县卫健大会，出台促进卫健事业高质量发展系列政策，公共卫生跃升等九大工程加快实施，疾控体系建设、医疗救治能力得到有效加强。做好被征地农民参加基本养老保险规范工作。农村饮用水达标提标三年行动全面完成。临建高速、杭义温高铁开工建设，湖杭铁路连接线前期工作有序推进。认真抓好东西部扶贫协作和对口支援工作，榕江县如期脱贫“摘帽”。

我们履行管党治党主体责任，推动全面从严治党取得新成效。巩固深化“不忘初心、牢记使命”主题教育成果。持续深化县领导“五联系一领衔一包案”“季述年评”和“一线常委会”等机制，切实发挥“关键少数”关键作用。锲而不舍落实中央八项规定精神，深入纠治形式主义、官僚主义。发布《基层减负清单》，实行“请基层评议”制度。大力开展“比武季”“冲锋季”“决胜季”，实行速度榜、质量榜、破难榜“三榜问效”。出台政治监督“两查两推”二十五条，常规巡察实现全覆盖。高质量完成村社组织换届省级试点工作，在全市推进会上作经验交流；圆满完成全县203个村社组织换届工作，全程保持平静安静，村社班子成员年龄、学历结构明显优化。全力支持人大、政协依法依章履职，举办纪念县人大常委会设立40周年活动，召开县委政协工作会议。认真落实意识形态工作责任制，创新出台县委常委会重大决策前学习理论等制度。与此同时，统一战线、党管武装、编制人事、老干部、史志、档案、机关事务、工会、残联等工作取得新成效，共青团、妇联、工商联、科协、文联、侨联等群团组织圆满完成换届，党建统领能力进一步增强。

事非经过不知难。以上这些工作的开展和成绩的取得，来之不易，殊为可贵。2020年的日夜拼搏让我们每一个人都铭刻下了永难忘却的记忆，2020年的点滴进步让我们更加深刻感受到了非凡历程中蕴藏的强大力量。

这一年的大战大考，让我们更加深刻感受到了来自领导核心的力量。以习近平同志为核心的党中央的坚强领导是我们迎难而上、战胜重大风险考验的根本依靠。正是有了习近平总书记的亲自指挥、亲自部署，有了党中央的科学决策、精准施策，让我们在全国一盘棋、上下一条心的众志成城中坚定了必胜的信心，凝聚了奋进的力量。

这一年的大战大考，让我们更加深刻感受到了来自战略定力的力量。保持战略定力是我们化危为机、转危为机的制胜法宝。面对疫情带来的巨大冲击，我们以“目标不降、任务不减、决心不变”的雄心壮志，把好了方向、稳住了预期、守牢了底线，做到了在路径选择上拒绝犹豫徘徊，在激烈竞争中摒弃随波逐流，集中力量办好自己的事，在应对大变局、迎接大挑战中争取了主动、展示了风采。

这一年的大战大考，让我们更加深刻感受到了来自人民群众的力量。坚持人民至上是我们勇往直前、克服一切艰难险阻的力量源泉。疫情来袭时桐庐人民信任党委政府，风雨同舟、守望相助，用坚守和奉献共同筑起了抗击疫情的铜墙铁壁；复工复产时桐庐人民支持党委政府，艰辛付出、共克时艰，用勤劳和智慧共同稳住了桐庐发展的基本盘，推动了经济由负转正，实现了“三季正、全年红”。

这一年的大战大考，让我们更加深刻感受到了来自党员干部的力量。干部队伍是贯彻路线的决定性因素，好干部始终是克敌制胜的重要保证。面对外部环境风高浪急，各种挑战纷至沓来，全县各级党组织和党员干部，日夜坚守战大疫、全力以赴防大汛、奋勇争先迎大考，担当在前、守望在前、冲锋在前，生动体现了桐庐党员干部队伍上下一条心、拧成一股绳、劲往一处使的团队精神。实践再一次证明，桐庐的基层党组织是坚强的战斗堡垒，桐庐的党员干部是一支关键时刻拉得出、冲得上、打得赢的铁军队伍。

在此，我代表县委常委会，向各位委员，向全县广大党员、干部群众，向所有关心和支持桐庐发展的同志们、朋友们，表示衷心的感谢和崇高的敬意！

二、准确把握桐庐发展的新形势新目标新定位

党的十九届五中全会是在我国进入新发展阶段、实现中华民族伟大复兴关键时期召开的一次具有里程碑意义的重要会议，吹响了全面建设社会主义现代化国家、向第二个百年奋斗目标进军的号角。在全面建成小康社会的历史进程中，桐庐打好了美丽牌、走好了特色路。在全面建设社会主义现代化国家的新征程上，桐庐应当更有作为，而且必定大有可为。

提交全会审议的《中共桐庐县委关于制定桐庐县国民

经济和社会发展第十四个五年规划和二〇三五年远景目标的建议》稿，认真学习贯彻党的十九届五中全会精神，提出了“十四五”时期我县经济社会发展的总体要求、主要目标、重大任务、重要举措和二〇三五年远景目标。我们要落实好规划建议，就必须坚持正确的历史观、大局观、发展观，科学分析、全面把握当前和今后一个时期桐庐面临的发展形势，全力推动桐庐在现代化进程中实现新跨越。

（一）辩证把握“十四五”时期桐庐面临的发展形势

从国际国内来看，当今世界百年未有之大变局进入加速演变期，新冠疫情影响深远，世界经济恢复将是一个长期、缓慢和不均衡的过程。我国发展仍处在重要战略机遇期，中华民族伟大复兴战略全局进入加快实现期。对桐庐自身而言，我们仍处于“五期叠加”的发展阶段，拥有五方面的比较优势：一是全域美丽的品牌优势。桐庐自然生态山清水秀、城乡面貌精致美丽，最美县的品牌广为认可、享誉全国。后疫情时期，美丽生态作为桐庐最大优势、最厚资本，必将为建设现代化增添更为强劲的动力。二是主导产业的预期优势。我们集中力量发展快递物流、大智造、大健康、大旅游产业，已经呈现出“大创新驱动、整产业提升”的良好态势，“1+3”主导产业的能级将有极大提升，在新发展格局下必将前景光明、未来可期。三是民生幸福的力量优势。我们坚决扛起民生幸福大旗，不断增进百姓福祉，群众获得感、幸福感、归属感持续增强，“民意可用、民心可持”，必将为干事创业提供不竭的力量源泉。四是融入杭州的先手优势。我们作为杭州这一已跻身世界经济体量前50强城市的重要成员，在杭州深入落实国家重大战略、强化市域统筹、加快构建特大城市新型空间格局的大背景下，必将迎来更多融杭融圈接沪的先手机会。五是国际知名度提升的难得机遇。桐庐获美国《国家地理》杂志推介，2021年我们将举办大地艺术节，2022年将承办杭州亚运会马术赛事，这些必将极大提升桐庐的国际知名度。同时，我们也要清醒认识到自身存在的三方面挑战：一是经济规模总量不大、质效不优。县域经济的形态和属性没有根本改变，向城市经济升级的态势还不够明显。二是区域竞争更激烈。随着长三角一体化等国家战略的深入实施，大都市区中心城市“虹吸效应”和周边县市区的竞争态势越来越明显，资源之争、美丽之争、人才之争更趋激烈，对桐庐县域综合能级提升和特色优势培育提出新的更高要求。三是风险挑战仍严峻。金融领域、安全生产、公共服务、平安建设等方面还存在不足，防范和化解风险的压力依然较大。这些都表明，新发展阶段的桐庐，机遇与挑战并存，我们必须把握好“变与不变”的辩证统一，加强前瞻性思考、全局性谋划、战略性布局、整体性推进，走好现代化之路。

（二）准确理解“十四五”时期桐庐确定的目标定位

习近平总书记指出，建设社会主义现代化国家是我们党我们国家一以贯之的主题。新发展阶段，桐庐要更加突出以人为核心的现代化，全面建设美丽幸福的社会主义现代化示范县，全方位打造高水平生态文明全国样板、高质量绿色经济全国样板、高颜值美丽城乡全国样板、高品质美好生活全国样板、高效能县域治理全国样板。要实现这样的目标，就必须做到四个“始终坚持”：一是始终坚持以经济建设为中心。桐庐所要实现的现代化首先是经济现代化。经济建设是桐庐美丽的保障、幸福的来源，是解决一切问题的关键。发展经济必须遵循其规律性，坚持不懈抓项目、驰而不息兴产业，一刻都不能放松。今天的松懈就是明天的落后，今天的付出才有明天的收获。我们必须始终坚持经济建设中心不动摇，持之以恒壮大经济实力，增强综合实力，大踏步进入全国县域经济发展第一方阵。二是始终坚持特色发展。面对更趋激烈的区域竞争，我们要建设美丽幸福的社会主义现代化示范县，就必须始终坚持把美丽作为核心竞争力，把幸福作为根本落脚点，坚决扛起“五面大旗”，巩固和形成更多具有品牌知名度和鲜明辨识度的建设成果，走特色之路、聚优势之力、突竞争之围。三是始终坚持安全发展。安全是现代化的基础，基础不牢，地动山摇。我们要统筹发展和安全，树牢底线思维，强化风险意识，增强“一叶知秋意”的敏锐性和鉴别力，做到既防范“黑天鹅”“灰犀牛”，又防止因为工作失误引发风险，确保社会大局稳定，顺利推进现代化事业。四是始终坚持系统发展。习近平总书记指出，系统观念是具有基础性的思想和工作方法。我们要建设美丽幸福的社会主义现代化示范县，就必须将系统观念贯穿经济社会发展全过程各领域，坚持全局的视野、加强整体的谋划、谋求全面的发展。要找准“牵一发动全身”“落一子满盘活”的抓手来突破重点、带动整体，统筹发展质量、结构、规模、速度、效益、安全，实现全局和局部相配套、治本和治标相结合、渐进和突破相衔接。

（三）全面提升“十四五”时期桐庐干部的现代化能力

要把全面建设美丽幸福的社会主义现代化示范县的蓝图变成现实、愿景化为实景，唯有实事求是、真抓实干才是王道，关键是要把各级领导班子和干部队伍建设好、建设强。这就需要进一步提振干部队伍精气神，打造一支政治过硬、具有领导现代化建设能力的干部队伍。一要拓展现代战略视野。曾国藩家训的“六戒五勤”中有一条：“凡办大事，以识为主，以才为辅。”这里的“识”，代表着能否找准方向、把握大局，代表着能否抢抓机遇、规避风险，代表着是否有眼光、有高度、有格局、有标准。曾国藩家训的“六戒”中还有一条“天下古今之庸人，皆以一惰字致败”，意思是对于普通人来说，平庸不要紧，怕的是懒惰。人活着悲哀的不是平庸，而是甘愿自己平庸无能，甚至主宰自己命运的机会都不去争取。各级干部要用心，更要有信心，要敢想敢拼，提高战略视野，善于用全局视角谋划问题、以长远眼光思考问题、从整体格局把握问题，做到有识变之智、应变之方、求变之勇。二要提高现代专业素养。现代化进程中，品质来自专业、创新有赖于专业、领先必源于专业。面对经济社会发展分工越来越多、专业分类越来越细的趋势，各级领导干部必须经常保持本领恐慌的危机感、知识不足的饥饿感，全面提高现代科学素养，培养现代思维方式，提升自身专业知识、专业能力、专业作风和专业精神。三要提升现代执行能力。一个地方发展得怎么样，受到两个“边界”的限制，一个是能力的天花板、一个是思想的天花板，思想达不到就永远做不出来，想法有了但能力不足、落实不力同样也实现不了。各级领导干部要树立强烈的“争先创优”“破难突围”意识，激扬“立志第一、敢想敢干”的斗志，弘扬“不为失败找借口，只为成功想方法”的作风，掌握综合集成、迭代升级、久久为功的方法，全面提升科学精准抓执行、高效闭环抓落实的能力和水平。

三、乘势开启桐庐社会主义现代化征程的美丽新元年

一元复始、万象更新。2021年是具有特殊重要性的一年，这一年是“十四五”的开局之年，是全面建设社会主义现代化国家、向第二个百年奋斗目标进军的起始之年，是全面建设美丽幸福的社会主义现代化示范县的起步之年。我们必须乘势开启美丽新元年，在现代化新征程中迈好第一步、走好每一步。美丽新元年，是一个崭新的时间标注、工作标尺和精神标识。美丽新元年，在于转段之新。它标记出承前启后、继往开来的时间节点，一头接续了“十三五”时期桐庐发展取得的历史性成就，一头开启着第二个百年奋斗目标的恢宏篇章。美丽新元年，在于理念之新。它标记出贯彻新发展理念，推动自主发展、共富发展、安全发展、系统发展的思想自觉和行动自觉，进一步树立起利民为本、法治为基、整体智治、高效协同的理念，打开了我们的思想宝库、认知空间和发展空间。美丽新元年，在于内涵之新。它标记出进入新发展阶段、服务构建新发展格局、推动高质量发展的坚定抉择。这种抉择，不断推动桐庐发展呈现出丰富的内涵：高标准高品质绽放产业之美、呵护生态之美、雕琢城乡之美、

焕发革新之美、弘扬文明之美、彰显治理之美、成就幸福之美、厚植勤廉之美，实现各美其美、美美与共。美丽新元年，在于机制之新。它标记出现代化建设进程中抓落实抓突破的有效方法。就是要着力强化争先创优机制，运用好“项目化实施+专班化推进”方法，完善跨部门、跨领域、跨层级高效协同机制，深化数字化改革、推动数字赋能，健全谋划工作、实施举措、解决问题、反馈激励的工作闭环，实现各项工作高效落实。美丽新元年，在于精神之新。美丽的愿景需要奋斗才能实现，美丽新元年的本质就是奋斗新元年。尽管今年是本届县乡两级政府的收官之年，还是要奋斗到最后一天，打破换届之年工作下滑的怪象。美丽不会从天而降，新元年标记出持续推动桐庐品牌工作“翻篇归零再出发、乘势而上攀高峰”的豪迈情怀。立足精神状态的“再出发”、目标追求的“攀高峰”，始终激荡“天天拼搏、季季奋发”的昂扬斗志，始终保持勇往直前、克难攻坚的奋进姿态，干出百舸争流千帆竞的生动局面，干出百花齐放春满园的别样精彩。

2021年工作的总体要求是：坚持以习近平新时代中国特色社会主义思想为指导，全面贯彻党的十九大和十九届二中、三中、四中、五中全会精神以及中央经济工作会议精神，全面落实中央和省市委决策部署，坚持稳中求进工作总基调，立足新发展阶段，贯彻新发展理念，构建新发展格局，围绕建设“美丽幸福的社会主义现代化示范县”目标，坚持以经济建设为中心，坚持特色发展、安全发展、系统发展，巩固拓展疫情防控和经济社会发展成果，扎实做好“六稳”工作、全面落实“六保”任务，以实干担当开启美丽新元年，以亮丽答卷献礼建党百年。

2021年的主要预期目标是：全县生产总值增长7.5%；一般公共预算收入增长8%；城乡居民收入稳步增长、收入比持续缩小，基本公共服务均等化实现度持续提高；固定资产投资增长15%以上，高于全市平均水平；完成市下达的能源和环境指标计划目标。

围绕上述目标，重点要做好八个方面工作：

（一）聚焦服务新格局，致力绽放产业之美

主动服务构建新发展格局，坚持以经济建设为中心不动摇，深入实施“124”工程，聚焦项目抓平台、围绕产业抓生态，推动新旧动能加快转换、产业结构更加优化、产业基础更加扎实。

一要持续做强“1+3”产业体系。要乘势做大快递物流地标产业。围绕打造新时代“快递之乡”“物流之都”，抢抓快递物流产业高速发展窗口期，加快打造快递科技小镇，完善快递物流产业生态，大力招引总部经济、快递物流金融、高端装备研发制造等项目，拓展物流后市场、新材料与绿色包装等业态。紧盯“三翻番两速增”年度目标，实现快递关联产业营收200亿元、集采中心注册供应商200家、招引快递关联产业项目40个，均较2020年翻一番；快递物流产业实现税收15亿元，集采中心实现交易额150亿元以上，较2020年高速增长50%。抓好全省物流示范县综合改革创新试点，项目推动国邮快递物流科学研究院项目取得实质性突破，推进快递物流示范园区、快递驿站建设，精心筹办第四届中国（杭州）国际快递业大会和全国快递业党建高峰论坛。要攻坚做强大智造产业。启动“十四五”时期工信经济万亩空间有机更新、百亿级特色产业链培育、链主企业引育倍增、数字经济倍增、工业投资倍增、规模企业倍增“六大行动”，力争“十四五”末全县工业总产值突破1000亿元大关，实现规模企业家数、规模工业增加值、数字经济核心产业增加值、工业投资、规上工业亩均税收“五翻番”。2021年实现规上工业增加值增长10%、数字经济核心产业增加值增长15%、工业投资增长20%、“小升规”企业超50家，为完成“十四五”目标任务奠定坚实基础。全面完成“12065”三年行动计划。实施存量工业用地有机更新攻坚工程，力争盘活和新增工业用地5000亩。推进青山等工业园区整合提升，加快小微企业园建设，力争小微园建设总量达到23个，投入使用10个以上。紧盯海康威视、智见科技、康基医疗、千芝雅等链主企业，做大做强电子信息、磁性材料、快递装备、新能源等特色产业链，不断提升产业链供应链稳定性和竞争力。在知名品牌培育、数字化改造示范、工业互联网覆盖等方面集中攻坚，加快针织、制笔等传统产业数字化、智能化、绿色化转型。加强工业项目履约监管。推动军民融合深度发展。要坚守特色发展大健康产业。持续深化富春山健康城建设，紧盯爱唯（国际）医学产学研基地、小分子靶向药物研发转化等项目，用好富春山健康产业基金，加快培育发展细胞生物、靶向药物、体外诊断等重点产业链，着力打造全省领先的生命科技产业创新集聚地、华东地区有影响力的新药研发策源地。创新提升医疗器械产业，推进省级医疗器械产业创新服务综合体创建，举办首届中国（桐庐）微创医疗器械展销会。要抓住契机重振大旅游产业。大力实施旅游景区品质提升、旅游品牌IP打造、旅游服务环境优化、旅游项目招引突破"四大行动"，全新推出桐君山景区，提升改造传统景区2个，高质量举办首届大地艺术节、第四届中国（桐庐）国际民宿发展论坛等重要节会活动，扩大国内外影响，力争到"十四五"期末，跻身"全国旅游十强县"，努力向"国际知名、全国一流的旅游目的地城市"迈进。

二要持续深化"双招双引"工程。健全招商项目信息统筹、共享机制，开展"招商大比武"等活动，形成"县级大统筹、主平台发力、乡镇（街道）强保障"的招商格局。实施产业链靶向招引，全年新引进亿元以上项目30个，其中10亿元以上项目8个、"152"项目5个。精心举办"君山引凤"科技人才周等活动，创新高端人才集聚平台，力争引进一批高水平创新创业团队。优化人才评价体系，加强本土人才培育。大力弘扬劳模精神、劳动精神、工匠精神，实施新时代工匠培育工程，出台实用性人才政策，构建多层次人才队伍体系。

三要持续激发市场主体活力。加快打造营商环境最优县，制定实施优化营商环境五年行动计划。加快企业股改上市步伐，努力培育上市企业、单项冠军企业和专精特新"小巨人"。坚持阶段性政策与制度性安排相结合，精准靶向制定产业政策，健全降本减负长效机制，实施融资畅通工程升级版，用好"企业码""亲清在线"等服务平台，持续激发市场主体特别是中小微企业和个体工商户活力。深化"企业家日""我们的"等系列活动，形成闭环式全程服务、体系化联动服务、滴灌式精准服务。大力弘扬企业家精神，重视企业家尤其是新生代企业家队伍建设。

（二）聚焦打造新优势，倾情呵护生态之美

深入践行"绿水青山就是金山银山"理念，启动新时代美丽桐庐建设，绘就"美丽中国桐庐样本"，让绿色成为桐庐发展最动人的色彩。

一要着力提高生态环境质量。围绕创建"绿水青山就是金山银山"实践创新基地以及全省首批大花园示范县、大花园耀眼明珠目标，统筹推进山水林田湖草保护，扎实做好第二轮中央生态环保督察反馈问题整改，全力打好生态环境巩固提升持久战。空气质量优良率稳定保持在94%以上，PM2.5平均浓度降至32.5微克/立方米以下；主要河道水质稳定在Ⅲ类及以上，其中Ⅰ、Ⅱ类水质占比达到90%以上；全县1000余个小微水体水质全部达到Ⅲ类（含）以上，实现"全县域全天候消灭Ⅳ类水体"目标；生态环境质量持续稳定向好。

二要着力抓好污染防治攻坚。深化污染防治"八清零"，打好蓝天、碧水、净土、清废保卫战。纵深推进大气综合治理，强化机动车污染防治，落实扬尘精细化管控，努力创建清新空气示范区。深化"河长制"长效管理，高标准完成全域"污水零直排区"建设，实现农村生活污水处理设施提升改造全覆盖，推进全域美丽河湖建设，加快向"幸福河湖"迭代升级。强化农用地土壤环境分类分级污染防控，建立完善农用地土壤污染状况信息库。开展"无废城市"建设，加快推进循环产业园等固废处置项目，加强塑料污染治理。

三要着力完善生态治理体系。坚决落实碳达峰、碳中和工作要求，开展低碳工业园区建设和“零碳”体系试点，加快淘汰落后和过剩产能，推动充电桩、5G基站等新基建设施加速扩容，全年腾出用能空间3000吨标准煤。实施以“三线一单”为核心的生态环境分区管控体系，深化“区域环评+环境标准”改革。探索建立绿色GEP核算体系，编制桐庐生态产品目录清单，建立生态产品价值实现等机制。建立绿色惠民共享机制，开展绿色生活创建活动，推动形成全民生态自觉。

（三）聚焦展现新形象，精致雕琢城乡之美

坚持精美精致发展，以系统观念统筹推进美丽城乡建设，着力打造现代版“富春山居图”。

一要优化全域空间布局。坚持规划先行、谋定后动，围绕构建“两廊一带、一主一副四极”城镇发展空间格局，完成新一轮国土空间规划编制。加强城市设计和风貌管理，强化对高铁东站等重点区块以及城镇郊野单元的谋划研究，加快编制公共服务设施基本配套等专项规划。巩固国家级乡村振兴发展规划试点成果，推动规划快速落地见效。树立“准确看待资源、认真读懂土地”意识，深化全域土地综合整治。扎实推进杭义温高铁、湖杭连接线、桐庐东站、临建高速等重大交通基础设施建设，加快肖岭隧道连接线、疏港公路、上港隧道等项目建设，积极推进杭淳开高速、宁义宣高速等项目前期，打造设施融通、开放融入的交通网络。

二要提升美丽城镇魅力。以入围国家县城新型城镇化建设示范名单为引领，大力实施亚运城市行动，深入推进城市大脑桐庐平台建设，不断完善城市功能、提升城市品位。实施“一城两带三干道”工程，加快富春未来城与滨水风光带、郊野风情带以及东兴路、城南路、舞象山路三条主干道建设。实施富春未来城“三百”攻坚计划，实现百个项目落地、百亿招商、“三通一达”项目主体建筑超百米。高质量推进富春未来湖、叶浅予建兰学校、县第一人民医院、银泰城商业综合体、会展中心、城市之芯节点改造等重点配套项目建设，确保富春未来城“三年见成效”目标如期完成。实施城市有机更新行动，推进城西区块城中村改造，深化老旧小区综合改造提升。围绕创建全省美丽城镇示范县目标，高质量全域推进美丽城镇建设，富春江镇、合村乡要创成省级样板，瑶琳镇、横村镇要创成市级样板。以绣花功夫抓好城市综合环境秩序、市政设施维护更新等精细管理，推动生活垃圾分类扩面提质，持续深化“城市环境大整治、城市面貌大提升”百日攻坚行动。

三要打造美丽乡村3.0版。围绕创建全省新时代美丽乡村标杆县目标，推进新时代美丽乡村集成改革试点工作，推动“五大乡村”建设。突出一体规划、集成打造，强化“一村多创、多村联创”，加快首批41个试点村建设，推动芦茨、梅蓉、彰坞、白云和莪山等出亮点、见成效。建立试点动态调整机制，推进试点村延伸扩面，实现从试点先行到全面展示的递进升级。谋划新一轮农村人居环境提升工程。创成省级以上民主法治村8个，实现县级文明村覆盖率95%以上。坚决制止耕地“非农化”，防止“非粮化”，保障粮食和重要农产品安全。千方百计促进村集体和农民持续增收，确保80%以上行政村实现“5030”目标。

（四）聚焦催生新动能，持续焕发革新之美

积极融入国家和省市战略布局，以数字化改革为总抓手撬动各领域各方面改革，向改革要活力，向创新要动力，向开放要潜力。

一要深化重点领域改革。聚焦“牵一发动全身”的关键环节，实施改革领跑计划，努力做到规定动作接得住、自选动作有创新，形成“滚雪球”效应。推进党政机关整体智治，强化政务服务数字化应用。优化“基层治理四平台”机制，开展“县乡一体、条抓块统”改革，着力解决基层“看得见、管不住”和职能部门“管得着、看不见”的问题。深入推进全域集成综合行政执法改革，打造“大综合一体化”行政执法样板地。强化部门协同，推进“一件事”集成改革。优化资源要素市场化配置，深化国企改革，加快集体土地入市探索。加强公共资源交易监管，打造全国县级公共资源交易平台桐庐样本。

二要推动创新驱动发展。深入实施科创平台能级提升、创新主体倍增、科创人才集聚、科创生态优化四大工程，全力打造浙西科技创新高地。建立“科技型中小企业、高新技术企业和创新引领型企业”梯度培育体系，引导企业提升自主创新能力。聚焦企业共性需求，深化产业创新服务综合体建设。鼓励产学研合作，支持浙江省科创新材料研究院、浙大高温合金研究所等平台建设，推进韵达全球科创中心、圆通国家工程实验室创新研发基地加快建成，抓紧推进吉利—中汽新能源商用车联合研发基地、中科微至智能传感器研发基地及快递科技绿谷等项目落地。完善覆盖创新全过程的政策链，做大做活产业引导基金，建立健全激励机制和科技评价机制。强化知识产权全链条保护。

三要拓展对外开放格局。积极融入杭州“三江绿楔”空间格局，对接三江汇未来城市先行实践区、杭州云城，加快设立飞地研发机构，努力引进高端创新要素。坚持扩大市场开放，重视乡村消费、数字新生活消费、文化消费、老龄人口消费，持续开展“爱上桐庐”消费嘉年华活动，精心培育直播电商、宅经济等新消费模式，创建全国农村电商示范县、全省首批数字生活新服务示范县。对接浙江自贸区杭州片区建设，打造跨境电商产业基地，支持企业线上线下融合开拓多元化国际市场，促进内外贸一体化发展。

（五）聚焦引领新风尚，大力弘扬文明之美

始终把文化文明作为城市的“根”与“魂”，注重以文化人、以文惠民、以文兴业，提升文化软实力，引领社会新风尚。

一要全面深化文明实践。深入践行社会主义核心价值观，大力弘扬伟大抗疫精神、新时代南堡精神、快递精神。巩固拓展新时代文明实践中心试点建设成效，加强“志愿者之家”“志愿服务云平台”等阵地建设，实施“我们的”系列志愿服务项目。巩固全国文明城市创建成果，健全长效管理机制，引导居民参与城市治理，常态化开展“文明好习惯”养成行动。

二要深度涵养文化气韵。实施文化基因解码工程，推进钱塘江诗路文化带建设，深入挖掘、传承和弘扬“药祖文化”“隐逸文化”“诗词文化”等优秀传统文化。启动文化传承生态保护区培育工程，守护好乡愁古韵，深入发掘和提升民俗文化、民族风情、非遗传承等价值内涵，将历史文化街区、历史建筑和历史文化村落等串珠成链，加快建设青龙坞、石舍、深澳等一批文化产业集聚区。开展人文素养提升行动，深化“全民阅读·书香桐庐”品牌建设。

三要加快发展文体事业。高品质推进杭州亚运会马术项目建设，确保主场馆、无疫区顺利通过验收。以数字赋能公共文体设施，提升农村文化礼堂等设施功能。加快竞技体育和体育产业发展，精心组织“喜迎亚运、全民健身”系列活动，实施精品体育赛事培育工程，深化“人人会游泳”等品牌，加快赛事经济发展。

（六）聚焦树立新标杆，全面彰显治理之美

深入践行安全发展理念，当好县域法治建设、平安建设和基层治理排头兵，全面提升县域治理现代化水平。

一要打造更高水平的法治桐庐。围绕打造“县域法治首善之区”目标，全力创建“法治浙江建设示范区”。健全全面依法治县推进机制，推动坚持党的领导入制度、入章程、入村规民约。实施法治意识和法治能力提升工程，常态化开展各级党委（党组）理论中心组学法、县乡两级政府年度法治政府建设工作报告、领导干部述法等工作，推动县委巡察和法治督察深度结合。完善党委（党组）依法决策机制，全面落实党内法规和党务公开制度。开展法治建设示范乡镇（街道）创建，以合法性审查全覆盖撬动乡镇(街道)法治化改革。加强守信践诺政府建设，进一步放宽市场准入，消除各类不合理限制和壁垒，推动审慎包

容执法，完善市场主体公平竞争的法治环境。推进“微法庭”全覆盖。发挥富春江科技城人民法庭“桥头堡”作用，依法高效化解涉企纠纷。

二要打造更高基础的平安桐庐。强化“大平安”理念，巩固和发展平安桐庐建设良好态势，确保政治更安全、社会更安定、人民更安宁。坚持底线思维，扎紧风险防范化解的管控闭环，守牢安全生产、金融安全、生态安全、数据安全等风险底线。党政机关要坚持过“紧日子”，稳妥有序抓好政府隐性债务风险防范和化解工作。加快构建“大安全、大应急、大减灾”体系，抓好社会治安防控、交通消防、防台防汛等重点工作。巩固深化扫黑除恶专项斗争成果，创新完善涉网新型犯罪防范打击机制。全力做好建党100周年等重点时段维稳安保，推进集中治理重复信访化解信访积案专项工作，确保实现平安桐庐“十七连创”。

三要打造更高效能的社会治理。坚持把整体智治、高效协同的理念融入社会治理各方面全过程，推动重心向基层下移，向基层放权赋能，实现治理从被动处置向主动发现转变、从单项整治向综合治理转变、从突击整治向长效管理转变、从经验判断向数据分析转变。建设“平安驾驶舱”，实现县域综合指挥体系“一站式”联动，构建城市治理“共治圈”。深化新时代大调解体系建设，做强三级矛调中心，建好首席调解员、法治指导员队伍，推进重点领域社会矛盾集中治理和源头治理。推广“微治理”，建强全科网格，形成村（社）“微循环”。加强信用社会建设，探索失信约束制度，构建诚信建设长效机制。全域推行基层民主协商，深化“请你来协商”“花厅议事会”“合议庭”“诸葛亮议事会”“斗笠议事会”等载体，规范基层群众性自治组织建设。

（七）聚焦增进新福祉，用心成就幸福之美

持续擦亮最具幸福感县级城市金字招牌，完善人的全生命周期民生服务，不断创新体制机制、工作方法，让桐庐发展更有温度、百姓生活更加幸福。

一要深化就业增收。落实落细稳就业各项政策举措，加大对农民工、高校毕业生、退役军人等重点群体就业帮扶力度，确保零就业家庭动态“清零”。鼓励创业带动就业，完善职业教育和职业培训体系，引导多渠道灵活就业。健全工资合理增长机制，实施低收入群体同步基本实现现代化行动，着力提高低收入群体收入。多渠道增加城乡居民财产性收入，扩大中等收入群体。

二要优化教育卫生事业。实施学前教育补短提升、义务教育提质强校、高中教育多元发展工程，优先支持桐庐中学加快发展，着力创建“学前教育普及普惠县”“义务教育优质均衡县”。支持和规范民办学校发展，推进华师大附属桐庐学校建成投用。深化名校集团化办学，高质量抓好校长队伍建设。用好教育发展基金，加强名优教师外引内育。推进教育综合改革，实施儿童青少年健康教育和干预计划，促进学生德智体美劳全面发展。全面推进健康桐庐建设，深化“三医联动”“六医统筹”集成改革，深入实施名院提升扩容等“九大工程”，加快推进县妇幼保健院迁建工程等项目，加强院长队伍建设，争创全省卫健事业集成改革先行区。强化“源头查控＋硬核隔离＋精密智控”机制，做好常态化疫情防控工作。

三要强化民生保障。完善为民办实事长效机制。健全覆盖全民、统筹城乡、公平统一、可持续的社会保障体系，加强城乡低保、社会救助、慈善事业、农副产品稳价保供等工作，让民生保障安全网真正覆盖并惠及每一名群众。积极应对人口老龄化，出台养老服务高质量发展政策，完善养老服务体系，推动小型养老模式提质扩面，打造全国农村养老桐庐模式。建立残疾人托养中心，实施残疾人微型康复站扩面工程，完善助残礼包等政策，倡导扶残助残良好风尚。继续高标准做好东西部协作和对口支援工作，不断完善对口帮扶双向互动、合作共赢机制。

（八）聚焦扛起新使命，深耕厚植勤廉之美

坚定不移落实新时代党的

建设总要求，把全面从严贯穿始终，更好营造“干部勤廉、社会崇廉、风清气正”的政治生态。

一要旗帜鲜明讲政治。驰而不息加强各级领导干部和领导班子政治建设，推动党员干部学懂弄通做实习近平新时代中国特色社会主义思想，自觉将“不忘初心、牢记使命”作为永恒课题和终身课题。坚持和加强党的全面领导，支持人大、政府、政协、监委、法院、检察院和民主党派、群团组织依法依章履行职能、开展工作，充分调动一切积极因素，形成推动发展的强大动力。

二要强基固本筑堡垒。精心策划纪念建党100周年系列活动，深入打造“百年百项”党建品牌。深化组织力提升工程，全面加强各领域党的建设，推动全县各级党组织全面进步、全面过硬。深化基层组织夯基工程，健全“一肩挑”监督管理体系，持续巩固村社组织换届成果。切实做好县乡两级换届。深化“两抓两转”，优化“五联系一领衔一包案”“一线常委会”等机制，健全“减负清单”，开展“三联三送三服务”活动，进一步为基层减负。落实意识形态工作责任制，加强阵地建设和管理。

三要奋勇争先锻铁军。健全干部成长选育管用全链条机制，做到能者上、优者奖、庸者下、劣者汰。牢固树立“争先创优、比学赶超”导向，讲究实际实效，持续开展“比武季”等活动，优化“锻铸榜”“破难榜”等载体，完善督查督办、综合考评机制。制定实施领导干部专业能力提升计划，增强补课充电的紧迫感，自觉赶上时代潮流。完善干部考核评价激励、容错纠错和澄清保护机制，优化“季述年评”“季察年考”等机制，进一步提振“天天拼搏、季季奋发”的精气神。

四要清正廉洁树正气。扎实推进清廉桐庐建设，深入落实中央八项规定及实施细则精神，严防“四风”问题反弹回潮。常态化清单化可视化开展政治监督，推动纪律、监察、巡察、派驻等“四项监督”有机贯通。坚持惩治高压、权力归笼、思想自律三管齐下，巩固发展风清气正的政治生态。紧盯工程建设、民生资金等重点领域和关键环节，完善全覆盖监督体系，让群众在全面从严治党中感受到公平正义。

同志们，桐庐正处在继往开来的重要历史时刻，展现在我们面前的，是又一幅次第展开、振奋人心的美好蓝图，是又一个孕育希望、催人奋进的崭新征程。让我们更加紧密地团结在以习近平同志为核心的党中央周围，高举习近平新时代中国特色社会主义思想伟大旗帜，以敢为人先、敢谋新篇的魄力，以逐梦奔跑、勇争一流的锐气，奋力开启美丽新元年，为全面建设美丽幸福的社会主义现代化示范县而努力奋斗！

政府工作报告

——在桐庐县第十六届人民代表大会第五次会议上

桐庐县人民政府代理县长　丁熠锋

（2021年2月24日）

一、2020年主要工作和“十三五”发展回顾

2020年是极不平凡的一年。面对国内外形势的深刻复杂变化特别是突如其来的新冠肺炎疫情，全县上下坚持以习近平新时代中国特色社会主义思想为指导，认真贯彻习近平总书记在浙江、杭州考察时的重要讲话精神，在县委的坚强领导下，紧扣“一个中心”、扛起“五面大旗”，围绕“两手硬”“两战赢”，扎实做好“六稳”“六保”工作，全县经济社会发展取得新进展。地区生产总值增长2.1%；农林牧渔业、规上工业、服务业增加值分别增长0.5%、3.1%和2.0%；一般公共预算收入34.22亿元，增长1.4%；固定资产投资增长23.4%；城镇和农村居民人均可支配收入分别达56450元、34176元，增长4%、7%。荣膺“2020年中国最具幸福感百佳县市”榜首，被评为“2020年度中国全面小康十大示范县市”。

桐庐县人民政府代理县长　丁熠峰

（一）“双线作战”有力有效

勠力同心战疫情。面对复杂严峻的疫情防控形势，我们快速反应、迅速决断，率先实施“封闭式管控”，坚持人民至上、生命至上，坚持群防群治、精密智控，打赢了疫情遭遇战、城南保卫战、全域大决战，43天实现确诊病例清零。按照“外防输入、内防反弹”要求开展疫情常态化防控工作。精准有效抓复产。及时开展“暖企助复工”大行动，出台“春风2020（第二批）”“助企返岗四条”“稳外贸稳外资促发展7+1”等惠企政策，率先推出“爱上桐庐”消费嘉年华，全县复工复产率、产能恢复率持续保持全市前列。

（二）四大攻坚全力突破

“快递回归”成效明显。招引落地项目43个，总投资

195.5亿元。建成运营全国首个“集采中心”，交易额达101.53亿元。快递物流产业税收达10.27亿元，成为省级物流示范县综合改革创新试点。富春未来城建设加速推进。“三通一达”总部项目全员落子、全面开工，叶浅予建兰学校、综合客运枢纽、银泰城、富春未来湖等重点项目快速推进。制造业稳中向好。新增亿元以上投资项目33个，152制造业项目全面开工。高新技术产业投资、工业投资分别增长89.3%、49.3%；规上工业增加值91.8亿元，增长3.1%。新增和盘活工业用地3500亩，增长29%。创成省级小微园2个，入围全省小微企业园建设提升重点县。传统产业破难前行。制笔、针织行业实现国家高新技术企业零的突破，中国围巾城建成运营，康基医疗香港主板上市。实施工厂物联网数字化改造项目32个，新增上云企业1099家。瑶琳仙境等六大景区资产收归国有。被美国《国家地理》杂志推介为2021年全球最佳旅行目的地，创成国家全域旅游示范区。

（三）发展活力不断增强

重点领域改革全面深化。综合行政执法改革全省示范，分水镇“一支队伍管执法”获浙江省县乡法治政府建设“最佳实践”。全域土地综合整治全省领跑，百江镇被列为全国试点，复垦建设用地、盘活存量用地，土地出让创新高。国企改革有效突破，新增AA信用评级2家，直融债券109亿元，上缴国有资本经营收益翻番。“最多跑一次”改革纵深推进。一般工业项目从拿地到开工最快18天。“一件事”全流程“零跑次”事项达85项。公共资源电子化交易率先实现全覆盖。科技创新能力稳步提升。新增国家高新技术企业63家、省科技型中小企业120家，国家级众创空间、省级科技企业孵化器、省级国际科技合作基地、省级农业科技园区、市领军型创新团队全面实现零的突破，浙富水电特大型水轮发电机组获评国际首台（套）。富春院士村开村，新增市级院士和专家工作站2家。助企服务持续优化。召开全县金融高质量发展大会，发布“金融十二条”，金融机构贷款余额697.06亿元，增长25.4%，贷款利率下降1.19个百分点。举办第三届“企业家日”，持续开展“我们的”系列活动。落实“五减”政策，减税降费30.08亿元。

（四）城乡品质明显提升

高要求抓好环境治理。积极开展自然保护地整合优化省级试点。全力抓好第二轮中央生态环保督察问题整改。持续开展污染防治“八清零”行动，PM2.5平均浓度降至27微克/立方米，创成省级美丽河湖2条，建成污水零直排区4个。全面开展垃圾分类文明示范县建设，实现生活垃圾“零增长、零填埋”，创成市级以上垃圾分类示范小区（村）88个。持续推进城市环境大整治、城市面貌大提升，整改问题31543个，提升改造无障碍设施1636处。高标准完善基础设施。疏港公路、上港隧道、肖岭隧道、临建高速、湖杭铁路连接线、杭义温高铁等项目加快建设。完成城南路、大奇山路等城市道路改造提升6.34公里。“四好农村路”三年行动计划全面收官，通过国家级城乡交通运输一体化示范县验收。全面推进亚运城市行动，亚运马术项目主场馆开工，配套设施和无疫区建设加速推进。入围国家县城新型城镇化建设示范名单。高水平推进乡村振兴。分水镇、莪山畲族乡创成新时代美丽城镇建设省级样板，桐君街道荣获全省美丽乡村示范乡镇。启动“五大乡村”建设，村域规划“多规合一”入选“浙江乡村振兴十大模式”，乡村振兴工作获省政府督查激励。完成农村人居环境提升三年计划、农村饮用水达标提标行动。被评为全国村庄清洁行动先进县、全国县域数字农业农村发展先进县。“蜂茶果药”全产业链总产值均达10亿元以上。完成粮食生产4.66万吨、生猪存栏8.12万头。村级集体经济总收入2.55亿元，经营性收入1.55亿元，142个村实现“5030”目标。

（五）人民生活日益改善

全力办好惠民实事。新增改造城区停车位4165个，提升星级“残疾人之家”7家，建成百姓健身房14个，新增天然气用户4327户，完成既有住宅电梯加装50台，建设放心农贸市场3家，40件省市县民生实事项目全面完成。高质量举办第九届“桐庐百姓日”，出台第二轮“惠民七条”，桐君山景区永久免费开放，发放升学、就业等重要时点红包。大联区块拆迁全面完成签约腾空。致力发展教育卫生。教育卫生资源布局更加合理。科技城未来学校、文正小学、徐凝小学、马云乡村寄宿制学校建成启用，华师大附属桐庐学校加快建设；县妇幼保健院迁建工程完成主体建设，县第一人民医院迁建工程有序推进。教育卫生质量稳步提升。招引名优教师7名，持续深化与杭城名校合作办学，中小学生体能素质位列省市前列；召开全县卫健事业发展大会，开展公共卫生补短板百日攻坚行动，疾控体系建设更加健全，县域就诊率、基层就诊率分别提升1.3个、1.9个百分点。大力深化文化文明。高分通过全国文明城市复评。旧县街道西武山村、莪山畲族乡获评全国文明村镇。列入全省首批文化传承生态保护区培育名单。桐君传统中药文化晋级国遗，成功举办第八届药祖桐君中医药文化节、第二届中国哲学家论坛。着力强化社会保障。全力推进稳岗就业，城镇新增就业人数5183人。基本养老保险、基本医疗保险参保率分别达99.1%、99.5%。稳妥推进被征地农民参加基本养老保险规范工作。新建养老机构4个，完成家庭适老化改造200家，“家院一体”微型养老模式得到省市肯定。高质量完成第七次全国人口普查工作。认真抓好东西部扶贫协作和对口支援工作，助力榕江县如期脱贫“摘帽”。

（六）社会治理持续深化

强化基层治理。圆满完成村（社）组织换届工作。社会矛盾纠纷调处化解“最多跑一地”实体化运行、社会化参与，初信初访一次性办结率、化解率分别达100%、99.8%，创成“省无积案信访县”“省无欠薪县”。全面打赢扫黑除恶决胜收官战，刑事、治安警情分别下降14%、23.5%。强化安全管理。持续加强道路交通、消防等重点领域综合整治，全县生产安全事故数、亡人数分别下降20%、30%。成功应对有史以来最长梅汛、新安江水库首次九孔泄洪，着力增强防灾减灾能力。强化风险管控。有效防范“两链”风险。持续推进问题楼盘处置。政府隐性债务累计化债99.51亿元，政府债务率保持在安全区域。人民群众安全感、满意度位列全市第一、全省第四，实现平安创建“十六连创”，荣获全省首批“一星平安金鼎”。

（七）自身建设全面加强

加强政治建设，坚持重大问题向县委报告，主动接受县人大和县政协监督，办理代表建议和委员提案407件，办复率100%。全面推进“县域法治首善之区”建设，政府常务会议学法、行政“一把手”出庭应诉等工作持续走在全省前列，全县行政诉讼案件败诉率、行政复议纠错率全市最低。法治政府考核蝉联省市第一，获评法治浙江（法治政府）建设先进单位，成功创建全国首批法治政府建设示范地区。全面推进“互联网+政务服务”“互联网+监管”“互联网+协同办公”，掌上执法率达99.7%，机关内部非涉密事项实现100%网上办，智慧化管理得到加强。深化“两抓两转”，深入开展“五联系一领衔一包案”“走亲连心三服务”等活动，全力整治“文山会海”，压减会议6.1%、文件23.7%。严格落实中央八项规定精神，“三公”经费下降10.3%。同时，国防动员和后备力量建设、民族宗教、外事、港澳台侨事务、档案、地方志、气象等工作取得新成绩，残疾人、红十字、慈善、老龄、妇女儿童、关心下一代等工作实现新进步。

各位代表，2020年各项工作扎实开展，为“十三五”收官画上了圆满句号。这五年，我们坚决落实党中央国务院、省市党委政府和县委的决策部署，攻坚克难、接续奋进，干成了许多打基础的实事、利长远的大事、补短板的难事，经济社会发展取得新成就，为顺利开启“十四五”新征程奠定了坚实基础。

五年来，我们坚持高质量发展，综合实力跃上新台阶。全县生产总值年均增速6.1%，比2015年增加65.82

亿元，三次产业结构调整为6.7∶42.8∶50.5。一般公共预算收入年均增长5.6%。R&D经费支出占比从1.67%提高到1.99%。新增产值亿元企业33家。

五年来，我们坚持集聚发展，产业结构实现新优化。"1+3"主导产业体系逐步形成，快递物流、磁性材料、医药医疗器械等产业集群效益凸显，电子信息产业产值破百亿元。新开工亿元以上重点项目122个，建成投产135个。新增亿元税收企业9家、规模工业企业248家。

五年来，我们坚持特色发展，美丽品牌取得新优势。创成"全国文明城市"，入选全国首批新时代文明实践试点。成功创建全国生态保护和建设典型示范区、国家森林城市。获评中国民宿经济发展活力县。成为全省首批生态文明建设示范县，获得全省首批"五水共治"大禹鼎，成功创建省级"无违建县"。

五年来，我们坚持统筹发展，城乡建设呈现新面貌。完成城南街道、凤川街道行政区划调整，建成区面积、城镇化率分别增长16.7%、5.4%。杭黄铁路开通运营，富春未来城建设全速推进，城市能级全面提升。建成富春江三桥、富春江船闸等一批重大项目，分水镇、富春江镇入选全国美丽宜居小镇。

五年来，我们坚持创新发展，改革攻坚迸发新活力。"最多跑一次"改革全省领跑，PPP项目推广和商事改革获国务院通报表扬。建成运营全国首个县级知识产权保护中心，荣登"中国创新百强县"榜单。

五年来，我们坚持共享发展，群众幸福感得到新增强。坚持新增财力的三分之二以上用于民生事业。全县城镇和农村居民人均可支配收入分别增长43.5%、51.9%，城乡居民收入比从1.75缩小至1.65，领先全省平均水平。荣获全国平安建设先进县、中国最具幸福感城市。

各位代表，五年的历程充满艰辛，五年的成就来之不易。这是以习近平同志为核心的党中央坚强领导的结果，是省委省政府、市委市政府和县委正确领导的结果，是县人大、县政协监督支持的结果，是全县上下凝心聚力、团结奋斗的结果。在此，我代表县人民政府，向全县人民和广大建设者，向县人大代表和政协委员，向各民主党派、各人民团体，向驻桐单位、驻桐部队和消防救援队伍，向关心支持桐庐发展的社会各界人士，表示衷心的感谢、致以崇高的敬意！

在肯定成绩的同时，我们也清醒地认识到，当前桐庐经济社会发展还存在不少困难和挑战，主要是：区域竞争更趋激烈，重量级项目还不够多，科创支撑能力还不够强，县域经济总量还不够大；生态环境优势还需进一步彰显，城乡精细化建管水平还需进一步提高，改革创新领先度还需进一步巩固；教育、医疗等公共服务供给与群众所盼、发展所需仍有不少差距；风险防控基础还不够扎实；部分公职人员专业能力、争先意识、担当精神还不够强。对此，我们将采取有力措施，认真改进解决。

二、"十四五"发展主要目标任务

根据中共桐庐县委关于"十四五"规划《建议》，县政府编制了《桐庐县国民经济和社会发展第十四个五年规划和二〇三五年远景目标纲要（草案）》，提请大会审议。经大会批准后，县政府将认真组织实施。

"十四五"发展指导思想是：高举习近平新时代中国特色社会主义思想伟大旗帜，深入贯彻习近平总书记对浙江、杭州工作的重要指示精神，全面落实党的十九大和十九届二中、三中、四中、五中全会精神，统筹推进"五位一体"总体布局，协调推进"四个全面"战略布局，贯彻落实新发展理念，服务构建新发展格局，以推动高质量发展为主题，以改革创新为根本动力，以满足人民日益增长的美好生活需要为根本目的，统筹发展和安全，聚焦做大做强、强化特色、拓展空间、城乡联动，不断厚植优势、持续锻铸品牌，全面建设美丽幸福的社会主义现代化示范县，奋力展示"重要窗口"桐庐风采。

"十四五"时期桐庐经济社会发展的主要目标是：全县生产总值突破550亿元，人均生产总值突破12万元；R&D经费支出占生产总值比重达到2.8%；工业总产值突破千亿大关，快递物流产业营业收入突破500亿元，6条百亿级产业链全面形成；居民人均可支配收入突破6.6万元，城乡居民收入比持续缩小，人均预期寿命超过84岁，常住人口城镇化率达到75%以上，县域综合实力、美丽生态建设、开放创新水平、文化文明魅力、社会治理成效、幸福生活品质显著提高，为2035年全面建成美丽幸福的社会主义现代化示范县打下坚实基础。

为实现上述目标，重点抓好十个方面工作。

（一）培育高质量发展新动能

深入实施创新驱动发展战略，建设行业性创新中心、科技转化中心、“飞地”研发中心等一批高能级科创平台，加大双创孵化平台建设力度，创建省级高新技术产业园区。加强优质人才引进培育，打造杭州西郊人才高地。构建以企业为主体的技术创新体系，建立健全激励机制，促进产学研深度融合，精准解决一批“卡脖子”技术难题。持续优化创新创业生态。

（二）构建现代产业新体系

锚定“1+3+X”产业发展。打造快递物流地标产业，深入实施“快递回归”战略，加快建设快递科技小镇，集聚发展装备制造、科技研发、区域总部、金融服务、交易结算等关联产业，做优快递物流产业生态，推进快递业“两进一出”。做强大智造产业，开展链主企业引育倍增、数字经济倍增、工业投资倍增等行动，形成六大百亿产业集群。培育大健康产业，提升医疗器械产业能级，壮大生命健康产业规模，推动中医药产业特色发展。重振大旅游产业，以全域旅游发展为导向，以文旅体深度融合为主线，推进旅游产品创新和服务提质，创建国家级旅游度假区。布局未来产业，大力发展新基建、新智造、新消费等新经济。

（三）形成对外开放新格局

加快推进融杭融圈接沪，主动对接杭州云城、三江汇，强化开放合作、加快协同发展。推动建设“三轨道四高速两水道一机场”的综合对外交通网络。加快推进5G覆盖应用工程。引导和鼓励企业“走出去”，支持企业利用跨境电商开拓线上新渠道，融入自贸区体系建设，发展更高层次的开放型经济。

（四）增创体制机制新优势

以数字化改革为牵引，推进政府数字化转型，做深“网上办”“就近办”，打造线下行政服务中心“去中心化”改革县域样本。深化财政体制改革，进一步优化事权财权结构。全面推进“大综合一体化”全域集成综合行政改革，构建全覆盖监管、全闭环执法体系。深化要素配置市场化改革，推动资源向优质企业、优势区域集中。持续优化营商环境。激发市场主体活力，探索县域国资监管运营新模式，鼓励企业推进股份制改革。

（五）提升美丽城市新能级

围绕“两廊一带、一主一副四极”城镇发展空间格局，分层分类推进中心镇、特色镇建设，高质量推进新时代美丽城镇建设。深化“中强东拓西联南优北改”，高质量完成国家县城新型城镇化示范建设。高品质建设富春未来城，高标准推进高铁桐庐东站区块建设。推进“城市大脑”建设，着力构建整体智治体系。努力打造“能级更强、品质更高”的最美县域示范样本。

（六）打造乡村生活新样板

深入实施乡村振兴战略，以美丽乡村3.0版为新起点，全面推进“五大乡村”建设，打造新时代乡村生活样板地，争创全国乡村振兴示范县。做强“蜂茶果药”四大示范性产业链，大力发展高效农业、生态农业、数字农业。保障粮食、种子安全，落实生猪增产保供任务。统筹推进农业农村综合集成改革。推动农民持续增收，增强村级集体经济“造血”功能。

（七）彰显文化文明新魅力

不断深化“文化名县”工程。传承弘扬新时代南堡精神、快递精神，开展文化基因解码，推动“药祖文化”“隐逸文化”“诗词文化”创造转化、创新发展。持续推进钱塘江诗路文化带建设，培育严子陵钓台、桐君山等诗路明珠，打造诗画浙江建设示范区。推进“书香桐庐”“城市书房”等建设，构建15分钟现代公共阅读服务体系。深入践行社会主义核心价值观，推进社会公德、职业道德、家庭美德、个人品德建设，深化全国文明城市创建成果，常态化开展“文明好习惯”养成行动。

（八）绘就美丽生态新画卷

深入践行“绿水青山就是金山银山”理念，打造现代版“富春山居图”，展现浙江大花园“耀眼明珠”靓丽风采，创成国家生态文明建设示范县。持续深化治水、治气、治土、治废，打赢碧水、蓝天、净土、清废四大保卫战。坚守生态保护红线，高质量推进百万亩国土绿化行动，高水平建设国家森林城市，打造国际知名的森林康养目的地。落实“碳达峰、碳中和”举措，实现绿色低碳发展。

（九）增进人民生活新福祉

坚持人民至上理念，强化共同富裕，持续擦亮中国最具幸福感城市品牌。全面落实就业优先战略，健全公共就业服务体系，提高充分就业水平和质量。优化布局学前教育，均衡发展义务教育，提质发展高中教育，特色发展职业教育，完善终身教育服务体系，高水平建设“美好教育”。深化“三医联动”“六医统筹”改革，大力发展中医药事业，健全医疗卫生服务体系，全面提高县域医疗服务水平。高质量承办亚运会马术赛事，优化全民健身公共服务供给，不断提升全民健康水平。关心关爱残疾人等特殊群体，强化社会保障，打造“温暖之城”。

（十）谱写县域治理新篇章

深入推进法治桐庐建设，创成“法治浙江建设示范区”，打造“县域法治首善之区”。落实安全生产责任制，加强应急管理体系和能力现代化建设，积极防范应对各类风险挑战，建设更高水平的“平安桐庐”。深化新时代大调解工作，完善“一中心四平台一网格”的县域社会治理体系，强化自治、法治、德治、智治“四治”融合，打造社会治理现代化示范县。

三、2021 年工作目标任务

今年是建党 100 周年，是“十四五”的开局之年，也是我县全面建设美丽幸福的社会主义现代化示范县的起步之年。我们要紧扣“一个中心”，扛起“五面大旗”，巩固拓展疫情防控和经济社会发展成果，认真落实落细“八新八美”重点举措，全力以赴打好“九大攻坚战”，以实干担当开启美丽新元年。

综合各方面因素，建议今年我县经济社会发展的主要预期目标是：全县生产总值增长 7.5%，一般公共预算收入增长 8%，R&D 经费支出占生产总值比重 2.05% 左右，固定资产投资增长 15% 以上；居民人均可支配收入增速高于地区生产总值增速，能源和环境指标完成市下达的目标任务。重点抓好九项工作：

（一）聚焦内外循环，着力提升发展加速度

扩投资拉动。健全双周重大项目招引推进机制，强化百亿项目招引，鼓励上市公司募集资金回投，新增亿元以上产业项目 30 个，其中“152”项目 5 个。加快富春江干堤加固、分水江库区水环境整治、县农批市场等 168 个政府投资项目建设，推进海康威视智能安检、中汽商用新能源车、艾罗光储智能、象限科技、三杭科技等 65 个产业重点项目。强化项目用地保障，力争盘活新增工业用地 5000 亩，出让工业用地 1000 亩。

促消费升级。银泰城商业综合体建成开业，丰富书香同城业态，奥迪 4S 店开业运营。再推一批消费新政，促进汽车、旅游、餐饮等消费。深化“春江云渡”直播基地建设，鼓励发展直播电商等新业态。推动房地产健康发展。社会消费品零售总额、网络零售额分别增长 8%、10%。

优营商环境。启动新一轮优化营商环境行动，着力建设营商环境最优县。举办第四届“企业家日”，深化“我们的”系列活动，全面落实减税降费政策，再为企业减负 18 亿元以上。推进融资畅通工程，新增融资规模 140 亿元以上。实施“放水养鱼行动”“凤凰行动”“雏鹰行动”，新增规上企业 50 家、亿元以上企业 20 家、20 亿元以上企业 2 家、上市企业 1 家。

强开放融合。积极融入浙江自贸区杭州片区发展，支持企业布局“一带一路”沿线市场，打造跨境电商标杆企业 5 家，货物出口占全国比重保持基本稳定。加快推进临建高速、湖杭铁路连接线、杭义温高铁等建设，做好杭淳开高速、宁义宣高速等项目前期，加快构建“三轨道四高速”对外大通道。主动接轨长三角、融入大杭州，推动杭州云城、三江汇未来城市先行实践区产业飞地建设。

（二）聚焦最强快递，着力打造地标新产业

强快递项目建设。紧盯快递全产业链，新招引项目40个，其中亿元以上项目10个。加快推进中通快运全球研创中心、中通云谷、韵达全球科创中心、申通国际总部、中通快递第二总部、圆通国家工程实验室、联亚智能制造、“快递之源”等项目建设。

抓快递产业集聚。以富春未来城建设攻坚战为主抓手，全力推动快递科技小镇建设，聚集一批总部经济、研发制造、物流金融、后市场服务等项目，加快推进中科微至、吉利—中汽新能源商用车等落地，全面完成东兴路改造、未来湖、金竹溪公园、商业水街建设。推动“集采中心”市场化、专业化运营，新增油品交易等供应商200家、采购商1500家，完成装备物资交易150亿元。全县实现快递产业产值200亿元、入库税收15亿元以上。

优快递发展生态。扎实推进全省物流创新示范县综合改革试点，着力开展“快递之城”建设。开工建设城市快递集运中心，建成乡镇转运中心6个，健全城镇小区末端服务，快递进村配送实现全覆盖。深化国邮快递研究院建设，拓展行业标准认定、产品质量体系评定等功能。物流（快递）绿色封装用品检验检测中心投入运营。高质量举办第四届中国（杭州）国际快递业大会。

（三）聚焦主导产业，着力推进产业现代化

制造业高质量发展。全面深化制造业高质量发展攻坚战，做大海康威视、智见科技、康基医疗、千芝雅等链主企业，数字安防、磁性材料、生物医药及健康、新能源等产业均增长20%以上。启动“新工厂计划”，实现规上工业企业数字化改造全覆盖，实施省级转型示范项目3个。完善“控地价、竞贡献”市场化出让方式，强化履约监管。加快存量用地有机更新，推动亩均税收3万元以下低效企业出清，促进小微企业园提质，规上亩均税收增长30%。推进军民融合深度发展。规上工业增加值、数字经济核心产业增加值、工业投资分别增长10%、15%和20%。

大健康集聚发展。深化富春山健康城生命健康产业先行试验区建设，打造全省生命科技产业创新集聚地、华东地区新药研发策源地。争创省区域细胞制备中心。用好富春山健康产业引导基金，引进体外诊断、新药研发等重点领域项目15个，建成IVD公共创新服务平台。举办首届中国·桐庐微创医疗器械展会。挖掘和传承中医药养生文化，加快形成以中药制造为基础、中医药健康服务为核心的中医药产业链。

大旅游提质发展。打响“全域旅游再出发”攻坚战，召开旅游发展大会，开展景区提质、品牌打造、服务优化、项目招引“四大行动”。实施桐君山、大奇山、红灯笼等景区改造提升。大力发展乡村旅游，创成AAA景区镇3个，举办首届桐庐大地艺术节、第四届国际民宿发展论坛，建设艺术乡村试点村11个。加快文旅体融合发展，高标准完成亚运马术主场馆和无疫区建设。

（四）聚焦创新驱动，着力提升核心竞争力

育强创新主体。深入实施科技型企业全生命周期梯度培育计划，新增国家高新技术企业30家、省科技型中小企业55家。支持企业源头创新，精准实施科技攻关项目20项、产学研用合作项目10项，新增市级以上企业研发中心10家，鼓励企业新产品新技术应用。

提升创新平台。深化制笔、针织、磁性材料等产业创新服务综合体建设。推进迎春商务区双创平台建设，新增孵化项目20个。启动科技城孵化园国家级科技企业孵化器创建。深化浙江省科创新材料研究院、高温合金研究院建设，建设笔业产业技术创新研究院。

优化创新环境。加强知识产权保护，畅通产学研用转化机制，健全县科技创新云服务平台，建立科技项目动态储备库，推广“揭榜挂帅”科技攻关模式，实现技术交易额2亿元、有效发明总量650件、万人发明专利拥有量15件以上，新增“浙江制造”标准6项以上。充分发挥院士村作用，用好浙江人才大厦、招才驿站等平台，举办第十届科技人才周、创新创业大赛活动，引育国家、省级人才计划专家10名以上，培育高技能人才900名以上。

（五）聚焦数字赋能，着力释放发展活力源

数字赋能改革。深化智慧政务，建设全县数据枢纽，推广浙政钉移动办公。全力建设一键直达的“指尖上的行政服务中心”，“网上办”“掌上办”均实现85%以上，公民个人事项就近办达90%以上。优化升级20项群众、企业全生命周期“一件事”。建成工业大数据平台，深化“亲清在线”实践。深入推进资源要素市场化配置改革，完善国土空间基础信息平台，探索“云上供地”等改革，打造全国县级公共资源交易平台桐庐样本。

数字赋能城市。推进“城市大脑”建设，深化“先离场后付费”“30秒入住”“20秒入园”等场景应用，推动城市公共管理、服务、安全数字化改革。积极开展街区数字治理试点。以数字化推动城乡统筹发展，探索“教育+VR”模式，打造数字教育先行示范区。加快新型基础设施建设，推动充电桩、5G基站等新基建设施加速扩容，新增5G基站300个，建设富春未来城5G示范区。

数字赋能乡村。建设“数字乡村大脑”，培育数字乡村试点7个，加快莪山“全国少数民族5G示范应用第一乡”建设。建立农业特色产业基础数据库，深化蜂产业数字化省级试点。推进“农业+互联网”建设，丰富数字营销模式，培育农村电商示范品牌企业2家以上，农产品网络零售额增长10%以上。

（六）聚焦城乡统筹，着力打造美丽新标杆

夯实美丽生态底板。坚决打赢美丽生态提升攻坚战，创建“绿水青山就是金山银山”实践创新基地、国家生态文明示范区。不折不扣做好第二轮中央生态环境保护督察问题整改。持续深化“八清零”，统筹推进大气综合治理，空气质量优良率保持在94%以上，PM2.5年均浓度保持稳定。加快县城污水处理厂改造，乡镇（街道）污水零直排区建设实现全覆盖，新增农村生活污水标准化运维点位200个。实施国土绿化行动，新增造林4000亩。推动生活垃圾分类扩面提质，创建示范单位50家，城乡生活垃圾总量下降2%。开展“无废城市”建设，建成运营循环产业园一期，建成工业固废利用处置项目3个、再生资源回收点150个。强化农用地土壤环境分类分级污染防治。

高品质建设美丽城镇。完成县乡两级国土空间规划、桐庐东站和柴埠等重要区块规划编制。深入实施亚运城市建设攻坚战，加快城市有机更新，推动城西、青山工业园区等重点区块提升，推进乔林、新建等城中村改造，实施老旧小区提升改造11个。完善城市公共服务、环境卫生、市政公用等基础设施，建设无障碍环境先行县。推进滨江风光带、大奇山风光带建设，新增绿地10万平方米、绿道80公里。优化城乡交通网，加快综合客运枢纽、舞象山路、疏港公路、城南路延伸、肖岭隧道、上港隧道等项目建设。推进城市管理体制改革，持续深化“清洁桐庐”行动，提升精细化管理水平。强化住宅小区物业管理，建设美好家园试点小区4个。积极创建美丽城镇示范县，富春江镇、合村乡创成省级样板，瑶琳镇、横村镇创成市级样板。

激发美丽乡村活力。深入推进美丽乡村3.0攻坚战，创成首批省部共建乡村振兴示范县。加快“五大乡村”建设，打造芦茨区块、梅蓉村、白云村、彰坞村等一批新时代乡村生活样板地。新增精品村5个、风情小镇1个，“四好农村路”100公里、美丽经济交通廊道60公里。做强乡村主导产业和特色产业，“蜂茶果药”全产业链总产值均增长10%以上，创建省渔业健康养殖示范县。全力保障粮食和重要农产品安全，建设高标准农田4.61万亩，确保粮食播种面积不少于12.3万亩，总产量达4.75万吨以上，蔬菜总产量22.28

万吨，种子储备11万斤。推进全域土地综合整治，新增规划指标额度500亩，复垦建设用地600亩。深入推进村集体消薄增收，确保80%以上村实现“5030”。

（七）聚焦平安稳定，着力构建社会安全网

筑牢公共安全防线。建立健全常态化防控机制，有序推进新冠疫苗接种工作，慎终如始抓好疫情防控。严格落实安全生产责任制，加强生产、交通、消防等重点领域安全隐患排查整治，确保重大安全事故“零发生”，生产安全事故数、亡人数明显下降。完善多层级、多灾种的应急救援队伍体系，切实提高减灾救灾能力。持续深化食品安全放心工程，新建放心市场4家、智能“阳光厨房”214家。巩固深化扫黑除恶专项斗争成果，确保平安桐庐“十七连创”。

守住重大风险底线。抓好金融风险防控，有效降低企业“两链”风险。加大问题楼盘处置帮扶力度。强化国有资本精细化管理，严格实行负债限额、定额、刚性管理，探索大统筹、大财政、大保障体系建设。进一步提升国有企业造血功能，实现资产总量、质量“双提升”，化解政府隐性债务30亿元以上。

织密社会治理经纬线。深化“最多跑一地”改革，高效运行县社会矛盾纠纷化解中心，信访事项重复率控制在10%以内。加强“四个平台”“全科网格”建设，实现村（社）综治工作站全覆盖。推进基层民主法治建设，创成国家级民主法治村1家、省级民主法治村8家。深化基层民主协商，打响“花厅议事会”“合议庭”等品牌，进一步提升基层自治能力水平。

（八）聚焦民生福祉，着力增强百姓获得感

推进“美好教育”发展。优化教育资源布局，完善教育人才政策，深化名校集团化办学。推进大奇山中心学校、叶浅予建兰学校、富春江小学、培智学校、横村初中改扩建等项目建设，争创全国义务教育优质均衡县。开展全国学前教育普及普惠县创建，建设柴埠幼儿园，建成投用下轮、青山、健康城区块幼儿园，新增学位1440个。支持华师大附属桐庐学校发展。关注青少年心理健康，促进青少年全面发展。

推进健康桐庐建设。深化医联体建设，加强与上海瑞金医院合作，新增市级以上重点学科2个。深化县域医共体建设，建立整合型医疗卫生服务体系，县域就诊率、基层就诊率明显提升。推广“舒心就医”，提升医疗服务水平。强化人才引育，高层次医疗人才、紧缺型医疗人才均新增30人。加快推进县第一人民医院迁建工程，建成县妇幼保健院迁建工程。促进中医药事业发展。

推进文化文明提升。实施“文化基因解码”工程，绘制桐庐特色文化基因图谱，弘扬传承越剧、剪纸等传统文化，打响红色、慈善等一批文化新名片。实施“文化惠民”工程，推进“书香桐庐”“城市书房”建设，新增星级文化礼堂15家，开展“送文化下乡”200场。加快布局社区多功能运动场、村级全民健身广场、百姓健身房等体育场地，建设小康体育村升级工程9个，举办桐庐国际半程马拉松、横渡富春江挑战赛等活动。巩固文明城市建设成果，深化新时代文明实践中心建设，新增文明示范村10个。

推进惠民实事提质。精心筹办第十届“桐庐百姓日”。新增城镇就业6000人以上，城镇登记失业率控制在3%以内，确保零就业家庭动态“清零”。基本养老保险、基本医疗保险参保率分别保持在99%、99.2%以上。提升改造敬老院4家，新建养老机构5家，新增家庭适老化改造350户，实现示范型居家养老服务中心全覆盖，打造全国农村养老桐庐模式。建设综合型残疾人托养中心、微型康复站。做好农村困难家庭危房改造即时救助。高标准做好对口帮扶工作。

认真办好民生实事。前期，向“两代表一委员”、市民群众等各层面广泛征集民生实事，经过遴选论证，正式形成12件候选项目，提请大会审议。对大会票决确定的民生实事项目，以及省市下达的民生实事工程，我们将全力以赴抓实办好，切实增强人民群众获得感。

（九）聚焦自身建设，着

力提升工作执行力

在县委的领导下，全面加强政治建设，坚持系统思维、保持战略定力，破难争先、实干担当、善作善成，以更强能力、更实作风，打造人民满意政府。

强化法治政府建设。推进全域集成综合行政执法改革，打造“大综合一体化”行政执法样板。深化行政复议体制改革，行政争议案件保持“三升一降”良好态势。依法接受人大监督，自觉接受政协民主监督。高度重视监察监督、司法监督、审计监督、统计监督、舆论监督，认真听取人民群众意见建议。

强化效能政府建设。坚持指标化、项目化、闭环化、协同化抓工作，形成高质量落实的有效机制。严格落实“两抓两转”，持续精简会议、文件。进一步完善政府议事规则，切实提高办事效率。

强化节俭政府建设。坚持政府过紧日子，建立健全厉行节约长效机制，深入推进节约型机关建设，一般性支出、“三公”经费再压减10%，大力缩减会议、活动经费。完善集中财力办大事财政政策体系，严格执行预算绩效管理，建立投资项目预算管理及建设控制标准等制度，提高公共资源、资产、资金利用绩效。

强化廉洁政府建设。严格落实全面从严治党主体责任，深入贯彻中央八项规定精神和省、市、县各项规定，驰而不息纠正“四风”，大力整饬“六大顽疾”。深化廉政风险防控，加大财政预算、重大项目、公共投资、招投标等重点领域监督。完善县政府与县纪委(监委)巡察整改联席会议制度，进一步提高问题整改实效。

各位代表，新的征程已经开启，新的蓝图已经绘就，征途漫漫，唯有奋斗！让我们更加紧密团结在以习近平同志为核心的党中央周围，在上级党委、政府和县委的坚强领导下，真抓实干、奋发拼搏，奋斗美丽新元年，为打造美丽幸福的社会主义现代化示范县而不懈努力！

《政府工作报告》名词解释及说明

1.“六稳”“六保”：稳就业、稳金融、稳外贸、稳外资、稳投资、稳预期；保居民就业、保基本民生、保市场主体、保粮食能源安全、保产业链供应链稳定、保基层运转任务。

2.集采中心：快递物流装备物资集中采购交易中心，是为快递物流企业与装备物资供应商搭建线上线下相结合的集中采购交易平台，提供信息发布、交易撮合、集中议价采购等服务。该中心由蜂网投资有限公司（顺丰、三通一达）与桐庐县人民政府共同发起，由蜂网控股有限公司（蜂网投资有限公司占股40%、桐庐县国有资产投资经营有限公司占股60%）的全资子公司浙江蜂网集采信息技术有限公司负责运营。

3.直融债券：由债务人按照法定程序发行的融资工具，证明债权人有按约定的条件取得利息和收回本金的权利凭证。

4.富春院士村：由中国科学院院士、浙江大学学术委员会主任张泽提出，主要由院士交流中心、院士配套空间、全球新材料科技成果转化中心等组成，专供院士来桐开展产业对接、学术研讨等活动。目前富春江科技城花园式总部1号楼院士交流中心已建成启用。

5.八清零：全面推进国Ⅲ柴油货车和燃油公交车、区域性恶臭异味污染、建设工地扬尘、县域污水直排、集中式饮用水源风险、农业农村污染增量、固废处置设施欠账、用地土壤环境风险等“全面清零”工作。

6.5030：村级集体经济总收入达到50万元以上，经营性收入达到30万元以上。

7.两进一出：快递进厂、快递进村、快递出海。

8.三轨道四高速两水道一机场：杭黄铁路工程、湖州至杭州西连接线工程、杭温铁路工程，杭新景高速公路、杭淳开高速公路、临建高速公路、合温（桐义东）高速公路，富春江航道、分水江航道，桐庐通用机场。

9.两廊一带、一主一副四极：“两廊一带”即富春江区域综合发展走廊、西部区域魅力发展走廊和分水江提升发展带；“一主”即中心城区，覆盖城南街道、桐君街道、凤川街道以及旧县街道；“一副”

即分水镇；“四极”即江南镇、富春江镇、横村镇、瑶琳镇。

10.碳达峰、碳中和：“碳达峰”即中国承诺在2030年前，二氧化碳的排放不再增长，达到峰值之后再慢慢减下去；“碳中和”即到2060年，针对排放的二氧化碳，采取植树、节能减排等各种方式全部抵消掉。

11.“三医联动”“六医统筹”：“医疗、医保、医药”联动改革，“医疗、医保、医药、医院、医生、中医”统筹发展。

12.一中心四平台一网格：“一中心”即社会矛盾纠纷调处化解中心；“四平台”即乡镇（街道）基层治理综治工作平台、市场监管平台、综合执法平台、便民服务平台；“一网格”即基层全科网格。

13.八新八美：是县委十四届十次全体（扩大）会议提出的2021年八方面重点工作，即服务新格局，致力绽放产业之美；打造新优势，倾情呵护生态之美；展现新形象，精致雕琢城乡之美；催生新动能，持续焕发革新之美；引领新风尚，大力弘扬文明之美；树立新标杆，全面彰显治理之美；增进新福祉，用心成就幸福之美；扛起新使命，深耕厚植勤廉之美。

14.九大攻坚战：制造业高质量发展攻坚战、富春未来城建设攻坚战、快递回归攻坚战、“全域旅游再出发”攻坚战、亚运城市建设攻坚战、美丽乡村3.0攻坚战、美丽生态提升攻坚战、平安桐庐建设攻坚战、数字化改革攻坚战。

15.“放水养鱼”行动：围绕“互联网+”、生命健康、新材料三大科创高地，重点扶持一批细分市场有竞争优势、成长性好、具有关键核心技术的优质企业，进一步巩固提升我省制造业、民营经济在全国的领先地位。

16.新工厂计划：以智能制造为主攻方向，推广“数字化设计、智能化生产、网络化协同、共享化制造、个性化定制、服务化延伸”应用，培育平台型超级工厂、冠军型链主企业、标杆型智能工厂、示范型数字化车间、轻量化云端工厂，率先实现以生产组织关系的变革促进生产力的全新布局，将杭州打造为全国智能制造标杆城市和组织型制造中心城市。

17.“控地价、竞贡献”：是指工业用地的地价控制在一定区间内，当地价达到上限时，转为竞税收，税收高者竞得土地。

18.“亲清在线”：杭州市亲清新型政商关系数字平台，是“一键通”的新型政商数字协同系统，2020年3月2日正式上线。

19.“无废城市”：是以新发展理念为引领，通过推动形成绿色发展方式和生活方式，持续推动废物源头减量和资源化利用，将环境影响降至最低的发展模式和城市管理理念。

桐庐县第十六届人民代表大会常务委员会工作报告

——在桐庐县第十六届人民代表大会第五次会议上

桐庐县人大常委会主任　华　健

（2021 年 2 月 25 日）

2020 年主要工作

2020 年是全面建成小康社会和“十三五”规划的收官之年，也是应对新冠肺炎疫情严重冲击和错综复杂国内外形势的极不平凡之年。一年来，县人大常委会在中共桐庐县委的坚强领导和上级人大的指导下，深入学习贯彻习近平新时代中国特色社会主义思想，切实履行宪法法律赋予的职责，为推动民主法治建设和全县经济社会发展作出了积极贡献。全年共召开常委会会议 11 次，听取和审议“一府两院”专项工作报告 3 项、其他报告 14 项，开展特定问题调查 1 项、专题询问 1 次、专项评议 1 次，组织视察、执法检查 10 次，作出决议决定 25 项，提出审议意见 18 件，开展专题调研 7 个，委托主任会议听取工作报告 5 个，任免国家机关工作人员 37 人次，圆满完成县十六届人大四次会议确定的目标任务。

桐庐县人大常委会主任　华　健

一、坚持党的领导，与时俱进推动新实践

常委会始终牢记人大是党领导下的重要政治机关，强化学思践悟，坚定制度自信，全力推动人大工作创新发展。

以理论武装保持政治坚定。常委会坚持用习近平新时代中国特色社会主义思想武装头脑、指导实践、推动工作。组织常委会党组和机关党组理论学习、专题讲座 22 期，深入学习贯彻习近平总书记考察浙江、杭州时的重要讲话精神，习近平法治思想，习近平总书记关于坚持和完善人民代表大会制度的重要思想，《习近平谈治国理政》第三卷和党的十九届五中全会精神，及时传达学习中央及省、市、县委重要会议、重要文件精神。通过学习不断增强“四个意识”、坚定“四个自信”、做到“两个维护”，更加激发筑法治之基、行法治之力、积法治之势的工作干劲。

以行动自觉落实县委决策。以贯彻落实县委人大工作会议精神为主线，围绕打造浙江大花园“耀眼明珠”，全面展示“重要窗口”桐庐风采目标任务，校准人大工作聚焦点、出发点和落脚点。制定向县委请示报告实施办法，先后向县委请示报告召开重要会议、开展重要监督工作等事项15件；认真落实县委主要领导在代表联络站开展接待活动、出席人大常委会第三十次会议时的讲话要求。深化人大与“一府一委两院”五方联席会议等统筹协调机制，深入基层开展县委有关文件和会议精神贯彻落实的督查调研，乘势推动县乡两级人大工作提质增效。

以深化宣传增进制度自信。强化与宣传部门的联动，用足用好新媒体资源，积极向国家、省、市主流媒体平台报送信息稿件254篇，“桐庐人大”微信公众号累计发稿168篇，阅读量超10万人次。精心组织县人大设立常委会40周年系列纪念活动，依托融媒体开展主题宣传，组织宪法法律知识竞赛，召开纪念座谈会、诗歌会、“最美人大代表”表彰会，系统回顾40年来人大常委会取得的发展成就，充分展示人民代表大会制度的优越性和生命力，不断增强全社会制度自信。

以创新精神打造示范成果。坚持在宪法法律框架内拓展工作领域、丰富履职形式、改进方式方法，提升行权实效。在全市率先开展特定问题调查，直击医保扶贫，先后召开21场次座谈会，走访121户特困人员、低保户、低边户，全面核查困难群众参保、医疗救助政策落实情况，作出加强医保扶贫工作决议，交办具体问题7个，进一步织密困难群众基本医疗保障底线网。持续完善讨论决定重大事项工作机制，听取和审议了14个重大事项及报告，依法就疫情防控、六个景区资产收购工作作出决定，为推动县委决策部署和全县中心工作落实提供有力法治保障。深化理论研究工作，民生实事项目代表票决制课题获评省人大工作研究会第七次理论研讨会优秀论文。

二、紧扣中心大局，履职尽责彰显新作为

常委会始终坚持服务中心大局，聚焦重点、精准发力，全力推动县委重大决策部署贯彻落实。

主动助力“两战全胜”。面对突如其来的新冠肺炎疫情，常委会切实发挥制度优势、职能优势和工作优势，依法保障疫情防控和经济社会发展。在抓好省、市人大常委会关于依法防控决定落实的基础上，第一时间作出决定、发出倡议。各级代表积极响应，在驰援和坚守战疫一线、保障物资供应、踊跃捐款捐物、助力复工复产等不同战线上不遗余力，生动践行“我当代表为人民”的庄严承诺。认真落实战疫情促发展“双线作战”部署，主任会议成员带头赴联系乡镇（街道），实地调研重点项目推进情况，集中走访企业界县人大代表，协调解决复工复产难题20余个。围绕“六稳”“六保”任务落实，实地走访企业、金融机构50余家，推动惠企政策落地，金融机构全年新增信贷近八成投向实体经济；监督推进疫情防控常态化下“米袋子”“菜篮子”保供和农民“钱袋子”增收。

致力推动经济高质量发展。专项审议“十四五”规划和二〇三五年远景目标纲要草案编制情况，先后开展2轮调研及区域空间布局专项论证，收集整理意见建议90余条，为绘就桐庐发展新蓝图建言献策。规划纲要草案提请本次大会审查批准。开展经济领域“四大攻坚战”主题监督，办理《加快推进富春未来城建设 打造县域城市样板》大会议案，听取和审议快递回归攻坚战推进情况专项工作报告，打好视察调研、代表问政“组合拳”，调研各类企业50余家、重点项目20余个、产业平台及小微园区40余个，分片区、分行业、分条线组织座谈交流15场次，各级代表参与160余人次，并及时开展主题监督“回头看”，对梳理形成的五大类80余个问题建议，督促整改落实70余个。专项评议县经信局工作，持续跟踪促进民营经济高质量发展审议意见落实情况，对加快项目推进和园区建设、有效盘活低效用地、数字赋能转型升级、支持市场主体自主创新和品牌建设等方面提出要求，推动补齐补强工信经济发展中的短板弱项。开展“决胜季”工作调研，就重要经济指标落实、重大项目招引等年度收官工作提出具体建议。与省市人大联动开展数字经济发展专题调研，积极推进数字产业化、产业数字化、治理数字化。

保障公共财政高效运行。完善预算草案“三审”制，对城管执法局、人社局等五个部门预算进行重点审查，提升部门预算编制科学性和监督实效性。抓实政府投资项目审查监督，对31个新增类重大项目开展2轮联审，其中对19个5000万元以上项目进行票决，对2个前期不到位的项目提出调整或暂缓建议，批准调整概算项目14个；视察调研项目实施情况，助力提升项目质效；紧盯项目竣工决算，综合分析2013—2018年常委会审查批准的115个项目决算情况，推动政府更加重视竣工财务决算、规范项目绩效评价。政府投资项目全周期审查监督体系不断完善，促使政府出台政府性（国有企业）投资项目建设控制标准、政府投资预算管理等办法。深化国资、债务、审计监督，听取和审议企业国有资产管理情况报告，主任会议听取政府全口径债务管控工作报告，跟踪督促审计发现问题整改落实，推动相关单位整改问题29个，涉及金额7660万元。

深化推动美丽生态建设。听取和审议年度环境状况和环境目标完成情况报告，完善乡镇（街道）听取环境状况报告工作机制，切实跟踪中央生态环保督察问题整改落实。围绕贯彻落实《杭州市生活垃圾管理条例》，召开垃圾分类专项监督工作部署钉钉视频会，五级代表820余人在线参与培训；组织各级人大代表开展视察监

桐庐县第十六届人民代表大会第五次会议

督，就源头管控、资源化利用和末端处置等提出意见建议。视察“污水零直排区”建设工作，推进老旧小区雨污分流改造，提升人居环境。聚焦绿色发展，助力重振旅游品牌，主任会议听取县政府关于创建国家全域旅游示范区工作情况报告，为创建工作提供重要助力。专题调研野生动物保护“一法一条例两决定”贯彻落实情况，推进县政府规范特种养殖行业，全面禁止非法野生动物交易。

积极促进城乡融合发展。关注“战略规划一张图”，主任会议调研国土空间规划编制情况。专题视察老城区有机更新情况，督促政府以提升群众获得感为核心，加强统筹谋划、强化过程监管、提升项目绩效，打造独特韵味、百姓向往的特色老城。开展《杭州市居住区配套设施建设管理条例》落实情况调研，督促政府优化居配规划布局、功能设置，提高配建标准，规范设施移交和管理。以“生态宜居、生活富裕”落实为重点，专题调研乡村振兴战略实施情况，跟踪监督村级集体经济增收和债务化解、“三位一体”农合联为农服务中心建设，调研推进美丽乡村运维管理长效机制建设和家庭农场培育工作，促进政府及相关部门更加重视政策引导和机制建设，着力解决发展不平衡不充分问题，加快实现农业农村现代化。

三、聚焦公平正义，民主法治体现新成效

常委会坚持以民主法治建设为己任，切实发挥职能作用，全力推进法治桐庐建设和民生福祉改善。

持续优化法治环境。围绕全面依法治县和县域法治首善之区建设目标，深化落实县政府年度法治政府建设情况向人大报告制度，实现乡镇人代会、街道居民议事会审议法治政府建设报告全覆盖。完善宪法宣传教育工作机制，指导推进宪法公园建设；宪法法律和人大制度理论列为干部学习培训的重要内容，纳入党校主体班教学计划，有力提升全民宪法理念和“关键少数”的法治素养。积极参与县委法治督察，促使政府更好依宪施政、依法行政，为我县成功创建“全国首批法治政府建设示范地区”作出努力。持续探索加强对常委会任命人员的任前和任后监督，完善拟任法律职务人员资格审查、公示制度，推进“一府一委两院”落实干部任命宪法宣誓制度。加强规范性文件备案审查工作，对12件政府规范性文件进行合法性审查。

深化司法执法监督。监督检查《中华人民共和国工会法》贯彻实施情况，首次引入第三方评估，进一步强化执法检查的客观性、针对性和有效性。县乡两级人大联动开展《杭州市公共场所控制吸烟条例》执法检查，检查公共场所120余家，督促政府及相关职能部门进一步理顺控烟工作机制，加大宣传力度，提升执法刚性。专题视察公安工作，就干警队伍建设、“智慧公安”应用、基层服务延伸、强化社会治理等方面提出意见。对“两院”工作开展视察调研，指出要坚持县域治理现代化的法治导向，努力回应群众多元司法需求，支持“两院”全面落实司法责任，提升公正司法水平。

着力增进民生福祉。关注教育事业，跟踪监督教师队伍建设审议意见落实情况，专题调研促进教育高质量发展情况，促使政府强化教育资源投入，完善教师待遇保障，形成良好的教育生态体系。紧盯医疗卫生工作，认真办理《加快提升桐庐县医疗卫生服务能力》大会议案，跟踪监督县卫健局专项评议意见落实情况，深入县级医院开展“体验式”深度调研，实际体验“诊疗”“舒心就医”等流程，督查推进“最多付一次”，助力破解群众“看病难、看病烦”问题，相关建议被吸收到促进卫生健康事业高质量发展政策文件中。与市人大联动开展无障碍环境建设专项督查，督促规范设置盲道、无障碍通道、低位服务台、第三卫生间等设施50余处，让城市建设“有爱无碍”。监督推进社会基本养老保险工作、《浙江省少数民族权益保障条例》落实等，使政府民生兜底工作更精准、更有效。深化民生实事项目代表票决制，首次与政府联动召开专项监督部署会，抓实“一对一”跟踪、代表监督周、满意度测评等监督机制，11项县级政府民生实事项目全部完成年度目标。

积极推动有效治理。听取和审议矛盾纠纷调处化解“最多跑一地”专项工作报告，建议抓实源头治理、优化矛调中心建设、完善全链条解决机制，推动基层社会治理创新。县政府认真落实审议意见，制定首办责任、即接即办等“八大运行机制”，协调法院立案庭、公安信访室、12309检察服务中心等入驻矛调中心，加强基层网格、调解协会等工作力量，大调解格局日益完善。关注扫黑除恶专项斗争，主任会议听取公检法等机关专项报告，推进深化专项斗争常态化和长效化，筑牢法治底线。跟踪监督农民建房决定落实情况，指导督促县政府制定出台建房管理办法。全年受理、督办各类信访件37件次，开展公共法律服务体系建设专题调研，努力维护群众合法权益，提升群众获得感和满意度。

四、发挥主体作用，代表工作迈出新步伐

常委会积极探索增强代表工作活力的有效途径，全力支持保障代表依法履行职责。

深化完善联系制度。推进人大代表进联络站常态化制度化，15名县级领导干部代表赴联络站接待代表和群众，督办代表建议27件；全年各级代表进站接待选民615人次，收集问题建议381个，335个问题得到有效解决。落实常委会组成人员走访联系代表制度，始终保持与代表密切联系。开展“最美人大代表”选树活动，表彰和宣传11名“最美人大代表”及9名提名人选，充分展示代表履职风采，取得良好社会反响。深化代表联络站建设，坚持“全面提质”与“重点示范”相结合，开展年度“最美联络站”比选，优化站点运行机制，有效拓展联络站功能和实效。

抓好议案建议督办。首次开展政府部门议案建议办理业务专题培训，将办理工作纳入承办单位大党建考核，完善重点建议由主任会议成员领衔督办、代表与部门面商、约见承办部门主要负责人、代表小组集体评议办理情况等举措，切实提升办理实效。在政府及各承办单位的共同努力下，县十六届人大四次会议收到的197件代表建议已解决141件，解决率达71.6%；大会期间代表提出的317条审议意见、闭会期间收到的447条建议均同步交办并落实反馈。

强化履职服务保障。以“在县域治理现代化示范县建设中尽人大职责、展代表风采”主题活动为主线，依托“双月活动”、定向视察、代表问政等，组织代表投身产业发展、文明复评、垃圾分类、物业管理、防汛救灾等重点工作，14个代表小组全年开展履职活动112次。完善代表列席常委会会议机制，全年共邀请230余人次代表参加常委会各类会议、活动，拓宽代表议政督政渠道。修订代表活动经费使用管理办法，为代表履职创造更好条件。组织代表赴党校、杭州城研中心开展履职能力提升培训，实现届内县乡两级代表培训全覆盖。首次推行代表小组工作考评、代表履职考核制度，常态化开展好议案建议、先进代表小组评比，组织代表向选民述职，激励代表更好履职尽责。做好全国、省、市人大代表履职服务保障工作。

五、着眼夯基固本，自身建设取得新进步

常委会牢记“打铁必须自身硬”，始终保持良好精神状态，全力提升履职能力和水平。

加强组织能力建设。切实加强常委会及机关党的建设，巩固深化“不忘初心、牢记使命”主题教育成果。重视组织机构建设，办公室增设人大事务保障中心，机关工作力量不断充实。坚持常委会会前学法制度，组织常委会组成人员和人大干部参与“亲清在线”数字平台、民法典、规范性文件备案审查等7期系列讲座，进高校开展履职专业知识培训。建立年轻干部综合培养锻炼机制，提高机关参谋服务和履职保障水平。试点开展市“智慧人大”区县一体化项目建设，为人大及其常委会依法履职提供优质高效服务。积极筹建市人大工作研究会桐庐分会，用好用足专家咨询组力量，组织退休干部调研教育、医疗、重大交通建设项目等工作，充分发挥人大智库优势作用。

持续深化作风建设。以县委巡察人大机关为契机，抓实

“三会”服务等工作整改提升。立足县情深入开展调查研究，结合乡村振兴、法治建设等课题，形成调研成果10余项。认真执行监督报告进展情况、存在问题、意见建议各占三分之一的“三三制”要求。主任会议成员带头深入基层，深化“走亲连心三服务”“三联三送”“季述年评”“五联系一领衔一包案”，扎实做好村社换届、防汛抗台、巡河治水等联系指导；机关干部积极参与疫情防控、垃圾分类、文明“共管日”、结对帮扶等志愿服务，展现人大担当作为。

增强人大整体实效。深化全县人大工作“一盘棋”理念，加大对乡镇街道人大工作的联系指导，加强联动，形成合力。优化对基层人大工作的考核办法，更加注重鼓励创新、打造特色，激励基层创造更多经验成果。认真贯彻《浙江省街道人大工作条例》，成立街道人大工作和建设领导小组，建立常委会交办工作、街道人大报告工作机制，下发街道人大“责任清单”“特色清单”，明确19项具体任务，强化对新时代街道人大工作和建设的领导与保障。支持乡镇人大深入推进人代会规范化、本级预算审查监督、重大项目监督、代表履职管理等工作，更好发挥乡镇人大职能作用。积极探索经济开发区人大工作，创设“街区共建”联动模式，调配工作力量，吸收开发区企业代表为凤川街道居民议事会议成员，半年度街道居民议事会议首次听取开发区、富春未来城工作报告，并建立人大代表和居民议事会议成员讨论商议开发区项目、资金等重大事项工作机制，我县被列入省市开发区人大工作试点单位。

各位代表，同志们，2020年常委会各项工作取得的成绩，是县委高度重视、加强领导的结果，是常委会组成人员和全体人大代表共同努力、依法履职的结果，是县政府、县政协、县监委、县法院、县检察院和各级各部门密切配合、团结协作的结果，是全县人民和社会各界大力支持、积极参与的结果。在此，我代表县人大常委会向全体人大代表和所有关心支持人大工作的同志、朋友表示衷心的感谢和崇高的敬意！

同时，我们也清醒地看到，常委会工作与宪法和法律赋予的职责、与新时代人大工作高质量的要求、与人民群众的期盼仍有差距：监督的刚性、力度和实效有待进一步增强，代表作用发挥有待进一步拓展，常委会及机关创新能力有待进一步提升。对此，我们将在新一年里认真加以改进。

2021年工作思路

2021年是中国共产党成立100周年，是实施“十四五”规划、开启全面建设社会主义现代化国家新征程的第一年，也是本届人大常委会任期的收官之年。常委会工作的指导思想是：坚持以习近平新时代中国特色社会主义思想为指导，全面贯彻党的十九大和十九届二中、三中、四中、五中全会精神，深入学习贯彻习近平法治思想、习近平总书记关于坚持和完善人民代表大会制度的重要思想，全面落实县委十四届十次全会部署要求，立足新发展阶段，贯彻新发展理念，构建新发展格局，坚持党的领导、人民当家作主、依法治国有机统一，紧扣建设“美丽幸福的社会主义现代化示范县”目标，聚焦中心工作、聚情民生关切、聚力依法履职、聚合代表力量，为我县“十四五”开好局、起好步，开启美丽新元年作出人大贡献，以优异成绩庆祝中国共产党成立100周年。

根据这一指导思想，常委会工作的主要任务是：

一、在讲政治顾大局上更加坚定自觉

深入学习贯彻习近平法治思想、习近平总书记关于坚持和完善人民代表大会制度重要思想以及在浙江、杭州考察时的重要讲话精神，用心学、用情悟、用力干，切实将党的创新理论转化为推进新时代人大工作高质量发展的实践力量。组织人大庆祝建党100周年相关活动，加强常委会政治建设，不断提高政治判断力、政治领悟力、政治执行力。更加自觉地坚持党对人大工作的领导，聚焦“全面建设美丽幸福的社会主义现代化示范县”目标任务，与“一府一委两院”增进

共识、强化合力，切实将人大制度优势转化为治理效能，保证县委决策部署得到全面贯彻落实。进一步健全讨论决定重大事项工作机制，坚持和完善年度清单制度，强化调研论证，提高决定决议科学化水平。

根据法律规定，2021年下半年，县乡两级人大代表将进行换届选举。常委会将在中共桐庐县委的坚强领导下，切实加强对换届选举工作的协调与指导，提前谋划部署，强化协同配合，严肃选举纪律，认真学习并严格执行新修订的选举法，严把代表“入口关”，选好新一届代表队伍，切实保障基层群众民主权利。

二、在依法开展监督上打造硬核成果

紧扣县委十四届十次全会精神及“十四五”规划发展新要求，更好发挥监督支持促进作用。聚焦经济高质量发展，与省市联动开展落实“十四五”规划科技创新发展部署、加快建设高水平创新型省份专项审议；围绕做强“1+3”产业体系目标，重点监督推进“快递回归”、全域旅游再出发、富春未来城建设和制造业高质量发展，专题调研金融助力实体经济发展，跟踪监督县经信局专项评议意见和建议落实情况；持续关注农村可持续发展，专题调研农村普惠金融工作，主任会议听取公共财政支持“三农”持续增长机制落实情况报告。加强计划执行、预决算、政府（国有企业）投资项目、国资管理、债务管理和审计监督。聚焦推进美丽生态建设，开展助力“亚运城市行动”专项监督；专题调研美丽乡村3.0建设工作；统筹安排听取和审议国土空间规划、区域规划等实施情况报告，主任会议听取“战略规划一张图”落实情况工作报告。以自然资源保护、“两江”规划执行为重点，听取和审议环境状况和环境保护目标完成情况工作报告；持续关注大气治理、扬尘管控、污水处理、土壤污染防治等工作，更好守护蓝天白云、绿水青山。聚焦营造一流法治环境，总结“七五”普法经验，作出“八五”普法决议，推动宪法公园建成，促进全民守法学法用法水平提升。深化县政府年度法治政府建设情况向人大报告制度；听取和审议司法机关对未成年人保护情况专项工作报告；与省市联动开展《浙江省粮食安全保障条例》《杭州市居家养老服务条例》等法律法规执法检查；专题调研综合执法改革、法治乡村暨“微法庭”建设情况和社会组织参与基层社会治理情况；积极稳妥推进对监察委员会工作的监督；继续做好规范性文件备案审查工作。聚焦改善人民生活品质，持续深化民生实事项目票决制（居民议事制），健全民生实事项目专项监督长效机制。听取和审议普通高中建设与发展情况专项工作报告和退役军人事务工作情况专项工作报告；主任会议听取卫生健康三年行动计划实施情况报告；专题视察水利工程项目建设情况；关注县域综合交通和民族宗教工作；持续监督推进物业管理、食品安全、天然气扩面、老旧小区加装电梯、公交出行等民生问题，让群众有更多更实在的获得感幸福感。

三、在联系服务代表上突出用心用情

始终把牢“代表机关”职责定位，充分发挥我县各级人大代表植根人民的天然优势，全方位协同推进代表工作。开展“助力九大攻坚战，人大代表在行动”大比武活动，组织和引导各级代表亮身份、比实绩、做表率，以实际行动助力县委中心工作更好落实。持续完善“双联系”制度，深化代表列席常委会会议机制，扩大代表对常委会工作的广泛参与。以“最美人大代表联络站”为抓手，进一步优化代表联络站运行机制，推进国家机关负责人进站听取意见、回应群众关切，聚力解决一批基层反应强烈的民生难题，提升站点功能实效。抓细抓实代表履职服务保障、考核管理、表彰激励机制，开展“最美人大代表”和“最美街道居民议事会议成员”风采展示。进一步健全代表议案建议办理机制，优化对承办单位办理情况的考评办法，推进建议办理信息化系统建设，加大“线上”交办、督办力度，构建闭会期间代表意见建议办理闭环，着力推动问题解决。继续做好在桐全国、省、市人大代表履职的服务保障工作。

四、在提升工作质效上坚持守正创新

加大工作创新力度，强化对常委会重点工作、重大任务的统筹谋划、专班运作、整体推进。高质量完成开发区人大工作试点任务，在完善工作运行机制、搭建代表履职平台上谋创新，着力探索推进对开发区财政预算、重大项目、公共事业的监督。贯彻省、市、县委关于推动全域性数字化改革的决策部署，按照“数字赋能、整体智治、高效协同”要求，深化拓展“智慧人大”建设成果，谋划代表履职场景，一体化推进人大工作数字化转型。深入贯彻落实乡镇、街道人大工作条例，不断加强乡镇、街道人大工作和建设，在深化财政预决算审查监督、优化街道居民议事会成员结构等方面加强统筹谋划与指导，鼓励打造更多特色亮点，着力提升基层人大工作水平，更好发挥基层人大在社会治理中的作用。

五、在加强队伍建设上对标严实过硬

全面落实习近平总书记提出的“五个过硬”“七种能力”要求，打造唯实唯先、善作善成、“更专更精”团队文化，着力培育一支与“重要窗口”建设相匹配的人大队伍。发挥党组领导作用，全面加强人大常委会和机关党的建设，推动党建和业务齐头并进、互促共进。坚持会前学法、读书会等机制，组织常委会组成人员和人大干部进高校开展业务培训，不断提高履职队伍的专业能力素质。建好杭州人大工作研究会桐庐分会。加大宣传工作力度，多层次、多角度宣传展示人大工作成果，讲好人大故事，让人民代表大会制度更加深入人心。完善县乡两级人大联系联动机制，进一步增强整体实效。统筹做好人事任免、选举、信访等工作。

各位代表，时代的使命光荣艰巨，人民的期待殷切厚重。让我们更加紧密地团结在以习近平同志为核心的党中央周围，在中共桐庐县委的坚强领导下，依法履职、恪尽职守，为加快我县民主法治进程，全面建设“美丽幸福的社会主义现代化示范县”贡献人大力量，以优异成绩庆祝中国共产党成立100周年！

中国人民政治协商会议
桐庐县第九届委员会常务委员会工作报告

——在政协桐庐县第九届委员会第五次会议上

桐庐县政协主席　王金才

（2021年2月22日）

桐庐县政协主席　王金才

2020年工作回顾

2020年是不平凡的一年。这一年，面对严峻复杂的经济社会发展形势和新冠肺炎疫情的严重冲击，全县上下在县委县政府的坚强领导下，深入贯彻落实中央、省市委决策部署，统筹推进疫情防控和经济社会发展，扎实做好“六稳”“六保”工作，取得了抗疫斗争的重大成果，在大战大考中交出了“两手硬、两战赢”的高分报表。一年来，县政协及其常委会高举习近平新时代中国特色社会主义思想伟大旗帜，在中共桐庐县委的坚强领导下，在省市政协的关心指导和县人大常委会、县政府以及社会各界的大力支持下，全面贯彻落实中央和省市县委政协工作会议精神，紧紧围绕县委十四届八次、九次全会明确的各项目标任务，团结和带领政协各参加单位和全体政协委员，认真履行政治协商、民主监督、参政议政职能，坚持发扬民主和增进团结相互贯通、建言资政和凝聚共识双向发力，为我县打造浙江大花园“耀眼明珠”，奋力展现“重要窗口”桐庐风采贡献政协力量。

一年来，县政协共召开常委会议7次、主席会议11次、党组会议11次，开展协商议政91次、主席会议专题视察7次，向县委县政府提交建议案、调研报告16篇，较好地完成了年初确定的目标任务。

一、保持政治定力，突出党建引领，强化思想政治建设有新高度

坚持中国共产党领导是政协必须恪守的根本政治原则。一年来，常委会坚持党对政协工作的全面领导，切实把县委决策部署贯彻落实到政协工作

的全过程和各方面，做到政治同向、思想同心、行动同步，确保政协事业始终沿着正确方向前进。

旗帜鲜明讲政治。深入学习贯彻习近平新时代中国特色社会主义思想和习近平总书记关于加强和改进人民政协工作的重要思想，认真学习习近平总书记考察浙江、杭州时的重要讲话精神、中共十九届五中全会和省市县委全会精神，推动学习走深走实、入脑入心。始终坚持把政协工作摆在全县改革发展稳定大局中去思考、谋划和推进，高质量完成县委交办的各项任务，坚持年度协商计划报县委县政府审定，重大事项主动向县委请示，重要工作开展情况主动向县委报告，重要协商议政成果主动报送县委县政府，切实增强政治自觉、思想自觉和行动自觉。

贯彻精神重落实。协助县委筹备召开县委政协工作会议，提请县委出台《中共桐庐县委关于新时代加强和改进人民政协工作的实施意见》，制定下发《关于落实中央和省市县委政协工作会议主要任务分工方案》，进一步推动中央和省市县委加强和改进新时代人民政协工作的重大举措落地生根、开花结果。在县委的高度重视下，着力破解“两个薄弱”问题，切实加强政协专委会建设，成立县政协事业发展中心，机关机构设置和人员力量得到进一步优化和加强。

深化党建强引领。深入贯彻新时代党的建设总要求，坚持党要管党、从严治党，充分发挥政协党组在政协工作中的领导核心作用、基层党组织的战斗堡垒作用、共产党员的先锋模范作用，着力提升新时代政协党建工作质量。层层压实工作责任，制定县政协党组落实全面从严治党主体责任分工和专委会综合党支部工作办法，形成上下衔接、无缝对接的党建责任体系。全力打造党建品牌，强化落实“三会一课”、领导干部双重组织生活会、党内谈话等基本制度，开展具有政协特色的组织生活和主题党日活动。县政协离退休干部党支部被评为杭州市最美离退休干部党支部，并在全市离退休干部党支部书记培训班上作交流发言。建立健全党建和履职互促工作机制，把党的建设与政协工作同谋划、同部署、同

中国人民政治协商会议桐庐县第九届委员会第五次会议

推进，做到党建和履职深度融合、互相促进、共同提高。

二、紧扣党政中心，认真履职尽责，助力“重要窗口”建设有新作为

围绕中心、服务大局是人民政协履行职能必须遵循的准则。一年来，常委会始终把服务县委“一个中心、五面大旗、三大保障”作为履职主线，通过有力有效的履职活动，广纳群言、广集众智，切实担负起“落实下去，凝聚起来”的政治责任。

围绕“双线作战”勠力同心。面对突如其来的新冠肺炎疫情，按照省市县委的部署和要求，县政协第一时间发出倡议，动员全县政协组织、全体政协委员和机关干部积极响应县委号召，全力参与打赢疫情防控阻击战和经济社会发展总体战。在战疫中，主席们以上率下、勇挑重担，分别担任县疫情防控指挥部物资保障组组长、“城南保卫战”社区“战区司令”，以实际行动助力我县打赢疫情防控这场大战；委员们立足岗位、各展所长、各尽所能，有的奋战救治一线，有的踊跃捐款捐物，有的参加志愿服务，有的创作抗疫作品，有的开展法律服务等；机关干部们闻令而动，争上战疫一线，主动参与“党员干部志愿战疫大行动”，赴道路卡口、镇村小区值守，守好城门、管好家门、助力厂门，得到了界别群众的点赞和认可。省政协领导也对我县政协在疫情防控中的表现予以批示肯定。亲历这场大战大考，委员们备受教育，深刻感受到中国共产党的伟大和中国特色社会主义制度的优越，深刻感受到县委县政府领导的坚强有力。

聚焦“六大攻坚战”群策群力。始终把服务助推“六大攻坚战”作为履职的重中之重来抓，在助力发展中彰显政协的担当与作为。聚焦快递回归攻坚战，围绕“深化中国快递物流装备物资集中采购交易中心建设，打造‘最强快递’”这一主题，与县委书记“面对面”专题协商，就加强顶层设计、完善平台功能、延伸产业链等方面提出13条意见建议。聚焦传统产业转型升级、制造业高质量发展攻坚战，在深入调研的基础上，提出意见建议。聚焦富春未来城建设攻坚战，组织委员进行专题视察。聚焦平安桐庐建设攻坚战，围绕“深化政府治理与社会自治良性互动，推进县域社会治理现代化示范县建设”主题，开展专题协商。聚焦垃圾分类攻坚战，围绕“进一步深化垃圾分类处理，全力打造全国垃圾分类文明示范县”开展常委会会议专题协商，积极助力我县城乡生活垃圾分类工作。

紧扣民生关切积极建言。持续关注全域旅游，以“打造分水江流域旅游大景区”为主题，组织委员与县长进行专题协商，从建设动因、主要依据、治理价值、内容组成与实现路径等方面提出意见建议。围绕“进一步深化全域土地综合整治工作”“提高我县农业产业化水平，推动农业产业高质量发展”“进一步深化改革创新，推动教育事业高质量发展”“完善医共体建设，推进县域医疗卫生事业健康发展”，开展常委会会议、主席会议专题协商，提出的许多意见建议被县委县政府重视和采纳。围绕县第一人民医院迁建项目、既有小区加装电梯等工作，开展专题视察和民主议政。

助推全面小康献计出力。中共十九届五中全会把促进全体人民共同富裕摆在更加重要的位置，强调“扎实推动共同富裕，不断增强人民群众获得感、幸福感、安全感”。县政协深入谋划，全面开展“百年千名”助力小康公益活动，组织全体政协委员对全县2300余名Ⅰ级、Ⅱ级肢残人士进行全覆盖走访。动员企业界委员弘扬大爱精神，捐赠爱心电动轮椅2500辆，并于12月3日“国际残疾人日”举行助残捐赠仪式，营造全社会关心关爱残疾人的浓厚氛围，真正起到了暖人心、聚民心、筑同心的良好社会效果。持续开展“寻找特殊困难家庭，传递爱心火炬”活动，继续以“一对一”“多对一”的形式进行帮扶，为我县打造“温暖之城”作出了应有的努力，县委主要领导作出批示肯定，并要求不断深化。

三、聚焦主责主业，深化平台建设，发挥专门协商机构作用有新突破

专门协商机构既是人民政协的性质定位，也是工作定位。

一年来，常委会充分发挥“请你来协商”履职平台作用，聚焦党委政府中心任务，坚持调研、协商、监督一体推进，“请你来协商”工作从“花开三两朵”逐步走向“春色满园醉”。

注重总平台规范化建设。按照“专的平台、专的定位、专的水平”的总要求，大力推进县级平台规范化建设，不断规范议题征集、主题确定、协商议政、成果报送等各环节，推动协商工作的高标准、高质量、高效率。专门组建县政协智库，聘请县内各相关行业15名专家为首批智库成员，为“请你来协商”提供智力支持和民意支撑。全年，县级总平台共开展“请你来协商”活动9场，向县委县政府提交高质量的调研成果9篇，提出意见建议91条，许多意见和建议得到县委县政府和有关部门的采纳和落实。

注重分平台精细化发展。进一步推动政协履职触角向基层延伸，提请县委出台分平台规范化建设实施办法，不断完善协商流程、规范协商频次，积极鼓励并指导乡镇（街道）对本地“请你来协商”工作进行探索和研究，精准定位，突出特色，显现亮点。一年来，全县14个乡镇（街道）分平台共组织“请你来协商”活动34场次，并逐步从粗放向规范、扩量向提质、盆景向风景转变，得到了基层党员干部和群众的点赞。同时，充分整合已有阵地资源，新建县政办文化艺术体育界别委员工作站，在桐君街道、合村乡探索建立“协商议事堂”，较好地发挥了基层平台在理顺关系、化解矛盾、推动发展方面的重要作用，使政协履职更接地气、更有底气、更显灵气。

注重协商模式创新化提效。实行“现场协商＋掌上履职＋网络议政”的方式，促进线上线下良性互动。围绕规范村级“小微权力”运行、打造彰坞村新时代乡村生活样板地、绘制合村乡全域旅游蓝图等主题，在乡村篮球场、樟树下、集镇广场，与群众“面对面”、与民意“零距离”开展协商，并采取网络视频同步直播，3场“请你来协商”活动吸引近30万名网友在线观看、留言互动，进一步拓展了政协协商的广度和影响力，并对外宣传了桐庐。

四、致力民生改善，注重提质增效，政协民主监督工作有新加强

民主监督是人民政协的一项基本职能。一年来，常委会牢牢秉持人民政协为人民的履职情怀，紧盯民生焦点、治理难点开展民主监督，不断增进民生福祉。

提案工作更重质量。坚持“质量至上”理念，县政协九届四次会议以来，共收到委员以提案形式提出的意见建议283件，经审查立案208件，所有提案均在规定时间内办复。制定出台县政协提案质量和提案办理质量“双评价”暂行办法，有效推动提案“提得实”“办得好”，该做法得到了市政协领导的批示肯定，并要求推广。充分发挥社情民意小信息、大作用，全年共编报社情民意信息专报24期，其中“关于提前谋划县第一人民医院新院人才队伍建设的建议”得到了县委主要领导的批示肯定。

评议监督更求实效。扎实开展民主评议县市场监管局工作，通过座谈交流、实地视察、广征意见，在以保障食品药品安全和助推产业发展为重点评议的基础上，开展全面评议，共提出五大方面15条建议，积极助推县市场监管局加强和改进工作。对县卫生健康局、应急管理局、数据资源局开展派驻监督，分别围绕加强公共卫生体系建设、提升消防应急救援和执法工作、提高政府数字化转型绩效等主题，通过座谈交流、走访调研、协商建言等方式，形成《民主监督建议书》，有效推动部门改进工作。

专项监督更聚力量。围绕“改善城乡环境面貌”开展专项民主监督，积极助力美丽城乡建设。7月份开始，由主席们带队，分别组成7个督导组，组织发动全体政协委员深入14个乡镇（街道）、所有行政村和社区开展专项督查，共发现问题点位1200余处，经汇总、梳理和归并后整理出548个具体问题，并以《民主监督建议书》的形式反馈至乡镇（街道）和有关部门，形成“监督曝光—交办整改--限期反馈—回头看”的督查闭环，进行强势推进，助力我县持续擦亮美丽城乡“金字招牌”。深入开展农村饮用水达标提标、无障碍环境建设专项民主监督，及时发现问题，并反馈县政府及有关部门。

五、把牢中心环节，广泛凝聚共识，携手共绘同心圆有新举措

团结和民主，是政协工作的两大主题。一年来，常委会充分发挥人民政协作为统一战线组织的大团结大联合优势，兼听各种意见诉求，兼容各方智慧力量，努力寻求最大公约数，画好最大同心圆。

凝心聚力强共识。进一步加强与各民主党派、工商联、人民团体和无党派代表人士的联系，增进与少数民族、宗教界人士的交流，支持和保障党外人士积极参与政协履职活动。建立党外委员谈心谈话制度，通过走访交流达到解疑释惑、凝聚共识的效果。不断加大与市政协的沟通联系，全力助推莪山乡打造“全国少数民族5G示范应用第一乡”和创建“全国民族乡村振兴示范乡”。支持政协之友联谊会、摄影书画会（院）和企业家联谊会等社团强化特色、发挥作用，组织摄影书画会（院）书画家赴那曲开展“文化走亲”活动，捐赠书画作品70余件；企业家联谊会积极服务会员企业，关心关注我县快递产业发展，加强与南京邮电大学对接联系，探索推动校企合作。

存史资政扬文化。注重以文化人、以史资政，积极传承桐庐历史文脉，历时三年编纂出版《桐庐古诗词大集》，共辑录7400首（阕）诗（词），充分展示了桐庐古诗词的学术价值和遗产价值。编写《同心战“疫”——疫情中的桐庐政协人》，组织撰写38篇政协人在疫情防控工作中的难忘经历和抗疫事迹，凝聚了克难攻坚、众志成城的意志和力量。编纂出版《桐庐轶闻录》，进一步挖掘弘扬我县民间文化，丰厚城市文明。

强化宣传造氛围。进一步加强《桐庐政协》杂志及“桐庐政协”微信公众号编发，精心策划《桐庐古诗词大集》首发式，与县融媒体中心合作推出“请你来协商”专刊专栏。加大向上级新闻媒体的信息报送，努力讲好“桐庐政协故事”，全年在《人民日报》、学习强国、《人民政协报》及省政协《联谊报》等省级以上媒体刊用桐庐政协信息100余篇，在省政协新媒体“同心苑”上专题推送14条，3次荣登全国政协“政能量”榜。

六、坚持夯基固本，提升履职能力，全面加强自身建设有新成效

加强政协履职能力建设，是政协事业发展的永恒话题。一年来，常委会主动适应新形势，对标新要求，把加强自身建设摆在更加突出的位置，讲政治、练内功、提士气，不断夯实履职基础，着力推动政协事业高质量发展。

全力打造书香政协。充分发扬人民政协重视学习、崇尚学习的优良传统，通过召开党组会议、主席会议、常委会会议，举办专题培训班、学习会等形式，有计划、多形式、深层次地组织政协委员和机关干部学习政治理论。及时传达学习习近平总书记系列重要讲话精神、全国和省市县重要会议精神，深入学习《习近平谈治国理政》第三卷，专题学习县“十四五”规划和二〇三五年远景目标建议，不断丰富理论知识，全面提升委员履职能力，营造“多读书、读好书、善读书”的浓厚氛围和学思践悟的良好风尚。

切实加强委员管理。不断加强委员队伍建设，引领带动全体政协委员切实做到政治建设挺在前、委员作业做在前、示范引领走在前。进一步优化委员的教育和服务管理，联合县委统战部举办政协委员、党外代表人士培训班。坚持定期走访委员，出台委员活动经费使用管理办法，支持和保障委员依章程履职。修改完善政协乡镇（街道）工委、专委会活动小组和委员履职考核细则，激发政协组织和政协委员履职的积极性和主动性。

积极创建模范机关。加强专委会履职能力建设，不断推动专委会高效运转。加大年轻干部能力水平培养力度，出台加强中层干部队伍建设十五条意见，努力建设一支“提笔能写、开口能说、遇事能干”的“三能”型中层干部队伍。加强机关党的建设，充分发挥党员先锋模范作用，积极参与垃圾分类、全国文明城市复评等志愿服务，充分展现新时代政协机关干部的风采风貌。深入推进党风廉政建设，自觉接受派驻纪检监察组监督，全力支持配合县委巡察工作并落实整改任务，着力营造风清气正的政治生态。

各位委员，中共桐庐县委切实加强对政协工作的全面领导，县委常委会多次听取县政协党组工作汇报，研究审议政协年度协商监督计划和重要事项，全力支持政协开展各项履职活动。县委县政府主要领导多次出席政协重要会议和活动并作重要讲话。一年来，县委县政府领导出席政协重要会议和活动37人次，领办政协重点提案11件，充分体现了县委对新时代人民政协事业发展的高度重视和大力支持。

我们深切感受到，过去一年县政协常委会取得的成绩，是中共桐庐县委坚强领导和省市政协加强指导的结果，是县人大常委会、县政府有力支持和各部门（单位）、乡镇（街道）及社会各界关心帮助的结果，是县政协各参加单位和全体政协委员共同努力的结果。在此，我代表县政协常委会表示最衷心的感谢！

对照新时代人民政协的新使命、中央和省市县委的新要求、全体委员和人民群众的新期待，我们也清醒地认识到工作中还存在一些问题和不足。主要是：政协系统党建体系不断健全，但党建工作仍然任重道远；“请你来协商”工作得到有效开展，但协商质效还需进一步提高；委员履职活力得到激发，但委员主体作用发挥还有差距等。希望各位委员提出意见建议，使常委会更好地改进工作，提高履职质量。

2021年工作任务

2021年是中国共产党成立100周年，是实施“十四五”规划、开启全面建设社会主义现代化国家新征程的第一年，也是本届政协的收官之年。今年，县政协工作的总体要求是：坚持以习近平新时代中国特色社会主义思想为指导，全面贯彻中共十九大和十九届二中、三中、四中、五中全会精神，深入贯彻中央和省市县委政协工作会议精神，按照县委十四届十次全会部署，紧紧围绕建设“美丽幸福的社会主义现代化示范县”目标，坚持团结和民主两大主题，立足新发展阶段，贯彻新发展理念，构建新发展格局，以服务高质量发展为主线，进一步强化思想政治引领、提高双向发力质效、加强专门协商机构建设，切实提高政治协商、民主监督、参政议政水平，以实干担当为开启美丽新元年贡献政协的智慧和力量，以优异成绩庆祝中国共产党成立100周年。

一、坚持党建引领、理论武装，准确把握政协之“政”

旗帜鲜明讲政治是人民政协的本质要求，中国共产党领导是人民政协事业发展进步的根本政治保证。始终把习近平新时代中国特色社会主义思想作为政协工作的根本遵循，健全完善以政协党组理论学习中心组学习为引领的学习体系，充分利用政协党组会议、主席会议、常委会会议以及委组学习等多种形式，全面加强理论学习，自觉用新思想武装头脑、以新理念定向领航、向新格局寻策问道，不断夯实团结奋斗的共同思想政治基础。围绕庆祝建党100周年，深入开展“百年千名”助力小康公益活动、“百年千幢”文化基因解码工程和“百年百场”六送服务下基层活动以及组织参加“百人百米”长卷《钱塘诗路山居图》书画创作、“最美政协委员”评选表彰等系列活动。深入推进政协党建工作，切实加强机关党支部、离退休干部党支部、专委会综合党支部建设，更好地发挥基层党组织的战斗堡垒作用。积极探索加强政协党建的新载体、新方法，不断丰富党建的形式与内容，全力打造具有自身特色的党建品牌。

二、坚持商以求同、协以成事，深入阐释政协之“协”

人民政协作为专门协商机构，要牢牢抓住协商这一主责主业，大力推进“请你来协商”平台建设。切实加强县级总平台建设，全面聚焦美丽新元年建设，重点围绕深入挖掘、传承和弘扬“药祖文化”“隐逸文化”“诗词文化”等优秀传统文化，高起点谋划桐庐东站区块、城镇郊野单元规划，推进平安桐庐、清廉机关、“温暖之城”建设，打造国际知名、全国一流旅游目的地城市和加快农村电商发展等开展“请你来协商”活动，不断提高协商质量和实效。围绕打造智慧政协，充分发挥智库等“外智”和互联网等新技术作用，积极开展网络议政、远程协商，拓展网上委员履职综合服务功能，推进协商活动从“面对面”向“端对端”“屏对屏”的网络拓展。不断深化小微平台建设，大力推动乡镇（街道）分平台规范化建设实施办法有效实施，建立完善政协领导、专委会联系乡镇（街道）分平台机制，积极探索“协商议事堂”模式，全力打造具有桐庐特色的基层协商品牌。坚持以界别为纽带，积极推进委员工作站、社情民意联系点建设，使协商工作更加贴近基层、贴近群众、贴近生活。进一步提高协商议政实效，聚力聚焦协商高质量，从活动计划制定、组织实施、成果报送、转化运用等关键步骤入手，制定可量化、可操作的评价体系，使每一场协商都有实实在在的效果。积极培育协商文化，坚持“有事好商量，众人的事情由众人商量”，培育与倡导平等、有序、真诚的协商文化，形成“有事多商量、遇事多商量、做事多商量”的浓厚协商氛围。加强协商成果转化运用，坚持“谁调研、谁跟踪”的原则，完善协商成果跟踪问效机制，切实把协商“后半篇”文章抓实做好。

三、坚持围绕中心、服务大局，主动尽好政协之“责”

紧紧围绕县委十四届十次全会的部署与要求，以新时代奋斗者的姿态和干劲，动员全体政协委员主动参与美丽新元年建设，紧扣产业之美、生态之美、城乡之美、革新之美、文明之美、治理之美、幸福之美、勤廉之美等八个方面重点工作履职尽责，全面展示新时代政协人的新样子。围绕快递业发展以及富春未来城、小微企业园、亚运城市建设攻坚战等开展视察监督，在深入调研的基础上，提出一批有分量、有价值的意见建议，为县委县政府科学决策提供参考与帮助。聚焦美丽生态提升攻坚战，持续推进“改善城乡环境面貌”专项集体民主监督，全面动员、全员监督、全力以赴，积极助推我县城乡环境面貌改善。深入开展对县文化和广电旅游体育局的民主评议工作以及桐庐邮管局、县住建局、县医疗保障局等部门的派驻监督工作，通过走访交流、视察调研、问卷调查等多种形式，不断提高评议监督实效。扎实开展提案监督，深入开展提案“双评价”、重点提案领办督办、知情明政周、提案承办大户走访和常委会民主评议提案承办单位等活动，切实提高提案工作质量。

四、坚持心系民生、真情为民，全力尽好政协之“情”

始终坚持以人民为中心的履职理念，让政协履职更有温度、更有活力、更有实效。紧紧围绕推进“三医联动”“六医统筹”集成改革、打造名师名校长队伍等群众高度关注的民生问题开展常委会会议专题协商，助力整体提升我县教育和医疗水平。不断深化“寻找特殊困难家庭，传递爱心火炬”活动，动员全体政协委员主动参与助残扶贫、捐资助学、法治宣传、送医送教等社会公益活动，为桐庐县民生事业进步多献绵薄之力。聚焦群众普遍关切的关键小事，结合自身工作实际，察民情、聚民意、纾民困，充分利用提案、社情民意信息等方式，为群众积极代言，为百姓主动发声。

五、坚持团结民主、凝聚共识，用心画好政协之“圆”

坚持以制度化形式推进凝聚共识，制定出台《关于加强和促进人民政协凝聚共识工作的实施意见》，为做好新时代凝聚共识工作提供支撑与保障。进一步加强同社会各界别、各人民团体、无党派人士的联系与合作，做团结的黏合剂、界别的连心桥，把更多有志之士、有识之士团结凝聚在县委县政府周围。进一步加强与桐庐在外人士的联系，利用亲情友情政协情开展招商引资、招才引智，讲好桐庐故事，传播桐庐好声音，让更多的能人志士了解家乡、建设家乡、回报家乡。进一步加强与上级政协的沟通联系，全力支持莪山乡“全国少数民族5G示范应用第一乡”和“全国民族乡村振兴示范乡”

的建设。充分发挥政协文史工作存史、资政、团结、育人作用，整理编纂《那一缕乡愁》（暂名）、《武盛老街》，积极助推桐庐县文化事业发展。大力支持政协之友联谊会、摄影书画会（院）、企业家联谊会依照章程履职，发挥好社团组织作用。

六、坚持建章立制、强基固本，着力筑牢政协之“基”

始终把加强队伍建设作为新时代人民政协担当新使命、展现新作为最基础最硬核的工作，坚持不懈地抓紧抓实抓好。强化常委示范表率作用，常委会组成人员要带头加强学习，带头遵章守纪，带头做好“委员作业”，努力做政协工作的行家里手、栋梁骨干。强化委员责任担当，完善激励约束机制，建立健全委员履职档案、委员履职考核等制度，定期做好委员履职评估，真正将“委员既是荣誉，更是责任”要求落到实处。健全委员联络机制，创新委员活动方式，完善走访看望委员、专委会联系界别委员制度，把联系服务融入视察调研、协商履职活动之中，让委员在履职活动中站“前沿”、唱“主角”、展“风采”。认真研究和探索委员管理和进出机制，不断夯实换届工作基础。强化机关队伍建设，以打造“书香政协”、创建“模范机关”为载体，大兴学习之风、调研之风、实干之风，强化“今天再晚也是早、明天再早也是晚”工作理念，全面提高机关运作效率。认真做好县委巡察问题整改，全力支持县纪委监委派驻第一纪检监察组工作，推动机关党风廉政建设实现新加强。

各位委员，梦想凝聚力量，奋斗成就伟业。让我们更加紧密地团结在以习近平同志为核心的党中央周围，在中共桐庐县委的坚强领导下，以政协人奋发有为、走在前列的“窗口”意识和目标追求，群策群力、开拓奋进，树立新样子、聚焦高质量、谱写新篇章，为我县全面建设美丽幸福的社会主义现代化示范县而不懈奋斗！

大事记

Important Events

1月

3日　“桐庐日”主题活动在杭州市党群服务中心举行。开展“品桐庐韵味·过向往生活”桐庐特色产品展示和桐庐人文风采展示，及看齐核心•“我们的学习会”、永怀红心·“我和我的祖国、我和我的家乡”、不忘初心·“我们的政治生日”“三心”党建等活动。

4日　全国乡村治理示范村名单公布，桐庐县横村镇白云村上榜。

6日　中央电视台《焦点访谈》栏目报道桐庐县软弱涣散村党组织整顿工作经验。

7日　浙江省科技厅党组书记何杏仁一行到桐庐开展服务企业、服务群众、服务基层“三服务”活动，调研桐庐县产业创新服务综合体及企业生产经营、科技创新等情况。

9—11日　富春山·中国医药生物技术行业年度报告会暨2019中国医药生物技术十大进展发布会在桐庐召开。

10日　桐庐县“不忘初心、牢记使命”主题教育总结大会召开。会议宣读上级主题教育总结大会表彰的先进集体、个人名单和全县党建“大比武”活动表彰文件；对全县党建“大比武”活动示范单位进行表彰。

12日　桐君街道麻蓬村吴家坞“杭派民居”项目通过省生态“坡地村镇”建设项目专家指导组验收，成为桐庐县首个通过省级验收的试点项目。该项目还被评选为首批生态“坡地村镇”建设典型案例。

14日　桐庐县工商联（总商会）第十一次会员代表大会召开。

15日　桐庐县基层党建、人才工作和法治建设述职评议会召开。

是日　桐庐县档案馆新馆暨桐庐县智慧档案中心开馆。

16—20日　中国人民政治协商会议桐庐县第九届委员会第四次会议召开。

18—21日　桐庐县第十六届人民代表大会第四次会议召开。

20日　国家林业和草原局认定第一批3947个国家森林乡村，桐庐县百江镇乐明村、莪山畲族乡新丰民族村、瑶琳镇百岁村、横村镇白云村上榜。

22日　桐庐县四套班子领导“季述年评”第四次会议召开。会后，传达学习习近平总书记关于新型冠状病毒感染的肺炎疫情重要指示精神和李克强总理批示要求、国务院常务会议工作部署，以及省市相关工作要求，专题部署桐庐县贯彻落实工作。

23日　浙江省政府紧急召开全省新型冠状病毒感染的肺炎疫情防控工作视频会议，县领导方毅、齐力、陈伟琴在桐庐分会场参加。根据《浙江省突发公共卫生事件应急预案》，会议决定启动重大公共突发卫生事件一级响应。

29日　桐庐县整合定点救治医院（县第一人民医院）四个病区（两个外科、两个内科），加强发热门诊和冠状病毒隔离病房医护力量，从全县各公立医疗机构抽调医护人员投入救治工作。

是日　桐庐县抽派1名护理人员（县中医院米金燕）至浙江抗击新型冠状病毒感染的肺炎第二批紧急医疗队，增援湖北武汉。

30日　杭州市委副书记张仲灿一行到桐庐检查新型冠状病毒感染的肺炎疫情防控工作，并在县防控指挥部召开工作汇报会。

2月

1日　桐庐县举行抗击新型冠状病毒感染的肺炎疫情捐赠仪式，爱心企业代表米友圈科技有限公司、天松医疗公司、兴丰房产公司、中鹰建筑公司、宏兴建筑公司等集中捐赠。

4日　为进一步做好桐庐县新型冠状病毒感染的肺炎疫情防控工作，根据《中华人民共和国传染病防治法》等有关规定，决定自2020年2月4日0时至2020年2月17日24时在县城部分区域内实行出行管控措施。

8日　桐庐县新型冠状病毒感染的肺炎疫情防控工作指挥部（以下简称桐庐县疫情防控指挥部）临时党委暨县委常委会（扩大）会议召开，审议讨论《关于依法全力做好当前新型冠状病毒感染的肺炎疫情防控工作的决定（草案）》和工业企业加强防疫有序复工等事宜。

9日　桐庐县抽调12名医护人员组成医疗队驰援武汉，前往武汉同济医院光谷院区参与救治工作。

10日　国务院新型冠状病毒感染的肺炎防控工作指导组和杭州市疫情防控“八大机制”工作明查组分别对桐庐县防控工作进行督导检查。

是日　桐庐县中小学生“线上课堂”开课。

11日　桐庐县疫情防控指挥部发布《关于惠企政策“春风2020”（第二批）暨严格做好疫情防控帮助企业共渡难关的政策意见》。

13日　桐庐县疫情防控指挥部发布《关于在桐庐县域范围内推广使用“杭州健康码”的通告》，要求出行管控区内的城南街道全域和凤川街道宝心路以西区域及出现确诊病例的村（社）、小区出入人员实行测温后“通行卡+亮码”通行，其他区域出入人员实行测温后亮码通行。

17日　桐庐县新冠肺炎疫情研判专家论证会召开，浙江大学公共卫生学院教授陈坤、浙江省省级流行病学专家丛黎明等7位省内公共卫生领域专家应邀参加。专家组对前一阶段实施出行管控措施以来的成效进行综合评估。

是日　根据新冠肺炎疫情防控形势变化和专家组意见建议，从2月18日0时起，桐庐县疫情防控指挥部对全县管控措施进行调整。

20日　杭州市委副书记张仲灿到桐庐调研指导工作，强调要坚决贯彻落实中央和省、市委各项部署要求，做到疫情防控与复工复产“两手抓、两手硬”，千方百计把疫情风险等级降下来，让经济社会活起来，确保“两战”都能赢。

是日　桐庐县城区公交、城乡客运、出租车、网约车有序恢复运营，以保障复工复产和市民出行的需求。

21日　杭州市委常委、宣传部部长戚哮虎到桐庐开展“走亲连心三服务”活动，看望慰问宣传系统奋战在防控疫情一线的工作人员。

22日　大奇山国家森林公园、桐君山景区有序对外开放。

24日　桐庐县召开新冠肺炎疫情防控工作视频会，深入贯彻习近平总书记重要讲话精神，全面落实省、市新冠肺炎疫情防控工作视频会议精神，对下阶段桐庐疫情防控和企业有序复工工作进行再部署、再明确。

是日　为及时解决企业招工难、复工难问题，桐庐县推出四条“春风助企返岗”政策。

26日　中共桐庐县委、桐庐县人民政府通过视频连线方式，与申通快递、韵达快递举行申通国际总部、韵达全球科创中心等项目签约仪式。

27日　杭州市人大常委会副主任、市总工会主席郑荣胜到桐庐县调研疫情防控和企业复工复产情况。

3月

2日　桐庐县疫情防控指挥部联合执法巡查工作会议召开。

3日　根据新冠肺炎疫情防控形势变化，桐庐县从即日0时起施行新一轮防控措施。

是日　桐庐县新设联合执法巡查总队，下设1个综合协调组和17个联合执法巡查队，结合巩固深化全国文明城市建设工作，按照“联合执法+网格管理+志愿服务”模式，开展疫情防控执法及巡查工作。

5日　浙江省政协副主席陈小平一行到桐庐县调研委员企业复工复产情况。

10日　桐庐县第24例新

冠肺炎确诊患者治愈出院。至此，全县前期确诊的新冠肺炎患者全部治愈出院，实现确诊病例“清零”。

11日　桐庐县“战疫情促发展暨奋进2020”大会举行。

13日　桐庐县金融高质量发展暨全力助推县域治理现代化动员大会召开。

16日　桐庐县疫情防控指挥部办公室下发《关于加强入境来桐返桐人员服务管理的通告》。

18日　浙江省发改委党组成员、副主任徐幸一行到桐庐县调研大花园建设工作。

19日　浙江省委组织部常务副部长张学伟到桐庐开展“三服务”活动。

22日　为进一步落实精密智控要求，全力防范境外疫情输入，尽快恢复正常生产生活秩序，桐庐县疫情防控指挥部对疫情防控措施进行调整。

23日　浙江省政协副主席孙景淼到桐庐调研康养产业发展情况及基层治理工作。

是日　“爱上桐庐”消费嘉年华暨“欢乐游桐庐”活动举行。

26日　桐庐县疫情防控指挥部办公室下发《关于在疫情防控工作中进一步发挥健康码作用的通知》。

27日　桐庐县疫情防控指挥部决定自4月1日起，桐庐客运中心班次（除苏州、无锡班次外），城区及城乡公交（含夜间公交及自然村通车线路）全面恢复运营。

31日　县委政协工作会议召开。

是日　桐庐县党建工作会议暨县委意识形态工作责任制会议召开。

4月

1日　桐庐县召开亚运马术项目推进工作2020年度第一次联席会议，全面部署亚运马术项目建设各项工作。

2日　2020年第一批重大项目“双集中”活动暨韵达全球科创中心项目奠基仪式举行。

8—10日　县委书记方毅率桐庐县党政代表团赴贵州省黔东南州榕江县落实东西部扶贫协作工作。

9日　桐庐县统计调查工作会议暨第七次全国人口普查工作动员会召开。

14日　桐庐县新型冠状病毒感染的肺炎疫情防控工作领导小组办公室发出通知，决定从4月20日起，桐庐县初高中、小学4—6年级开学。

16日　全国人大华侨委员会委员，省十二届人大常委会党组书记、副主任王辉忠到桐庐县调研。

16—17日　浙江省高级人民法院党组书记、院长李占国一行到桐庐县调研。

19日　桐庐县经济工作会议召开。

21—22日　浙江省人民政府省长袁家军到桐庐县调研大花园建设工作。

24日　桐庐县召开十六届人民政府第五十五次常务会议，专题研究《桐庐县支持旅游行业共渡难关的七条意见》《关于进一步规范公安机关警务辅助人员管理工作的实施意见》等事宜。

25日　桐庐县新时代文明实践助力垃圾分类“十百千万”行动暨垃圾分类志愿服务“项目赛、达人赛、示范赛”活动启动仪式在县城中心广场举行。

27日　经桐庐县人民政府批复同意，拟向全县小微企业发放服务券，对全县小微企业购买由政府或签约服务机构提供的小微企业服务项目给予资金补贴，以降低小微企业服务成本，支持小微企业健康发展。补贴额度为单个企业一次性按年度领取服务券总额不超过5000元。申领时间为2020年5月1日至12月31日。

29日　县四套班子主要领导联席会议召开，研究部署富春未来城建设、保“菜篮子”和保粮食安全等工作。

5月

6日　第九届“桐庐百姓日”活动启动仪式在县城中心广场举行。县委书记方毅宣布启动并讲话。县长齐力发布“惠民七条2020”政策。

是日　桐庐县垃圾分类撤桶并点全面铺开。

是日　全国首个快递物流装备物资集中采购交易中心在迎春商务区荣正财富广场上线运行。

8日　桐庐县平安建设暨县域社会治理现代化建设推进会召开。

13日　农业农村部市场司司长唐珂带领调研组到桐庐县调研农业农村重点工作情况。

14日　县委召开2020年巡察工作动员部署会。

15日　桐庐县乡镇（街道）和产业平台党（工）委书记工作汇报会召开。

15—16日　贵州省黔东南州施秉县党政代表团到桐庐县考察。

19—20日　杭州市委副书记、政法委书记张仲灿到桐庐县开展“助万企、帮万户”活动。

20日　浙江省政协副主席周国辉一行到桐庐县，开展高水平全面建成小康社会补短板三级政协联动专项集体民主监督活动。

21日　北京银泰置地商业有限公司拍得富春未来城2号地块。该地块处于富春未来城核心区域——梅林路与320国道（科技大道）交叉口东南侧，总面积约11.24公顷。

27日　桐庐县首批“控地价、竞贡献”工业项目全过程履约监管协议集中签订仪式举行。

是日　江西南昌市进贤县和桐庐县两地举行工作交流座谈会，并缔结友好县。

31日　桐庐县徐凝小学新校园落成。

6月

3日　桐庐县打造美丽乡村3.0版工作座谈会召开。

4日　2020开发区（科技城）商会第一次会议暨“党建联盟促发展，金融服务开发区”活动举行。

是日　南京市高淳区党政代表团到桐庐县考察，两地召开工作座谈会。

5日　学习强国云助团直播桐庐专场上线，吸引3万余人次围观，实现销售额226万余元。

6日　“全国放鱼日”暨浙江省水生生物增殖放流主会场活动在桐庐县举行。

9日　县委全面依法治县委员会第四次（扩大）会议召开。

12日　杭州市“文化和自然遗产日”非遗进景区暨欢乐游杭州——桐庐“全民旅游节”启动仪式在江南古村荻浦花海举行。

是日　杭州市委常委、组织部部长毛溪浩到桐庐县调研村社换届准备工作。

13日　桐庐县党员干部支农大比武暨青创人才助力乡村振兴活动举行。在启动仪式上，“桐庐县党建联盟实践基地”“桐庐县金融服务党建联盟共建共享基地”和党建联盟“红色礼堂”揭牌。

是日　中组部第九批援藏干部人才总领队、西藏自治区党委组织部副部长、中央组织部公务员三局副局长杨晓林到桐庐县调研就业援藏工作，看望西藏那曲籍在桐庐就业的大学生。

16日　浙江省农村文化礼堂运动会启动仪式暨“我们的村运”首站——桐庐站活动在富春江镇芦茨村文化礼堂举行，400多位运动员进行象棋、拔河、乒乓球、体能测试、包粽子等项目的比拼。

18日　桐庐县正式启动第三代智能化残疾人证集中换发工作。

19日　浙江省委老干部局与浙江省农村信用社联合社在桐庐县共同举办“银色家园 共

建共享”启动仪式。

是日　桐庐县召开十六届人民政府第五十九次常务会议，研究亚运马术项目原投资方退出处置及续建工作，桐庐县发展学前教育第三轮行动计划，进一步拓宽市场、激发旅游消费潜力的四条政策等事宜。

20日　杭州市副市长王宏到桐庐县实地检查指导防汛工作。

21日　“越剧与桐庐”论坛暨杭州越剧艺术研究会落户桐庐签约仪式举行。

23日　桐庐县首批十个“春江红”小区功能型党支部成立。

24日　浙江省委常委、统战部部长熊建平一行到桐庐县开展“三服务”活动，调研民营企业复工复产、美丽城镇建设和宗教场所有序开放等工作。

是日　圆通国家工程实验室创新研发基地项目签约仪式举行。

28日　桐庐县首个“飞地入园”项目签约仪式在富春江科技城孵化园举行。

29日　2020年第二批重大项目“双集中”活动暨申通国际总部项目奠基仪式在富春未来城举行，19个项目集中签约、37个项目集中开工。

是日　桐庐县举行以“不忘初心跟党走　红色精神永传承”为主题的纪念中国共产党成立99周年主题党日活动，推出10条红色教育线路。

29日至7月2日　县委书记方毅带领县党政代表团，赴湖州市吴兴区和长兴县、南京市高淳区、常州市武进区、苏州市吴江区参观考察，学习各地城市建设、招商引资等方面的经验与做法。

30日　开发区（科技城）—未来城—凤川街道区街共建•红色联盟正式成立，并发布共建红色联盟十条。

7月

1日　“爱上桐庐”消费嘉年华启动新一轮活动。此轮发放汽车、家电等消费券，这是桐庐县首次上线家电消费券。

2日　桐庐县道路交通安全大会战暨电动自行车整治百日攻坚行动启动仪式在县城中心广场举行。

13日　桐庐县村社组织换届试点工作动员会召开。

14日　浙江省市场监管局党委书记、局长章根明一行到桐庐调研小微企业和个体工商户纾困工作。

16日　桐庐县—榕江县东西部扶贫协作高层联席会议举行。会上，杭州技师学院与榕江县教科局签订职业教育合作办学协议；桐庐县妇联与榕江县教科局签订开展“春蕾计划”协议。

是日　县文明委全体（扩大）会议暨全国文明城市复评誓师大会、“美丽杭州”百日攻坚战和垃圾分类工作推进会召开。

18日　首届富春江渔获节暨“百县千碗桐庐味道”江南美食体验季在江南镇举行。

是日　由中宣部组织，人民日报、新华社、中央广电总台等13家中央媒体50余位记者组成的采访团走进莪山畲族乡，开展“走向我们的小康生活”大型主题集中采访活动。

22日　“全国少数民族5G示范应用第一乡”建设暨数字乡村试点启动仪式在莪山畲族乡举行。国家信息中心信息化和产业发展部主任单志广、杭州市政协主席潘家玮应邀出席。

22—23日　浙江省人民政府副省长陈奕君到桐庐调研美丽城乡、生态环保、食品安全、企业纾困等工作情况。

24日　县委十四届九次全会暨县政府十六届八次全体（扩大）会议举行。会议审议通过《中共桐庐县委关于打造浙江大花园“耀眼明珠”奋力展现“重要窗口”桐庐风采的决定》。

25日　桐庐志愿者美化城市大行动暨物业行业助力文明城市建设活动启动，现场发布“物业行业助力文明创建”五条意见。

27日　浙江省卫生健康委二级巡视员徐龙仁带队的省村

社换届督导组到桐庐，专题调研指导村社组织换届试点工作。

8月

3日　桐庐县科学技术协会召开第十一次代表大会。

6日　瑶琳大桥正式竣工通车。瑶琳大桥是连接X502林桃线和S208的主要通道，是亚运马术项目建设的重要保障。

10日　横村时尚智造产业园动工仪式举行。

13日　桐庐县亚运城市行动领导小组会议召开。会上，审议桐庐县亚运城市行动计划纲要；通报文明城市巩固提升、美丽杭州“百日攻坚”、垃圾分类阶段性工作情况。

14日　以“科技伴飞，包裹韵行”为主题的韵达5G无人机发布会在桐庐举行。

16—17日　县委副书记、县长齐力带领县党政代表团赴那曲市色尼区对接落实对口支援工作。

17日　桐庐施强医院开业暨桐庐大健康产业发展顾问聘任仪式在富春山健康城凤栖生命港举行。

18—19日　县委书记方毅率队赴湖州市南浔区考察学习。

22日　浙江省攻坚法治政府建设研讨会在桐庐县召开。

24日　桐庐县法治政府建设再出发动员会暨平安村社和法治乡村建设工作推进会召开。

9月

1日　“2020中国最具幸福感百佳县市”榜单出炉，桐庐位居榜首。

4日　桐庐县融媒体中心获得浙江省互联网信息办公室颁发的互联网新闻信息服务许可证。县融媒体中心移动互联网传播平台“两端”（潇洒桐庐客户端、桐庐发布微博）、“两微”（桐庐发布微信公众号、同乐汇微信公众号）、“一网”（桐庐新闻网）获准从事互联网新闻信息服务。

9日　桐庐县文化旅游投资集团有限公司与浙江富春江旅游股份有限公司资产收购签约仪式举行，桐君山、瑶琳仙境、严子陵钓台、大奇山、天目溪漂流、红灯笼外婆家“六个景区资产”和“景区外四项资产”被县文旅集团收购。

是日　中共桐庐县委召开常委会，深入学习习近平总书记关于“三农”工作重要论述和《中国共产党农村工作条例》《中国共产党浙江省委员会农村工作实施办法》，研究桐庐县美丽乡村3.0版建设工作。

是日　“桐庐少年安全警校·实践基地”试点授牌仪式举行。

11日　桐庐县卫生健康事业高质量发展大会暨“三医联动”“六医统筹”集成改革试点工作推进会召开。

16日　亚运会马术项目主场馆开工仪式在瑶琳镇举行。

16—17日　县委书记方毅带队赴沪走访中通快递和圆通快递。

17日　桐庐县徐霞客研究会挂牌成立，为浙江省第7家县级徐霞客研究会组织。

20日　首届桐庐·生仙里半程铁人三项赛在合村乡开赛。来自杭州、宁波、温州等地的200余名选手在近26公里的赛道上展开天然水域游泳、公路自行车骑行、公路长跑等角逐。

24日　桐庐县打造美丽乡村3.0版工作动员会召开。

25日　2020年第三批重大项目“双集中”活动暨中通快递第二总部项目奠基仪式在富春未来城举行，19个项目集中签约、34个项目集中开工，计划总投资超230亿元。

是日　桐庐县富春山健康城管委会被授予首批长三角现代服务业示范基地。

26日　由全国工商联礼品业商会和桐庐县共同主办，以“创变 聚变”为主题的中国礼品企业100强桐庐峰会开幕。

28日　以“美丽长三角生态健康游”为主题的首届长

三角森林康养和生态旅游宣传推介活动在桐庐县启动。

30日　富春未来城、中通快递、米其林、康明斯项目合作签约仪式举行，标志着中通快递携手米其林、康明斯共同打造的中通快递中国区物流后市场总部项目正式落户富春未来城。

10月

10日　桐庐县疫情防控常态化暨秋冬季疫情防控工作会议召开。

11日　稻香百江田园音乐节在百江镇联盟村举行。启动仪式上，肖邦国际艺术中心、杭州西子画院、北京褴蓝等文创企业与百江镇签订合作协议。

13日　桐庐县村（社区）组织换届工作会议召开。

是日　河南省人民政府副省长武国定一行到桐庐县考察乡村振兴工作。

14—17日　县委书记方毅率县政企代表团赴合肥市、深圳市考察，学习先进地区创新引领高质量发展的经验与做法。

15日　富春污水处理厂（三期）项目开工仪式举行。这是桐庐县首座半地埋式污水处理厂，标志着桐庐县污水处理设施建设迈出生态共融的新步伐。

18—19日　安徽省潜山市党政代表团到桐庐考察。19日上午，两地召开工作座谈会，签订缔结长三角友好城市合作框架协议。

21日　杭州市第一人民医院与县妇幼保健院协作签约揭牌仪式举行。

是日　昆明市委副书记杨正晓率党政代表团到桐庐考察。

21—22日　国家邮政局党组成员、副局长赵民率调研组到桐庐开展调研。

24日　以“世界百年未有之大变局与中国共产党治党治国的哲学智慧”为主题的第二届中国哲学家论坛在桐庐举行。

24—25日　贵州省榕江县党政代表团到桐庐县对接东西部扶贫协作工作。

10月26日　天津医疗器械质量监督检验中心与杭州康源随喜医疗科技有限公司战略合作协议签约仪式在开发区（科技城）管委会举行，标志着“国家药监局天津中心”医疗器械检测业务受理服务窗口正式在桐庐设立。

31日　第八届药祖桐君中医药文化节在县城中心广场开幕。

11月

1日　桐庐县第七次全国人口普查入户登记正式启动，3200余名普查员和普查指导员，走进203个普查区、2518个普查小区开展调查，确保“区不漏房、房不漏户、户不漏人、人不漏项”。

是日　位于富春未来城的圆通国家工程实验室项目开工。

5日　杭州市委常委、秘书长、政法委书记、改革办主任许明到桐庐接待群众来访，并调研信访和综合行政执法改革试点工作。

6日　分水消防救援站揭牌暨2020年“119”消防宣传月启动仪式举行。

8日　第九届“君山引凤”科技人才周开幕式暨“富春院士村”开村仪式在科技孵化园举行。

9日　首届知识产权运营京杭论坛暨2020年医疗器械产业高质量发展促进会在桐庐召开。

10日　中央文明办公布第六届全国文明城市入选城市名单和复查确认保留荣誉称号的前五届全国文明城市名单，桐庐县继续保留全国文明城市的荣誉称号，并以全国第九、全省第一的成绩，受到中央文明办通报表扬。

是日　杭州市委常委、组织部部长毛溪浩到桐庐县调研村社组织换届工作。

13日　浙江省抗击新冠肺炎疫情总结表彰大会在杭州举行，会议以视频形式召开，桐庐县设分会场。

17—18日　纪念中国关工委成立30周年暨全国关心下一代工作表彰大会上，中国关工委、中央文明办联合表彰593个先进集体和1907名先进个人，桐庐县老干部周村源获“全国关心下一代工作先进工作者”称号。

18日　文化和旅游部公示“第二批国家全域旅游示范区名单”，桐庐县是杭州市唯一上榜区（县）。

20日　共青团桐庐县第二十二次代表大会开幕。

24日　2020年全国劳动模范和先进工作者表彰大会在北京举行。桐庐县旧县街道西武山村党支部书记、村委会主任王良忠获“全国劳动模范”荣誉称号。

26日　2020智慧中国年会”发布第三届（2020）中国营商环境特色50强评选结果，桐庐县行政服务中心投资项目“一站式”集成改革获“中国营商环境政务环境创新奖”。

11月　中国县域工业经济发展论坛（2020）揭晓2020年度“中国创新百强县”榜单，桐庐县再次上榜，名列第41位，排名较上年度上升6位。

12月

1日　杭州市抗击新冠肺炎疫情总结表彰大会举行，县四套班子领导在桐庐分会场出席，并为桐庐县受表彰的先进个人和先进集体代表颁奖。

是日　浙江省村社组织换届工作督导组到桐庐督导调研村社组织换届工作。

3日　“百年千名”共享小康助残捐赠仪式暨主题歌会在桐庐举行。省政协副主席、党组副书记、省残联名誉主席孙景淼，杭州市政协党组副书记张仲灿，省政协常委、省残联党组书记、理事长蔡国春，省残联副理事长黄树良，省残疾人福利基金会理事长陈玉国，县四套班子领导等参加。

3—4日　杭州市政协党组副书记张仲灿一行到桐庐县调研。

4日　桐庐县“法与生活”服务月暨“国家宪法日”宪法宣传周系列活动拉开序幕。

是日　桐庐县首个应急救援直升机临时起降点适降试飞成功。

9日　位于桐君街道富春路260号的桐庐县首个“百姓健身房＆杭州书房”投入使用。

是日　浙江省气象局首次公布浙江省“乡村氧吧”名单，桐庐县富春江镇芦茨村青龙坞自然村上榜。

10日　纪念桐庐县人大常委会设立40周年暨“最美人大代表”表彰大会举行。

是日　西藏那曲市色尼区党政代表团到桐庐县考察并召开两地对口支援高层联席会。

是日　桐庐县人民法院富春江科技城人民法庭揭牌仪式举行。

14日　杭州市区县（市）协作第三协作组第二轮第五次联席会议在桐庐召开。

是日　杭州市人大常委会党组书记、主任于跃敏一行赴横村镇白云村开展“走亲连心三服务”活动。

是日　桐庐县完成村社组织换届选举工作。

18日　浙江省民政厅公布第三批387个省级引领型农村社区名单，桐庐县横村镇白云村、合村乡后溪村、凤川街道翙岗村、分水镇里湖村、莪山畲族乡中门民族村、百江镇双坞村上榜。

21日　浙江省城乡环境整治工作领导小组印发《关于全省新时代美丽城镇建设工作2020年度样板城镇和达标城镇考核验收结果的通报》，桐庐县分水镇、莪山畲族乡入选美丽城镇省级样板。

23日　杭义温铁路（凤川段）征迁工作动员会在凤川街道召开，标志着杭义温铁路（凤川段）征迁工作正式启动。

26日　2020第十五届中国全面小康论坛在广东省中山市举行，桐庐县获评“2020年度中国全面小康十大示范县市”；“美丽乡村3.0版”获评“2020年度中国十大社会治理创新典范”。

27日　第三届“桐庐企业

家日”活动举行，揭晓桐庐县企业家名人堂、群英榜、新锐榜。

28日　“春江云渡”直播基地启动仪式暨桐庐县首届直播大赛颁奖典礼举行。

30日　中国工程院院士、中国工程院原常务副院长潘云鹤到桐庐考察。

是日　桐庐建设高水平全面小康社会图片展在桐庐城市规划展示中心开幕。图片展从“脱贫攻坚”“高质量发展”“社会民生”“文化繁荣发展”“深化改革”“生态文明”“社会治理”“党的建设”等八个角度，展现桐庐县建设全面小康的生动实践。

12月　2020年度浙江省志愿服务最美（最佳）典型名单公布，分水镇后岩村获“最美志愿服务村”荣誉称号，桐庐扶手文化助残公益服务中心获“最佳志愿服务组织”荣誉称号。

专　记

Designed To Remember

李为军／摄

专　记

·抗击新冠肺炎疫情·

【概况】 2020年，面对突如其来的新冠肺炎疫情，习近平总书记亲自指挥、亲自部署，党中央统揽全局，14亿中国人民同心合力，取得了抗击新冠肺炎疫情斗争重要战略成果，铸就了生命至上、举国同心、舍生忘死、尊重科学、命运与共的伟大抗疫精神。根据党中央和省、市委的部署，县委、县政府带领全县人民众志成城、迎难而上，实施城南保卫战、全域大决战，夺取战“疫”的重大阶段性胜利。

果断决策、强力执行，牢牢把握疫情防控主动权。疫情初始，桐庐县委、县政府按照上级部署，组建疫情防控工作领导小组、专家组和医疗救治组，制定多项应急措施和工作方案，开展相关人员培训、规范预检分诊和发热门诊管理，做好医疗救治和应急物资准备。1月25日，县政府发布疫情防控工作1号通告，就疫情防控工作做出八项规定。1月27日，桐庐县首例确诊病例出现后，县委当天就全县防控疫情工作再次作出应对。2月4日至2月17日，对城南街道全域和凤川街道宝心路以西区域实施为期14天最严格的人员和车辆管控。2月18日至3月2日，明确将全县疫情防控重点从全域全面防控向重点村（小区）防控转变，从单纯抓防控向既抓好疫情防控又抓好复工复产转变。2月20日，恢复城市公共交通和市域道路客运正常运营；2月22日，景区有序开放；2月24日，科学研判疫情形势，推出四条“春风助企返岗”政策，启动企业有序复工复产。3月10日，桐庐县第24例新冠肺炎确诊患者治愈出院，全县实现确诊病例“清零”。3月11日，桐庐县战疫情促发展暨奋进2020大会举行。3月16日，下发《关于加强入境来桐返桐人员服务管理的通告》，对入境来桐返桐人员服务管理作出具体规定。4月下旬，全县中小学分批复学复课。5月中旬，将疫情防控从应急状态转为常态化防控。

众志成城、共筑防线，全面织密织牢疫情防控网。县委、县政府持续完善疫情防控工作机制，1月24日成立由县委书记、县长任双指挥长的防控工作指挥部，抽调专门力量组建“一办八组”，同步建立指挥部临时党委以及各办组临时党支部，加强对防控工作的统一领导。全县2000余名机关党员干部响应县委、县政府号召下沉一线，2508名党员成为楼道“红管家”，累计提供服务5万余次，全县设卡口806个，检查车辆27.7万余辆、人员51.1万余人。成立抗疫临时党支部74个。根据辖区内病例、密接、重点人员、发热病人四个维度对全县210个村、社区、经联社绘制红黄绿“三色疫情风险图”，对23个疫点实施“一点一方案”，加强管控与健康监测。成立“杭州健康码”平台运行专班，在全县739个村（社）、小区设置“健康码”一站式服务点，全面推广应用。创新设立联合执法巡查总队，每日安排17支巡查队深入县城各社区网格检查防控措施落实情况，并摸索出“70%劝导+20%督促整改+10%依法查处”的工作模式，形成闭环式管理，巩固疫情防控成效。

科学救治、排查密接，确保患者零死亡医护零感染。1月22日，县第一人民医院被省卫健委确定为新冠肺炎救治定点医院后，县委、县政府及相关部门即从全县各公立医疗机构抽调医护人员全面投入救治工作。组建县级专家组，实现各专业专家全覆盖，做到“早发现、早诊断、早治疗”，全县累计报告病例24例，治愈率100%。对县内所报告的确诊病例或疑似病例，开展个案调查，撰写流调报告，排查密切接触者，及时落实管控措施，严格划分疫点并落实消毒、隔离、症状监测等管控工作，从严把握疫点解除标准，做好风险评估与研判。县疾控中心共出动流调人员650余人次，排查密切接触者1464例；上送检测样品3578份；出动消杀人员400余人次，消毒面积33000余平方米；对定点医院、发热门诊开展督查20余次；回复市民来电近5000个；指导属地乡镇对23个疫点6769人员开展每日健康状况监测；完成县内所有确诊病例溯源调查分析。

统筹兼顾、有序复工，把疫情造成的损失降到最低。坚持“外防输入、内防反弹”，在开展精密智控、严密防范境外疫情输入风险的基础上，根据全县疫情控制状况及时落实各项举措，开足马力抢复工、快复产。迅速启动“出发季”，密集开展“我们的早餐会”“我们的视频会”，探索“云招商”“云签约”，落实县领导联系企业项目、驻企服务员、“点将式服务”等机制，出台“春风2020”“金融十二条”“推进制造业高质量发展二十六条”“稳外贸稳外资八条”“助企返岗四条”等系列惠企政策，落实“五减”及企业减负17.58亿元。推广“杭州健康码”“企业码”“亲清在线”“读地云”等应用，启动“爱上桐庐”消费嘉年华，大力推行“直播带货”，桐庐县产能恢复率、复工复产率连续保持在杭州市前列。

（桐庐年鉴编辑部）

【支援湖北抗疫】 武汉疫情发生后，按照国家、省、市统一部署，2020年1月29日，桐庐县抽派1名护理人员（县中医院米金燕）至浙江抗击新型冠状病毒感染的肺炎第二批紧急医疗队，增援湖北武汉。2月9日，抽调钭杰、郑莉、王丹、楼笑燚、徐新、汪婷婷、赵丽艳、汪承志、宋晶、常成、胡霞、徐哲锋12名医护人员组成医疗队驰援武汉，前往武汉同济医院光谷院区，参与疫情救治工作。

【党员干部志愿服务】 2020年，桐庐县参与疫情防控志愿服务的人数突破5万人次，服务时间近30万小时。开展“党员干部志愿战疫大行动”，动员全体党员干部发挥先锋模范作用，带头争当疫情防控“攻坚先锋”。发挥组织部门管理干部队伍的优势，构建“三员三单三机制”，推动干部联企驻企。选派片区服务指导员、重点企业联络员、乡镇平台网格员共计630余人、驻点服务675家企业。出台党建联盟金融“抗疫十条”，安排15亿元帮困资金，推出免息降息等优惠政策。注重在“六稳”“六保”工作一线考察识别干部，是年对疫情防控、复工复产等重点工作中敢于担当、表现突出的10名干部予以提拔重用，专项选调抗疫和复工复产中表现突出干部33人。在全市率先发布关心关爱抗疫一线党员干部“十五条”，开展走访慰问，全县划拨党费（党员捐款）301万元用于“双线作战”，表彰奖励集体8个、个人27名。组织机关党员干部全力投身“党日暖企助复工”行动，汇编助力“两战全胜”十佳优秀事例。

（徐军勇）

【卫生健康疫情防控网编织】 桐庐县第一人民医院院改造提升传染病隔离病房，改造提升负压病房2间，新增负压重症监护隔离病房1间，新建负压手术室1间，新配备体外心肺循环机1台、移动呼吸机1台；组建50余名会诊专家库，确保满负荷运转情况下专家24小时排班需求；组建县级重症医

桐庐县第一人民医院疫情防控隔离点成立临时党支部

疫情防控卡口

疗队及后备隔离病房医疗队各2支，按照13人标准组建，以呼吸、传染病或感染科、重症医学科、急诊医学等医务人员为主，并配备相应设备及防护物资；建设远程会诊平台，运用“互联网+”技术搭建省市县协同的重大传染病救治机制；提升改造桐庐县第二人民医院、县中医院感染性疾病科，感染性疾病隔离专用床位不少于10张；加强重大传染病收治能力建设，新建隔离病房68床，改善基础设施建设，加强供氧、通风、供暖、污水污物处理等设施改造，全县传染病床位数达99张；制定分级启用方案和后备医院启用方案，并建立呼吸、传染、ICU、检验、院感等重点专科人员储备库和人员调配预案，做好应急床位的扩增准备。

（方　菲）

【防控能力提升】 2020年，县委县政府安排财政资金386万元用于实验室提升改造及设备配备。至6月底，完成实验室改造提升工程，并通过试运行调试、检测验收和资质备案。新建成的分子生物学实验室参照《医学生物安全二级实验室建筑技术标准》（T/CECS 662-2020）等要求，拥有2个加强型BSL-2生物安全实验室、1个普通型BSL-2生物安全实验室、PCR试剂准备室、PCR核酸扩增室、PCR产物分析室、测序室等9个功能区，采用全新风负压控制系统，具备新冠、流感、登革、诺如、基孔、寨卡等其他病原微生物的检测能力，核酸日检测能力达1800人以上，为应对重大传染病和突发公共卫生事件提供有力保障。实施《桐庐县公共卫生补短板百日攻坚行动方案》，制定清单式任务34项，完成6项，启动23项。新增2辆负压救护车，为高效高质完成急救转运救治任务提供保障。采用“桌面推演+现场演练”结合的方式开展新冠肺炎疫情防控应急演练，提升常态化防控能力。

（方　菲）

【城南保卫战】 2020年2月3日，随着确诊病例数的不断上升，省市疾控专家评估认为城南街道出现社区聚集性疫情。桐庐县疫情防控指挥部果断采取“紧急性应对、封闭式管控”策略，打响“城南保卫战”。决定2020年2月4日0时至2020年2月17日24时在县城部分区域内实行出行管控措施。实施范围：城南街道全域和凤川街道宝心路以西区域；对县城部分道路实施临时性封闭，严禁车辆和人员进出，具体方案由公安交警部门公布。公交车、出租车、网约车等一律暂停营运。对机动车、非机动车、行人开展身份核查，拒不服从管理的，由公安机关依法处理；对疫情防控工作需要和保障公共事业运行、群众生活及其他涉及重要国计民生的进出车辆和人员实行通行证管理；严格控制出行，对实施范围内的小区（城中村）实行封闭式管理，严禁车辆和人员进出，对确需采购生活必需物资的，实行“一户一人，三天一次”的实名限次出入；对已有确诊病例的楼道单元实行全封闭管理，除工作人员外，其他所有人员一律不得出入户；切实加强管控范围内小区（城中村）的管理和服务。

将严控区域划分为十大“战区”，分别由县领导任“战区司令”，每天数千名机关干部大兵团作战于各“战区”和作战网格。严管严控措施实施后，管控区内疫情得到全面控制，确诊病例数明显下降，从1月27日出现首例确诊病例至严管前的16例，下降为8例，其中7例为主动发现，严管区的核心区内无新增确诊病例，最大限度降低交叉感染、疫情暴发的可能性。

【乡镇疫情防控】 2020年疫情期间，桐庐县内14个乡镇（街道），严格执行城区内外村社同标准、同部署，实施“外防输入、内防扩散”，建立和完善常态化疫情防控机制。统筹镇驻村（社）干部、村（社）干部、网格员和志愿者四级力量，排查登记返乡人员，落实重点人员管控，实行交通管制，设立卡点，工作人员24小时在岗值班，严控疫情，确保重大负面民社情“零”发生。凤川街道下洋洲村党总支被评为杭州市抗疫先进集体。

【疫情防控后勤保障】 新冠肺炎期间，县机关事务服务中心做好物资筹集筹备保障，联系各大超市、商场、商户，保障好卡口组、医疗组、后勤组的设施设备的配备，车辆调配和物资采购；做好物资运输车辆保障，县疫情防控指挥部办公物资、防疫物资的调配运输等车辆保障，出车4300批次，安全行驶9万多公里，防疫物资运输配送130批次；做好隔离点生活物资保障，境外人员隔离酒店用餐相关服务保障53718次；为减少聚集，确保一线工作人员就餐，食堂供餐调整为套餐盒饭，统筹协调县指挥部、交通卡点、下杭社区后勤餐饮保障工作，保障县指挥部、县各交通卡点、下杭社区、凤川街道隔离点、各单位早中晚餐共33000份。

（姚 瑾）

【“春风助企返岗”政策】 2020年2月24日，为及时解决企业招工难、复工难问题，桐庐县推出四条“春风助企返岗”政策，除鼓励企业自行包车外，还对2月底前通过铁路列车（按照二等座及以下标准执行）、客运汽车方式返桐省外的企业员工，实施返岗补贴，车票费用予以全额补贴；对3月15日前返桐的，予以50%补贴；对于通过铁路专列返岗的企业员工，无须承担交通费用并提供到杭到桐的“点对点”免费接送服务；鼓励企业自行包车。对3月15日前租赁合法营运车辆接回县外员工的企业，予以包车合理费用的50%补助；鼓励本县市民在桐就业。对3月底前首次在桐就业的本县市民（签订1年以上劳动合同并依

2020年2月25日，“我们的返岗”直通车发车仪式举行

法缴纳社会保险费6个月以上），按1000元/人的标准由企业申报，经审核后补贴至个人。

【线上助力复工复产】2020年，桐庐县以创新举措助力复工复产，全面启动线上优质服务，推行网上办、远程办、手机办、微信办、邮政办等非直接接触式服务，引导企业群众“线上办”，减少人员聚集。推出企业复工“备案制+承诺制”“云审批”“云招聘”，减材料、减环节，实现企业办事“一次都不用跑”，助推企业复工复产全面提速。创新监管模式，改事前审批为事后监管，推出“互联网+监管”“互联网+督查”，实现“零接触”监管，使监管不缺位、少扰企。用好“亲清在线”平台，再造线上兑现流程，是年底，上线政策23条，累计兑付资金1.6亿元，涉及兑付企业7421家。首推全市商事登记档案“零见面”查询，开通业务办理预约平台，建立“容缺材料后补、证照送达”快速通道，助力企业及时享受复工复产政策红利。对接直播带货、网红营销等新零售服务商，借力阿里巴巴“春雷”计划，帮助企业“线上突围”。

（宋华沼）

【“爱上桐庐”消费嘉年华】2020年3月23日，“爱上桐庐”消费嘉年华暨“欢乐游桐庐”活动举行，县委书记方毅宣布活动启动，县领导齐力、翁嫣、陈伟琴参加。此次消费嘉年华活动，政府拿出1000万元向消费者发放6个大类12种，不少于50万张消费券，推出“4折住民宿、5折住宾馆、6折吃美食、景区免费游、天天领红包”等大幅优惠活动，抢券时间为3月23日到4月10日。6月1日，“爱上桐庐”消费嘉年华启动新一轮活动，此轮消费券发放共设2个消费场景，分别为汽车、家电，桐庐县首次上线家电消费券。

【抗疫宣传】2020年，桐庐县融媒体中心开设《抗击新冠肺炎疫情》专题专栏，推送疫情防控报道3400多条，总阅读量3500余万次；各平台发布辟谣新闻22条次；刊播《公众预防指南》《六步洗手》等各类疫情防控知识25600余条次；制作推出《春天来了 桐庐加油！》《致敬战疫第一线》等系列短视频20多个。拍摄时长28分的抗疫纪录片《桐心战疫》，记录白衣天使、志愿者、公安民警、社区工作人员等一线抗疫人员的抗疫事迹，该纪录片被人民日报客户端转发。县外媒体刊播桐庐的“战疫”报道1800余篇；抖音作品“抗疫路上 我们一路同行”播放量近50万人次；“战‘疫’八礼”公益广告被中国文明网首页刊播。《桐庐县文明实践助力众志成城战“疫”》事例入选中央文明办《建设新时代文明实践中心指导手册》。工作经验被中央文明办专刊推介，并获省委、市委宣传部门的批示肯定。

（吴敏秋　张堂堂）

·2022年杭州亚运会马术项目·

【概况】2019年2月15日，2022年第19届亚运会组委会第三次执行委员会会议正式确定2022年杭州亚运会马术项目比赛在桐庐举办；5月，县委、县政府成立由县委书记任顾问、县长任组长的杭州亚运会桐庐马术项目领导小组，并正式成立第19届杭州亚运会桐庐马术项目管理委员会，统筹推进亚运马术项目建设工作。管委会为临时机构，独立办公，县委组织部从乡镇、部门抽调6名专职工作人员，主任邹建华，副主任余磊、周晨来，并根据实际工作需要分阶段增配。2020年4月8日，根据杭州亚组委要求，县委组织部选派谢旭军、王文广到杭州亚组委挂职。5月，根据无疫区建设需要，抽调杨剑俊任管委会副主任。

2019年，通过比选，经县政府常务会议审议决策，确定杭州赢马体育发展集团有限公司为2022年杭州亚运马术项目社会资本合作方，负责项目投资、建设、运营和管理。2020年5月，因其未能履约，县政府与其解约。6月19日，经政府常务会议审议，决策调整建设模式，全面解除与原社会投资方合作，由县城投集团代政府出资续建亚运马术项目。9月16日，主场馆项目正式开工。

2020年8月13日，桐庐县召开亚运城市行动领导小组会议，审议通过《桐庐县亚运城市行动实施方案》，按照“基础设施更全、城乡面貌更靓、城乡品牌更响、经济发展更快”定位城市建设与发展，实施“八大行动”，即健康城市打造行动、城市国际化推进行动、基础设施提升行动、山水画城守护行动、数字治理赋能行动、产业发展提质行动、文化名城传播行动、文明城市共建行动。9月，县马管委牵头开展迎亚运倒计时两周年系列活动10余场，推进无障碍设施、亚运主题公园建设。

【杭州亚运会马术项目用地】 杭州亚运会马术项目原计划用地77.33公顷，其中永农用地37.2公顷，因永农用地报批受限，2019年6月，项目用地调整为45.2公顷，红线退让后实际建设用地38.67公顷。其中体育用地27.11公顷，配套商住用地11.47公顷。

【杭州亚运会马术项目建设】 2020年5月，马管委牵头召开杭州亚运马术项目方案论证评审会，邀请国内外著名设计单位、马术专家现场参会及视频连线参会。6月，经县马管委牵头协调推动，原设计单位同济设计院引入POPULOUS公司（伦敦奥运会等国际赛事马术场设计单位）提供专业咨询，对设计方案进行调整，优化流线布局，节约政府投资约2.5亿元，设计方案获亚组委及业内专家高度认可。8月，完成主场馆EPC招标工作，中建三局、省建院联合体中标。9月16日，2022年杭州亚运会马术场馆举行开工仪式，国际马联主席、亚马联秘书长均发视频贺电，亚组委副秘书长、杭州市副市长陈卫强，浙江大学党委副书记邬小撑，中国马术协会，中国马业协会，县委书记方毅等领导及嘉宾出席并为项目奠基。12月，杭州亚运马术项目主场馆主体工程基本完工。

【杭州亚运会马术项目配套设施建设】 2020年7月，瑶琳老大桥改造项目开工。10月，110千伏林场变项目和分水江（瑶琳段）水环境提升工程开工。12月，主赛场周边环境提升工程完成方案设计。

【桐庐无规定马属动物疫病区建设】 2020年，桐庐建成无疫区动物及动物产品流通监管平台，并在全省率先使用。在

建设中的亚运会马术馆

14个主要监控卡口建成集自动抓拍、图像识别、预警功能为一体的无疫区区域监控警示系统；完成10个乡镇（街道）畜牧兽医管理站提升改造、易感动物隔离场、交通道路警示标识标牌等基础设施建设；建成省首个县级一流二级生物安全兽医实验室；完成马属动物和赛场周边5公里范围内规模猪场、规模羊场迁出；开展突发马属动物疫情应急视频演练。通过乡镇抽调、区县商调、事业单位紧缺专业招引等方式，建成合计69人的县级畜牧兽医队伍；组织专业技术人员到中科院哈兽研、广州从化考察学习无疫区建设；与浙江中科基因、浙江农林大学等科研机构签订无疫区建设技术服务协议，建立合作机制。

【杭州亚运会马术项目赛后利用】 2020年，县委、县政府谋划马术赛事赛后利用，先后与中国马业协会、浙江大学、内蒙古农业大学、大庆汇友石油科技开发有限公司等10家意向合作单位签订赛后利用合作框架协议，涵盖赛事培训、产业培育、科研教育、演艺表演、建设投资等投资领域。12月，拟落户瑶琳的马产业文商旅综合体项目完成初步方案规划设计。“2020中国马会—上海论道”活动在上海举行，长三角地区20余家马术协会、马业协会、马术俱乐部代表参加，县马管委参加活动。

（余世楠）

总　述

General Survey

总 述

·地理气候·

【地理位置】 桐庐县位于浙江省西北部，钱塘江中游，介于北纬 29º35′—30º05′和东经 119º10′—119º58′之间；东接诸暨，南连浦江、建德，西邻淳安，东北界富阳，西北依临安。全境东西长约 77 公里，南北宽约 55 公里。总面积 1829 平方公里。以县城城南街道、桐君街道为中心，东 20 公里（径距，下同）至牛峰岭界富阳，南 19 公里至羊峤顶界建德，西 39 公里至太阳山界淳安，北 13 公里至陈家山界富阳；东南 27 公里至火烧湾顶界浦江，西南 12 公里至大岩山界建德，东北 16 公里至横山埠界富阳，西北 41 公里至高塘界临安。

【地貌】 桐庐县以丘陵山区为主，平原稀少，属浙西中低山丘陵区。四周群山耸峙，中部为狭小河谷平原，山地与平原间则丘陵错落。富春江由南而北纵贯县境东部，分水江自西北向东南汇入富春江。龙门山主峰牛背脊之观音尖，海拔 1246.5 米，为境内最高峰。在全县总面积中，山地丘陵占 86.3%，平原、水域占 13.7%。

【气象特征】 桐庐气候属亚热带季风气候，四季分明，日照充足，降水充沛。一年四季光、温、水基本同步增减，配合良好，气候资源丰富。年平均气温 17.9℃，较历年偏高 1.8℃较上年偏高 0.3℃，气温偏高为 1959 年有气象记录以来的第二位。全年除 4 月、7 月、9 月较历年略偏低外，其余各月均偏高。其中 1—3 月、5—6 月、10—12 月气温持续偏高，1 月偏高为历史同期第二位，2、3、5、8 月均偏高为历史同期第三位，6 月偏高为历史同期第四位。年极端最低气温 -6.1℃，出现在 12 月 31 日，较历年极端最低气温偏高 3.9℃，但较上年偏低 4.1℃。全年极端最低气温≤ 0℃的冰冻天气 9 天，较历年偏少 19 天，较上年偏少 1 天。年极端最高气温为 38.7℃，出现在 8 月 15 日和 8 月 19 日。全年极端最高气温≥ 35℃的高温天气 39 天，较历年偏多 6 天，较上年偏多 5 天。≥ 37℃的炎热天气 16 天，较历年偏多 1 天，较上年偏多 4 天。桐庐每年都会出现灾害性天气，影响比较严重的有涝、旱、风、雷、雹、雪、冰冻等。

2020 年，桐庐县主要的气候特点是：气温偏高，降水量偏多，日照偏少，气候条件较为异常。具体表现为：春季气温偏高但起伏大，出现春寒晚霜冻天气；入梅早，出梅晚，梅雨期长，梅雨量异常偏多，创历史极值（共出现 8 轮暴雨过程，灾害影响严重）；秋季降水偏少，出现阶段性的气象干旱；初冬多强冷空气影响，多次出现低温雨雪冰冻天气。

·建制沿革·

【概况】 桐庐县始建于三国吴黄武四年（225 年），治所在今桐庐县西 12.5 公里，曾于隋开皇九年（589 年）废桐庐入钱塘县，至仁寿二年（602 年）复置，移治所今桐庐县西 4 公里旧县乡。唐武德四年（621 年）析桐庐西北七乡置分水县，治所在今桐庐县西北分水镇，同时于桐庐置严州。3 年后废严州及分水县。如意元年（692 年）

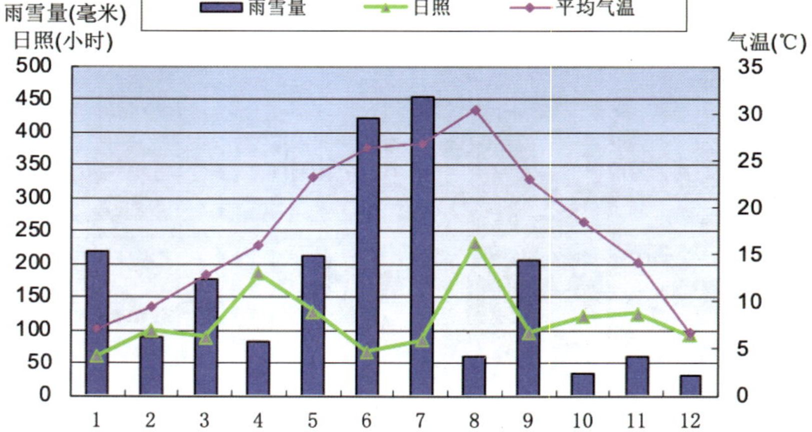

2020 年各月光、温、水要素变化图

复置分水，更县名为“武盛”。神龙元年（705 年）复名分水县。开元二十六年（738 年）移桐庐县于今县治。宝应元年（762 年）析分水西部地置昭德县，治所在今桐庐县西北；大历六年（771 年）废昭德，还属分水。天祐三年（906 年）划分水东北五乡入临安。1949 年 4—5 月，桐庐、分水两县解放，1958 年 11 月废新登、分水两县入桐庐。1960 年 8 月又废富阳入桐庐，并隶属于杭州市。1961 年 12 月复置富阳县，并将原新登县辖地及原分水县贤德公社划归富阳。今桐庐县政区，基本上为原桐庐、分水两县辖地。

·行政区划·

【概况】 2020 年年底，桐庐县下辖 4 个街道、6 个镇、4 个乡；181 个行政村；22 个社区，其中 15 个城市社区、7 个集镇社区。（见表 1）

2020 年桐庐县乡镇（街道）情况表

表 1

乡镇（街道）	地域面积（平方公里）	行政村数（个）	居委会（个）	社　区（个）
城南街道	84.41	13	—	7
桐君街道	61.86	6	—	7
富春江镇	195.08	15	—	2
凤川街道	166.46	13	—	1
江南镇	81.66	19	—	1
新合乡	73.67	5	—	—
横村镇	120.70	24	—	2
旧县街道	33.29	5	—	—
莪山畲族乡	28.51	7	—	—
钟山乡	111.71	11	—	—
分水镇	299.91	26	—	2
瑶琳镇	217.00	16	—	—
百江镇	233.48	15	—	—
合村乡	121.66	6	—	—
合　计	1829.30	181	—	22

·经济发展·

【经济总量】 经核算，2020年，桐庐县实现生产总值（GDP）376.27亿元，按可比价格计算比上年增长2.1%。分产业看，第一产业增加值25.36亿元，增长0.4%；第二产业增加值160.78亿元，增长2.4%；第三产业增加值190.13亿元，增长2%，三次产业增加值结构调整为6.7∶42.8∶50.5。按户籍人口计算，人均GDP为89800元（按年平均汇率折算为13015美元）。

【财政收支】 2020年，桐庐县完成财政总收入58.3亿元，比上年增长0.4%，其中，一般公共预算收入3422亿元，增长1.4%。一般公共预算支出56.41亿元，增长12.4%。一般公共预算支出中民生支出47.21亿元，增长14.6%，占比较上年提高1.7个百分点。其中，教育支出15.1亿元，卫生健康支出7.96亿元，社会保障和就业支出5.85亿元，农林水支出5.98亿元，公共安全支出3.46亿元，科学技术支出3.03亿元，城乡社区支出1.99亿元。兑现财政各类政策资金4.59亿元，比上年增长33.4%；为企业办理零费用转贷1099户次，转贷规模35.24亿元，比上年增长50.4%。全年国有资本经营收益上缴1.76亿元，同比增长96%。新增外部AA评级国企2家，直接融资比例由4.6%提升至21.4%。

【农业经济】 2020年，桐庐县实现农林牧渔业总产值37.91亿元。实现粮食总产量4.66万吨、蔬菜23.6万吨、水果9.21万吨、水产品0.9万吨、中药材0.51万吨、茶叶0.38万吨。全年“三农”投入29.7亿元。出台“救灾助农”十条政策，落实精准帮扶资金2000万元，纾困帮扶资金1000万元，救灾贷款资金1亿元。全面启动打造美丽乡村3.0版。获评2020年度中国十大社会治理创新典范、全国县域数字农业农村发展先进县，入选国家县城新型城镇化建设示范名单。分水古城、深澳古村入围省大花园耀眼明珠古城古镇名村培育对象。分水镇、莪山乡通过省级美丽城镇样板镇建设试点验收。通过省级美丽宜居示范村规划论证4个、市级美丽宜居示范村验收5个。181个行政村实现乡村振兴规划全覆盖和“3020”目标，142个行政村实现“5030”目标。

【工业】 2020年，桐庐县实现规模工业增加值131.24亿元，比上年增长2.1%，其中规模工业增加值91.79亿元，增长3.1%。规模工业企业中，数字经济制造业增加值增长16.4%。分产业看，高新技术、装备制造业、战略性新兴产业增加值分别增长9.1%、10%、7%。分行业看，计算机、通信和其他电子设备制造业、非金属矿物制品业、专用设备制造业增加值分别增长25.3%、0.1%、9.4%。是年，完成工业企业综合评价972家。列入省级小微企业园建设提升重点县。建成投运小微企业园4个，新增认定省级小微企业园2家。全年新增规模企业53家。入选首批省“放水养鱼”企业培育名单21家。出台春风2020十二条、助企返岗四条、金融抗疫十二条、新制造业二十六条等系列政策，拨付工信经济扶持资金6724万元。规模工业综合能源消费量79.4万吨标准煤（按等价值），比上年上升9.8%，单位工业增加值能耗比上年上升6.5%。

【建筑业】 2020年，桐庐县有承包和专业承包资格的建筑业在库企业71家。全年实现建筑业增加值29.64亿元，比上年增长4.7%，占GDP比重7.9%。

【固定资产投资】 2020年，桐庐县全年固定资产投资比上年增长23.4%。其中交通投资增长165.2%，高新技术产业投资增长89.3%，生态环保、城市更新和水利设施投资增长52.4%，工业投资增长49.3%，项目民间投资增长17.9%。

【房地产业】 2020年，桐庐县商品房销售面积39.88万平方米，比上年增长9.9%，其中住宅类销售面积35.27万平方米，增长27.4%。商品房销售额67.07亿元，比上年增长16.5%，其中住宅类销售额62.62亿元，增长24.0%。

【国内贸易】 2020年，桐庐县实现社会消费品零售总额137.44亿元，比上年下降5.7%。按消费类型分，商品零售额102.89亿元，下降1.7%；餐饮收入34.55亿元，下降15.9%。限上烟酒、粮油食品、日用品类商品分别比上年增长29.1%、17.3%和8.2%。限上汽车类商品比上年增长6.5%。全年新增限上商贸企业72家。实现网络零售额103.12亿元，比上年增长19.3%。

【对外经济】 2020年，桐庐县招商引资项目数187个，比上年增加30个。其中亿元以上项目58个，10亿元以上项目12个，制造业项目92个；协议引资134.7亿元，比上年增长61.1%。实际利用外资1.88亿美元，比上年增长4.2%，其中制造业实际利用外资0.85亿美元，高新技术产业占比34.3%。货物进出口总额75.31亿元，比上年增长0.4%。其中出口70.23亿元，比上年增长1.8%；进口5.08亿元，比上年下降16.2%。全年跨境电商进出口总额3.96亿美元，比上年增长21.6%。其中出口3.44亿美元，比上年增长20.9%；进口0.52亿美元，比上年增长26.2%。全年到境外新设立各类投资企业（机构）2个，增资项目2个。累计备案投资额0.72亿美元。对外承包工程和劳务合作营业额0.25亿美元。完成离岸服务外包合同执行额0.77亿美元，比上年增长6.94%。

【交通运输】 2020年，桐庐县完成交通投资8.2亿元。疏港公路、瑶琳老大桥改造工程、综合客运枢纽、肖岭隧道、上港隧道等重点项目有序推进。完成“四好农村路”新改建项目161个，其中联网公路建设项目48个，低等级公路提升改造项目65个，通乡镇景区改扩建项目27个，病危桥改造21座。实施路面大中修92公里、生命安全防护工程58公里。新建公路服务站6个、乡镇运输服务站1个、港湾式停靠站20个。创建“四好农村路”示范乡镇1个。至年末，境内公路通车里程1969公里。拥有公交线路114条，其中城区公交线路23条，城乡公交线路91条。城区营运公交车120辆，城乡营运公交车286辆，营运出租车156辆。实现主城区新能源公交车全覆盖，拥有新能源公交车213辆，其中是年更新126辆。

【邮电通信】 2020年，桐庐县完成邮政业务收入（不含邮政储蓄银行直接营业收入）14.29亿元，比上年增长27.9%。全年快递业务量2.52亿件，比上年增长60.7%。

【旅游产业】 2020年，桐庐县旅游休闲产业增加值66.33亿元，比上年增长0.8%。接待游客2049.64万人次，全

大奇山国家森林公园

社会旅游业总收入235.79亿元。其中乡村旅游接待游客1520.82万人次，乡村旅游收入15.04亿元。接待入境过夜游客0.43万人次。年末各类旅行社23家，高星级标准酒店11家。全县A级景区15个，其中AAAA级6个、AAA级9个。AAA级以上村落景区9个，其中AAAA级1个、AAA级8个。浙江省景区村庄123个，其中AAA级34个、AA级33个。完成瑶琳仙境等六大景区资产收购。桐君山景区向全球永久免费开放。入选“第二批国家全域旅游示范区名单”。被美国《国家地理》杂志推介为2021年全球最佳旅行目的地之一。年末民宿经营户660家，床位数1.17万张，其中当年新增民宿经营户57户、床位数350张。年末精品民宿101家，其中是年新增11家。全年农家乐（民宿）接待游客585.7万人次，营业收入4.68亿元，比上年增长7.4%。

【金融】 2020年末，桐庐县金融机构本外币各项存款余额716.95亿元，比上年增长24.6%。其中住户存款余额368.19亿元，增长15.5%；非金融企业存款余额238.55亿元，增长30.3%。金融机构本外币各项贷款余额697.06亿元，比上年增长25.4%。其中住户贷款余额299.77亿元，比上年增长21.4%；非金融企业及机关团体贷款余额375.4亿元，比上年增长27.7%。全年新增普惠小微企业贷款49.04亿元，比上年增加12.48亿元。新增个人住房消费贷款34.98亿元，比上年增加16.39亿元。不良贷款余额3.01亿元，比上年增加0.57亿元；不良率0.43%，比上年下降0.01个百分点。银行机构累计减费让利4.6亿元，受惠户数1.82万户次。争取人民银行政策性资金37.09亿元。直接债务融资增加93.65亿元。

2020年年末金融机构本外币存贷款余额及增幅一览表

表2

指　　标	年末余额（亿元）	比上年增长（%）
金融机构本外币存款余额	716.95	24.6
其中：本币存款余额	694.73	24.5
金融机构本外币贷款余额	697.06	25.4
其中：本币贷款余额	696.58	25.3
其中：普惠小微企业贷款	193.78	34.0

【四大攻坚战】 制造业高质量发展攻坚战。全年盘活和新增工业用地233.33公顷，完成工业供地70.8公顷。新开工“152”工业项目2个。康基医疗在香港证券交易所主板上市。获评“省隐形冠军”企业1家、国际首台（套）1个、省内首台（套）3个、“浙江制造精品”项目3个、省级新产品备案项目8个、浙江省级企业技术中心1家、国家智能制造新模式应用项目1个、省“未来工厂”1个、省数字化车间智能工厂1个、市智能制造示范项目1个、杭州市集成电路产业发展项目1个、国家“两化融合”管理体系贯标企业3家。

快递回归攻坚战。制定实施快递物流产业发展规划，入选全省物流示范县综合改革创新试点。建成运营全国首个快递物流装备物资集中采购交易中心。全年新招引落户快递物流产业链项目43个，计划总投资195.5亿元。开展服务快递百日专项行动，落实十条举措。

富春未来城建设攻坚战。全年新签约项目27个，其中亿元以上项目10个，韵达全球科创中心、申通国际总部、中通快递第二总部、圆通国家工程实验室、银泰城、中通快运全球总部等10亿元以上项目全部开工。新开工土地面积68.03公顷，完成固定资产投资48.48亿元，实到外资6010万美元。

传统产业转型升级攻坚战。全年实施技改和数字化改造项目18个，上“云”企业310家。制笔产业工业互联网平台和“织为云”协同织造云平台加快建设推广，上线各类APP20余款，50多家传统企业应用。省级笔业产业创新服务综合体通过省中期验收并实体化运营。中国围巾城开园运营，针织产业创新服务综合体签约企业127家。

·社会事业·

【劳动就业】 2020年，桐庐县实现新增城镇就业人员19065人，城镇登记失业人员实现再就业1431人，年末实有登记失业人员3743人，城镇登记失业率2.42%。发放就业援助卡433张，安置就业困难人员485人。举办各类招聘会48场，服务企业2048家次，达成就业意向5483人。年末贵州、湖北、四川、吉林等22个省建档立卡贫困人员在桐就业人数2454人，其中贵州省529人（榕江县20人）。赴青海、贵州等地举办5场劳务协作招聘会。

【教育】 2020年，桐庐县共有45所幼儿园，在园幼儿14673人，2020学年招生5260人，毕业幼儿4772人。全日制小学27所，在校学生25603人，2020学年招生4549人，毕业学生3920人。普通中学17所，在校学生17077人，2020学年招生5802人，毕业学生5393人。中等职业技术学校2所，在校学生2017人，2020学年招生806人，毕业学生774人。特殊教育1所，在校学生55人（含附设中职班17人）。全县小学巩固率100%，初中巩固率100%，高中入学率99.7%，全县教职工5258人。招引名优教师14名（其中特级教师7名、正高级教师1名），优秀高校毕业生85名。徐凝小学、文正小学、科技城未来幼儿园、富春江幼儿园投入使用。实现中小学、幼儿园班级空调安装全覆盖。

学前教育不断提升，公办入园率72.25%，普惠入园率89.5%。义务教育“提质强校”，开展“互联网+同步课堂”小学27所，标准化学校覆盖率100%。高中教育质量稳中有升，一段线上线484人，上线率30.1%，较上年增长1.7%，享受“惠民七条”升学红包高考录取生2000多名。

推进五育并举，全县完成“人人会游泳”项目培训学生7500名。2020年杭州市中小学生体能素质检测总平均分7个县区排位第一。高等学校新生体质健康测试优良率居全省第八。桐庐中学学生在全国化学奥林匹克竞赛中获一等奖2名、二等奖4名、三等奖9名。

【科技】 2020年，新增国家高新技术企业63家、省科技型中小企业120家。新认定市级产业创新服务综合体1家。新增省重点农业企业研究院1家、省级企业研究院2家、省级企业研发中心3家，市级企业研发中心13家。立项实施省重大科技专项3个。笔业产业创新服务综合体通过省级年度绩效评价，并实体化运营。实施“百名专家进桐庐，百家企业进高校”双百工程。全年发放科技创新券2052.82万元，实际使用创新券571.55万元。

全年PCT（国际专利合作协定）专利申请量3件。发明专利申请量和发明专利授权量分别为540件和97件，比上年增长45.6%和59%。有效发明专利拥有量598件，比上年增长16.6%，万人发明专利拥有量13.72件，比上年增长15.8%。专利质押融资额1.62亿元，比上年增长128.6%。新增杭州市知识产权示范企业12家、试点企业11家。主导制定国家与行业标准3个，完成浙江制造标准立项企业9家，发布实施浙江制造标准9项。新增品字标“浙江制造”认证企业6家。

【文化】 2020年，桐庐县文化产业增加值13.78亿元，比上年增长6.1%。年末拥有公共图书馆1个、乡镇图书分馆12个、文化馆1个、乡镇文化分馆6个。建有乡镇（街道）综合文体站14个，新建杭州书房2家。推进数字化图书馆建设，实现县城公共文化服务网络的互联互通、共建共享。全年开展文化惠民活动261场次，举办“桐庐印记”第二届全民艺术节活动。放映电影3.1万场次，电影票款收入670万元。年末有线电视注册用户数14.71万户。

【体育】 2020年，桐庐县将20余名运动员苗子输送至杭州市。参加杭州市中小学生阳光体育攀岩、射击、武术、篮球等比赛17场，收获项目团体总分第一名5个、金牌67枚、银牌48枚。组织桐庐县中小学生羽毛球、篮球、田径、游泳赛事4场。年末全县体育场地面积158.52万平方米，人均体育场地面积3.64平方米。新建百姓健身房14个、省级小康体育村升级工程2个、省级拆装式游泳池1个、市级健身广场2个，完成体育健身设施维修更新250件。举办抢渡富春江游泳挑战赛、第四届毅行大会、山地穿越挑战赛、全民运动节、浙江省首届街舞冠军赛等赛事活动120场次，参与人员20万余人次。

【卫生】 2020年，桐庐县共有各类卫生机构350个，较上年增加7个。其中医院19个、卫生院10个、社区卫生服务中心（站）107个、诊所（卫生室、医务室、卫生所等）62个、门诊部29个、村卫生室118个、急救中心1个、健康体检中心1个、医学检验实验室1个、疾病预防控制中心1个、卫生健康行政执法队1个。卫生技术人员4448人，比上年增长7.2%。其中执业（助理）医师1707人，比上年增长6.6%；注册护士1662人，比上年增长6.1%。医疗卫生机构床位数2540张，比上年增长4.2%，其中医院2350张，卫生院（卫生服务中心）190张。医院全年总诊疗459.05万人次，比上年下降12.9%。全年无偿献血3629人次，献血量1232.37升，用血量1167升，献血量超用血量5.6%。

·人口、人民生活和社会保障·

【人口】 2020年年末，桐庐县家庭总户数15.01万户，户籍总人口为41.92万人，较上年末增加0.04万人，增长1.0‰，人口自然增长率为2.1‰。在总人口中，城镇人口为21.97万人，乡村人口19.95万人；男性20.81万人，女性21.11万人，人口性别比（女性=100）为98.6。

【人民生活】 2020年，桐庐

2020年9月14日，第四届中国·桐庐抢渡富春江挑战赛举行

2020年年末户籍人口数及其构成情况表

表3

指标		年末数（人）	比重（%）
全县总人口		419220	100
其中：	城镇	219669	52.4
	乡村	199551	47.6
其中：	男性	208131	49.65
	女性	211089	50.35
其中：	0—17岁	64737	15.44
	18—34岁	86099	20.54
	35—59岁	163821	39.08
	60岁及以上	104563	24.94

县全年城镇常住居民人均可支配收入56450元，比上年增长4%。其中人均工资性收入34225元，增长4%；人均生活消费性支出29254元，下降1.5%。农村常住居民人均可支配收入34176元，比上年增长7%。其中工资性收入18956元，比上年增长8.5%；人均生活消费性支出19120元，比上年下降2.5%。农村常住居民人均可支配收入增幅高于城市常住居民3个百分点。城乡居民收入差距进一步缩小，城乡居民收入比为1.65，较上年下降0.05。城镇居民每百户家庭拥有家用汽车49辆；农村居民每百户家庭拥有家用汽车40辆。

【社会保障】 2020年年末，全县参加基本养老保险的机关企事业单位10646个，参保人数23.17万人，参保率99.1%；支付养老金28.89亿元，比上年增长15.7%。被征地农民基本生活保障参保人数4240人，支付生活保障金2.71亿元。基本医疗保险参保人数40.68万人，参保率99.5%；支付医疗费13.57亿元，比上年增长11.9%。工伤保险参保人数15.02万人，支付工伤金0.31亿元，比上年增长30%。失业保险参保人数11.54万人，支付失业金0.97亿元，比上年下降39.3%。生育保险参保人数11.79万人，支付生育金0.4亿元，比上年下降2.3%。年末城乡最低生活保障对象7202户，比上年下降2.3%；支付保障金8600.5万元，比上年增长41.6%。特困人员救助供养对象607人，比上年增长4.6%；支付保障金727.36万元，比上年增长1.9%。

·城市建设·

【市政建设】 2020年，桐庐县新建道路6.34公里，面积16.42万平方米，年末人均道路面积15.88平方米。提升改造老旧小区6个。继续实施既有住宅加装电梯，通过加梯项目联审61处，完工50处。新增停车泊位505个，其中道路两侧泊位285个，停车场泊位220个。完成充电桩建设45个。推动绿道建设，实施富春绿道7段，共计33.4公里；乡镇绿道30条，共计117.12公里。推进“无违建县”复评工作，14个乡镇（街道）完成两轮督查和梳理。农村生活污水处理设施提升改造655处。

江南镇环溪村污水处理设施

【城市绿化】 2020年，桐庐县城绿地面积863.94万平方米，建成区绿地率41.1%，绿化覆盖率43.2%，人均公园绿地面积14.95平方米。

【公用事业】 2020年，桐庐县全社会用电量累计25.34亿千瓦时，比上年增长0.6%。其中全行业用电量20.14亿千瓦时，下降0.5%；城乡居民生活用电5.20亿千瓦时，增长5.2%。供电量22.32亿千瓦时，比上年增长1.6%；售电量21.05亿千瓦时，比上年下降0.4%。全年供水量3144.99万吨，售水量2833.2万吨。其中居民生活用水1240.13万吨，生产经营用水1337.4万吨。全县天然气用户45417户，全年新增4327户。其中新住宅小区2096户、江北老小区602户、中心镇1629户。新增投运中低压管线15公里。

·生态和环境·

【空气质量】 2020年，桐庐县全年空气质量优良天数359天，较上年增加11天，优良率98.1%，较上年提高2.8个百分点。PM2.5浓度27微克/立方米，较上年降低7微克/立方米。生态环境质量综合指数（EI）为88，排名全省第九，位于全市前列。公众生态环境满意度全市排名第三。

【水域治理】 2020年，桐庐县境内水质稳定在Ⅲ类及以上的河道114条，其中Ⅰ、Ⅱ类水质河道数量占河道总数的87%。功能区水质达标率100%，窄溪断面出境水质保持Ⅱ类水质。饮用水源地水质达标率100%。全县水资源总量20.55亿立方米。创成省级美丽河湖2条。完成农饮水达标提标工程三年建设。农村饮用水达标人口覆盖率95%以上。城乡规模化供水工程覆盖人口85.4%。

【森林保护】 2020年年末，桐庐县森林覆盖率75.19%，林木蓄积量755.96万立方米。全年新造林525.6公顷。新建国家森林乡村3个、省级森林康养小镇2个、生态文化基地1个、“一村万树”示范村5个。

说明：

1.本分目中数据由桐庐县统计局提供，为初步统计数，最终结果以《桐庐统计年鉴》为准。

2.本分目中增加值为现价，增加值增长速度按可比价格计算。

3.同口径比是指纳入当年规模统计的企业本期数与这些企业2019年同期数之比。

中共桐庐县委员会

Tonglu County Committee of the CPC

胡　军／摄

中共桐庐县委员会

·县委办公室工作·

【县委十四届八次会议】 2019年12月25日，中共桐庐县委十四届八次全会暨县政府十六届七次全体（扩大）会议召开。会议回顾总结2019年工作，明确2020年工作的总要求：深入学习贯彻中共十九届四中全会精神，以习近平新时代中国特色社会主义思想为指导，按照中央和省市委决策部署，全面落实长三角一体化等战略，紧紧围绕“一个中心、五面大旗、三大保障”，坚持稳中求进工作总基调，坚持新发展理念，以深化改革创新为动力，全面推进县域治理现代化，确保高水平全面建成小康社会和“十三五”规划圆满收官，加速开创潇洒桐庐转型跨越绿色崛起新境界。

【县委十四届九次会议】 2020年7月24日，中共桐庐县委第十四届委员会举行第九次全体（扩大）会议，会议学习贯彻习近平总书记考察浙江、杭州时的重要讲话精神，落实省委十四届七次全会、市委十二届九次全会决策部署。会议强调，要增强绿色发展新动能，实施“双招双引”一号工程、发展大智造产业、培育大健康产业、重振大旅游产业，培育更多新的经济增长点。要以创建“绿水青山就是金山银山”理论实践创新基地、全省首批大花园典型示范县为抓手，以更严标准加强生态保护，加速城市能级新蝶变，打造美丽乡村3.0版。聚焦群众急、难、愁、盼事和影响全面小康成色的问题精准发力，在强化民生保障、优化公共服务、建设“温暖之城”上下功夫，全面提升社会治理现代化水平，打造“最具幸福感县级城市”。审议通过《中共桐庐县委关于打造浙江大花园“耀眼明珠”奋力展现“重要窗口”桐庐风采的决定》。

2020年7月24日，中共桐庐县委十四届九次全会暨县政府十六届八次全体（扩大）会议召开

【县委常委会会议】 2020年1月8日，县委常委会专题学法，审议《中共桐庐县委党内规范性文件制定办法》、县第十六届人民代表大会第四次会议各项建议名单、县政府工作报告以及“不忘初心、牢记使命”主题教育总结大会方案等事宜，听取县第十六届人民代表大会第四次会议筹备和常委会工作报告起草情况、2020年政府投资项目计划编制情况、2019年财政预算执行情况及2020年财政预算编制情况、《桐庐县人大常委会关于进一步规范农村村民建房的决定》起草情况、政协第九届委员会第四次会议筹备和常委会工作报告起草情况等事项的汇报，研究干部人事工作，书面审议县法院工作报告、县检察院工作报告。

1月14日，县委常委会通报两起安全生产事故情况，听取2019年应急管理工作总结和2020年工作思路汇报，审议群团改革实施方案，听取关于理顺富春未来城运行体制建议的汇报，研究开年第一会表彰名单。

1月27日，县委常委会传达学习中央政治局常委会会议和省、市委常委会会议精神，听取各乡镇（街道）、开发区管委会和县防控办工作汇报，全面部署全县新冠病毒感染肺炎疫情防控工作。

3月11日，县委常委会传达学习十九届中央纪委四次全会、省纪委十四届五次全会精神，审议县纪委十四届五次全会工作报告，传达学习中央、省委农村工作会议精神，研究县委农村工作会议安排，听取《桐庐县政协2020年度协商计划》《桐庐县政协2020年度民主监督计划》有关情况汇报，审议《中共桐庐县委员会关于省委巡视组反馈意见整改落实情况的报告》，专题研究帮扶榕江有关工作。

3月27日，县委常委会传达学习全市“战疫情促发展”比学赶超会议精神，专题学习《交通强国建设纲要》，听取2019年度全县大党建考核和2019年度全县综合考评结果、县人大常委会2020年工作要点、监督工作计划和2020年讨论决定重大事项初步清单等汇报，书面审议《2020年桐庐县组织工作要点》《2020年桐庐县宣传思想文化工作要点》《2020年桐庐县统战工作要点》，书面传达学习《党委（党组）落实全面从严治党主体责任规定》、中央省市宣传工作会议精神、《浙江省贯彻落实〈民主党派代表人士队伍建设规划（2018—2027年）〉若干意见》《中共浙江省委统战部关于转发〈习近平总书记在中央统战工作会议上的重要讲话传达提纲〉的通知》、全省组织部部长会议、全市组织工作会议精神和全省党校校长会议精神等。

4月23日，县委常委会专题学习《关于深化统计管理体制改革提高统计数据真实性的意见》《统计违纪违法责任人处分处理建议办法》《防范和惩治统计造假弄虚作假督查工作规定》，传达贯彻省委副书记、省长袁家军到桐调研期间的讲话精神，传达学习中央政法工作会议、省委政法委工作会议和市委政法委员会全体（扩大）会议精神，传达学习全国、全省扫黑除恶专项斗争领导小组会议精神，汇报桐庐县政法工作情况，审议《关于深化统计管理体制改革加强统计工作的实施意见》、对相关单位和人员授予县级“劳动模范”和“五一劳动奖状（章）”荣誉的建议等事项，听取全县村社组织换届选举准备工作汇报，研究加强机关党建有关事项，书面传达学习《浙江省家庭教育促进条例》。

5月8日，县委常委会研究分析一季度经济形势，听取保市场主体、保产业链供应链稳定、保工资、保运转、保基本民生情况，以及县社会治理综合服务中心（社会矛盾纠纷调处化解中心）机构编制设置等相关情况汇报，分析研判桐庐县就业形势，研究学生心理健康工作、争先创优专项行动组织架构和专项绩效考核办法等。

5月11日，县委常委会专题学习《中国共产党浙江省委员会领导网络安全和信息化工作规定》，审议《2020年党风廉政建设和反腐败工作组织领导及责任分工》，听取成立杭州临建高速公路工程建设指挥部联合体党委、县域医疗卫生服务医共体党委及民主党派人士吴国平入党情况汇报，研究干部人事工作。

6月2日，县委常委会专题学习《中华人民共和国土壤污染防治法》，传达学习中央、省市对台工作会议精神和全国巡视工作会议暨十九届中央第五轮巡视动员部署会精神，研究交通强国示范城市建设规划、研究2019年度乡镇（街道）、县级机关奖金方案、2019年度县管干部考核等次评审、行政奖励等有关事宜，书面传达学习《2019—2023年全国党政领导班子建设规划纲要》、习近平总书记关于党校办学治校系列重要指示精神、《中国共产党党校（行政学院）工作条例》、全市党校校长会议精神。

6月10日，县委常委会审议《关于创建县域社会治理现代化示范县的实施意见》《关于桐庐县创建县域社会治理现代化示范县工作专班组成人员的通知》，研究干部人事工作，书面传达学习《全省新时代文明实践中心暨农村文化礼堂建设工作推进会会议精神传达要点》。

7月6日，县委常委会审议全县村社组织换届选举试点方案及有关意见、关于成立县纪委监委机关党委的报告及

《2020年上半年政治生态自查自评报告》《县委深化落实全面从严治党主体责任整改工作方案》等事项，研究三级调研员晋升方案、县妇联和县科协换届各项候选人建议方案、干部人事工作和有关案件等事项。

7月17日，县委常委会审议《桐庐县党外干部队伍建设规划（2019—2023年）》《中共桐庐县委关于调整县委常委分工的通知》《桐庐县干部绩效考评办法》，听取县委全会报告和决定起草情况汇报，书面审议《关于全县未成年人思想道德建设有关工作的汇报》。

7月24日，县委常委会审议《试点乡镇村社党组织书记提名人选有关情况》。

8月14日，县委常委会专题学习《中华人民共和国公职人员政务处分法》，研究干部人事工作，传达学习习近平总书记关于制止餐饮浪费行为重要指示精神、《许罗德同志在全省巡视巡察工作会议暨十四届省委第十轮巡视动员部署会上的讲话摘要》，传达学习习近平总书记关于防汛救灾工作重要指示精神，听取防汛救灾工作、第二轮安全生产综合治理三年行动计划制定情况汇报，听取平安村（社区）创建工作考评办法制定情况汇报，书面学习习近平总书记近期关于宣传思想工作和精神文明建设工作的重要论述及《中共浙江省委关于贯彻落实〈社会主义学院工作条例〉的实施意见》《杭州市贯彻〈社会主义学院工作条例〉的实施方案》《中国共产党浙江省委员会农村工作实施办法》。

8月19日，县委常委会重大决策前学理论，总体解读《习近平谈治国理政》第三卷，学习《新时代党的建设和党的组织路线》《让人民群众有更多获得感、幸福感、安全感》，审议《县委常委会重大决策前学习理论制度》《桐庐县党委（党组）理论学习中心组学习巡听旁听工作实施办法（试行）》《关于深入推进“快递红网”工程的若干意见》《桐庐县“快递小哥”关心关爱11条》，听取无障碍环境建设进展情况汇报，研究干部人事工作。

9月3日，县委常委会传达学习习近平总书记关于卫健事业改革发展的重要论述、《中华人民共和国基本医疗卫生与健康促进法》、习近平总书记在中央和国家机关党的建设工作会议上的讲话精神，听取全县卫生健康大会筹备情况、教育工作、《关于做好320国道（桐庐段）改建工作的建议》调研课题情况等事项汇报，审议《桐庐县“三医联动”“六医统筹”集成改革试点工作实施方案》《桐庐县深化医药卫生体制改革联席会议办公室工作制度》《桐庐县第一人民医院能力提升三年行动计划》，研究景区资产收购事宜。

9月9日，县委常委会传达学习习近平总书记关于“三农”工作重要论述，听取桐庐县美丽乡村3.0版实施意见和市对县实施乡村振兴战略实绩考核工作汇报，听取深化新时代大调解工作汇报，审议《进一步加强检察机关法律监督工作重点任务分工方案》，研究干部人事工作。

9月25日，县委常委会审议全县村（社区）组织换届工作相关方案，审议《关于认真贯彻落实〈中国共产党党和国家机关基层组织工作条例〉及省市委〈实施意见〉精神的通知》《关于开展“五星模范机关”创建的通知》《关于构建立体化火灾防控体系全力打造“消防最安全县”的实施意见》，研究有关案件工作，书面传达学习《袁家军同志在省委党校2020年秋季学期开学典礼上的讲话摘要》。

9月30日，县委常委会审议2020年度综合考评办法，研究干部人事工作和非县管干部公务员三级调研员晋升方案，书面传达学习省市村（社区）组织换届工作会议精神，书面审议《2020年度“大党建”考核实施办法》。

11月11日，县委常委会传达学习市委常委、组织部部长毛溪浩到桐庐督导村社换届工作时的讲话精神并听取村社换届有关情况汇报，研究杭州市部分行政区域优化调整意见，审议《关于开展服务快递百日专项行动“十条”的通知》《全面推行党务公开工作实施方案》，听取县政协开展“百年千名”助力小康公益活动阶段性工作情况汇报，研究干部人事工作，书面传达学习十九届中央第六轮巡视工作动员部署会议精神及许罗德在十四届省委第十一轮巡视工作动员部署会上的讲话精神。

11月27日，县委常委会审议《关于推进新时代民政事业高质量发展的实施意见》，听取关于《成立桐庐县互联网行业党委、横村镇保温新材料产业联盟综合党委的情况报告》，研究干部人事工作，书面传达学习《省委书记袁家军同志在省委常委会审议〈浙江省直属机关党组织落实机关党建责任制实施办法（试行）〉时的讲话摘要》《中共浙江省委办公厅关于印发〈浙江省直属机关党组织落实机关党建责任制实施办法（试行）〉的通知》。

12月17日，县委常委会传达学习习近平总书记关于精神文明建设工作相关论述、市委十二届十一次全体（扩大）会议精神，听取关于巩固全国文明城市创建成果常态化工作机制情况汇报，审议《桐庐县2020年度政治生态建设状况自查自评报告》和县红十字会各项候选人建议名单，研究桐庐县企业家名人堂、群英榜、新锐榜入选企业家名单，听取被征地人员参加基本养老保险工作实施方案和全县村社组织换届选举工作等事项汇报，书面传达学习《关于当前我市意识形态领域形势的通报》，书面审议《关于当前我县意识形态领域形势的通报》。

【政法信访工作会议】 2020年5月8日，全县平安建设暨县域社会治理现代化建设推进会召开。会议强调，要坚持保安全、防风险，坚决维护政治安全，慎终如始防范化解疫情风险，铁腕整治安全隐患，在防范化解风险隐患上精准发力。要坚持化矛盾、护稳定，决战决胜扫黑除恶专项斗争，全力维护社会治安稳定，持续抓实信访工作，在专项问题整治上精准发力。要坚持抓创新、激活力，以“最多跑一次”改革的思路引领平安建设，着力推动县级社会矛盾纠纷调处化解中心由矛盾“中转站”变为问题“终点站”、由群众“往上跑”变为干部“往下跑”、由业务“数字化”变为全程“智慧化”，在深化改革创新上精准发力。

【县委农村工作会议】 2020年3月20日，县委农村工作会议召开。会议贯彻落实中央和省委市委农村工作会议精神，分析当前农业农村形势，研究部署2020年度农业生产和全年“三农”重点工作。会议强调，要以重农固本为基础，在春耕生产、农产品保供稳价、农业企业全面复工投产、加快落实农业扶持政策等方面狠下功夫，努力把疫情对“三农”工作的影响降到最低。要以持续领跑为目标，进一步深化国家级乡村振兴规划试点、区县协作等重点，补齐农村基础设施和公共服务短板。要以产业振兴为内核，加快“蜂茶药果”四大主导产业发展，培育一批成长型、骨干型农业企业新生力量，为乡村振兴提供强劲动力。要以提能增活为目标，深化“三农”领域改革，建强村级组织，选优配强“领头雁”，为乡村治理提升新能级。要以“四个优先”为导向，着力加强党对“三农”工作领导，强化要素保障，切实打造一支作风、本领都过硬的“三农”队伍。

【县纪委全会】 2020年3月17日，第十四届纪律检查委员会第五次全体(扩大)会议召开。会议学习领会习近平总书记重要讲话精神，贯彻落实十九届中央纪委四次全会和省市纪委全会精神，回顾2019年党风廉政建设和反腐斗争工作，部署2020年重点工作任务。会议指出，全县上下要以党的政治建设为统领，不折不扣贯彻落实习近平总书记对桐庐做出的十六字重要指示和中央、省市县委重大决策部署，再接再厉抓好疫情防控，扎实推进经济社会发展各项工作，确保政令畅通、令行禁止。要以深化纠治“四风”顽疾为切口，逐一分析研判、专项整治可能反弹的风险点，特别要重视推动经济社会发展中的不担当、不作为、不落实问题，进一步深化“两抓两转”，引导激励党员干部把更多精力投入“六大攻坚战”等重点工作中，锲而不舍推进作风建设。全县纪检监察干部要带头加强党的政治建设，着力打造一支经得起磨砺、顶得住压力、打得了硬仗、忠诚干净担当的铁军队伍。各级各部门要全力支持纪检监察工作，为监督执纪问责和调查处置创造良好工作环境。

【党建工作会议】 2020年3月31日，全县党建工作会议暨县委意识形态工作责任制会议召开。会议回顾2019年全县党建工作，部署2020工作任务。会议要求，要坚持把政治建设摆在首位，推动“四个意识”“四个自信”“两个维护”往深处走、往心里走。要坚持把创先争优贯穿始终，以高站位、小切口谋划探索新举措，着力打造更多在全省全国有影响力的特色亮点。要坚持把主责主业抓在手上，切实增强“抓好党建是最大政绩”的意识，把每条战线、每个领域、每个环节的党建工作抓具体、抓深入。要坚持把问题导向落到实处，结合抗击疫情，在基层组织建设、深化基层减负等方面，全力以赴固根基、扬优势、补短板、强弱项。要坚持把纪律规矩严在经常，做到行动上守纪律、组织上讲服从、作风上重清廉，让纪律成为自律、规矩成为规范。

【县委理论学习中心组学习会】 2020年3月27日，举行县委理论学习中心组学习会，集中学习《交通强国建设纲要》，书面学习《浙江省街道人大工作条例》。

3月31日，举行县委理论学习中心组学习会，集中学习《中共浙江省委贯彻〈中国共产党宣传工作条例〉实施办法》。

4月13日，举行县委理论学习中心组（扩大）学习会，集中学习习近平总书记在浙江视察时的重要讲话精神。

5月11日，举行县委理论学习中心组学习会，集中学习《中国共产党浙江省委员会领导网络安全和信息化工作规定》。

6月2日，举行县委理论学习中心组学习会，邀请省环科院土壤污染防治和固体废物研究所副所长、高级工程师钟重解读《中华人民共和国土壤污染防治法》。

6月23日，举行县委理论学习中心组（扩大）学习会，邀请浙大光华法学院副教授陆青解读《中华人民共和国民法典》。

8月14日，举行县委理论学习中心组学习会，集中学习《中华人民共和国公职人员政务处分法》。

8月19日，举行县委理论学习中心组重大决策前学理论专题学习会，邀请市委党校副校长廖志林做《习近平谈治国理政》（第三卷）专题辅导。

9月3日，举行县委理论学习中心组重大决策前学理论专题学习会，邀请市卫健委主任孙雍容做《推进健康治理现代化 打造健康中国示范区》专题讲座。传达学习习近平总书记关于“三农”工作重要论述。书面学习“习近平总书记关于坚持和完善人民代表大会制度重要思想”。

10月25日，举行县委理论学习中心组（扩大）学习会，邀请中央党校（国家行政学院）一级教授，中央党校专家工作室领衔专家韩庆祥做《〈习近平谈治国理政〉（第三卷）学习导读》专题讲座。

11月9日，举行县委理论学习中心组（扩大）学习会，邀请浙江大学学术委员会副主任、文科资深教授、博士生导师姚先国教授做《人才战略与创新发展》专题讲座。

11月26日，举行县委理论学习中心组（扩大）学习会（第一阶段议程），集中学习中共十九届五中全会和省委十四届八次全会精神，集中自学《党委（党组）意识形态工作责任制实施办法》《关于当前我省意识形态领域形势的通报》，邀请市社科联（院）副主席、副院长张旭东上《中共十九届五中全会精神学习》专题党课。

12月3日，举行县委理论学习中心组（扩大）学习会（第二阶段议程），组织学习研讨。

【调查研究工作】 2020年，县委办公室完成《全面依法治国在县域实践中的思考与认识》《建设高质量发展的平安桐庐》等年度调研文章。对照县委“六大攻坚战”的年度目标任务，联合县委党校围绕后疫情时代桐庐高质量发展、快递行业党建助推快递产业发展、加快推进桐庐制造业高质量发展和传统产业转型升级等重点开展调研，聚焦富春未来城建设和快递回归，编写调研材料10余篇。加强对外宣传，向主流党政刊物投稿，《今日浙江》刊登县委主要领导署名文章《吹响全面依法治县“冲锋号”，打通法治建设“最后一公里”》。

（王　云）

·档案管理工作·

【概况】 2020年，桐庐县档案局完成“互联网+监管”5主项10个子项的100%认领，“双随机”执法抽查对象档案馆、机关、档案中介机构100%覆盖。全县24家单位527个“最多跑一次”事项，20179件历史办件电子化归档。全年指导50余家部门、乡镇（街道）开展档案业务工作和档案室建设。组织档案干部参加省市档案部门组织的业务培训交流，开展县内档案人员业务培训1次，80余人参加。是年，1人通过助理馆员（初级职称）、3人通过馆员（中级职称）考试。县档案馆谢云峰获评浙江省档案系统先进工作者，县中医院王丽霞获评杭州市“兰台工匠”。

（吴于挺）

·对台事务·

【概况】 2020年，桐庐县共有台资企业11家，其中规模以上企业2家。受新冠肺炎疫情影响，重点台资企业桦桐家私订单急剧下降，县台办及时组建工作专班，指导企业根据疫情期间“宅经济”等特点，对外加强线上销售，通过阿里巴巴全球直播、线上客制化订单等方式拓展全球市场；对内展开推介洽谈，通过海峡两岸经贸交流协会、全国台企联等单位主办的在线直播推介和企业线上洽谈等方式，助力台企拓展内销市场。挖掘台胞台企典型事迹，宣传杭州桦桐家私集团有限公司副总经理谢明运的先进事迹，《一位台湾青年的自述：从台湾到大陆，寻求发展机遇与空间》等新闻稿件在“中国新闻网”等主流媒体刊发。

（徐　然）

·改革考评工作·

【改革委会议】 2020年4月22日，县委全面深化改革委员会召开第四次会议。会议审议通过《县委全面深化改革委员会2019年工作总结和2020年工作要点》《2020年桐庐县政府数字化转型工作实施方案》《桐庐县党委（党组）书记改革工作述职办法》，听取县发改局、县市场监管局党委书记关于改革情况的述职。

9月1日，县委全面深化改革委员会召开第五次会议。会议审议通过《中共桐庐县委全面深化改革委员会会议审议事项管理办法》《桐庐县深化综合行政执法改革工作实施方案》《桐庐县投资项目“一站式”服务中心工作规则》《桐庐县改革创新专项考核细则》。听取县规划资源局关于省级村域规划“多规合一”试点推进情况汇报，听取县司法局、桐君街道、百江镇党委（党组）书记深化改革的述职。

【“一件事”集成改革】 2020年，桐庐县聚焦民生关切、涉企服务、机关运行三条主线，深入推进“一件事”集成改革。推进为军人服务“一件事”改革，梳理军人从入伍、服役、退役、就业、优待全过程服务事项91项，相关做法被《杭州改革》选中向全市推广。推动完善为公民服务“一件事”改革，优化流程，开发办事系统，推进数据共享，提高服务效率。探索婚产“一件事”改革，实现婚姻登记与不动产登记、公积金相关事项跨部门联动办理。推进公积金“一件事”改革，推出预审制度，强化银企合作，推广网上办事，提升群众办事满意度。推进人才服务“一件事”改革，组建人才服务联盟，设立“君山英才”服务站，多点配备服务专员，实现“人才跑一次”向“围着人才跑”转变。探索劳动纠纷化解维权“一件事”改革，建立劳动纠纷“一窗式”即接即办处理机制，并在县行政服务中心和部分街道开展试点。推动部门间“一件事”联办，机关内部办事事项201项，网上可办率实现100%；整合机关内部“一件事”26项，纳入内跑平台17项，全部实现网上办。

【民生保障领域改革】 2020年，桐庐县推进“雪亮工程”建设，建成智安小区8个，提升群众安全感。规范义务教育民办学校招生机制，实施公办民办同招，网上报名、电脑派位。创新退休人员自治模式，搭好“5060”俱乐部，构建“政府引导、社会协同、公众参与”的管理服务体系。推进县级公立医院医疗服务价格改革和基本医疗保险住院费用DRGs点数付费改革，探索刷卡报销、规定病种备案等医保业务“医院办”。推进“最多跑一次”改革向公共场所延伸，扩面、推进、提升县中医院、图书馆、体育馆等公共场所服务网。推进“无证明县”创建，开展第二轮清理，再次论证删减证明事项62项，两批共取消证明事项846项，取消率74%。

【综合行政执法改革】2020年，桐庐县探索全域集成综合行政执法改革，整合全县21个部门2018个行政执法事项，建立“大综合一体化”的综合行政执法体系，破解条块分割的执法体制引起的“多头管、三不管”等问题，实现县乡一体推进、协同联动，执法效率效能双增。此经验在全省法治政府建设暨综合行政执法改革推进会上做交流。8月11日，《桐庐县分水镇探索基层综合执法全链条闭环管理模式》的改革经验被省《竞跑者》刊登推广。中央编办到桐庐县开展专题调研，并给予肯定。

【村域“多规合一”改革】2020年，桐庐县加快推进省级村域规划“多规合一”试点改革，打破传统县乡村三级规划体系，摸索出全乡镇推进、跨村域连片、重点村突出的方式，形成以诗画山水带、古风民俗带、产业风情带、生态养生带、运动休闲带等5条特色产业带为基础的县、村两级“扁平化”乡村振兴规划体系，最大程度消除以往规划编制中的简单复制现象，更好促进规划集成。9月17日，试点经验在市委改革委第七次会议做汇报交流，获市委市政府主要领导肯定。

【投资审批制度改革】2020年，桐庐县完善一站式中心运行服务机制，打造“一站式”受理、“全流程”服务、一家负责到底的投资项目服务平台。推进企业投资项目审批承诺制改革，扩大免审及事后审查项目范围，缩小建筑工程施工许可证办理范围。实现一般企业投资项目拿地到开工“最多42天”，低风险小型项目审批“最多20个工作日”，其中艾罗科技项目创下土地合同签订后18天动工的纪录。

【全域土地整治改革】2020年，桐庐县坚持将全域土地综合整治作为全域美丽的基础、全业振兴的动能、全民普惠的载体，打破美丽乡村建设的路径依赖，推动全域土地综合整治由点到面、由表及里深入实施，为打造新时代乡村生活样板地和全国乡村振兴示范县提供动能。是年，实现14个乡镇街道全覆盖，行政村覆盖率72.9%；承办杭州市全域土地综合整治现场会，并在全省现场会上做典型发言。

【“三服务”工作】2020年，桐庐县贯彻落实中央和省市“服务企业、服务群众、服务基层”“三服务”的工作要求，建立“全覆盖、全天候、全参与”的《“请基层评议”制度》，赋予基层对部门“考评权”，把“让基层参与、受基层监督、请基层评判”贯穿“三服务”始终，开展微信扫码线上评议。是年，组织开展评议活动2次，收集问卷2000余份；开展“三联三送三服务”活动，2078名干部参与走访活动，收集问题18580个，形成20个“三服务”典型事例。4月3日、7月28日、10月28日分别在分水镇、江南镇、横村镇召开一线片区常委会，协调交办问题30个；开展“我们的早餐会”活动11期，跟进“我们的早餐会”督办交办问题67个，问题解决率91%。

【基层减负工作】2020年，桐庐县贯彻落实中央为“基层减负”的指示，梳理以“属地管理”为名，随意向下摊派本部门职责内的事项，发布《桐庐县第一批乡镇（街道）“减负清单”》共15条。开展中小学教师减负工作，发布《桐庐县中小学教师“减负清单”》，明确10条校园事项要求，取消与学校教育教学活动无关事项18项。开展排查清理，取消要求村（社区）以人口比例硬性要求辖区群众安装使用相关APP，杜绝点赞截图上传等推广方式，取消、调整、完善贷款码、消防蓝码、健康码等各类码号的考核内容和具体任务。整合相关信息报送系统，避免多头重复报送，基层工作负担重的问题得到有效治理。基层减负成效评估综合满意率91.3%，经验做法在《中国改革报》上刊发报道。

【督查考评工作】2020年，县委改革办梳理市对县各项考核指标，逐项分解明确牵头部门和阶段性目标要求，实行绩效管理。设立“经济建设、美丽生态、改革创新、乡村振兴、文化文明、民生幸福、平安创建”等重点专项考核任务。在考核体系的设置上鼓励专项工作的争先进位，对各项重点工作实施绩效考核，运用市对县考核结果，设置蜗牛奖、进位奖和单项冠军晋档途径。分阶段推出平安季、招商季、民生季、项目季等专项活动，开展“大比武”活动，对重要指标和重大项目落实情况进行排榜赛绩，推动工作“以日保月、以月保季、以季保年”，全年公布二批榜单，661 项工作领先上红榜、65 项工作预警上黄榜、81 项工作落后上黑榜。对照省市政府下达的指标任务要求，梳理出 44 项主要经济指标和 127 项主要工作任务，对照县委全委会报告和政府工作报告，梳理九大领域 42 个重点工程、123 个重大项目，分解下达到各责任单位；分类将政府投资项目及部门、乡镇（街道）重点工作纳入监察平台，将主要领导交办的重点项目（问题）纳入智慧督查平台，建立预警督办、全程跟踪和实时评价机制，实现自动预警、提前介入、督查管控“全程化”。是年，共纳入重点项目 189 个、常态化项目 236 个、改革项目 125 个；承办督办处理领导批示 513 件（县级 498 件、省市 13 件、省市媒体曝光问题整改 2 件）；梳理下达督办省市民生实事 40 项，办结率 100%；推进县人大政协提案和社会评价意见办理，完成 199 件人大代表建议、208 件政协委员提案和 198 条社会评价整改类意见的分解、交办和督办；下发《督查通报》16 期、《大督查考评专报》14 期、《大督查交办单》17 期。

（宋华沼）

·组织工作·

【县管领导班子建设】 2020 年，县委组织部按照干部标准和县委要求选好干部、配好班子，全年动态调整 9 批次 134 人次，其中新提拔县管正职 15 人、县管副职 26 人。深入开展县管干部“四比一争”考核，204 名干部评为 A 等次，24 名干部评为 C 或 D 等次。开展“实绩比选、实战选才”行动，48 名实绩表现突出的干部得到提拔重用。挖掘选树先进典型，推选表彰县级“破难突围好班子”7 个、县级担当作为好干部 21 名，推荐市级担当作为好干部 5 名，提拔使用 6 名。加大干部“下”的力度，调整表现平庸或不适宜不胜任干部 8 名。

【年轻干部培养】 2020 年，县委组织部深入实施“君山育凤”党政人才培养工程，创新开展“1050”干部梯队培养计划，建立以 35 岁左右为主体的中青年干部和 92 后年轻培养苗子储备库，并跟踪培养。选派 10 名县管干部、89 名年轻干部到“六大攻坚战”“五大工程”等重大项目平台挂职锻炼。开展年轻干部综合比选，4 名 88 后年轻干部走上县管副职领导岗位，差额选拔 5 名 90 后县委组织部部管干部，推动中层干部内部轮岗和跨单位交流，进一步优化干部队伍结构。会同制定党外干部队伍建设五年规划，加强优秀年轻党外干部培养使用力度。

【干部日常监督】 2020 年，县委组织部做好巡视反馈问题、任职不规范、编制和工资关系应转未转和违规高配职务的整改工作。结合县委巡察对 26 家单位开展选人用人专项检查，做好巡察发现问题常态化监督管理。深入开展违规兼职清理，从严开展县管干部个人有关事项报告填报核查，对 6 名存在瞒报情形的干部予以诫勉，对 4 名存在漏报情形的干部予以批评教育。做好 22 名党政正职领导干部的离任交接工作。规范领导干部网络直播带货行为。推进干部人事档案专项审核向国有企事业单位全覆盖，全面开展干部档案数字化工作，实现 700 余名县管干部档案数字化管理。

【干部关心关爱】 2020 年，县委组织部分层分类优化县管领导干部体检，邀请上海瑞金医院专家上门提供个性化服务。持续深化容错免责事前备案机制，审核同意 4 件。加强失实信访澄清保护，为 8 名干部和 2 个集体公开澄清正名。落实关爱帮扶举措，对 120 余名援鄂医疗队员、一线医务人员及其家属提供菜单式“一人一帮扶”。探索应急解困机制，对17名生病住院的县管领导干部及2名家庭困难干部给予慰问补助。常态化开展向组织说说心里话，收集各类意见建议85条，倾听干部心声，了解干部思想动态。

【村社组织换届选举】 2020年，县委组织部完成分水镇、瑶琳镇、莪山畲族乡3个乡镇省级村社换届试点工作，完成全县203个村社组织换届工作，得到省市领导批示肯定4次，“干换结合”“六事定人”“开门一件事”等相关工作经验被上级主流媒体刊发报道80余次。制订落实“一村一策”整转方案，有序落实工作举措，完成16个软弱后进村党组织整转工作。

【党建引领基层治理】 2020年，县委组织部实施党建引领基层社会治理“春江红”计划，推行红色网格业委会，推进小区党支部建设，建立9个党群服务驿站和17个小区党支部，在富春江沿岸打造3个“春江驿站”，形成15分钟城市党建服务矩阵。开展“强春江党建·迎建党百年”基层党建“百年百项”活动，集中确定108个基层党建品牌项目，重点打造10个示范型党建示范点，形成桐庐党建引领基层社会治理“百法百例”。

【机关党建】 2020年，县委组织部制定出台《机关基层组织工作条例》实施意见、“五星模范机关”创建等文件，优化完善机关党组织星级评定制度，制定清廉机关建设“八个一”举措，扎紧机关党建制度体系。设立全县离退休干部党委，建立5个机关党组织联络小组，工作机制进一步优化。着力打造“桐先锋”机关党建品牌，围绕垃圾分类、文明城市复评等中心工作，组织发动全县2000余名机关党员干部开展志愿服务。以云思维做实党建，创新开展“桐庐百姓日”机关公职人员“云上广场大服务”。

2020年度村社组织换届工作

【快递红网工程】 2020年，县委组织部探索异地行业党建新模式，出台《关于深入推进“快递红网”工程的若干意见》《桐庐县“快递小哥”关心关爱11条》。开展“最美快递小哥”“快递之星”“最佳快递网点”等评选，逐步形成覆盖全网、遍布全国的快递党建红色网络。探索“党建+亲情”快递业党建新模式，举办后疫情时代快递党建座谈会，深化“家乡书记送党课”、快递行业“庆七一”等系列活动，引导企业回报家乡、奉献社会。

【公务员“一件事”改革】 2020年，县委组织部推进公务员职业生涯全周期管理“一件事”改革工作。落实工作专班，开展业务梳理、任务分解、平台试运行等各项工作，开通涉及审批的5家单位及86家业务经办单位办事平台账号，完成全县2500名公务员的数万条基础信息核准、维护，实现公务员录用、转任、调任、职务职级变动、调出、退休等所有事项平台办理，业务完成数量、速度及质量名列杭州地区前茅。

【公务员管理】 2020年，县委组织部修订完善《桐庐县干部绩效考评办法》《桐庐县干部交流管理办法》，优化公务员日常考评，同时建立联审会议机制，科学有序推进干部交流，确保基层干部队伍稳定，促进干部资源有序交流配置。落实2019年新招录公务员基层实践锻炼培养机制，举办新录用公务员和选调生开展成果分享交流会。

【公务员关爱激励】 2020年，县委组织部创新探索职级竞争性选拔机制，通过“两轮推荐、两轮决定”的竞争性选拔方式择优晋升60名三级调研员；开展优秀公务员职级专项晋升推选工作，54名在“一线战疫”等工作中表现优秀的一级主任科员以下公务员予以晋升职级。完善干部退休制度，突出“新老交替、薪火传承”主题，全面推行干部集体荣退仪式，让退休干部感受组织关怀。

【组工干部队伍“蓄力工程”】 2020年，县委组织部实施以“五比五促”为主要内容的“蓄力工程”，依托周四夜学、组工学堂、百科讲堂等平台，及时传达学习中央、省市县各类文件、会议精神，推进组工干部学习教育常态化。组织全县组工干部开展业务知识大比武，以考督学、以赛促学。开展以“走上去、走下去、走出去”为重点的调研，联合部门创新开展“固定主题党日”活动，参与村社换届、疫情防控、防汛抗洪、垃圾分类、文明城市复评等中心工作。

【组工家文化】 2020年，县委组织部围绕“我的组织部我的家”主题，相继推出组工阅读栏、廉政文化墙、人才之家、干部档案文化墙等，提升部机关对外形象；成立“组工健康之家”，为组工干部健身提供场所。开展丰富多彩、寓教于乐的文体活动以及拓展户外的农事体验6次。

· 人才工作 ·

【实施战“疫”引才】 2020年，县人才办克服疫情影响，抢抓人才招引机遇期，深入实施战“疫”引才行动，制定出台《桐庐县高层次人才项目评审和资助办法》《“君山引凤”16条》等政策，开展“云聘会”30余场次，推出就业岗位7660个，实际帮助企业引进人才1382人。落实24小时“专线服务”人才机制，为人才兑现政策81项、发放资金600余万元。

【高层次人才引育】 2020年，县人才办深化“名校优生”党政人才储备工程，面向北大、清华、复旦等知名高校招引党政储备和紧缺专业人才21名。挖掘上市企业、规模以上企业经营管理人才资源，全年新认定高层次人才800余人，其中D类以上53人；全年引进教育卫生紧缺人才134人，其中特级教师7人；支持磁性材料、医疗器械、装备制造等优势产业引进青年人才，新增高技能人才1749人。

【活动平台引才】 2020年11月，桐庐县举办第九届“君山引凤”科技人才周，吸引31位院士、35位高端专家、100余位海内外高层次人才参会。“富春院士村”开村启用，首批吸引31位院士入驻，相关做法获省委常委、常务副省长冯飞，副省长高兴夫，市委常委、组织部部长毛溪浩批示肯定。联系知名乡贤，推荐桐庐县招才大使、国务院参事王辉耀担任杭州市全球引才顾问。艾罗能源在杭州西部区县率先入选市级创新领军团队。用好浙江人才大厦“君山凤巢”桐庐飞地平台，帮助4家企业顺利复工复产。

【人才生态优化】 2020年，县人才办升级启动君山英才“家”服务计划，帮助人才解决子女入学、医疗保障、车辆上牌等“关键小事”，为500余名人才提供档案、落户、担保贷款、生活补贴等服务5301件次。开发“桐庐人才码”，将人才服务向旅游休闲、民宿度假、交通出行、便捷停车等个性化服务延伸。用好人才联谊会、人才之家等活动载体，牵头开展“我们的夜生活”青年人才活力提升班、“迎中秋·庆国庆”人才联谊活动等20余次。

（徐军勇）

· 宣传思想工作 ·

【理论学习宣讲】 2020年，县委宣传部坚持突出学懂弄通做实习近平新时代中国特色社会主义思想这条主线，推动党员干部和群众深入学习新思想。创新出台《县委常委会重大决策前学习理论制度》《桐庐县党委（党组）理论学习中心组学习巡听旁听工作实施办法（试行）》等制度；全年，组织县委重大决策前学习理论活动3次，县委理论学习中心组开展专题学习13次；二级理论学习中心组巡听旁听30次，二级理论学习中心组开展学习活动1056次；开展机关“周四夜学”活动3168次。组建“青春力量”桐庐宣讲团，举办宣讲培训会6场，开展各类宣讲活动130场，受众2万余人；组织桐庐大讲堂3场，组织空中大讲堂40余期。

【理论研究】 2020年10月24日至25日，“第二届中国哲学家论坛”在桐庐县举办，县委宣传部做好承办论坛服务保障工作，得到主办方、参会专家以及省市领导的肯定，使本届论坛成为展示中国哲学风采和桐庐县域治理成果的重要窗口。组织开展全市文化发展改革“十四五”规划和“绿水青山就是金山银山理论”优秀事例编纂工作，上报经验亮点9个、经典事例2个。梳理全县理论学习成果，形成新时代理论工作创新思路调研课题1个。围绕习近平新时代中国特色社会主义思想主题，组织开展二级理论中心组调研，征集理论调研课题99个，组织汇编出版《思想的光芒》等优秀理论作品。

【“学习强国”学习平台推广】 2020年，县委宣传部启动“学习强国”学习平台推广攻坚战活动，编发推广应用通报7期，全县注册学员15.02万人，推广覆盖率35.76%，比上年增长139.3%。举办2020年桐庐“学习达人”挑战赛等学习体验活动2场。加强“学习强国”平台的供稿力度，市级平台录用1491篇，省级平台录用322篇，全国平台录用197篇。参加“学习强国”杭州学习平台“云助团直播赛”，预赛、决赛均排名全市第一。

【城市品牌宣传】 2020年，县委宣传部围绕“战疫情、促发展”“六稳”“六保”“四大攻坚战”等重大主题，做好“美丽乡村3.0版”、“最多跑一次”改革、“新时代文明实践”等桐庐特色工作的对外宣传，共刊发（播）各类新闻报道6300余篇（条），其中新华社、人民日报、中央电视台等中央媒体1900余篇（条）。围绕“决战梅汛”主题，中央和省市媒体刊播报道245篇（条）；中央电视台刊播8条，新华社刊播14条，阅读总量超350万人次；央视新闻客户端现场直播5场，平台总触达2682万人次。中宣部组织的“走向我们的小康生活”大型主题集中采访活动到桐庐县莪山畲族乡，刊发报道30余篇。创新举办“一线新闻会”3期，提炼新闻选题120余个。《美丽的富春江》入选杭州市庆祝中华人民共和国成立71周年特别策划专辑主推视频。

【媒体融合】 2020年，县委宣传部推广例行新闻发布审核机制，全年举办各类新闻发布活动30余场。开展全媒体采编融合大练兵，完善“潇洒桐庐”客户端功能，实现广播、电视在线直播和报纸网络版阅读，开通“便民生活”“政务服务”等便民应用30个，客户端装机量新增3万+。县融媒体中心获2020年度全省广播电视对农服务工程建设考核电视优秀奖、广播优秀奖。《直播助农这件事：想说“爱你”不容易》获浙江省广播电视对农节目一等奖。

【全国文明城市复评】 2020年，县委宣传部深化文明创建

2020年8月14日，桐庐县宣传系统“强产业 促发展”暨新闻宣传工作例会召开

清单化、网格化管理，建立“县领导每旬一督导、志愿者每日一服务、网格员每日一巡查、融媒体每日一曝光”等“7个一”工作机制。出台“物业行业助力文明创建5条”，持续开展“小区环境大整治”“道路环境大清理”等专项整治活动。创设“蓝橙红”三色抄告制，累计下发抄告单45份，常态化曝光138次，组织市民体验团9批。实施文明实践引领、乡村环境美化、移风易俗提升、文明创建扩面等文明乡村建设四大工程。11月，以全国第九、浙江第一的成绩高分通过“全国文明城市”复评，受到中央文明办通报表扬。莪山畲族乡、旧县街道西武山村被评为全国文明村镇。

新时代文明实践中心

【新时代文明实践】 2020年，县委宣传部成立11个县级新时代文明实践志愿服务联盟，开展新时代文明实践“防疫季、分类季、竞赛季、奋战季”系列活动；承办杭州市新时代文明实践中心建设工作培训班。在防汛抗洪期间动员志愿者协助转移群众2.7万人，《桐庐县发挥新时代文明实践作用 助力防汛防洪工作》的工作专报获省委常委、宣传部部长朱国贤批示肯定。4个志愿服务项目亮相首届浙江志愿服务展示交流活动暨项目大赛，桐庐扶手文化助残公益服务中心获“2020年浙江省最佳志愿服务组织”称号，分水镇后岩村获“2020年浙江省最美志愿服务村”称号。夏柏松家庭被评为“全国最美家庭”，吴素环获评“浙江好人”，韩伦语获评“最美诚信浙江人”，华雨萱获评浙江“新时代好少年”，4户家庭获评杭州市“最美家庭”，“援鄂医疗队”等18个团体和个人被评选为“桐庐好人”。全县注册志愿者突破10.9万人，占比达25%。“杭州文明帮帮码”有效活动开展率59.2%。桐庐县荣登“2020中国最具幸福感百佳城市”榜首，并被定为“浙江省公筷公勺推进试点县”。

【公共文化服务】 2020年，县委宣传部聚焦“零次跑”，对47个新闻出版、电影领域行政审批事项实行网上办、掌上办。召开全县清廉文化品牌建设推进会，举办“《论语》中的清廉文化和小康梦”廉政书法比赛。推行“文化管家”社会化管理模式改革创新，开展3个乡镇、6个村“文化管家”试点工作。开展送文化进礼堂活动，送演出、送展览、送培训220场次。牵头建成杭州城市书房2家。征订发放理论读物2万余册，为54个读书驿站、云阅读站点配送图书2000余册。农村公益电影放映2400场，桐庐县电影发行放映有限公司被评为第八届全国服务农民、服务基层文化建设先进集体。

【文艺精品创作】 2020年，县委宣传部承办“2020 杭嘉湖三地原创歌曲创作加工会暨桐庐文旅歌曲创作采风活动”，创作《爱上桐庐爱上你》《梅红春江》《到我家来坐一下》等精品歌曲。编撰《莪山畲族乡志》，创作《中国快递，钟山快递人》《浙江文史记忆丛书——桐庐卷》，出版《桐君山诗文选》《知己——瞿秋白与鲁迅》《诗说桐庐》《桐庐古诗词大集》。完成新编越剧大戏《梁祝》复排。围绕“文艺抗疫”主题，创作书法、摄影、剪纸等文艺作品600余件，25件作品被浙江省档案馆永久收藏。举办“春天在路上”抗疫书画作品展，展出作品110余件。

【文旅产业融合】 2020年，县委宣传部牵头举办“第八届药祖桐君中医药文化节”，开展“药祖桐君朝圣典礼”等多项子活动。桐君传统中药文化晋级为国家级非遗；成功创建“第二批国家全域旅游示范区”，并入选全省首批文化传承生态保护区培育名单。桐庐县以文化和历史目的地入选美国《国家地理》杂志2021年全球25个最佳旅行目的地之一，为中国唯一。打响“全民艺术节”“全民运动节”“全民旅游节”三大文旅品牌，举办中国（桐庐）第四届抢渡富春江挑战赛、全国文旅摄影大赛、富春江开渔节暨“百县千碗·桐庐味道”品鉴会等大型文旅活动50余场。实施文化基因解码工程，梳理文化元素清单211项，开展对中医药、剪纸、越剧等18项地方文化基因解码运用。

【文化创意产业发展】 2020年，省委书记袁家军调研富春江镇蟹坑口村放语空乡宿文创综合体后给予肯定，青龙坞言几又胶囊旅社书店入围“2020 AZ设计奖”。推进深澳芊艺芊村项目，招引入驻手艺工坊、餐饮等业态23家，投资额2000余万元。推进“书香同城”文创园区、莪山文创中心、钟山乡石材石雕小微园等项目建设。参展第十四届杭州文博会。举办首期“桐庐风物进民宿”产品对接会。协调配合深化全国影视景地建设，招引《民宿里的中国》栏目组《乌鸦先生与蜥蜴小姐》《流金岁月》等剧组到桐庐拍摄取景。

【意识形态工作责任制落实】 2020年，县委宣传部制定相关工作监督检查实施办法、通报制度、考核方案等文件，完善机制建设和责任制落实。是年，对29个部门机关开展专项巡察、“回头看”检查，对14个乡镇街道进行专题督查，对8名新提任单位负责人开展任前谈话。

【基层阵地建设】 2020年，县委宣传部指导协调“扫黄打非”各成员单位开展“正道”“新风”专项行动，办结案件15个。建成文化礼堂41家，富春江镇获评浙江省农村文化礼堂建设示范乡镇。创新开展“梧桐树”网络生态“瞭望哨”工程建设，研发“梧桐树网上家园”网络平台，打造“八大哨所”，发现苗头性、倾向性、隐患性信息6000余条，发布辟谣信息20余条，流转处置隐患事件10余起。

【队伍建设】 2020年，县委宣传部举办文化文明建设能力提升班、村级宣传文化员培训班、“三团三社”文化队伍培训等29期。创新开展宣文系统“头脑风暴”活动3期。评选优秀行政村宣传文化员35名；开展政工职称评审，7人获得中高级职称，3人获得助理政工师职称。开展全市基层理论宣讲大擂台暨微型党课大赛基层海选活动，桐庐县选拔2名选手参赛，1人获市级优秀奖。制定下发网宣员能力建设三年行动计划，多层级、分批次对全县网宣员开展实战演练；“2020年度网宣员大练兵网评比赛”排名全市第一，被评为浙江网评工作成绩突出集体。

（张堂堂）

·统战工作·

【概况】 2020年，县委统战部深入推进“336”工程（打造三大品牌，强化三大抓手，突破六大重点），推动统战工作提质增效、争先创优。发动在外乡贤、侨胞、新的社会阶层人士、民族宗教界人士等统战力量，为桐庐县新冠肺炎疫情防控提供物资援助及用工对接。分别在新的社会阶层及网络人士集聚区成立“网上农博·同心荟”“云上健康·同心荟”“云上速递·同心荟”新阶层（网络）人士创新实践基地。建成富春江、合村市级基层统战工作示范点。支持莪山畲族乡民族乡村振兴示范建设，莪山乡获“浙江省民族团结进步模范集体”称号。是年，第九届桐庐百姓日、网络人士统战工作、新乡贤工作等特色亮点工作获省市领导批示、优秀案例展示等12次。

【第九届桐庐百姓日】 2020年5月6日，县委统战部牵头承办以“促进全民健康、共享幸福生活”为主题的第九届“桐庐百姓日”，此次百姓日共组织开展250项活动。搭建“云上百姓日”平台，发放1.6万份折扣券、抵价券、消费券及万余个现金红包，群众参与互动202.48万人次。其间，组织网络界人士开展直播促销活动，为73家企业292个单品代言带货。

【政治引领】 2020年，县委统战部举办党外代表人士培训班、少数民族村干部培训班、“民主党派双月学习会”、“同心悦读”、宗教团体负责人季度例会等，组织全县统战成员深入学习中共十九届五中全会精神和统战工作政策法规。开展党外代表人士红色教育活动，赴嘉兴、重庆等地学习考察。8月15日起，桐庐新生代企业家在浙江大学紫金港校区开展为期半年的“传承与领航”管理课程研修班（第二期），60名新生代企业家参与学习培训。

【民主党派工作】 2020年，县委统战部制定出台《桐庐县民主党派规范化建设工作手册》，以“四个一”（一项常态化的学习制度、一套规范化的成员发展程序、一套相对完善的党外人才发现和梯队培养体系、一个更有质量的协商调研机制）为重点，推进民主党派基层组织标准化建设。建成桐庐首个党外人士之家，建立健全民主党派负责人例会、建言献策双向反馈和专项经费管理等制度。是年，发展民主党派成员14名，各民主党派政协委员提交政协提案33件，社情民意信息86件，其中《关于发挥社会主义协商民主重要作用的建议》被农工党省委会采用，《以“最多跑一次”为引领探索减税降费和放管服政策贯彻落实》被民进杭州市委会采纳并作为市委会立项课题。《青少年科创实践工作站助推县域科普全面发展—社会服务县域科普的桐庐模式》入选省民主党派工作优秀典型案例。

【助力民营经济】 2020年12月27日，桐庐县举办第三届“企业家日”，揭晓桐庐县企业家名人堂、群英榜、新锐榜名单。深入实施“助企抗疫情、联企复生产行动”“中小微企业渡难关暖春行动”“百地千名行长助企业复工复产”等专项行动，用好线上“浙里贷”“政策宝”和线下“三服务”载体，搭建“亲清直通车·政企恳谈会”和“我们的会长会”政企交流平台，累计走访1154家企业，向企业发放贷款46.15亿元，帮助解决问题94个。

【少数民族工作】 2020年，县委统战部落实县委、县政府支持莪山“八条”举措，助力莪山打造“全国少数民族5G示范应用第一乡”，莪山乡在全省民族团结进步表彰大会上做典型发言，获“浙江省民族团结进步模范集体”称号。配合县人大常委会视察《浙江省少数民族权益保护条例》贯彻落实情况，开展民族团结进步宣传活动，开展少数民族流动人口的调查，推进在少数民族流动人员比较集中的社区、企业设立“城市少数民族之家”，帮助外来少数民族务工人员融桐生活。

【新乡贤工作】 2020年，桐庐县出台《关于加强新乡贤工作的若干意见》，构建由县委统一领导、统战部牵头、乡镇和部门共抓的新乡贤工作格局。建立全县重点乡贤数据库，梳理乡贤重点人士近200人。利用传统节日组织开展线上线下联谊交流活动。以乡情为纽带、以政策为保障、以项目为依托，打响快递回归攻坚战，做足快递乡贤“引、聚、留”文章，带动资金回流、技术回乡、智力回哺。在乡贤联谊会全覆盖的基础上，深入挖掘乡贤资源，因地制宜建设乡贤馆、乡贤长廊等乡贤文化阵地，在桐君街道打造首个村级乡贤馆“梅蓉乡贤馆”。

【基层统战工作】 2020年，县委统战部深入推进“基层建设年”行动，制定乡镇（街道）统战规范化建设“四有”（有机制、有队伍、有阵地、有品牌）标准清单，为基层统战工作规范化发展提供可操作性遵循。完善统战工作考核细则，建立部机关干部联系乡镇（街道）制度、基层统战工作例会制度，强化项目化思维，推进“一乡镇一品牌”建设。打造富春江镇、合村乡2个典型范例和白云同心智库、彰坞乡贤回归等2个特色示范项目。

【党外知识分子和新的社会阶层人士工作】 2020年，县委统战部组织90余名各类人才开展“恋上桐庐恋上你”游学营

桐庐县举办党外代表人士培训班

活动。以富春山健康城为核心阵地，成立新联会•健康分会，打造啄木鸟工作品牌；以高端民宿业主、文创产业人员等外来新村民为重点，搭建“青龙坞•同心荟”。探索网络人士统战“1+3+N”工作模式，“1”即成立网络代表人士联谊会组织，创新采用“会长轮值制”；“3”即依托快递物流产业、健康产业、农村电商产业三大优势主导产业，逐步探索建立“云上速递•同心荟”“云上健康•同心荟”“网上农博•同心荟”等3个特色“同心荟”；“N”即孵化N家网络人士思想教育实践基地，桐君街道电子商务众创孵化园、春江渡直播中心、米友圈科技有限公司等企业平台已建立实践基地。

【统战工作】 2020年11月12日，县侨联、县留联会换届完成。开展境外疫情防控工作，围绕“摸侨情、暖侨心、防输入、保稳定”等工作重点，开通24小时服务热线，成立县、乡镇（街道）、村（社区）三级联动防控小组，加强与县外事办、公安局、卫健局等联系，建立侨联干部“一对一”联系跟踪管理回国涉侨人员制度，做好信息收集、联络沟通、政策宣传等服务。开展“侨资企业服务年”活动，落实党政领导与重点侨资企业沟通联系机制，县领导带队走访侨资企业60余家，协调乡镇（街道）和相关职能部门，共同解决企业在疫情防控、复工复产中遇到的困难。

【九桐合作】 2020年12月4—5日，九三学社浙江省第四次民主科学座谈会在桐庐召开，省人大常委会副主任、社省委主委姒健敏出席会议并讲话。在莪山畲族乡开展“渔米香”稻鱼共作项目，邀请浙江大学生命科学院陈欣教授、唐建军教授、张剑博士等国内知名稻渔共作系统专家赴莪山指导，实现“一亩田、百斤鱼、千斤稻、万元钱”，助力村级化债增收，莪山畲族乡成为九三学社助力乡村振兴的典型案例。

【宗教工作】 2020年，县委统战部完成县基督教“两会”和县佛教协会换届，开展“宗教团体建设年”活动，加强团体班子建设和制度建设，推进宗教理论政策、法律法规“三进”，探索推动宗教领域行政执法改革，完成行政执法案件1例。部署落实宗教领域疫情防控工作，累计出动530余人次到相关场所检查指导，确保暂停开放、暂停活动的“双暂停”落实到位，确保全县宗教场所和民间信仰场所平安稳定。巩固宗教领域督查整改成果，完成11处基督教私设聚会点的处理工作。

【内部建设】 2020年，县委统战部完善干部绩效考核，梳理全年重点工作、破难工作、创新工作，整理出22项工作任务，确立“11+5+6”清单，即着重抓好11项全局性工作、着力破解5个破难事项、积极开拓6个创新亮点，制定线路图进度表，督促工作开展。打造“桐先锋”志愿服务品牌，助力疫情防控、垃圾分类、文明城市复评、基层组织换届等中心工作。

（徐苗芳）

·机构编制·

【事业单位改革】 2020年，桐庐县按照省事业单位改革领导小组办公室《关于印发杭州市本级事业单位机构限额和所辖县（市、区）精简档次比例的通知》要求，深化事业单位改革，精简事业机构，精简比例达19%。改革后全县设置事业机构144家。4月底，事业单位“三定”（机构编制）全部印发。

【五大领域综合行政执法改革】 2020年，桐庐县按照五大领域综合执法改革的要求，在市场监管、生态环境保护、文化市场、交通运输、农业领域推进一支队伍管执法，将分散在同级部门内设机构及所属单位的行政处罚以及与行政处罚相关的行政检查、行政强制职能剥离，整合组建综合行政执法队，以部门名义统一执法。

【全域集成综合行政执法改革试点】 2020年，桐庐县整合县级现有执法队伍，撤销执法机构5家，剥离监管职责调整机构5家，精简55名执法人员力量，下沉70%人员编制。推进乡镇执法改革，在主城区街道和4个中心镇派驻执法中队，各乡镇（街道）执法队与派驻中队合署办公，实行“一个机构两块牌子”，对周边偏远乡镇实施“片区化管理”模式，统一开展行政执法工作。

2020年11月5日，中央编办、司法部领导到桐庐县调研综合行政执法改革工作

【体制机制改革】 2020年，桐庐县高铁新城发展服务中心更名为桐庐县富春未来城市发展中心。根据省委办公厅、省政府办公厅《浙江省森林公安机关管理体制调整工作实施方案》和省委编办《关于森林公安机关管理体制调整后杭州市编制调整有关事宜的通知》文件精神，将县林水局的森林公安局划转到县公安局直接领导管理，明确有关工作职责和机构设置事宜。根据县编委《关于同意调整桐庐县行政审批服务中心机构名称的函》，调整县行政服务中心“三定”规定，明确县行政服务中心是县政府派出机构，为正科级，挂县公共资源招投标管理委员会办公室、县投资项目一站式服务中心牌子。根据机构改革还政予政的要求，对副科级及以上事业单位进行更名，中共桐庐县委党史研究室（桐庐县地方志编纂委员会办公室）更名为中共桐庐县委党史研究室（桐庐县地方志研究室）；桐庐县文化创意产业办公室更名为桐庐县文化创意产业发展中心；桐庐县精神文明建设委员会办公室更名为桐庐县精神文明创建指导中心；桐庐县互联网信息办公室更名为桐庐县互联网舆情指导中心；桐庐县畜牧兽医管理局更名为桐庐县畜牧兽医管理服务中心。

【机构编制管理】 2020年，县委编办印发《中共桐庐县委机构编制委员会工作规则》和《中共桐庐县委机构编制委员会办公室工作细则》。制定《关于印发全县行政事业用编计划管理有关事项的通知》，明确用编计划原则上一年一审。联合县纪委县监委、县委组织部、县人社局印发《桐庐县干部调动联审工作操作办法（试行）》，明确每季度召开联审会议统一研究、办理人员调动。根据县政府关于分水片教育资源布局调整意见，撤并桐庐县怡合小学、桐庐县保安小学、桐庐县合村小学、桐庐县东辉小学、桐庐县百江小学，设立桐庐县玉华小学。按照师生比，核增县教育系统所属学校教职工编制控制数502名，按照当年度正常减员数核定2020学年用编计划160名。核增县卫生系统所属医疗机构报备员额282名。核定2020年党政储备人才和紧缺专业人才引进事业用编22名、2021年公务员招录用编需求100名、事业单位招聘用编需求77名。按照民警、辅警1∶2比例，新增县公安局警务辅助人员用人额度382名。

【事业单位登记管理】 2020年，全县完成326家单位中文域名注册；新设立事业单位33家，办理事业单位法人变更登记211家；应参加2019年度报告书公开的事业单位219家，完成事业单位审核219家，合格率100%。

【车贴审核】 2020年，完成车贴审核30105人次，累计核发车贴1768.27万元。

（蒋燕珺）

·信访工作·

【概况】 2020年，桐庐县信访工作在市对县考核位列优秀等次，实现“总体访量降、初次化解升、北京去人少、县级接访多、重大活动安”的工作目标，全县信访呈现“两降两升一平稳”态势，信访总量（不含电话）比上年下降21.8%；初次信访网上化解率98.22%，比上年上升1.98%；进京访批次、人次分别比上年下降66.67%、62.5%；四级走访县级占比84.4%，比上年上升1.9%。《法制日报》、《青年时报》、《信访与民情》、杭州电视台综合频道等多家新闻媒体先后对桐庐信访工作进行报道。

【“365”坐班接访】 2020年，县领导根据接访坐班安排，每天到县信访局坐班，接访、办件、督查“三位一体”，通过实行“一个问题、一名领导、一个专班、一套方案、一抓到底”的方式，尽力把矛盾化解在基层，把问题解决在当地。各乡镇（街道）、部门党政领导也轮流坐班接访，上门走访。是年，县领导共接待来访群众109批242人次，牵头协调、处置重点难点问题267余次；乡镇（街道）领导共接待来访群众458批1670人次，化解矛盾纠纷423件次。延伸“县委书记大接访”工作触角，建立县委常委片区大接访常态化机制，4月3日、7月28日、10月28日，分别在百江镇、江南镇、横村镇开展县委常委片区大接访活动，累计接待群众24批49人次，有效化解疑难信访突出问题16件次，交办职能部门跟进办理8件次。

【“无信访积案县”创建】 2020年，桐庐县依托“各级领导大包案大化解”专项行动，县信访联席办全面梳理各类疑难突出信访问题，建立《县领导包案化解稳控信访突出问题工作清单》，信访突出问题滚动新增至123件，其中化解类

2020年7月28日，桐庐县开展2020年度第二次县委书记大接访活动

95件，是年化解93件，化解率97.89%，促使徐某某、童某某、闻某某等信访老户签订息访承诺书，成功再创省“无信访积案县”。是年，国家局交督办件共10件，办结10件，化解10件，办结率100%，化解率100%；统一平台历史积案47件化解44件，化解率93.62%；新增积案率0.38%，比上年下降80.41%。

【矛盾调处中心运行】 2020年，县矛盾调处中心进行改造提升，优化场地窗口，全年共整合入驻2个协会1个社会组织以及17个中心16个部门40项职能130余名工作人员。继续推行“1+3+X”模式，1是指信访局，3是指常驻单位（司法局、人社局、法院等部门）、轮驻单位（每季度信访量占比排名前3的单位）、随驻单位（所有的事权相关单位随叫随到），X是指矛盾纠纷多元化解的参与力量，比如人民调解、行业调解、心理咨询、志愿服务、公益组织等内容。是年，接待群众办理各项业务11168批次18356人次，跟进办理2122件，当场答复办结9046件，当场答复办结率81%。

【信访代办】 2020年，桐庐县深化信访代办服务活动，利用村干部、乡贤、离退休党员等信访代办员的人头熟、人脉广、环节清等优势，在了解情况、制订方案、沟通思想等信访代办过程中，配合协助责任单位或属地乡镇做好矛盾纠纷化解工作。是年，全县775名信访代办员累计完成信访代办事项2732件次（含咨询件），解决问题2687件次，化解率98.35%，其中涉及信访积案66件。

【多元化解】 2020年，县矛盾调处中心发挥作用，整合行政、司法、信访等资源，坚持“调解优先、诉讼断后”原则，针对信访人诉求，“一案一策”，合力化解。借助律师、心理咨询师、志愿者、地方自治组织等第三方力量，建立“党建联盟”“党建+矛盾纠纷化解”工作机制，探索银行金融力量助力矛盾纠纷化解“最多跑一地”的社会综合治理新模式，通过聚焦源头治理，提前介入的方式，全力疏导解心结。是年，化解矛盾纠纷2100余件。

【初信初访办理】 2020年，桐庐县严格执行《关于做好初信初访办理工作的实施意见》，落实首办首问责任，加强实时跟踪，对同一事实和理由的信访事项重复交办3次以上，实行重复信访预警提示机制，及时发出《交办函》。年度初次来信化解率96.81%，初次网信化解率98.32%，初次走访化解率97.03%。对一些容易出现反复的“案结事了”信访案件，主动回访，关心关爱信访人生产、生活，确保信访问题不变卦，督促信访人遵守承诺。

【规范信访秩序】 2020年，桐庐县定期开展信访法治主题宣传月和“依法规范，逐级走访”集中宣传日活动，在电视、广播、报纸开辟宣传专栏，公开曝光依法处置典型案例，印发宣传资料5000余份，张贴宣传公告1000多份，提高群众依法逐级信访的意识，规范群众信访行为。严格按照《越级信访教育训诫实施办法》《关于依法打击扰序缠访闹访以及越级上访违法行为实施意见》等相关处置机制，对在思想工作、服务工作到位后，仍发生缠访闹访、扰序等“以闹求决、以访牟利”的违法信访行为，由公安及时介入、固定证据，坚决依法打击，构成犯罪的依法追究刑事责任。是年，打击违法信访人员4批5人次。

（林　琳）

·县长公开电话·

【概况】 2020年，桐庐县长公开电话受理中心受理群众诉求122169件，比上年上升54.59%。其中转相关单位办理19534件，比上年上升12.95%；当场答复办结120635件，比上年上升66.25%。按时反馈率100%，按时办结率100%，群众满意率82.17%。

【督办工作】 2020年，县长公开电话受理中心针对部分久拖不决，主管单位、监管部门和属地政府职责不清，建设单位和管理部门运作脱节等问题，召集事权单位现场踏勘、专题协调，全年处理15件次；定期梳理重复、疑难和案结事未了等问题，采取书面督办、协调会督办、领导督办等措施，落实后续跟踪处理，全年处理30余件；重点走访督办排名靠后、承办量较大的单位，通报相关情况，分析存在问题，提出整改意见，共走访县规资局等12家单位。

【“12345”号码落地】 2020年，根据杭州市信访局工作要求，按照“统一号码、统一系统、统一管理、统一标准”的原则，构建全市统一的“1+7”［市平台+7个区、县（市）分平台］“12345”服务网络和系统平台，于6月底实现“12345”号码落地。“12345”受理座席从8个增加到13个，工作人员从12人增加到21人。办公场地完成扩建，从50平方米扩建到120平方米。4—8月过渡期增加费用30万元，9月起年度外包费用追加145万元。7月至年底，桐庐分平台来电受话量比上年上升55.23%。

【信访业务培训】 2020年，县长公开电话受理中心分层次开展指导和培训，提高受理水平和质量。结合市“12345”话务服务专项治理活动和每月分平台受理质量巡检情况晾晒，加强话务质量检查和话务人员培训；完善中心例会制度，定期交流学习政策文件，分析典型案例。邀请部门相关负责人进行实时政策或重点工作解读，是年邀请县检察院、县医保局、县住建局和县城投公司相关负责人解读相关政策。对问题较为突出的乡镇（街道）和部门进行重点指导，开展来电业务规范化办理个别辅导和培训。

【媒体连线和信息预警】 2020年，县长公开电话受理中心编发《今日桐庐》刊登报道38篇。9月建立完善信息预警预测制度，对群众反映突出的问题，抄报、抄送相关责任单位和分管县领导，按照内容紧急程度进行及时预警，共发布《预警单》15期。

（柯　斌）

·史志工作·

【概况】 2020年4月，因事业单位机构改革，桐庐县地方志编纂委员会办公室更名为桐庐县地方志研究室。8月7日至9月30日，县委第三巡察组对县委党史研究室进行巡察，针对巡察反馈意见，县委党史研究室对反馈的问题逐项进行梳理研究，制订相应整改方案。

【《桐庐微村志（第三辑）》出版】 2020年，县委党史研究室（地方志研究室）根据完整性、特色性、可读性等原则，从已撰写完成的微村志中选取30个精品村、中心村以及历史文化名村的微村志，编辑出版《桐庐微村志》（第三辑）。7月，《桐庐微村志》（第三辑）由浙江人民美术出版社出版发行，全书49.6万字，照片400余张，免费向给各乡镇（街道）、机关部门、行政村、社区等赠阅。同时，全年完成10个村的“微村志”编写。

【《桐庐年鉴（2019）》出版】 2020年11月，县委党史研究室（地方志研究室）牵头主编的《桐庐年鉴（2020）》由浙江工商大学出版社出版发行，全书82万字，实行四色印刷。《桐庐年鉴（2020）》结合新时代桐庐建设发展的新形势，保持卷首、百科、卷末三个基本组成部分和栏目、分目、条目三个层次，百科部分设中共桐庐县委员会、桐庐县人民代表大会等21个栏目；卷尾设文献、名录、专刊、索引等。同时，完成《杭州年鉴（2020）》《浙江年鉴（2020）》桐庐部分编

2020年4月2日，开展党史“六进”进军营活动

纂任务。

【党史三卷编写】 2020年，县委党史研究室推进桐庐党史三卷正文的修改统稿工作。深化改革开放新时期党史资料征编，开展《人民日报》《浙江日报》《杭州日报》中涉及桐庐报道等媒体资料搜集。组织召开桐庐党史三卷编辑部工作会议4次，总结编写成效，分析存在问题，落实务实措施，加快修改进度。至年底，完成桐庐党史三卷正文共50余万字的审稿修改工作。

【党史资政研究】 2020年，县委党史研究室围绕县委、县政府中心工作，主动参与党史资政研究工作，编写《桐庐县抗击新冠肺炎疫情大事记》。完成《桐庐纪事2020》编写任务，以“记全、记准、方便查阅”为目标，逐日逐月记录2020年度桐庐县的大事、要事、新事，分类梳理县委重要会议、重要部署、重要活动和全县重大项目等内容。

【党史胜迹保护】 2020年，县委党史研究室配合百江镇收集开国少将叶长庚相关史料，参与叶长庚将军名人馆布展策划等工作，争取相关资金，协助当地乡镇发展红色旅游，助推乡村振兴。是年，成功推荐江南镇周恩来浙西抗战讲话旧址申报“杭州市党员教育示范基地”。

【史志宣教工作】 2020年，县委党史研究室挖掘桐庐党史上的重大事件和重要人物，向“学习强国”杭州平台供稿，全年在“学习强国”杭州平台刊发稿件14篇，其中被全国平台录用1篇，浙江省平台录用1篇。会同县委组织部梳理并发布桐庐县10条红色教育路线。配合县住建局在滨江公园打造秀水屋、亲清屋、亲水屋三个党群服务站点。出版《桐庐史志》4期，做好桐庐政府网有关党史、地方志内容及桐庐党史微信公众号的维护和更新。

（张　红）

桐庐县档案馆查阅大厅

·档案工作·

【县档案馆（智慧档案中心）启用】 2020年1月15日，县档案馆新馆（智慧档案中心）落成启用。新馆位于城南街道上杭路777号智城大厦内，总面积5500平方米。其中档案馆3层裙房内，一层面积1600平方米，设爱国主义教育基地、陈列室、“走进档案”展厅、查阅大厅、档案整理室和各功能室等；二层至三层每层面积1750平方米，为档案库房、机房和监控用房；办公区域在智城大厦办公塔楼5楼，面积400平方米。

【示范级国家综合档案馆创建】 2020年4月，县档案馆下发《桐庐县档案馆关于开展迎接市县级综合档案馆业务建设评价工作的通知》，明确创建工作的责任分工。结合实际，对标评价体系（浙档发〔2018〕26号）中62项指标，逐项梳理任务目标，做好印证材料整理，对未到位指标，制定整改措施。由分管领导一月一汇总、主要领导一季一督查，简单问题即时即办，确保整改落到实处。9月22日，经省市专家组现场核查，桐庐县档案馆达到示范级国家综合档案馆标准。

【数字档案馆系统升级】 2020年，县档案馆启用新的数字档案馆软件系统，该系统包括业务系统数字档案馆系统［TDR］、档案移交接收系统［TRANSFER］、数字档案室系统［ERMS］以及电子归档子系统［EDAS］四大业务系统，涵盖下属单位档案接收、归档、档案移交、查档登记等业务需要。县档案馆数字档案馆系统［TDR］主要存储档案类型有文书档案、录音档案以及录像档案，其中文书档案141354卷、288947件、录音档案736件、录像档案72卷，数字档案室系统［ERMS］主要涵盖200多个立档单位的档案资料。

【档案服务利用】 2020年，县档案馆继续推行“五个一”、双休日预约查档服务等各项便民举措。全年接待查档群众3382人次，查阅案卷5496卷，提供证明材料9818份。宣传推广“掌上查档”，指导群众使用，推行异地查档服务，异地跨馆查档服务154人次。

【档案接收管理】 2020年，县档案馆接收7家单位档案移交申请，组织人员逐家上门指导，对未能符合移交条件的提出整改意见和缓交建议。是年县政协、县国投集团、住建局、瑶琳镇、旧县镇、合村乡6家单位档案移交入馆。馆藏档案消毒工作完成17万卷，完成档案电子标签粘贴、智能密集架调试、层架标签安装等工作。

【档案编研宣传】 2020年，县档案馆编研出版反映桐庐县城乡交通设施建设发展的成果《长路飞歌》。利用“6·9”国际档案日、桐庐百姓日等节日，到瑶琳镇舒家村、城关中学、南门社区开展档案宣传活动。是年，会同县融媒体中心在《今日桐庐》发布专刊3期，在桐庐广播《声动画城》栏目播放档案历史文化48期，在桐庐电视台微信公众号“同乐汇”发布档案宣传信息17条。举办“快递档案文化展”，展示桐庐快递崛起历程、“三通一达”四家快递企业成长等内容，30余批次1000余人参观。县委组织部、县文明办、县委党校授牌县档案馆为“桐庐县红色教育点”“第二课堂活动基地”“现场教学基地”。是年，《名人题严子陵钓台墨迹选》获得省档案局优秀编研成果评选三等奖。

【档案安全】 2020年，县档案馆新馆配备智能档案密集架、恒温恒湿系统、中央空调系统、自动报警灭火系统、安全监控系统和防有害生物等现代设施，改善档案的保管和利用条件，达到“十防”要求。建立智能库房管理系统，6月投入使用。

（汪水新）

·党校教育·

【概况】 2020年，县委党校有在编教职员工44人，专任教师36人，其中研究生学历17人；专任教师中高级职称17人，中级职称17人。全年举办各类培训班149期，培训各级各类人才13851人次，其中主体班16期培训2722人，部门班14期培训2026人次，对外培训班49期培训2103人次，社区培训70期7000人次。

【理论宣讲】 2020年，县委党校全年对外宣讲85场，受众6200人次。其中红色讲坛51场、中共十九届五中全会精神宣讲34场。宣讲内容包括中共十九届四中和五中全会精神、习近平考察浙江重要讲话精神解读，习近平治国理政思想、红船精神、党章党规、依法治国等专题。深化“红色讲坛”党建项目，打造“习语宣讲堂”，建立覆盖县、镇（街）、村（社）三级宣讲网络。结合后疫情时代特点，加强传播手段和话语方式创新，与市委党校、县委宣传部、县融媒体中心等单位合作，用好西湖先锋、学习强国等平台，打造“线上云课堂”。

【成人高等学历教育】 2020年，县委党校（浙江电大桐庐学院）开放学历教育招生195人，其中村干部、村级后备人才学历提升班招收村（社区）干部26名。全校有在校生1123人，其中电大开放教育547人，中国人民大学继续教育235人，东北师范大学继续教育115人，大连理工大学继续教育126人，中国医科大学继续教育81人，北京中医药大学继续教育19人。

【学术科研】 2020年，县委党校申报各类课题7批次33项，24项课题获得立项，其中浙江省党校系统（中国特色社会主义理论体系研究中心第二十二批规划课题）立项2项，2020年度杭州市社会科学界联合会课题立项1项，获浙江省教育会计学会2020年度优秀课题三等奖 1 项，县社科联立项课题二等奖 1 项、三等奖 4 项；提交各种理论研讨会论文 3 批次 10 篇，入围省委党校理论研讨会论文 2 篇（一等奖 1 篇、入围奖 1 篇），获浙江现代远程教育学会“高水平推进浙江省终身教育治理体系和治理能力现代化”征文三等奖 1 篇。

【“1050”干部培养计划】 2020 年，县委党校创新实施“君山育凤”—“1050”干部梯队培养计划（重点培养 119 名经济和国土建设领域专业干部、62 名优秀年轻干部）。通过开展红色体验教学、结构化研讨、“党建联盟—党员干部支农大比武”、“君山赛凤”村社干部大比武观摩点评、赴榕江调研学习、“我们的分享会”等培训环节，培育提高年轻干部的政治素质；通过加大案例教学、现场教学、情景教学等实操性内容比重，组织经济和国土建设领域专业干部赴经济发达地区、外地党校（高校）考察学习，提升经济和国土建设领域干部在投融资、项目审批、风险防范、统计分析等方面的实践技能。

【中共十九届五中全会集中轮训】 2020 年，县委党校分四期开展全县县管领导干部十九届五中全会精神集中轮训。全县县管领导干部、退离县管领导岗位干部、部管干部共 720 余人参加轮训。轮训围绕习近平总书记在中共十九届五中全会上的重要讲话精神、《中共中央关于制定国民经济和社会发展第十四个五年规划和二〇三五年远景目标的建议》以及“八八战略”等重要内容。

【村社换届两委干部培训】 2020 年，县委党校分两期开展全县村社换届省级试点乡镇新一届村社两委干部培训，试点乡镇分水镇、瑶琳镇、莪山畲族乡共 307 名新一届村社两委干部参加培训。培训设置政治纪律教育课、廉政警示教育片等内容，提升村社干部政治意识、纪律意识、规矩意识和廉政意识。开设美丽乡村建设、村级三资管理、全域土地整治等重点课程，提升业务能力水平。组织为期 2 天的军训，培育村社干部的团队合作、攻坚克难精神。

（张淑云）

2020 年 12 月 23 日，开展县管干部学习贯彻中共十九届五中全会精神集中轮训

2020年主体班培训一览表

表4

序号	培训时间	班次名称	学员人数
1	5月19—21日	全县纪检监察干部培训班	120
2	2020年6月10日—2021年6月10日	“1050”干部培养计划——第五期中青年干部实训班	62
3	7月18日	高层次人才理论研修班	32
4	8月7日—11月26日	“1050”干部培养计划——经济领域干部专业能力提升班	69
5	8月10—31日	中共十九届四中全会轮训班	712
6	8月28日—11月8日	“1050”干部培养计划——国土建设领域干部专业能力提升班	50
7	9月7—11日	全县民主党派骨干成员培训班	33
8	9月7—11日	县政协委员履职能力提升培训班	38
9	9月17—20日	2020年全县村社换届省级试点乡镇新一届村社两委干部培训班（一）	154
10	9月18日	全县人才工作者培训班	200
11	9月21—24日	2020年全县村社换届省级试点乡镇新一届村社两委干部培训班（二）	153
12	10月19—20日	文化文明专业能力提升班	60
13	10月27—29日	全县离退休干部党支部书记培训班	102
14	11月25—27日	县人大代表履职能力提升培训班	66
15	12月18—27日	新一届村社评职干部培训班	151
16	12月23—31日	中共十九届五中全会轮训班	720

·老干部工作·

【概况】 2020年年底，桐庐县有离休干部49人，其中易地安置在桐庐1人，桐庐安置在易地3人。副局级以上退休干部543人，其中副县级以上退休干部42人。受新型冠状病毒疫情影响，桐庐、分水老干部活动中心、老年大学均未开放。

【老干部政治待遇】 2020年，县委老干部局通过开展“千名党员进党校”行动，建立离退休干部党员轮训机制，分层分批组织全县离退休干部开展政治理论学习9次，855人次参加。县委、县政府主要领导专题向老干部通报情况2次；组织离退休干部参加县“两会”、全县领导干部大会、政府工作报告征求意见会等18次；聚焦乡村振兴、旅游高质量发展、富春未来城建设、快递回归攻坚战、离退休干部党建等中心工作，组织718名离休干部、县级退休干部、局级退休干部、离退休干部党支部书记（临时党组织负责人）外出参观考察学习，撰写建议书2份，获县委领导批示。

【老干部生活待遇】 2020年，县委老干部局领导班子和机关干部全年对离休干部和县级退休干部实行每季度走访慰问，共走访离退休干部815人次，解决老同志实际困难18个，对213名生活困难、行动不便或住院的离退休干部及无固定收入离休干部遗属发放慰问金；2月，上门为86名离休干部、县级退休干部送上防护酒精、口罩等防疫物资。7月，防汛期间，在社区帮助下转移重点区域12名住一楼的离退休干部，为4户行动不便离休干部家庭送食物上门。12月，完成2名抗战时期离休干部适老化改造工作。是年，继续实施离休干部社区医生签约服务模式，离退休干部参加健康体检在桐庐县人民医院、树兰（杭州）医院、迪安健检桐庐综合门诊部、桐庐县中医院4家体检中心的基础上，新增桐庐美年大健康体检中心，在桐庐、分水两地分别邀请专家医师对体检结果进行“一对一”反馈解读，共536名离退休干部参加。

【离退休干部党支部建设】 2020年，桐庐县88个离退休干部党支部定期过组织生活。4月，县委成立桐庐县离退休干部党委（隶属县委直属机关工委），负责优化调整全县离退休干部党组织管理机制，统筹协调全县离退休干部党建工作，原县委直属机关工委下属28个离退休干部党支部由县离退休干部党委管理。4月，联合县委组织部下发《关于在全县离退休干部党组织中实施党建“十百千”工程的通知》，通过开展“三个十”“三百三助”“千名离退休干部党员双报到”等行动，全年共创建18个县级“示范性党组织”，评选出18名县级“最美老干部”。5月，实施离退休干部党员社区“双报到”制度，全县63个机关离退休干部党支部以支部班子为代表全部完成社区报到，511名离退休干部党员到各自居住地社区进行报到，参与各类集体志愿服务活动31次，社区组织节日共建活动7次。是年，“银雁返乡”助力乡村振兴、项目化推进离退休干部党建工作分别在

2020年6月，全省首个“银色家园”在桐庐授牌

全省老干部专题会议上进行典型发言。

【老干部作用发挥】 2020年，疫情防控期间，全县共有112名离退休干部主动加入党员志愿者队伍，坚守在小区、村庄开展疫情防控知识宣传、出入登记和测体温服务等。88个离退休干部党组织1664名党员捐款22.08万元。120余名老干部以剪纸、书法、绘画、诗歌、歌曲等方式创作抗疫文艺作品1000余幅（件）。许马尔、王炳奎获浙江最美银耀老干部抗疫志愿者称号。是年，成立老干部垃圾分类和公筷公勺宣传队，到村（社区）、餐饮场所开展志愿宣传活动23次。167名“校门爷爷（奶奶）”在县城及乡镇7所小学门口开展志愿服务，每天保护近万名学生放学期间安全过马路，发起人周村源获评全国关心下一代工作先进工作者；32个离退休干部党支部通过“银龄助学”行动和贵州榕江四中结成对子，670名离退休干部党员捐助价值5.2万元的文化、体育和生活用品。

【银色家园】 2020年，县委老干部局和桐庐农商银行签订党建联盟合作协议，搭建合作交流平台。6月，“银色家园共建共享”桐庐启动仪式举行，桐庐县作为全省首个“银色家园”（为离退休人员提供党建聚能、志愿汇能、文化育能、服务享能、数字赋能的活动场所）进行授牌，并成为全省探索金融支持“时间银行”体系建设的试点单位。是年，全省31个市县老干部工作部门前来考察学习，杭州、温州、金华等地全面启动“银色家园”战略合作。该项工作获全省2020年度老干部工作“双十佳”创新案例。

（庞　建）

桐庐县人民代表大会

People's County Congress of Tonglu

桐庐县人民代表大会

·桐庐县人民代表大会·

【十六届人民代表大会第四次会议】 2020年1月17日至21日，桐庐县第十六届人民代表大会第四次会议在县城召开。会议应出席代表224名，实到215名。会议听取和审查县政府、县人大常委会、县人民法院、县人民检察院、财政预算工作报告，书面审查国民经济和社会发展计划、法治政府建设情况报告，并通过相关决议；听取2019年民生实事项目完成情况报告，并对实施情况进行满意度测评，票决确定2020年县政府民生实事项目；听取议案审查委员会关于该次会议议案审查的报告，财政预决算审查委员会关于财政预决算审查的报告。依法表决设立桐庐县第十六届人民代表大会社会建设委员会，依法选出桐庐县第十六届人大常委会主任：华健；县人民检察院检察长：冯晓音；县第十六届人民代表大会常务委员会委员：沈国红；县第十六届人民代表大会社会建设委员会组成人员：徐海初、刘曙明、卢水晶、徐杭君、戴小忠。会议确定：关爱婴幼儿成长、加强食品安全监管、推进停车设施建设、优化公交出行、加强公共医疗保障服务、实施“老有所养”提升工程、保障农村饮用水安全、推进“四好农村路”建设、提升改造农村生活污水处理设施、实施生活垃圾分类工程、推进天然气扩面（11项）为2020年县政府实施的民生实事项目。会议共收到代表建议197件，解决171件，解决率71.6%。

【十六届人大常委会会议】 2019年12月16日，县人大常委会召开第二十三次会议，听取审议《关于提请召开县第十六届人民代表大会第四次会议的议案》，听取杭州市人大代表向县人大常委会的述职报告。

2020年1月3日，县人大常委会召开第二十四次会议，听取县人大常委会办公室关于对《桐庐县人大常委会专项工作评议办法（草案）》《桐庐县人民代表大会及其常务委员会专题询问办法（草案）》《桐庐县人大常委会执法检查办法（草案）》《桐庐县人大常委会讨论决定重大事项办法（草案）》等“四办法”修订内容的说明，并表决通过“四办法”草案；表决通过《桐庐县预算审查监督试行办法（草案）》《关于接受部分县人大代表辞职的决定（草案）》。

1月9日，县人大常委会召开第二十五次会议，讨论县人大常委会工作报告稿；审议通过县人民政府、县人民法院、县人民检察院工作报告稿、关于2019年国民经济和社会发展计划执行情况与2020年国民经济和社会发展计划（草案）的报告稿；审议通过县政府关于2019年财政预算执行和2020年财政预算（草案）的报告稿、2019年县政府民生实事项目目标完成情况和2020年民生实事候选项目形成情况的报告稿；听取和审议县政府关于2019年度环境状况和环境保护目标完成情况的报告、关于2019年度法治政府建设情况的报告、2019年重大投资项目计划执行情况和2020年重大投资项目计划（草案）、关于第十六届人民代表大会第三次会议代表意见、建议办理情况的报告以及《进一步优化营商环境 助推民营经济高质量发展》《加快乡村振兴战略实施》等大会议案办理情况的报告；讨论通过县第十六届人民代表大会第四次会议日程（草案）和大会主席团等各项建议名单；表决通过县人大常委会《关于进一步规范农村村民建房的决定（草案）》。

2月9日，县人大常委会召开第二十六次会议，表决通过《桐庐县人民代表大会常务委员会关于依法全力做好当前新型冠状病毒肺炎疫情防控工作的决定（草案）》。

4月8日，县人大常委会召开第二十七次会议，讨论通过县人大常委会2020年工作要点、2020年度讨论决定重大事项初步清单以及《加快推进富春未来城建设 打造县域城市样板》和《加快提升桐庐县医疗卫生服务能力》大会议案的办理决定；听取和审议桐君街道、城南街道、旧县街道、凤川街道人大工委关于2019年度工作情况和2020年度工作计划的报告。

6 月 16 日，县人大常委会召开第二十八次会议，听取和审议县政府关于 2019 年度全县国有资产管理情况的综合报告和关于 2019 年度全县企业国有资产管理情况的专项报告、关于矛盾纠纷调处化解“最多跑一地”的专项工作报告、县人大常委会执法检查组关于《杭州市公共场所控制吸烟条例》贯彻执行情况的检查报告；审议和表决县政府关于教师队伍建设情况专项工作报告审议意见落实情况的报告等。

9 月 7 日，县人大常委会召开第二十九次会议，听取和审议县政府关于提请审议批准收购浙江富春江旅游股份有限公司所属六个景区等资产的议案，并作出批准收购六个景区资产的决定；表决通过关于许可对县人大代表吴某某依法采取行政拘留处罚的决定（草案）等。

10 月 13 日，县人大常委会召开第三十次会议，听取和审议县政府关于 2019 年财政决算的报告、2020 年上半年财政收支预算执行情况的报告、关于 2020 年政府投资重大建设项目实施情况和年中调整计划（草案）的报告、关于 2019 年度桐庐县本级预算执行和其他财政收支的审计工作报告；审议和表决县卫健局关于对县卫生健康局工作评议意见整改落实情况的报告；书面审议县政府关于桐庐县 2020 年上半年国民经济和社会发展计划执行情况的报告、关于对全县卫生健康工作建议落实情况的报告；表决通过县人大常委会关于开展医保扶贫特定问题调查的决定（草案）、关于设立医保扶贫特定问题调查委员会的决定（草案）等。

11 月 24 日，县人大常委会召开第三十一次会议，听取和审议县政府关于快递回归攻坚战推进情况的专项工作报告、关于 2019 年度桐庐县本级预算执行和其他财政收支情况审计查出问题整改情况的报告；审议和表决县政府关于矛盾纠纷调处化解“最多跑一地”专项工作报告审议意见落实情况的报告等。

12 月 29 日，县人大常委会召开第三十二次会议，听取和审议县政府关于提请审议 2020 年财政收支预算调整方案（草案）的议案和关于提请审议 2020 年新增政府债券预算调整方案（草案）的议案、关于全县公共卫生体系建设情况的专项工作报告、关于医保扶贫特定问题调查的报告；听取

2020 年 11 月 27 日，纪念县人大常委会设立 40 周年座谈会在分水召开

关于《加快提升桐庐县医疗卫生服务能力》大会议案办理情况的报告、关于《加快推进富春未来城建设 打造县域城市样板》大会议案办理情况的报告、县人大常委会执法检查组关于《中华人民共和国工会法》贯彻执行情况的检查报告等。

【纪念县人大常委会设立40周年座谈会】2020年11月27日，纪念县人大常委会设立40周年座谈会在分水召开，县人大常委会党组书记、主任华健出席并讲话。会上，与会人员共同观看县人大常委会设立40周年纪念宣传片。老领导吴耀、孙关昌等、第六届全国人大代表李艺等代表和部分基层人大工作者结合自身工作经历，畅谈心得与体会，并对新时代人大工作提出新期待。会议指出，在40年的历程中，人大工作归结起来就是“五个必须”：一是必须坚持与党委同向，矢志不渝维护核心；二是必须坚持与发展同频，自觉主动服务中心；三是必须坚持与法律同轨，突出履职行权重心；四是必须坚持与人民同行，广泛充分汇集民心；五是必须坚持与时代同步，与时俱进永葆初心。会议强调，要进一步坚定制度自信，保持定力奋勇前行；要进一步强化使命意识，全力助推改革发展；要进一步发挥职能优势，汇集人民磅礴伟力；要进一步坚持守正创新，不断提升整体实效，努力开创桐庐人大事业发展新局面，为打造浙江大花园“耀眼明珠”奋力展现“重要窗口”桐庐风采做出积极贡献。

【工作监督】 2020年，县人大常委会听取审议矛盾纠纷调处化解“最多跑一地”、快递产业回归情况、全县公共卫生体系建设情况等专项工作报告3项、其他报告9项；委托主任会议听取工作报告5个。针对医保扶贫开展特定问题调查1次，对县经信局开展专项工作评议，围绕农村饮用水、无障碍环境建设、老城区有机更新以及《杭州市公共场所控制吸烟条例》《中华人民共和国工会法》贯彻执行情况等组织视察、执法检查10次，围绕公共法律服务体系建设情况、政府投资重大建设项目竣工决算情况、教育高质量发展情况、乡村振兴战略实施情况等开展7个专题调研，做出决议决定24项，提出审议意见13件，任免国家机关工作人员21人次。

【执法监督】 2020年，桐庐县深化落实县政府年度法治政府建设情况向人大报告制度，实现乡镇人代会、街道居民议事会审议法治政府建设报告全覆盖。指导推进宪法公园建设。将宪法法律和人大制度理论纳入党校主体班教学计划。持续探索加强对常委会任命人员的任前和任后监督，完善拟任法律职务人员资格审查、公示制度，组织11名新任命干部向宪法宣誓。加强规范性文件备案审查工作，全年对12件政府规范性文件进行合法性审查。首次引入第三方评估监督检查《中华人民共和国工会法》贯彻实施情况。县乡两级人大联动开展《杭州市公共场所控制吸烟条例》执法检查，检查公共场所120余家。专题视察公安工作。对“两院”工作开展视察调研，推动全面落实司法责任，提升公正司法水平。

【代表履职】 2020年，县人大常委会深化代表联络站建设，评选树立第二批县级“最美人大代表联络站”8家，其中3

2020年6月24日，县人大常委会委员视察重大项目建设

家获评“杭州市最美人大代表联络站”。开展“最美人大代表”评定和风采展示活动，评选出“最美人大代表”11名。15名县级领导干部代表赴联络站接待代表和群众，督办代表建议27件。全县各级人大代表定期进站开展活动，全年接待选民615人次，收集问题建议381个，335个问题得到有效解决。依托“双月活动”、定向视察、代表问政等，14个代表小组组织代表投身产业发展、文明复评、垃圾分类、物业管理、防汛救灾等重点工作，全年开展履职活动112次。围绕票决产生的11项政府民生实事项目，常委会完善代表监督机制，开展“代表监督周”活动，参与代表367人次，向县政府转交建议意见85条。拓宽代表议政督政渠道，全年邀请代表参加常委会各类会议、活动230余人次。修订代表活动经费使用管理办法。组织代表赴党校、杭州国际城市学研究中心开展履职能力提升培训，实现届内县乡两级代表培训全覆盖。首次推行代表小组工作考评、代表履职考核制度。深化代表建议意见督办，首次开展政府部门议案建议办理业务专题培训。对大会期间代表提出的317条审议意见、闭会期间收到的447条建议均同步交办并落实反馈。

【自身建设】 2020年，县人大常委会办公室增设人大事务保障中心。坚持常委会会前学法制度，组织常委会组成人员和人大干部参与“亲清在线”数字平台、民法典、规范性文件备案审查等系列讲座7期，进高校开展履职专业知识培训。试点开展市“智慧人大”区县一体化项目建设。筹建市人大工作研究会桐庐分会。组织退休干部调研教育、医疗、重大交通建设项目等工作。结合乡村振兴、法治建设等课题，开展调查研究，形成调研成果10余项，《省域治理现代化视角下民生实事代表票决制的实践与思考——以桐庐县为例》获省人大工作研究会第七次理论研讨会优秀论文三等奖。坚持人大与“一府一委两院”联席会议、年中代表问政等制度。主任会议成员深化“走亲连心三服务”“三联三送”“季述年评”“五联系一领衔一包案”等活动，做好村社换届、防汛抗台、巡河治水等联系指导。贯彻《浙江省街道人大工作条例》，成立街道人大工作和建设领导小组，建立常委会交办工作、街道人大报告工作机制，下发街道人大“责任清单”“特色清单”，明确19项具体任务。探索推进经济开发区人大工作，创设“街区共建”联动模式，凤川街道半年度居民议事会议首次听取开发区、富春未来城工作报告，并建立人大代表和居民议事会议成员讨论商议开发区项目、资金等重大事项工作机制。

【人事任免】 经2020年1月9日桐庐县第十六届人大常委会第二十五次会议表决通过，决定任命丁干为桐庐县人民政府副县长；冯晓音为桐庐县人民检察院检察员、检察委员会委员、副检察长。

免去施建华的桐庐县人民政府副县长职务。

经2020年4月8日桐庐县第十六届人大常委会第二十七次会议表决通过，决定免去王泽静的桐庐县人民法院审判员职务。

任命王泽静为桐庐县人民检察院检察员。

经2020年6月16日桐庐县第十六届人大常委会第二十八次会议表决通过，决定任命王先勇为桐庐县人民政府副县长；王青为桐庐县科学技术局局长；张晓良为桐庐县退役军人事务局局长。

免去翁嫣的桐庐县人民政府副县长职务；雷会鑫的桐庐县科学技术局局长职务；毛铁兵的桐庐县退役军人事务局局长职务；朱坤荣的桐庐县人民法院审判员职务；方晨的桐庐县人民法院审判员职务；童杭烟的桐庐县人民法院审判员职务；宋荣泉的桐庐县人民法院审判员职务。

经2020年9月7日桐庐县第十六届人大常委会第二十九次会议表决通过，决定任命倪天震为桐庐县发展和改革局局长；金焕梁为桐庐县住房和城乡建设局局长。

免去倪天震的桐庐县住房和城乡建设局局长职务；金焕梁的桐庐县林业水利局局长职务；王先勇的桐庐县发展和改

革局局长职务；陈忠民的桐庐县监察委员会委员职务。

经2020年10月13日桐庐县第十六届人大常委会第三十次会议表决通过，决定任命朱晓燕为桐庐县人民法院副院长、审判委员会委员、审判员；王衍举、章涛、杨君玲、李丹、濮丽琴、王涛为桐庐县人民法院审判员。

经2020年11月24日桐庐县第十六届人大常委会第三十一次会议表决通过，决定任命祖哈尔为桐庐县人民政府副县长。

决定任命申屠福军为桐庐县人大常委会社会建设工作委员会副主任；谢旭军为桐庐县人大常委会城建环保工作委员会副主任；余绯为桐庐县人民检察院检察员；赵佳婵为桐庐县人民检察院检察员；马炜娟为桐庐县人民检察院检察员。

（陈　瑾）

桐庐县人民政府

People's County Government of Tonglu

黄 强/摄

桐庐县人民政府

·县政府办公室工作·

【县政府常务会议】 2020年，十六届桐庐县政府召开常务会议15次。

1月3日，十六届桐庐县政府召开第五十三次常务会议，研究桐庐县做好当前和今后一个时期促进就业创业工作的实施意见、高层次人才项目评审和资助办法、2019年预算执行情况和2020年预算草案报告、2020年政府投资项目安排计划、2019年国民经济和社会发展执行情况与2020年国民经济和社会发展计划草案的报告、2019年县政府民生实事项目完成情况和2020年民生实事候选项目形成情况的报告、2020年政府工作报告等事宜。

3月27日，十六届桐庐县政府召开第五十四次常务会议，研究桐庐垃圾焚烧厂第三方运营（托管），浙江富春江旅游股份有限公司所涉风景名胜区门票出售权回收，调整城乡居民基本医疗保险门诊报销比例，2020年度桐庐县对口帮扶榕江县框架协议，2019年度产业政策兑现，深入实施“新制造业计划”推进高质量发展的若干政策、推进外贸外资稳定发展的若干意见及2019年度县政府质量奖获奖企业评审情况等事宜。

4月24日，十六届桐庐县政府召开第五十五次常务会议，研究桐庐县加强知识产权建设助推高质量发展十条政策、支持医疗器械产业高质量发展七条政策，支持旅游行业共渡难关的七条意见，增进民生福祉共享幸福生活“惠民七条2020”政策，进一步规范公安机关警务辅助人员管理工作的实施意见等事宜。书面审议杭州海康威视电子有限公司直接配置县小客车号牌指标事宜。

4月29日，十六届桐庐县政府召开第五十六次常务会议，传达省委副书记、省长袁家军到桐庐调研期间的讲话精神，研究一季度经济运行形势、生态保护红线优化调整方案等事宜。

5月14日，十六届桐庐县政府召开第五十七次常务会议，研究桐庐县2020年度行政执法规范化建设实施方案和桐庐县行政执法监督规范化建设工作方案、全面加强法治乡村建设的实施意见、基层司法所示范性建设三年行动计划、推进律师行业健康发展的实施意见等事宜。分析研判法治建设面临的形势，研究部署下一阶段法治政府建设的重点任务。

5月26日，十六届桐庐县政府召开第五十八次常务会议，研究县政府与县纪委县监委巡察整改联席会议制度，桐庐县加强住宅小区物业综合管理三年行动计划，完善工业用地使用权转让管理的实施意见，生猪产业高质量发展三年行动方案、发展村集体经济消除集体经济相对薄弱村三年行动实施方案和实施乡村振兴战略实现农村产业高质量发展的意见等事宜。

6月19日，十六届桐庐县政府召开第五十九次常务会议，研究部分副县长分工调整，亚运马术项目原投资方退出处置及续建工作，桐庐县发展学前教育第三轮行动计划，进一步拓宽市场、激发旅游消费潜力的四条政策等事宜。

7月27日，十六届桐庐县政府召开第六十次常务会议，研究上半年全县安全生产形势情况及桐庐县第二轮安全生产综合治理三年行动计划，2020年政府投资项目半年度调整，促进现代服务业发展的十六条政策，加快科技创新推动高质量发展的若干意见，桐庐县小微企业和个体工商户“两直”补助工作实施方案，医疗服务价格改革方案，桐庐县卫生健康事业发展大会暨“三医联动六医统筹”集成改革试点工作推进会方案、关于促进卫生健康事业高质量发展的实施意见、推进医疗卫生事业高质量发展三年行动计划、杭州市卫生健康委员会与桐庐县人民政府战略合作框架协议、桐庐县人民政府与杭州师范大学医教合作协议、上海交通大学医学院附属瑞金医院与桐庐县人民政府战略合作框架协议等事宜。书面审议桐庐放语空文化创意有限公司申请直接配置县小客车号牌指标事宜、《桐庐县政府

2020年度重大行政决策目录》。

8月26日，十六届桐庐县政府召开第六十一次常务会议，研究第二轮中央生态环境保护督察迎检准备工作情况，桐庐县农村村民建房管理办法，浙江富春江旅游股份有限公司所涉风景名胜区内相关资产收购，县“三医联动”“六医统筹”集成改革试点工作实施方案、深化医药卫生体制改革联席会议办公室工作制度、县第一人民医院能力提升三年行动计划，特困人员救助供养实施细则，2019年行政奖励，2020年第一批高层次人才项目评审，未成年人思想道德建设工作等事宜。

9月8日，十六届桐庐县政府召开第六十二次常务会议，研究桐庐县政府投资应急工程项目建设管理办法，公共资源交易目录（2020版），“三线一单”生态环境分区管控方案等事宜。

10月20日，十六届桐庐县政府召开第六十三次常务会议，研究桐庐县快递特色产业发展规划，“无废城市”建设实施方案，农村乱占耕地建房问题专项整治三年行动实施意见，循环产业园建设，促进建筑业高质量发展八条意见，建立城乡居民基本养老保险待遇确定和基础养老金调整机制等事宜。书面审议浙江分水龙潭渡文化产业发展有限公司申请直接配置县小客车号牌指标相关事宜。

11月10日，十六届桐庐县政府召开第六十四次常务会议，研究推进新时代民政事业高质量发展的若干措施，省级物流示范县综合改革创新试点方案，新型城镇化建设示范实施方案，杭州市部分行政区划调整的意见等事宜。

12月4日，十六届桐庐县政府召开第六十五次常务会议，研究2021年及“十四五”教育设施重点项目建设、叶浅予中学办学体制调整、中小学心理健康促进行动实施意见等事宜。

12月23日，十六届桐庐县政府召开第六十六次常务会议，研究被征地人员参加基本养老保险工作实施方案，桐庐县政府投资项目预算管理办法、政府性（国有企业）投资项目建设控制标准，2020年财政收支预算调整方案、新增政府债券预算调整方案，生物质锅炉淘汰改造实施方案，划定禁止使用高排放非道路移动机械区域的通告，基准地价更新，土地指标管理办法优化调整，湖杭铁路地材供应(竹桐坞矿区)，关心关爱企业家、助企强企增活力“春风2021”，职务与职级并行后公务交通补贴调整，农村困难群众住房即时救助工作实施意见等事宜。

12月31日，十六届桐庐县政府召开第六十七次常务会议，研究桐庐县2020年度法治政府建设工作报告，2020年度县政府质量奖评选，天溪湖项目历史遗留问题处置方案等事宜。书面审议桐庐银悦商业发展有限公司申请直接配置县小客车号牌指标相关事宜。

【全县推进复工复产工作视频会议】 2020年2月26日，全县推进复工复产工作视频会议召开。会议强调，各地各部门要认清形势抓发展，确保疫情防控与复工复产“两手抓、两手硬、两战赢”。要明确目标抓推进，细化举措、强化落实，确保交出一份满意答卷。要突出重点抓关键，密切联系、强化服务，推动企业应复尽复、应产尽产。要紧盯问题抓解决，找准问题症结，加强分析研判，千方百计破解，切实提高企业产能。要围绕落实抓责任，加快工作节奏、找准工作关键、加大工作投入、创新工作办法，全力以赴打好疫情防控与复工复产两场仗。

【全县亚运马术项目推进工作2020年度第一次联席会议】 2020年4月1日，全县亚运马术项目推进工作2020年度第一次联席会议召开。会议强调，要围绕“顺利成功举办国际标准马术赛事”目标，按照时间节点，突出工作重点，切实抓好主项目、无疫区和配套项目建设，在提速度、提效率上狠下功夫，全力做好保障工作。要充分发挥赛事优势，围绕赛前、赛中、赛后做足宣传文章，提前谋划赛后利用文章，不断扩大综合效益，带动桐庐经济社会、产业结构、旅游休闲等全面发展。要压实责任、统筹合力，全面保障亚运马术项目建设。

【全县统计调查工作会议暨第七次全国人口普查工作动员会议】 2020年4月9日，全县统计调查工作会议暨第七次全国人口普查工作动员会议召开。会议强调，统计是经济社会发展的基础性工作，是宏观调控的重要依据，要坚持以习近平新时代中国特色社会主义思想为指导，围绕中心、服务大局，高度重视统计工作，坚持依法统计、依法治统，统筹发挥统计调查、统计分析、统计监测三大职能，全面提升统计服务水平和质量。第七次全国人口普查是在经济由高速增长阶段转向高质量发展阶段，在人口发展进入重要转折期开展的重大国情国力调查，要提高政治站位，认识第七次全国人口普查的重要意义，精心组织策划，强化工作保障，广泛宣传发动，扎实做好各项工作，确保按时高质量完成任务。

【全县民生实事项目推进会议】 2020年4月10日，全县民生实事项目推进会议召开。会议强调，要更加自觉把“以人民为中心”理念贯穿到民生实事项目推进的全过程，切实为百姓办实事、干好事，不断提升群众获得感。要全力以赴，确保更高质量完成2020年民生实事项目建设。要倒排时间节点，调整优化推进计划，加快推进进度，加强破难攻坚，有序有力推进项目建设。要巩固坚持督查、参与、协商、创新、考核等机制，为更高质量推进民生实事项目建设提供坚强保障。

【全县防汛暨节前安全生产工作会议】 2020年4月24日，全县防汛暨节前安全生产工作会议召开。会议强调，安全生产事关人民福祉，事关经济社会发展大局，要认清形势、高度警惕，以更强的责任感与紧迫感抓好工作落实，全力确保人民群众生命健康安全。要严守底线、大抓防范，抓好监测预报，抓细隐患排查整改，抓实工程项目建设管理，抓牢抢险救援和应急处置，有效落实防汛各项工作任务。要突出重点、强化举措，加强道路交通、消防、商贸旅游、工程建设、社会公共领域等安全管理，扎实做好节前安全生产工作。要压实责任，加强保障，强化宣传，以更强合力推动防汛与安全生产工作落到实处。

【全国文明城市复评暨“城市环境大整治、城市面貌大提升”百日集中攻坚行动推进会议】 2020年6月10日，全国文明城市复评暨“城市环境大整治、城市面貌大提升”百日集中攻坚行动推进会议召开。会前，与会人员先后实地督查县城白云源路、滨江路、商业广场农贸市场、大联路等点位的环境秩序整治、农贸市场管理、停车管理等工作。会议强调，要坚定信心、认清形势，将各项举措落到实处，确保全国文明城市复评顺利通过，百日集中攻坚行动走在全市前列。要厘清责任，明确标准，严格执法，提升各项工作规范化水平。要细化管理，精益求精，切实把工作做细致、精致、极致。要紧密衔接，强化合力，有序有力推进各项工作。要形成长效，不断提升耐力、定力、执行力，确保工作成效不反弹、不回潮。要强化组织领导，建立健全工作机制，加大宣传曝光力度，切实将桐庐全国文明城市的金字招牌擦得更亮、美丽品牌打得更响。

2020年6月10日，全国文明城市复评暨“城市环境大整治、城市面貌大提升”百日集中攻坚行动推进会议实地督查

【全县食品安全工作会议】 2020年7月14日，全县食品安全工作会议召开。会议通报2019年度市、县食品安全工作考核结果，总结2019年工作，部署2020年重点任务。会议强调，食品安全工作是维护健康、服务民生的重要基础，是促进消费、稳定经济的重要抓手，是补齐短板、优化治理的重要要求，要认清形势、提高站位，以更强的责任感使命感做好食品安全工作。要锚定目标，强化举措，全面提升食品安全工作现代化治理水平，为杭州创建高水平国家食品安全示范城市贡献桐庐力量。要聚焦“严”字，全链条加强安全监管。要聚焦“新”字，不断强化数字赋能，全方位提高食品安全治理能力。要聚焦“转”字，做好“整合”“品牌”“营销”三篇文章，全产业提升食品生产经营水平。要强化组织领导，层层压实责任，强化工作考核，浓厚共治氛围，全力守住食品安全底线。

【全县深化国有企业改革专题推进会议】 2020年7月14日，全县深化国有企业改革专题推进会议召开。会议强调，国有企业是推动全县经济社会发展的重要组成部分，要把握机遇，聚焦关键，深入谋划，推动国企改革工作往深走；要深化内部改革，增强自身活力能力，加快改革向乡镇（街道）延伸，推动国企改革工作往下走。要主动参与经济建设、城市建设、社会建设等全县发展大局，推动国企改革工作往实走。要不断提升工作绩效，推动国企改革工作往细走。要强化国企、政企、县乡相互支撑、相互配合，推动国企改革工作往合走。要建立好、执行好严格规范的管理制度，推动国企改革工作往严走，不断推动国企向上向前向好发展，为全县经济社会发展提供不竭动力。

【全县服务业统计规范化建设工作会议】 2020年7月15日，全县服务业统计规范化建设工作会议召开。会议强调，要提高认识，深刻领会，增强能力，以坚定不移、开拓进取、求真务实的工作作风，推动服务业统计规范化建设工作高质量开展。要聚焦“准”字，摸清底数，加强数据管理运用，做到应统尽统。要聚焦“深”字，以更精准的政策、细致的服务，助力企业不断做大做强。要压实责任，加强组织领导，夯实统计基础，以更强合力推动各项工作顺利、有序、高效开展。

【城市大脑桐庐平台工作部署会议】 2020年7月16日，城市大脑桐庐平台工作部署会议召开。会议强调，要整体谋划、超前谋划，明晰定位、厘清方向，确保平台建设不跑偏、不走样。要围绕目标、超越目标，拉高标杆、提高认识，加强举措落实、补齐问题短板，努力推动城市大脑建设走在全市前列。要落地应用、真正应用，耐心细致向企业做好政策的宣传沟通工作，营造主动参与、积极配合的良好氛围。要围绕“发展”与“民生”加强创新，创设更多易用、实用、管用的应用场景，确保桐庐百姓能够享受更加优质便捷的服务。

【县政府十六届八次全体（扩大）会议】 2020年7月24日，县政府十六届八次全体（扩大）会议举行。会议强调，要深入学习，迅速把思想行动统一到县委决策部署上来，从更高站位、更深层次、更大格局来认识建设“重要窗口”的重要内涵，准确把握展现“桐庐风采”的核心要义，切实按照“绿色、美丽、富强、幸福”要求，全力打造“耀眼明珠”。要清醒认识逐步向好的发展态势、发展优势和面临的激烈竞争、存在的突出短板，进一步增强发展的信心决心，以更强的责任感紧迫感全力推动经济社会高质量发展。会议强调，要锚定“全年红”，抓好当前各项工作，努力实现疫情防控和经济社会发展“两战全胜”。要抓好疫情防控，切实加强重点人群防控、重点场所管控、重点环节监控。要坚决彻底打赢制造业高质量发展、快递回归、传统产业转型升级、富春未来城建设“四大攻坚战”，确保完成全年目标任务。要推进经济建设，扎实做好“六稳”“六保”工作，全力以赴扩投资，精准发力促消费，千方百计稳出口。要持续深入提升城乡建设水平，进一步做靓美丽生态、做精美丽城镇、做优美丽乡村，不断擦亮生态底板。要推进民生幸福，高标准办好惠民实事，高质量发展教育事业，高水平推进卫健事业发展，着力弘扬文明风尚、深化平安建设，持续擦亮最具幸福感县级城市金字招牌。要增强自身能力，全面提升底线思维能力、经济驾驭能力、改革创新能力和干事成事能力，为加快潇洒桐庐转型跨越绿色崛起、奋力展现“重要窗口”桐庐风采做出新的更大贡献。

【全县道路交通安全专项治理工作推进会议】 2020年8月25日，全县道路交通安全专项治理工作推进会议召开。会议强调，要全力打好道路交通安全工作翻身仗，确保人民群众生命安全。要坚持问题导向、结果导向，加强问题分析、找准事故症结，对症施药、强化举措，不断减少交通安全违法行为与事故。要狠抓责任落实、举措落实，全力打一场道路交通安全的大会战。要打好道路交通隐患整治仗，确保安全隐患一个不留。要打好道路交通违法行为查处仗，加大巡查检查处罚频率，发现一起、查处一起。要打好道路交通安全宣传仗，进一步营造推动道路交通安全工作的浓厚氛围。要打好道路交通安全治理仗，强化部门联动，加大保障力度，以强大合力推动各项工作落到实处。

【全县无障碍环境建设工作推进会议】 2020年8月27日，全县无障碍环境建设工作推进会议召开。会议强调，任务要全明确，重点要全把握，要做好“高”字文章，做到高站位谋划、高标准规划、高质量建设；要做好“全”字文章，全区域排摸、全方位发动、全社会参与；要做好“快”字文章，加快工作落实与衔接，确保残障人士尽快享受更加优质便捷的服务；要做好“严”字文章，严肃督察推进、严格执法管理。

【全县创建国家全域旅游示范区部署会议】 2020年9月4日，全县创建国家全域旅游示范区部署会议召开。会议强调，国家全域旅游示范区是一块金字招牌，示范区创建是一项不容有失的重大任务，是一次乘势而上的历史机遇，是一场决战决胜的攻坚战役，要提高站位，确保国家全域旅游示范区成功创建。要拉高标杆创，深化工作举措、突出特色亮点，不断增强创建竞争力。要盯着问题改，精准施策、举一反三、分类推进，确保整改到位。要对照指标查，确保及时发现、及时整改。要着眼长远谋，确保各项工作常态长效。要责任更实、机制更优、氛围更浓，形成攻坚夺胜的大合力。

【县政府民生实事工程】 2020年，桐庐县政府民生实事工程及完成情况：

2020年县政府民生实事项目完成情况表

表5

序　号	实事名称	实事内容	完成情况
1	关爱婴幼儿成长	新增3岁以下婴幼儿照护机构3家，新增托位100个。完成金西幼儿园改建并投入使用，启动下轮、青山区块幼儿园建设	新增亲佑托育、全纳智托帮、富春江幼儿园等托育机构3家，托位150个。城南街道中心幼儿园金西园区建成投用。下轮、青山区块幼儿园主体工程完工
2	加强食品安全监管	新建农村家宴放心厨房14家。实施放心外卖工程，实行网络订餐全流程智慧化监管。加强一次性消毒餐具监管，年度抽检不少于50批次。加大食品安全检测覆盖率，年度抽检不少于5.5批次／千人，农村地区检测批次数占比50%以上	建成凤川街道柴埠村、江南镇凤鸣村等农村家宴厨房14家。网络订餐数字化监管平台正常运行，开展一次性消毒餐具抽检61批次。完成食品抽检2868批次，抽检覆盖率达6.7批次／千人，其中农村地区检测1620批次，占比56.5%

续表 5

序　号	实事名称	实事内容	完成情况
3	推进停车设施建设	实施停车场智慧化改造提升，新增停车位 500 个以上，改造停车位 3000 个以上	完成智城大厦地下停车场等 14 个停车场智慧化改造提升，新增停车位 540 个，改造停车位 3625 个
4	优化公交出行	完成 8 路、夜间 10 路等公交线路优化延伸。加密分水至桐庐夜间线路班次，开通凤川翙岗经柴埠新村至凤川街道办事处公交线路、旧县合岭至杭黄铁路旅游公交线路。完成城乡公交车辆运营线路编号和语音报站系统安装，规范站牌设置 1500 个，新增新能源公交车 72 辆	完成 8 路（由青山工业园区延伸至碧桂园）、12 路（由海陆世贸中心延伸至世纪花城南门）、夜间 10 路（由青山工业园区延伸至碧桂园）等 5 条公交线路优化延伸。增设分水至桐庐公交夜间班次，优化 36 路公交线路（途经翙岗、凤川工业园区、柴埠小区），开通运营旧县合岭至杭黄铁路桐庐站旅游公交专线。完成城乡 91 条公交运营线路编号和 286 辆公交车辆语音报站系统安装工作，规范站牌设置 1823 个，新增新能源公交车 126 辆
5	加强公共医疗保障服务	为全县困难群众中的高血压、糖尿病患者免费提供卡托普利片等 7 种基础药物，在公共场所配置自动体外除颤器（AED）15 台，重点管理人员 AED 应用培训全覆盖	困难群众高血压、糖尿病患者免费供药政策全面实施，目前纳入免费服药对象 3042 人，享受免费服药 2727 人，剩余 315 人因常住外地、病情稳定不需服药、服用进口药品等原因未享受免费服药。在公共场所安装自动体外除颤器（AED）100 台，培训人员 7000 余人次，实现重点管理人员 AED 应用培训全覆盖
6	实施“老有所养”提升工程	建设示范型居家养老服务中心 3 家以上。提升改造敬老院 2 家以上，达到养老院二级标准	建成分水乐聚、莪山等示范型居家养老服务中心 9 家。完成江南镇敬老院、富春江镇敬老院提升改造，达到养老院二级标准
7	推进天然气扩面	新增天然气用户 3900 户以上，其中新住宅小区 2000 户，江北老旧小区 600 户以上，分水镇、横村镇、江南镇、富春江镇 1300 户	新增天然气用户 4327 户，其中新住宅小区 2096 户，江北老旧小区 602 户，分水镇、横村镇、江南镇、富春江镇 1629 户
8	实施生活垃圾分类工程	推广“定时定点、分类投放”模式，完成城区标准化垃圾厢房建设 150 处以上，创建生活垃圾分类示范单位 50 家	城区居住小区全面实行垃圾分类“撤桶并点、定时定点投放”。全县建成标准化垃圾厢房 388 处，创建生活垃圾分类示范单位 50 家

续表 5

序　号	实事名称	实事内容	完成情况
9	提升改造农村生活污水处理设施	完成农村生活污水处理设施提升改造 655 处，基本实现日处理能力 30 吨及以上设施标准化运维全覆盖	完成农村生活污水处理设施提升改造 655 处，建成标准化运维点位 107 处，实现日处理能力 30 吨及以上设施标准化运维全覆盖
10	推进“四好农村路”建设	新改建农村公路 70 公里，农村公路大中修 60 公里，完成危桥改造 5 座	新改建皇瑶线、桐郑线等农村公路 201 公里，完成徐七线、钟洛线等农村公路大中修 90 公里，改造坞口桥、大溪口桥等病危桥（隧）21 座
11	保障农村饮用水安全	新改建乡镇（联村）水厂 8 座，建成单村供水站 80 座，受益人口 5.4 万人	新改建乡镇（联村）水厂 8 座，建成单村供水站 118 座，受益人口 7.5 万人

（邵惠燕）

·县行政服务中心·

【概况】 2020 年，县行政服务中心共受理各类办件 2333260 件，办结 2332927 件，办结率 99.99%。其中，行政许可 96579 件，办结 96557 件；其他类事项 207368 件，办结 207082 件；服务事项 2029313 件，办结 2029288 件。县招投标服务中心共完成各类交易项目 2013 个，总成交金额 154.02 亿元。其中，工程建设类项目 1375 个，成交金额 82.19 亿元；土地交易类项目 71 个，成交金额 60.88 亿元；产权交易类项目 120 个，成交金额 2.82 亿元；政府集中采购项目 28 个，成交金额 0.38 亿元；分散采购项目 258 个，成交金额 4.52 亿元；国企采购项目 129 个，成交金额 3.14 亿元，村社区采购项目 32 个，成交金额 0.09 亿元。交易项目比 2019 年增加 1.72%，成交金额增加 115.08%。全年共回访群众、企业 45 万余件次，月均满意率 96.91%，落实反馈单 243 份，累计提供各类预约服务 296 次、主动上门提供服务 322 人次，协调解决各类项目问题 140 余个，牵头容错免责项目 16 个。是年，中心获“最具创新力政务服务大厅”“第三届营商环境政务环境创新奖”“全国公共资源交易百强县”“2019 年度党建大比武示范单位”“2019 年经济责任制三等奖”“2019 年综合考评优秀单位”“桐庐县法治政府建设先进集体”“桐庐县红色教育基地”“桐庐县生活垃圾分类示范单位”“金钥匙奖”“信息宣传优秀分中心”等荣誉。中心许婷获评未来城攻坚战先进个人，胡诗思获评文明城市复评先进个人。

【数字化工作】 2020 年，县行政服务中心数字化进程持续推进，各类事项网上可办比例 100%、掌上可办比例超过 80%。在全市率先实现公共资源交易五大领域“100%”电子化交易，全面实现业主招标最多“跑一次”，企业投标“跑零次”，为投标企业节约交易成本 5000 万元/年，全县公共资源交易电子化率先迈入“云时代”。中心在投资项目事中事后监管平台（一期）的基础上，整合政府投资项目数据资源，打通项目审批、公共资源交易、标后监管、标准地履约、信访举报等系统，实现投资项目全流程数据集成、融合。率先在全市范围内实现项目现场人员管理钉钉刷脸打卡。《桐庐县实施小额工程“网上办、市场办、自主办”规范小额工程管理成

桐庐县行政服务中心

效明显》信息，获常务副市长戴建平批示"桐庐县的做法好，请市审管办阅研"。

【投资领域管理】 2020年，县行政服务中心参与编制并高分通过全省首个24小时自助政务服务省级标准。在取得市编办的机构设立批文后，出台全省首个《投资项目"一站式"服务中心工作规则》，正式固化桐庐县投资领域改革的体制机制。重新修订《桐庐县政府投资应急工程项目建设管理办法》《桐庐县公共资源交易目录（2020）》《桐庐县小额工程建设项目评标暂行办法》等，全面落实公共资源交易领域营商环境治理，清理废止各类地方保护政策制度7份。在招投标领域，持续开展扫黑除恶、项目督查等工作。

【工程投资管理】 2020年，县行政服务中心成立全省首个工程投资中介联合会，完成全县73家中介和156名专业工程师的自主入会，组建理事会、技术分会等。出台全国首个工程建设项目"先建后验"模式试点方案，先行先试两批20个试点项目，采用容错免责审批各类项目16个。其中，4个试点取得阶段性成效，工期平均缩短10%，整体投资平均降低15%，工程质量全部一次性高分通过验收。培养全科式"专师"17名，分批次培训各类专师120余人次。试点项目中暴露出的170余项施工质量管控问题均在事中得到整改。桐庐县小额工程"联合中介+专师负责制"改革模式，获中国改革报、人民网、浙江在线等国家省市媒体宣传推广。

【队伍建设】 2020年，县行政服务中心优化"党建+联办大厅"管理考核机制，强化中心党员队伍淬炼和管带，换届补选优秀党员骨干进入支部、总支班子，强化中心组织文化建设，加强党建+精细化绩效管理。精减临聘人员，平稳过渡并统一考评纳管各部门105名政务服务专员，开展"以岗选人"内部小组长竞聘，组织各类业务互学41批600余人次，破解各部门前台受理"潮汐式"服务困扰。开展各类"云培训""云直播"尝试，"云游大厅"直播受到全国近万名政务同仁关注。

（王　慧）

·机关事务管理·

【概况】 2020年，县机关事务服务中心打造"事卓务精、服务先锋"党建品牌，在县府大院添设"桐心一帜"党建雕塑等3处党建标识；引入社会资本，联合桐庐农商银行，以财政零投入方式，开启智慧大院建设，实现刷脸通行、刷脸结算，工作专报《打造政银合作新平台 开启智慧大院新时代》获得县委书记批示。

【公务接待】 2020年，县机关事务服务中心接待全国政协常委、民族和宗教委员会主任王伟光，全国人大宪法和法律委员会副主任委员江必新，国家邮政局副局长赵民，中国老龄办党组成员朱耀垠，省委书记、省人大常委会主任袁家军，省委常委、省委统战部部长熊建平等领导到桐庐调研考察；完成第二届中国哲学家论坛、第九届杭州·桐庐“君山引凤”科技人才周，第十二至第二十二期“我们的早餐会”、富春山·中国医药生物技术行业会议、中国快递物流装备物资集中采购交易中心启动仪式、2020“全国放鱼日”暨浙江省水生生物增殖放流活动、富春未来城圆通国家工程签约仪式、全国少数民族5G示范应用第一乡活动、第九届桐庐百姓日、县“两会”等重大会议服务；全年共接待全国各省、地市、区县美丽乡村和城市建设考察团700余批次13700余人次。县政府会议中心服务会议985余场55000余人次。

【基建工程】 2020年，县机关事务服务中心完成县无疫区管理中心兽医诊断实验室提升改造工程、县退役军人服务中心提升改造工程、县政府室外停车场工程、桐庐县人民政府综合智能会议室改造二期建设等重点项目7个，总投资1731万元；完成食堂小餐厅、值班值守中心、矛调中心大厅、宣传部办公楼、党外人士之家、老干部活动中心等小额工程20项，总费用约266万元；完成县府大院、国资大厦、志愿者之家、自管房的各项空调水电维修、墙面刷白、石板修补、室外管网清理等零星维修工作119项。

【房产管理】 2020年，县机关事务服务中心完成县委宣传部、县应急管理局、县社科联、县无疫区管理中心及兽医实验室、桐君街道社区、县志愿者之家等35家党政机关事业单位的办公用房调剂，调剂面积约1.9万平方米。办公用房确权房产测绘完成177幢，建筑面积35.32万平方米，完成率89.1%；办公用房确权宗地测绘完成87宗，完成率70.5%；办公用房分类测绘完成110幢，完成率100%；办公用房完成确权登记10宗。助力复工复产，中心管辖范围内的县府大院1号楼文印室、2号楼文印室、5号楼文印室、行政服务中心面包房和民兵训练基地等5处房产，通过免收3个月租金或顺延租期3个月的形式，累计减免租金18.16万元。完善党政机关办公用房管理系统，建立用房数据库，健全房产管理档案，组织召开系统培训会，完成63家机关事业单位办公用房基础数据录入。

【垃圾分类】 2020年，县机关事务服务中心负责牵头全县党政机关、国有企事业单位生活垃圾分类工作。合理配置分类设施，对辖区内所有入驻办公单位开展试点，县政府大院、国资大厦和社会治理中心公共区域投放四分类垃圾桶350只，更新完善垃圾分类标识200块，“四员职责”标识120块，在县政府大院建成4个垃圾集中收集点。开展“践行垃圾分类·创建美丽大院——我承诺·我先行·我示范”活动，以“双报到、双服务”“党员亮身份”为载体，组织党员到结对共建社区开展垃圾分类入户宣传活动。联合县“分类办”开展每月专项检查、全县党政机关“大比武”、第一批机关示范单位创建活动等，对全县286家机关企事业单位进行检查指导。是年，获全县生活垃圾分类示范单位，全县生活垃圾分类攻坚战二季度、三季度先进集体。

【食堂管理】 2020年，县机关事务服务中心推出西式早餐、特色小吃，增加冬季小火锅，分时段上菜。组织3个机关食堂厨师开展烹饪比武。每季度开展“食堂满意度”评价，对反映较多的问题要求餐饮公司及时改进。借助食堂平台，帮助瑶琳镇、百江镇、合村乡等销售蔬菜、猪肉等农产品2250公斤，销售额41000余元；机关食堂引进特色小吃加工企业产品，帮助本地企业销售特色大米、茶叶、米果等20余万元。按需提供大、小碗碟，推出食堂配菜边角料做凉拌菜等“微举措”；安装视频监控，设置

机关食堂烹饪大比武现场

监督曝光台；在食堂张贴文明用餐宣传画，《食堂来了“小菜碗”引领节约新风尚》信息在《杭州日报》上刊登。

【安全保卫】 2020年，县机关事务服务中心开展社会治安综合治理宣传活动25次，排查消除各类隐患50余次，协助化解县政府大院各类上访群体事件200余起；组织开展物业技能展示活动，开展专项消防、反恐演练15次；对大院内绿化进行整体修剪，面积约45700平方米；开展停车位整治，重新画线，新增停车位11个、原停车位复新140个，统一车辆朝向管理；全年实现管辖集中办公区域零突发性事件、零盗窃案件、零刑事案件。是年，获2020年杭州市经济文化保卫先进集体、桐庐县“平安工作”先进集体称号。

【后勤公司管理】 2020年，县机关事务服务中心强化道路行车交通安全教育，组织开展道路行车交通安全、消防安全等宣传讲座活动；做好公务车辆的年检、保险工作，定期开展车辆老旧化情况、车辆卫生情况、灭火器使用期限等例行检查，共计开展车辆年审70次、保险103次，车辆安全检查5次。控制公务车辆规模，更新购置公务车辆7辆（5辆红旗轿车、2辆传祺商务车）。公务车辆统一随车配备定制医疗箱、矿泉水；提升优化中巴车，加装车载视频播放器，改装车内简易办公桌、雨伞柜，定制安装“潇洒桐庐”座椅冒头、暖水瓶。是年，保障全县机关事业单位公务用车19281批次，安全行车里程160.2万公里。

（姚　瑾）

·住房公积金管理·

【概况】 2020年，杭州住房公积金管理中心桐庐分中心（以下简称桐庐分中心）在杭州住房公积金管理中心对7个区县市分中心2020年度目标责任制考核中，获“优秀单位”称号。

【公积金归集】 2020年，桐庐分中心归集住房公积金8.85亿元，比上年增长12.91%，累计归集64.86亿元。是年，全县新开户单位3647家，新开户职工1.01万人，净增实缴职工人数3187人，实缴住房公积金职工数占基本养老保险参保职工数的43.5%。至年底，公积金建制单位6587个69569人，其中正常缴存2227个单位45985人。

【公积金支取】 2020年，桐庐县住房公积金支取139388人次71418.64万元（其中按月还贷支取31517.5万元），比上年上升16.92%。其中购（建）房、大修房及还贷支取121700人次58290.08万元；无房租赁支取15496人次6624.69万元；退休人员支取743人次5302.29万元；非本市户口离职支取1281人次915.15万元；其他原因支取168人次286.43万元。至年底，公积金累计余额169292.7万元。

【公积金增值收益】 2020年，桐庐分中心业务收入6045.13万元，其中住房公积金存款利息收入1.14万元、增值收益存款利息收入207.91万元、委托贷款利息收入5835.05万元、资金统一运行收支分摊0.95万元、其他业务收入0.08万元。业务支出3897.21万元，其中公积金利息支出2433.97万元、委托贷款手续费支出291.76万元、内部占用资金利

公积金服务窗口

息支出400.18万元、其他支出771.3万元。年增值收益总额2147.92万元，年增值收益率1.32%。增值收益分配：按年末个人贷款余额5%差额计提贷款风险准备金，按年末贴息贷款余额2%、年末存量公转商贴息贷款余额2%差额计提流动风险准备金，合计计提金额450.48万元，计提城市廉租住房建设补充资金1697.44万元。至年底，累计提取贷款风险准备金9750.05万元；历年累计提取城市廉租住房建设补充资金9609.69万元，历年累计上缴城市廉租住房建设补充资金7912.25万元。

【公积金贷款】 2020年，桐庐县发放住房公积金贷款869户44199.6万元，户均50.86万元，累计发放15054户408188.42万元。年末公积金贷款余额占公积金余额107.82%，至年底公积金贷款余额5562户182525.3万元，当年收回38579.81万元，逾期率0.001‰。是年新增3个楼盘开通公积金贷款业务。

【营商环境优化】 2020年，桐庐分中心推进政务服务数字化转型，创新举措惠民惠企。简化公积金缴存、提取和贷款手续，优化办理流程。按照“一件事”标准化建设，精简审核材料，简化办事手续。窗口实行一窗受理、首问负责制，提高办事效率。定期开展业务人员培训，提高业务水平，提升服务质量。梳理本部门权力事项清单，30个事项全部接入政务服务2.0平台，办结率达100%。推广应用“亲清在线”平台，深化移动赋能，集成服务能力。推行“网上办”“掌上办”，向群众“不用跑”“跑零次”目标迈进。疫情期间，实行网上办、预约办，加强资金调度，确保疫情防控和公积金业务运行两不误；实施企业减负政策，全年为7家企业办理缓缴、19家企业办理降比业务，切实纾解企业困难，助力复工复产；阶段性提高租赁提取限额标准，由每月700元提高至1050元；因疫情影响无法正常还贷的职工可申请不作逾期处理，全年共审核此类职工121人次。

（张书婷）

·数据资源工作·

【政府数字化转型】 2020年，桐庐县数据资源管理局完善政府数字化转型工作协调机制，推进“互联网+政务”服务，依申请政务服务事项接入政务服务2.0平台，实现无差别受理、同标准办理、全过程监控，推动政务服务由网上、掌上可办向好办、易办转变。至年底，接入政务服务事项受理率92.02%；巩固和深化县域政务服务标准化建设，组织有关部门和单位对所属事项的办事指南要素进行更新维护，完成抽查通报6次，整改问题154个。根据省“互联网+监管”事项目录要求，及时做好项目动态更新，实现对监管业务全流程闭环管理。至年底，目录清单认领率83.09%，双随机事项覆盖率90%以上，跨部门联合双随机占比6.36%，现场执法的掌上执法率99.73%，移动执法12894户次。完成全省统一行政处罚办案系统试点工作，全面推广使用省统一办案系统；

优化“互联网+协同办公”，配合省、市完成浙政钉2.0消息、文件、服务专有化部署和数据迁移，用户数6414人，完成移动办公之城、智慧开发区、财政局办公平台等微应用迁移。机关内部非涉密事项接入系统218项，并实现100%网上办理。至年底，网上办件8980件，其中统建系统1189件，自建系统7791件。完成机关内部取消纸质文件印制、传递工作。

【数据治理】 2020年，桐庐县数据资源管理局从完善政务大数据、数据安全管控两大基础平台入手，健全政务大数据平台的政务数据归集、清洗、加工、治理、安全保障等制度，实现数据的共建共享和业务协同，为政府部门提供决策依据和各应用场景提供数据服务。全年完成91套信息系统排查，新编制数据目录178条，完成数据归集1959611条，开放数据22项。加强完善数据安全管控平台基础设施，统筹做好政务信息基础设施、政务云平台、政务信息系统和政务数据安全工作，形成基于物理、网络、平台、数据、系统、管理的六层立体安全防护体系。是年，申请接入政务云平台应用系统25个、云服务器57台，全年新增视联网7个，发现整治县电子政务外网违规外联60个、弱口令221个、高位端口20个。

【“城市大脑”桐庐县平台】 2020年，桐庐县数据资源管理局开发县域数据开放共享中枢系统，上接杭州城市大脑中枢平台；推进杭州城市大脑“攻坚”场景深化与应用，以十大重点攻坚场景、10个深化场景、12个重点场景建设为主线，纵深推进城市各领域治理现代化；“先离场后付费”停车场景全年累计接入场库数103个，接入泊位8810个，平均使用率46.8%；“舒心就医·先看病后付费”医疗单位，全县接入医院21家，使用率96.7%；“30秒入住”旅馆，覆盖酒店31家，平均使用率74.84%，累计达标率101.43%；“20秒入园”场景覆盖景区或场馆29家，使用率100%；“畅快出行”道路，环城南路与乔林路、春江东路与凤川大道延误指数均达标；“亲清在线”平台上线政策21条，累计兑付金额1.5亿元。深化县域治理场景应用与示范，改建“快递三轮车·智慧管理”应用系统，加快对路口前端感

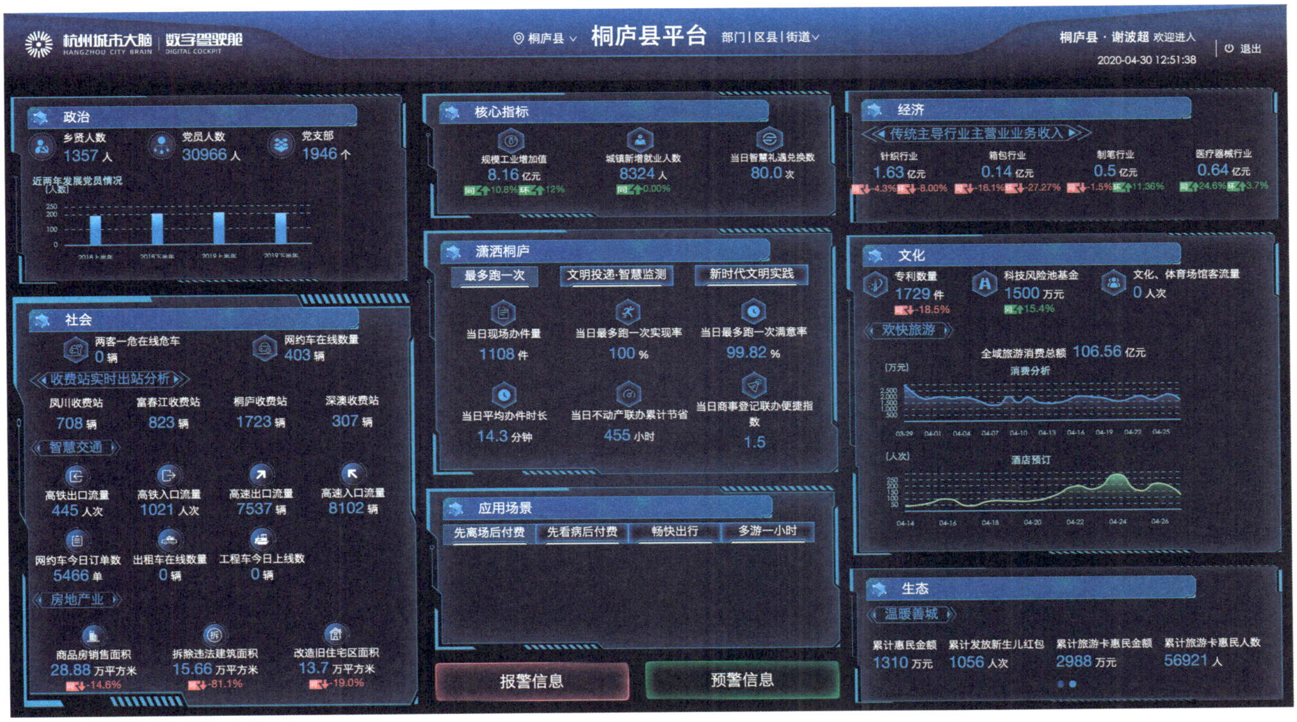

“城市大脑”桐庐县平台

知设备的部署，完成11个路口视频监控设备安装和260辆快递三轮车车牌安装，快递三轮车道路违章率下降至5%以下。

【政府投资信息化项目统筹管理】 2020年，桐庐县健全《桐庐县政府投资信息化项目管理办法》，明确政府投资信息化项目申报、审核、实施、验收、评估、审计等各阶段的任务和要求，确保政府投资信息化项目统一规划；开发政府投资信息化项目全流程管理系统，建立数据资源归集联动机制，强化绩效考评，加强审计监督。全年评审政府投资信息化项目52个，预算报价13975.94万元，评审后预算价11196万元，为财政节约资金2779.94万元，核减率20%。

（滕雪飞）

政协桐庐县委员会

Tonglu County Committee of the CPPCC

政协桐庐县委员会

·政协桐庐县委员会·

【县政协九届四次会议】 2020年1月16—20日，桐庐县政协九届四次会议召开。应出席委员218名，实到198名，列席109名。市政协副主席周智林莅会指导。县委书记方毅，县委副书记、县长齐力，县委副书记周扬分别在闭幕式、大会发言和预备会上讲话。会议听取和审议县九届政协常委会工作报告和县九届政协常委会关于九届三次会议以来提案工作情况报告。与会委员列席县十六届人大四次会议，听取和讨论县政府工作报告以及其他重要报告。会议期间，委员以提案形式提出意见建议279件，经初审拟立案212件，其中集体提案14件、委员个人提案191件、联名提案7件；拟并案3件、转作社情民意14件、转委员来信1件，不予立案49件。此外，收到社情民意2件。

【常委会会议】 2020年，政协桐庐县委员会举行常委会会议7次。

1月9日，县九届政协第十七次常委（扩大）会议召开。26名常务委员会组成人员出席会议（因事请假12人），县委常委、常务副县长周海静应邀参加会议。县政协主席王金才主持会议。会议协商讨论政府工作报告（征求意见稿）；协商2020年县政府民生实事项目相关事项；听取关于县政协九届三次会议以来提案办理情况的通报（书面）；审议通过县九届政协常委会工作报告（送审稿）及报告人、县九届政协常委会关于九届三次会议以来提案工作情况的报告（送审稿）及报告人；审定县政协2019年度“双好”政协委员名单；通过委员调整事项；协商作出关于召开县政协九届四次会议的决定；协商通过县政协九届四次会议议程（草案）和日程（草案）；审定县政协九届四次会议大会正副秘书长人选、分组召集人名单、列席人员名单、编组名单、主席台就座人员名单、各次大会值日常委及主持人名单和提案截止时间等；传达学习县委十四届八次全会暨县政府十六届七次全会精神。王金才主席作县政协全年工作总结，并就做好县政协九届四次会议筹备工作提出要求。

1月16日，县九届政协第十八次常委（扩大）会议召开。31名常务委员会组成人员出席

2020年1月20日，中国人民政治协商会议桐庐县第九届委员会第四次会议召开

会议（因事请假6人），县委常委、统战部部长余荆棘应邀参加会议。县政协主席王金才主持会议。会议通报全会筹备工作情况;部署全会有关事项。

1月19日，县九届政协第十九次常委(扩大)会议召开。31名常务委员会组成人员出席会议（因事请假6人），县委常委、常务副县长周海静应邀参加会议。县政协主席王金才主持会议。会议听取各组讨论情况的汇报；审议通过县政协九届四次会议决议（草案）、县政协九届四次会议提案收集和初审情况的报告（草案），并同意将两项草案提交县政协九届四次会议第三次全体会议审议。

3月31日，县九届政协第二十次常委(扩大)会议召开。26名常务委员会组成人员出席会议（因事请假11人），县政协主席王金才主持会议。会议传达学习县委政协工作会议精神，研究部署2020年政协重点工作任务。主席王金才就学习贯彻县委政协工作会议精神和做好2020年县政协工作提出要求。

4月16日，县九届政协第二十一次常委(扩大)会议召开。25名常务委员会组成人员出席会议（因事请假12人），县政府副县长丁干应邀参加会议。县政协主席王金才主持会议。会议围绕“进一步深化垃圾分类处理，全力打造全国垃圾分类文明示范县”进行专题议政建言。

6月5日，县九届政协第二十二次常委(扩大)会议召开。25名常务委员会组成人员出席会议（因事请假12人），县政府副县长陈伟琴应邀参加会议。县政协主席王金才主持会议。会议围绕“完善医共体建设，推进县域医疗卫生事业健康发展”进行专题议政建言；审议通过委员调整事项；审议通过有关人事事项；传达学习全国两会精神。

12月16日，县九届政协第二十三次常委（扩大）会议召开。25名常务委员会组成人员出席会议（因事请假12人），县委常委、统战部部长、政协党组副书记余荆棘应邀参加会议。县政协主席王金才主持会议。会议民主评议提案承办单位工作，现场公布民主评议结果，提案办理工作评议综合得分：县经信局97.13分、县教育局96.31分、县交通运输局95.25分、县规划资源局94.98分，均达满意等次。会议审议通过委员调整事项；审议通过有关人事事项；传达学习中共十九届五中全会精神、省委十四届八次全会精神。王金才主席就深入学习领会各项重大会议精神、完成政协全年工作任务、抓紧筹备县政协九届五次会议前期准备工作提出要求。

【主席会议】 2020年，政协桐庐县委员会举行主席会议11次。

1月2日，县九届政协第三十次主席会议召开。会议审定优秀提案、优秀社情民意、提案承办先进单位和先进个人、优秀调研报告、民主监督先进小组、政协工作先进集体和积极分子名单;审议2019年度“双好”政协委员建议名单，同意将名单提交常委会会议审定。会议听取提案工作报告起草情况、大会发言准备工作情况、政情交流会准备工作情况、大会后勤和宣传准备工作情况的汇报。听取关于县九届政协委员增补、辞去有关情况说明，同意将名单提交常委会议审议。协商讨论县政协九届四次会议有关事项，同意将县政协九届四次会议决定、议程（草案）、日程（草案）、两个报告报告人建议人选、大会正副秘书长人选名单、各组召集人建议名单、委员编组建议名单、列席人员建议名单、主席台就座人员建议名单、提案截止日期决定、各次大会值日常委及主持人建议名单等提交政协常委会会议审定。协商讨论《县政协2020年度重点工作计划（送审稿）》。组织学习《关于强化正风肃纪扎实做好2020年元旦春节纠治“四风”工作的通知》。讨论确定县九届政协第十七次常委会会议议程和召开日期。

3月12日，县九届政协第三十一次主席会议召开。会议传达学习全县战疫情促发展暨奋进2020大会精神；协商讨论2020年政协重点工作任务分解方案；听取关于县政协九届四次会议以来提案审查立案及分办情况的汇报，确定年度重点提案；总结政协系统前期新冠肺炎疫情防控工作，并部署下一阶段工作任务。

3月26日，县九届政协第三十二次主席会议召开。县政府副县长翁嫣应邀参加会议。会议围绕“深化传统产业转型升级”“推进制造业高质量发展”进行专题协商议政，通过《瞄准难点发猛力 快狠实准促提升——县政协关于深化传统产业转型升级意见建议》《关于全力打造“先进制造业之城”加快推进制造业高质量发展的建议》。

4月10日，县九届政协第三十三次主席会议召开。会议传达学习习近平总书记在浙江考察时的重要讲话精神；审定《2020年县政协专委会活动小组考核细则（草案）》《2020年县政协乡镇（街道）工作委员会工作考核细则（草案）》；视察莪山畲族乡“全国民族乡村振兴示范乡”创建工作。

6月3日，县九届政协第三十四次主席会议召开。会议协商讨论《关于落实中央和省市县委政协工作会议主要任务分工方案（征求意见稿）》；审定设立“桐庐县政协文化艺术体育界别委员工作站”；听取关于县九届政协委员增补和辞去有关情况说明，与会人员进行酝酿协商，同意将名单提交常委会议审议；协商关于政协人事调整有关事项，同意将建议名单提交常委会议审议。

7月16日，县九届政协第三十五次主席会议召开。会议协商讨论《桐庐县政协“改善城乡环境面貌”专项民主监督实施方案（征求意见稿）》《关于成立县政协智库的实施意见（征求意见稿）》及县九届政协聘请智库人员事宜，传达学习全县村社组织换届试点工作动员会精神。

8月5日，县九届政协第三十六次主席会议召开。会议协商讨论《关于做好320国道（桐庐段）改建工作的建议（征求意见稿）》。

9月16日，县九届政协第三十七次主席会议召开。县委常委、统战部部长、政协党组副书记余荆棘应邀参加会议。会议协商讨论县九届政协领导分工；讨论通过《桐庐县政协委员活动经费使用管理办法》《桐庐县政协提案“双评价”暂行办法》；协商选定县九届政协常委会民主评议提案办理工作单位。

10月13日，县九届政协第三十八次主席会议召开。会议协商讨论《政协桐庐县委员会“百年千名，助力小康”活动实施方案（征求意见稿）》《政协桐庐县委员会“百年千幢”文化基因解码工程活动方案（征求意见稿）》；协商讨论县政协九届五次会议任务分工等有关事项。

11月10日，县九届政协第三十九次主席会议召开。会议协商讨论专项工作意见征求事宜。

12月9日，县九届政协第四十次主席会议召开。县委常委、统战部部长、政协党组副书记余荆棘应邀参加会议。会议传达学习杭州市政协党组副书记张仲灿来桐考察时的讲话精神；协商讨论“百年千名”助力小康公益活动相关后续工作；协商讨论《桐庐县政协“改善城乡环境面貌”专项民主监督“回头看”活动实施方案（征求意见稿）》；听取关于县九届政协委员增补和辞去有关情况说明，与会人员进行酝酿协商，同意将名单提交常委会议审议；协商关于政协人事调整有关事项，同意将建议名单提交常委会议审议。

【党组会议】 2020年，县政协党组召开会议12次。

1月14日，县政协召开党组（扩大）会议，党组成员参加会议，党外副主席、机关中层以上干部列席会议。会议传达学习中央、省、市“不忘初心、牢记使命”主题教育总结大会会议精神，总结县政协党组及政协机关“不忘初心、牢记使命”主题教育工作。

1月28日，县政协召开党组会议，党组成员参加会议，党外副主席列席会议。会议研究部署政协系统抗击新冠肺炎疫情工作。

3月12日，县政协召开党组（扩大）会议，党组成员参加会议，党外副主席、机关中层以上干部列席会议。会议传达学习全县战疫情促发展暨奋进2020年大会精神。

4月10日，县政协召开党组（扩大）会议，党组成员参加会议，党外副主席、各委办负责人列席会议。会议传达学习习近平总书记在浙江考察时重要讲话精神。

4月27日，县政协召开党组（扩大）会议，党组成员参加会议，党外副主席、机关中层以上干部列席会议。会议传达学习杭州市政协十一届四次会议精神。

5月15日，县政协召开党组（扩大）会议，党组成员参加会议，党外副主席、机关中层以上干部列席会议。会议研究讨论《中共政协桐庐县委员会党组落实全面从严治党主体责任2020年度任务安排（审议稿）》《桐庐县政协党外委员谈心谈话制度（试行）（审议稿）》；协商研究有关人事事项。

6月3日，县政协召开党组（扩大）会议，党组成员参加会议，党外副主席、各委办负责人列席会议。会议学习省、市落实中央和省、市委政协工作会议分工方案，研究讨论《关于落实中央和省市县委政协工作会议主要任务分工方案（征求意见稿）》。

7月16日，县政协召开党组（扩大）会议，党组成员参加会议，党外副主席、各委办负责人列席会议。会议传达学习县委近期有关会议精神、全县村级组织换届试点工作动员会议精神，协商讨论《桐庐县政协"改善城乡环境面貌"专项民主监督实施方案（征求意见稿）》。

9月16日，县政协召开党组（扩大）会议，党组成员参加会议，党外副主席、各委办负责人列席会议。会议协商讨论县九届政协领导分工，专题学习县"十四五"规划基本思路，传达学习习近平总书记重要讲话精神、全国和省市政协重要会议精神。

11月3日，县政协召开党组（扩大）会议，党组成员参加会议，党外副主席、机关中层以上干部列席会议。会议传达学习中共十九届五中全会精神，听取县政协"百年千名"助力小康公益活动开展情况的汇报。

12月9日，县政协召开党组（扩大）会议，党组成员参加会议，党外副主席、各委办负责人列席会议。会议传达学习杭州市政协党组副书记张仲灿来桐调研时的讲话精神，研究讨论《桐庐县政协"改善城乡环境面貌"专项民主监督"回头看"活动实施方案（征求意见稿）》，研究讨论县政协委员调整事项、有关人事事项。

12月16日，县政协召开党组（扩大）会议，党组成员参加会议，党外副主席、各委办负责人列席会议。会议传达学习省委十四届八次全体（扩大）会议精神。

【协商议政】 2020年，县政协围绕"打造全国垃圾分类文明示范县""完善医共体建设，

2020年11月13日，"请你来协商·规范村级'小微权力'运行 全面推进'清廉乡村'建设"专题会议召开

推进县域医疗卫生事业健康发展”“320 国道（桐庐段）改建工作”等开展常委会会议、主席会议专题协商，撰写调研报告递交县委、县政府。推进“请你来协商”平台建设，县级总平台主要围绕快递产业发展、全域旅游、教育事业高质量发展、县域社会治理现代化示范县建设、“清廉乡村”建设等内容，组织“请你来协商”活动9场，向县委、县政府递交《关于深化中国快递物流装备物资集中采购交易中心建设，积极打造“最强快递”的建议》《心系大局谋新篇　全力建设“中国全域旅游第一江”——关于“深化全域旅游，打造分水江流域旅游大景区”的建议》《关于进一步深化改革创新推动桐庐教育事业高质量发展的建议》《关于深化政府治理与社会自治良性互动　推进县域社会治理现代化示范县建设的建议》《关于规范村级“小微权力”运行　全面推进“清廉乡村”建设的建议》等；各乡镇（街道）分平台围绕缓解区域交通拥堵、打造大奇山示范带、建设装备制造产业园等方面，开展协商活动 34 场，发挥基层平台在理顺关系、化解矛盾、推动发展方面的重要作用；整合已有阵地资源，推进委员工作站和“协商议事堂”的建立。实行“现场协商+掌上履职+网络议政”的方式，促进线上线下良性互动，围绕规范村级“小微权力”运行、打造彰坞村新时代乡村生活样板地、绘制合村乡全域旅游蓝图的主题，采取网络视频同步直播方式，开展“请你来协商”活动，扩大政协协商的参与面、影响面。围绕县城既有小区加装电梯工作，召开民主议政会，听取各方意见，就有关问题与相关部门开展议政交流。组建县政协智库，聘请县内各相关行业 15 名专家为首批智库成员。

【视察调研】 2020 年，县政协、各委（组）委员就莪山畲族乡创建“全国民族乡村振兴示范乡”、富春未来城开发建设、县第一人民医院迁建项目、交通规划、教育事业发展、快递产业发展等工作开展专题视察。持续开展县政协领导“五联系一领衔一包案”工作，化解群众矛盾纠纷。

【民主监督】 2020 年，县政协组织 19 名委员分 3 个民主监督小组，分别派驻县卫生健康局、应急管理局、数据资源局。民主监督小组在调研基础上开展民主监督活动，形成《民主监督建议书》，提出意见建议反馈派驻单位。成立民主评议县市场监管局工作领导小组、评议工作小组，制定评议工作实施方案，通过座谈交流、实地走访、广征意见，在以“发挥职能作用，助推经济高质量发展”和“严格监管，守护好民生安全”为重点评议的基础上，撰写调研报告 3 篇，形成《县政协对县市场监管局工作的评议意见》。围绕“改善城乡环境面貌”开展专项民主监督，组成 7 个督导组，组织发动全体政协委员深入 14 个乡镇（街道）、所有行政村和社区开展专项督查，共发现问题点位 1200 余处，经汇总、梳理和归并后整理出548个具体问题，并以《民主监督建议书》的形式反馈至乡镇（街道）和有关部门，形成“监督曝光—交办整改—限期反馈—回头看”的督查闭环。深入开展农村饮用

县九届政协第三十三次主席会议召开，县政协主席会议成员专题视察莪山乡

水达标提标、城乡生活垃圾分类处理、无障碍环境建设专项民主监督，及时发现问题，并反馈县政府及有关部门。

【提案工作】 2020年，县政协九届四次会议以来，委员以提案形式提出的意见建议283件。经审查立案208件，立案率为73.5%。经分类，有关经济建设方面的提案45件，占比21.63%；有关美丽生态方面的提案26件，占比12.5%；有关改革创新方面的提案24件，占比11.54%；有关乡村振兴方面的提案29件，占比13.94%；有关文化文明方面的提案27件，占比12.98%；有关民生幸福方面的提案57件，占比27.4%。提案所提问题已解决138件，基本解决61件，未解决9件，其中重新办理1件。《关于加快推进富春未来城高质量建设的建议》等14件提案被评为年度优秀提案，民营快递发展中心等8家单位被评为年度提案办理先进单位，12人被评为提案办理先进个人。制定出台《桐庐县政协提案“双评价”暂行办法》，抽取当年度提案立案件的30%左右作为被评价提案，由县政协智库专家任评委，从提案质量和提案办理质量两个维度进行综合评价，该做法得到市政协领导的批示肯定。是年，县政协常委会开展民主评议县经信局、县教育局、县交通运输局、县规划资源局4家单位提案承办工作。

【文史和社情民意】 2020年，县政协编写《同心战“疫”——疫情中的桐庐政协人》，组织撰写38篇政协人在疫情防控工作中的难忘经历和抗疫事迹。历时三年编纂出版《桐庐古诗词大集》，共辑录7400首（阙）诗（词）。编纂出版《桐庐轶闻录》，进一步挖掘弘扬桐庐县民间文化，丰厚城市文明。是年，收到信息62件，编报《社情民意》24期。机关编发《桐庐政协》刊物6期，《情况反映专号》7期，《每月要情》13期。

【团结联谊】 2020年，县政协开展“百年千名”助力小康公益活动，组织全体政协委员对全县2300余名Ⅰ级、Ⅱ级肢残人士进行全覆盖走访。12月3日“国际残疾人日”举行助残捐赠仪式，企业界委员捐赠爱心电动轮椅2500辆。开展“寻找特殊困难家庭，传递爱心火炬”活动，委员结对180户，提供慰问金和生活物资。组织县政协摄影书画会（院）书画家赴西藏那曲开展“文化走亲”活动，捐赠书画作品70余件。

【县委政协工作会议】 2020年3月，县委举行政协工作会议，县委常委、县人大常委会主任、县政协主席和副主席，法、检两长，历届政协主席、

2020年3月31日，县委政协工作会议召开

副主席出席会议；县九届政协全体委员，县级机关、企事业各单位负责人，各乡镇（街道）党（工）委书记，在桐省、市政协委员和县各民主党派班子成员参加会议。县委书记方毅做重要讲话；县委出台《中共桐庐县委关于新时代加强和改进人民政协工作的实施意见》文件，下发《关于落实中央和省市县委政协工作会议主要任务分工方案》。

【自身建设】 2020年，县政协加强政协专委会建设，成立县政协事业发展中心，进一步优化和加强机关机构设置和人员力量。制定《桐庐县政协党外委员谈心谈话制度（试行）》《中共政协桐庐县委员会专委会综合支部委员会工作办法》《桐庐县政协委员活动经费使用管理办法》《关于成立县政协智库的实施意见》《关于进一步加强新时代政协机关中层干部队伍建设的十五条意见》。

【宣传工作】 2020年，县政协策划举办《桐庐古诗词大集》首发式，与县融媒体中心合作推出“请你来协商”专刊专栏；在《人民日报》、学习强国、《人民政协报》及省政协《联谊报》等省级以上媒体刊登各类稿件100余篇，在“桐庐政协”微信公众号推送信息130篇。

（林　琳）

中国共产党桐庐县
纪律检查委员会
桐庐县监察委员会

Tonglu Commission for Discipline Inspection
Tonglu committee of Supervisory

中国共产党桐庐县纪律检查委员会 桐庐县监察委员会

·纪检监察工作·

【强化政治监督】 2020年，县纪委县监委出台《2020年政治监督“两查两推”25条》，“一季一主题”开展常态化监督。紧扣疫情防控和复工复产、制止餐饮浪费、亚运马术项目推进等重大决策部署，跟进监督、做实监督。紧盯省委巡视反馈问题整改，实行清单销号管理和“红黄牌”督办，推动高质量完成整改任务。开展扶贫开发和扶贫协作专项巡察，督促整改问题44个。深化政治生态动态评估工作，形成专题报告提交县委常委会专题研究，推动解决问题11个。

【全面从严治党政治责任】 2020年，县纪委县监委深化“四责协同”机制，协助县委制定党风廉政建设“两张清单”，细化明确14名县领导的106项具体任务，督促各级党组织每季研究部署。压实各清廉单元建设牵头责任，部署推进31项具体任务。县委常委会带头听取五大党组及班子成员履职情况汇报，县领导延伸听，乡镇（街道）、部门领导逐级听，实现全覆盖。创新“三交底两提醒”（上一级党组织主要负责人、纪委书记、分管领导向新任党组织负责人交底单位的主体责任清单、问题清单、廉政风险清单，并提醒谈话对象认真履行全面从严治党主体责任和“第一责任人”责任）任前廉政谈话制度，深化运行双抄告双反馈、家访监督等“纪委来监督”九项机制，发出《意见书》31份，督促整改问题86个，走访县领导家庭13户，破解“一把手”和同级监督难题。深化“三点一评议”（点人、点题、点评＋评议），开好“四责”（党委主体责任、书记“第一责任人”责任、班子成员“一岗双责”和纪委监督责任）联述联问联考联评会，28名领导参加。落实主体责任“季评年排”，约谈排名靠后责任领导23人次。加大对落实“两个责任”不力的问责力度，问责干部64人次。

【保障中心大局】 2020年，县纪委县监委聚焦县委“六大攻坚战”，建立县纪委县监委班子成员领衔包干监督机制，严肃查处“不担当、不作为、不落实”问题34起57人。加强失实信访澄清保护，为8名干部和2个集体公开澄清正名。持续深化容错免责事前备案机制，收到备案申请14件，审核同意备案5件。

【作风建设】 2020年，县纪委县监委开展交叉检查、明察暗访868次，查处违反中央八项规定精神问题19起35人，通报曝光并督促各单位组织集中学习。加强对县委“两抓两转”二十条意见落实情况的动态监督，查处形式主义、官僚主义问题10起15人，给予党纪政务处分5人。开展“一线问作风”电视问政活动，曝光问题8个，督促补发扶贫资金252万元。推进人防领域腐败问题、违规实施单一来源采购、统计领域数字造假、公共资源中私人会所整治“回头看”等专项整治，督促整改问题129个，约谈责任领导26人。连续4年牵头修订《规范有关费用开支的标准》，完善党员干部操办婚丧宴事宜报告及抽查制度等，强化源头防控。创新受处分人员回访教育“七个一”（进行一次入职谈话、赠送一套学习资料、组织一次宪法宣誓、结对一名帮带师傅、开展一次业务培训、进行一次轮岗锻炼、开展一次家庭走访）工作法，完成回访135人，落实帮带措施23项，7名受处分干部重新获得提拔任用。

【日常监督】 2020年，县纪委县监委精准运用监督执纪的“四种形态”处理615人次，第一至第四种形态分别占68.6%、20.2%、5.2%和6%。会同职能部门开展县委县政府“三重一大”事项集体决策贯彻落实情况及行政机关合同履约情况专项督查，纠正问题41个。深化派驻机构项目化监督机制，完善个性化监督目录63份。

【纪检审查】 2020年，全县各级纪检监察组织共受理检举控告类信访222件，开展“纪委书记（纪检组组长）大接访”、无“三访”村社创建等工作，实现有“三访”村社从49个大幅下降至14个，重复访比上年下降7.5%。立案192件，结案率100%，其中乡科级干部4人，采取留置措施4人，挽回直接经济损失2328万余元。推进扫黑除恶“打伞破网”收官战，实现所有问题线索“清零”。坚持“一案一剖析一总结一整改”，督促3家发案单位开好专题民主生活会，建章立制12项，推动以案促改、以案促治。出台规范运用纪检监察建议书实施办法，下发《监察建议书》22份，督促整改问题61个。深化运用留置案件“四书一表”，依托“两馆一基地”，开展“旁听庭审、观看警示片、学习忏悔录”等警示教育。开展“五个一”（发出一封“树清廉家风”倡议书、撰写一句清廉家风座右铭、讲述一场清廉家风故事、开展一次领导干部家庭助廉活动、评选一批清廉好家庭）家庭家教家风系列活动，举办“廉值千金心向党”剪纸大赛等活动6场次。

【清廉乡村建设】 2020年，县纪委县监委开展“强化清廉乡村建设 有力推动基层治理”专项工作，完善“五好十做到”清廉乡村建设标准，开设“一把手”走进荧屏话清廉专栏，开展清廉乡村建设大比武活动，推动打造14个清廉乡村示范样本。完善村级小微权力36条，出台《村社主要干部廉洁履职负面清单十条》，总结推广村报账员“镇聘村用”、零星支出“日清月结周公示”和“包清工”等12项举措。联合县政协开展“规范村级小微权力运行‘请你来协商’”活动，14万名网友在线参与，收集整理意见建议36条。开展村级工程质量监管“三项机制”落实情况专项督查，压实504个村级工程的村干部监管责任，完成质量评议和奖惩通报。督促职能部门集中清理村级“三不”合同310份，挽回直接经济损失357万元。加强扶贫开发监督检查，核查项目167个，走访农户10608户，督促整改问题44个。严肃村社组织换届纪律，查处违反换届纪律案件2件，以“问廉、讲廉、考廉”形式为新一届村社主职干部上好“廉政第一课”。分层探索数字赋能，打造“亲清地图”智慧监督平台，在203个村社全覆盖推广“微信九宫格七必晒”，公示村社务8500余项，调处群众反映问题67个。

2020年，县纪委县监委分层探索数字赋能，开发运行“亲清地图”智慧监督平台

【队伍建设】 2020年，县纪委县监委持续深化纪检监察体制改革，完成派驻机构“六个一体化”和国企纪检监察组织建设。创新推行派驻机构和乡镇（街道）纪检监察机构“星级化”管理，完成全县各村社监察工作联络站设立全覆盖，择优选聘监察联络员640名，配套出台履职“微积分”管理办法，收到廉情报告586条次。设立“微课堂”“微测试”等线上培训“微品牌”，开展“周四讲学”活动10期，受训干部1300余人次。常态化开展“四合一”片组协作办信办案、信访案卷交叉互评、片区协助审理、科室组团联检等以案代训活动。开展系统内警示教育月“十二个一”活动和形式主义、官僚主义问题专项整治，梳理问题79个，落实整改举措114条。深化“最美纪检监察人”“抗疫先锋”“业务能手”等评选活动，连续4年实现纪检监察干部“分类谈话+分层家访”双覆盖，为33名非桐庐籍纪检监察干部举办团建活动、“我的桐庐故事”座谈分享会活动。从严从快核查反映纪检监察干部的问题线索3件。

（余鑫忠）

·巡察工作·

【概况】 2020年，县委巡察机构完成县委第十三至十六轮共18家县级单位和23个村（社）的常规巡察，反馈问题383个，移交问题线索64条，提出意见建议90条，挽回经济损失278.46余万元，推动被巡察单位建立完善制度107项。完成4家县级单位巡察“回头看”，发现问题34个。按照全省“开展扶贫开发和扶贫协作专项监督”和“强化清廉村居建设有力推动基层治理”工作推进会要求，5月对扶贫开发和扶贫协作开展专项巡察，发现问题44个。

【主体责任落实】 2020年，县委严格落实巡察主体责任，县委书记参加巡察动员会、全省巡视指导督导专题培训会等，并对做好巡察工作做出专门指示、提出工作要求。县委常委会、县委书记专题会议及时传达学习上级关于巡视巡察相关精神，研究部署巡察工作；县委巡察工作领导小组做好巡察组织实施，全面分析掌握每轮巡察情况，及时协调解决存在问题。是年，累计召开4次县委常委会、4次县委书记专题会议、6次领导小组会议，研究听取巡察有关工作。

【巡察方法创新】 2020年，县委巡察机构建立巡察中期汇报制度，巡察工作领导小组听取巡察重点问题汇报，同时走访各巡察组，现场指导巡察组发现问题及线索。创新巡察“首察责任制”“集体研判制”“全程纪实制”“责任追究制”“问题底稿制”“巡后评估制”等“六六制”工作法，进一步规范巡察发现问题管理。

【协作配合】 2020年，县委巡察机构加强与县纪委县监委、组织、政法、审计、财政、信访等有关职能部门的协调合作，从人员抽调、信息查询、联动巡察等方面强化沟通协作。县委第十五轮巡察，由县委组织部、县委宣传部、县编办、县司法局分别组建4个专项检查组，巡察期间首次对被巡察单位同步开展选人用人、意识形态工作责任制落实、机构编制及法治督查等4项专项检查工作。全年，从全县各单位（部门）抽调业务骨干53人次参与巡察，巡前征求相关部门意见建议46条。

扎实开展村级巡察，打通全面从严治党“最后一公里”

【巡察整改工作】 2020年5月，县政府、县纪委县监委、县委巡察办联合制定出台《政府系统巡察整改联席会议制度》，合力推动政府系统巡察问题整改。在巡察整改过程中建立落实县领导“一岗双责”，落实县领导巡察整改约谈制度。制定被巡察单位党组织主要负责人、派驻纪检监察组、县委巡察组、县委巡察办对巡察整改方案、整改落实报告“四审联签”制度，全面落实整改工作。

【巡察队伍建设】 2020年，县委巡察机构健全完善《县委巡察人才库建设及管理办法》，从纪检监察、组织、审计、财政、信访等部门遴选130名后备干部，组建由36名组长（副组长）、55名专员、39名专业人才组成的巡察人才库。利用周四夜学、固定主题党日、“磨剑课堂”等平台，传达学习中央、省、市委有关领导关于巡视巡察工作的重要讲话精神，组织参加省委巡视办举办的巡察业务骨干培训班、巡视指导督导专题培训会等。

（高尚涛）

民主党派·群众团体

DemocraticParties & Mass organizations

民主党派·群众团体

·中国民主促进会桐庐县总支部委员会·

【概况】 2020年7月29日，民进桐庐县支部委员会召开支部大会，由中国民主促进会桐庐县支部委员会升级为中国民主促进会桐庐县总支部委员会（以下简称民进桐庐总支部）。民进桐庐总支部由7名会员组成，下设3个支部，分别为一支部、二支部、三支部。每个支部均由13名会员组成，设有主委、副主委及支委各1名。有会员39名，其中省十二届政协委员1名，市十一届政协委员1名，县九届政协委员8名（含常委2名），县十六届人大代表1名。是年，会员们获各类荣誉、奖项28项，其中国家级1项、省级4项、市级10项、县级13项。

【思想建设】 2020年9月7—11日，县政协与县委统战部联合举办县政协委员履职能力提升培训班暨全县民主党派骨干成员培训班，民进桐庐总支部会员叶洪、饶佩玉、吴淑丹、杨军、濮伟华、马向炜、方登峰、唐逸、何其刚参加培训；9月23—25日，民进杭州市委会举办第37期新会员学习班，新会员吴莺、方淑菲、何丹丹、梅立盛、周燕萍、李文琳、戚丽萍、邵江波、钟明辉参训；10月26—28日，民进杭州市委会举办基层组织负责人暨骨干会员培训班，会员濮伟华、马向炜参训。

【参政议政】 2020年，民进桐庐总支部围绕全县改革发展的难点热点堵点问题，积极建言献策。在县十六届人大四次会议和县政协九届四次会议上，9名民进会员提交大会口头发言材料1件，集体提案3件，个人议案提案10件，其中“关于发展桐庐红茶产业的建议”获2020年度县政协优秀提案。会员陈洪春在浙江省政协第十二届三次全体会议上提交《关于提高职校生就业质量的建议》《关于加强儿童校外培训机构卫生防疫监管的建议》提案。《探索“最多跑一次”架构内的税制改革——以基层税收征管和服务为例》被民进市委会参政议政立项，1篇信息被中国民主促进会网站录用，11篇信息被杭州市民进网站及杭州民进微信公众号录用，3篇信息分别被《桐庐政协》《桐庐统战》等刊物、网站和微信公众号录用。

【社会服务】 2020年1月11日，民进杭州市委会联合民进桐庐总支部到芦茨村开展“春联万家”活动。民进桐庐支部为抗击新冠病毒疫情捐赠各类物资共计194.13万元。4月30日，民进桐庐支部部分会员赴毕浦中学拍摄支教助学视频，并向学校捐赠书籍。11月26日，民进桐庐总支部向贵州榕江古州中心小学捐赠电脑10台，价值36700元，民进会员捐款6万元。

【交流联谊】 2020年1月14日，民进桐庐支部召开“民进桐庐支部‘学会章·交会费·做民进人’活动暨2019年度工作总结会”，重温会章，交纳会费，表彰先进。2月25日，杭州市政协副主席、民进杭州市委会主委谢双成到桐庐调研抗

2020年7月29日，民进桐庐总支部成立大会举行

疫工作，走访会员马向炜所在企业——杭州米友圈科技有限公司、杭州千芝雅卫生用品有限公司，看望、慰问奋战在抗疫一线的会员。7月22日，由民进省委会教工委主任沈慧虹、宋涛、陈志威率队的省民进履职能力建设培训班到桐庐调研“培养青少年的家国情怀”课题，在桐庐中学召开主题座谈会。9月28日，桐庐县统战部举行中秋节茶话会，民进桐庐总支部18名会员参加。11月29日，由民进杭州市委会开明画院组织的“喜迎建党100周年”——开明画院三江金秋采风交流活动到桐庐采风，与桐庐开明画院画师开展艺术交流。

（陈伟琴、李振国）

·中国农工民主党杭州市桐庐县基层委员会·

【概况】 2020年，中国农工民主党桐庐县基层委员会（以下简称农工党桐庐县基层委）共有党员79人，其中转正5人，7名同志进入培养教育期。是年，党员皇甫秋强、袁伟斌、吴晓平、申屠雄芽获“抗疫一线优秀党员”称号，张晓伟获省委会社会服务先进个人。

【思想建设】 2020年，农工党桐庐县基层委坚持学习，加强思想建设。采用班子会、支部会、学习强国等多种形式开展党员学习。全年召开党员大会一次、班子扩大会议三次，重点学习习近平新时代中国特色社会主义思想、治国理政第三卷、中共十九届五中全会精神、统战知识和各级“两会”精神。组织基层委二级班子学习《民主党派基层组织建设规范化工作手册》，完善基层委相关制度。

【参政议政】 2020年，农工党桐庐县基层委围绕农工党省委会、市委会以及县委、县政府的工作重点，建言献策。县“两会”期间，农工党派政协委员共提交提案16件，其中集体提案1件《建议加强桐庐县垃圾分类后端处置能力建设》。社情民意信息32件，党员何樟明撰写的社情民意《关于取消中医诊疗项目就诊人员信息手工登记制度的建议》被县政协采用刊发。基层委完成调研课题2个，分别是《“长三角一体化发展”背景下优化桐庐县营商环境的对策研究》《关于加快数字乡村建设助力实现“桐庐县美丽乡村3.0版”的建议》。党员扶俊、俞金宝、张霞、方中参加县市场监管局的民主评议会。党员扶俊参加县政协举办的“请你来协商·彰坞村如何打造新时代乡村生活样板地”专题活动，为彰坞村建设建言献策。

【党员活动】 2020年1月，农工党桐庐县基层委召开全体党员大会，表彰先进集体和个人，部署全年工作，为9名党员过集体生日。开展春节前老党员走访活动，走访慰问老党员和病患党员。4月29日，组织党员到新合乡祭扫革命烈士墓，开展理想信念教育，坚定中国共产党的领导，增强党员的向心力和组织的凝聚力。10月21日，组织退休党员座谈，参观健康城、富春未来城、高铁东站规划与建设情况，通报桐庐经济社会、城市建设发展情况。12月8日，组织部分党员到卫生健康局调研高血压、糖尿病“两慢病”管理工作。

【社会服务】 2020年，农工党桐庐县基层委继续开展“走亲连心三服务”活动。4月29日，基层委组织党员到新合乡，开展结对困难户慰问、义诊、更换小药箱药品，为新合乡小学赠送学习用品，价值2000元。11月27日，组织10余名党员到县培智学校开展爱心服务活动，为孩子们过集体生日，党员张晓伟赠送礼物，价值5000余元。经济科技支部积极参与社区共建，服务社区建设。春节前夕，党员俞金宝组织书法爱好者，到南门社区写春联、送“福”字。组织党员到南门社区慰问结对贫困户，赠送慰问物资。

【交流活动】 2020年11月，医卫一、二支部和经济科技支部、文化教育支部分别到嘉兴嘉善农工党基层委、宁波余姚农工党基层委开展支部交流活动。农工党余杭区基层委、富阳区基层委、常熟市基层委、浙江省生态环境厅农工党支部等到桐庐开展支部交流活动。8月24日，农工党中央组织的贵州大方县乡村教育考察团（120余名中小学及幼儿教师）到桐庐考察分水镇徐凝小学、中心幼儿园。

（方　中）

· 县总工会 ·

【概况】 2020年，隶属于桐庐县总工会（以下简称“县总工会”）的乡镇（街道）总工会14个、开发区总工会1个、工会工作委员会9个、教育工会1个。是年，组建基层工会68家，发展会员2708名。全县基层工会1862个，其中乡镇（街道）基层工会1437个、经济开发区基层工会132个、迎春商务区基层工会12个，县直机关基层工会88个、教育工会下属基层工会52个、文广旅体局工委下属基层工会9个、住建工委下属基层工会67个、卫健工委下属基层工会20个、交运工委下属基层工会14个、农业和林业局工委下属基层工会7个、民政工委下属基层工会3个，旅游股份有限公司基层工会6个，县直属基层工会16个，涵盖单位7285个，工会会员180530人；基层工会中建立女职工组织的有1856家，覆盖率99.62%。基层以上工会专兼职工会干部202人，基层工会专兼职工作人员5265人。

【工会改革】 2020年，县总工会继续深化基层工会改革。推行基层工会兼职副主席机制；出台《新时代桐庐产业工人队伍建设改革的若干措施》等文件，推进产业工人队伍建设改革。在县文旅集团、杭州科德磁业有限公司、浙江英飞特光电有限公司、杭州冠华王食品有限公司4家企业开展试点改革。

【智慧工会建设】 2020年，县总工会继续推进智慧工会建设，制定完善智慧工会建设普惠制度，通过各类职工不定期福利措施，增加“杭工e家”APP会员的活跃度。是年，智慧工会管理平台的基层工会1203家，实名制会员13.7万人，APP下载人数（认证会员）34764人，开展普惠活动3次，分别是“三八节女职工普惠活动”“端午节免费领取黄金粽普惠活动”“七夕节免费领取甜品券普惠活动”。是年，“桐庐县总工会”微信公众号和“桐庐工会”微博发布各类信息371条。

【弘扬劳模工匠精神】 2020年，县总工会成功推荐全国劳动模范1人、市五一劳动奖状4家、市五一劳动奖章6人；评选县劳动模范10人、县五一劳动奖状4家、县五一劳动奖章6人；成功推荐市工人先锋号4家。开展“926工匠日”系列活动，举办“926工匠日”启动仪式，认定“桐庐工匠”10名，成立劳模（工匠）创新工作室2家，开展劳模宣讲等志愿服务活动60余场。承办杭州市各区县（市）劳模工匠协会首个工作交流会。

【劳动技能竞赛】 2020年，县总工会举办桐庐县医疗器械行业技能（钳工）大赛等10场县级技能大赛。围绕桐庐县2020年度“六大攻坚战”，县总工会联合县委改革办在4—9月开展“比武季”立功竞赛活动。参赛单位围绕“六大攻坚战”内容，以季度赛的形式，开展立功竞赛活动。在第二季度评出先进集体33个和先进个人66名，第三季度评出先进集体32个和先进个人64名。

【构建和谐劳动关系】 2020年，县总工会开展“名师带徒”签约活动，选聘34名职业技能

2020年度劳动技能大赛

带头人，成功签约24对名师带徒协议。开展工资集体协商邀约行动，举办工资集体协商培训，参训职工200余名；组织人员参加杭州市集体协商技能竞赛。签订集体合同508份，涵盖企业1923家，覆盖职工10万余人。开展企业社会责任建设评估，桐庐红狮水泥有限公司和杭州千芝雅卫生用品有限公司获得2020年“杭州市战疫情 促发展 稳就业履行社会责任优秀企业”荣誉称号。开展工会劳动法律宣讲3场，提供法律咨询300余次，发放普法宣传资料1000余份。组织企业开展“安康杯”竞赛活动，华润老桐君药业有限公司获“2018—2019年度杭州市‘安康杯’竞赛”优胜奖。童奎军作品《竖炉拉斗小车变形》获2020年全省安全隐患“随手拍”合理化建议三等奖。桐庐经济开发区获“2020年杭州市和谐劳动关系标杆园区”称号。

【职工培训】 2020年，县工人文化宫举办插花、瑜伽、摄影、茶艺、民法典系列课程公益培训共8期，26节课，受训200余人次。组织转岗再就业中、西式面点培训2场。举办“桐工学堂”公益培训班6期。资助70名职工专升本学历教育。

【职工文化】 2020年，桐庐县创建省、市职工书屋2家，创建杭州市职工智能健身俱乐部1家，申报“新杭州人文化家园”示范点1家。开展2020年“桐庐县企业职工文化家园”创建活动，确定桐庐许诺书店有限公司、杭州康基医疗器械有限公司、杭州西屋个人护理用品有限公司3家单位为培育对象。开展百场电影下基层活动，播放电影100场次，观众15000余人次。选送优秀作品20余篇参加杭州市总工会“中国梦·劳动美——奋斗者的故事”大赛，其中1篇获二等奖，2篇获三等奖。开展下基层迎新年送春联活动，赠送春联1000余幅。

【职工疗休养】 2020年，按照县内每人500元和县外市内每人1500元的标准分两次开展职工疗休养，11670名职工参加县域内疗休养，10940名职工参加市域内疗休养。与江干区、拱墅区、鄞州区等总工会签订互为疗休养协议，引进县外职工到桐庐疗休养2万余人。为558名一线职工提供免费疗休养，其中抗疫一线人员172名。桐庐富春江（芦茨）乡村慢生活体验区成功申报为首批浙江省职工疗休养基地。新增2家县级职工（劳模工匠）疗休养基地。

【职工保障】 2020年，县总工会组织1002名一线职工免费体检，高温慰问一线职工1.6万余人，举办“小候鸟”班5个，惠及“小候鸟”139名，春节期间慰问杭黄铁路一线职工等170人，慰问各级劳模工匠254人。开展外来员工春节平安返乡活动，包车11辆送安徽等地362名外来员工返乡，发放包车补助5.5万元。是年，桐庐县医疗互助参保61158人，比上年同期增加1.01%，金额248.06万元。发放医疗互助补助1490人次，金额199.54万元。截至年底，困难职工家庭脱困6户，8户职工家庭定性为意外致困困难家庭。慰问职工60人，发放慰问金3万元。智慧工会平台审核通过3人的意外伤害救助和家财损失，共发放救助金4.45万元。新增“爱心驿家”2家，创建米粒图书馆1家。

（吴　魏）

·共青团桐庐县委员会·

【概况】 2020年，共青团桐庐县委员会（以下简称团县委）有基层团委28个，团工委8个，团总支38个，团支部684个，共计团组织758个，其中直属团组织53个，乡镇（街道）团组织14个、学校领域团组织465个，其他团组织226个。团员10954人，其中学生团员5977人，占比54.56%；机关事业团员1275人，占比11.64%；非公企业团员1045人，占比9.54%；农村社区团员2511人，占比22.93%；其他团员146人，占比1.33%。

【青年活动】 2020年，团县委举办第二届“红船杯”党团知识竞赛；选派代表队参加省、市“红船杯”党团知识竞赛，获省一等奖、市第一名。组建“青春力量”宣讲团，举办宣讲50余次。举办“我们的夜生活”桐庐青年人才活力提升班，开设培训班6个，开展荧光夜跑活动6期，服务青年200余人次；举办“亲青恋”青年人才专场联谊会5场，300余人参加；联合县文广旅体局举办战疫青年集体婚礼，23对新人参加。实施“青云计划”，组织30余名优秀学子到基层挂职锻炼、实践调研。授予桐庐援鄂医疗队3名团员青年县级“优秀共青团员”称号，评选基层“战疫青年标兵”74名。举办“我们的战疫青年分享会”，制作“致敬我们身边最平凡的英雄”海报和短视频，开展“青榜样——桐青风采／战疫青影”双系列活动，宣传优秀桐庐青年人才代表及战疫青年榜样。新建“悦读益站（悦读角）”50个，开展捐书活动60余次、读书活动19次、荐书评书活动11次。

【基层团建】 2020年，团县委召开共青团桐庐县第二十二次代表大会，选举产生新一届委员、常委。挂牌成立县团代表联络站，成立乡村振兴、文明实践、创业创新专项小组，建立委员、团代表直接联系团员青年、团支部的“一专一站两联”制度，160余名团代表参加。根据不同行业领域，落实“1+10+1”联络机制即一名团代表直接联系青年不少于10人，直接联系团支部不少于1个。加强团建覆盖，采取单独建、联合建等方式，新建特色小镇团组织3个，非公企业团组织18个。开展“我的支部我的团”争锋行动暨“一支部一项目”主题争创活动，确定53个年度重点项目，评选出年度优秀项目10个。

【青年创业创新】 2020年，桐庐县新增省、市级青年文明号8个，举办青工技能大赛7场。桐庐农村商业银行、邮储银行合作出台针对青年双创的金融产品，累计贷款423人，金额6500余万元。深化“青创学堂”，组建青创顾问团，聘请7位农业方面专家导师，与创业青年分享经验。举办第一届桐庐县农村青年创业创新项目大赛，加快全县乡村产业高水平发展。打造江南镇古村落、富春江镇慢生活体验区等农村青年创业示范带，瑶琳恒信农场成功入选省级青创农场。

【青少年关爱】 2020年，团县委走访重点青少年900余人次。建立桐庐“少年警校”12家，警校合作开展场景式青少年安全教育。1—6月，开展青少年身心关爱“1+2+3”活动，即开通一条疫情防控心理陪护专线，推出家庭教育心理、科学艺术两个“微课堂”，县青少年宫为一线医护人员子女提供免课费、免游玩券、免体验券的三免“爱心大礼包”。

【青少年宫】 2020年，县青少年宫服务青少年儿童524159人次。开展“从小学先锋 长大做先锋”“红领巾心向党”“我是小小追梦人”“弘扬传统文化 争做新时代好少年”“桐庐红领巾暑期公益课堂”等各类校外主题公益活动75场，服务少年儿童62218人次。因新冠疫情影响，春季兴趣培训暂停开展，暑、秋两期正常开展，开设视觉艺术、科技劳技、音乐艺术等各类校外兴趣培训项目27个，开设班级519个，培训学员8162人次。实施困难家庭子女、一线防疫医护人员子女免费助学活动，优惠培训项目2个。举办青少年宫成立十五周年系列活动6场。举办第十届童玩节，丰富全县少年儿童校外生活。是年，康乐部（儿童乐园）开设摩天轮、海盗船、

“桐心筑梦　黔有希望”黔桐两地青少年手拉手活动

太空飞车、自控飞机等18项康乐游艺项目，服务游客453779人次。联合县人社局举办“桐心筑梦 黔有希望”黔桐两地青少年手拉手活动，助力脱贫攻坚，营造留桐融桐良好氛围。

（华一晗）

·县妇女联合会·

【概况】 2020年，桐庐县妇女联合会（以下简称县妇联）有机关妇联27个、妇委会5个；乡镇（街道）妇联14个；村妇联181个，社区妇联22个；新增机关妇联4个。建立“云上妇联”录播间，集结妇联巾帼宣讲团、家庭教育讲师团、维权律师帮帮团等，在“桐庐妇联”微信公众号推出云课堂、微视频。县妇女儿童活动中心在迎春南路301号县新时代文明实践中心重新挂牌。是年，县妇联连续第十一年获“全国妇女宣传舆论阵地建设先进单位”称号，获省“巾帼文明岗”2个、省“巾帼建功标兵”1个、市“巾帼文明岗”5个、市“三八红旗手”6个、市“三八红旗集体”3个、“抗击新冠肺炎疫情中作出突出贡献的杭州市巾帼文明岗”5个、“抗击新冠肺炎疫情中作出突出贡献的杭州市巾帼建功标兵”2个。表彰县“三八红旗手”“三八红旗集体”39名（个）。许秀文、陆恩华代表桐庐参加杭州市数字经济妇女联合会第一次妇女代表大会。

【直播带货】 2020年，县妇联对接杭州市妇联淘宝直播平台，举办农产品直播带货活动，线上售卖青笋干、小香薯等农副产品。发动基层妇联开展爱心助卖活动，分水镇妇联开展香菇、蜂蜜等爱心直播助卖活动3次。联合桐庐供销电子商务有限公司举办“三八”网上农博“妈妈的味道”活动，为农业创业者提供农产品免费上线服务，活动期间上线商家15个，售卖产品545单。

【县十五次妇女代表大会召开】 2020年7月23日，在县政府会议中心报告厅召开桐庐县第十五次妇女代表大会，170名正式代表、8名列席代表、10名特邀代表参加会议。审议通过桐庐县妇联第十四届执行委员会工作报告，选举产生县妇联第十五届执行委员会、常务委员会。市妇联主席阮英、县委书记方毅等出席会议。

【妇联基层组织建设】 2020年5月22日，在横村镇开展乡镇（街道）妇联换届试点工作，6月完成全县乡镇（街道）妇联换届工作，产生新一届乡镇（街道）妇联执委。结合村（社区）组织换届开展村（社区）妇联换届工作，换届后，村（社区）女性书记、主任“一挑肩”36人，村（社区）妇联主席100%进村（社区）两委，大专及以上学历村（社区）妇联主席占45.8%。在建立党组织的两新组织中，实现妇联组织全覆盖。

【“美丽庭院”建设】 2020年，县妇联深化“美丽庭院”建设，开展一年两次集中督查评比活动，选出优胜单位16个、先进单位10个，创建美丽庭院1万余户，其中精品示范户1242户，美丽示范庭院200户。

【家庭文明建设】 2020年，县妇联评选县级“最美家庭”10户、县级“绿色家庭”100户，联合县文明办评选2018—2020年度县级“文明家庭”10户。开展“五个一”家庭家教家风活动，线上线下结合宣传，引

2020年7月23日，桐庐县第十五次妇女代表大会召开

导巾帼志愿者开展垃圾分类、公筷公勺使用、文明城市复评等。开展网上家庭教育知识普及、宣传，开展“保贝童行”五防安全教育活动20场。是年，获全国“最美家庭”1户、省级“最美家庭”2户、省级“文明家庭”2户、省级“绿色家庭”1户、市级“最美家庭”4户、市级“绿色家庭”15户。

【“平安家庭”建设】 2020年，县妇联召开县“平安家庭”创建暨反家暴工作联席会议，深化“平安家庭”建设。招募专业社会组织“家和工作室”，开展家庭矛盾纠纷化解、亲子沟通、心理咨询等。是年，接访、受理群众信访53件次，家暴“110”联动案件192件，开展回访、调解化解服务192次。

【妇女儿童关爱】 2020年，县妇联开展“十三五”妇女、儿童发展规划实施监测评估和“十四五”妇女、儿童发展规划编制启动工作。推进参保适龄妇女“两癌”免费筛查，完成“两癌”筛查1.3万人次。与榕江县教科局签订“春蕾计划”助学协议，资助该县贫困女童1230人，金额276.68万元。横村镇近江社区儿童之家被命名为2020年度“浙江省示范型儿童之家”。是年，命名县级示范妇女之家16家，县级“示范儿童之家” 8家。

（张　敏）

·县科学技术协会·

【概况】 2020年，桐庐县科学技术协会（以下简称县科协）下属及参加科学活动的自然科学学（协）会22个，企业科协20个、乡镇（街道）、开发区科协15个。

【《全民科学素质行动计划纲要》实施暨科普工作】 2020年，县科协开展“全国科普日”“全国科技工作者日”“科技（普）周”等主题科普活动10余场。举办“科学大咖进校园”“九桐科普进社区”“新冠肺炎疾病防控”等各类科普报告活动30余场。举办“健康义诊进农村”“食品安全知识进社区”“安全教育进校园”等科普教育培训、知识讲座等活动40余场，服务群众6.8万余人。开展新冠肺炎疫情应急科普宣传，发布科普知识200余条，赠送科普挂图100套。

【学（协）会工作】 2020年，县科协开展学会“协同创新”平台建设，联合杭州市食用菌协会开展食用菌产业培训，邀请中国机械科学研究院专家对桐庐县医疗器械企业进行技术指导。县农技协联合会组织会员赴山东水果基地考察学习，县老科协工业城建组对桐庐县磁性材料产业进行调研，撰写的调研报告获县领导批示肯定。开展优秀学术论文评比，评出自然科学优秀学术论文49篇。

【科协基层组织改革】 2020年，县科协按照《桐庐县科协系统深化改革实施方案》要求，完成县科协换届工作，按照专职、挂职、兼职相结合的方式优化新一届科协领导班子，新增挂、兼职副主席各1名。县、乡、村（社区）三级科协完成基层组织改革，县科协增加兼挂职副主席，“三长”（学校校长、医院院长、农技站站长）进入到乡镇（街道）科协领导班子。县反邪教协会召开第三次代表大会，完成换届工作。

【院士专家工作站】 2020年11月8日，“富春院士村”在桐庐县第九届科技人才周期间

2020年11月16日，中国科学院院士张泽给小朋友们授课

正式挂牌启用，引进两院院士及高端专家20名。是年，院士专家工作站组织各类产业研讨会；新增市级“院士工作站”1家，市级“专家工作站”1家，4家“院士专家工作站”完成市级考核，其中浙江祺跃科技有限公司考核为优秀。

【“千名专家进千企”活动】 2020年，县科协开展“千名专家进千企”专项行动，助推企业复工复产。联合县农技协购置68吨肥料赠送给各农业基地，助力基地抗疫情、促生产。举办杨梅种植、病虫害防治等各类农业培训6场。邀请各行业专家、教授到桐庐，开展企业指导9次，服务群众8.2万余人。

【农函大培训】 2020年，县农函大开办一年制班28个，培训学员860人；举办短期培训70期，培训学员2700人次。邀请省、市专家开展“杨梅采后管理”“蔬菜种植”“粮油技术提升”等培训29场，培训学员935名。新增农民技术职称人员10名，农民助理技师20名，农民技术员128名。

（吴潇榕）

·县工商业联合会·

【概况】 2020年，桐庐县工商业联合会（以下简称县工商联）有下属基层商会93个，其中乡镇（街道）商会13个、行业商会6个、异地商会10个（在外异地商会6个）、村级商会62个、新生代企业家联谊会1个、开发区商会1个，共有商会会员2562人。县工商联联合县科技局举办世界杭商大会暨桐庐县科技成果转化双百工程走进浙江大学活动。参与中国礼品企业100强桐庐峰会、第三届“企业家日”筹办。召开桐庐县驻沪企业商会2020年新春联谊会。是年，县工商联获浙江省“五优”县级工商联称号。

【县工商联换届】 2020年1月14—15日，召开桐庐县工商联（总商会）第十一次会员代表大会，会议选举产生第十一届执行委员会委员145名，选举产生县工商联主席1名、常务副主席1名、副主席27名、秘书长1名；选举产生县总商会会长1名、常务副会长1名、副会长20名、秘书长1名。

【会员教育】 2020年，县工商联联合浙江大学举办新生代企业家（第二期）“传承与领航”管理课程研修班，参与学员60人。开展“送学”服务，发放资料300余份。组织3名非公经济人士参加中共十九届五中全会精神培训班，推荐6名新生代企业家参加市2020年新生代企业家研修班、2020年杭商学堂等。是年，累计组织非公经济代表人士参与各类教育培训班9次，受训人员382人次。

【会员服务平台】 2020年，县工商联举办“亲清直通车·政企恳谈会”活动，联合县委改革办、县发改局、市生态环境保护局桐庐分局举办活动2期，39名企业家参会，会上提出32个问题，全部交办相关部门跟进解决。举办“我们的会长会”活动4次，邀请新生代企业家副会长以上单位参会，就惠企政策落实情况开展交流研讨。

【服务复工复产】 2020年，县工商联推进“助企抗疫情、联企复生产”专项行动，分4个工作专班联系走访会员企业，征集并解答疫情防控、企业用工、融资需求等7类54个具体问题。开展服务中小微

浙江大学—桐庐新生代企业家（第二期）“传承与领航”管理课程研修班开学

企业渡难关“暖春”活动，成立政策服务队，指导企业正确享受各项政策；推荐企业参加市“双千直播”专场活动等。联合人民银行桐庐县支行开展“百地千名行长助企业复工复产”行动，累计向企业发放贷款46.15亿元。深入推进“三服务”，走访企业218家，解决问题62个。

【东西部对口帮扶】 2020年，县工商联召开东西部扶贫协作“村企结对”工作布置会，开展35家企业一一结对帮扶，8月底全面完成帮扶任务。是年，全县基层商会和非公经济人士向榕江县捐款捐物200余万元。

【基层商会建设】 2020年，富春江镇商会成立首个乡镇商会党支部，以党建带会建，促进商会高质量运作。“三八”妇女节，县新生代企业家联谊会党支部发起“小巷女神”大礼包派送活动，慰问妇女社工162名。召开农村商会品牌建设推进会，开展农村商会品牌建设示范点工作，进行品牌宣传推广。继续在全县基层商会中开展“四好”商会创建工作，推动基层商会规范化建设，桐君街道商会被评为全国“四好”商会。8月16日，南京市桐庐商会第一届第一次会员大会在南京召开。在南京创业发展的桐商代表、知名乡贤，兄弟商会代表等60余名参加会议。大会选举产生第一届理事会18位理事和监事长。召开南京市桐庐商会第一届一次理事会，选举产生会长、副会长、秘书长等。圆通速递副总裁张小娟担任商会名誉会长。

【会员参政议政】 2020年，县工商联开展民营企业运行状况调查活动3次，完成调查问卷160份；配合省工商联开展省政府惠企政策评估问卷活动，完成调查问卷50份；开展“万企评银行”调查活动等，发放调查问卷320余份。工商联界别政协委员在政协桐庐县第九届委员会第四次会议期间共提交政协提案28件。

【社会公益活动】 2020年，县工商联继续开展非公经济人士理想信念教育基层行惠民生活动，县总商会补助10万元用于钟山乡夏塘村民生实事工程。5月，组织新生代企业家联谊会开展第五届关爱留守儿童活动，到富春江镇、百江镇培智学校向儿童赠送礼物、开展关爱活动。是年，基层商会累计捐助爱心款240余万元。

（王韵岚）

·县残疾人联合会·

【概况】 2020年，桐庐县共有持证残疾人14131人，占全县总户籍人口的3.4%，其中肢体残疾6756人、视力残疾2391人、听力残疾1246人、言语残疾163人、精神残疾1737人、智力残疾951人、多重残疾887人。有乡镇（街道）残疾人联合会14个，县级专门残疾人协会4个，社区、村级残疾人协会204个。

【残疾人社会保障】 2020年，桐庐县5660人纳入最低生活保障政策；享受困难残疾人生活补贴77395人次，发放补贴金额2040.7万元；享受重度残疾人护理补贴71981人次，发放补贴金1780.84万元。落实残疾人免费乘车、残疾人住院大病医疗补充保险、“助残礼包”（残疾人参加养老、医疗免费）等特惠政策。换发智能化残疾人证13633张，实现“1件事”（残疾人证办理）服务机制网上操作，解决掌上办、网上办、窗口办问题。开展无障碍环境建设，形成《关于桐庐县无障碍环境建设情况的调研报告》；成立残疾人无障碍环境促进会，查找问题4205条，成功创建省级无障碍社区1个。

【残疾人教育及就业】 2020年，桐庐县各企事业单位安置残疾人就业1933人，其中按比例就业971人、集中就业962人，新增按比例就业55人，全县有劳动能力和就业愿望的残疾人就业率94.1%。依法征缴残疾人就业保障金2300万元。开展用人单位按比例安置残疾人就业公示工作，对2019年度38家超比例安置残疾人单位发放奖励金43.16万元。全年共助学204人，送教上门30多名，实现三类障碍儿童少年学前入学率96%、义务教育段入学率99.3%、高中段入学率97.8%；发放大学生补助金20人，补助金额10.3万元；培训残疾人302人，其中电商培训141人，完成培训指标100.6%。选送小善科技、麻根英绣花鞋等3家单位参加亚运会展示、中残联创新创意大赛。是年，小善科技解决残疾人就业96人，其中辐射全省残疾人就业38人。

【残疾人精准康复】 2020年，县残联实施残疾人精准康复服务行动，提供基本康复服务8402人次，服务率99.9%，其中完成助视器验配30例、助听器验配60例、假肢验配17例。创建县首家特殊儿童康复机构，服务残疾儿童75名，补贴138.6万元。为728名残疾人提供基本辅助器具适配服务，残疾人基本辅助用具适配率100%。开展“友好慈善助残”公益行动，为困难家庭眼疾患者实施白内障等眼疾手术提供资助。推进社会心理服务体系工作，1040户精神残疾人享受免费服药政策，新增102人，13907名残疾儿童、精神残疾人和“三瘫一截”等成年重度残疾人纳入基层责任医生签约工作，签约覆盖率91.56%。

【残疾人救助帮扶】 2020年，桐庐县建成“残疾人之家”21家，为486名精神、智力残疾人提供托养、庇护等服务；完成困难残疾人家庭无障碍改造任务120户，补助资金55.2万元。结合疫情防控常态化，解决困难残疾人家庭39户，补助资金9.9万元。扶持残疾人个体就业创业33户，帮助企业复工复产，发放慰问金23.5万元，发放残疾人个体就业创业补助44.2万元；帮扶残疾人危房改造62户、未就业残疾人大学生就业4名，净居亮居工程14户。

【残疾人文体宣传】 2020年，县残联开展第21个“全国爱耳日”、第30次全国助残日、第29个国际残疾人日暨走进残疾人之家开放日等活动；开展“登桐君山、听桐庐故事”残障人士游桐君山活动，为10户残疾人种养殖大户赠送复合肥5吨、玉米饲料5吨；组织艺术周、健康周、“迎亚残会”象棋网格赛等活动；参加杭州市第三届“最美杭州人——十佳残疾人”和第四届“最美助残志愿者（助残人）”评选活动，朱延林、伍军培分别获十佳残疾人和最美助残志愿者荣誉称号。

【志愿者助残】 2020年，桐庐县注册助残志愿者326人，开展志愿服务19次，参与485人次。实施文化助残“五个一”工程（读1本书、看1份报刊、游1次公园、参观1次展览、参加1次文化活动），残疾人社区活动参与率86.5%，惠及残疾人1.4万人次。12月3日，举办共享小康助残捐赠仪式暨

2020年12月3日，助残捐赠“共享小康”国际残疾人日主题歌会举行

主题歌会，歌会通过“创梦、缘梦、逐梦”三个篇章，展示残疾人自强不息、积极向上的精神和扶残助残社会新风尚，在会上赠送电动轮椅2500辆，价值1400万元，惠及残疾人2300多名。

（俞　锋）

·县文学艺术界联合会·

【概况】 2020年，桐庐县文学艺术界联合会（以下简称县文联）下设作家、书法家、美术家、摄影家、民间文艺家、音乐舞蹈戏剧家、电影电视家7个协会和诗词楹联学会，有会员1426人，其中国家级会员63人。继续做好“一馆两院三故居”（范仲淹纪念馆、富春文学院、陆春祥书院、叶浅予故居、胡家芝故居、王伯敏故居）建设，截至年底，范仲淹纪念馆共接待29个团队，1.4万余人次；出版快递题材报告文学《中国快递钟山快递人》。县文联在中国文联加强县级文联工作专题调研座谈会作为浙江省区县文联代表发言。

【文艺积分办法】 2020年，县文联推出《桐庐县文艺家协会及会员积分制办法（试行）》，实施文艺积分制改革。在五方面开展重点评价、积分，每月更新积分，每半年公布积分排名情况。将积分纳入叶浅予文艺奖评选、文艺考察、文艺人才推荐等，提高文艺家协会和会员参与文艺工作的积极性。10月，全省文联系统组联干部培训暨组联工作现场会上，县文联作为全省三个区县代表之一，就文艺积分制改革工作做交流发言。

【文艺特色村建设】 2020年，县文联组建富春文艺志愿服务队，开展文艺志愿活动20场1000多人次，送出春联及书画作品8000多件，受益群众3万多人次；创新志愿服务形式，开展农民手机摄影培训等活动。多项活动被学习强国、新华社等报道。

【文艺活动】 2020年，县文联围绕“我们的小康生活”“讲述桐庐文化故事”“展望未来”三大主题，开展“春天在路上”文艺抗疫作品展，展出各类抗击疫情主题作品110余件；开展“文艺致敬援鄂抗疫英雄”书法篆刻作品赠送活动；开展桐庐县首届书法篆刻新人新作展；开展“《论语》中的清廉文化和小康梦”书法作品展，助力“清廉桐庐”建设；开展“两江同梦”浦江——桐庐书画交流作品展等一系列文化活动，多角度呈现桐庐全面建成小康社会的特色亮点。

【文艺队伍建设】 2020年，县文联邀请杭州书法院院长宋涛开设书法讲座。在“文艺进万家　播种新希望”活动中邀请杭州市作协副主席陈博君、杭州市摄协副主席王芯克和杭州市舞协副主席金艳开设文学、摄影、舞蹈专题讲座。先后举办两期习近平新时代中国特色社会主义思想培训会，深入学习习近平总书记关于文艺工作的系列讲话精神，提升文艺工作者的理论水平和服务能力。

【叶浅予文艺奖评选】 2020年，桐庐县制定出台《“叶浅予文艺奖”评选办法》举办“叶浅予文艺奖”评选活动，该奖项分“叶浅予文艺奖”“叶浅予文艺提名奖”“叶浅予文艺新峰奖”“叶浅予文艺突出贡献奖”“叶浅予文艺组织奖”五大类。是年开展“叶浅予文艺奖”（2017—2018年度文艺成绩）评选，评出叶浅予文艺奖5名、叶浅予文艺提名奖26名、叶浅予文艺新峰奖6名、叶浅予文艺组织奖9人。

【文艺创作】 2020年，县作家协会会员陈红华出版《时光短笺》，董利荣出版《一瓢细酌》；112件作品在全国、省、市入展获奖发表；县书法家协会会员尹祥兵作品入选第七届全国青年书法展，姚拥军、潘良、华增明作品分别获“浙里小康”浙江书法篆刻征评系列大展优秀作品、优秀作品提名，童雁琴获浙江省女书法展优秀作品提名；县美术家协会会员袁伟、柳伟、李春雷入选全国中国画作品展，其中李春雷的作品入选“大潮勇进”第14届浙江省美术作品展；县摄影家协会会员王天瑞、陈俊等8人作品入展诗画浙江首届风景摄影大展，会员方文杰、虞洋的作品入选浙江省第十八届摄影艺术展；县电影电视家协会会员王科、董琳炜、叶舟、吕青的视频《桐心战役》被人民日报客户端选用刊发；民间文艺家协会会员累计在省级大赛中获奖（刊登）

共计76项，国家级比赛获奖（或刊登）17项，其中潘晓炜作品《第九位捐助者》获评2019—2020年度中国好故事，奚元良作品入围2020年度中国好故事；潘晓炜、奚元良作品均获浙江年度优秀故事并入围映山红奖提名；江娇芬作品获评2020年“浙里小康”第三届浙江省民间故事会征文年度优秀故事；周燕杰获“浙江优秀故事员”称号；县诗词楹联学会会员姚飞荣获杭州市美丽乡村楹联作品大赛一等奖，会员邱升阳、童超贵、杨东增、王顺庆诗集相继出版，30余篇散文、诗歌在《散文选刊》《浙江诗人》《联谊报》《作家报》《中国诗》《浙江工人日报》等媒体发表；县音乐舞蹈家协会会员夏林青、胡健创作，刘小强演唱的作品《泰山压顶不弯腰》获浙江省“新人新作”演唱演奏大赛金奖；戏剧家协会完成越剧大戏29场、惠民演出23场、文化下乡演出100场，复排越剧大戏《梁祝》。

（陈　燕）

·县社科联·

【概况】 2020年，桐庐县社会科学界联合会（以下简称县社科联）有下属社科普及基地27家，其中省级3家、市级4家、县级20家，会员社团9家，其中直属社团2家、非直属社团7家，社科宣讲团队伍1支，社科普及人才39人。

【决策咨询服务】 2020年，县社科联联合浙江工商大学杭州商学院举办以“未来乡村产业振兴”为主题的未来乡村诸葛亮会议。完成“桐庐快递精神”征集提炼和理论研究工作。编发《社科专报》6期，及时向县委、县政府报送社科研究成果。

【社科理论研究】 2020年，县社科联共收到各类课题研究报告66件，评选出一等奖课题2项，二等奖课题5项，三等奖课题8项。《“两山”视角下探析农村人居环境有效治理的实现机制——以桐庐县为例》《关于省以下法院财务统管机制的问题与对策研究——基于桐庐法院的调研》两个课题分别列为杭州市社科立项资助和立项不资助课题。开展桐庐红色文化挖掘研究，启动《分水江畔的丰碑》《革命老区新合之旅》的编撰工作。

【社科基地提升】 2020年，县社科联新认定桐庐县党群服务中心、嘉欣园廉政文化馆等7家单位为第三批县级社科普及基地；桐庐县博物馆晋级为杭州市社科普及示范基地。桐君街道迎春社区、江南镇环溪村、富春江镇芦茨村被确定为杭州市社科理论宣讲点。开展社科基地重点项目资助活动，桐君街道麻蓬村“忠孝讲座”、江南镇石阜村“耕阜文化科普”等5个项目入选县级社科基地重点项目并予以资助；县图书馆“人文桐庐大讲堂”项目入选杭州市社科基地重点项目并获资助。

【社科社团建设】 2020年，县社科联继续加强社科社团管理，制定出台《桐庐县社会科学界社会团体管理办法（试行）》，指导成立桐庐县社科联首家业务主管社会团体——桐庐县心理学会，召开成立大会，选举产生第一届领导班子，开展心理学会志愿讲师团的招募工作；指导桐庐县历史文化研究会完成业务主管的转隶工作。组织开展社科社团学术成果资助活动，对桐庐县历史文化研究会上报的学术成果——桐庐地方散文集《一瓢细酌》进行资助。

【社科知识普及】 2020年，县社科联完成浙江电视台《文化浙江·大讲坛》钱塘江诗路文化带宣传片桐庐篇的拍摄工作。组织开展“践行两山理念推进转型升级”主题演讲比赛。联合县融媒体中心开设社科新干线专栏，通过电视、广播、网络开展社科基地巡礼、社科知识传播等；组织县社科宣讲团人员下沉，开展“你点我送”社科知识宣讲进礼堂、进学校、进社区50场。指导各级社科基地开展《论语》中的清廉文化与小康梦书法作品展、“我把桐庐说给你听”云上观展、“听文物故事，传中华文明”、大数据、人工智能主题讲座、科技创新少年科普营等活动50余场次。

【社科普及周活动】 2020年，县社科联开展以“共享小康社会，建设‘重要窗口’”为主题的社科普及周活动，现场开展垃圾分类、文明交通、法律法规、气象知识、防诈骗、非遗传承、金融知识、新时代文明实践等方面宣传咨询活动。科普周期间，各农村文化礼堂、社科基地相继组织开展垃圾分类知识讲座、农副产品营销培训、果木栽培技术讲座、折扇艺术展、免费剪纸培训、读者沙龙、家庭消防知识宣传、地方文化展示等社科知识宣传普及系列活动30余项。

（赵　婷）

·县红十字会·

【概况】 2020年，桐庐县红十字会（以下简称县红十字会）下属团体会员单位22个，其中乡镇（街道）14个、医疗卫生单位6个、行业红十字会2个；中小学校红十字会45个，村、社区红十字会组织机构11个。

【博爱帮困】 2020年，县红十字会开展“博爱送温暖”活动，救助困难家庭196户，发放救助款物21.17万元。杭州烟草公司桐庐分公司捐赠救助款10.17万元。杭州市红十字会开展“情暖杭州、红十字博爱送万家”慰问活动，慰问困难家庭40户，发放慰问款物4.8万元。是年，继续实施博爱助学金、教师爱心互助金等专项救助项目，救助困难学生176名、困难教师11名，救助金额26.25万元。

【救护培训】 2020年，县红十字会先后为海康威视、千芝雅、象限科技等多家企业开展救护培训；结合学校军训，在桐庐中学、富春高级中学等学校开展高一新生救护培训，实现高一新生救护培训率100%；开展中小学校及社会团体救护培训。全年，培训企业50余家、培训学校10余所，培训8600余人，发放救护员证860张。

【应急救援】 2020年7月，县红十字会组织救援队参与防汛救援，开展富春江江边巡逻及人员劝导，累计出勤13次，出动120余人次。7月10日，杭州市红十字会党组成员、副会长章仕才一行到桐庐慰问一线救援队员，赠送价值5.5万元的物资、慰问金2万元。

【关爱生命工作】 2020年“5·8”世界红十字日期间，县红十字会先后到飞鹰户外健走队、横村水晶运动器械厂、凤栖社区、消防大队等地开展造血干细胞宣传动员采集活动。是年，新增造血干细胞血样采集入库60例；登记遗体、器官捐献2名；完成遗体捐献1例，捐献给杭州师范大学医学院用于疾病研究；完成器官捐献3例，其中一位捐献者年仅12岁。

【红十字精神传播】 2020年，县红十字会在“5·8”世界红十字日、桐庐百姓日、世界急救日等节日期间，在县城中心广场、大型超市门口开展主题宣传活动，传播红十字“人道、博爱、奉献”精神。“5·8”博爱周期间，各乡镇（街道）红十字会悬挂宣传横幅，发放红十字宣传资料3000余份。制作红十字会公益宣传片《人道　博爱　奉献》，记录红十字会五届理事会以来的工作历程，展示救护培训、博爱救助、应急救援等方面取得的工作成果。

（汪丽群）

组织民兵参加造血干细胞采集活动

农业农村

Agriculture & Rural Affairs

黄 强/摄

农业农村

·综述·

【概况】 2020年，桐庐县农业农村局（以下简称县农业农村局）以“打造新时代乡村生活样板地　争创全国乡村振兴示范县”为总目标，以加快农业高质量发展为主攻方向，以美丽乡村建设为重要载体，抓改革、稳增长、强产业、促增收，全县“三农”工作取得新进展。是年，桐庐县获评“全国村庄清洁行动先进县”“全国县域数字农业农村发展先进县”；推动“两带一点”规划成果落地，获省政府乡村振兴督查激励；桐庐县村域规划“多规合一”试点做法成功入围“浙江乡村振兴十大模式”。至年末，全县实现农林牧渔业总产值37.91亿元，增加值25.83亿元，比上年增长0.5%，农村居民人均可支配收入34176元，比上年增长7%。

【美丽乡村建设】 2020年，桐庐县完成创建省级新时代美丽乡村达标村46个（其中精品村16个），建成10个市级精品村、1条市级精品示范线（百江镇水郭翰林精品线）和风情小镇1个（梅蓉村九里梅洲风情小镇）；完成第六批历史文化村落保护利用重点村2个（彰坞村、石阜村）、一般村4个（华丰村、龙峰村、里湖村、三鑫村）建设任务，推进第七批历史文化村落保护利用重点村（青源村）建设，完成第八批历史文化村落保护利用重点村（环溪村）规划并通过省级评审，成功申报第九批历史文化村落保护利用重点村1个（石舍村）；实施市级风情小镇1个（横山埠村）、市级精品村5个。推进乡村振兴规划试点工作，全县共有169个行政村编制完成乡村振兴规划。

【农村人居环境】 2020年，桐庐县全面推进农村人居环境提升三年行动计划，完成五大类32项工作任务，村庄清洁行动、农村污水治理、垃圾分类、公厕整治等工作成效明显，行政村规范化农村公厕覆盖率、农村卫生厕所普及率、农村生活垃圾集中收运率和分类处理行政村覆盖率、农村生活污水截污纳管行政村覆盖率、建制村通等级公路覆盖率、农村饮用水达标人口覆盖率、乡村建设规划编制覆盖率等主要指标均达100%。是年，成功创建省级示范性农村公厕1座，省级星级农村公厕15座。5月，县农业农村局获杭州市农村人居环境工作先进集体嘉奖。

【美丽乡村3.0】 2020年，桐庐县根据《中共浙江省委办公厅　浙江省人民政府办公厅关于深化“千村示范、万村整治”工程高水平建设新时代美丽乡村的实施意见》，启动打造美丽乡村建设3.0版。9月，县委、县政府出台《桐庐县推进新时代美丽乡村建设暨打造美丽乡

美丽乡村建设

村3.0版实施意见》，并在富春江镇芦茨村、分水镇大路村、旧县街道母岭村、莪山畲族乡沈冠村等地开展数字乡村、法治乡村、艺术乡村、创业乡村、文明乡村“五大乡村”建设试点。试点工作按照“一村一方案”“一村一部门”“一村一专班”的要求，加强组织和制度建设，强化政策引领；以建立动态调整机制，明确建设内容等方式加强平台建设；突出数字、艺术、创业等主题，将“五大乡村”建设与丰收节等“三农”优势品牌相结合。至年末，全县有41个村开展“五大乡村”建设试点。是年，桐庐县美丽乡村3.0版实施工作入选浙江省新时代乡村集成改革试点，并被小康杂志社评为“2020年中国十大社会治理创新典范”。

【强农助企】 2020年，县农业农村局进一步落实保障用地、便捷融资、凝聚人才、保障用电、减免费用、杜绝摊派、鼓励创新、保险稳农、优化服务与基金稳市十项“落实优先方针、助力农企发展”举措。建立“桐庐县重点农业企业名录”，将全县38家“菜篮子”企业纳入名录管理，在运输通行、物资保障、政策服务等方面优先保障。汛情期间，出台《桐庐县2020年梅汛期间“救灾助农”十条政策》，落实精准帮扶资金2000万元，纾困帮扶资金1000万元，救灾贷款资金1亿元。落实安排“三农”用地专项指标2.67公顷；落实农业龙头企业纾困帮扶基金，用于解决年产值3000万元以上大中型农业企业短期周转融资。对25个村集体经济组织（含“农民之家”创业服务社）2019年新流转的478.33公顷土地进行奖补，共补助资金118.5万元。

【农业产业发展】 2020年，县农业农村局实施杭州市乡村振兴工程，争取市级扶持资金2300万元，重点支持“五园”基地创建、民宿集聚区配套设施建设、农产品仓储保鲜冷链物流、粮食功能区和闲置农田恢复种粮种油、畜禽产业发展提升、水产产业发展提升、少数民族村产业发展7类项目建设。桐庐县省级现代农业园区项目通过省农业“两区”办验收，被认定为第一批省级现代农业园区。完成分水镇蜜蜂小镇在内的省现代农业园区第一批、第二批25个项目建设，总投入7792万元、财政补助4152万元。实施杭州市整乡镇推进山区农业产业发展项目建设，合村乡、莪山畲族乡项目建设有序推进，百江镇通过杭州市立项评审，获得1500万元市财政扶持资金。制定出台《关于实施乡村振兴战略实现农村产业高质量发展的意见》和《〈实施乡村振兴战略实现农村产业高质量发展的意见〉实施细则》等产业扶持政策，连续第三年安排产业扶持资金5000万元，其中落实农业生产安全、政策落实和农业风险救助三大保障资金2300万元；推进设施农业、数字农业、生态农业、休闲农业和品牌农业五大农业资金680万元；培育新型主体、农村实用人才两大体系资金420万元；扶持乡村特色民宿规范发展、农家小吃、农产品电商提质增效及农产品宣传营销等新产业、新业态发展资金1000万元；强化林业产业和基础设施建设资金600万元。

【区县协作】 2020年，杭州市第三区县协作组共落实协作资金1亿元，其中拱墅区4000万元、高新区（滨江）4000万元、富阳区2000万元。确定镇街结对双包双引、共赢项目、历史文化村落、村集体增收化债补助、乡村新型业态建设、乡村振兴基础设施建设、农产品批发市场、移民发展8个共建项目，涉农领域资金覆盖面达100%，涵盖美丽乡村、文化建设、精准扶贫等。完成年度产业转移4.2亿元，千芝雅全球研发中心及智能制造产业基地、海康微影等项目作为省市县长和新制造业项目落户首个县级“152”智能制造产业园。与富阳区签订《富春江、壶源江、应家溪流域共治合作框架协议》，打破行政区域壁垒，探索生态环境“区域共治”，共守绿水青山，共享金山银山。与拱墅区、高新区（滨江）、富阳区签订互为疗休养合作协议，推进四地全域旅游建设及职工疗休养市场发展，是年，桐庐县向三区输送疗休养职工1760人次，三区向桐庐县输送疗休养职工4024人次。举办第六届“三区一县”优质农产品迎新春展销会，为桐庐优质农产品拓宽销售渠道。

【“联乡结村”帮扶工作】 2020年，莪山畲族乡、百江镇、瑶琳镇、合村乡、新合乡5个市级帮扶乡镇与市帮扶集团开展帮扶活动，全年落实杭州市“联乡结村”活动财政专项资金920万元、成员单位结对帮扶资金660万元，实施合村乡全域景区运营、畲乡社会治理中心等项目27个；实地指导淳安县梓桐镇黄村村和衢州市衢江区廿里镇塘湖村开展乡村振兴示范点建设工作，落实年度援建资金330万元。开展丽水市莲都区峰源乡结对帮扶工作，落实援建资金60万元。

【惠农金融】 2020年，县农业农村局会同涉农金融机构，加大惠农金融力度。是年，勤优农产品专业合作社联合社资金互助会投放互助金45笔491万，吸收互助金333万元；为增强担保服务能力，农信担保公司共收回代偿和逾期款1146.12万元。联手桐庐农商银行着力解决种粮大户、龙头企业、合作社以及电子商务企业的融资难题，累计为45户种粮大户发放贴息贷款1966万元，对杭州安厨电子商务有限公司等农业电子商务企业发放贷款3925万元。

【农业保险】 2020年，桐庐县农村保险事业进一步发展，在省农险办开通的保险险种在全县推开，包括水稻、小麦、大麦、油菜、大棚、大棚蔬菜、露地蔬菜、稻田养鱼等23个险种。是年，全县农险总保费781.1万元（包括种植业236.4万元，林业73.9万元，养殖业249.5万元，地方特色险种221.3万元），比上年增长27.1%。其中，投保水稻2067公顷，小麦933公顷，油菜133公顷，生猪4.1万头，能繁母猪0.3万头，做到及时续保，应保尽保。全年总赔款金额889万元。新增的农家乐（民宿）气象综合保险和特色品种食用菌保险及杨梅采摘期降水气象指数保险中降水仅1天且24小时日降水量≥30毫米的条款均为全省唯一。

【村级集体经济发展】 2020年，全县185个村社集体经济总收入2.55亿元，比上年增加0.15亿元，增长6.3%（较2016年度增加1.53亿元，增幅150%），其中经营性收入1.55亿元，比上年增加0.05亿元，增长3.3%（较2016年增加0.98亿元，增幅172%）。78%的村集体经济总收入达到或超过50万元，且经营性收入达到或超过30万元。是年，完成农村集体产权交易124笔，成交金额3520万元，实现溢价10%。

【乡村人才建设】 2020年，县农业农村局和浙江农林大学组建“1+2+N”农业产业党建联盟（“1”指县农业农村局；“2”指浙江农林大学农业与食品科学学院和杭州农科院；“N”指桐庐县农业企业、基地、大户等），以党组织共建为载体，以科技带产业，引人才促生产，实现资源共享、互帮联建、产研相融，有效服务基层、服务产业、服务三农。举办全县首届“农青杯”创新创业大赛，打造回乡入乡创业创新平台。是年，成功申报钱江特聘专家1名、D类人才3名、E类人才1名。

【全国土地经营权入股试点改革工作】 2020年，桐庐县推进全国土地经营权入股发展农业产业化经营试点县工作，探索多元化的土地股份经营模式。指导百江农发、钟村畈粮油、凤鑫玫瑰、林富苗木、琴山苗木等试点企业的运行管理。累计发展试点土地股份制合作社36家、土地股份制企业3家，入股土地面积755.33公顷。

【“农民之家”创业服务社】 2020年，县农业农村局加大农民之家创业服务社产业扶持力度。是年，全县新增“农民之家”创业服务社1家，示范社47家，总量达133个。完成对2019年下达的8个农民之家创业服务社产业扶持项目的验收工作。建成外范村笋干加工厂房、富源村红色旅游配套美丽庭院、高联村竹博园道路硬化提升、歌舞村农民之家粽子加工厂、母岭百桂园、郭村村红高粱、莪山村闲置房屋收储开发利用及道路修复、龙峰村红曲酒酿造基地提升等项目，促进产业发展，增强农村创业氛围。

【农村集体“三资”管理工作】 2020年，县农业农村局会同县委组织部、县财政局、县民政局制定《桐庐县村级非生产性开支管理实施细则》，控制并规范村级经济的非生产性支出。

开展村级财务“三查”（村级财务自查、村级财务交叉检查、村级财务抽查）、“三清”（村主要干部任期内村级财务债权债务清一清、村级资产资源承包合同清一清、固定资产清一清）、“三审计”（常规审计、重点审计、离任审计）专项行动；举办村级报账员业务知识大比武活动。是年，全县185个股份经济合作社完成换届选举工作。

【农业新型经营主体培育】 2020年，县农业农村局清理注销不合规范的合作社210家。举办县级专业合作社培育建设培训会1期，共有21家合作社负责人受训，推荐17名合作社负责人参加省市级合作社业务提升培训。推广“互联网+”战略思维，引导农业龙头企业、合作社“触网”，尝试电商发展新模式。指导桐庐恒信茶叶一、二、三产融合发展基地建设。是年，全县新增市级农业龙头企业2家，省级龙头企业1家，推荐国家级农业龙头企业1家。至年末，全县共有各种合作社379家（含联合社11家），其中国家级8家、省级17家、市级54家、县级99家；有县级以上农业龙头企108家，其中省级7家、市级44家。

2020年桐庐县新组建农民专业合作社一览表

表6

合作社名称	工商注册时间	合作社名称	工商注册时间
桐庐县何宋薯香农业专业合作社	2020年1月3日	桐庐金顺蜂业专业合作社	2020年1月20日
桐庐县金为粮油专业合作社	2020年5月20日	桐庐县百果仙农业专业合作社	2020年5月21日
桐庐金联农业专业合作社	2020年8月26日	杭州素心兰苑农业专业合作社	2020年9月10日
桐庐共创香榧专业合作社	2020年9月18日	杭州素馨兰亭农业专业合作社	2020年9月30日
桐庐凤联银丰农业专业合作社	2020年11月5日	桐庐清甜青梅专业合作社	2020年11月17日
桐庐梁亿粮油专业合作社	2020年11月20日	桐庐丰辉粮油专业合作社	2020年12月22日

【质量品牌提升工程】 2020年，桐庐县推进质量品牌创建提升工程，培育畲味莪山、分水良言等乡域品牌。提升雪水云绿、天尊贡芽、桐江蜜梨等县域品牌。至年末，全县农产品品牌有中国驰名商标3个、农产品地理标志2个，原产地保护产品1个，被认定浙江省知名商号1项。

【农家乐（民宿）】 2020年，桐庐县发布《疫情防控民宿有序复工操作指南》，指导民宿有序复工复产，并开展民宿管家服务技能培训（是年，举办培训会8场）。通过开展民宿管家首次集中招聘活动等方式，加大民宿人才引进力度；举办乡村音乐会、脱口秀、朗读会等活动，推进民宿经济发展。至年末，全县共有经营户667户、床位11570张（其中当年新增民宿经营户22户、床位260张）。是年，全县民宿接待游客585.7万人次，营业收入4.68亿元，比上年增长7.3%。民宿云溪上被评为浙江省金宿级民宿，隐陌溪上被评为浙江省银宿级民宿。

【农家特色小吃】 2020年，桐庐县强化特色小吃的文化内涵挖掘和包装设计提升，讲好小吃故事，弘扬小吃文化。以桐庐米粿（酒酿馒头）、新合索面、毕浦小笼包为扶持重点，加强特色小吃线上线下营销推广，组织企业参加乡村集市、特色小吃云展会、直播带货等活动，提升综合经济效益。出台农家特色小吃扶持政策，对特色小吃新开连锁门店和新购买加工设备予以扶持。是年，新培育特色小吃加工企业4家，新开特色小吃门店5家。桐庐米粿被列入浙江省特色小吃百强。

【粮油作物】 2020年，桐庐县粮食作物播种面积8200公顷，总产量4.66万吨，每公顷产量5677公斤，与上年相比，总面积增加333公顷，总产量减少0.03万吨。推广生产机械化技术（机收、机插）3784公顷；推广单季稻两壮两高技术、水稻叠盘出苗技术、水稻精确定量栽培技术、水稻重大病虫害绿色防控技术4400公顷。

【蔬菜】 2020年，桐庐县蔬菜播种（复种）面积7047公顷，比上年增加83公顷，其中常年性蔬菜播种面积5312公顷，增加104公顷，山地蔬菜播种面积1735公顷，减少21公顷；总产量21.63万吨，增加0.68万吨；总产值5.4亿元，比上年增长0.1亿元。全年蔬菜设施栽培面积2238公顷，其中钢

2019—2020年桐庐县粮油作物生产情况表

表7

类别	小类	2020年	2019年
1. 春粮	面积（公顷）	1138	1313
	总产量（万吨）	0.49	0.49
2. 水稻	单季稻面积（公顷）	4400	4433
	其中：1. 杂交水稻面积（公顷）	3740	3768
	2. 常规粳糯稻面积（公顷）	660	665
	单季稻总产量（万吨）	3.15	3.25
	水稻每公顷产量（公斤）	7159	7330
3. 夏秋旱粮	夏秋旱粮总播种面积（公顷）	2662	2120
	其中：1. 玉米面积（公顷）	1120	1000
	2. 大豆面积（公顷）	549	433
	3. 甘薯面积（公顷）	993	680
	4. 其他谷物面积（公顷）	0	0
	夏秋旱粮总产量（万吨）	1.02	0.95
	其中：1. 玉米总产量（万吨）	0.42	0.49
	2. 大豆总产量（万吨）	0.12	0.12
	3. 甘薯总产量（万吨）	0.48	0.34
	4. 其他谷物总产量（万吨）	0	0
4. 油菜	油菜种植面积（公顷）	2430	2395
	其中：双低油菜面积（公顷）	2357	2323
	油菜总产量（万吨）	0.56	0.57
	其中：双低油菜每公顷产量（公斤）	2280	2370

说明：春粮面积包含马铃薯种植面积

架大棚283公顷，小棚65公顷，大中棚1890公顷；应用遮阳网202公顷、防虫网4公顷、杀虫灯450盏；滴灌等节水技术应用472公顷。是年，提升市级“菜篮子”基地3个，引进蔬菜优新品种5个。

【蚕桑】 2020年，桐庐县桑园面积533公顷，比上年减少148公顷，主要分布在分水、合村、瑶琳3个乡镇，全年饲养蚕种5500张，比上年减少38%；总产茧307吨，比上年下降33%；平均张产55.9公斤，比上年增加4.2公斤；蚕茧总产值893.37万元，比上年下降42.2%；平均单价每50公斤1683元，比上年下降4%。全县果桑面积约20公顷，比上年减少3.33公顷，主要提供休闲采摘游，全年收入75万元。

【茶叶】 2020年，桐庐县茶叶面积4375公顷，茶叶总产量5310吨，比上年增长14.2%，总产值42400万元，与上年基本持平；其中名优茶产量505吨，比上年减少10.1%，产值31295万元，比上年减少6.4%；碾茶、蒸青绿片等大宗茶产量4800吨，产值11100万元，分别比上年增长14.5%和19.1%；桐庐红茶产量46吨，产值3850万元，分别比上年增长21.1%和26.6%。是年，新发展无性系良种茶园40公顷，改造中低产茶园220公顷，新建县级标准化茶厂2家，省级生态茶园1座。引进推广中茶108、白叶一号、中黄一号茶叶良种3个。4月，举办桐庐县第十届“全民饮茶日”活动，开展名茶评比活动，雪水云绿获杭州市名茶评比金奖、“中绿杯”全国名茶评比金奖。

【水果】 2020年，桐庐县水果生产总面积5043.25公顷（含西甜瓜1071公顷），比上年增长0.39%，总产量8.88万吨，比上年增长3.24%，总产值5.78亿元，比上年增长4.42%，其中梨总面积1299.8公顷，总产量2.33万吨，总产值1.42亿元，与上年同期相比，分别减少1.65%、增长7.76%和增长4.39%；桃总面积887.01公顷、总产量1.1万吨、总产值1.22亿元，分别比上年增长0.34%、减少2.89%和增长0.13%。是年，引进推广水果新品种10余个，新发展改造水果面积25.3公顷，主要品种有蓝莓、杨梅和葡萄等。部级水果绿色高质高效行动示范县项目实施面积1333公顷。

【中药材】 2020年，桐庐县草本中药材种植面积624公顷，比上年增加5.7公顷。主要品种有铁皮石斛、黄精、白及、浙贝母、栝楼、灵芝、元胡、前胡等。是年，中药材产值16188万元，比上年减少192万元。

【食用菌】 2020年，桐庐县食用菌栽培面积590万袋（亩、平方尺），总产量2758吨，总产值2572万元，较上年分别增长4.79%、3.72%和2.55%。

【水产】 2020年，桐庐县淡水养殖面积1340公顷。水产品总产量为9045吨，比上年增长3.72%，其中养殖产量为8125吨，增长1.82%；捕捞产量为920吨，增长24.32%。淡水渔业总产值为20120万元，增长3.94%，其中养殖水产品为16385万元，捕捞为3735万元。是年，全面推广落实池塘

水果采摘游

内循环流水养鱼技术、稻渔综合种养技术、养殖尾水综合治理技术，推广面积807公顷。

【蜂业】 2020年，桐庐县蜜蜂饲养量6.96万群，养蜂生产蜂蜜6200吨、王浆320吨、蜂蜡95吨、蜂花粉100吨、蜂胶2吨，养蜂生产产值1.42亿元，比上年增长10.94%。蜂产品经营公司经营蜂蜜980吨、蜂王浆230吨、蜂花粉105吨、蜂蜡100吨、蜂胶4.5吨，实现经营额6800万元，比上年增长9.68%。全县主要蜂产品加工企业共加工蜂蜜6800吨、蜂王浆1550吨、蜂花粉450吨、蜂蜡600吨、蜂胶68吨，加工后销售产值8.8亿元，比上年增长8.64%。工业旅游收入4100余万元，与上年持平。蜂业产业链总产值11.31亿元，比上年增长8.65%。

【畜禽生产】 2020年，桐庐县保留规模生猪养殖场42家，因无疫区建设原因关停生猪养殖场2家；年底存栏生猪8.09万头，比上年增长38.44%，出栏生猪8.03万头，比上年减少11.38%；存栏家禽73.12万羽，比上年增长2.54%，出栏家禽83.13万羽，比上年减少1.56%；存栏羊1.2万只，比上年减少14.29%；存栏牛2230头，比上年减少0.89%。肉类总产量9777.3吨，比上年减少8.62%；禽蛋产量4661吨，比上年增长2.85%。是年，创建省级美丽生态牧场1家，开工建设杭州市高水平美丽生态牧场1家。

【良种推广】 2020年，桐庐县引进、试验、示范、推广粮油新品种42个，其中水稻新品种12个，油菜新品种18个，高粱新品种6个，杂豆新品种6个。全县省定水稻主导品种种植面积4933公顷，主要品种为甬优1540号、甬优12号、甬优15号、甬优5550号、甬优538号、甬优7861号、中浙优1号、中浙优8号等单季杂交水稻品种以及秀水134、嘉58等常规晚粳稻品种，其中单季杂交稻占89.4%，常规优质晚粳糯稻占10.6%。油菜全县种植面积2393公顷，主导品种为浙油51、浙油50、浙大30、越优1203；推广双低油菜2349.9公顷，普及率98.2%。全县主要农作物良种覆盖率95.7%。

【土肥与耕地保护】 2020年，桐庐县推广应用测土配方施肥25067公顷，应用配方肥6100吨，县农业农村局为127个规模生产主体提供免费测土配方服务，全年共采集土样227个、分析化验1981项次。推进受污染耕地安全利用实施工作，在瑶琳镇、江南镇等2个乡镇建立受污染耕地安全利用综合示范区4个，总面积107公顷，全县受污染耕地安全利用率达到93%以上。建立年度省级沃土工程示范区12个、总面积133公顷；强化土壤环境预警体系建设，实施省定耕地长期定位监测点4个、农田土壤常规监测点12个和综合监测点5个，市定生态环境监测点8个、耕地监测点5个、蔬菜监测点4个和茶叶基地监测点5个；推广商品有机肥1.65万吨，使用面积5686公顷。

【生态能源】 2020年，桐庐县出台《关于加快推进废旧农膜和肥料包装等废弃物回收处理工作的意见》。推广农作物秸秆肥料化、饲料化、能源化、基料化、原料化利用，全县新建氮磷生态拦截沟渠1条。综合利用农作物秸秆4.82万吨，农村可再生资源利用指数95.84%。推广太阳能热水器等清洁能源，农村清洁能源利用率85.2%，比上年提升0.6个百分点。开展农村沼气安全巡查工作，针对发现的安全隐患，要求业主及时整改，全县未发生沼气安全事故。

【植物保护】 2020年，桐庐县粮油作物（水稻、小麦、油菜）病虫草鼠发生面积72753.32公顷次，其中病害发生12153.24公顷次，虫害发生49666.56公顷次，草害发生6066.35公顷次，农田鼠害发生4866.67公顷次。全年开展防治97586.54公顷次，其中水稻防治53846.72公顷次、小麦防治1733.25公顷次、油菜防治12400公顷次，防治病害24320公顷次，防治虫害58000公顷次，防除草害8400公顷次，农田灭鼠6658.35公顷次。挽回粮油损失约12680.97吨。是年，全县实施水稻、小麦等病虫综合防治集成技术5266.66公顷，农药减量控害增效技术9092.6公顷，水稻病虫统防统治4400公顷，果树病虫统防统治1880公顷，茶树病虫统防统治1770公顷。推广应用农田统一灭鼠技术7660公顷，农户统一灭鼠68000户，推广应用新型水稻种子处理剂1600公顷。

【粮食功能区建设】 2020年，桐庐县提标改造19个粮食生产功能区，提标改造面积816.4公顷，其中建设提升市级粮食生产功能区4个共224.3公顷、县级粮食功能区15个共592.1公顷。

【农产品质量安全】 2020年，县农业农村局组织开展蔬菜、水果、粮油、茶叶、畜产品、水产品六大类农产品监督抽检1116批次，检测合格率99.9%；完成快速定性检测9845批次，合格率99.89%。是年，全县有效期内无公害产品197个，无公害基地157个，其中种植业产品140个，无公害基地109个，面积5738.11公顷；畜牧业产品47个，无公害基地39个，畜类5.54万头、禽类和禽蛋类78.65万羽，蜂产品44700群；渔业无公害产品10个，无公害基地10个，面积221.57公顷。有效期内绿色产品个数17个，绿色食品企业14个，面积841公顷。地理标志产品1个，面积3334公顷。开展1家杭州市绿色品质农业综合示范建设单位建设；完成3家绿色食品新认证单位补助；开展农产品质量安全宣传活动3期，举办线上培训班5期，培训农产品生产者、农技人员500余人次，发放农业法律法规、农产品质量安全知识等资料1000余份，接受咨询200余人次。开展农产品质量安全专项整治“利剑”行动，出动监管执法人员438人次，检查生产经营主体936家次。使用“数字农安”APP开展农产品质量安全巡查工作，共检查农产品生产主体1081家次。

【中低产田改造】 2020年，桐庐县完成桐君街道琅苑村琅苑畈、江南镇锦江村五联外畈、分水镇富源村老坞畈、瑶琳镇何宋村何宋畈等7个市级中低产田改造项目，面积200公顷，补助市财政扶持资金260万元；经乡镇推荐、现场规划、网上公示、领导审核等程序，筛选立项2021年度杭州市农田提升市级示范项目6个，计划提升改造面积200公顷，市级财政补助270万元。

【高标准农田建设】 2020年，桐庐县出台《桐庐县高标准农田建设项目管理实施办法（试行）》《桐庐县高标准农田建后管护制度》。全年实施高标准农田建设项目79个、总面积1638.93公顷，其中2020年度新建项目17个410.13公顷（含高效节水灌溉80公顷），2019年度存续项目48个815.07公顷（含高效节水灌溉33.33公顷），2018年及之前存续项目14个413.73公顷。累计拨付项目补助资金4718.33万元。

【新增垦造耕地后续管护】 2020年，桐庐县实施新增垦造耕地后续管护项目121个404.51公顷，通过验收项目113个389.71公顷，拨付县级补助资金523.5万元。实施垦造耕地后续管护市级示范项目14个60公顷，拨付市财政扶持资金63万元。

【农业技术推广基金会】 2020年，县农技推广基金会坚持服务“三农”，服务基层农技组织，服务农业专业合作社、专业大户和家庭农场宗旨，资助以千斤粮万元钱、一亩山万元钱、生态农业、循环农业等为主题的创新农作制度项目，资助项目26个，其中省级1个，市级7个（市平台项目1个），县级18个。落实资助资金166万元，其中省、市46万元，县级120万元。项目涵盖粮油、畜禽和县重点发展的蜂、茶、果、药四大产业，其中粮经结合、稳粮增效6个，农旅结合6个，畜禽、水产生态养殖4个，新品种、新技术示范10个；总实施面积271.2公顷、饲养生猪4300头、特种蛋鸡5000羽、种蜂80群，创造经济效益1451万元，充分发挥基金会拾遗补阙，以项目带动农业增效、农民增收，助推农村经济发展、乡村振兴的作用。

【农业机械】 2020年，桐庐县农机总动力12.54万千瓦，农田作业拖拉机496台、粮食烘干机102台、动力植保机械770台、排灌机械11225台、农副产品加工机械1827台。完成机耕作业面积11800.41公顷，主要农作物机械化收获面积7729.54公顷，机械化播种面积3500公顷，机械化植保面积6637.8公顷，机械化灌溉面

农田机械化施药

积6391.67公顷，农业生产中耕作、排灌、植保、收获等环节基本实现机械化。

【农机管理】 2020年，县农业农村局加强农机管理服务工作。是年，全县有290户农民和农业生产经营者购买符合购机补助的农业机械446台（套）（其中动力机械12台，耕整地机械195台，种植施肥机械 54台，田间管理机械44台，收获机械6台，收获后处理机械9台，农产品初加工机械72台，养殖及其他机具54台），购机总额788.63万元，财政补助354.5万元；符合县级购机补贴农业机械169台（套），补贴县级资金29.62万元。全年引进多旋翼植保无人机、智能拖拉机、遥控割草机、自走式单履带运输机、手扶自走式割草碎草机、果树涂白机等新型机械10余台套，并开展适应性试验。全年完成1个市级农业“机器换人”示范基地创建项目、3个县级“机器换人”示范基地创建项目；2个省级农业领域“机器换人”示范基地的创建认定、4个县级农机化示范点建设。通过“北斗导航系统及管理平台”，开展机械化秸秆还田网络管理与监测，有效完成全县机械化秸秆还田面积2164.55公顷，按照产业化政策农民享受机械化秸秆还田补助30元/亩，全县农民享受补贴总额97.4万元。

【农机监理】 2020年，桐庐县拖拉机上牌15台，联合收割机上牌7台，插秧机备案23台，过户1台，补换牌证22台，注销213台，驾驶证期满换证25本。全年免费检验农业机械791台，其中农田拖拉机513台、联合收割机111台、插秧机70台、烘干机97台。全年报废农业机械169台。参加保险机具172台。开展上道路拖拉机淘汰清零工作，提升农机安全监管水平。是年，提前完成本地在册上道路拖拉机清零工作任务。

【动物防疫检疫】 2020年，桐庐县免疫注射口蹄疫疫苗26.62万毫升、猪瘟疫苗22.68万头份、高致病性猪蓝耳病活疫苗11.42万头份、高致病性禽流感疫苗63.78万毫升、狂犬病疫苗3.12万头份；免疫接种生猪7.87万头、牛0.14万头、羊1.24万头、家禽113.23万羽、犬4.4万只。全年检测猪O型口蹄疫抗体310份，免疫抗体合格率为97.1%；检测猪瘟抗体432份，免疫抗体合格率为93.06%；检测猪高致病性蓝耳病样本76份，免疫抗体合格率为100%；检测羊O型口蹄疫样本182份，免疫抗体合格率为91.76%；检测羊小反刍兽疫抗体150份，免疫抗体合格率为150%；完成小反刍兽疫拭子采样339份，并送市级单位检测。检测H5N1禽流感抗体1273份，合格率为94.74%；鸡新城疫（鸡瘟）样本210份，免疫抗体合格率为90.48%；H7N9流感血清样本851份，合格率95.89%，共采集家禽拭子150份送市级实验室检测，检测结果均无异常。是年，生猪屠宰检疫4.69万头、生猪产地检疫3.9万头、家禽屠宰检疫0.11万羽、家禽产地检疫2.01万羽，未发生区域性重大动物疫情；开展养殖环节“瘦肉精”排查专项行动，排查生猪养殖场38家，屠宰场3家；抽样检测动物产品189批次、饲料21批次，“瘦肉精”等违禁药物残留快速检测5280批次。全年未发生重大畜产品安全责任事件；按照“保险联动+集中处理”方式，建立健全死亡动物无害化集中收集处理体系，养殖环节无害化处理病死猪10711头。

【定点屠宰管理】 2020年，桐庐县定点屠宰生猪3.91万头。生猪毛猪最高收购价45元/公斤，最低收购价30元/公斤；白肉最高批发价56元/公斤，最低批发价38元/公斤。全年出动执法检查人员1357人次，日常和专项执法检查273次，检查经营户（屠宰场）2897家。检出并无害化处理病害生猪及其产品191头；兑现上年度病害生猪及其产品无害化处理财政补助款20.01万元。5月19日，县畜牧兽医管理服务中心在分水镇捣毁私屠滥宰窝点1处，现场查处生猪3头，冻猪肉369.4公斤，涉案资金14万余元，以农产品质量安全监管执法典型案例材料报送农业农村部。

【植物检疫】 2020年，桐庐县植物检疫站设立植物检疫宣传咨询点14个，宣传栏14块，张贴、悬挂宣传标语140条，发放宣传资料360份。设立省、市级植物疫情监测点3个，县级监测点17个；设立植物疫情防控示范区5个。普查加拿大一枝黄花面积740公顷，发生面积6.55公顷，防控率100%。普查梨树疫病面积419.67公顷，普查率100%；发现梨树疫病0.12公顷，及时采取相应措施进行防控。普查红火蚁面积237.4公顷，投放诱饵150处，未发现红火蚁疫情。开展春季种子苗木检疫专项执法检查，出动植物检疫人员28人次，检查单位17家，检查种子27吨，水果和苗木花卉10.5万株（盆）。

【农业行政执法】 2020年，桐庐县农业行政执法大队通过报刊、网络等媒体宣传法律法规和农业执法、监管信息30余次，悬挂横幅30块，张贴公告310张，发放宣传资料650份。举办业务培训会议4期，计150人次。开展农药无证经营、禁限用农药经营、农药实名制购买、肥料直销、农产品质量安全、毒品原植物种植等专项执法检查，累计出动执法人员451人次，检查监管对象633家次。抽检农业投入品143批次，农产品328批次。责令整改轻微违法行为14家次，其中对2家农药生产企业的2个产品进行召回处理。立案查处5起（一般程序），罚没款5.4万元。受理群众举报投诉15起，结案率100%。开展安全生产检查5次，出动执法人员25人次，检查生产经营企业和农业生产基地67家次，发放安全生产告知书150份。

【农药废弃包装物回收处置】 2020年，桐庐县农业行政执法大队张贴回收宣传公告1500张，对储运处置服务项目实行公开招投标，回收归集农药废弃包装物（瓶、袋、壶等）323.38万只，计54.16吨，完成市下达回收任务117.59%；处置农药废弃包装物64.73吨（包括上年库存），完成市下达处置任务159.54%。

【农资市场监管】 2020年，桐庐县农业行政执法大队联合有关单位开展放心农资下乡进村活动，现场直供优质农资，接受群众现场咨询1200余人次。加强农业投入品“进—销—用—回”全周期闭环管理，有效落实化肥农药实名制购买、定额制施用。开展“肥药两制”改革农资店创建工作，其中4家农资经营单位经过软件和硬件升级，被确定为浙江省2020年度“肥药两制”改革农资店。升级原有农资购销数字化系统，并加强培训和指导，至年末，全县农资经营信息化建设单位达到112家，其中农药经营单位覆盖率达到100%，使用率位列全省前10名。推进精品示范店建设，提升改造规范化精品示范店5家。是年，全县有5家农资生产经营单位被认定为2020年浙江省诚信农资示范企业。

【农药管理】 2020年，桐庐县农业行政执法大队严格把关农药经营许可事项，新核发经营许可8本；推进实名制登记购买，从纸质台账登记改进为电子台账登记，从农药实名制推进到肥料、种子实名制；全面实行限用农药退出市场机制；从严规范本县农药生产企业产品标签；认真审核小品种农作物农药登记有关材料，跟踪项目实施进展情况和资金使用管理情况。

【渔政管理】 2020年，渔政

管理站共组织联合大检查47次，参加检查车辆9辆次，检查船舶44艘次，执法人员出动178人次。查获案件55起，涉及电鱼12起，毒鱼1起，其中移送公安7起；无证捕捞14起，违反禁渔期制度19起，违反渔船安全生产8起，跨水域捕捞1起。没收电鱼设备22套，收缴并拆解涉渔“三无”船舶（竹排）62艘，清理丝网虾笼1428套，没收网具823副。加强渔业安全生产监管，全年安全生产事故为零，获杭州市平安渔业示范县称号。168名渔民参加安全生产知识培训，与持证渔船签订安全生产承诺书84份；发放2019年度捕捞渔船油价补助款38.8万元。举办“6·6”全国放渔日活动，投放鱼苗近1000万尾。在富春江、分水江沿岸安装视频监控数字管理系统，更有效地对非法捕捞等违法行为进行管理。

【无疫区建设】 2020年，县农业农村局坚持管理一流、硬件一流、运行一流“三个一流”工作标准，从数字赋能、完善设施、规范运行、健全队伍、加强合作等方面着手，推进无疫区建设。应用杭州桐庐无疫区动物及动物产品流通监管平台，在14个主要监控卡口建成自动抓拍、图像识别和预警功能为一体的无疫区区域监控警示系统；相继完成10个乡镇（街道）畜牧兽医管理站提升改造、易感动物隔离场、交通道路警示标识标牌等基础设施建设。建成全省首个县级一流二级生物安全兽医实验室并投入使用；开展“奋战400天·建成无疫区·保障亚运会”活动。完成全县马属动物和赛场周边5公里范围内规模猪场、规模羊场迁出。完成《桐庐县突发马属动物疫情应急演练视频》制作；通过乡镇抽调、区县商调、事业单位紧缺专业招引等方式，建成69人县级畜牧兽医队伍。组织相关专业技术人员赴中科院哈兽研、广州从化考察学习无疫区建设；与浙江中科基因、浙江农林大学签订无疫区建设技术服务协议，建立合作机制。

（葛佩钰）

·林业水利·

【概况】 2020年，桐庐县林业水利局（以下简称县林水局）把握林业产业高质量发展以及新时代水利改革和发展的总基调，举办首届长三角森林康养和生态旅游宣传推介活动，实现重大项目和重要合作协议签约3项，达成意向投资2亿元。完成农饮水达标提标三年行动，建设饮水工程88项，实现农村地区受益人口7.8万人，三年累计11.4万人。推进全域美丽河湖建设，后溪、双坞溪获评省级美丽河湖。农业水价综合改革顺利通过省市验收。至年末，全县森林覆盖率75.19%，比上年略有上升，林木蓄积量达755.96万立方米，比上年增加28.96万立方米。是年，全县共完成产业造林面积67.9公顷，其中油茶22.6公顷，林下经济建设45.3公顷。完成一般造林（包括迹地更新面积）66.7公顷。完成幼林抚育608公顷。完成桐庐县森林公安局转隶桐庐县公安局。瑶琳镇、钟山乡获评省级森林康养小镇；新合乡新四村、富春江镇芦茨村、钟山乡魏丰村获评国家森林乡村；县林业技术推广中心获评全省林业产业先进集体。

【林业行政审批】 2020年，桐庐县林业窗口依法办结各类行政许可2319件，其中林木采伐许可证418件，木材运输证562件（包括县内木材运输证153件）、植物检疫证645件、调入省同意省际调运植物和植物产品549件、占用林地许可72件、临时占用林地10件、林业生产设施占用林地许可54件，陆生野生动物及其制品出售、购买、利用许可9件。完成政务服务2.0事项的认领与信息维护，确保上线事项100%正常运行，至年末，完成37个事项测试正常运行。

【林业有害生物防治】 2020年，县林水局加强松材线虫病综合防控，对重要地段、风景区和市级防控示范区松树注射松材线虫病免疫剂6万瓶，注射面积182公顷。至年末，全县松材线虫病发生面积2752公顷，疫情涉及12个乡镇（街道），100个行政村，571个小班，发生面积较上年小幅上升。是年，在高速、省道沿线、防控示范区安装松褐天牛新型诱捕器185套。清理枯死松树13943吨，涉及11个乡镇（街道），62个行政村，清理面积4773公顷，疫木定点除害企业按时完成除害处理任务。组织开展各类执法行动25次，出动执法人员总计64人次，检查小木加工企业98个，松木制品使用企业18个，建筑工地5家，查处违法涉松案件1起，没收松木4.08吨，罚款5000元。开展病虫害防治技术服务指导78次；开展林业有害生物监测预报，发布山核桃花蕾蛆、马尾松毛虫等虫情通报7期。

【国土绿化和森林抚育工程】 2020年，桐庐县完成新增百万亩国土绿化行动532.1公顷，其中山地森林260.1公顷，坡地森林70.1公顷，城市森林29.5公顷，乡村森林149.3公顷，通道森林23公顷。实施中央和省级森林抚育补贴试点项目，完成森林抚育面积667公顷。

【森林养生休闲】 2020年，桐庐县争取到省林业重点项目“森林康养示范区”建设专项资金1000万元。至年末，百江镇森林休闲养生小镇、天子地森林康养基地、白云村森林人家三个示范区均完成前期规划，并进行分步施工。完成莪山“竹业”小镇项目建设工作。是年，天子地森林公园被命名为国家级森林康养基地；莪山乡中门村被命名为浙江省生态文化基地。

【全民义务植树】 2020年，桐庐县在每个乡镇（街道）安排1—2处植树点，鼓励市民就近植树。全县开展“县级机关义务植树点”“三八·巾帼林”“致富林”“协作林”等各种形式的义务植树活动20余次；建立义务植树点30个，参与市民16.3万人次，直接种树50万株；建立全民义务植树基地10.3公顷。

【森林资源管理】 2020年，桐庐县提高全县森林资源“一张图”的准确性和时效性，为森林资源管护和林业经营利用及生态文明建设重大决策提供基础性数据。印发《关于下达2020年度森林采伐计划的通知》，下达年度森林采伐限额计划，并结合“双随机一公开”工作，抽取30个点，对上年度采伐项目进行回访性检查。是年，全县发放林木采伐许可证418份，发证采伐蓄积29099.49立方米。材积19483.21立方米，全县年度森林采伐量控制在3.5万立方米以内。办理各类林地审批项目68起，面积85公顷，收缴森林植被恢复费1266.31万元。其中长期占用林地43个，面积53.1公顷；林业生产设施服务项目15个，面积24.5037公顷；临时占用林地10个，面积7.39公顷。

2020年9月28日，首届长三角森林康养和生态旅游资源推介会在桐庐召开

【森林督查】 2020年，县林水局对上年度森林督查发现的44个疑似违法图斑开展“一案一销”处罚，并在浙江省林业空间管理平台完成销号。对2020年国家林草局下发的375个森林督查遥感判读图斑开展现场定位拍照，核查违法情况。根据《桐庐县2020年森林督查县级自查工作报告》，对森林督查发现的56个疑似违法违规图斑进行调查。是年，完成查处4个，移交有关部门查处52个。

【生态公益林和天然林保护工程建设】 2020年，县林水局对全县纳入规划的101153.3公顷公益林（其中国家级16345.3

公顷、省级53984.5公顷、市级5094公顷、县级4206.3公顷）和天然林21523.3公顷，采用综合人工遥感影像判读、深入山头地块核查、随机抽查等方式进行检查验收，确保公益林和天然林保护工程各项保护措施落实到位。对公益林和天然林建设工程进行公示公告，保障各建设单位和林农的知情权。是年，财政安排公益林和天然林资金4240.29万元（其中国家财政安排国家级公益林资金374.67万元、天然林停伐管护资金512.88万元、林业生态恢复资金51.64万元；省财政安排国家级公益林配套和省级公益林资金2220.5万元；市财政安排市级公益林建设资金205.5万元；县财政预算安排重点公益林配套和县级公益林资金计875.1万元）。用于公益林和天然林损失性补助资金3669.05万元、护林资金475.17万元、公共管护资金15万元、管理费29.43万元、林业生态恢复资金51.64万元。

【野生动植物保护】 2020年，桐庐县响应国家禁野令，发布《全面暂停野生动物经营利用行为公告》和《关于收缴禁用猎捕工具和鼓励举报破坏陆生野生动物资源违法犯罪的通告》；利用世界野生动植物日、野生动植物保护宣传月暨“爱鸟周”、生物多样性日等活动开展野生动植物保护宣传。是年，举办2次科普宣传活动，1次电视宣传，1次网络直播宣传，发放宣传册3500余份，接受宣传教育人数1800余人；加强野生动植物保护的检查、监督，是年，出动检查685人次，检查各类场所450个/次，收缴猎捕工具612只/件。全县安排5个野生动物保护监测员，1个野生动物救助点，全年救护各类保护动物40只；妥善处置在养野生动物，将7家养殖场移交农业部门管理，5家养殖场退养处置，注销12张野生动物驯养繁殖许可；开展无疫区野生动物（野猪）疫源疫病监测样本采集和野生鸟类资源多样性本底调查评估工作；对39株古树名木开展一树一策保护，并开展全县松科古树松材线虫病免疫剂注射工作。是年，重点开展环溪古银杏树银杏超小卷蛾春夏季防治，富春江芦茨村迎客松抢救，富春江镇石舍村古香樟树、凤川街道滩头村黄连木、横村镇宅里香樟等古树救护。

【湿地资源保护管理】 2020年，县林水局建立全县湿地资源动态变更和管理信息系统，实时监测县内湿地类型与面积状况及变化，综合评价湿地资源和生态状况及变化态势。指导分水镇开展南堡湿地公园水质在线监测站建设项目。落实5名湿地保护巡查人员，全年进行湿地保护巡查，为湿地保护保驾护航。

【集体林权制度配套改革】 2020年，县林水局完成1家林业经济类农民专业合作社（桐庐共创香榧专业合作社）的组建工作。全年实现林权抵押贷款额度700万元，抵押林权面积179公顷，累计林权抵押贷款额度29070万元，贷款余额12438万元。接待群众来访10余人次，调处涉林信访6起。协助分水镇处置塘源村村民自留山的山林纠纷案。对全县7.96万公顷公益林进行政策性保险。是年，成功申报浙江省示范性家庭林场1个（桐庐县新合乡钱宝家庭农场）。

【水旱灾害防御工作】 2020年，桐庐县遭遇有记录以来时间最长（50天）、雨量最大（全县平均梅雨量819.5毫米）的梅雨期，同时又逢新安江水库历史上首次九孔泄洪。面对严峻汛情，县林水局扎实做好防汛工作，出动各类水旱灾害检查人员300余人次，检查各类工程点位500余处，开展各类培训3次，培训近2000人，发放各类水旱灾害防御宣传册3000余册，编报《水雨情快报》85期，《水旱灾害防御工作动态》11期，发出《雨情预警通告单》167份，发送山洪灾害预警短信9.4万余条、两江洪水预警短信1.6万余条，分水江水库调度令17份，肖岭水库调度令9份。完成37座小（2）型水库遥测站建设，实现全县水库站点监测全覆盖。投资495万元，完成水文防汛“5+1”2020年建设任务，全面开展小流域山洪灾害防御能力建设，完成省级山洪灾害预报预警系统接口对接，实现已有测站与部分重要村落关联。

【山塘水库除险加固】 2020

年，桐庐县投资3720万元，完成横村镇大坑水库除险加固工程（2019—2020跨年度实施，其中2020年投资1999万元）、西坞、林塘、山阴坞、后坑坞、大令塘、钟山寺水库除险加固工程。新小岭坞、冷水湾、上水坞、百脚坞、牛坞里、六塘、大塘里、新舍里后山、大山、洋坑坞、石洞坞、小坞垅山塘综合整治工程等建设项目，共完成土方开挖1.88万立方米，石方开挖0.52万立方米，砼浇筑0.68万立方米，钢筋制作安装275.7吨。

【小流域治理和河库塘清淤】 2020年，桐庐县总投资1339万元，实施小流域治理项目12个，涉及分水、桐君、江南、莪山、横村、城南、钟山、百江8个乡镇（街道），新建、修复堤防5.1公里，修复加固堰坝2座。全年投资160万元，完成河、库、塘清淤10.67万立方米。

【美丽河湖建设】 2020年，桐庐县实施后溪、双坞溪、旧庄溪、大坑溪和歌舞溪5条美丽河湖创建工作，创建长度为64.9千米，5条均获得市级美丽河湖称号，后溪和双坞溪还获得省级美丽河湖称号。莪山、合村、分水、百江、新合、富春江6个乐水小镇和双坞村等61个水美乡村（百江、富春江、分水、旧县所辖全部行政村）全部通过市级验收。

【富春江干堤加固二、三期工程】 2020年，桐庐县按照富春江干堤加固二期后续工程重大设计变更，投资8000万元，完成1公里堤防开工建设、4.5公里堤防招投标、全面实施沿线拆迁工作。启动富春江干堤加固三期工程建设，上泗俞赵堤、沙湾堤建设，洋坞、沙湾、俞赵等排涝闸站建设，上泗俞赵堤生态景观修复等工程相继动工。至年末，完成投资1.1亿元，上泗俞赵堤建设4.14公里完工，洋坞排涝闸站建设基本完工，上泗俞赵堤生态景观修复工程完工，沙湾堤工程完成合同工程量的35%。沙湾、俞赵排涝闸站工程完成合同工程量的25%。

【农村饮用水工作】 2020年，桐庐县农村饮用水达标提标行动投资2.98亿元，完成8座乡镇（街道）水厂、87座单村供水站提升改造建设工程，受益人口7.8万人，农村地区累计受益人口11.4万人。明确由桐庐绿水建设开发有限公司、县城市水务公司作为县级统管机构，负责农村供水工作的日常管理。同时，建成桐庐县农饮水信息化管理平台，实现农村供水工程水质在线监测、档案信息化管理、远程控制，视频监测、异常报警等功能。

【农村小水电管理】 2020年，

省级美丽河湖——合村后溪

桐庐县有水电站50座，总装机容量82075千瓦，全年发电量1.99亿千瓦时。是年，坞口二级、三级、关里二至五级、奇源一、二、三级9座电站竣工验收。投资191.9万元，补助9座电站进行退网复绿。投资197万元，完成全县小水电生态流量监测设施的安装与管理平台建设，并依据《桐庐县小水电清理整改“一站一策”工作方案》，完成50座电站“一站一策”销号。投资323万元，完成城南街道范家边蔬菜基地排涝工程及横村镇殿山脚排涝闸站改造工程。投资54.44万元，对沿江74座泵站机埠进行维修养护。

【水利工程质量安全监督】 2020年，县林水局受理水利建设工程质量监督项目申请11个，在建工程续监项目6个，全年累计开展质量监督检查活动40余次，形成监督检查意见书37份，发现并落实各类工程质量安全管理问题310余个；核备单位工程质量评定意见11个。开展在建工程安全生产专项检查11次，共出动检查人员50余人次，发现并整改落实安全生产隐患20余处。

【水资源管理】 2020年，桐庐县完成8家取水许可审批，延续换证76家，开展水资源管理专项整治活动，规范部分企业的取水行为。规范水资源有偿使用和计划用水管理，自备水计划用水覆盖率100%，征收水资源费799.35万元。完成全县用水总量、取水监控、公报年报等水资源调查评价工作，江河湖库及地下水水质达标率100%，取水大户监控覆盖率100%，公报年报用水总量达标完成。

【节水型社会建设】 2020年，县林水局在企业、机关事业单位、学校、医院、居民小区、灌区、服务业单位等开展节水型载体创建工作，完成节水标杆小区1家，节水标杆企业1家，其他各类节水载体4家；完成水利行业节水机关建设；推进农业节水、工业节水和城镇居民节水，城镇管网漏损率，中水回用率，水平衡测试率等均达到考核要求，通过国家级节水型社会建设省级验收。

【水行政审批】 2020年，县林水局受理并办结水行政许可125件，其中水土保持方案审批68件、涉河涉堤12件、取水许可45件，办结率100%；参与投资项目“一站式”服务中心、住建等部门组织的并联审批412次，出具审查意见412份。

【水行政执法】 2020年，县林水局按照深化综合行政执法改革相关规定，将61项水行政处罚事项划转至综合行政执法局。是年，接收各类水事违法举报110起，出动巡查230次，立案查处水事违法案件25起，收缴罚没款77.65万元。根据规范河道砂石疏浚工作的要求，开展砂石料疏、运、堆、拍监督检查29次，增加河道行洪能力，保障砂石资源有序利用，提升水生态环境。

【涉水无违创建】 2020年，桐庐县芦茨溪、双源溪、瑶溪、麻溪、碧水溪、直坞溪、罗溪、富春南渠等8条县级河道入选年度“无违建河道”创建名录，总长度106.22公里，实行“一河一档”管理。是年，县林水局开展巡查70次，出动人员220余人次。年度县级河道无违建完成率100%。

【水土保持监管】 2020年，桐庐县实施垦造耕地、植树造林、平原绿化等水土保持项目，完成水土流失治理23.06平方公里的年度任务；大坑溪小流域水土流失综合治理项目，完成封育治理1218.36公顷，经济林地治理15.66公顷，护岸工程616米，堤防护脚修复工程492米，拦沙堰4座。

【分水江水库调度运行和维修养护】 2020年，分水江水库共开闸泄洪6次，总泄水量9.2亿立方米。收到县林水局调度令17张，省水利厅调度令8张，发送《洪水调度建议单》14份，发出操作票154张。是年，完成大坝日常巡查80余次，设备巡检20余次、库区安全巡查30余次、防洪堤日常巡查50余次，共发现并处理隐患10余处，汛期抢修周王坞护坡和怡华防洪堤坍塌2处。定期开展枢纽工程和库区防护工程维修养护20余次，确保设备正常运行。按照维护保养计划，年度完成11项维修养护工作并完成富家、后岩防洪堤2次杂草清理工作。

【分水江水库大坝缺陷处理】 2020年初，分水江水利枢纽工程管理中心委托浙江省水利水电勘测设计院对分水江水库大坝的缺陷进行补充调查并制定处理方案。10月初，大坝缺陷处理项目开工，11月中旬完工，处理溢流面、闸墩、廊道裂缝共计500余米，钢筋出露170余米，廊道的伸缩缝安装接水盒，共计费用97.55万元。

【分水江库区防洪堤和排涝站安全鉴定】 2020年4月，分水江水利枢纽工程管理中心委托浙江省水利河口研究院对分水江库区4条防洪堤和5座排涝站进行安全鉴定。9月，县林业水利局印发分水江水利枢纽工程库区防护工程堤防和排涝站安全鉴定报告书，其中富家、后岩堤防鉴定结论为“一类堤防”，西乐—上岙、七坑—乐平堤防鉴定结论为“二类堤防”，5座排涝站鉴定结论为“二类泵站”。

（葛伊晨）

·气象·

【概况】 2020年，桐庐县主要的气候特点是气温偏高，降水量偏多，日照偏少，气候条件较为异常。具体表现为：春季气温偏高但起伏大，出现春寒晚霜冻天气；入梅早，出梅晚，梅雨期长，梅雨量异常偏多，创历史极值（共出现8轮暴雨过程，灾害影响严重）；秋季降水偏少，出现阶段性的气象干旱；初冬多强冷空气影响，多次出现低温雨雪冰冻天气。

【日照】 2020年，桐庐县总日照1381.2小时，较历年和上年分别偏少18%和15%，日照偏少为有气象记录以来的第二位。全年除2月、4月、8月、11月较历年同期偏多外，其余各月均偏少。其中4月偏多为历史同期第四位，6月偏少为历史同期第二位，7月偏少创历史纪录，9月偏少为历史同期第四位。

【气温】 2020年，桐庐县年平均气温17.9℃，较历年偏高1.8℃，较上年偏高0.3℃，气温偏高为1959年有气象记录以来的第二位。全年除4月、7月、9月较历年略偏低外，其余各月均偏高。其中1—3月、5—6月、10—12月气温持续偏高，1月偏高为历史同期第二位，2月、3月、5月、8月均偏高为历史同期第三位，6月偏高为历史同期第四位。年极端最低气温-6.1℃，出现在12月31日，较历年极端最低气温偏高3.9℃，但较上年偏低4.1℃。全年极端最低气温≤0℃的冰冻天气9天，较历年偏少19天，较上年偏少1天。年极端最高气温为38.7℃，出现在8月15日和8月19日。全年极端最高气温≥35℃的高温天气39天，较历年偏多6天，较上年偏多5天。≥37℃的炎热天气16天，较历年偏多1天，较上年偏多4天。

【雨量】 2020年，桐庐县总降水量为2043毫米，较历年偏多36%，较上年偏多15%。全年除2月、4月、8月、10—12月较历年偏少外，其余各月均较历年偏多。其中1月、7月偏多创历史同期纪录，4月偏少为历史同期第四位，6月偏多为历史同期第八位。是年，共出现10个暴雨日，较历年偏多7天，较上年偏多3天。暴雨分别出现在5月5日、6月10日、6月19—20日、6月25日、7月3—4日、7月7—8日以及9月18日。年最大日雨量为115.0毫米，出现在7月7日。年降水日160天，较历年偏多4天，但较上年偏少12天。全年除4—5月、8月、10月、12月较历年偏少或接近历年，其余各月均偏多。其中1月、7月雨日偏多，分别为历史同期第四位和第二位，4月偏少为历史同期第二位。年雪日10天，较历年偏少1天，较上年偏多4天。是年无积雪日。

【主要界限日期及天气现象】 入春：3月6日起连续5天日平均气温≥10℃，进入气候意义上的春季，较历年偏早4天，较上年偏早5天。

入夏：5月8日起连续5天日平均气温≥22℃，进入气候意义上的夏季，较历年偏早11天，较上年偏早13天。

入秋：9月18日起连续5天日平均气温＜22℃，进入气候意义上的秋季，较历年偏早9天，较上年偏早24天。

入冬：12月3日起连续5天日平均气温＜10℃，进入气候意义上的冬季，较历年偏迟6天，较上年偏迟8天。

回暖日：日平均气温稳定通过10℃的回暖初日出现在3月6日，较历年偏早18天，较上年偏早5天。终日出现在12月3日，较历年偏迟12天，较上年偏迟8天。

秋季低温：23℃的秋季低温初日出现在9月17日，较历年偏迟4天，较上年偏早2天；20℃的秋季低温出现在10月5日，较历年偏迟6天，较上年偏早7天。

雾霾：2020年出现大雾26天，较历年偏少15天，较上年偏少16天。全年出现霾日3天，较历年偏少9天，较上年偏少3天。

风：年平均风速1.9米/秒。年极大风速为20.6米/秒，风向西北偏西，出现在3月21日。

·主要天气事件及其影响·

2020年，桐庐县出现春夏季强对流、寒潮、梅汛期暴雨洪涝、高温、台风、干旱等灾害性天气，各行业受到不同程度的影响。

【“2·15”寒潮】 2020年2月14日，受冷空气来临前的西南暖湿气流影响，桐庐县气温大幅度回升，平均气温达14.6℃，夜里起受强冷空气南下影响，15日县内部分地区出现7级偏北大风，傍晚到夜里全县大部分地区出现雨夹雪或雪。至16日平均气温仅3.3℃，48小时日平均气温过程降温幅度达11.3℃，17日早晨最低气温-1.6℃，达到寒潮标准。

【“3·27”寒潮】 受暖气团影响，3月26日白天桐庐县气温快速回升，最高气温城区达29.4℃，26日傍晚前后出现强对流天气，部分乡镇出现短时暴雨、雷雨大风，小时最大降水量20.1毫米，出现在合村三源村和富春江镇蒋家埠村。极大风速20.9米/秒（9级），出现在城南街道金联村。3月27日受强冷空气南下影响，48小时过程降温幅度达15℃，28日、29日早晨全县最低气温普遍在3—4℃，山区1—3℃，高山区0℃左右，出现倒春寒天气。其中28日最低气温-0.5℃，出现在旧县街道阳殿山，瑶琳镇、钟山乡、横村镇、新合乡等部分地区出现雨雪天气，其中横村镇峰坞村、瑶琳镇琴溪村、钟山乡歌舞等高山区有明显积雪（桐庐本站有记录以来最迟出现大雪天气在3月12日）。

【“12·31”低温冰冻】 受较强冷空气影响，2020年12月29日傍晚起，桐庐县出现偏北大风、降温和雨雪冰冻天气。是日平均气温7.1℃，31日平均气温下降至-2.3℃，过程降温幅度达9.4℃。其中最大雪深出现在钟山乡歌舞6—7厘米，凤川三源片高山区、莪山山区、合村山区雪深2厘米左右，新合山区1—2厘米，其余乡镇无明显积雪。气温情况为：30日20时—31日20时，全县最低气温出现在旧县街道阳殿山-11.5℃，有7个自动气象站气温低于零下10℃，桐庐城区最低气温-6.1℃。风力情况为：29日傍晚全县有3个站点风力超过8级（阳殿山：19米/秒，峰坞村：18.6米/秒，甘竹村：17.4米/秒），14个站点风力大于7级。

【梅汛期暴雨及其影响】 2020年，桐庐县梅汛期呈现以下特点：一是入梅早，出梅迟，梅雨期长。5月29日入梅，7月18日出梅（常年入梅6月14日，出梅7月6日），梅雨期50天（常年平均22天），为历史最长梅雨期。二是梅雨量异常偏多，创历史极值。梅雨期平均面雨量819.5毫米，累计最大为百江镇广王自然村963.4毫米，33个自动气象站累计雨量在800毫米以上。桐庐城区871.7毫米，是常年梅雨量288.4毫米的3倍，为有气象记录以来最大（原最大为695.3毫米出现在1999年）。三是多次出现暴雨天气。梅汛期共出现8轮暴雨过程，其中6月18日傍晚到20日、7月2日夜里到4日以及7月7—8日三次出现区域性大暴雨天气。连续降雨加集中短历时强降水导致局地的山体滑坡和道路损毁。

梅汛期暴雨：（1）6月6日暴雨：全县面雨量51.3毫米，有25个站点降水大于等于50毫米，最大为富春江镇石舍村100.1毫米，城区日雨量36.9毫米。（2）6月18—25日强降雨：18日傍晚到20日县内出现大范围的暴雨天气。18日15时—20日20时全县面雨量148.4毫米，有25个站点降水大于等于150毫米，最大为新合乡高明村216.7毫米，城区雨量156.8毫米，最大小时雨强出现在横村镇凤联村18日20—

21时46.6毫米。25日受高空槽东移影响，出现暴雨，局部大暴雨天气。是日5—20时全县面雨量52.9毫米，有31个站点降水大于等于50毫米，最大为桐君街道罗家村111.4毫米，城区雨量70.9毫米，最大小时雨强出现在桐君街道罗家村25日9—10时59.7毫米。（3）7月2日夜里至8日强降雨：7月2日夜里到4日出现大范围的连续暴雨天气。2日20时—4日20时全县面雨量119.7毫米，有39个站点降水大于100毫米，最大为百江镇郭村171.8毫米，城区雨量132.7毫米，最大小时雨强出现在瑶琳镇皇甫村3日0时—1时43.4毫米。6日到8日全县再次出现连续暴雨，局部大暴雨天气。6日20时—8日20时全县面雨量155.5毫米，有31个站点降水大于等于150毫米，最大为城南街道天井坞村231.1毫米，城区雨量203.2毫米，最大小时雨强出现在凤川街道外源村8日11—12时46.2毫米。由于梅汛期间多次出现强降雨，加上富春江上游地区也是连降暴雨，新安江水库泄洪。全县因灾造成直接经济损失约1.8亿元，其中7月上旬这次损失约1.44亿元。

【“3·21”强对流天气】 受暖气团影响，3月21日白天桐庐县气温快速回升，最高气温城区达27℃，是日傍晚起随着北方冷空气的渗透，全县出现强对流天气，部分地区出现短时暴雨。据县自动气象站网监测，21日傍晚5时城区极大风速20.6米/秒（8级），最大出现在江南镇窄溪22.8米/秒（9级）；分水、横村等8个自动气象站极大风速均大于等于8级。21日16时—22日8时，城区降雨量23.9毫米，最大出现在横村镇元村50.3毫米。

【高温】 2020年，自5月4日出现第一个高温日到9月9日出现最后一个高温日，桐庐县全年共出现39个高温日，较历年偏多6天。其中8月受副热带高压控制，出现连续高温天气，月内高温达23天。由于高温持续时间长，对农业、供电及市民的生产生活带来不利影响。据县农业农村局统计，因干旱天气农作物受灾面积378.53公顷，损失285万元。

·气象工作·

【气象预报预警服务】 2020年，桐庐县气象局（以下简称县气象局）认真履行工作职责，做好灾害性天气的预报预警服务和春运、桐庐百姓日、抢渡富春江挑战赛等全县重大活动的气象服务保障工作。是年，发布桐庐县生态气候月报12期，发布气象专题服务材料106期，其中重要天气专报15期，气象呈阅件1期。实时发布灾害性天气预警信号99次，发布各类预报预警服务短信198条69.3万人次，其中联合县国土局发布地质灾害气象风险提示短信12次1.1万人次；向县委、县政府领导及市生态环境局桐庐分局发布空气质量情况实况及预报累计2万余条；通过预警短信向港航部门服务24次。7月7日12时和7月8日12时全网发布提醒市民关注新安江水库大流量泄洪，停止一切与防汛无关的水上活动短信，受众人数共70余万人次。每日发布地质灾害等级和森林防火等级预报短信75.7万余条次，每周一到周五通过桐庐电台连线直播天气。

【助力复工复产】 2020年，县气象局成立桐庐重点项目工程气象服务小组，上门走访湖杭铁路（桐庐段）、桐庐富春未来城、临建高速（桐庐段）等工程指挥部，了解服务需求，提供个性化汛期气象服务产品，确保重点工程汛期气象服务保障全覆盖；优化升级民宿气象保险保单，推出农家乐（民宿）气象政策性保险，实行保费补贴60%，推广参与投保227家，实现复工复产企业75%参保面。撰写的《桐庐县探索政策性“民宿气象保险”守牢“平安底线”》文章在杭州市《本周要情》第四十五期刊登发表。

【基层气象防灾减灾能力建设】 2020年，县气象局组织召开协理员、信息员培训11次，协理员、信息员报送信息2.3万余条，年活跃度83%，位列全省前列。开展“互联网+监管”气象安全行政执法，开展“双随机”检查、日常巡查和跨部门联合检查共94次。

【农业气象服务保障】 2020年，县气象局发布农业气象服务材料100篇，桐庐电视“农民之友”栏目发布一周天气及农事建议52期。每周五在桐庐人民广播电台的“田园之声”栏目，进行天气连续直播，预报未来一周天气，提出相关农事建议，讲解市民关注的气象热点。是年，与莪山畲族乡党委建立“党建联盟”，开展现代特色气象服务示范点建设。将全村230位60岁以上老年人子女联系方式纳入预警信息发布数据库，确保预警信息第一时间转达。明确网格员预警信息传达职责，实现“双保险”。制定不同天气条件下水位控制、施肥等规则，提供“稻渔共作”专业农业气象服务。推出“中国天然氧吧”标志领用认定书气象服务，发布《“中国天然氧吧”标志使用管理制度（试行）》，为县内31家民宿企业完成天然氧吧标志挂牌。建立横村峰坞茶叶站、蔬菜农业小气候监测站等专业气象监测设施，推广优势农产品茶叶、杨梅等天气指数保险。完成桐庐水稻、茶叶、蜜梨等特色作物的农业气象指标和中药材种植区划的梳理。以县农合联专业气象服务站为中心，向乡镇辐射，在钟山乡试点，建立乡镇农合联专业气象服务站。组织气象专家团队深入田间地头12次，会商研判气象灾害对农业生产的影响，指导科学抗灾救灾和灾后恢复生产。建成农村文化礼堂气象科普园4个。依托教育、应急管理、社科联等部门科普教育平台，开展线上线下气象科普宣传20余次。

【人工影响天气工作】 2020年，县气象局建立分水江流域人工影响天气联合作业机制，与周边地区签订《中国山核桃主产区人工影响天气合作协议》。建立固定人影作业点属地化作业机制，开展属地人影队伍组建和人员培训。承办“钱江2020”（桐庐）人工影响天气协同作业应急演练，形成一套可复制、可推广的人影协同作业方案。是年，为保障森林消防、高温抗旱和生态环境改善，开展人工增雨作业4次。

（章莹菁）

工　业

Industry

胡　军/摄

工 业

·综述·

【概况】 2020年，桐庐县经信局（以下简称县经信局）全面贯彻落实县委、县政府“战疫情、促发展、两手抓、两战赢”决策部署，加强统筹协调，牵头组织实施好制造业高质量发展和传统产业转型升级两大攻坚战，着力构筑先进制造业发展新体系。工业经济呈现生产稳步回升、结构持续向好的态势，规上工业增加值比上年增长3.1%；高新技术产业、战略性新兴产业、数字经济制造业增加值分别比上年增长9.1%、7.0%、16.4%，高于全县水平6个、3.9个、13.3个百分点。完成工业投资30.5亿元，比上年增长49.3%，增速位列全市第一。是年，桐庐县获评省级小微企业园建设提升重点县、全省淘汰落后产能和“腾笼换鸟”工作考核先进县，获市传统制造业改造提升工作集体嘉奖。

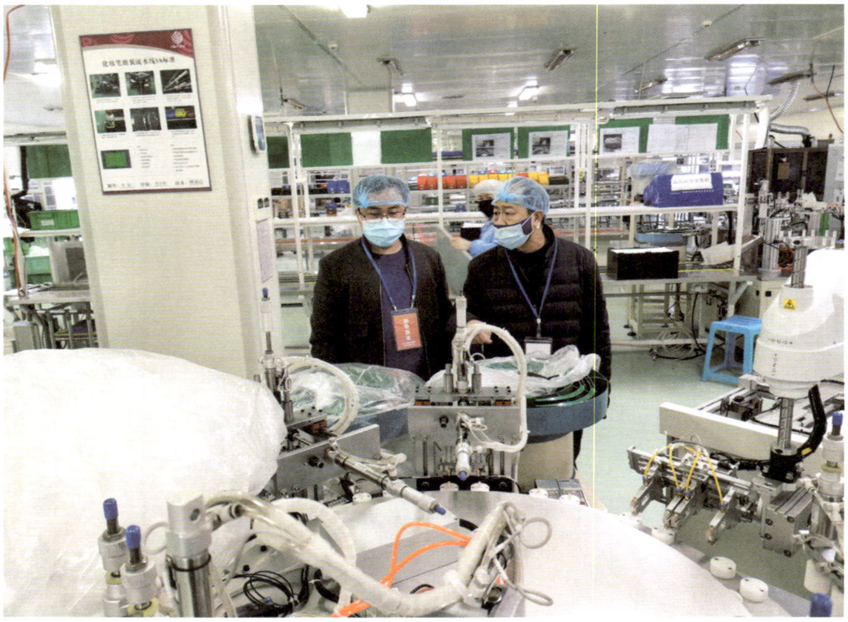

2020年3月，疫情期间县经信局全员下基层服务企业

【疫情防控与复工复产】 2020年，面对疫情冲击，县经信局第一时间成立物资保障组，建立口罩专班，选派机关干部入驻防疫物资生产企业，帮助解决复工复产问题。建立“疫企防智慧管理平台”，制订企业复工复产系列指导方案，实行企业复工网格包干制度，建立全县企业用电跟踪清单，24小时全时段为企业答疑解惑、协调生产。是年，累计为企业解决复工复产问题1339个。

【工业用地盘活优化】 2020年，县经信局按照县政府印发的《桐庐县闲置低效工业用地盘活暂行办法》，深化“亩均论英雄”改革，对闲置低效企业实行“一企一策”闭环管理。是年，盘活工业用地208.27公顷，淘汰落后产能项目12个。解决钟山石材行业81家企业历史遗留问题，盘活用地29.07公顷；收回新合乡制锁行业13家企业10.85公顷土地。完善工业企业综合评价体系，探索建立园区评价机制，完成全县972家工业企业综合评价。加大资源要素差别化配置力度，会同县农商银行推出“亩均贷”，减免城镇土地使用税4650万元，通过电力直接交易降低用电成本1475.63万元，征收差别化水电价67万元。

【小微企业园建设】 2020年，县经信局加快小微企业园建设，累计建成使用小微企业园4个（均被认定为省级小微企业园）、在建项目13个、拟建项目7个。探索“飞地入园”集聚发展模式，盘活莪山乡、百江镇3.33公顷土地指标用于开发区建设。全年共出让工业用地70.8公顷。

【新兴产业培育】 2020年，桐庐县围绕六大百亿产业，建立新兴产业链运行监测体系，制定工业专班评价指数，并采用按月分析、按季排榜。开展产业链断链断供风险排摸；制定《桐庐县支持磁性材料产业高质量发展专项政策》，助力新兴产业发展。是年，系统排摸风险34项，磁性产业实现规上工业总产值29.4亿元，比上年增长49.7%；数字安防纳入

2020年省工信重点领域提升发展工作，实现规上产值114.8亿元，比上年增长8.4%。

【工业项目推进】 2020年，桐庐县出台《关于加强产业项目全过程履约监管的通知》，加大对制造业项目招商考核权重，建立主平台和乡镇合作招商机制。同时，强化投资项目"一站式"服务，全流程审批"最多80天"实现率100%，最快18天，一般工业项目土地出让后三个月内开工率达到70%以上。全县工业投资实现逆势增长，完成工业投资30.49亿元，比上年增长49.3%，增速位列全市第一。在库工业投资项目201个，比上年同期增加75个，其中"152"制造业项目5个。全年招引制造业项目92个，协议引资134.7亿元，其中亿元以上项目33个。

【新梯队培育体系建设】 2020年，县经信局依托数据中心，厘清隐形冠军、专精特新"小巨人"、单项冠军、雄鹰企业、"链主"企业等培育清单，构建新梯队培育体系。是年，新增规模企业70家，净增45家；21家企业入选首批省"放水养鱼"企业培育名单，10家企业入选市"鲲鹏计划"；杭州康基医疗器械有限公司在香港证券交易所主板成功上市。浙江天松医疗器械股份有限公司获得"省隐形冠军"企业称号。

【数字化建设】 2020年，桐庐县加快"桐庐工业经济大数据平台"建设，通过数字赋能提高经济治理工作效能，构建"用数据说话、用数据决策、用数据管理、用数据服务"的经济分析、调节和服务机制。至年末，实施技改和数字化改造项目95个（其中传统产业18个），梳理全县4235家工业企业信息，完成1639块工业用地落图，摸清700多块工业用地企业租赁情况，完成10平方公里工业用地3D建模。新建5G基站335个，其中莪山畲族乡启动"全国少数民族5G示范应用第一乡"创建工作。是年，全县获评国家智能制造新模式应用项目1个、省"未来工厂"1个、省数字化车间智能工厂1个、市智能制造示范项目1个、杭州市集成电路产业发展项目1个、国家两化融合管理体系贯标企业3家。

【企业服务】 2020年，桐庐县围绕落实"六稳六保"工作任务，制定出台春风2020十二条、助企返岗四条、金融抗疫十二条、新制造业二十六条等系列政策；开展"桐心协力、助企走访"等活动，推进"三员"队伍建设，为企业解决实际问题；举办第七届中国笔业博览会、浙江智造融通工程银企对接会、"我们的夜市"、亚运马术项目本地产品采购会等服务活动；加大桐庐产业转型升级杭州促进中心等企业发展平台建设；推进"企业码"推广和应用工作。至年底，累计拨付工信经济扶持资金6724万元，为企业减税降费14.47亿元，办理政府转贷基金1099笔，金额35.24亿元。通过"亲清在线"平台上线政策9条，兑现3450万元。23家企业入驻桐庐产业转型升级杭州促进中心。全县"企业码"领码企业25713家。

【新型墙材发展】 2020年，县经信局按照上级发展新型墙体材料工作相关部署，开展农村新墙材使用推广、新墙材产品认定管理、绿色生产企业培

2020年11月，桐庐县5G宣传推广月活动

育、新墙材和散装水泥推广应用宣传等工作。确定钟山城下村等5个村为“桐庐县2020年农村推新工作试点村”，在全县77个村委办公楼摆放墙改宣传展示图板，推进农村自建房项目新型墙体材料应用。是年，全县新墙材生产7.13亿块标砖；12个建设项目新墙体材料使用计建筑面积60.77万平方米；新墙材农民自建房试点项目完成81户。

·主要工业行业概况·

【针纺服装业】 2020年年末，全县共有针织企业1300余家，其中规上企业72家，完成规上工业总产值25.66亿元。主要分布在横村镇、桐君街道、开发区。重点企业有桐庐富春江织造集团有限公司、中艺花边集团有限公司、桐庐鑫利针织有限公司等。产品有针织服装、毛衫服装、绢丝衫、帽子、围巾、纱巾等，为国内外知名品牌贴牌加工。

【制笔业】 2020年年末，全县共有制笔及配件生产、贸易企业700余家，其中规上企业20家，完成规上工业总产值5.55亿元。以分水镇为中心，向百江镇、瑶琳镇、富春江镇、开发区等地辐射分布。重点企业有杭州金马文具礼品有限公司、桐庐美科文具有限公司、桐庐正华文化用品有限公司等。产品主要有圆珠笔、钢笔、广告礼品笔等，出口欧洲、北美洲等发达国家。分水镇先后荣获中国制笔之乡、中国笔类出口基地、中国圆珠笔生产基地、首批中国特色小镇、市级特色妙笔小镇等称号。

【汽车零部件】 2020年年末，全县有规模以上汽车零部件生产企业6家，完成规上工业总产值6.3亿元。主要分布在富春江镇、开发区、江南镇。重点企业有浙江龙生汽车部件科技有限公司、桐庐中汽商用汽车零部件有限公司、浙江福朗特汽车设备有限公司。主要产品有汽车滑轨、特种车辆制造、汽车起重设备等。

【建材业】 2020年年末，全县共有规模以上建材生产企业21家，完成规上工业总产值32.1亿元。主要分布在桐君街道、开发区、富春江镇。重点企业有桐庐红狮水泥有限公司、桐庐南方水泥有限公司、桐庐鼎力建材有限公司、桐庐宏基源混凝土有限公司等。主要生产水泥熟料、混凝土、墙体材料等。

【食品加工】 2020年年末，全县共有规模以上食品加工企业16家，完成规上工业总产值13.6亿元。主要分布在开发区、分水镇、横村镇。重点企业有今麦郎饮品（杭州）有限公司、杭州冠华王食品有限公司、浙江艺福堂茶业有限公司、杭州蜂之语蜂业股份有限公司等。主要产品有饮用水、快餐、茶叶、蜂产品等。

【智慧安防（电子信息）】 2020年年末，全县共有规模以上智慧安防生产、安装企业32家，完成规上工业总产值130.8亿元。主要分布在开发区。智慧安防重点企业有杭州海康威视电子有限公司，主要产品有安防电子产品、网络高清摄像头等。依托海康威视安防产业基地项目带动效应，持续引进杭州里德通信、智来科技、金益科技等一批产业链关联项目，至是年末，已引进配套企业20余家。智慧安防配套产业链初具规模。重点企业有浙江英飞特光电有限公司、艾罗电源、新湖电子、天锋电子等，主要生产LED电源、线路板、光伏设备等。

【生物医药】 2020年年末，全县共有规模以上生物医药企业4家，完成规上工业总产值13.12亿元。主要分布在开发区、城南街道。重点企业有浙江施强制药有限公司、浙江桐君堂中药饮片有限公司、杭州华润老桐君药业有限公司，主要产品有中药饮片、男科中药等。

【医疗器械】 2020年年末，桐庐县以经济开发区医疗器械产业园为核心，建设中国微创外科器械小镇，发挥硬管内窥镜生产基地优势，逐步形成“一核多点、辐射周边”的产业发展格局。至年末，全县共有医疗器械生产企业50余家，其中规模以上企业8家，完成规上工业总产值8.42亿元。主要分布在开发区、城南街道。重点企业有杭州康基医疗器械股份有限公司、浙江天松医疗器械股份有限公司。主要产品有一次性手术器械、医用内窥镜等。

【磁性材料】 2020年年末，全县共有磁性材料生产企业18家，其中规模以上企业7家，完成规上工业总产值29.42亿元。主要分布在城南街道。重点企业有杭州象限科技有限公司、杭州科德磁业有限公司、杭州美磁科技有限公司。主要产品有真空烧结铝镍钴永磁、铸造铝镍钴永磁、永磁器件等，原材料加工—模具—镀膜—组装的产业链已具雏形。

【水电装备制造】 2020年年末，全县共有水电装备制造生产企业70余家，其中规模以上企业10家，完成规上工业总产值13.37亿元。主要分布在富春江镇。重点企业有浙江富春江水电设备有限公司、东芝水电（设备）杭州有限公司。主要产品有水电设备、风电设备、核电设备等。目前已形成铸造部件木模的制作—铸造（外协为主）—热处理—精加工—装配等较为完整的产品生产工序体系。

【快递物流配套】 2020年，桐庐县依托“三通一达”快递资源优势，引进一批快递物流配套企业，至是年末，有规模企业7家，完成规上工业总产值8.5亿元。主要分布在开发区、富春江镇。重点企业有杭州三恒包装材料有限公司、杭州祥龙物流设备科技股份有限公司等。主要从事快递包装、快递分拣机制造等。

·重点企业选介·

【杭州三恒包装材料公司】 杭州三恒包装材料有限公司成立于2017年3月，公司坐落于中国最美县城——杭州桐庐省级经济开发区宝心路499号，经营场地面积达3万平方米，公司注册资金5400万元。

【杭州天锋电子有限公司】 杭州桐庐天锋电子器材厂位于桐庐县旧县街道四联工业区，是一家专业生产各种单面印制电路板的规模企业。企业占地0.87公顷，新建厂房7000余平方米，工人250余人，2005—2007年，杭州桐庐天锋电子器材厂依次通过美国UL安全国际认证、国内“3C”认证、ISO 9001：2000质量管理认证和ISO 14001：2004环境管理认证。在原有2套国产流水线的情况下，2006年投资1500余万元引进2套日本原装进口全自动生产流水线，实行全电脑程序控制。生产的产品广泛应用于各种科技电子领域,畅销国内市场，出口多个国家和地区。

【杭州美磁科技有限公司】 杭州美磁科技有限公司位于桐庐县城下城路56号，2014年5月22日成立，主要经营研发、

杭州千芝雅卫生用品有限公司

制造、加工、销售磁性材料、磁性器件、磁性传感器和五金机械配件。年生产能力钕铁硼1500吨，各类磁性器件1000吨。产品广泛应用于传感器、仪器仪表、电讯电声、航空航天等高科技领域。

【威立雅资源再生（杭州）有限公司】 威立雅资源再生（杭州）有限公司为威立雅环境服务集团控股公司，位于杭州市桐庐县经济开发区江源路69号，成立于2011年11月15日，注册资本9800万元，是一家专业化从事废旧家电及电器电子产品拆解回收、处理的中外合资资源再生企业。公司承担的报废电器电子产品处理项目是国家发改委认定的"城市矿产"项目——浙江桐庐大地循环经济产业园建设内容之一。经营范围包括回收、分解处理5类家电（电视机、冰箱、洗衣机、空调、PC）；回收、分解处理其他电器及电子产品；处理从工厂回收的电器及电子产品的相关固体废弃物；出售根据上述各项目进行的回收、分解、再生活动等产生的衍生资源。

（周慧娟）

商业·贸易

Commerce & Trade

商业·贸易

·综述·

【概况】桐庐县商务局围绕“提振消费”目标，助推商贸企业复工复产，全年实现社会消费品零售总额137.4亿元。全县有重点商贸企业（超市）21家，新增限上商贸企业（个体）45家，新增连锁便利店18家。

【商贸平台建设】2020年，桐庐县开展消费嘉年华、汽车、家电和开学季、醉美金秋月、嗨元旦等6轮“爱上桐庐”促消费活动，发放消费补贴1240万元，撬动市场消费3.06亿元。伊佳商业中心、书香同城、中欧城等商贸项目和武盛古街、深澳古街等特色街区的业态丰满工作，以及银泰城的建设与业态招引得到推进。大润发、久缘餐饮等大型超市、餐饮店全面实现线上下单、移动支付。通过“扶榕乐购”微信小程序、榕江特色产品馆，拓宽扶贫产品线上线下销售渠道，实现消费扶贫4235.5万元，完成年度任务的339%，助力榕江实现脱贫目标。

【商贸特种行业管理】2020年，桐庐县有加油站（点）56家（其中加油点17家），销售成品油17.82万吨。有二手车交易市场1家（桐庐世纪车城有限公司），交易二手车7016辆，交易金额3.61亿元，与上一年基本持平。有汽车回收拆解企业1家，拆解报废汽车（摩托车）2445辆。通过招投标确定杭州舞环科技有限公司为桐庐县再生资源第三方运营单位。提升改造标准化回收网点91个，启动建设再生资源分拣中心。

【商贸行业管理】2020年，桐庐县开展单用途商业预付凭证整治工作，通过建立县乡所三级管理体系，实现企业基础信息库共享，采取“绿黄橙红”四级风险监管措施，实现月均预付卡相关信访投诉量下降至16件，协助3000余名消费者挽回损失200万余元。

【电子商务】2020年，桐庐县实现网络零售额103.12亿元，首次突破百亿规模，实现跨境电商出口34412.16万美元、跨境电商进口5226.08万美元。创成浙江省“互联网+”农产品进出城工程试点县，成功申报省级淘宝镇2个、省级电商示范村3个、省级电商服务站点3个。发展直播电商，建立“春江云渡”直播基地和“桐庐县电商直播培训基地”，

2020年6月29日，桐庐县2020年第二批重大项目“双集中”活动项目签约仪式举行

开展电商直播培训3期，培训学员170余人。

开展"春江云渡·潇洒桐庐"桐庐县首届直播大赛、"云上百姓日"之"爱上桐庐·桐心礼"直播促销、"爱上桐庐"直播地推、学习强国"云助团直播赛"等直播促销，参与企业近200家次，实现销售额超600万元。

【粮食和物资储备管理】 2020年，桐庐县完成省政府下达的粮油轮换和保管任务，县级储备粮2.71万吨，县级储备菜籽油75吨。轮出储备原粮12985吨（早籼谷2771吨、晚籼谷7885吨、粳稻谷2329吨），轮入储备原粮12342吨（早籼谷2807吨、晚籼谷7552吨、晚粳谷1983吨）。轮出储备成品粮1650吨（均为晚籼米），轮入储备成品粮2100吨（均为晚籼米）。轮出临时储备粮5134吨（晚籼谷1806吨、粳稻谷1309吨、小麦2019吨），轮入临时储备粮4287吨（晚籼谷1491吨、晚粳谷777吨、小麦2019吨）。轮入的12342吨县级储备原粮中，省外基地粮6674吨（占54%）、本地订单5668吨（占46%）。全年本地订单稻谷收购7936吨，其中储备粮5668吨、临时储备粮2268吨（含超标粮2183吨）。储备总价值100余万元的生活安置、生活保障、设备器材3大类49个品种的应急救灾物资。储备180吨冻猪肉和4000头活体猪。实施粮食仓储设施维修改造项目3个，总投资180万元；启动县粮食和物资储备库建设项目，总投资4128万元。

（雷吕品、徐　燕、赵　慧）

2020年桐庐县重点商贸企业（超市）基本情况一览表

表8

序　号	名　称	地　址	营业面积（平方米）	经营类别
1	桐庐大润发商业有限公司	城南街道迎春南路359号	30000	综合型超市
2	杭州物美桐昕超市有限公司（桐庐江南店）	江南镇江南路966号	2500	综合型超市
3	杭州物美桐昕超市有限公司第一分公司（白云源路店）	城南街道梅林路324号	7000	综合型超市
4	杭州物美横村超市有限公司	横村镇徐家埠199号煜凯大厦	1000	综合型超市
5	杭州联华华商集团桐庐世纪联华超市有限公司富春路店	桐君街道富春路333号	15000	综合型超市
6	杭州联华华商集团桐庐世纪联华超市有限公司国贸店	城南街道春江路719号	2500	综合型超市
7	杭州联华华商集团桐庐世纪联华超市有限公司分水店	分水镇东门新区	4000	综合型超市
8	杭州联华华商集团桐庐世纪联华超市有限公司横村店	横村镇陈家畈	750	综合型超市
9	桐庐海陆世贸中心开发有限公司	城南街道迎春南路229号	12000	装饰材料
10	桐庐富鑫装饰城有限公司	城南街道乔林路837号	26000	建材、装饰材料
11	桐庐久友贸易有限公司	城南街道桦桐大厦10楼	2600	农村连锁经营

续表 8

序　号	名　称	地　址	营业面积（平方米）	经营类别
12	桐庐晋安电器有限公司	城南街道梅林路 324 号	2500	家电卖场
13	桐庐世纪车城有限公司	城南街道白云源路 1555 号	17000	新车、二手车交易
14	桐庐海昌汽车有限公司	凤川街道兴宁西路 168 号	4535	新车、二手车交易
15	桐庐元通汽车有限公司	凤川街道兴宁西路 188 号	3500	新车交易
16	桐庐金茂汽车销售服务有限公司	凤川街道兴宁西路 158 号	6000	新车交易
17	桐庐骏马汽车销售有限公司	城南街道乔林路 333 号	1500	新车交易
18	桐庐骏腾汽车销售有限公司	城南街道乔林路 239 号	800	新车交易
19	桐庐怡生堂大药房连锁有限公司	城南街道城南路 418 号	3079	药品零售
20	桐庐医药药材有限公司	城南街道立山国际 22 楼	3000	药品零售
21	桐庐好邻居大药房连锁有限公司	凤川街道松林头	1350	药品零售

·对外经贸·

【概况】 2020 年，桐庐县有自营出口实绩企业 454 家，比上年增加 17 家。外贸进出口总额 75.31 亿元，比上年增长 0.37%，其中出口 70.23 亿元，比上年增长 1.83%。商品主要出口地有美国、欧盟、东盟、非洲、拉美、日本等。出口商品以针纺织品、化工产品、机械电子、制笔、箱包、食品保健品、医疗健身器材、家具、工艺品、皮革制品等为主。其中，机械电子行业出口 21.38 亿元，占全县出口总额的 30.44%，占比最高；针纺织行业出口 13.32 亿元，占全县出口总额的 18.96%。从分行业出口增降趋势看，出口增长的有食品保健品、工艺品、机械电子，出口下降的有针纺织服装、制笔、医疗健身器材、化工、箱包、家具。全年进口总额 5.08 亿元，比上年下降 16.24%。进口商品主要有纺织纱线、织物及制品、集成电路、牛皮革及马皮革、纸浆、纺织用合成纤维、自动数据处理设备及其部件、初级形状的塑料等。

【招商引资】 2020 年，桐庐县举办 3 次招商项目集中签约活动，签约 57 个优质项目。全年签约项目 187 个，总投资额 313 亿元，其中 10 亿元以上项目 12 个。固定资产总投资亿元以上产业项目落地 25 个，其中制造业项目 12 个；10 亿元产业项目数 8 个，其中制造业 1 个；入围杭州市“大好高”年度评选项目 8 个。

【外资利用】 2020 年，桐庐县实到外资 21480.12 万美元，其中制造业 8482.9 万美元。新批外资项目 7 个。存续并正常经营的外商投资企业 143 家，比上年同期减少 14 家。

【服务贸易】 2020 年，桐庐县有中央服务外包入库企业 31 家，浙江省服务贸易系统入库企业 31 家。全年实现服务贸易交易额 1.55 亿美元，其中，中央服务外包离岸执行额 0.77 亿美元，省服务贸易直报系统服务贸易出口额 0.78 亿美元。

【外贸服务】 2020 年，桐庐县共兑现各级外贸补助资金 2667.87 余万元。与中信保浙江分公司签订小微联保合作协议，为出口额 500 万美元以下企业提供 100% 保费补助，全年累计投保企业 250 家，占全县出口企业的 56.4%，较上年年底增长 228%，承保桐庐县出口 4.03 亿美元，占桐庐县同期出口额的 39.82%，出口渗透率同比增加 43%，已为企业挽回损失合计 567.21 万元。为帮扶企业应对疫情影响，出台《稳外贸稳外资促发展“7+1”政策》，设置“稳岗补助”等超常规政策条款，为 150 家企业兑现“稳岗补助”409.68 万元。组织 100 余家企业参加浙江出口网上交易会、线上广交会等各类线上展会。开展 2020 桐庐出口网上交易会（东欧—针织专场）活动，组织全县 33 家针织外贸企业与 45 家来自东欧国家的采购商开展 193 场次线上视频一对一洽谈。是年，桐庐笔业对外贸易预警示范点被评为市级优秀预警点。

【外贸出口十强企业】 2020 年，桐庐县十强出口企业出口 25.12 亿元，10 家企业出口额占全县出口总额的 33.36%。受中美贸易摩擦影响和新冠疫情影响，十强出口企业中有 7 家出现负增长。

（江姗姗、牛小芬）

2020 年桐庐县出口前十位企业排序一览表

表 9

序号	企业名称	累计（万元）	同比增长（%）
1	杭州桦桐家私集团有限公司	54846.63	-10.16
2	浙江艾罗网络能源技术有限公司	33773.52	-29.63
3	杭州象限科技有限公司	26195.72	640.85
4	桐庐图赛进出口有限公司	26013.62	-20.41
5	浙江金帆达生化股份有限公司	22918.30	-28.82
6	桐庐富春江织造集团有限公司	21329.41	45.52
7	杭州富利登塑胶制品有限公司	18474.19	23.91
8	浙江福朗特汽车设备有限公司	18003.41	-15.66
9	密尔沃基（桐庐）阀门有限公司	15442.27	-2.8
10	杭州泛亚卫浴股份有限公司	14250.19	-47.06

·桐庐民营快递发展中心·

【概况】 2020 年 5 月，桐庐民营快递发展中心与桐庐邮政管理局正式合署办公，有正式在编干部 6 名，聘用人员 2 名。是年，桐庐县开工快递产业项目 9 个，总投资额 138.65 亿元；快递关联产业营收 158.6 亿元，实际入库税收 10.27 亿元。桐庐县入选省物流示范县(市、区)综合改革创新试点县。出台《桐庐县支持中国快递物流装备物资集中采购交易中心建设七条政策》。

【桐庐县快递特色产业发展规划（2020—2024 年）】 2020年，桐庐县编制出台《桐庐县快递特色产业发展规划（2020—2024年）》，明确“服务上下游、拓展产业链，画大同心圆、构建生态圈、提升竞争力”的发展思路和加快培育发展“总部经济、快递物流金融、新材料与绿色包装、高端装备研发制造”的发展方向。

【中国快递物流装备物资集中采购交易中心运行】 2020年5月，由申通快递、韵达速递、圆通速递、中通快递、顺丰速运和桐庐县人民政府6家单位共同发起的全国首个快递物流装备物资集中采购交易中心（以下简称“集采中心”）线上线下正式运行。集采中心致力搭建信息最全、渠道最多、销售模式最佳、配套服务最优的专业平台，是年入驻采购商1022家、供应商196家，实现交易额101.53亿元。

【服务快递百日专项行动】 2020年，桐庐县开展“服务快递百日专项行动”，通过 “县领导双十一慰问快递网点”、“千名机关干部助力双十一”、发放快递人“千万元授信贷”和“千张快递人桐心卡”，出台《桐庐县“快递小哥”关心关爱11条》，成立桐庐县“清·情”快递人志愿者服务队等措施，优化快递产业营商环境。

【浙江省国邮快递物流科学研究院】 2020年，由浙江省人民政府与国家邮政局共同组建的浙江省国邮快递物流科学研究院（以下简称“快递物流研究院”）落户桐庐县。快递物流研究院是国家级、开放型、国际化的快递物流行业科技研究机构，重点关注5G技术在快递物流行业的应用、人工智能在快递物流领域的应用、新材料在快递绿色包装方面的应用、大数据的开发利用等研究。8月，快递物流研究院在北京成立战略研究部，招聘研究员3名，开展快递员幸福指数2020等课题研究，并促成韵达、中通5G无人机项目成功落户桐庐。10月，快递物流研究院承办由国家邮政局发展研究中心和浙江省邮政管理局主办的“2020年中国邮政快递业生态环保研讨暨绿色供给展会”，来自国家邮政局、部分省市邮政管理局、快递绿色包装研发企业的200余名代表参加研讨及展会，快递物流研究院的知名度和影响力得到提升。

2020年8月14日，韵达5G无人机以及全国首条常态化运行的5G无人机快递进村配送线路在桐庐发布

【快递产业招引】 2020年，桐庐县共招引快递产业项目43个，总投资额195.5亿元，项目涵盖总部经济、新能源汽车、自动分拣设备、智能机器人与快递包装等多个领域。韵达全球科创中心、申通国际总部、中通快递桐庐总部、圆通国家工程实验室创新研发基地4个项目签约，总投资额126亿元，实现“三通一达”重大产业项目全员落户。

（蓝　天）

·供销合作·

【概况】 2020年，县供销系统有全资企业7家、参股企业8家、农村（社区）综合服务社60家、农产品经纪人协会1个、庄稼医院15家。实现经营总收入5.3亿元、利润578万元。提升改造4家农民专业社。

获2020年度全市供销社综合业绩考评良好单位。

【保供复产】 2020年疫情期间，为解决农业生产基地“卖难”和市民“买难”，县农合联与有关单位发起“防疫抗疫食材保障联盟”，实行“基地集送+专业农产品销售平台+全程零接触配送”模式，帮助全县37家农业经营主体基地开展同城无接触配送，累计供应各类农产品952吨，服务6200余户家庭。该模式在省“网上农博”平台被10多个城市复制推广。为承租经营用房的非国有企业和个体工商户减免房租90余万元和延长租期，帮助复工复产。

【农合联为农服务中心建设】 2020年，江南镇、新合乡的农合联为农服务中心完成提升改造，投入运营。横村镇、钟山乡2家农合联为农服务中心成功创建第四批省级现代农业综合服务中心。

【为农服务】 2020年，县供销系统储备农资商品3204.8吨，发放救灾农资近130吨，惠及农业主体及结对帮扶对象90余户。在全省首次实施“全县域、全覆盖、全免费”水稻病虫害专业化统防统治，统防统治稻田6670余公顷。联合县农业农村局承办桐庐县第十一届迎新春优质农产品展销会，来自全县以及周边市县的100余家农业经营主体参展。杭州农信担保有限公司桐庐分公司为全县涉农企业、专业合作社、种植养殖大户及其他中小企业办理担保业务2500万元。

【社属企业管理与发展】 2020年，桐庐县农合联资产经营公司成立资产公司经营团队，开展实体化运作，负责桐庐农产品线上线下销售，推动会员农产品进单位食堂，以及乡镇为农服务中心和村级综合服务社的农产品供应、销售等服务。

（程及玉）

·烟草专卖·

【概况】 2020年，桐庐县烟草专卖局、杭州市烟草公司桐庐分公司［以下简称县烟草局（分公司）］克服疫情影响，卷烟销量、卷烟销售额、实现税利等主要经济指标再创历史新高。全年销售卷烟2.45万箱（250条为一箱，下同），比上年增长8.94%。其中销售浙江省生产卷烟1.19万箱，占比49.59%，实现销售额12.36亿元，比上年增长9.53%，实现毛利3.52亿元，比上年增长9.77%。查办涉烟案件202起，查获涉案卷烟1.85万条。新办烟草专卖（零售）许可证497本，全县持证卷烟零售户达3180户，比上年增长4.40%。完成办公大楼置换搬迁，办公地址由迎春南路301号搬迁至春江东路399号。县烟草局（分公司）省级标准化中转站试点建设项目顺利通过验收。

【卷烟销售结构】 2020年，县烟草局（分公司）卷烟单箱销售额5.04万元，略高于上一年。一类卷烟（调拨价100元/条以上）销量1.43万箱，比上年增长9.14%，其中高价位卷烟（零售价800元/条以上）销售528.44箱，比上年增长11.51%。二类卷烟（调拨价70—100元/条卷烟）销量0.25万箱，比上年增长23.2%。一、二类卷烟销量合计1.68万箱，比上一年增长11.05%，占全部销量的68.65%。三、四、五类烟（调拨价70元/条以下）销量0.77万箱，比上年增长4.58%。中华、利群品牌卷烟销售1.30万箱，占全年销售总量的53.03%，比上年增长5.04%。

【现代终端建设】 2020年，桐庐县推进现代终端建设，共有卷烟零售现代终端702家，其中冠名“香溢”合作店39家、三星现代终端73家、二星现代终端324家、一星现代终端266家。

【“购通家坊”落地应用】 2020年，桐庐县推广“购通家坊”落地运行，全县共有“香溢购”非烟订购户数675户。“香溢通”安装双屏机570台，覆盖面18.45%。“香溢家”消费会员达9万人。成立“香溢坊”自律小组181个，卷烟零售户覆盖面84%，每月每季组织开展线上线下活动。开展12场“定制品牌宣传+非烟商品促销”直播带货活动，实现非烟商品交易金额273万元。

【卷烟市场监管】 2020年，县烟草局（分公司）运用大数据，聚焦违法经营重点户、天价烟、专车运输等管控重点，对卷烟市场实行全方位、全天候动态监管。全年查获违法卷

2020 年 12 月 19 日，桐庐县烟草专卖局执法人员宣传烟草专卖法律法规

烟 1.08 万条，比上年增长 308.43%。破获“4·17”互联网加热不燃烧卷烟案件、“8·5”本地非法经营案 2 起国标案，市场净化率保持在 97% 以上。配合县纪委监委开展“烟票”（一种可到指定商店兑换卷烟或现金的有价证券）专项治理，查获售卖“烟票”零售户 3 家。

【电子烟专项整治】 2020 年，县烟草局（分公司）联合县市场监督管理局开展“电子烟”专项整治，查处未明码标价、虚假认证等违法行为，纠正不当行为 3 项，劝导 5 家销售商下架相关产品，开出浙江省首张电子烟虚假宣传罚单。

【许可证审批】 2020 年，县烟草局（分公司）行政许可全部申请事项接入政府一窗平台，开通杭州市数据查询共享平台的权限，残疾人信息、工商营业执照登记信息、低保户信息、婚姻登记信息、死亡信息等烟草专卖行政许可相关的信息实现一键查询。优化烟草专卖零售许可证审批后的服务机制，实现申请人“领证即订货”。烟草专卖零售许可网上办证比例达到 100%，行政许可一次实现率和满意率“双率”抽查考核达到 100%。

【民主管理】 2020 年，县烟草局（分公司）应公开事项公开率 100%。完成物资服务采购项目 224 个，执行金额 490.42 万，其中公开招标 484.46 万，公开招标率 99%。

（郭夕林）

综合管理与监督

Integrated Administration & Supervision

综合管理与监督

·发展改革·

【概况】 2020年，桐庐县发展和改革局统筹推进疫情防控和经济社会发展“两手硬、两战赢”，制定出台系列政策，组织复工复产，助力企业共渡难关。是年，全县固定资产投资完成134.8亿元，比上年增长23.4%。完成桐庐县“十四五”规划基本思路、专项规划编制目录、纲要草案的编制起草工作。推进大花园典型示范县建设。持续优化营商环境。桐庐县入选省级物流示范县综合改革创新试点名单，全国“新型城镇化示范县城”建设名单。抓好能源“三控”，做好民生价格管理，助力贵州省榕江县打赢脱贫攻坚战。

·发展计划·

【战疫情促发展】 2020年，桐庐县按照疫情防控和经济发展两手抓要求，制定《关于惠企政策“春风2020”（第二批）暨严格做好疫情防控帮助企业共渡难关的政策意见》和《关于疫情防控期间“春风助企返岗”四条政策》，推出融资新增120亿元、普惠小微企业贷款增速不低于20%、全年实体经济融资加权平均利率下降10%等“金融十二条”政策，组织29家企业申报列入国家疫情重点保障企业名单，通过开展复工复产大比武、破解工人返岗难、落实惠企扶持政策等举措，助推8100多家服务业企业全面复工复产，为全县全年经济复苏打下坚实基础。

【“争先创优”专项行动】 2020年，在市对县重要经济指标考核中，桐庐县得分8.229分，名列全市第九位、小组第二位。在市对县高质量发展考核中，桐庐县得分43.274分，名列全市第十一位。

【“十四五”规划】 2020年，桐庐县围绕“全面建设美丽幸福的社会主义现代化示范县”目标，开展县域发展定位、产业体系、空间布局等专题研究，有序推进“十四五”规划编制工作。完成桐庐县“十四五”规划基本思路、专项规划编制目录、纲要草案的编制工作，并制定《2021年度计划报告（草案）》。

【扩大有效投资】 2020年，桐庐县深化“项目季”活动，完善县领导联系重大项目、重点项目四级协调、前期节点分阶段推进等机制，推动项目攻坚，全年有4个“152”项目开工，落地率80%，超额完成考核目标。全县全年固定资产投资完成134.8亿元，比上年增长23.4%。

【产业平台整合提升】 2020年，桐庐县调整产业发展平台，将富春江机械工业功能区、城南街道青山工业功能区、江南镇工业功能区并入桐庐经济开发区，明确以高端装备制造、生命健康和新能源新材料为主导产业。推动分水制笔工业功能区和横村针织工业功能区按小微园或特色小镇转型提升。凤川街道城东工业功能区和瑶琳镇工业功能区不再作为县级重点工业平台，推动逐步淘汰撤销。桐庐健康小镇规划范围调整获省发展和改革委批复同意，小镇用地空间和产业布局制约得到破解。桐庐健康小镇和智慧安防小镇入围浙江省特色小镇“亩均效益”领跑者行列。

【现代服务业】 2020年，桐庐县修订完成《关于促进现代服务业发展的十四条政策》，加大对企业上规（限）、指标贡献、规范发展等方面的扶持力度。向140个项目兑现2019年度现代服务业奖励资金2821.78万元。建立健全促进服务业发展工作职责、月通报季排名考核评估、争先激励和信息交流协调四大机制，落实部门、平台、镇街条抓块保、联动发展模式。全县实现服务业增加值190.13亿元，占GDP比重首次过半（50.5%），新增服务业规（限）上企业93家。

【金融服务】 2020年，桐庐县鼓励银行推出无还本续贷、“T+0”转贷基金等产品，降低企业融资成本，全年为企业提供免费转贷业务1099笔，转贷金额35.24亿元。成立桐庐县首家政策性融资担保公司（桐庐君山融资担保有限公司），解决企业融资难融资贵问题。深入实施“凤凰行动”计划，2020年兑现股改挂牌补助资金

850万元，新增1家上市公司（康基医疗）。全县已有上市公司2家，新三板挂牌企业4家，浙股交成长板挂牌企业14家，重点拟上市培育企业25家。

【大花园典型示范县建设】 2020年，桐庐县出台《中共桐庐县委关于打造浙江大花园“耀眼明珠”奋力展现“重要窗口”桐庐风采的决定》，推动大花园示范县建设。千芝雅总部研发及智能制造产业基地项目等25个大花园重点项目加速推进，完成年度投资30.7亿元，投资完成率120%。开展GEP核算探索，完成2015年、2018年生态产品价值核算专家评审。争取2020—2022年“绿色转化”省级财政激励资金3亿元。分水古镇、深澳村、健康小镇、马岭古道等入围省级大花园耀眼明珠培育对象。

【能源工作】 2020年，桐庐县出台《关于进一步规范节能审查和接电审批手续的通知》和《2020年能源“三控”工作考核办法》，完成3家综合供能服务站建设（含改造2家），通过控制用能源头、加强用能管理，全年实现单位GDP能耗下降8.1%的目标。

【对口帮扶】 2020年，桐庐县完成对口帮扶各项工作，助力贵州榕江县打赢持续8年的脱贫攻坚战，顺利通过国务院扶贫办考核，摘除国定“贫困帽”，帮助西藏喜德县各则村退出贫困村序列，山海协作工作被市对口支援和区域合作局评为优秀等次。

·经济体制改革·

【优化营商环境】 2020年，桐庐县举办“我们的早餐会”11期、“我们的视频会”2期、“我们的联谊会”1期，邀请100家企业的负责人座谈交流，帮助解决实际困难71个。启动杭州市“亲清在线”平台在桐庐县的应用，上线政策23条，兑付资金1.75亿元，兑现企业7327家，上线数量在杭州市15个地区排名第四位。落实国家、省市降费减负政策，全年为企业优惠水电气费用3454万元，其中水费266万元、管道燃气费646万元、电费2542万元。

【新型城镇化建设】 2020年，桐庐县入围全国“新型城镇化示范县城”建设名单，围绕公共服务、环境卫生、市政公用和产业培育设施等方面安排17项建设任务总计108个示范项目，已经开工建设52个项目，完成投资43.6亿元。

（申屠一飞）

2020年8月14日，桐庐县举办第十九期“我们的早餐会”

·市场监督管理·

【概况】 桐庐县市场监督管理局设科室16个，下辖直属机构1个、事业单位2个、市场监管所9个。2020年，桐庐县市场监管局在省、市两级市场监管局年度综合绩效考评中获得优秀单位，连续第六年被评为桐庐县综合考评优秀单位。

【市场主体登记】 2020年，桐庐县市场监督管理局上线全市首个“企业档案网上自助查询系统”，被杭州市市场监督管理局纳入试点并推广；以“一体化、集成化”审批模式实现开办企业全业务“30分钟”办结；推广全流程网上办、掌上办、寄递办，商事登记网报率（网络渠道线上申报率）90%；实行医疗器械销售平台工位号注册（登记时只需将“工位号”进行住所登记，即可注册公司），实现“现办现拿”（现在办证现在就能拿）。全县新增市场主体9312户，其中企业3115户，注销市场主体3965户。全县有内资市场主体59718户，注册资本总金额为1570.75亿元，其中非私营内资企业1362户，注册资本297.31亿元，私营企业19434户，注册资本1188.65亿元，个体工商户38543户，注册资本82.56亿元，农民专业合作社379户，注册资本2.23亿元。

桐庐县2020年度市场主体登记情况表

表10

项目		内资企业（非私营）		私营企业		合计	
		户　数（户）	注册资本（亿元）	户　数（户）	注册资本（亿元）	户　数（户）	注册资本（亿元）
总量	2019年	1157	273.15	16597	950.85	17754	1224
	2020年	1362	297.31	19434	1188.65	20796	1485.96
	同比增长	17.72%	8.85%	17.09%	25.01%	14.63%	21.40%

【食品安全】 2020年，桐庐县未发生食品安全事故，群众食品安全满意度获评90.5分。全年共完成县本级食品监督抽检1920批次，抽检样品检测项目合格1869批次，不合格51批次，合格率97.34%。开展“疫情防控期间积压食品及原料专项清查行动”“重点地产食品风险隐患治理行动”“流通环节食品安全整治行动”“餐饮食品安全专项整治”等食品专项整治行动，检查食品经营主体4129家次，立案查处161起，罚没款156.41万余元。推进食品安全金融征信体系建设，采集基本信息7665条、不良信息685条、信用评价7090条，降低授信额度3家，警示约谈24家。

【标准化建设】 2020年，桐庐县完成3项国家和行业标准的制订、发布实施9项浙江制造标准、申报5个省市级农林业标准化试点示范项目。桐庐县“24小时自助政务服务省级标准化试点”项目作为全省首个24小时自助政务服务省级标准化试点通过验收。

【特种设备安全】 2020年，桐庐县市场监督管理局完成31台简易升降机整改并通过检验机构检验，拆除87台非法简易升降机。受理施工告知965台件，发放使用登记证595张，考核并核发特种设备作业人员证书358本，出动执法人员1257人次，检查单位503家次，检查设备20余台套，立案15起，罚没款59万元。

【质量建设】 2020年，桐庐县市场监督管理局完成省、市、县三级生产企业产品质量监督抽查134批次，合格130批次，批次合格率97.01%；抽检流通领域商品149批次，合格135批次，合格率90.6%。全县有工业产品生产许可证企业45家。新增桐庐宇鑫汽配有限公司、桐庐优视医疗器械有限公司、浙江省桐庐汇丰生物科技有限公司、杭州西屋个人护理用品有限公司、浙江龙生汽车部件科技有限公司、杭州新富文具制造有限公司6家“浙江制造”品字标认证企业，新增“浙江制造”品字标认证证书6张。新认定杭州象限科技有限公司、杭州光典医疗器械有限公司、浙江创想节能科技有限公司3家企业为桐庐县人民政府质量奖企业。

【商品交易市场建设】 2020年，全县有农贸市场14家、专业市场6家。桐庐县富春江农副产品综合市场、桐庐桐君综合市场、桐庐公园山农贸市场获2020年浙江省“放心市场”称号，分水农贸市场成功创建便利化、智慧化、人性化、特色化、规范化“五化”市场。桐庐商业广场、桐庐益多农贸市场、桐庐青山农贸市场获省“三星级规范化市场”称号。全县农贸市场交易额为7.56亿元。

【信用建设】 2020年，桐庐县共列入异常名录企业1471家、农专社55家、个体户1家。新公示2020年度AAA级“守合同重信用”企业2家，继续公示9家。新公示2020年度AA级“守合同重信用”企业12家，继续公示34家。新公示2020年度A级“守合同重信用”企业28家，继续公示10家。桐庐宇鑫汽配有限公司、浙江隆源环境科技股份有限公司获市级信用示范，桐庐优视医疗器械有限公司、杭州千芝雅卫生用品有限公司获省级信用示范。

【监管稽查】 有序推进法治政府建设、公平竞争审查等工作，开展涉企收费清理、“百日亮剑净市场 全力护航保发展”等专项整治行动，查结一般程序案件619件，罚没款708.67万元，其中罚没款万元以上大案96件，移送公安机关立案侦查涉嫌犯罪案件9件。桐庐县市场监管综合行政执法队被评为浙江省市场监管执法工作成绩突出集体。

【放心消费】 2020年，桐庐县市场监督管理局新培育化妆品示范商场2家、化妆品示范店10家，培育省级放心消费街区1个，其中放心消费商店1432家、无理由退货承诺单位666家，培育放心工厂250家、放心网店24家、放心餐饮店36家、放心市场3个。处理各类投诉举报4566件，比上年增长40.06%。处置“110”应急联动132件。

【药品化妆品监管】 2020年，桐庐县有药品生产企业7家、化妆品生产企业6家、药品批发企业3家、药品连锁企业5家、药品零售企业197家（含乙类）。完成药品抽检143批次，合格率100%，查处药品案件4起，罚没款7.22万。建设送药上山进岛便民服务点5个。国产非特殊类化妆品备案181件，化妆品抽检22批次。2家商超、10家经营店完成化妆品“百千万”示范创建工作。

（王潇云）

2020年8月，开展“百日亮剑净市场 全力护航保发展”专项整治行动

·审计工作·

【概况】 2020年，县审计局审计项目21个，查出违规资金198万元和管理不规范资金26359万元。移送案件线索11件，立案率100%，移送处罚人数7人次。推动出台县级层面制度《桐庐县政府投资预算管理办法》，部门及被审计单位各类制度21项，协助主管部门联合出台制度文件2项。追回财政资金169万元。全年出具审计报告和专项审计调查报告21篇，被批示、采用13篇；审计提出建议26条，被采纳26条；促进被审计单位制定、完善规章制度21项；提交审计信息63篇，被批示、采用88篇。

【财政审计】 2020年，县审计局在财政同级审项目中安排“减税降费”“保工资、保运转、保基本民生支出情况”等涉及民生保障的专题。开展新冠肺炎疫情防控资金和捐赠款物专项审计，提出审计建议4条，规范防疫资金的拨付使用。通过大数据，首次对63家县级一级预算单位预算执行实现审计全覆盖，并重点对文广新局、教育局、经信局、规资局、林水局、住建局、环保局7家单位开展审计。审计围绕产业发

审计工作现场

展、民生保障、提质增效，以本级预算编制管理、财政资金管理、就业政策落实等展开，发现问题15个并提出合理化建议，促使预算执行到位。

【经济责任审计】 2020年，县审计局对县市场监督管理局、县交运局、县住建局、钟山乡、凤川街道、县城投集团、县文旅集团等单位共10位党政主要领导干部、国企主要负责人开展经济责任审计，反映问题33个，查出问题金额141.28万元，提出建议10条。召开经济责任审计联席会议，出台《桐庐县党政主要领导干部和国有企事业单位主要领导人员离任经济事项交接办法》《桐庐县经济责任审计成果运用会商研判实施办法》《桐庐县经济责任审计对象分类管理办法》。

【驻镇审计师全面覆盖】 2020年，驻镇审计师制度在全县14个乡镇（街道）全面实施。县审计局协助乡镇（街道）建立健全内审工作领导小组14个，指导制定和开展内审项目14个，涵盖村级（社区）财务收支、国有企业运营情况、小额工程管理专项审计等方面。驻镇审计师制度先进经验在全省内部审计指导监督与审计整改督查工作会议上作了交流。

【投资审计转型】 2020年，县审计局启动投资审计转型，从政府投资项目单一的结算审计转向预算执行、决算和管理情况的纵深监督，结束“以审代结”模式。围绕党委政府中心工作，开展农村生活污水处理设施提升改造、农村饮用水达标提标改造工程实施情况专项审计调查，涉及财政资金投入20亿元。同时，对总投资76.43亿元的82个公共投资项目（房建工程）管理情况进行专项审计调查。

【扶贫工作审计】 2020年，县审计局对2016—2018年全县扶贫情况进行专项审计调查，重点抽查社会救助政策落实、集体经济薄弱村消除及“一卡通”惠农补贴管理情况，涉及财政、民政、农业农村、教育、住建、残联等部门及有关乡镇。发现降低特困人员医疗救助标准、住房救助政策执行不到位、特困供养经费未足额到位等4个方面共20个问题，提出审计整改建议4条，督促有关部门和乡镇整改落实。

【审计整改】 2020年，县审计局联合县纪委约谈县管正职领导干部6人，联合县人大常态化开展审计发现问题整改督查，与县检察院联合制定《关于建立检察公益诉讼与审计监督协作配合工作机制的意见》，提升审计整改工作成效。

（方赛男）

·统计工作·

【概况】 2020年，桐庐县统计局以基层基础夯实年、专业能力强化年、数据质量提升年“三个年”行动为抓手，推进投资统计网格化试点，加强部门、乡镇（街道、平台）统前服务与指导，加大统计巡查与执法力度，完善统计监测预警与分析，提高各专业统计数据质量，提升统计工作科学化水平，被评为全市统计局系统综合考评先进单位、“富春未来城开发建设攻坚战”先进集体。

【民情民意调查】 2020年，县统计局完成社情民意调查项目9个，其中省、市调查项目

4个，分别为浙江省民营企业发展环境调查、杭州市疫情十项措施落实情况电话调查、杭州市老旧小区改造调查、杭州市农村居民“急难愁盼”问题调查；自行开展调查项目5个，分别为疫情防控下企业生产复工经营情况调查、桐产品销售经营情况及鼓励推广应用调研、2020年桐庐县文明城市满意度民意调查、“双循环”下桐庐县针织/制笔等传统产业转型升级调研、桐庐县2020年政府民生实事项目评价调查。

【统计调查报告】 2020年，县统计局完成统计调查报告5篇，分别是《凝心聚力谋发展 积极有为创新城——富春未来城开发建设效益预测研究》《实事项目推进到位 薄弱方面仍需关注——2019年桐庐县民生实事项目评价调查报告》《复工复产需求紧迫 帮扶举措需更精准有序——关于疫情防控下我县企业生产复工经营情况调查简析》《市场拓展路漫修远 政府助力势在必行——桐产品销售经营情况及在地推广应用调研报告》《村容村貌全面改善 民富村强最为期盼——2020年农村居民“急难愁盼”问题调查报告》，其中《凝心聚力谋发展 积极有为创新城——富春未来城开发建设效益预测研究》和《市场拓展路漫修远 政府助力势在必行》分别获2020年度杭州市统计局系统优秀分析报告一等奖、二等奖。

【统计服务】 2020年，县统计局加强对主要经济指标和高质量发展考核指标的监测预警、分析研究工作，全年撰写各类统计分析、专报28篇，获县主要领导批示3篇，县领导批示11篇。完成《统计月报》改版，新增“四大攻坚战”监测指标、GDP核算相关指标完成情况及主要经济指标分乡镇完成情况，准确反映全县经济运行情况。编印《桐庐县国民经济和社会发展统计公报》《“十三五”时期桐庐经济社会发展综述》《桐庐概览》和《2020年统计年鉴》。

【统计普法执法】 2020年，县统计局在“5·6”百姓日、“9·20”统计开放日、“12·8”统计法颁布纪念日，通过发放宣传册、现场解答、微信有奖竞答、送法上门等方式，开展统计普法宣传。结合第七次全国人口普查工作，撰写宣传统计法治和统计基础建设政务信息30余篇，开展业务培训及法治宣传6000余人次，媒体宣传50余次。在全县范围内开展数据自查自纠，对47家统计调查单位开展执法检查，查处统计违法案件8起，当场警告2家，警告并罚款6家。

【基层基础建设】 2020年，县统计局下发《加强和规范统计基层基础建设的若干意见》《桐庐县统计基层基础建设专项资金管理办法》，对统计人员配备、规范化建设、奖惩等方面做出明确规定。推进网格化管理，以投资统计为试点，实现全县投资统计网格区域全覆盖，并逐步向工业、服务业等专业延伸。投资统计网格化管理工作在全市作经验介绍。开展统计“诚信单位”“最美统计人”“优秀统计员”评选，提升基层统计单位和统计员的归属感、荣誉感。

2020年7月15日，全县服务业统计规范化建设工作会议召开

·普查工作·

【第七次全国人口普查】 2020年，完成桐庐县的第七次全国人口普查工作，全县17个乡镇（街道、平台）3000多名普查人员完成203个普查区、2518个普查小区的短表登记和长表登记（抽样）工作，得到省、市和县领导的好评。

（虞婵娟）

·桐庐调查·

【概况】 2020年，国家统计局桐庐调查队（以下简称桐庐国调队）完成住户收支和生活状况调查、农作物播种面积和产量调查、主要畜禽监测调查、劳动力调查、营商环境调查、全面从严治党调查、农产品价格调查、中间消耗统计、农户固定资产投资调查、农民工监测调查、农民工市民化进程动态监测调查、工业与服务产品生产者价格调查、采购经理调查、小微企业跟踪调查等专业统计任务，为地方经济社会发展提供服务。获得2020年度桐庐县推动转型跨越绿色崛起高质量发展文明城市复评先进集体称号。在全省调查队系统专业业务工作考核中，综合统计、住户监测类两个专业获得优秀。

【住户收支与生活状况调查】 2020年，桐庐国调队开展住户收支与生活状况调查和农民工监测调查（包括住户调查250户、农民工监测调查110户和农民工市民化动态监测调查45户）。开展新一轮住户调查样本轮换，轮换240户调查户，电子记账率84%。全年开展辅助调查员业务培训和经验交流6次，实地走访记账户379户，建立数据评估有效工作机制，源头数据质量明显提升。

【劳动力调查】 2020年，桐庐国调队劳动力调查涉及2个调查点，每月样本轮换16户调查户。各调查点辅助调查员每月根据抽样情况入户开展直接调查，桐庐国调队派员到调查点开展常态化陪访，同时通过平台、音频、定位和入户时间等辅助信息，做好数据质量核查，强化数据协调性、趋势性评估。全年共开展劳动力专题调研3次，撰写调研分析3篇。

【粮食监测调查】 2020年，桐庐国调队粮食监测调查涉及25个样本村，75个样方共333.87公顷。主要开展秋冬播面积调查、春播面积调查、夏播面积调查、农户全年种植意向及秋冬播意向调查、夏收（秋收）粮食预计产量调查、夏收（秋收）粮食实际产量调查、水稻实割实测调查等。对5个村的粮食监测工作进行数据质量检查。完成工作信息5篇，调研信息4篇，调查分析2篇。

【主要畜禽监测调查】 2020年，主要畜禽监测调查涉及10个乡镇7个样本村和7家养殖大户。全年抽查7家畜禽养殖大户和4个样本村的散养户监测调查台账，并对大型户及小型户养殖情况及上报数据情况进行抽查。完成工作信息4篇，调研信息2篇。

【统计服务】 2020年，桐庐国调队围绕县委县政府中心工作和社会关注热点，完成“双述双评”数据录入，开展桐庐县垃圾分类知晓率调查、文明城市满意度调查、营商环境调查、全面从严治党调查等18项调查，撰写调查分析17篇，获县领导批示11篇。

【统计普法执法】 2020年，桐

2020年9月7日，桐庐国调队检查夏播面积调查数据质量

庐国调队加强统计法律法规培训，培训375人次。对1家工业生产者价格调查企业开展执法检查并出具当场警告的行政处罚决定书。

（郑英娣、钟文炜）

·安全生产与应急管理·

【概况】 2020年，桐庐县发生各类生产安全事故8起，死亡7人，其中，工矿商贸事故6起，死亡5人，道路运输事故2起，死亡2人。与上年相比，事故起数下降20%，死亡人数下降30%。县应急管理局全年办理非事故处罚案件125起。

【安全生产责任】 2020年，县应急管理局落实分级负责、属地管理，督促14个乡镇（街道）、207个村（社区）以及90座水库的1500余名防汛责任人履行职责。实行森林消防属地管理，县、乡镇、村、农户四级层层签订责任书12万余份。

【安全隐患“三个一”专项行动】 2020年，县应急管理局开展隐患大分析大排查大整改行动，出动检查人员1954人次，排查场所2410个，发现整改隐患3576个，打击违法行为23起，罚款134.5万元，停产整顿2家。

【第二轮安全生产综合治理三年行动】 2020年，县应急管理局聚焦安全生产长效治理重点方向和领域，推进第二轮安全生产综合治理三年行动。共排查隐患总数31065处，其中一般隐患31060处，整改24210处，整改率77.95%；重大隐患5处，整改5处，整改率100%。

【小微企业综合整治】 2020年，县应急管理局开展小微企业安全生产和消防安全综合整治，出动检查人员6496人次，排查小微企业2844家次，发现整改隐患8963个，打击违法行为59起，罚款419.24万元，停产整顿3家，排查出违法建筑50处，建筑面积30161平方米。

【隐患整改督办】 2020年，县安委办曝光重大安全隐患6期，发出交办单113份，总共444处隐患全部完成整改。完成省市交办的隐患整改55处。完成市安委办交办的第八期、九期、十期、十二期隐患的整改。完成1处省级、3处市级挂牌治理交通事故多发点位（段）治理并通过验收。对9个乡镇（街道）、管委会12家单位28处隐患进行县级挂牌督办，对1家单位进行市级挂牌督办，并全部完成隐患整改。

【社会化服务】 2020年，政府购买安全生产社会化服务，金额200.89万元，服务企业2296家；181家企业委托社会化服务机构服务，金额126.4万元，其他服务类型企业26家（责任保险＋服务）；在桐庐开展安全生产业务的社会化服务机构8家。通过政府购买方式，将162家企业纳入社会化服务范畴。引入信息化系统，让企业在第一时间接收隐患问题清单、提交问题整改工作，乡镇在第一时间了解辖区企业的隐患及整改情况。开展执法监督检查50余家次，通过56家，不予免审换证5家。

【防汛防台】 2020年，县应急管理局启动防汛应急响应14次，发布防御工作通知及风险提示单13次，发送防汛责任人预警信息12万余条，点对点雨情通告单218份。围绕水利、农业、地质等6个领域开展防汛防台宣传培训，培训近2500人次。组织防汛工作专项检查，发现并整改安全隐患121处。落实并公布防汛行政责任人和水库堤防、农村水电站、地质灾害风险区等各类责任人1500余人次。为全县14个乡镇（街道）和181个行政村配齐卫星电话、排涝泵、照明灯和发电机等4个大类11个品种应急抢险物资，提升基层防范应对台风洪涝灾害的应急保障能力。

【森林防火】 2020年，桐庐县建造山地抗旱和森林消防示范工程4个（林场、横村镇、百江镇、分水镇）、森林消防蓄水池239座，在重要墓区周边安装森林消防集雨水桶675只，购置各类森林消防水泵130余台。县森防指办投入约43万元，为全县51支村级森林消防队和极速、富春公益救援队共1070名队员购买人身意外伤害险（保额达115万元）。在梅蓉村开展村级森林消防队伍“引水上山”技能大比武，提高队伍的实战能力和应急处置能力。制定《桐庐县护林员管理办法》《桐庐县护林员考核办法》。加强智慧护林队伍建设，配备专兼职护林员476人，人均管护面积300公顷，其中配备GPS手机的有253人，

2020 年 11 月 19 日，开展森林消防队伍“引水上山”灭火实战演练

实现智慧护林巡查全覆盖。组织森林防火宣传车进村入山开展广播宣传 150 余次，悬挂张贴宣传标语 300 余条，发放森林防火告知书 5000 余份、森林防火宣传品近 3000 份。乡镇（街道）与辖区各村均签订森林防火责任书，各村与农户共签订森林防火责任书 127000 余份。

【应急救援和减灾救灾能力建设】 2020 年，县应急管理局指导新编、修编专项应急预案 10 个，修编《桐庐县突发事件总体应急预案》并完成部门意见征求。成立县级应急管理专家库，共有 34 名专家。购置可视化调度平台 1 套、平台服务器 1 台、移动单兵 4 台、布控球 2 台、车载云台 1 台并完成系统联调，实现省、市、县三级纵向垂直调度。完成 17 个省级、25 个市级、8 个乡镇（街道）级、17 个村（社区）级规范化避灾安置场所的建设。完成 188 个避灾安置场所指示、标志牌置换工作。完成 107 个点位 116 个探头的可视化安装。

【安全生产宣传教育】 2020 年，县应急管理局开展“安全生产月”“防灾减灾日”“应急干部网络学院培训”等宣教活动，建成应急宣教体验场馆。组织百万员工大培训，完成培训 12308 人。

（方　量）

·桐庐县国有资产投资经营有限公司·

【概况】 桐庐县国有资产投资经营有限公司（以下简称县国投公司），设综合办、审计部、计划财务部、融资部、投资发展部、项目前期部、工程管理部 7 个部室，董事长兼总经理 1 名、副总经理 2 名、监事长 1 名。

【资金保障】 2020 年，县国投公司取得总授信批复 88.8 亿元，其中债券批文 80.2 亿元，直融占总授信比例 90.32%，加权平均融资成本比上一年降低约 2.7%，节约财务成本 2.17 亿元。向乡镇、部门出借资金 2.65 亿元，还本付息约 58.56 亿元，其中还本约 50.71 亿元，付息约 7.85 亿元。提前归还银行借款 15.31 亿元。为县本级、乡镇、街道、开发区平台提供担保实际发生额（包括存量担保债务周转）53.75 亿元。

【资产管理】 2020 年，县国投公司经营性资产出租收益共计 753.43 万元。出售春江景苑停车位 28 个，成交金额 143.37 万元。拍卖芝溪垅、春江景苑、滩头·富春景苑小区剩余房源 54 套，成交金额 5478.1 万元，溢价率 15.29%。出资成立浙江蜂网集采信息技术有限公司和政策性担保公司——桐庐君山融资担保有限公司。通过基金投资的苏州春秋电子科技股份有限公司项目退出，获利 605.23 万元。出让桐庐县融信投资管理有限公司股份，获利 409.8 万元。

【项目建设】 2020 年，中央环保督察项目整改销号任务——县生活垃圾填埋场综合整治项目完成。春江景苑分公司 69 套人才公寓装修工程竣工。新增分水智能制造产业基地、横村时尚智造产业园、桐庐县循环产业园、县儿童行知训练基地（下轮幼儿园）、桐庐幼稚研训中心（青山幼儿园）、大联区块（垄背上、石马边、武举塘）城中村改造工程等项目，其中分水智能制造产业基地、横村时尚智造产业园项目完成主体工程20%，县儿童行知训练基地（下轮幼儿园）、桐庐幼稚研训中心（青山幼儿园）完成主体结顶，桐庐县循环产业园完成施工招标，大联区块（垄背上、石马边、武举塘）城中村改造工程完成签约腾空工作。

【短期融资券发行】 2020年3月15日，发行短期融资券10亿元，票面利率2.95%/年，创中国区县级（含县级市）2A平台债券发行票面利率最低纪录。

【浙江省首批"五化"市场创建】 2020年11月，县国投公司投资建设的分水农贸市场正式运营。农贸市场按照便利化、智慧化、人性化、特色化、规范化"五化"标准提升改造，内设食品科普基地、自助申报点、网红直播间和农产品展示区等特色区域，成为桐庐县首家"四星级"农贸市场，并入选浙江省首批"五化"市场创建名单。

【分水智能制造产业基地】 分水智能制造产业基地由县国投公司全资子公司桐庐县富春江全域建设开发有限公司投资建设，总投资4.24亿元，用地面积约35617平方米，建筑面积103418.18平方米，共有7幢建筑，其中厂房6幢，办公楼1幢，容积率2.5，建筑密度38.01%，停车位497个。项目计划以智能制造为核心，利用产业园区内便利的基础配套设施及优惠政策，吸引国内外优秀智能制造研发制造企业以及配套企业集聚。2020年度，项目投资共计8267.71万元，完成主体工程20%。

【横村时尚智造产业园】 横村时尚智造产业园由县国投公司全资子公司桐庐县富春江全域建设开发有限公司投资建设，总投资2.38亿元，用地面积约35433平方米，总建筑面积74497.6平方米，容积率2.02，建筑密度37.3%，停车位389个。项目计划以"数字经济+新时尚"的新模式，着力打造"织为云"针织云平台，探索开展网络协同制造。2020年度，项目投资共计4850.32万元，完成主体工程20%。

（胡凌祺）

分水智能制造产业基地

·桐庐县城市建设投资集团有限公司·

【概况】 2020年，桐庐县城市建设投资集团有限公司（以下简称城投集团）负责实施政府投资项目32个，总投资110亿元。融资到位资金43.09亿元，有效保障集团项目推进资金需求和还本付息工作。

【工程建设】 2020年，由城投集团负责实施的政府投资项目共32个，总投资110亿元。在完成亚运会马术比赛场馆基础设施前期保障项目的同时，城投集团主动接盘亚运会马术项目场馆建设。至年底，亚运会马术项目主场馆、隔离场、基础配套设施建设进展顺利，亚运会马术项目主场馆1F建筑层施工完成85%，国内马匹隔离场房建工程完成施工招标工作，完成配套基础设施工程可行性研究报告，并走开始走立项报批流程；县妇幼保健院迁建工程主体结顶；县第一人民医院迁建工程主体1层施工；城西、西武山安置房均进行地下室施工；牛山坞安置房进场施工；完成治水公园建设；推进富春绿道、城南路、峙山路、宪法文化公园、子陵商务楼、污水跨江管网等项目。

【项目融资】 2020年，城投集团通过债务置换、直融发债、政府债券、政策性银行贷款等方式，获得银行及非银机构授信72.535亿元，到位资金43.085亿元，洽谈意向资金超100亿元，融资综合成本控制在5.8%以内，同比下降约0.8%，节约财务成本4000余万元。其中成功发行首期6亿元停车场项目收益债券，票面4.61%，创同类债券全国历史最低；农饮水、老旧小区、医院建设获得政府专项债券6.6亿元；舞象山、城西区块、马术项目等获得长期政策性银行贷款20余亿元。完成35亿元砂石资产注入桐庐城市基础建设有限公司。

【资产经营】 2020年，城投集团紧抓经营开发，经营管理有提质。水务售水产值8000万元，安装产值2.6亿元，资产拍租收益超670万元，停车场经营收入180余万元，石渣处置累计收益5000万元，全县新增自动售货机52台。城西区块、瑶琳马术小镇土地收储进展顺利，瑶琳区域已收购盘龙路58号，盘龙路98号两宗工业地块，不动产权证办理完成。

【民生实事】 2020年，城投集团下属桐庐水务、分水水务安全供水3710万吨，因疫情影响为企业减免水费310万元，惠企1万余家；农村饮用水工程在全县67个行政村全面铺开，完成管网建设2063公里，年终可新增覆盖15万人；完成停车位智慧化改造3625个，新增停车位635个。

【清廉城投】 2020年，城投集团成立党委和纪委，内设机构改革专门成立党群工作部、纪检审计部，整合财务部门职能。完成中层干部竞聘上岗和下属7个党支部换届选举工作。深入推进“清廉城投”建设，开展“廉洁家访”“城投微讲堂”等系列活动。同时，建立集团小额招标平台，制定完善《县城投集团“三重一大”事项集体决策制度》《县城投集团小额公共资源交易内控管理办法》等制度。

（钟赛宇）

·桐庐县交通发展集团有限公司·

【概况】 2020年，桐庐县交通发展集团有限公司（以下简称县交发集团）重新调整董事会监事会，选拔9名优秀干部担任集团中层，增加国企编制员额20名，总编制为60个，正式在编人员42名。

【项目建设】 2020年，县交发集团承担的政府责任建设项目共12个，其中续建项目5个，新建项目5个，代建项目2个，概算投资近30亿元。新龙线项目完成交工验收，新合综合供能服务站完工并完成五方验收，疏港公路Ⅰ标、富春绿道及滨水风光带Ⅰ标、江南镇Y758横屏线（中石化油库配套道路）等3个项目建设完工；疏港公路Ⅱ标、综合客运枢纽、瑶琳老大桥、学府小学食堂综合楼、横村初中改扩建工程等在建项目进展顺利。

【融资贷款】 2020年，县交发集团完成AA评级，完成银行授信4.4亿元，发行公司债6亿元，并获批政府专项债9000万元，通过债务置换节约财务成本近1400万元，融资总成本

2020年6月28日，县交通发展集团有限公司在疏港公路第二合同段举行三防应急演练活动

下降1个百分点在4.87%以内。对外担保5笔，金额4.46亿元；解决乡镇街道应急资金3笔，金额1.25亿元。

【实体经营】 2020年，县交发集团开展矿产资源开发和工程性弃渣利用试点工作，对竹桐坞矿山、未来城项目地下石料进行开发利用，新增营收5500余万元。回收分水加油站自营，启动充电桩项目经营，全年增收约1080万元。综合供能站项目投入运营。

【公共服务】 根据《关于惠企政策“春风2020”（第二批）暨严格做好疫情防控帮助企业共渡难关的政策意见》《县财政局（国资办）关于进一步落实承租国有房产减免租金政策有关事项的通知》等文件精神，县交发集团为所属房产承租人减免资金近195万元，为出租车承包人减免承包款90余万元。市民卡公司建立网点全覆盖服务体系。潇洒出租车公司开展诚信服务，全年涌现好人好事近400件，向乘客归还手机、行李箱等遗失物品总价值近30万元；“朱师傅”车队为老人、孕妇、残疾人士提供城区内免乘服务。

【安全生产】 2020年，县交发集团对下属物业进行消防、安全等检查近20次，并落实整改。加强出租车疫情监管，组织安全大检查10余次、抽查8次，检查车辆1000余辆，全年交通事故、交通违章比上一年均下降近40%。加强项目建设安全管理，落实安全生产责任制，所有建设项目均开展安全生产应急演练，提高应急抢险能力。

（陈夏铃）

·桐庐县文化旅游投资集团有限公司·

【概况】 桐庐县文化旅游投资集团有限公司（以下简称县文旅集团）是由桐庐县国有资产管理委员会出资组建的国有独资企业，注册资本金2.3亿元，企业外部信用评级AA，下辖全资子公司6家，控股子公司4家。2020年，县文旅集团总资产75.43亿元，净资产37.67亿元，营收2.2亿元，企业利润0.409亿元，上缴国有资本经营预算利润2174万元。完成桐庐旅游码头、游客接待中心、桐庐非遗馆、东门码头文化广场等重点工程项目建设，推进县培智学校、富春山绿道、梅蓉绿道等项目建设。收购并独立运营瑶琳仙境、严子陵钓台、桐君山等六大景区，富春山居图水上实景游、东门码头商业特色区块、江南古村落荻浦花海、毕浦电站、舞象文化传媒等其他经营性项目运营持续良好。

【资产收购】 2020年9月9日，县文旅集团和富春江旅游股份有限公司签订协议，收购富春江—新安江国家风景名胜区桐庐县范围内的“瑶琳仙境”“严子陵钓台”“大奇山”“桐君山”“天目溪漂流”“红灯笼”景区相关资产及“原旅游大楼”“牛山坞”“因乐不凡民宿”“三宫六园（苑）”等景区外四项资产。11月1日，完成资产交接、运营团队组建等工作，实现“资产顺利交接、人员平稳过渡、景区正常运营”的目标。先后收储开元街老中国银行大楼、农机公司房产、江南体育馆和游泳馆等资产，集团实力进一步增强。

【旅游惠民】 2020年，县文

2020年5月6日，桐庐向全球官宣“桐君山永久免费开放”

旅集团发布“桐庐人10元游桐庐”旅游惠民政策。该政策享受对象为桐庐市民，其中桐庐本地市民持本人身份证（身份证要求为330122号码段或身份证地址为桐庐县域范围内），新桐庐人同时持本人身份证以及桐庐居住证享受优惠购票，即购买瑶琳仙境、大奇山国家森林公园、红灯笼乡村家园三大精品景区优惠价为10元/张。该项政策的发布，有力提高桐庐市民对六大景区收回国有的获得感和满足感。

【项目建设】 2020年，县文旅集团实施项目5个，计划总投资4.85亿元，完成年度投资1.9亿元，较上年增长1318%。富春山绿道北线全线贯通，镇区段建成；梅蓉绿道I标段建成，II段开工。县培智学校迁建项目主体工程结顶。桐庐旅游码头、游客接待中心提升改造、码头景观提升改造项目等完成决算审计。

【夜间旅游经济】 2020年，桐庐旅游码头通过竣工验收，正式取得港口经营许可证，完成运力申报和航线审批。投资1500万元的180座游轮“富春未来号”投入运营。通过引入东门里·音乐餐厅、开设东门夜市，丰富游船服务内容，举办“游轮嘉年华·邂逅富春江”“520·我爱你”等活动，推动“夜游”和“夜经济”融合发展，全年夜间旅游营收比上年增长200%。

（季培越）

基础设施建设

Infrastructure Construction

黄 强/摄

基础设施建设

·交通综述·

【概况】 2020年，桐庐县综合交通投资8.2亿元。完成桐庐疏港公路综合码头至深澳段工程（320国道复线）、安吉至洞头公路桐庐凤川至新合段（柴雅线）改建工程、桐庐综合客运枢纽、桐庐瑶琳老大桥重建工程等重点项目年度建设任务，其中桐庐疏港公路综合码头至深澳段工程（320国道复线）第一合同段完成交工验收，第二合同段进入水稳层施工阶段，完成投资1亿元；安吉至洞头公路桐庐凤川至新合段改建工程（一期工程肖岭隧道）隧道施工中，完成投资4000万元；县X509分老线砖山段公路改建工程通车，完成投资2355万元；桐庐综合客运枢纽完成土建部分工程量的40%，完成投资7500万元；桐庐瑶琳老大桥重建工程下部结构基本完成，完成投资1500万元。公路总里程1969.49公里，按行政等级分：国家高速29.343公里、国道31.024公里、省道124.846公里、县道364.22公里、乡道379.898公里、村道1037.669公里、专用道2.5公里；公路总里程按技术等级分：国家高速29.343公里、一级公路102.454公里、二级公路93.836公里、三级公路134.389公里、四级公路1357.327公里、准四级公路252.141公里。完成"四好农村路"新改建项目161个，创建"四好农村路"示范乡镇1个。

·交通建设·

【重点工程建设】 2020年，桐庐X509分老线砖山段公路改建工程通车。项目位于分水镇砖山村，路线全长1.18公里，设计速度40公里/小时按三级公路技术标准建设，2019年9月开工，总投资3800万元。

S305（23省道）节点工程上港隧道。项目位于23省道规划线路南侧，起点富阳区渌渚镇山亚村，终点桐庐县桐君街道梅蓉村。路段全长816米，按一级公路标准建设。隧道长513米，单洞路面净宽 10.25米。路基采用分离式，单侧宽度为12.25米，路面宽 10.75

湖杭铁路连接线桐庐段富春江特大桥建设工地

米。用地2.9公顷，总投资2.38亿元。完成项目建议书批复、工程可行性研究报告批复、初步设计批复、水土保持与环境影响评价专题批复，12月完成工程总承包。项目与湖杭铁路交叉节点处路堑上边坡工程开工，由沪昆铁路公司代建。是年，完成投资2000万元。

桐庐疏港公路综合码头至深澳段工程。项目主线长13.293公里，设计速度80公里／小时，按一级公路技术标准建设；接线长1.024公里，设计速度60公里／小时，双向两车道，按二级公路技术标准建设。项目全长14.32公里，批复概算16亿元。起点至富春江三桥段2.64公里，2014年完工。一标段富春江三桥至舒川段1.36公里（K2+639—K4+000），2019年3月开工建设，2020年底竣工验收；二标段舒川至古城段2.15公里（K4+000—K6+150），2019年10月开工建设，2020年底进入路面水稳层施工。

安吉至洞头公路桐庐凤川至新合段改建工程。项目主线起点凤川街道翙岗村，起于柴雅线与凤川互通连接线T形交叉口，终点与已建檀公岭大桥接线相接，主线实际建设里程31公里。支线起点仁村与主线K31+462.5处平面相接，终点雅坊与诸暨市县道小仁线（X314）相接，支线路线全长5.4公里，实际建设里程36.4公里。项目主线按二级公路标准建设，起点至K18+100段设计速度为60公里／小时，其余路段设计速度40公里／小时。一般新建路段采用双向两车道，路基宽8.5米。支线新建路段设计速度40公里／小时，按三级公路标准建设，路基宽8.5米。项目批复概算10.67亿元。一期肖岭隧道起点桩号K5+492，终点桩号K7+104，隧道长1612米，施工预算1.33亿元。是年，隧洞贯通，完成投资4000万元。累计完成投资9000万元。二期肖岭隧道接线工程2.4公里，完成施工图设计、上店桥占用肖岭水库防洪影响评价审批。

桐庐综合客运（公路客运）枢纽工程。项目位于城南街道杭黄高铁站站前广场东侧，占地面积26343平方米，其中公路客运站地块20737平方米，预留内部加油站用地5606平方米。总建筑面积68570平方米（含地下室13000平方米），包括建设客运站、酒店、大巴停车场（架空）、机修间等。项目投资约 4.7亿元，由桐庐肩吾开发建设有限公司实施。是年，完成工程可行性研究报告报批、施工图批复、土建招标，9月开工建设，完成投资7500万元。

桐庐瑶琳老大桥重建工程。项目位于瑶琳镇林桃线与江滨大道交叉口处跨越分水江。重建桥起点桩号K0+094，终点桩号K0+401，长306米。桥梁两侧设接线，起讫桩号分别为K0+000—K0+094、K0+401—K0+550。路线全长0.55公里，设计速度40公里／小时，按三级公路兼顾城市道路功能标准建设，桥梁设计荷载等级为公路—Ⅰ级，路面设计荷载为双轮组单轴载100千牛。总投资5954万元。是年，完成投资1500万元，基本完成桥梁下部结构。

G320国道沪瑞线桐庐东兴路平改立（城市之芯节点改造）工程。项目改造起点桩号K293+600（宝心路），终点桩号K296+100（梅林路），路线总长2.5公里。行车道采用双向六车道，设计速度100公里／小时。G320国道采用双向六车道隧道形式下穿东兴路，隧道全长1.6公里（其中暗埋段长度约0.9公里），隧道暗埋段范围改造为城市景观平台等。为保证G320国道正常通行，项目实施前，需对姚家路拓宽改造，为项目改造期间保通道路，改造路线长1.33公里，按双向四车道拓宽。洋洲路至梅林路段采用主辅路形式，长度0.7公里，辅道双向四车道，设计速40公里／小时。拟在东兴路、姚家路各设置1处人行过街地道。工程总投资估算约9.6亿元。是年，完成可行性研究及勘察设计招标。

【公路建设】 2020年，桐庐县完成“四好农村路”新改建项目161个，其中联网公路建设项目48个45公里、低等级公路提升改造项目65个89.68公里，通乡镇景区改扩建项目27个66.3公里，病危桥改造21座；实施路面大中修92.43公里、生命安全防护工程58.13公里，建成公路服务站6个，乡镇运输服务站1个，港湾式停靠站20个，创建“四好农村路”示范乡镇1个。

【“两路两侧”“四边三化”治理】 2020年，根据《桐庐县“美丽杭州”创建暨“城市环境大整治、城市面貌大提升”集中攻坚行动检查考核实施方案》要求，县公路管理段人员联合属地乡镇（街道）对公路铁路两侧排查，发现公路边环境问题点位143处，铁路边环境问题点位169处，全部完成整治。与杭州市交通运输行政执法队高速一大队对接，结合公路路政管理人员日常巡查，完成公路边清单点位整治850处。是年，210省道被评为绿化美化精品道路。

【智能公交四期项目建设】 2020年12月，桐庐县健康城、旧县街道区块四期智能公交站亭通过单体调试，投入联网试运行。智能公交四期项目是对一期、二期主城区智能站亭建设在专业区块和街道的延伸。项目于9月28日开工，建设各式智能站亭12座、智能站牌12座，升级后台硬件设施，优化软件控制平台，投资300万元。工程由县交通投资公司和县健康城、旧县街道共同出资建设，县交通投资公司负责具体实施。

·交通管理·

【公路路政管理】 2020年，县公路管理段以“全国路政宣传月”“桐庐百姓日”活动为载体，以“防疫情、守安全、保畅通、优服务”为主题，做好公路路政宣传，依法保护路产路权。打造“一件事”“最多跑一次”改革事项县级标准，编制“一件事”办理标准化清单，以群众视角为“一件事”梳理重点，对8个路政许可事项名称、申请材料、办事流程、审批程序等全面梳理，做好国省道许可权限下放，是年，办结行政许可69件。

【公路精细化管养】 2020年，县公路管理段开展国省道及主要县道整治，清除碎落土石方1340立方米，清理路肩堆积物710立方米、塌方14100立方米；沥青路面坑洞修补32100平方米、沥青灌缝135公里；清洗清理隧道55座、涵洞27道、护栏1210千米、桥梁伸缩缝13210米；护栏整修5120米；更换护栏板910块、立柱450根、托架1050只、半包380只；清理水毁塌方约14100立方米、维修挡墙约900立方米。绿化管护240千米，边坡割草25101平方米、绿化补行道树桧柏610株。

县公路管理段工程人员全力抢修塌方

2020年桐庐县公路养护管理重点项目情况表

表11

序号	公路养护管理项目	总预算（万元）
1	农村公路实施大中修92.425公里	7225
2	国省道实施大中修21.8公里（包含收费公路）	3526
3	农村公路水毁修复工程（一期）	330
4	富春绿道工程	800
5	桐庐县省道隧道提质工程	2800

【交通安全管理】 2020年，县交通运输局制定《桐庐县交通系统道路危险货物运输专项整治工作方案》，督促企业落实主体责任，严把企业资质关、车辆技术状况关和从业人员资格关，道路危险货物运输企业实现24小时实时动态监控。开展危化品运输隐患排查，出动检查200余人次，车次40余辆，检查企业78家次，发现隐患20处，整改完毕。开展“五统一”攻坚行动，对2家危险货物运输企业车辆挂靠经营和异地经营情况清理整顿，42辆车予以整改。以重要节假日为节点，对道路运输、交通工程建设、水上安全管理等行业领域，开展安全隐患大排查，排查一般安全隐患703项，完成整改696项，投入整改资金3102.6万余元。道路安全隐患排查治理点位省级1个、市级3个。投入600万元，完善国道、省道、县道标志标线。修订《桐庐县公路桥梁隧道重大事故应急预案》《桐庐县交通运输系统三防应急预案》。开展桐庐客运中心消防、反恐应急、桐庐航区水上应急救助演练，提升参训人员应急处置能力。

【交通工程质量安全监管】 2020年，县交通工程质量安全监督管理站监督项目工程40个，其中续建项目15个，在建50万元以上桥梁工程、200万以上公路工程监督覆盖率100%。农村公路工程质量总体受控，安全态势平稳。组织开展大型监督检查6次，综合执法大检查2次，回头看检查1次，监督抽检2次，“四好农村路”联合专项检查1次。开展日常巡查100余次，发现问题439项，下发责令限期整改指令书96份；发现安全生产问题588项，下发限期整改指令书99份；下发监理限期整改指令书47份，下发合同限期整改指令书2份，整改反馈率100%。

【收费管理】 2020年，桐庐05省道、16省道收费站通行费收入4358万元，比上年减少580.9万元；过境车流量711万辆，比上年增长2.63%。新冠肺炎抗疫期间，所有过境车辆实行免费通行，通行车辆171.7万辆，折通行费3260万元。根据《05、16省道桐庐收费站对本县机动车辆统缴（免费）方案》，11.5万辆本地车办理免费统缴证。是年，4个节假日小客车免费通行车辆75.8万车次，免收通行费1137.3万元。执行中央、省市有关绿色通道减免政策，绿色通道车辆2.8万辆，免费金额58.9万元。

【交通运输管理】 2020年，县交通运输局新建和改造城市公交停靠站3个，其中港湾式停靠站2个；完成20个农村港湾式停靠站建设。改造城乡公交站场1处（旧县合岭）；完成对城区6路、8路、12路以及夜间5路、10路线路调整，新增城区29路公交；开通杭黄高铁桐庐站至旧县街道合岭旅游公交专线（K568路）；优化杭黄高铁桐庐站至芦茨旅游公交专线（K619路）；加密分水至桐庐夜间班车；优化凤川翙岗经柴埠新村至凤川街道办事处36路公交线路；规范91

条城乡公交运营线路编号及站亭（牌）设置；完成城乡公交车语音报站系统安装。建立完善公共交通成本核算机制、服务质量考核机制、财政补贴机制和绩效评价机制，提升财政扶持力度，加强购车补贴，更新新能源公交车30辆；推进城乡客运一体化，农村客运卫星定位终端装置安装率实现100%。

【车辆维修管理】 2020年，县交通运输局完成一、二类维修企业复工申请审批，发放符合条件的返岗复工人员工作通行证585张；组织人员赴申报企业重点检查疫情防控、复工复产应急预案、防护消毒用品配备、维修、驾驶员培训厂区消杀记录等；开展维修行业安全生产整治活动，对企业安全管理制度、危废废物使用处置、烤漆房易燃气体报警仪和废气处理装置安装使用等情况进行排查，督促企业构建维修行业安全生产长效机制。是年，出动执法人员93人次，检查企业120家次，发放整改通知书18份、责令停止违法行为通知书8份。倡导企业走绿色发展之路，组织维修企业签订废机油、废蓄电池、固废回收协议，签订率99%。回收废矿物油125.95吨、废蓄电池18.58吨、固废回收36.2吨；指导企业开展排放设备改造，升级换代改用环保水性漆。

【航政港政管理】 2020年，桐庐港区有持证货运码头7座，其中客运码头5座，在建客运码头1座，改扩建码头1座。在用码头泊位38个，泊位长度2278米。港口企业主要经营砂石料、煤炭、水泥原材料。港区完成货物吞吐量538.93万吨，比上年下降37.42%；进港116.68万吨，比上年下降19.64%；出港422.25万吨，比上年下降41.03%，其中煤炭54.05万吨，比上年下降31.5%；矿建材料359.34万吨，比上年下降47.38%，水泥熟料97.92万吨，比上年下降0.82%。检查码头安全生产35座次，责令整改35家次，港政处罚6起，罚款1.05万元，码头诚信扣分1次，约谈港口企业2次。加强航道、航标日常巡查和维护保养，巡查航道36次，累计504公里；巡查航标192座次，出动检查人员832人次；夜间巡查航标32次，航标发光率95%。是年，出动车艇268艘次，执法人员648人次，现场检查船舶965艘次。办结违章案件363起，罚款37.3万元。

·水陆运输·

【公路运输】 2020年，桐庐县客车拥有量115辆，客运总量540.26万人次，客运周转量7156.61万人公里。货车拥有量18621辆，货运总量4012.07万吨，货运周转量3555951.6万吨公里。公交车拥有量420辆，客运总量3325.2万人次。

【水上运输】 2020年，桐庐县辖区货船43艘，累计27635载重吨；客运船舶17艘，1243客位；富春江船闸开闸2808次，完成船舶过闸23630艘次，过闸量1623.8万吨，分别比上年增长16.4%、4.9%和14.9%。

（胡　银）

·供电·

【概况】 2020年，国网桐庐县供电公司（简称县供电公司）设9个职能部室、2个业务支撑和实施机构，下设5个供电所（分辖6个供电服务站），授权管理1家子公司和6家分公司。拥有变电站220千伏3座，110千伏13座，35千伏7座，变电总容量234.95万千伏安，10千伏公用配变2783台，公用线路205条，35千伏以上线路44条，528.079公里。电力用户25.8万户，全社会用电量25.34亿千瓦时，比上年增长0.64%；最高负荷电量54.46万千瓦，创历史新高。是年，获中国电力行业企业文化建设先进单位、全国职工教育培训示范点、浙江省文明单位、浙江省用户满意企业、浙江省五一劳动奖章、杭州市劳动保护示范企业，连续八年蝉联全国“安康杯”竞赛优胜单位。获省公司“对标示范领先单位”、市公司“精神文明建设先进单位”称号。

【电网建设】 2020年，县供电公司聚焦多元融合高弹性电网和杭州公司“一八六”行动计划。编制“十四五”电网规划，形成“1+2+X”规划成果。加快高弹性电网建设，国网首创应用“智慧索道设计”，解

供电保灌溉

决无疫区电网建设运输难题。投产芦茨35千伏输变电工程，开工建设林场110千伏输变电工程、后浦至桐庐网架完善工程。挖掘负荷侧资源，完成11家秒级可中断负荷接入改造，与49家企业签订需求响应协议，响应负荷23.85万千瓦。研发基于5G、北斗等技术的智能盖板，入围泛亚高弹性电网实景应用。

【安全生产】 2020年，县供电公司启动安全生产专项整治三年行动，问题整改率94.77%。加大违章稽查力度，“四不两直”检查同比提升37%。完成迎峰度夏百日攻坚，夏冬两季负荷高峰，实现变电站零重载。实体化运作安全管控中心，完成调控专业“三配”融合，率先实现带电作业AI调度。成立带电作业项目部，带电作业次数比上年增长75%，停电时户数比上年下降72.1%。落实电网风险控制措施，管控六级及以上电网风险31项。联合开展电力行政执法，成功预防外破事件11起。强化网络安全管控，完成“护网2020”行动。

【营销服务】 2020年，县供电公司围绕“五全”样板建设，实现流程再优化、服务再提升。促成县政府出台延伸投资界面、外线行政免审等政策，为用户节省投资1600万元。推行“服务专员制”“项目专班制”，保障海康威视三期、银泰城等重大项目落地。贯通浙江政务2.0平台，实现21项业务“零证办”。上线应用“阳光业扩”平台，实施2000千伏安及以下业扩审批权限下放等“放管服”举措，推进办电效率再提升。常态开展全方位监督，发现整改问题206项。开展“三进三服务”，走访企业105家、解决用电难题33个。配合5个老旧小区改造及50台电梯加装。投资1720万元，实施农网改造升级，打造农产品加工等聚集示范项目4个，建成莪山“乡村振兴·电力先行”示范区。

【经营管理】 2020年，县供电公司实施提质增效举措60项，有效对冲减利影响0.79亿元。完成电能替代0.93亿千瓦时，比上年增长82%，电动汽车充电交易电量比上年增长33.7%。接收用户及迁建资产1.03亿元，利旧物资814万元。税收减免政策降本2706万元。统筹推动主业生产基地南迁，完成闲置房产价值预评估并促成政府专项协调。绩效考核体系方法入选国网公司班组减负典型案例。完成高、低压用户供售同期调整，9次入围国网同期线损百强县，在全省率先实现电费回收双结零。实现供电所专业仓信息化全覆盖，首创成果“物资送检微应用”在浙电云上线运行。施工企业能力标准化建设通过验收，推行项目部属地化运营试点，提升“一站式”服务质效。完成制造企业混改及不动产划转，成功竞拍产业单位生产用地并开工建设（桩基进度完成98%）。

【党建工作】 2020年，县供电公司深化党建引领。召开第四次党代会，开展“基层党建巩固提升年”专项行动，与省公司安监部、地方企事业单位开展党建联建。公司工作动态被新华社、央视等主流媒体报道，微电影作品获浙江省品牌故事大赛二等奖。企业文化课题获评省公司思想文化建设优秀项目，微党课作品获市公司金奖。开展废旧物资、车辆管理等领域靶向监督，建立长效机制10条。整改审计、巡察发现问题53个。重点政策研究课题获省公司一等奖。抓好优秀年轻员工“选育管用”，中层人员平均年龄下降3岁。开展庆祝建企70周年系列活动，完成退休人员社会化管理移交。是年，获杭州市先进团委，2项课题入选国网公司共青团工作经验，其中1个获浙江省青创赛金奖。

【央企责任】 2020年，县供电公司全力做好新冠肺炎疫情期间应急保障。投入3045人次、1220车次，确保16家防疫重点单位供电。科学动态调整防疫举措，守护职工“零感染”。迎战三江叠加防汛抢险，全力服务“六稳”“六保”。落实阶段性降低用电成本等各项减免政策，减免电费0.66亿元。推出“企业复工电力指数”“电力消费指数”，依托“转供电费码”清退电费324.1万元。在全国率先实现“电力贷”金融产品县域全覆盖，为中小微企业低息融资1234万元。

（徐伟兰）

2020年桐庐县用电结构对比情况表

表12　　　　单位：万千瓦·时

名　　称	2019年	2020年	同比增长（%）
全社会用电总计	**251793.8**	**253393.3**	**0.64**
A. 全行业用电合计	202353.91	201366.81	-0.49
第一产业	734.2445	721.9349	-1.68
第二产业	156828.37	155901.21	-0.59
第三产业	44791.295	44743.662	-0.11
B. 城乡居民生活用电合计	49439.842	52026.47	5.23
城镇居民	24600.945	25309.726	2.88
乡村居民	24838.897	26716.744	7.56
全行业用电分类	**202353.9**	**201366.8**	**-0.49**
一、农、林、牧、渔业	1440.0138	1438.1487	-0.13
二、工业	153724.94	149804.18	-2.55
（一）采矿业	1853.6259	1553.8552	-16.17
（二）制造业	134759.45	127534.25	-5.36
（三）电力、热力、燃气及水生产和供应业	17111.86	20716.069	21.06
三、建筑业	3107.492	6100.8657	96.33

续表 12

名　　称	2019 年	2020 年	同比增长（%）
四、交通运输、仓储和邮政业	1955.3739	1342.8846	-31.32
五、信息传输、软件和信息技术服务业	3161.999	3476.8301	9.96
六、批发和零售业	8633.3296	9099.1663	5.4
七、住宿和餐饮业	5872.6961	5488.4026	-6.54
八、金融业	599.6542	541.2481	-9.74
九、房地产业	2915.0744	3130.8316	7.4
十、租赁和商务服务业	5070.271	6092.2812	20.16
十一、公共服务及管理组织	15873.068	14851.975	-6.43

·邮政·

【概况】 2020 年，桐庐县有快递品牌企业 14 家，设置快递营业网点 68 个，其中许可企业 6 家、分支机构 35 家、末端网点 27 家。5 月，桐庐邮政管理局与桐庐民营快递发展中心合署办公。是年，邮政全行业业务收入（不包括邮政储蓄银行直接营业收入）14.3 亿元，比上年增长 27.86%；其中快递服务企业业务收入 12.6 亿元，比上年增长 34%；快递服务企业业务总量 2.5 亿件，比上年增长 60%。邮政函件业务完成 88 万元，比上年减少 24.4%；集邮业务完成 160 万元，比上年增长 28.8%；报纸业务完成 407 万元，比上年增长 1.6%；金融业务收入 4810 万元，比上年增长 17.8%。

【邮政投递】 2020 年，桐庐县邮政分公司设邮政支局 6 处，邮政所 11 处。设置信筒箱 34 个，邮政储蓄联网网点 21 处，建成“邮乐购”站点 461 个，其中优质数字化站点 301 个，开通易邮自提站点 188 个，开通便民服务业务站点 190 个。整合运行村邮站 181 个，“邮乐优鲜”平台定期开展销售活动，实现购物、销售、生活、金融、创业“不出村”便民服务。是年，有邮运邮路 6 条，长度 149 公里（单程）；投递邮路 91 条，其中汽车投递邮路 31 条、摩托车投递邮路 26 条、电动三轮车投递邮路 34 条，长度 4884 公里；城市投递邮路 41 条。

【普遍服务】 2020 年，桐庐县邮政分公司对普遍服务网点视频监控整改，完成新合、合村等所有代办网点转自办工作；定期开展邮政营业业务、普遍服务知识培训、邮政营业岗位技能竞赛；加强对建制村通邮日常运营管控履职情况监督检查。做好警医邮项目建设，助力“最多跑一次”改革，办理警医邮业务 11982 笔；建设“四好农村路”物流服务站点 184 个，其中精品站点 3 个，解决投递最后一百米；建成“邮善邮乐”站点 19 个，覆盖 607 户特困户，助力精准扶贫。

【快件包装绿色治理】 2020 年，桐庐邮政管理局落实国家邮政局“9792”工程，加大邮件快件包装绿色治理，促进快递包装减量化、绿色化和可循环。制订《桐庐县邮政快递业绿色包装治理实施方案》《桐庐县邮政快递业生活垃圾分类及绿色包装整治实施方案》。实现 45 毫米以下瘦身胶带封

2020 年 9 月 22 日，检查快递行业生活垃圾分类及绿色包装整治情况

装比例 95%，可循环中转袋使用比例 90% 以上，电子运单使用率 95% 以上。快递网点新增快递包装废弃物回收装置 30 个。

【寄递渠道安全监管】 2020 年，桐庐邮政管理局组织寄递行业开展安全教育培训 4 次，培训企业负责人、安全员 80 余人。督促企业执行收寄验视、实名收寄、过机安检制度，出动检查 327 人次，检查快递企业网点检查 135 家次，责令限期整改 4 家，约谈企业 6 家，停业整顿 1 家，处罚金额 2.3 万元。对县邮政分公司开展机要通信安全检查 8 次，检查邮政普遍服务营业（投递）场所 24 家，对存在问题记录备案，责令限期整改。

（蓝　天）

·中国电信股份有限公司桐庐分公司·

【公司概况】 2020 年，中国电信股份有限公司桐庐分公司（简称桐庐电信分公司）在职员工 226 人，下设 3 部、1 室及行政客户、城关、城南、江南、横村、凤川、分水、瑶琳、富春江 9 个支局。公司围绕年初制定的十项重点工作，夯实党建基础，推进强基深耕行动，落实央企责任。完成经营业务收入 1.43 亿元，移动用户 14.5 万户，宽带用户 9.4 万户，电视（IPTV）用户 7.1 万户。

【网络建设】 2020 年，桐庐电信分公司推进 5G 共建共享，规模覆盖桐庐县城、乡镇政府所在地等重点部位。完成 18 个自建 5G 站移交改建；抓好 4G 补盲覆盖，新增 4G 站点 26 个，完成电信、联通共建共享 4G 点位 84 个。

【央企责任】 2020 年，桐庐电信分公司承接全县 29 个新冠肺炎防控隔离点监控安装任务，出动 800 余人次，抢装视频监控 374 台。成立疫情防控党员先锋队，组织疫情防控志愿服务 300 余人次；组织消费扶贫活动 3 次，公益扶贫 18.69 万元，其中党员认购扶贫金额 0.7 万元；开展 VPN（虚拟专用网）专项安全行动、“国家网络安全周”活动，完成高速高铁覆盖优化、工业互联网大会、音乐节等重大活动保障。深度参与桐君街道清廉地图、平安数字驾驶舱等县政府重大项目；推进数字乡村建设，负责乡镇综合治理平台服务保障；与邮电职业技术学院、桐庐职业技术学校开展合作，打造浙江省首个培养电信人才中高职一体化订单班。

【客户服务】 2020 年，桐庐电信分公司秉承“用户至上、用心服务”理念，以问题为导向，以提升用户满意度为指引，建立销售服务督查机制，强化投诉处理集中管控，聚焦解决投诉问题产生根源，梳理投诉主要问题，制定整改计划，明确责任，限期整改；经营班子每月“倾听客户之声”，支部组织“倾听客户之声”活动；实施全员服务积分管理办法，启动服务核心价值观教育传播活动，倡导“人人为一线、一线为客户”服务核心价值观。

【员工关爱】 2020 年，桐庐电信分公司实施食堂膳食、集体宿舍、健康卫生、素质提升、工作环境、文体娱乐、老有所乐等为民服务办实事 7 件 23 项。落实“四小”及局房改造资金

22万元，改善2个支局环境，完善“健康驿站”、母婴室。组织参加分公司员工运动会、第三届钓鱼友谊赛及观看红色爱国电影等活动。参与省公司电信员工思想状况、网络安全、食堂满意度等问卷调查600余人次，开展职工代表巡视，列席重要会议400余人次。

（江　于）

·中国移动通信集团浙江有限公司桐庐分公司·

【概况】 2020年，中国移动通信集团浙江有限公司桐庐分公司有员工111人，下设综合部、网络部、市场部、政企部4个职能部门，在城南街道、桐君街道、凤川街道、横村镇、分水镇、江南镇分设6个分局，现有自有营业厅、合作营业厅22家，社会渠道153家，实现运营收入3.1亿元，比上年增长6.1%。

全面提升网络品质，建有5G移动基站271个、4G移动基站751个。开通5G商用基站254个，实现5G在桐庐城区覆盖和乡镇、街道重点区域覆盖。对接政府布局规划，新建7个重点节点机房和9个重点节点机房入网。利用大数据，分析识别需求，优化站址结构，新建4G基站112个，实现弱漏区域网络补强，增强4G业务承载能力和抗风险能力。重点推进有线千兆网络建设，完成12台OLT上联扩容任务，实现165个重点小区千兆网络覆盖。

（潘　姗）

·中国联合网络通信有限公司桐庐分公司·

【概况】 2020年，中国联合网络通信有限公司桐庐分公司（以下简称桐庐联通分公司）有员工46人，下设综合支撑中心、市场部、政企部3个职能部门，拥有自有营业厅4家（迎春南路营业厅、桐君路营业厅、分水营业厅、凤川营业厅）。是年，公司秉持“客户依赖的智慧生活创造者”企业愿景，响应智慧城市建设，与政府同频共振，发挥联通综合信息服务商优势，拓展以物联网、大数据、云计算、人工智能为代表的新兴领域创新能力，践行“互联网+”行动，推进各项服务提升。

【5G网络共建共享】2020年，桐庐联通公司与桐庐电信公司开展5G网络共建共享合作，打造共建共享5G精品网。开通5G基站196个，实现主城区、主要乡镇、重要应用场景5G网络覆盖。

（程　赟）

·桐庐华数数字电视有限公司·

【概况】 2020年，桐庐华数数字电视有限公司（以下简称桐庐华数公司）有员工239人，下设总经办、财务部、技术部、工程部、客服中心、集客营销中心、大众营销中心7个职能部门和桐君、城南、富春江、江南、横村、瑶琳、分水7个乡镇中心站。是年，受理“96371”客服热线电话15.04万起，平均接通率90.45%，回访安装、维修用户12157户，满意率99.97%；处理各类投诉69起，及时办结率、满意率100%；短信平台发布信息132次，计12.11万条。减免最低生活保障家庭有线数字电视用户3690户，减免基本视听费92.99万元。

【网络基础建设】 2020年，桐庐华数公司提升网络安全指数，主城区推广光纤入户技术方案，完成14000户覆盖。横村镇板头村开展农村光纤入户试点。完成全县分机房设备升级改造，提升各中心站设备安全和网络质量。配合县政府实施重点项目建设，完成美丽乡村、精品村建设，临建高速、杭义温高铁工程等华数线路迁移保障，完成新建小区工程、道路改建工程管道建设和保护。

【服务能力提升】 2020年，桐庐华数公司以打造“桐庐人的华数、百姓最满意的运营商”为导向，对标客服规范管理制度，定期开展星级考试和新进员工入职培训，强化一线服务市场意识。开展大众市场竞赛、金牌智家工程师评比活动，提升基层员工服务水平和服务质量。推进“金牌服务”建设，是年获桐庐县文明单位、第三届杭州市“敬老文明号”、杭州市优秀“悦读益站”等荣誉。

【新冠肺炎疫情防控宣传】 2020年，桐庐华数公司发挥华数电视覆盖千家万户优势，做好正面舆论宣传引导，助力在线教育，开通共享课堂，开通

98 直播频道，增加 CETV4 中国教育频道节目的传输。在农网平台电视游字发布健康提醒，做好健康码下载等宣传，滚动播放“科学预防新型冠状病毒”科普视频。通过应急广播系统向 183 个行政村播放县政府通告、预防知识宣传，出台助力企事业单位复工复产“二十项服务”举措。

【“数字桐庐”建设】 2020 年，桐庐华数公司围绕网络智能化、业务融合化、产业生态化战略方向，依托大数据、云计算、5G 网络、物联网、人工智能等新技术应用，助力桐庐数字化进程，完成智慧安防小区、阳光厨房在线监管平台、分水农贸市场“五化”项目、健康城智慧园区项目分包、城管垃圾分类监控、村级换届选举监控、应急管理局避灾场所监控等项目建设。推进应急广播指挥管控平台、智慧公交三期、农饮水信息化平台、公安雪亮工程人脸识别、“新时代文明实践中心”4K 电视端专区、网络订餐在线监管平台等项目建设，优化完善信息化软件平台开发。

（杜　婉）

财政·税务·银行

Public Finance & Taxation & Bank

财政·税务·银行

·财政·

【概况】 2020年，桐庐县实现生产总值376.27亿元，按可比价格计算，比上年增长2.1%。其中第一产业增加值25.36亿元，比上年增长0.4%；第二产业增加值160.78亿元，比上年增长2.4%；第三产业增加值190.13亿元，比上年增长2.0%。三次产业结构比6.7∶42.8∶50.5。按户籍人口计算，人均生产总值89800元，比上年增长1.9%。全县财政总收入58.3亿元，比上年增长0.4%。其中一般公共预算收入34.22亿元，比上年增长1.4%，占GDP比重为9.1%。城镇和农村居民人均可支配收入分别为56450元和34176元，分别比上年增长4%和7%。一般公共预算支出56.41亿元，比上年增长12.4%。全年财政收支平衡。

【组织财政收入】 2020年，桐庐县财政局（以下简称县财政局）加强财政经济形势分析研判，健全财政税务联动工作机制，研究谋划疫情影响应对举措，确保组织收入平稳增长。完善非税收入征管，实施财政电子票据改革，实现公共支付单位开通率100%，各类财政票据电子化全覆盖。全年组织非税收入80.03亿元，其中纳入一般公共预算管理的非税收入2.85亿元，土地出让收入74.49亿元。是年，全县一般公共预算收入占财政总收入的58.7%，其中税收收入31.38亿元，占一般公共预算收入的91.7%，比上年提高1.4个百分点。

【疫情防控】 2020年，县财政局落实疫情一线防控要求，成立疫情防控工作领导小组和物资采集小组，建立防控工作财政服务保障机制，开通政府采购和资金支付“绿色通道”，保障防疫物资采购和储备工作。抽调党员干部40余名，参与社区疫情防控志愿值守。安排疫情防控专项资金6081万元，用于保障医疗救治、防控物资采购和重大疫情防控救治体系建设。安排资金3600万元，用于弥补县公立医院疫情期间经营亏损。全年争取中央“两直”（直达市县基层、直接惠企利民）资金4.07亿元，用于企业职工养老财政补助、核酸检测实验室建设等刚性民生支出项目。

【服务经济发展】 2020年，县财政局实施更加积极的财政

2020年7月，桐庐县财政局举行国有报废资产拍卖会

政策，加大减税降费政策落实力度，保障“六稳”“六保”。全年减税降费21亿元，比上年增长42.3%。全面取消政府采购工本费和投标保证金，全年减费2.71亿元。落实杭州市2020年失业保险稳岗返还政策，全年返还社会保险费5007万元。落实省市县各项复工复产政策，推出新一轮“3+2+X”（“3”指制造业、现代服务业、农村产业高质量发展政策；“2”指科技政策、人才政策；“X”指建筑业扶持、稳外贸稳外资、快递业采购基金奖励等政策）产业政策体系，快速兑现商贸服务企业补贴、企业员工租房补贴等各类财政政策资金4.59亿元。组织杭州财政“云直通”桐庐专场解读惠企政策，精准服务企业400余家。加大中小企业转贷基金优惠力度，为1099户次企业办理“零费用”转贷35.24亿元，比上年增长50.4%。出资3000万元设立“T+0”农村公益性转贷基金，为2147户次村级经济组织和农户办理“零费用”转贷7.79亿元。

【民生事业改善】 2020年，桐庐县民生支出47.21亿元，比上年增长14.6%，占一般公共预算支出的83.7%，比上年增加1.7个百分点，保证新增财力三分之二以上用于民生。投入教育支出15.1亿元，保障教师待遇水平提高和优质教育资源引进，推进富春江小学、开发区幼儿园等基础设施建设。投入卫生健康支出7.96亿元，支持“三医联动六医统筹”（“医疗、医保、医药”联动改革，“医保、医疗、医院、医药、医生和中医”统筹发展）改革试点，推进医共体建设和县第一人民医院、县妇幼保健院迁建工程。投入社会保障和就业支出5.85亿元，提高困难群众补助标准，支持“残疾人之家”和示范型居家养老服务中心建设。投入文化旅游体育与传媒支出1.57亿元，支持全民运动节、全民旅游节、全民艺术节等活动开展，推进亚运马术项目场馆和无疫区建设。投入城乡社区支出1.99亿元，支持垃圾分类文明示范县建设，推进城市环境整治、公厕改造提升、既有住宅加装电梯等工程。投入农林水支出5.98亿元，支持国家级乡村振兴发展规划试点建设，完成农村人居环境提升三年行动，启动数字乡村、法治乡村、艺术乡村、创业乡村、文明乡村建设。争取2020—2022年“绿色转化”省级财政专项激励资金3亿元，助力县域绿色经济发展。全年筹措资金5905万元，用于东西部扶贫协作、援疆援藏，支持对口帮扶黔东南州榕江县成功脱贫。

【财政改革】 2020年，县财政局推进“数字财政”建设，试点上线杭州市首个乡镇内控管理信息平台，明确不相容岗位分离、财务印章管理等要求，设置100多条系统规则和700多项提醒，提高乡镇财政规范化管理水平。建立绩效运行监控长效机制，出台事前绩效评估办法，修订《桐庐县部门（单位）财政管理绩效考核办法》，实现绩效管理有章可循。在全省率先开展政府采购跨区域远程异地评标模式，提高评审效率，降低采购成本。推行政府采购意向公开，提升政府采

2020年7月，桐庐县开展政府采购远程异地评标

购透明度。全面实施政府采购项目电子交易，实现政府采购“跑零次”。

【财政监管】 2020年，县财政局强化预算支出管理，实施三轮压减支出措施，全年累计压减各类非刚性、非重点项目资金2.7亿元。坚持勤俭办一切事业，从严从紧编制部门预算，全年“三公”经费下降10.3%。规范政府投资管理，出台《桐庐县政府性（国有企业）投资项目建设控制标准》和《桐庐县政府投资预算管理办法》，实现政府性投资项目全生命周期闭环管理。加强国有资产管理，制定国有企业资产租赁管理办法，规范国有资产交易行为。建立报废资产统一上缴、统一评估、统一拍卖制度，集中组织拍卖4次，溢价率62.6%。推进“数字国资国企平台”建设，上线国有企业综合信息监管平台系统，实现全方位、全时段、全流程监督和管控。

【防范化解风险】 2020年，县财政局实施防范和化解地方政府隐性债务风险三年行动方案，完成年度化债任务，政府债务风险等级持续下降。是年，争取地方政府债券15.6亿元，其中新增债券11亿元，用于保障重点项目建设；再融资债券4.6亿元，用于置换2020年到期债券。制定社保专项风险化解预案，全年从土地出让收入中提取16.18亿元弥补社保基金缺口，安排抗疫特别国债1.88亿元充实社保基金，争取养老保险省级预拨调剂金5.01亿元，增强社保支付能力。

【国有企业改革】 2020年，县财政局（国资办）推进国企改革工作，优化提升资信评级，新增外部AA评级国企2家，外部AA评级国企数量增至6家。加大直接融资力度，直接融资比例由4.6%提升至21.4%，节约经营性融资成本4.54亿元。推进全县工程弃渣资源统一管理经营，实现经营试点收入4953万元。完成瑶琳仙境等六大景区资产收购，提升国有企业资产质量和运营能力。出台工资总额决定机制，修订企业负责人经营业绩考核办法，逐步完善国有企业薪酬管理制度。成立县国有企业联合党委，下发《中共桐庐县财政局委员会关于推进清廉国企建设的实施意见》，推进清廉国企建设工作。完成2019年度国有资本经营收益上缴1.76亿元。

（王　琪）

2020年度桐庐县一般公共预算收支决算总表（一）

表13　　单位：万元

预算科目	预算数	调整预算数	决算数	预算科目	预算数	调整预算数	决算数
一、税收收入	338410	313922	313768	一、一般公共服务支出	39000	41604	40346
增值税	169999	119543	117464	二、外交支出	—	—	—
消费税	—	—	—	三、国防支出	500	577	577
企业所得税	61507	47688	48972	四、公共安全支出	30000	35331	34629
企业所得税退税	—	—	—	五、教育支出	137600	151350	150977
个人所得税	6451	33258	33207	六、科学技术支出	28000	31904	30285

续表 13

预算科目	预算数	调整预算数	决算数	预算科目	预算数	调整预算数	决算数
资源税	1197	1076	1132	七、文化体育与传媒支出	15300	17608	15654
城市维护建设税	17752	13104	13788	八、社会保障和就业支出	52000	59727	58548
房产税	17622	7332	7715	九、卫生健康支出	74700	80919	79565
印花税	4665	5239	5513	十、节能环保支出	6600	12479	10231
城镇土地使用税	15801	4281	4505	十一、城乡社区支出	27000	27396	19942
土地增值税	18622	19585	20608	十二、农林水支出	52400	77629	59815
车船税	7823	3746	3942	十三、交通运输支出	25000	18126	16897
耕地占用税	4407	18494	17793	十四、资源勘探信息等支出	2000	5227	1008
契税	12109	39572	38073	十五、商业服务业等支出	1500	7031	6195
环境保护税	455	293	308	十六、金融支出	100	1049	1011
其他税收收入	—	711	748	十七、援助其他地区支出	5400	5905	5905
二、非税收入	26290	27800	28477	十八、自然资源海洋气象等支出	8700	6771	4411
专项收入	16614	18686	15543	十九、住房保障支出	9000	14559	12409
行政事业性收费收入	2000	650	1301	二十、粮油物资储备支出	1600	2323	2323
罚没收入	6926	7298	8200	二十一、灾害防治及应急管理支出	1000	5312	4459
国有资本经营收入	—	—	—	二十二、预备费	5300	—	—
国有资源（资产）有偿使用收入	750	1166	3405	二十三、其他支出	—	—	—
其他收入	—	—	28	二十四、债务付息支出	7300	8823	8823
—	—	—	—	二十五、债务发行费用支出	—	72	72
本年收入合计	**364700**	**341722**	**342245**	**本年支出合计**	**530000**	**611722**	**564082**

2020 年度桐庐县一般公共预算收支决算总表（二）

表 14　　　　单位：万元

预算科目	决算数	预算科目	决算数
一般公共预算收入	342245	一般公共预算支出	564082
上级补助收入	240261	补助下级支出	—
返还性收入	32595	返还性支出	—
一般性转移支付收入	153517	一般性转移支付	—
专项转移支付收入	54149	专项转移支付	—
待偿债置换一般债券上年结余	—	上解上级支出	174478
上年结余	39920	—	—
调入资金	100573	调出资金	—
债务（转贷）收入	67000	债务还本支出	19306
—	—	补充预算周转金	—
国债转贷收入、上年结余及转补助数	—	国债转贷拨付数及年终结余	—
动用预算稳定调节基金	50211	安排预算稳定调节基金	34704
接受其他地区援助收入	—	援助其他地区支出	—
省补助计划单列市收入	—	计划单列市上解省支出	—
—	—	待偿债置换一般债券结余	—
—	—	年终结余	47640
—	—	减：结转下年的支出	47640
—	—	净结余	—
备注：市补助县（一般性转移支付）	—	备注：县上解市	—
市补助县（专项转移支付）	—	—	—
收入总计	**840210**	**支出总计**	**840210**

2020年度桐庐县政府性基金收支决算总表

表15　　　　单位：万元

预算科目	预算数	调整预算数	决算数	预算科目	预算数	调整预算数	决算数
政府性基金收入	510900	710900	771809	文化体育与传媒支出	—	26	21
—	—	—	—	社会保障和就业支出	—	4376	4326
—	—	—	—	节能环保支出	—	—	—
—	—	—	—	城乡社区支出	505000	758908	730779
—	—	—	—	农林水支出	—	169	168
—	—	—	—	交通运输支出	—	—	—
—	—	—	—	资源勘探信息等支出	—	—	—
—	—	—	—	金融支出	—	—	—
—	—	—	—	其他支出	5900	78827	72033
—	—	—	—	债务付息支出	—	13951	13951
—	—	—	—	债务发行费用支出	—	96	96
—	—	—	—	抗疫特别国债安排的支出	—	19989	19989
本年收入合计	**510900**	**710900**	**771809**	**本年支出合计**	**510900**	**876342**	**841363**
上级补助收入	—	—	33481	上解上级支出	—	—	7449
待偿债置换专项债券上年结余	—	—	—	—	—	—	—
上年结余	—	—	34153	—	—	—	—
调入资金	—	—	14313	调出资金	—	—	31548
债务（转贷）收入	—	—	89000	债务还本支出	—	—	27417
省补助计划单列市收入	—	—	—	计划单列市上解省支出	—	—	—
—	—	—	—	待偿债置换专项债券结余	—	—	—
—	—	—	—	年终结余	—	—	34979
备注：市补助县	—	—	—	备注：县上解市	—	—	—
收入总计	—	—	**942756**	**支出总计**	—	—	**942756**

2020 年度桐庐县社会保险基金收支情况表

表 16

单位：万元

项　　目	合计	企业职工基本养老保险基金	城乡居民基本养老保险基金	机关事业单位基本养老保险基金	职工基本医疗保险（含生育保险）基金	城乡居民基本医疗保险基金	工伤保险基金	失业保险基金
一、收入	495716	239886	49900	53386	93958	46897	1360	10329
其中：社会保险费收入	274480	109485	37661	21940	90074	10464	1350	3506
利息收入	1715	502	47	31	919	38	10	168
财政补贴收入	139938	57448	12187	31050	2858	36395	0	0
委托投资收益	0	0	0	0	0	0	0	0
其他收入	45	0	4	0	27	0	0	14
转移收入	2827	2347	1	365	80	0	0	34
中央调剂资金收入	0	0	0	0	0	0	0	0
二、支出	449829	242745	14484	41070	85304	53465	3086	9675
其中：社会保险待遇支出	432564	236191	14483	41032	82684	51156	3065	3953
其他支出	8337	0	0	0	2109	1033	0	5195
转移支出	1847	1692	0	38	59	0	0	58
中央调剂资金支出	0	0	0	0	0	0	0	0
三、本年收支结余	45887	-2859	35416	12316	8654	-6568	-1726	654
四、年末滚存结余	203810	46550	44714	12019	89108	5777	2051	3591

2020 年度桐庐县国有资本经营收支决算总表

表 17　　　　单位：万元

预算科目	预算数	调整预算数	决算数	预算科目	预算数	调整预算数	决算数
利润收入	10000	17700	17583	解决历史遗留问题及改革成本支出	—	—	—
股利、股息收入	—	—	—	国有企业资本金注入	10000	17700	6477
产权转让收入	—	—	—	国有企业政策性补贴	—	—	—
清算收入	—	—	—	金融国有资本经营预算支出	—	—	—
其他国有资本经营预算收入	—	—	—	其他国有资本经营预算支出	—	—	—
本年收入合计	**10000**	**17700**	**17583**	**本年支出合计**	**10000**	**17700**	**6477**
上级补助收入	—	—	5	—	—	—	—
上年结余	—	—	—	—	—	—	—
省补助计划单列市收入	—	—	—	—	—	—	—
—	—	—	—	调出资金	—	—	11106
—	—	—	—	年终结余	—	—	5
收入总计	—	—	**17588**	**支出总计**	—	—	**17588**

2020年度桐庐县乡镇财政基本情况表

表18　　　　　　　　　　　　　　　　　　　　　　　　　单位：万元

项　目	决算数	项　目	决算数
一、一般公共预算收支决算	—	政府性基金收入	—
收入总计	89722	上级补助收入	—
一般公共预算收入	67449	待偿债置换专项债券上年结余	—
上级补助收入	14062	上年结余	—
待偿债置换一般债券上年结余	—	调入资金	—
上年结余	—	债务（转贷）收入	—
调入资金	—	支出总计	—
债务（转贷）收入	—	政府性基金支出	—
动用预算稳定调节基金	8211	上解上级支出	—
接受其他地区援助收入	—	调出资金	—
支出总计	89722	债务还本支出	—
一般公共预算支出	26206	待偿债置换专项债券结余	—
上解上级支出	57699	年终结余	—
调出资金	—	三、国有资本经营收支决算	—
债务还本支出	—	收入总计	—
补充预算周转金	—	国有资本经营收入	—
安排预算稳定调节基金	5817	上级补助收入	—
援助其他地区支出	—	上年结余	—
待偿债置换一般债券结余	—	支出总计	—
年终结余	—	国有资本经营支出	—
二、政府性基金收支决算	—	调出资金	—
收入总计	—	年终结余	—

·税务·

【概况】 2020年，国家税务总局桐庐县税务局（以下简称县税务局）以推动高质量发展为主题，以税收现代化建设为主线，按照国家税务总局党委提出的优惠政策落实要给力、“非接触式”办税要添力、数据服务大局要尽力、疫情防控工作要加力的“四力”要求，服务“六稳”“六保”大局，助力“两手硬、两战赢”。是年，实现税收收入57.69亿元，与上年基本持平；非税收入28.92亿元（不含职业年金），比上年增长12.79%，其中社保费收入27.27亿元，比上年增长14.92%。完成区县级税收收入31.54亿元，比上年增长4.5%，税收占一般公共预算比重达92.17%，比上年增加3.17个百分点。

【税收政策宣传】 2020年，县税务局以“减税费优服务 助复产促发展”为主题，以打造鲜明而有地方特色的优秀纳税宣传服务品牌为落脚点，开展第29个税收宣传月活动，重点宣传支持疫情防控和经济社会发展的各项税费优惠政策。是年，在市以上媒体宣传百余次，通过县电视台、《今日桐庐》、桐庐发布、潇洒桐庐APP等媒体开展减税降费等有关宣传200多次。12月7日，县税务局服务乡村振兴的案例被央视2套《正点财经》采用播出，获得上级部门肯定；制作的《疫情期间免税业务增值税申报》《环境保护税讲解》等5个微视频，被“学习兴税”APP采用为后备教学课件；结合各项减税降费政策落实，实施便民办税缴费举措，创立“‘N+1’讲税团”强化税收政策宣传的模式，获得国家税务总局认可。

【减税降费】 2020年，县税务局积极贯彻落实上级减税降费，抗击新冠肺炎疫情政策部署，坚持结合地方实际落实惠企税费政策，纾解企业困难，提振市场信心。探索建立网格化辅导机制并形成常态化。2月10日，在辖区内建立重点享受企业网格联络员制度，实行网格化辅导。至年末，累计开展辅导2000余户次；开展社保费缴纳单位及应缴额梳理。是年，对全县1.03万家缴费单位进行全面梳理，并会同县人社、医保等部门对减征清册进行交叉比对，矫正300余处疑点数据，保障新冠肺炎疫情期间社保费减免政策的精准落实。为603户次纳税人办理征期延期缴纳，延期缴纳税款16.78亿元；落实个体工商户优惠政策，对4389户个体工商户下调核定销售额，对24667户个人工商户进行2020年度个体工商户定期定额续核定工作。是年，全县减税降费22.94亿元，其中税收减免16.97亿元，社保费减免5.75亿元；积极服务“双循环”新发展格局，办理出口退税7.05亿元，出口退税平均时间1.42天，100%实现网上办理；企业所得税小型微利企业优惠100%享受到位，实际减免税额18211.47万元，扩围减免税额为9084.56万元。享受研发费用加计扣除优惠企业229户，比上年同期增长25.82%；优惠金额6.62亿元，比上年同期增长29.55%。各项减税降费举措，有力纾解企业困难。

【服务快递回归】 2020年，县税务局立足规范运行和防范

2020年3月17日，县税务局干部到大润发超市宣传疫情期间税收优惠政策

风险，制定《桐庐县快递集采中心税收管理办法》，配置最优力量、最大权限，为平台企业能开票、开好票提供最大便利。结合税收工作和全县经济社会建设发展实际，向县委、县政府提出确定“快递回归”企业税收“大口径”；以“乡情牌”换“收入牌”；全面涵养新兴税源等促进快递业回归的建议。积极与上级单位沟通，经省税务局批准，为全县12家“三通一达”快递物流企业开通网上自行申报绿色通道，是年，全县快递物流企业所有6000余辆挂车通过绿色通道自行申报缴纳车船税。

【个税改革】 2020年，县税务局深化个人所得税改革，迎接首次年度汇算期。是年，全县44211人进行汇算申报，其中，补税1416人，补税金额1072.36万元，退税26019人，退税金额1064.8万元；退税人工审核共计2732人次，咨询平台解答咨询661人次，未出现逾期情况。因平稳顺利完成首次个税年度汇算工作，成为杭州市个税专报案例，得到国家税务总局领导的肯定性批示。

【税务公开】 2020年，县税务局落实上级推进政务公开的部署，对外公开规范性文件5条，行政许可4项（处理决定2465条），其他对外管理服务事项10项（处理决定1190条），行政处罚7项（处理决定996条），政府集中采购9项（采购总金额369992元）。

【“1+5”管事制】 2020年，县税务局进一步拓展“1+5”管事制征管模式，建立健全“非接触式”办税缴费应急运维机制。全年解决各类涉税费问题324个，报送市局54个，应急运维响应度居全市前列。通过持续夯实征管基础，加强准期申报管理，2020年准期申报率达98.62%。是年，县税务局作为国家税务总局协同共治引领示范点，通过跨部门“一件事”深化协同共治格局，实现跨部门工作快速沟通、情况快速研究、问题快速处置。

【依法治税】 2020年，县税务局深化“税院合作”机制，加强对职业放贷人相关涉税业务监管，通过实施清理旧欠、降低执法风险、维护职工利益等举措，提升相关人员税法遵从度。是年，申请职业放贷人税款执行案件2起，涉及金额5430.01元；申请社保费强制执行案件7起，涉及金额125.41万元（其中法院协助执行4起，入库金额32.46万元）；申请法院协助执行税款案件1起，涉及金额14.29万元（2020年执行案件2起，入库金额84.15万元）。作为企业破产清算债权人共申请债权案11起，涉案税费金额共计592.51万元，全年共执行破产清算案8起，涉案金额共计2602.88万元（均为以前年度申请，于2020年执行入库）。

【纳税服务】 2020年，县税务局根据全县疫情防控和经济社会发展实际，推进“非接触式”办税缴费服务，定期分析窗口业务结构，采用集中受理、邮寄送达、针对性辅导等措施，引导纳税人缴费人网上办理业务；新增发票代开机、社保缴费自助机、车辆购置税申

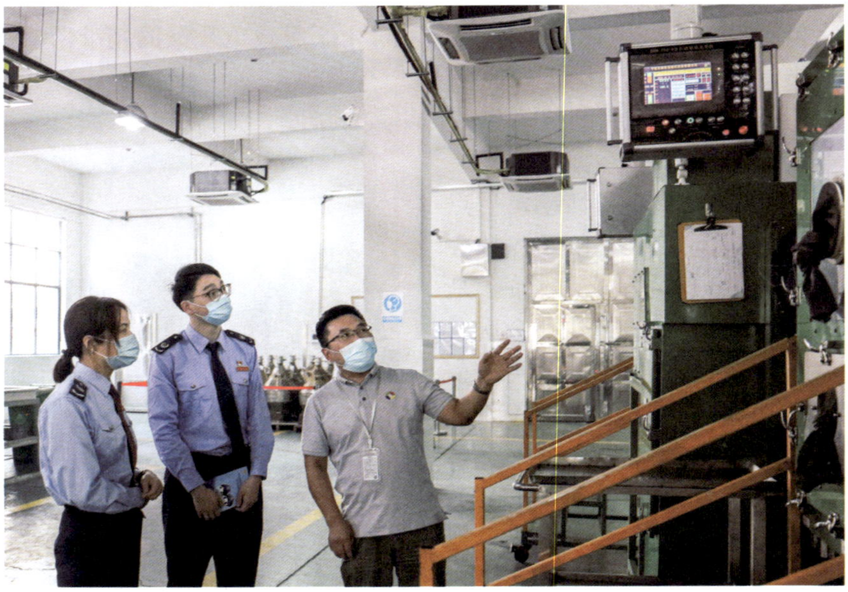

2020年5月13日，“N+1”讲税团干部在杭州象限科技有限公司了解生产经营情况

报缴纳自助机等自助设备，为纳税人缴费人提供网上办税缴费便利。构建完善征纳沟通平台和税企线上实时交流平台，根据所属区域、行业组建34个钉钉群。是年，实现一般纳税人和查账征收纳税人入平台率100%，网上办税率达96.05%。

【优化营商环境】 2020年，县税务局坚持以纳税人、缴费人为中心的理念，深化税务系统"放管服"改革，以"最多跑一次"改革为牵引，不断提高服务质效，动态更新14类199项"最多跑一次"事项清单和办税指南，保持税务事项"最多跑一次""网上办""掌上办"100%全覆盖。在全县全面推广增值税电子普通发票，推广率100%；组织开展"三服务"活动，通过上门、电话、组织座谈会等形式走访纳税人9000多户次，宣传税收新政，听取纳税人意见建议；推进纳税信用融入社会信用体系，组织全县5.7万余户企业及个体户参与纳税信用评定，出具各类联审证明2000余户（人）次，成功修复13户企业纳税信用；通过浙江税务征纳沟通平台向纳税人推送260万户次涉税信息。

（严　斌）

2020年度分税种收入情况表

表19　　　　单位：万元

序号	项　　目	本年累计	上年同期累计	累计增减	累计增幅（%）
1	一、税务部门组织税收收入	576861.00	578594.24	-1733.24	-0.30
2	1. 国内增值税	233889.74	275813.12	-41923.38	-15.20
3	2. 国内消费税	60.32	62.28	-1.96	-3.15
4	3. 营业税	1495.22	212.18	1283.04	100.00
5	4. 企业所得税	119531.46	127725.53	-8194.07	-6.42
6	5. 个人所得税	83316.58	54315.83	29000.75	53.39
7	6. 资源税	1132.31	1021.30	111.01	10.87
8	7. 城市维护建设税	13788.13	15147.70	-1359.57	-8.98
9	8. 房产税	7714.97	15036.42	-7321.45	-48.69
10	9. 印花税	5512.79	3980.16	1532.63	38.51
11	10. 城镇土地使用税	4504.62	13481.57	-8976.95	-66.59
12	11. 土地增值税	20607.83	15888.76	4719.07	29.70
13	12. 车船税	3942.10	6674.88	-2732.78	-40.94
14	13. 车辆购置税	25114.22	21691.47	3422.75	15.78
15	14. 烟叶税	0	0	0	0

续表 19

序号	项　　目	本年累计	上年同期累计	累计增减	累计增幅（%）
16	15. 耕地占用税	17793.43	4415.36	13378.07	302.99
17	16. 契税	38072.82	22742.44	15330.38	67.41
18	17. 环境保护税	384.60	385.24	-0.64	-0.17
19	二、税务部门组织非税收入	17557.32	19109.36	-1552.04	-8.12
20	教育费附加收入	8307.17	9082.16	-774.99	-8.53
21	地方教育费附加收入	5538.93	6055.68	-516.75	-8.53
22	文化事业建设费收入	22.85	205.90	-183.05	-88.90
23	税务部门罚没收入	57.99	40.08	17.91	44.69
24	残疾人就业保障金	2440.54	2761.15	-320.61	-11.61
25	政府性基金收入	0	0	0	0
26	工会经费收入	1064.96	954.33	110.63	11.59
27	其他非税收入	124.88	10.06	114.82	1141.35
28	三、社会保险基金收入	272740.32	237283.39	35456.93	14.94
29	企业职工基本养老保险费基金收入	140151.62	112202.86	27948.76	24.91
30	失业保险费基金收入	3520.22	4354.8	-834.58	-19.16
31	职工基本医疗保险费基金收入	92572.6	82215.51	10357.09	12.60
32	工伤保险费基金收入	1446.54	2678.66	-1232.12	-46.00
33	生育保险费基金收入	334.24	3296.63	-2962.39	-89.86
34	城乡居民基本养老保险费基金收入	2635.15	125.32	2509.83	2002.74
35	机关事业单位基本养老保险费基金收入	21940.03	22142.01	-201.98	-0.91
36	城乡居民基本医疗保险费基金收入	10139.92	10267.6	-127.68	-1.24
37	四、合计	867158.64	834986.99	32171.65	3.85

·中国人民银行桐庐县支行·

【概况】 2020年年末，桐庐县辖区内有银行机构网点119个，其中县级银行机构20家（不含人民银行）；有非银行类金融机构（组织）17家，其中保险分支机构11家，证券营业部3家，小额贷款公司3家。县级银行机构本、外币存款余额716.95亿元，比年初增加141.40亿元，比上年增长24.57%；本、外币贷款余额697.06亿元，比年初增加141.24亿元，比上年增长25.41%。

【金融治理】 2020年，中国人民银行桐庐县支行（以下简称人行桐庐县支行）出台《关于桐庐县金融系统加强基层金融治理探索和实践 支持和促进县域治理现代化建设的意见（试行）》，召开金融高质量发展暨全力助推县域治理现代化动员大会、金融工作会议暨加强基层金融治理推进会，与县法院、司法局及县内5家银行签订“党建联盟”协议，建立桐庐县基层金融治理中心、金融系统业余党校、桐庐县“公益金融”志愿者联盟、全省首家金融纠纷快速处理中心等“四大平台”，支持和促进县域金融治理现代化。

【货币信贷政策】 2020年，人行桐庐县支行引导全县金融机构落实双支柱调控政策，加强MPA结果运用，用好降准红利和LPR政策传导。做好金融支持稳企业保就业工作，迅速落实并用好防疫专项资金、再贷款专用额度和再贷款再贴现政策。是年，在杭州各县（市）区最快落地3000亿元防疫专项资金；用好5000亿元再贷款专用额度和1万亿元再贷款再贴现。指导落实普惠小微企业贷款延期支持工具和信用贷款支持计划，至年末，两项工具落地资金2.62亿元，惠及小微企业1465户，普惠小微企业贷款延期率位列杭州各县（市）区第一。“订单+清单”系统外贸企业支持率达80.9%，位列杭州各县（市）区第二。

【小微企业金融服务】 2020年，人行桐庐县支行围绕《金融支持县域经济高质量发展 促进县域治理现代化建设的十二条意见》，全面部署总量保障、结构优化、信贷支持“1+4”工程、首贷户扩面增量、减费让利等重点工作。是年，普惠小微贷款新增49.34亿元，年末贷款余额193.78亿元；首贷户新增1127户，新增比例达26.87%，超额完成全年新增15%的目标。全年累计减费让利2.1亿元，减费让利受惠2.48万户次。累计承销、投资的直接债务融资总额达69.78亿元，为同期发债的历史最高。

【疫情防控】 2020年，人行桐庐县支行按照县内疫情防控工作实际和县委、县政府部署，第一时间制定出台加强金融服务、合力打好疫情防控阻击战的“十九条举措”，开展

2020年6月11日，桐庐县金融工作会议暨加强基层金融治理推进会召开

居家学习办公和履职应急响应“二十二条意见”、AB岗轮班制度“八条措施”，发动金融系统196人次做好防疫金融服务、志愿服务和慰问帮扶。疫情期间，以最快速度拨付防疫资金累计4830万元。是年，获桐庐县人民政府锦旗表彰。

【金融惠民】 2020年，人行桐庐县支行创新开展“现金服务万里行”活动，举办人民币知识与技能劳动竞赛，开展整治拒收人民币现金大型集中宣传活动，相关工作得到《金融时报》报道。有序推进“智慧校园”“智慧菜场”建设和移动支付示范街区建设，拓展移动支付应用场景。推动应收账款质押融资纳入全县“春风2021”行动，加大在财政存款竞争性存放中的运用力度。指导创新运用非接触科技方式，开展形式多样的金融消费者权益保护知识宣传活动，全年累计组织活动12次，发放宣传资料1.2万册，受众3万人次。

【外汇管理】 2020年，人行桐庐县支行出台《关于抗疫情稳外贸促发展的若干意见》，指导开展“进百家企业，解百件难题”“百家民企评银行”等活动，提升服务涉外经济水平。利用《企业家之声》等媒介宣传银行业外汇便利政策，组织开展涉外企业培训会、外汇政策主题宣讲等活动，加强政策推介力度。组织开展银行外汇业务合规性检查、国际收支统计申报核查、银行外汇业务合规与审慎经营评估，统筹推进外商投资企业存量权益申报工作，推动银企监管更加合规。

【金融稳定维护】 2020年，人行桐庐县支行以中行“原油宝”事件、天安财产保险股份有限公司等9家机构被实施接管等案例为鉴，对辖区内银行业金融机构风险状况开展摸排和风险监测；指导开展打击治理电信网络新型违法犯罪及跨境赌博“百日”宣传活动，推动建立“桐庐县电信网络新型违法犯罪案件首批防范示范点”；对辖内两家证券营业部2019年反洗钱工作情况的风险进行评估。是年，完成全辖银行业金融机构2019年度综合评价工作、央行金融机构评级工作；完成辖内法人银行机构反洗钱分类评级工作；完成存款保险标识在辖内的启用工作，存款保险知识宣传特色做法被人民银行总行作为先进案例进行介绍。

（许亦楠）

·浙江银保监局桐庐监管组·

【概况】 2020年，浙江银保监局桐庐监管组（以下简称桐庐银保监组）以指导辖内银保机构加强新冠病毒防控和有序恢复营业，督促辖内金融落实优惠举措全力支持企业复工复产为重点，履行监管职责，并持续推动银保系统风险防控、普惠金融等工作，切实维护辖内银行、保险业和地方经济稳健发展。至年末，辖内20家银行业金融机构资产、负债总额分别为900.84亿元、861.29亿元，比上年分别增加203.47亿元、199.17亿元，增幅分别为29.35%和30.08%；本外币各项存、贷款余额分别为704.03亿元和693.07亿元，分别比上年同期增加141.09亿元和136.69亿元，增幅为25.42%和24.09%，当年银行机构资产、负债和存款、贷款增幅均为近年来新高。辖内30家保险业机构全年实现保费收入14.52亿元，比上年下降5.84%；赔付支出4.54亿元，比上年增长7.58%。

【服务体系建设】 2020年3月和10月，经浙江银保监局批准农商银行凤川分理处、农商银行桐庐新诚支行相继设立。至年末，县内有不同性质的银行业金融机构20家，营业网点124个，县级银行机构与上年末持平，营业网点比上年末增加2个。124个银行营业网点中包括县级机构20个、二级支行48个、分理处35个、储蓄所21个。其中国有大银行6家、营业网点52个，包括工商银行（1个县级支行、5个二级支行）、农业银行（1个县级支行、6个二级支行、1个分理处）、中国银行（1个县级支行、4个二级支行）、建设银行（1个县级支行、5个二级支行）、交通银行（1个县级支行、2个二级支行）、邮政储蓄银行（1个县级支行、2个二级支行、21个邮政公司代理储蓄所）；政策性银行1家营业网点1个，即农业发展银行；股份制银行5家营业网点6个，包括中信银行（1个县级支行）、华夏银行（1个县级支行）、浦发银行（1个县级支行、1个社区支行）、民生银行（1个小微企业专营支行）、浙商银行（1个县级支行）；城市商业银行6家营业网点9个，包括杭州银行（1个县级支行、1个二级支行）、上海银行（1个县级支行）、宁波银行（1个县级支行）、民泰银行（1个县级支行）、泰隆银行（1个县级支行、2个小微企业专营支行）、台州银行（1个县级支行）；农村中小金融机构2家营业网点56个，包括1家农村商业银行（1个本级、17个支行、34个分理处），1家恒丰村镇银行（1个本级、3个支行）。全域银行业机构从业人员1644名，自助银行149个，自助服务机具（ATM）334台，农村服务站点156个，银行服务实现全县街道、镇、乡、村全覆盖。

是年末，县内有各类保险机构30家，营业网点共45个。其中财产保险公司13家包括中国人民财险、中国人寿财险、太平洋财险、平安财险、阳光财险、中华联合财险、安邦财险、大地财险、天安财险、永安财险、长安财险、浙商财险；人身保险公司11家包括中国人寿、太平洋人寿、中国人民人寿、平安人寿、华泰人寿、民生人寿、太平人寿、泰康人寿、新华人寿、阳光人寿、长生人寿；保险中介公司6家，包括和诚安心、杰华、金联安、浙江鹏邦、泛华联兴、杭州宏盛保险中介（2020年3月正式营业）。全域保险机构从业人员4275人，其中编内人员354人、代理人员3921人。

【资产质量与实力】 2020年，桐庐银保监组辖内银行业金融机构无重大风险和案件发生，年末不良贷款余额3.13亿元、不良率0.45%，不良贷款比上年末增加0.65亿元，不良率与上年末持平；贷款不良率分别低于全省、全市平均水平0.46%、0.4%，信贷资产质量居全省、全市前列。是年，辖内20家银行机构，实现净利润17.76亿元、利息净收入25.8亿元、中间业务收入3.6亿元，分别比上年增长16.53%、10.3%、-8.4%；其中桐庐农商行、恒丰村镇银行在受新冠病毒影响对企业全面降息减息的情形下，加强普惠金融工作，增加信贷投入，净利润分别比上年增长8.95%和16.09%；两家机构抗风险能力进一步强化，年末资本充足率和拨备覆盖率分别达13.03%、1348.86%和26.65%、326.56%。

【疫情防控与复工复产】 2020年，桐庐银保监组向辖内银行保险机构下发《桐庐县银行业保险业群防群控倡议书》，并组建防疫志愿队26支、506人次奔赴全县各乡村、社区等防疫一线参与疫情防控。督导银行的险保机构加强疫情防控和有序恢复营业，至2月26日银行保险机构全面恢复营业；落实专人对接省局下发的在桐4家疫情防控应急物资白名单企业金融服务，指导辖内银行业主动对防疫企业扩大生产进行信贷支持，保障企业恢复并扩大生产。工行桐庐支行、建行桐庐支行分别为千芝雅追加授信2.3亿元、0.5亿元，解决防疫原材料采购资金缺口；桐庐农商行为桐庐医药公司等相关防疫企业新增信用贷款授信5亿元。引导银保机构减轻企业负担，全县银行业对2—3月贷款到期的1635户企业进行梳理，落实专人对接，逐户确定信贷支持方案；采取无还本续贷、贷款展期、续贷等一系列措施，为小微企业提供信贷资金无缝衔接，坚持不抽贷、不压贷、不断贷，加强对受困企业的征信保护，保障受困企业经营。2月末，对其中251笔、合计0.76亿元贷款实施无还本续贷，对502笔、合计0.67亿元贷款进行展期和周转等措施。桐庐农商银行对普惠型小微企业和其他企业贷款周转利率分别下降50基点、30基点，桐庐恒丰村镇银行推出2月份“首月免息”服务，华夏银行等机构通过直接减息或先收后返的形式对制造业、批发零售业和餐饮等受疫情影响较重行业的企业实行降息优惠。2月末全辖银行业减免2月应付贷款利息1581笔、金额263.02万元；为500余户客户降低贷款周转利率，减轻企业资金成本负担。辖内10余家产、寿险公司主动扩展保险责任，将新冠肺炎保险责任纳入保险，覆盖企业保单0.2万份、个人保单2.09万份。

【风险防控】 2020年，桐庐银保监组继续对辖内桐庐农商行、恒丰村镇银行两家法人机构进行重点监管。全面督促桐庐农商行完善法人治理机制，落实董监事规范履职；督促恒丰村镇银行大户贷款压缩，落实监管意见整改。强化日常风险监测，督导辖内银行机构做好不良贷款的降旧控新、如实反映信贷质量工作，要求逾期90天以上贷款全部纳入不良贷款的基础上，重点引导两法人机构将逾期60天及以上的贷款100%反映为不良贷款。会同浙江银行业协会桐庐代表处、桐庐县人民法院共同成立桐庐县金融“微法庭”，创新第三方纠纷调解工作，畅通金融消费者权利救济渠道，实现矛盾纠纷高效及时化解。至12月末，桐庐县金融“微法庭”共受理案件21起，涉及诉讼金额239.72万元，成功调解10起，调解金额142.54万元。

【“三服务”活动】 2020年，桐庐监管组深化“三服务”活动，加强惠企政策宣传，编写的《@桐庐企业，桐庐银行业最全惠企政策来了》一文，得到县委、县政府的肯定；为富春江镇制定个性化金融帮扶方案，精准对接服务企业生产经营需求；引导辖内银行机构完善无缝续贷机制，做好金融服务保障。是年，无缝衔接周转贷款累计5607户，合计金额85.28亿元，为企业节约成本超过0.5亿元；提高信贷期限和生产周期的匹配度，发放中长期流动资金贷款86.17亿元，较上年增加14.58亿元，增幅20.37%，超额完成年初制定的增加5%的目标任务，稳定企业流动性预期；发出《减息助企共克时艰的倡议书》，鼓励机构根据自身的风险承受能力采取减免措施，控制和降低融资成本，是年，减息让利约0.9亿元；组织召开浙江省金融综合服务平台应用培训会，指导辖内银行业机构利用平台，提升金融服务质效。是年，辖内银行业机构通过平台累计授信458户、合计金额13.62亿元，应用“总对总”模块线上办结不动产抵押登记业务139笔、涉及债权金额1.58亿元；开展保险机构走访调研。召开辖内财产险机构负责人座谈会，对辖内11家人身保险公司和5家保险中介机构进行现场走访，指导机构发挥保险保障作用和依法合规经营。

【普惠金融】 2020年，桐庐银监组在辖内银行业推进细化落实小微企业授信尽职免责制度，合理设定不良贷款容忍度，完善小微企业、涉农授信尽职免责和“敢贷、愿贷、能贷”机制。督促辖内法人银行机构实施“两增”目标差异化考核，实现小微企业贷款质量和综合成本“两控”目标。引导辖内银行业通过“年审制”“无还本续贷”等方式无缝衔接周转贷款，持续降低融资时间和财务成本。是年，辖内银行业金融机构用于支持小微企业信贷投入348.05亿元，当年增加78.5亿元，比上年增长29.12%，助推桐庐县小微企业发展。

【平安建设】 2020年，桐庐监管组在做好辖内银保机构防火、防盗、防抢工作的基础上，配合县公安局建立协同打防机制，持续开展预防和协助打击电信网络新型违法犯罪活动。组织各银行业金融机构开展防诈骗宣传活动19次，张贴和发放宣传资料4500余份，并采用银行LED滚动播放防诈骗宣传内容，获县平安创建优秀单位。

（陈　余）

·中国工商银行股份有限公司桐庐支行·

【概况】 2020年年末，中国工商银行股份有限公司桐庐支行（以下简称工行桐庐支行）各项存款余额68.89亿元，比年初增加18.47亿元，其中储蓄存款35.27亿元，比年初增加4.35亿元；对公存款33.63亿元，比年初增加14.12亿元。支行各项贷款余额63.33亿元，比年初增加10.82亿元，其中公司贷款42.44亿元，比年初增加6.81亿元；个人贷款20.89亿元，比年初增加4.01亿元。

【业务发展】 2020年，工行桐庐支行主动对接桐庐县政府支持桐庐县城经济建设发展，签署城镇化补短板强弱项目战略合作协议，以5年投放200亿元的力度支持县内相关项目建设，第一时间为富春未来城建设项目提供6.3亿元授信，并提款5000万元。至12月末，支行项目贷款余额23.03亿元，比年初增加10.23亿元。个人贷款余额20.89亿元，比年初增加4.01亿元，增幅23.76%。其中个人经营性贷款余额5.81亿元，比年初净增2.39亿元；个人住房按揭贷款余额14.41亿元，比年初净增1.81亿元。当年住房贷款累计发放笔数413笔，发放金额4.9亿元。

【疫情防控】 2020年，工行桐庐支行为杭州千芝雅卫生用品有限公司发放2.3亿防疫物资贷款，解决企业的资金缺口问题，保证企业顺利生产相关防控物资支持抗疫。为桐君堂药业有限公司采购“预防一号方、肺炎二号方”中药新增1000万元贷款，助力全县防疫抗疫工作。

【客户拓展】 2020年，工行桐庐支行持续抓好新客户拓展工作，全年新开对公结算账户964户（其中新开有效户788户）；政府机关客户拓户26户；企业网上银行客户动户数2469户；企业手机银行客户动户数1571户；个人手机银行客户净增13742户；三方绑卡净增35144户；国际结算2.27亿元；完成票据贴现约1.4亿元。支行个人客户总量269299户，比年初新增14504户，其中个人有效客户新增12759户，财富客户新增55户，私银客户新增10户。新增其他客户1406户；高质量收单商户新增78户。

【普惠金融】 2020年，工行桐庐支行加大对小微企业“首贷户”支持力度，提高信用贷款和续贷业务占比，助力小微企业发展。至年末，支行普惠贷款余额8.38亿元（含小微企业及个人经营贷款），较年初增加2.6亿元。其中小微企业贷款客户贷款余额2.75亿元，较年初净增0.14亿元；个人经营贷款客户（含E抵快贷）贷款余额5.63亿元，较年初净增2.46亿元。

【风险控制】 2020年，工行桐庐支行按照潜在风险贷款、关注类贷款压降的要求，加大风险控制力度。是年，对2户企业实施退出处置，退出贷款融资700万元；对4户企业实施贷款压降处置，共压降贷款474万元；加强不良贷款处置工作，通过各种催收方式收回违约贷款39笔，计1683万元；通过核销方式，处置江南水乡不良贷款20笔，金额2226万元；通过法院诉讼方式清收公司不良贷款1笔，金额875万元。至年末，支行不良贷款率0.43%，较年初下降0.6个百分点。

（华　凯）

·中国农业银行股份有限公司桐庐县支行·

【概况】 2020年年末，中国农业银行股份有限公司桐庐县支行（以下简称农行桐庐支行）各项存款余额63.91亿元，比上年同期增加10.07亿元，增长18.7%；各项贷款余额57.45亿元，比上年同期增加7.6亿元，增长15.25%；全年实现营业收入22472万元，比上年同期增加4944万元，增长28.27%。是年，被总行评为第五届全国农行文明单位、总行数字化转型县域支行二等奖；被市分行评为2020年度市分行先进单位。被桐庐县政府授予“乡村振兴主办行”称号。

【服务地方经济】 2020年，农行桐庐支行坚持服务地方经济发展经营理念，重点支持全县城镇化建设，与县政府签订100亿元战略合作协议，落实四大平台公司、富春科技城、富春山健康城、五水共治、全域土地和小城镇环境综合整治、美丽乡村建设等基础设施和民生工程等政府重点项目7个的授信，授信金额25.91亿元，当年放款10.91亿元。以最快的速度、最低的成本落实对桐庐文旅集团授信并发放贷款4.21亿元，支持桐庐县政府收购红楼集团旅游景区项目；对桐庐城投授信5亿元并先期发放2亿元，支持亚运会马术场馆建设项目；落实对开发区授信7亿元并发放2亿元，支持富春未来城建设前期拆迁等；对桐庐富春未来开发公司授信5.5亿元，为富春未来城后期项目建设提供保障。是年，公司部法人贷款新增1000万元以上法人有7户，投放金额10.61亿元；新增小微企业贷款客户80户，贷款发放10751万元；央行口径普惠金融农户贷款余额3.51亿元，新增1.19亿元。

【服务“三农”】 2020年，农

行桐庐支行坚持面向“三农”、商业运作的市场定位，强化为县域内小企业服务功能。是年，向172家小企业发放普惠贷款179笔，累计4.02亿元，与全县39个行政村和自然村建立金融合作关系，共建村民档案31644户，农户贷款新增2.7亿元，新增惠农E贷2.9亿元，增量全市农行第一；创新融资担保方式，支持农村经济发展。响应中央对生猪养殖产业稳产保供要求，向养殖户发放全市金融系统首笔生猪活体抵押贷款；破解部分轻资产行业融资难题，对村民致富带头人发放信用贷款，促进信用贷款余额大幅增长；与桐庐民宿协会共同推出“民宿e贷”金融服务方案，解决县内民宿、农家乐经营业主融资难、融资贵等问题。

【风险防控】 2020年，农业银行桐庐支行严格“两高一剩”领域的新增信贷投放，采取协助转型升级、化解风险等手段控制金融风险，全年不良贷款余额和比率持续保持在较低水平。年末，不良贷款余额463万元（其中信用卡不良263万元），不良率0.08%。

【疫情防控与复工复产】 2020年，农行桐庐支行积极参与全县疫情防控和复工复产工作。组织40余名党员志愿者队伍，参与桐庐县凤川街道凤栖社区封闭式管理。推进“支持企业复工复产”金融服务政策落实，参加“百地千名行长助企业复工复产”专项行动，联系走访中小企业474户，为98家小微信贷企业提供信贷优惠政策，减免利息166笔；为135个受疫情影响个贷客户设置宽限期并消除征信逾期记录金额达2459万元。开展结对帮扶，金融扶贫。与凤川街道潇源村结对，开展村集体消薄增收，发放低收入农户信用贷款，解决帮助结对村村民融资难的问题，推进“两战两赢”工作。

【志愿服务】 2020年，农行桐庐支行常态化开展党员志愿者活动，助推精神文明建设，全年组织员工参与社区垃圾分类督导、文明路口劝导、南门社区集中整治、道路整治、“全国文明城市复评”等众多志愿者服务活动500余人次。

（方　晶）

·中国银行股份有限公司桐庐支行·

【概况】 2020年，中国银行股份有限公司桐庐支行（以下简称中国银行桐庐支行）围绕“科技引领、创新驱动、转型求实、变革图强”的工作思路，以高质量发展为中心，做好地方金融服务。年末，本外币各项存款余额36.9亿元，较上年末新增2.89亿元，增幅8.48%；各项贷款余额35.32亿元，剔除提前归还隐性债务5.6亿元后，较上年增长3.47亿元，增幅9.27%；人民币贷存比121.01%。是年，中国银行桐庐支行在“外汇业务合规与审慎经营”和“安全保卫工作”评估均获A等。

【银政合作】 2020年，中国银行桐庐支行不断拓宽银政合作平台，积极对接政府规划中的重大项目和基础设施建设项目，与3家公司建立合作伙伴关系。是年，为桐庐富春山健康城项目授信5亿元，投放1.5亿元。为中通恒泽双语学校项目授信2亿元，投放1500万元。至年末，行政事业单位账户新增30户，行政事业单位存款余额2.2亿元。

【普惠金融】 2020年，中国银行桐庐支行按照总行“扎实做好民营企业和小微企业金融服务”的要求，推进普惠金融各项工作。通过优化授信流程，制定限时服务制度，对调查、审查、审批等流程进行时限通报等方式，落实严格信贷制度，规范客户经理行为，优化流程，提高信贷业务审批效率，支持个体工商户和小微企业主复工复产。是年，普惠“两增两控”完成率119%，普惠客户新增数35户，普惠贷款余额4.4亿元，较年初新增1.43亿元。

【外汇管理和汇率风险规避宣传】 2020年，中国银行桐庐支行在加强外汇结算等服务工作支持县域内外贸企业抗击新冠肺炎疫情、复工复产的同时，加大跨境人民币业务、外汇管理政策和汇率避险知识的宣传力度，提升企业自身外汇管理和汇率避险能力。是年，会同桐庐县商务局、桐庐县人民银行举办外贸企业培训会，系统、全面地讲授如何运用汇率产品，合理规避汇率风险等内容。为县域内外贸企业增强抗风险能力。至年末，远期结售汇交易量1.51亿美元，外汇买卖交易量385.52万美元，外汇掉期交易量1.63亿美元。

【金融科技】 2020年，中国银行桐庐支行继续助力“桐庐无欠薪”行动，与县住建局、县人社局等部门密切配合，成立专业服务小组，上门为建筑企业民工开立并激活工资卡，提供一条龙便民服务。至年末，成功落地建筑工地账户137户，全年代发薪金人数28468人，增幅68%，代发金额42438万元，增幅75%；开通手机银行25800户，为桐庐县全面治理拖欠民工工资问题提供保障。在全县大力推广电子医保凭证业务，是年，共计激活电子医保凭证5000余户。

【金融宣传】 2020年，中国银行桐庐支行，做好金融知识宣传与普及工作。相继开展“3·15”金融消费者权益日、“防范非法集资宣传月”、反假币宣传、“金融知识万里行”“普及金融知识，守住‘钱袋子’”、浙江省2020年“金融知识普及月金融知识进万家 争做理性投资者 争做金融好网民”等活动。全年参与大型集中宣传活动4次、进村镇宣传活动3次、进社区宣传活动2次、进市场宣传活动4次、进企业宣传活动5次，受益群众2000多人。并在营业厅堂发放传单、手册等宣传材料5000余份。

（黄　幸）

·中国建设银行股份有限公司桐庐支行·

【概况】 2020年，中国建设银行股份有限公司桐庐支行（以下简称建行桐庐支行）设有综合管理部、业务管理部、公司客户部、个人金融部、资金结算业务部5个职能部门；营业部、江南支行、新区支行、江北支行、富春江支行、分水支行6个二级支行。至年末，建设银行桐庐支行一般性存款日均余额30.89亿元，较年初增长5.92亿元。贷款余额24.23亿元，较年初增加7.11亿元。实现中间业务净收入1584万元。

【业务拓展】 2020年，建行桐庐支行助力乡村振兴，贯彻落实普惠金融。至年末，建行桐庐支行普惠金融对公信贷客户530户，较年初增加200户。普惠金融对公贷款余额6.13亿元，较年初增加2.18亿元。推进守护e贷，为奋战在一线的抗疫工作者提供金融支持。疫情期间，桐庐支行共准入对公客户125户，完成抗疫人员授信4803户，授信总额3.46亿元。

【风险管控】 2020年，建行桐庐支行强化内部管理，严格客户准入和贷后检查，风险管控能力持续提高，不良贷款余额和比率持续下降。年末，不良贷款余额和比率分别为661万元、0.28%。继续实施培优计划，把内控合规教育纳入员工培训内容，提高员工的专业技术素养和合规操作的自觉性。

（徐小儿）

·中国农业发展银行桐庐县支行·

【概况】 2020年，中国农业发展银行桐庐县支行（以下简称县农发行）围绕“以市场为依托，筹集支农资金，支持‘三农’事业发展”的工作任务，创新信贷支农模式，加大项目资金保障力度。在配合地方政府规范举债融资的前提下，全年新审批项目贷款金额15.7亿元，其中桐庐水务有限公司的桐庐第二自来水厂工程，获批贷款额3.3亿元；桐庐城市基础建设有限公司的桐庐县舞象山路道路建设工程，获批9.5亿元；桐庐肩吾建设开发有限公司的桐庐综合客运枢纽（公路客运）工程，获批2.9亿元。年末，支行各项贷款余额28.53亿元，比上年同期增加3.67亿元，增幅14.76%；各项存款8.58亿元，比上年同期增加1.18亿元，增幅15.95%。全年财务总收入13683.58万元，财务总支出9865.48万元，账面盈利3818.1万元，分别比上年同期增加1398.05万元、1196.5万元、201.55万元，增幅11.38%、13.80%、5.57%。

【支持实体民营小微企业发展】 2020年，县农发行贯彻落实党中央、国务院有关缓解小微企业“融资难、融资贵”的决策部署，把支持小微企业作为一项重点工作来抓。是年，发展小微企业贷款户数2家，贷款额度1250万元。其中杭州碧于天保健品有限公司获批750万元小微贷款被认定为扶贫贷款，享受扶贫贷款利率，同时办理杭州地区首笔无还本续贷业务，帮助该企业解决资金期限错配的问题，缓解企业转贷压力。

（刘哲瑜）

·交通银行股份有限公司杭州桐庐支行·

【概况】 2020年年末，交通银行股份有限公司杭州桐庐支行（以下简称交通银行桐庐支行）各项本外币存款余额39.1亿元，比上年增加4.5亿元，增长13.01%。各项贷款余额34.21亿元，比上年增加13.25亿元，增长63.22%。实现经营利润5192万元，比上年增加1241万元，增长31.41%；实现经济利润4057万元，比上年增加3066万元，增长309.38%。是年，获人行桐庐县支行和外管局桐庐县支局“桐庐县金融系统抗疫先锋单位”称号、“金融服务模式创新先进单位”称号。

【业务发展】 2020年，交通银行桐庐支行开拓经营思路，以外币存款为业务突破重点，拓展跨境协同、蕴通供应链、债券承销、银卫安康、非税电子化等产品，多维度服务客户，带动各项业务增长。至年末，外币存款余额14351万美元，比上年增加5349万美元，增长59.42%；投行业务取得发展，承销短期融资券16亿元，获批中期票据20亿元；为民生工程桐庐农村饮用水达标提标工程项目建设提供资金支持，向桐庐绿水建设开发有限公司发放贷款16000万元；发展普惠小微业务，全年“两增”口径贷款增长16250万元，计划完成率189.39%；“两增”口径客户增长81户，计划完成率245.45%。

【银卫安康业务】 2020年，交通银行桐庐支行投入资金41.2万元，参与桐庐县中医院医疗卫生服务共同体银卫安康项目建设。该项目累计投入资金285.1万元，为桐庐县中医院医疗卫生服务共同体提供智慧医疗、便民就医等服务。

（徐　斌）

·浙江桐庐农村商业银行股份有限公司·

【概况】 2020年，浙江桐庐农村商业银行股份有限公司（以下简称桐庐农商银行）下辖网点机构52家，其中营业部1家、支行17家、分理处34家，有员工574人。年末，各项存款余额261.75亿元，新增57.9亿元，增幅28.4%；贷款余额179.34亿元，新增34.47亿元，增幅23.80%；五级不良率0.75%，拨备覆盖率1348.86%；实现营业收入14.70亿元，增幅10.27%；实现利润4.06亿元，增幅9.24%。是年，桐庐农商银行获浙江省民企最满意银行、2020年度浙江农信系统业务成长十佳银行，全县民政民生领域先进单位等荣誉。所属城南支行被评为浙江农信系统文明规范服务示范单位，开源支行被评为杭州农信系统品牌文化示范单位，桐君支行被评为杭州农信系统文明规范服务示范单位。

【疫情防控与复工复产】 2020年，桐庐农商银行联合县委组织部推出“党建联盟金融抗疫十条”，出台系列助力复工复产和减费让利政策，启动挺小微专项行动，开展“三服务”和“百行进百企”等活动，捐款捐物130万元；支持受疫情影响小微企业（个体工商户）10112户、金额60.19亿元，为企业减免降息1.63亿元。

【普惠走访】 2020年，桐庐农商银行开展“双百”普惠大走访、“稳存量、防风险”精准普惠走访，全年走访农户48530户，小微企业4428家。围绕“足额、便捷、便宜”服务策略，提升服务质效，推广“无感授信、有感反馈、有据增信”，完成县内10.53万户农户的信息采集工作，采集率达100%，授信农户数81676户，覆盖率达99.69%。

【党建联盟建设】 2020年，桐庐农商银行深化党建联盟建设，推进党员创业小组提质增效，建立制笔、针织、医疗器械、农业龙头企业四大特色产业联盟。至年末，全行各党员创业小组组均新增人数2.65户，建成党员创业联盟小组5175个，成员38229户，实现乡镇（街道）、行政村党建联盟全覆盖。是年，联盟成员总授信84.12亿元，贷款48.58亿元。与县财政局合作，开展“T+0”农村公益转贷基金业务，至年末，累计为2147个村级组织和农户办理转贷7.79亿元。与6个乡镇（街道）共同实

钱塘江金融港湾——桐庐农商银行党建联盟签约仪式

施“T+0”小微企业转贷，为1314家企业办理转贷35.08亿元。创新金融力量参与破解基层信访难题的“桐庐模式”，帮助化解疑难信访积案16件。与县司法局签订“社会矛盾源头治理党建联盟”合作协议，与监管组、县法院共建金融“微法庭”，设立快速处理中心，积极参与大调解。对接各类公益服务平台，成立“清·情”快递人志愿者服务队；成立桐庐县乡村振兴金融服务党建联盟实践基地、桐庐县金融服务党建联盟共建共享基地、桐庐县党建联盟“红色礼堂”，以农事体验开展“红色互动”活动等举措，促进地方经济发展。

【数字化转型】 2020年，桐庐农商银行出台数字化转型方案，落地运用32个数字化项目。推进数字化精准营销、精准管理，开通使用数字银行APP，建立数据化报表系统，优化党建联盟系统，开发劳动竞赛T+1展示平台，实施贷后风险和监管数据监测，设立“党建+金融”线上指挥中心。构建线上服务体系，开通“浙里掌上贷”模块，推出“小微易贷”“小微税贷”“企业网银”“工资贷”等线上服务模式。加快线上线下业务融合，推出“志愿者积分贷”“传承贷”“社保贷”等线上贷款产品，上线“随心花”产品，开通浙里贷微信小程序，加强丰收互联专业版的开户扩面工作，积极推广“浙里贷”“E闪贷”“E分期”业务。

【股权转让】 2020年，桐庐农商银行根据相关政策规定，变动股权共计16户，金额135万元，最大的一户转让金额为38万元。

（申屠晓欢）

·中国邮政储蓄银行股份有限公司桐庐县支行·

【概况】 2020年年末，中国邮政储蓄银行股份有限公司桐庐县支行（以下简称邮储银行桐庐县支行）储蓄存款余额37.75亿元，比上年同期增加4.63亿元，比上年增长13.98%。各项贷款余额44.20亿元（含公贷3.5亿元），比上年增加9.83亿元，增长28.60%；贷款不良率0.36%。完成业务收入9212万元，比上年增加1025万元，增长12.52%。其中：个人业务收入1387万元，增长31.34%；公司业务收入1373万元，比上年下降0.05%；信贷业务收入6452万元，比上年增长13.51%。实现营业利润5598万元，比上年同期增加743万元，增长15.3%。

【业务发展】 2020年，邮储银行桐庐县支行以“强基础，求突破”为指引，围绕“风险管控优先，加快转型发展”的总体思路，坚持经营发展和疫情防控“两手抓、两手都要硬”，经营效益稳步提升。至年末，个人贷款余额37.8亿元，比上年同期增加6.32亿元；小微企业贷款余额9.34亿元（含个人经营性贷款），比上年同期增加1.17亿元；新增支持政府项目融资3.5亿元。是年，发放信用卡2059张，新客户占比83%；完成综合保费2055万元，完成率82%；非货基金销量1896万元，目标完成率105%。新增公司存款1.44亿元；新增精准个人扶贫贷款387万元，小企业扶贫贷款650万元。

【内控管理】 2020年，邮储银行桐庐县支行落实风险管控主体责任，加强风险意识教育，抓好《基层内控五十四条》的落实执行，开展省分行“接管检查”整改工作，强化责任追究，严控风险，加强各类不良贷款的清收工作。是年，全行未发生资金案件和其他金融风险事件，保持案件防控“零”指标的目标；累计清收各类不良贷款687万元。

【志愿服务】 2020年，邮储银行桐庐县支行组织参加区域管控志愿者值守、协助中小学教材配送、疫情防控巡查等疫情防控志愿者活动45人次。组织开展“党员先行 助力‘垃圾分类’ 树立时代新风尚”“助创全国文明城市 践行责任担当”等各类志愿者活动10余次，参与活动员工300余人次。

（傅向阳）

城乡建设与管理

Urban-Rural Construction & Management

城乡建设与管理

·城乡建设·

【机构改革】 2020年，根据县深化事业单位清理规范改革有关精神，县住房和城乡建设局（以下简称县住建局），对所属事业单位进行清理整合。县住建局原所属事业单位10家，事业编制93名。其中，公益一类9家，事业编制78名；公益二类1家，事业编制15名。改革后，县住建局所属事业单位8个，精简2个（桐庐县白蚁防治站、桐庐县房地产管理处整合组建桐庐县房地产管理处、桐庐县城建档案馆、桐庐县建筑业管理处整合组建桐庐县建筑业管理处），事业编制93名。其中，公益一类7家，事业编制78名；公益二类1家，事业编制15名。

【美丽城镇建设】 2020年，桐庐县完成城乡建设项目190个，涉及10个乡镇，累计投资14.8亿元；县域美丽城镇建设行动方案及分水镇、富春江镇、瑶琳镇3个乡镇的美丽城镇建设行动方案获省级优秀方案；分水镇、莪山乡创成美丽城镇省级样板。

【城市基础设施建设】 2020年，县住建局推进政府投资性城市基础设施建设项目6个，完成投资2.75亿元（其中农村生活污水提标改造项目1.8亿元）。完成6个老旧小区改造，改造总面积26.6万平方米，总户数3030户，改造车位125个。实施既有住宅加装电梯，通过加梯联审61台，开工64台，交付使用50台。完成《桐庐县电动汽车充电设施规划实施方案》，牵头推进新能源汽车充电基础设施建设，完成充电桩45个、快充充电枪118把；完成绿道建设33段，142.35千米（其中富春绿道4段，24.9千米，乡镇绿道29段，117.45千米）；提标改造雨污管网6.7千米。

【村镇基础设施建设】 2020年，桐君街道在牛山坞和迎宾路、泰鑫路完成城区排涝治理项目，实施洋塘区块污水零直排项目和牛山坞污水零直排项目。完成濮家庄村精品村项目建设，共计12个子项目，完成生活污水管网提升工程、村西入口沿线道路景观提升、村东入口提升改造、村西入口提升改造、杨家坞文化礼堂建设及周边环境整治5个子项目建设。

城南街道总投资800余万元开展农村生活污水处理设施提升改造项目，包括春江、大丰、金牛3个村30处终端及管网提升改造。

旧县街道投资4330万元开展村镇基础设施建设。其中，投资2200万元建设提升12条“四好农村路”；投资600余万元建设旧县市民广场；投资700余万元，建设旧县溪绿道及合岭环湖游步道；投资130万元，完成西武山村天然气入户试点；投资200万元，建设鸿儒村璜璎树公园；投资500万元，完成鸿儒、母岭、合岭24个农村生活污水处理终端提升改造。

凤川街道投资1300万元实施污水零直排工程。

分水镇投资3.24亿元，完成妙笔路、南山路、天英规划八路等8条市政道路雨污管网建设(约12千米)；完成分江路、玉泉玉华东溪等片区（约4.2平方千米）污水零直排建设，并通过省级污水零直排区创建验收；实施“四好农村路”建设，完成21条公路建设，其中建双线、分老线、定大线被评为桐庐县十大农村最美公路；改造完成邻里中心、市民广场、农产品展示中心、蜂产业孵化中心等重点民生项目建设；实施天然气覆盖建设，新增民用通然610户；推进农村饮用水达标提标改造工程，23个村实现自来水全覆盖。

富春江镇投资2000万元，建设装备制造产业园二期项目；投资1.06亿元开工建设富春绿道，绿道全长22.94千米，其中北线富春山绿道北起清渚江口、南至建德市边界，长约18.68千米；南线芦茨湾绿道北起严陵坞、南至建德市边界，长约4.26千米；投资100万元完善社会治理中心室外停车场和篮球场项目；投资270万元实施老旧小区（毛竹园区块）综合改造，完善小区智慧安防、停车、小区围合等内容；投资100万元建设镇区重要路段的交通安全设施。

江南镇投资8306万元开展村镇基础设施建设，其中投资2380万元完成集镇范围内雨污管网全覆盖建设，并通过省级污水零直排区创建验收；投资1400万元实施农村生活污水提升改造工程，完成深澳、环溪、珠山、锦江、凤鸣等5个村的污水管网及65个终端提升改造；投资2520万元完成18条共计20.24千米的“四好农村路”和美丽公路建设；投资60万元完成道路交通安全隐患点整治146处；投资1946万元完成邻里公园、疏港公路棠川安置点房屋基础工程、江南镇中心卫生院改建工程、新时代文明实践中心、江南镇综合服务中心环境整治工程等重点民生项目建设。

横村镇投资500余万元新建精诚路庙下路口段工程，道路全长380米，宽度18米，包含管网铺设、道路建设、绿化等。中国围巾城总投资1.5余亿元，建筑面积2.5万平方米，内设电商、直播培训、产学研合作室办公区域以及店铺153个。

瑶琳镇投资2550.55万元实施农村生活污水提升改造工程，完成潘联村、元川村、后浦村等11个村的终端管网改造；完成15条道路，3座桥梁建设，共计19.86千米；完成20户困难群众建房救助，覆盖东琳村、皇甫村、姚村村等12个行政村。

百江镇投资300万元完成集镇雨污水管网提升整改；投资1200万元完成12个村农村生活污水提升改造；投资680万元建设百江集镇—罗山村绿道、百江镇炮台山—郭村村口绿道等6条绿道，38千米；投资2000万元完成12条道路提升改造，18.34千米。

合村乡投资2680万元开展村镇基础设施建设；投资2150万元完成高凉亭隧道及三源村C096、C097道路改造等工程；投资530余万元实施农村生活污水提升改造工程，涉及6个行政村，新建管网12千米。

莪山畲族乡投资600万元，完成新、改建农村公路7条，涉及塘联村、莪山村、尧山村、中门村、龙峰村；投资1000余万元实施完成徐七线精品示范路项目；投资200余万元，建设提升3条绿道，总长6.3千米，分别为牛头山登山旅游游步道、中门村口至潘龙游步道、山哈风情绿道。实施农村生活污水提标改造工程和自来水提升改造工程，成功创成文旅特色型美丽城镇省级样板，塘联村创成省级美丽宜居示范村。

新合乡投资7000万元，实施新合小微园区建设；投资330万元，建成新合境内首座加油站；投资200万元，实施新四村外松山农居点建设，开展旧庄自然村环境整治提升；投资3000余万元，建成全域旅游集散中心（印象新合馆）、杏溪广场、壶源江绿道、索面晒场，特色村标等项目，实施钟氏大屋加固、村庄道路拓宽、自来水和雨污管网提升工程。农村饮用水工程二期水库扩容工程稳步推进，与一期管网工程有效衔接。

【市政设施养护】 2020年，县住建局修复人行道9000平方米，修复主路面（沥青、砼）17600平方米，道路完好率98%以上。修复窨井盖34余套，清理窨井7000座，疏通管道60余千米，改造路面积水点1个。实施雨污分流改造5千米，管网清淤50千米；建设城镇污水配套管网15千米，完成1个居民小区“污水零直排”创建。修复县

江南镇邻里公园

城公共照明及景观照明1268盏，更换景观灯破损灯罩263套。

【园林绿化养护】 2020年，桐庐县城绿地面积863.94万平方米，建成区绿地率41.14%，绿化覆盖率43.2%，人均公园绿地面积14.95平方米。更换、补种行道树570余株，灌木5250平方米，地被2.3万平方米。

【城市供水供气】 2020年，桐庐县新增天然气用户4327户（其中江北602户），完成白云源路管网优化工程，分水镇首个城中村印丰村实现通气；节水普及率99%以上，创建“节水型居民小区”3个；新建、改造供水管网43.5千米，保证居民用水有效供给。

【房地产业管理】 2020年，桐庐县在建房地产项目34个，其中续建25个，新建9个，完成房地产投资36.98亿元，比上年下降22.4%。其中民间投资完成36.78亿元，比上年下降20%。新开工房地产83.88万平方米，比上年增长192.3%；竣工37.13万平方米，比上年增长35.6%。房地产销售（网签）面积44.09万平方米，比上年增长19.13%，其中住宅3052套，37.25万平方米，比上年增长36.8%。办理商品房预售证35份，商品房预售面积38.46万平方米（其中住宅2955套，34.06万平方米）。住宅成交均价17408.54元／平方米，比上年平均值下降4.2%，县城区商品住房毛坯成交均价18312元／平方米，比上年下降4.72%；乡镇商品住房成交均价7862元／平方米，比上年下降6.9%。是年，签订资金监管协议21份；实行《商品房预售合同》纸质备案手续，备案合同10783份；办理变更合同备案204件，撤销合同备案300件。

【物业管理】 2020年，县住建局制定《桐庐县加强住宅小区物业综合管理行动计划》，强化属地管理职责，增强街道、社区物管力量配置，理清物业综合管理中的部门职责。建立镇街联席会议机制、物业纠纷调解机制等。规范前期物业招投标工作，建立前期物业公共招标网站。推进“美好家园”建设，成功创建美好家园小区6个。确认缴交物业专项维修基金4870.99万元、物业保修金1576.63万元；批准使用物业专项维修基金303.55万元、物业保修金70.44万元；退还物业保修金小区1个。结合抗疫、垃圾分类、“美丽杭州”百日攻坚、平安建设等行动，开展各类检查1700余人次，累计通报批评物业企业14家，下发问题整改通知单23份。

【住房保障】 2020年，桐庐县新增公共租赁住房保障家庭266户；发放公共租赁住房租赁补贴48.32万元；发放一次性购房补贴7.49万元；提供人才公寓38套；发放租房补贴474万元。17名高层次人才通过购房补贴审核，27名高层次人才通过租房补贴审核。

【建筑业管理】 2020年，桐庐县共有注册在桐施工企业160家，其中拥有一级总承包资质企业7家、一级专业承包资质企业2家，二级总承包资质企业13家、二级专业承包资质企业13家，三级总承包资质企业104家，三级专业承包资质企业12家，施工劳务不分等级9家。是年，根据建筑企业统计汇总销售收入123.54亿元，比上年增长19.4%；口径内70家施工企业产值115.84亿元，比上年增长4.36%；通过税务部门采集税收3.86亿元，比上年增长14.88%。办理施工许可证179项，累计建筑面积362.62万平方米，造价87.05亿元；办理施工图联合审查项目225个（其中建筑+市政130个，既有建筑改造64个，专项31个）；通过杭州市建筑节能信息平台办理《浙江省民用建筑节能审查意见书》项目47个，建筑面积205.45万平方米；办理竣工验收备案65项，累计建筑面积121.73万平方米，造价25.45亿元。完成项目核准登记审核258项、项目招标文件审核252项、施工合同签订现场见证238项，完成项目招标216项，中标造价68.45亿元。是年，受理质量安全监督项目236个（正常在建180个），建筑面积约570万平方米，其中市政工程21个，造价约5.2亿元。新受理建设工程135个，建筑面积285万平方米，其中市政工程14个，造价2.4亿元，创“桐江杯”23

项，杭州市“结构优质奖”11个，杭州市“双标化”工地12个。组织召开安全生产季度例会4次，施工现场质量安全生产观摩会3次。开展日常巡查及验收3812次、各类专项（大）检查16次，签发书面整改通知书1023份、局部暂停施工通知书14份、停工通知书12份，实施简易行政处罚9起，一般行政处罚8起，信用扣分23起。

【“三改一拆”】 2020年，桐庐县完成旧厂区改造18.88万平方米，拆除违法建筑9.04万平方米。

【棚户区改造】 2020年，桐庐县完成棚户区改造竣工房屋955套，17.24万平方米，完成投资7.36亿元。完成安置房产权初始登记1168套。

【城建档案管理】 2020年，县住建局审核接收竣工项目118个，整理著录审核入库档案2859卷。对120个项目工程进行现场业务指导，拍摄照片1004张。完成城建档案数字化改造2648卷。共接待查档人员598人次，调阅档案5875卷。

【城乡建设展示】 2020年，桐庐县城市规划展示中心更名为桐庐县城市展示中心。接待各类政府考察团队504批，12万余人次。推出“我把桐庐说给你听”云上观展和“走出展馆说桐庐”系列活动6期。是年，城市展示中心开展公益活动、公益展览8次，完成大事记、富春未来城等区域展陈内容，讲解部获“市级青年文明号”。

·人民防空·

【概况】 2020年，县住建局（人民防空办公室）完成抢险抢修、交通运输、医疗救护、防化防疫、治安、消防、通信7支人防专业队伍整组与信息收集核对工作，上报专业队员花名册260名。

【人防实战化演练】 2020年，县住建局（人民防空办公室）组织完成4月4日、5月12日和9月18日警报试鸣，完成“杭州金盾2020—1”指挥通信演练、长三角一体化机动通信拉练任务；常态化开展通信训练，按时参加省、市视频会议、卫星通信系统、短波电台联络等训练，出勤率100%；重点组织开展“9·18”防空防灾城市人员防护紧急疏散掩蔽演练，270余人参加演练活动。

【人防依法行政】 2020年，县住建局（人民防空办公室）开展人民防空工程建设与竣工管理，其中人防工程易地建设核实75件，结建人防工程20个，人防工程竣工验收备案8件。

【人防工程建设与管理】 2020年，桐庐县审批新增人防结建工程20个，100%实施人防专业监理，100%办理人防工程质量监督手续。完成桐庐县人防专项控制性规划编制，落实规划引领人防建设要求。合理调整布局，提高专用人防工程占比，落实桐庐县第一人民医院（县120急救指挥中心）迁建工程项目修建战时功能为中心医院的人防工程。组织防空地下室大检查，发出整改通知书22份，约谈使用或维护管理单位5家。组织新上岗的人防工程管理员参加市人防办统一培训，培训53人次。

【人防指挥通信体系建设与管理】 2020年，县住建局（人民防空办公室）创新防空警报发放方式，利用商务区各大楼宇广告机同步播放防空警报音响信号；新增防空警报2台。完成112工程地面指挥所、地下基本指挥所视频会议系统高清改造。完成人员防护方案进楼道、进家庭和标识标牌设置工

2020年9月18日，防空防灾城市人员防护紧急疏散掩蔽演练专业队集合

作。完成富春江镇芦茨村疏散基地建设。首次联合县人武部开展县级人防专业队和街道（人防重点镇）、社区人防骨干集中训练，7支人防专业队以及街道、社区人防骨干66名队员参加训练。

【宣传教育】 2020年，县住建局（人民防空办公室）开展“国际民防日”宣传活动，利用微博、微信等载体宣传民防知识，在各社区、人防大楼、车站等场所悬挂宣传横幅，在迎春商务区所有楼宇大厅和城区户外媒体终端循环播放国际民防日宣传视频。结合5月“人防宣传周”活动，在大润发、利时百货等商场开展系列防空防灾宣传活动，发放宣传资料600余册，展出防空防灾宣传图板20块。9月18日，结合警报试鸣，在桐庐县城市展示中心开展防空防灾城市人员防护紧急疏散掩蔽演练活动，现场发放防空防灾读本300余册，展出防空防灾展板22块。规范开展人防（民防）教育进初级中学、小学工作，全县7所中学、3所小学按要求制定教学计划，共3400余名学生接受人防（民防）教育。举办“杭州人防70年”巡回展览。

（赵丹枫）

·城市管理·

【概况】 2020年，桐庐县城市管理局（以下简称县城管局）下设基层党支部6个、机关党支部1个，科室中队10个，下辖事业单位桐庐县环境卫生管理处。监管两家公司：桐庐县停车服务有限公司、桐庐县环益环境服务有限公司。

【行政执法】 2020年，县城管局办结一般案件939件，简易案件3246件，罚款382.3万元；录入违停车辆25944辆，缴款结案16099辆，罚款243.32万元。

是年，县城管局启用智慧城管平台，四色预警、智慧环卫、非现场执法等模块上线试用，同时接入公安监控系统、垃圾厢房监控系统。上线以来，四色预警系统监管城区道路120条，路段1486条，6916家店铺纳入管理。印发《关于进一步推进〈桐庐县城市管理领域失信行为惩戒办法（试行）〉应用的通知》，深化失信惩戒制度，全年送达信用温馨提示书147份，预警告知书5份，为16位当事人提供信用修复服务。是年，县城管局作为省综合行政执法改革全域培育单位之一，推行综合行政执法改革，提出“全域集成综合行政执法改革”，将原先对企业、商户的多部门多频次执法检查整合为“全面式”“清单式”一次执法检查，全面推行“综合查一次”。

【执法规范化建设】 2020年，县城管局严格落实行政执法“三项制度”（行政执法公示制度、行政执法全过程记录制度、重大执法决定法制审核制度）。推广应用“掌上执法”，通过即时检查、专项检查、双随机抽查等模式，实现巡查检查全留痕；启用电子证据管理平台，升级配备5G执法记录仪，实现执法全过程记录的有效监管；开发应用涉案物品管理平台，对查封扣押的涉案物品出入库情况进行数字跟踪，实现全程监管；印发《重大行政执法事项会商制度》，制定《提升执法能力八项措施实施意见》《法制员工作制度》，常态化开展“每月一法”测试及分类教育培训，全年开展法律测试4次，法制员培训及岗位交流3次，案件专题讨论会2次，全局执法能力提升培训2次。

【精细化管理】 2020年，县城管局开展市容秩序专项治理行动，规范24小时值班体系，实行夜间联合值班制度、跨辖区执法制度；推行市场化运作，引入第三方市场化保洁；制定市场化考核补充协议，改变过去突击式管理模式，通过绩效评估、问题督办等形式，有效弥补管理上的薄弱环节，达到管理时间和管理空间无盲点，实现考核有依据、质量有标准、督查有计划、整改有措施、管理有目标的精细化管理模式。

【文明城市复评】 2020年全国文明城市国家级复评迎检期间，县城管局先后组织复评预演3次。在城区18条道路开展拉网式整治，与沿街商户签订《市容责任承诺书》2039份；施划停车泊位2500余个；临时招聘35名文明劝导员，做好人行道非机动车停放劝导工作。获全国第九、全省第一的成绩，受到中央文明办通报表扬。

【环境整治】 2020年5月，县城管局开展“美丽杭州”创建暨“城市环境大整治、城市面貌大提升”百日集中攻坚行动，6—9月桐庐百日集中攻坚行动考评成绩均列全市良好以上等次。10月，集中攻坚行动转变为“‘迎亚运’城市环境大整治、城市面貌大提升”长效管理工作。11月，县城管局牵头成立县“‘迎亚运’城市环境大整治、城市面貌大提升”长效管理工作推进领导小组，设置自查线路6条、自查区块7个、自查网格19个，每周开展城区市容环境排查检查。截至年底，发现问题31000余个，全部整改完成。

【垃圾分类】 2020年，县城管局启动新一轮垃圾分类工作，深化城区垃圾分类运输。5月6日起县城区全面实行小区生活垃圾“定时定点、分类投放”，针对垃圾分类清运的实际情况，及时调整清运的作业模式。是年，投入资金400余万元，新增压缩车6辆，“音乐线”收集车20辆，共计投入运输车辆68辆，完成对县城区所有物业小区、开放式小区、城中村、商业街区及周边支路、水果店垃圾分类运输，分类运输率100%。

【“先离场后付费”便捷泊车系统上线】 “先离场后付费”便捷泊车系统是杭州城市大脑停车系统的一个便民应用场景。2020年，桐庐县在29个停车场、44个道路泊位点陆续上线“先离场后付费”便捷泊车系统，共计7512个泊位接入城市大脑并开通“先离场后付费”。“先离后付”便捷泊车系统平均使用率49.45%，使用率列杭州市第六。

【渣土整治】 2020年，县城管局牵头成立工程渣土专项整治工作领导小组，组建渣土联合巡查组、专案组，集中查办工程渣土违法运输、处置行为；牵头开展全县工程渣土专项整治工作，采取联合整治、错时巡查、重点检查等形式严查工程渣土违法运输、非法处置等违法行为。是年，县城管局联合海事局对利用船舶进行无准运证运输工程渣土的违法行为进行查处；开发启用智慧渣土管理系统，建成渣土处置审批，出土、消纳点勘查，运输路线明确，运输车辆跟踪“四位一体”的集成管理平台，进一步规范落实工程渣土处置“两审批一备案”制度。是年，查处违法行为280起，比上年增长42%；罚款290.2万元，比上年增长85%，其中，立案查处利用船舶进行无准运证运输工程渣土的违法行为8起。

【违建查控】 2020年，县城管局推进住宅小区违建信息登记报告制度，实施住宅小区违建信息登记报告制度的物管小区82个，覆盖率100%。联合城南街道，对上杭路的7处违法建筑进行依法拆除，面积276.1平方米。开展云山九里拆违工作，拆除违建房屋50余幢。截至年底，配合拆除国有土地违建60余处，面积1648.36平方米。

【犬类家禽管理】 2020年，县城管局继续开展犬类管理专项整治。在上尚府、康乐小区、大奇山居等小区开展文明养犬宣传。在天目溪公园、中心广场、滨江公园（一桥至二桥段）设置文明养犬检查点，对遛犬不牵绳的行为进行劝导，检查养犬许可证是否办理。是年，办理犬类管理类信访投诉278件，收容流浪无主犬648条，办理养犬许可证91本（含年检），立案查处违法养犬行为32起，罚款6.34万元。

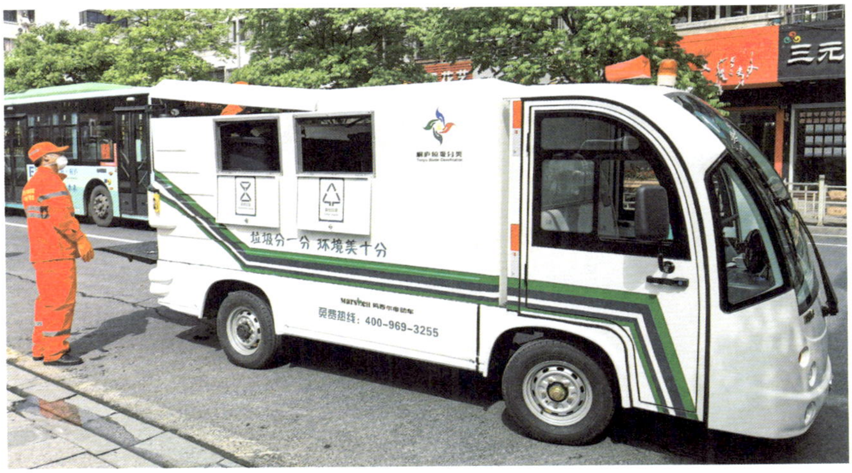

2020年4月20日，桐庐县首条垃圾不落地音乐收运线正式启用

【餐饮业水气共治】2020年，县城管局对第一轮中央环保督察问题、省级环保督察问题、2019年餐饮油烟投诉新增问题、2020年餐饮油烟信访问题涉及的餐饮店开展“回头看”复查整治。配合开展白云小区餐饮油烟污染专项治理验收工作，对符合要求的46家餐饮单位发放治理补助8.6万元。开展夏季生态环境保护等专项整治行动，累计检查露天烧烤、流动烧烤摊，夜宵排档等点位550余次，发现并整改问题220余个。全年共计立案查处餐饮店出店经营23起，烧烤摊无照经营140起，罚款3.38万元。

【信访处置】 2020年，县城管局各平台共受理信访件2870件，其中浙江省统一政务咨询投诉举报平台1182件（其中，县市12345件1123件，网信58件，来访1件），基层治理综合信息平台491件，来电反映1049件，“110”联动140件，其他途径8件。自5月6日全面实行生活垃圾分类撤桶并点后，垃圾分类问题相关信访件258件。是年，投诉比上年下降5.75%，信访件处理率100%、办结率100%，按期回复率100%。

【数字城管】 2020年，桐庐县数字城管处置中心上报案卷75730件，问题解决率100%，每月及时解决率96.97%，列杭州市C类城区（桐庐县、建德市、淳安县）第一。对城区范围内道路低洼、立面破损、广告标识、垃圾分类等方面开展专项普查工作，普查问题共11673件。持续推进乡镇数字城管扩面工作，完成凤川街道、旧县街道、瑶琳镇、百江镇的数字城管扩面工作，并开始正常采集。推广“数字城管处置通”APP，方便处置单位在第一时间接受案件、第一时间查看信息、第一时间上传数据，有效压缩案件办理时间。

【普法宣传】 2020年，县城管局开展生活垃圾分类、文明养犬、“禁噪期”宣传60余次；以环境大整治为契机，利用广播电视、微信微博、抖音视频等媒体，对“僵尸车”治理、人行道静态交通治理、“水气同治”等重点工作开展宣传；结合垃圾分类工作，成立四色文明花宣讲团，走进机关单位、医院、酒店等不同领域，开展生活垃圾分类宣讲培训，加强分类意识，提高分类质量，共计开展培训242次，培训14000余人次。

【民生实事】 2020年，县城管局稳步推进垃圾分类。5月完成撤桶并点，6月乡镇街道全达标，7月县城区主次干道音乐收运线全覆盖。是年，创成省级垃圾分类示范小区3个，市级垃圾分类示范小区36个，县城区日均分出易腐垃圾33余吨。垃圾分类“桐庐模式”得到省市领导批示肯定。是年，县城管局投资100余万元，完成城区14座公厕的提升改造及10座公厕的无障碍设施改造。召开城区通用井盖维修问题专题会议，会议决定由第三方公司进行统一维护，城投公司负责监管。

【便民服务】 2020年，县城管局保洁服务应急先锋队的应急保洁服务，形成服务“半小时圈”。截至年底，共受理求助电话600余件，处理满溢化粪池800余只、问题窨井740余只。县环卫处全年清运生活垃圾13.2万余吨，收运处置餐厨垃圾1.5万余吨，实现城区大中型餐饮企业全收运。

（丁俞岑）

自然资源·生态环境

Natural Resources & Ecological Environment

自然资源·生态环境

·规划与自然资源·

【概况】 2020年，县规划和自然资源局（以下简称“县规划资源局”）供应土地91宗219.27公顷，供应量创历年之最。编制国土空间规划局部调整方案25个，优化国土空间布局276.6公顷，形成桐庐东站区块、柴埠区块、沿江风情带（梅蓉）区块、开发区152产业园、城南街道磁性产业园区块等重点区块规划编制阶段成果。“三块地”（批而未供、供而未用、低效用地）盘活完成率排杭州市第一，产生盘活指标88.8公顷。通过全域土地综合整治，新增耕地121.33公顷，调整优化永久基本农田31.47公顷。更新全部乡镇（街道）1829平方公里国土“三调”（第三次国土空间调查）成果，完成2019年国家卫片217个图斑核查，实现耕占比0%。治理地质灾害隐患点46个，66户277人解除危险。不动产登记窗口受理各类办件52292件，办结率100%。依托桐庐县投资项目“一站式”服务中心平台，实现37个行政许可事项（含子项）网上办理，即办率100%。9月1日，上线运行桐庐县土地二级市场交易平台，走在全市前列。

【土地要素保障】 2020年，县规划资源局供应土地91宗219.27公顷。其中出让经营性用地49宗126.47公顷、工业用地33宗70.8公顷，工业用地供应量创“十三五”新高。获得7批地方规划指标使用额度核拨，取得规划指标使用额度131.73公顷，为华师大附属双语学校二期、未来城安置房E区块等27个建设项目提供用地指标保障。新增土地储备70宗197.33公顷，并录入“读地云”平台和自然资源部土地储备系统。

【国土空间规划】 2020年，县规划资源局形成县级国土空间总体规划论证成果，乡镇国土空间总体规划、各乡镇的空间规划初步方案。指导乡镇编制25个土地利用总体规划局部调整方案。开展梅蓉—桐君山沿江郊野单元规划的探索实践，启动青山工业园区“产城人文景”改造提升规划编制。

【自然资源保护】 2020年，县规划资源局完成2019年国家卫片217个图斑核查，耕占比0%。完成国家违建别墅清查核查和具体点位整改工作，调查核实43条扫黑除恶线索，立案查处32起。处置顶风违建4件，农村乱占耕地建房专项整治工作经验做法被杭州市通报表彰。开展矿山行业整治，对所有问题矿山进行摸排，并制定一矿一策问题处置方案。

【自然资源开发利用】 2020年，县规划资源局推进存量用地消化，市对县“三块地”盘活任务完成率排全市第一，批而未供消化232.4公顷，产生盘活指标88.8公顷；供而未用消化完成率192%、低效再开发完成率141%。探索全过程、全环节监管，解决“土地闲置、逾期开发、亩均产出低”等监管难题，5月27日，首批“控地价、竞贡献”工业项目全过程履约监管协议集中签订，获市奖励指标3.33公顷。探索“飞地入园”模式，百江镇、莪山乡将盘活的3.61公顷指标用于县科技城医疗器械产业园建设。出台《关于优化工业用地转让交易管理的实施意见（试行）》。9月1日，桐庐县土地二级市场交易平台正式上线运行，此项工作走在全市前列。

【自然资源调查登记】 2020年，县规划资源局完成第三次国土调查统一时点更新工作，对9792个变化图斑开展内业判读与四批次外业举证拍照，完善14个乡镇（街道）国土“三调”更新调查成果。

【土地征收】 2020年，县规划资源局完成土地征收145.73公顷，为临建高速、湖杭高铁等重大项目用地提供保障。完成6个地块17.87公顷土地征收。落实征地政务公开制度，完善65个项目的村级公示及省级平台信息公开工作。

【农房确权登记发证】 2020年，县规划资源局对已完成不动产登记的11972户农房，开展证书打印下发、资料整理归档工作；对新增的3463户符合条件农房开展资料组件、下发签字及审核登记工作，实现应登尽登，应发尽发。

【“最多跑一次”改革】 2020年，县规划资源局不动产登记窗口共受理各类办件52292件，颁发不动产登记证书21700本、不动产登记证明17307本，办结率100%。打破部门边界，实现不动产转移登记“一窗受理、一环节办理”。在全省首创“不动产登记+婚姻登记”一件事举措，推出“不动产登记+公证”一件事办理。优化营商环境，设置财产登记企业专窗，22个涉企财产登记事项实现一个专窗办理；疫情期间为企业办件开通绿色通道，24小时接受咨询及预约办件，助力企业复工复产。

【全域土地综合整治】 2020年，桐庐县实施全域土地整治项目23个，申报省级项目5个、国家级项目1个，项目数量列全省第一。新增耕地121.33公顷、旱地改水田93.87公顷、建设用地复垦25.87公顷。6月17日，杭州市全域土地整治工作现场会在桐庐召开。11月15日，桐庐县作为杭州市唯一代表在全省全域土地整治会议上作典型交流发言。百江镇、新合乡全域土地整治经验做法入选全省自然资源系统“两山”（绿水青山就是金山银山）典型案例。《桐庐县以全域土地整治推进乡村振兴高质量助力大花园建设》获副省长彭佳学批示肯定。

【地质灾害防治】 2020年，县规划资源局开展地质灾害防治宣传和演练，发送预警短信8436条，自救防范宣传册2006份。开展汛前地质灾害隐患大排查，治理隐患点46个，其中分水镇三合村上了山后山崩塌治理完成，涉及20户69人，保障群众的人身财产安全。

（吴安桐）

·生态环境·

【概况】 2020年，桐庐县生态环境质量综合指数（EI）位于浙江省、杭州市前列，公众生态环境满意度在杭州市排名第三。境内114条主要河道水质在Ⅲ类及以上，其中Ⅰ、Ⅱ类水质河道数量占87%，功能区水质达标率100%，窄溪断面出境水质达Ⅱ类水质，饮用水源地水质达标率100%。全年空气质量优良天数359天，较上年增加11天，优良率98.1%，较上年提高2.8%，PM2.5浓度为27微克/立方米，较上年降低7微克/立方米。完成省、市下达的化学需氧量、氨氮、二氧化硫、氮氧化物等主要污染物减排目标任务。声、辐射、固废等环境质量总体稳定。全年，市生态环境局桐庐分局出具环境监测报告308份，手工监测数据1.9万余个，获取自动监测数据395万余个。

【生态环保督察】 2020年，桐庐县成立以县委书记、县长为双组长的生态环境保护督察迎检暨整改工作领导小组，建立24小时值班、领导包案等制度，处置中央生态环境保护督察组交办信访件31批共41件，上报调阅资料17批共27项，实地督办28次，检查点位51个，召开督察推进会3次、专题部署会议11次，解决群众关心关注环境问题65个，完成第二轮中央生态环保督察迎检工作任务。

【蓝天保卫战】 2020年，桐庐县开展工业废气、工地道路扬尘、车辆尾气、秸秆焚烧等大气综合整治工作。清理整顿“散乱污”企业10家，淘汰改造生物质锅炉97台，整治工业

2020年6月17日，杭州市全域土地整治工作现场会在桐庐召开

炉窑 25 台，低氮改造燃气锅炉 27 台；淘汰国三柴油车 1233 辆、拖拉机 723 辆，划定禁止使用高排放非道路移动机械区域；在全市率先采用“智慧防尘”系统，启动 41 个工地扬尘、14 个道路扬尘在线监测点位建设；建立 294 个露天焚烧管控网格，设置网格员 680 余人，结合无人机、高空瞭望等科技手段，开展线上线下同步巡查。

【碧水保卫战】 2020 年，桐庐县推进水污染防治。凤川街道、横村镇、江南镇、分水镇完成“污水零直排区”建设。后溪、双坞溪通过省级“美丽河湖”验收。建立“第三方 + 智慧 + 湖长”联控机制，分别与建德市、临安区、富阳区联合实施“流域共治”治理模式。完成大坑溪和旧庄溪生态缓冲带建设试点，排查整改饮用水源地污染隐患 39 处。完成 4 个集中饮用水源保护区隔离网建设，试点实施饮用水源保护生态补偿制度。

【清废净土保卫战】 2020 年，桐庐县启动“无废城市”建设。县小微企业危废收集转运中心投入运行。完成经济开发区 2.8 万吨造纸废渣清运、县城垃圾焚烧厂 3.2 万吨飞灰固化块规范化填埋处置。启动神仙洞废物库环境综合治理。完成 45 个重点企业用地土壤污染详查。落实建设用地准入审查机制。完成 16 个用途变更地块的调查评估。

【环评审批】 2020 年，桐庐县制定“三线一单”生态环境分区管控方案，实施生态环境准入清单。城南街道青山工业园区、富春江镇工业功能区完成“区域环评 + 环境标准”改革，环评审批的申报材料、办事时间、环评费用均减少 80% 以上。桐庐县全年审批环评报告书（表）项目 124 个，“区域环评 + 环境标准”登记表备案项目 71 个，登记表网上在线备案项目 265 个，否决不符合“三线一单”生态环境分区管控项目 22 个。

【环境监管与服务】 2020 年，市生态环境局桐庐分局开展夏季生态环境保护整治、饮用水水源地检查、危险废物安全治理、港口码头环境综合整治行动等专项行动，立案查处各类环境违法行为 66 起，处罚金额 328 余万元，移送公安机关 3 起，行政拘留 3 人。加强医疗废物（废水）监管，开展饮用水源、地表水、污水处理厂尾水跟踪监测，在全市率先完成 23 个集中隔离点废水消毒设施全覆盖。制定生态环保“助企十条”，通过豁免部分项目环评手续、免费提供环境监测、轻微环境违法容错纠错等举措，累计开展各类服务 500 余次，协调解决问题 73 个，减轻企业监测费用 30 余万元，助企复工复产。

【环境保护宣传】 2020 年，市生态环境局桐庐分局在 6·5 世界环境日、国际生物多样性日、浙江生态日组织召开生态环境状况和违法案件通报会、“大禹鼎”百日冲刺启动仪式、开展环境基础设施公众开放日等活动，张贴海报 1000 余张，悬挂横幅 500 余条，分发宣传品 20000 余份，营造全民参与生态文明建设、全民支持环境保护工作的氛围。

（陈明达）

2020 年 6 月 5 日，杭州市生态环境局桐庐分局举办“6·5”世界环境日主题宣传活动

人力资源与社会保障

Human Resources & Social Security

人力资源与社会保障

·综述·

【概况】 2020年，桐庐县城镇新增就业人数5183人，帮扶失业人员实现再就业1431人，其中就业困难人员485人，城镇登记失业率2.42%。全县企业职工基本养老保险、机关事业养老保险、失业保险参保分别净增21223人、-639人（主要是人事代理人员转企业）、12225人，基本养老保险参保率99.09%。县人力资源和社会保障局（以下简称县人力社保局）举办人力资源交流会48场，入场招聘企业2331家次，提供就业岗位信息19000个，达成就业意向5407人。为重点企业开展就业专项行动，帮助招工2200人。完成职业技能培训12101人次、电子商务培训2889人次、创业培训540人次，培养高技能人才1467人。举办县级一类职业技能大赛10场。事业单位引进紧缺专业高层次人才160人；企业引进本科及以上人才821人，其中硕士及以上高层次紧缺人才171人。省社保信息系统、省就业信息系统、省事业单位人事管理服务系统、省行政许可事项审批系统上线运行。

·社会保障·

【助力企业复工复产】 2020年，县人力社保局出台春风助企返岗四条政策，帮助2万名外地员工返桐。举办“最美桐庐职等你来”专场、第九届百姓日云聘会等线上线下人力资源交流会48场，引进人才2143人，包括高层次人才10人。向3467家企业返还社会保险费5007万元，228家企业发放专项奖补贴738万元。阶段性减免1.1万家次企业社会保险费3.84亿元。出台《关于开展企业以工代训补贴工作的通知》（桐人社发〔2020〕53号），完成2178家企业涉及11747名职工的以工代训补贴政策审核工作，发放补贴资金587.35万元。

【就业创业帮扶】 2020年，桐庐县发放失业保险金2826.64万元，失业补助金189.57万元，用工补助等各类补贴1819万元，就业红包63.8万元。扶持创业担保贷款项目109个，发放贷款2650万元，贴息88笔，金额148万元。

【东西部扶贫劳务协作】 2020年，黔东南籍在桐务工人员1288人（榕江县22人），建档立卡贫困人员298人（榕江县7人）。新增建档立卡来桐就业73人，完成年度任务的260%。推进东西部对口技能培训，完成技能培训762人，其中训后就业684人，分别完成年度任务的508%和1140%。

2020桐庐县人社技能知识大比武决赛现场

2020年年末桐庐县各项社会保险参保情况表

表20　　单位：人

险　种	参保人数	退休人数	净增人数
企业养老	215501	73191	21223
机关事业养老	16267	5307	-639
城乡居民养老	81016	46723	-5332
被征地保障	4240	543	36
工伤保险	150195	—	40038
失业保险	115410	—	12225

2020年年末桐庐县各项社会保险基金收支情况表

表21　　单位：万元

险　种	基金收入	基金支出	当年结余	累计结余	支付能力（月）
企业养老	239886	242745	-2859	46550	2.3
机关事业养老	101051	48635	52416	14156	—
城乡居民养老	49900	14484	35416	44714	—
被征地保障	814	27130	-26316	6885	—
工伤保险	1360	3086	-1726	2052	—
失业保险	10328	9674	654	3591	—

【大学生创业创新】 2020年，县人力社保局落实大学生就业创业新政，发放各类补贴1331万元。大学生“青荷码”审核通过297人。举办桐庐县第六届大学生创业大赛，开展大学生创业园入园评审1次，大学生创业创新资助评审1次。全县新增大学生创业企业100家，提供就业岗位650个。

【职业技能培训】 2020年，县人力社保局制定《桐庐县职业技能培训机构管理办法》《桐庐县职业培训补贴（资助）实施办法》。职业技能鉴定5659人，取得职业资格证书4388人，其中，取得专项职业能力证书578人。开展各类就业技能培训361期，培训18395人次。举办15场职业技能竞赛，其中区域性职业技能竞赛7场。

【社保政策调整】 2020年，县人力社保局出台《关于建立城乡居民基本养老保险待遇确定和基础养老金正常调整机制的通知》（桐人社发〔2020〕49号），对城乡居民基本养老保险的待遇确定等三个方面进行调整。落实《关于调整杭州市工伤保险费率有关问题的通知》（杭人社发〔2019〕168号）精神，调整工伤费率。6月1日起停止职工基本养老保险中断补缴政策和221补缴政策。取消因病或非因工负伤提前退休和特殊工种提前退休需连续缴费不中断条件限制，扩大群众受益面。根据上级要求，对桐庐县1.1万名被征地农民参加基本养老保险进行规范。

【特殊人群社会保障】 2020年，县人力社保局办理“221”类人员参保252人，累计办理19918人；办理“222”类人员待遇调整4人，累计办理2734人；办理“511”类人员待遇调整3人，累计办理449人。

【社会保险缴费基数调整】 根据2019年浙江省在岗职工月平均工资公布的数据，桐庐县明确：2020年社会保险个人缴费基数下限继续执行2019年个体缴费基数下限标准，个人缴费基数上限按规定正常调整。个体劳动者最低月养老缴费基数维持3321.6元，对应养老保险缴费金额597.89元／月；单位职工缴费工资根据2019年全省在岗职工月平均工资，在3321.6—17880.75元之间，由单位自行申报确定。

【机关事业单位退休人员养老保险调整】 2020年，县人力社保局对机关事业单位退休人员养老金进行调整，涉及机关事业单位退休人员0.56万人，人均月增养老金251元。

【企退人员养老保险调整】 2020年，县人力社保局对企业退休人员基本养老金进行调整，涉及企业退休（职）人员6.8万人，人均月增养老金125元。

【工伤定期伤残人员和工亡供养亲属待遇调整】 2020年，县人力社保局对桐庐县享受定期伤残津贴的企业职工及企业工伤退休人员、因工死亡职工供养亲属进行统一增资调整，定期伤残津贴涉及13人，人均上调150元／月，供养抚恤金涉及84人，人均上调110元／月，补发待遇于2020年10月15日全部发放到位。

【退休联办】 2020年，县人力社保局办理企业职工退休核准联办4342人，出生年月调整审批68人，参保人员视同缴费年限认定83人，因病或非因工致残完全丧失劳动能力提前退休（退职）核准91人，高级技师、高级专家增加养老金待遇审批8人，特殊工种提前退休核准43人，企业单位女职工退休年龄选择审核5人。

【企退人员社会化管理】 2020年，县人力社保局与桐庐农商银行合作，成立服务全县退休人员的公益性活动场所——5060俱乐部。在南门社区、梅林社区试点企业退休人员社会化管理，设立自管小组，负责企业退休人员的信息登记、沟通联系、协助社区在本小组文体活动和志愿服务等。

【构建和谐劳动关系】 县人力社保局成立疫情期间劳动用工服务专项小组，对全县150余家存在用工隐患的企业上门服务，引导规范排除风险，确保用工安全。指导97家企业完成薪酬调查工作任务。牵头完成富春江旅游股份有限公司6个景点收购后305名职工的安置补偿工作。

【劳动维权“一件事”改革】 2020年，县人力社保局建立“一窗受理、即接即办、分类流转、限时办结”的劳动纠纷化解处理新模式，坚持依法及时就地解决问题与教育疏导相结合的原则，对劳动纠纷第一时间开展调解（处）就地化解，调解（处）成功的结案，调解（处）不成功，则通过劳动监察、仲裁、法院等途径化解。全年通过乡镇（街道）矛调中心调解（处）成功610件，其中基层调解（处）成功的占总数的88.8%。

【省级“无欠薪县”创建成功】 2020年，县人力社保局开展专项检查9次，主动监察企业5225家次，发出劳动监察整改8起，追发劳动者工资等待遇2000余万元。召开建设工程领域落实“无欠薪”工作推进会，组织“无欠薪”创建业务培训，建筑工程领域劳资专管员培训，对全县工程项目开展全面检查，完成省政府根治欠薪领导小组对桐庐县的考核工作，创成省级“无欠薪县”。

【仲裁调解】 2020年，县劳动人事争议仲裁院受理劳动争议案件438件，涉及劳动者人数427人，申请经济标的数5533.56万元，结案经济标的数1256.56万元。10人以上集体劳动争议案件3件，年度内调解结案283件，撤诉98件，仲裁裁决87件（其中年度内一裁终局的案件42件，占裁决案件总量的48%）。调解成功率86.3%、仲裁结案率99.2%。为120件劳动争议案件提供法律援助。乡镇（街道）“1+X”劳动争议多元化解机制建设实现全覆盖。

·人才人事·

【人才“家”服务计划】 2020年，县人力社保局创建“君山英才”服务站，全年办理人才租房资格申请27人、人才购房补助申请22人、人才公寓申请30人、人才子女入学申请47人、人才专项奖励13人，组织221位高层次人才进行体检。

【人才分类认定】 2020年，县人力社保局制定《桐庐县高层次人才分类认定实施办法》，认定各类人才825人，其中B、C、D、E类人才分别为5人、9人、39人、457人，视作D、E、F类人才分别为1人、8人、306人。

【人才补贴发放】 2020年，县人力社保局依照《杭州市新引进应届高学历毕业生生活补贴发放实施办法》，向992名应届高学历毕业生发放生活补贴1331万元。兑现《桐庐县大学生创业创新安居保障实施细则》各类补贴48.84万元，惠及93人；租房补贴18.84万元，惠及65人；一次性生活津贴15万元，惠及13人；安家补助15万元，惠及15人。

【博士后科研工作站】 2020年，县人力社保局会同经济开发区首次以产业园形式申报全国博士后科研工作站。杭州科德磁业有限公司省级博士后科研工作站首次引进全日制博士后研究人员邸敬慧博士，并与武汉科技大学建立联合培养博士后关系。

【高层次人才培养】 2020年，浙江华医健康产业发展有限公司杨光华获杭州市政府特殊津贴。农业技术推广中心戎均康、浙江艾罗能源科技有限公司张文魁、杭州德润全健康产业发展有限公司万海同、杭州蜂之语蜂业股份有限公司沈立荣、桐庐县城南小学曹洪辉等5人入选杭州市钱江特聘专家。实施“511”中青年人才培养计划，新增选拔“511”中青年人才培养计划人选143人，其中第一层次7人，第二层次14人，第三层次122人。开展“511”中青年人才培养计划人选考核，组织54位优秀人选赴厦门大学开展以拓展创新思维为主题的培训。组织高层次人才创业创新项目评审会2场，签订大学生就业协议453份，其中硕士研究生39人。

【高技能人才培育】 2020年，全县培养高技能人才1749人，为61人发放高技能人才津贴11.16万元。评选县级大师工作室6家和首席技师4名，创建市级技能大师工作室2家。以袁垂成为领衔人的技术攻关团队，被认定为杭州地区第一家黔东南籍务工人员的技能大师工作室。

【专业技术人员工作】 2020年，桐庐县认定初级职称472人，中级职称31人，推荐申报中级职称470人，高级职称

2020年12月30日，桐庐县第六届大学生创业大赛在富春山健康城举办

174 人。首次承办国家一级建造师、二级建造师资格考试，参加考生 6062 名。

【人事招考】 2020 年，桐庐县面向社会公开招聘事业人员 181 名，其中教育系统 45 名，卫生系统 58 名。全县事业单位引进高层次、紧缺专业人才 160 名（其中党政储备及紧缺人才 20 人）：教育系统引进教育专业人才 96 名，其中名优教师 13 人（含省特级教师 7 人）；卫生系统引进卫技专业人才 35 名；落实入编审核工作，教育系统 10 名委培生、9 名免费师范生完成入编手续。

【事业单位管理】 2020 年，县人力社保局完成 2019 年行政奖励工作，对先进集体和个人进行嘉奖。落实事业单位专技岗位结构比例总体控制、分类执行制度，做好“双肩挑”转入专技岗位管理、部分行业结构比例调整、事业单位岗位动态调整等工作。做好因私出国（境）管理，备案人员 2421 人。

【工资福利工作】 2020 年，县人力社保局为事业单位 1355 人办理岗位晋升工资变动，657 人办理工资供给转移，161 人办理退休，23 人办理困难补助，新录用的 391 人确定连续工龄时间和审批工资，402 人办理转正定级工资审批，7118 人办理事业薪级变动。

（谢　添）

·医疗保障·

【职工医保缴费基数调整】 2020 年，县医疗保障局（以下简称县医保局）对医疗保险缴费基数作出调整：从 7 月 1 日起，个体劳动者医保月缴费基数调整为 3321.6 元，月缴费金额 365.38 元 / 月；单位职工缴费工资根据 2018 年全省在岗职工月平均工资的 60% 至 2019 年全省在岗职工月平均工资的 300% 由单位自行申报确定。

【城乡居民医保门诊报销比例调整】 2020 年 9 月 1 日起，城乡居民医保参保人员在县内社区卫生服务机构普通门诊的报销比例提高至 50%，签约人员在签约的社区卫生服务机构普通门诊的报销比例提高至 60%。

【跨省异地就医住院费用直接结算】 2020 年，桐庐县推进跨省异地就医住院费用直接结算，新增 12 家省一卡通医院，完成异地备案 1504 人次；桐庐县在省外发生跨省异地就医直接结算共计 300 人次，涉及医疗费用 472.33 万元；省外在桐庐县医院跨省异地就医直接结算共计 233 人次，涉及医疗费用 194.61 万元。

【长护保险】 2020 年，县医保局共受理长护保险申请 1296 人，失能评定 1234 人，符合重度失能人员 963 人。新增定点护理服务机构 3 家，累计达到 20 家。举办护理服务技能培训班 11 期，培训人员 460 人。

【总额预算与单病种管理】 2020 年，县医保局改革医共体支付方式，量化人次人头比、次均费用等总额预算指标，以医共体为单位实行总额预算管理清算。结合《基本医疗保险按床日付费实施方案（试行）》办法，完成县内 63 家医疗机构 2019 年总额预算、按床日付费的清算，其中 42 家单位扣款 4317655 元，9 家单位不扣不奖，12 家单位奖励 1559482 元。实施慢性肾功能不全透析治疗单病种考核，四家单病种透析定点医院共实施单病种透析人员 397 人，总费

2020 年 6 月，开设自助服务区，推广医保“掌上办、网上办”业务

用 1971.3 万元。经清算，其中两家扣款 13.95 万元，两家奖励 10.83 万元。

【医保基金监管】 2020 年，县医保局加强医保监管，对 48 家定点医药机构进行处理，其中解除医保服务协议 2 家，暂停医保服务协议 2 家，限期整改 40 家，通报批评 3 家，约谈机构负责人 19 人，追回违规费用 700 余万元。县内 17 家公立医疗机构进行医保服务行为自查自纠，退回违规资金 340.85 万元，71 家社会办医疗机构和定点医疗机构开展医保基金专项治理，退回违规资金 352.57 万元。全县社会办定点医药机构实现实名制医保监管全覆盖。聘请 12 名人大代表、政协委员、群众代表担任医保义务监督员，开展明察暗访。推进医保智能审核，上线运行大规则 32 条、细分规则 58 条，全年累计扣款 211.74 万元。

【医保支付方式改革】 2020 年，县医保局落实省市医保支付方式改革工作要求，确定全县住院医保基金支出增长率和住院床日付费限额等指标，督促全县医疗机构完成住院病案上传、接口改造等工作，全面实施基本医疗保险住院费用 DRGS 点数付费。

2020 年 8 月 28 日，医保义务监督员聘任仪式举行

【医疗服务价格改革】 2020 年，县医保局实施《桐庐县医疗服务价格改革方案》，调整共涉及 2769 个项目，其中价格提高 1602 项，价格降低 1167 项，实现与杭州“同城同级同价”。

【药械集中采购】 2020 年，县医保局落实公立医院带量采购中选药品采购监测及基金预付工作，通过省药械采购平台，全县共实施三批次涉及 112 个品种，平均降幅达 50%，共节约医保资金 5000 余万元。

【医保药店协会】 2020 年 7 月 24 日，县医保药店协会成立，县内 54 家医保定点零售药店 124 名会员组成，协会搭建起医保部门和定点零售药店沟通桥梁，促进医保药店行业自律。

（朱　砂）

2020 年年末桐庐县各项医疗保险参保情况表

表 22　　单位：人

险　种	参保人数	净增人数
职工医保	194176	22799
城乡居民医保	212654	—
生育保险	117867	13975

2020 年末桐庐县各项医疗保险基金收支情况表

表 23　　单位：万元

险　种	基金收入	基金支出	当年结余	累计结余
职工医保（包含生育基金）	98021	86168	11853	105846
城乡居民医保	46897	53465	-6568	5777

法治·军事

Legislative Affairs & Military

单佳铭／摄

法治·军事

·政法委及综治·

【概况】 2020年，中共桐庐县委政法委员会（以下简称县委政法委）坚持问题导向、目标导向、结果导向，扎实推进平安桐庐、法治桐庐和县域社会治理现代化建设，努力建设更高水平的平安桐庐，全力创建县域社会治理现代化示范县。平安建设成果不断巩固，连续第16年成功创建“平安县”，年度考核成绩排名全省第12位。人民群众安全感满意度达到98.65%，位列全市第一，全省第四。是年，县委政法委获评县综合考评优秀单位，县委政法委机关党支部被县委组织部（县委直属机关工委）评为“五星党支部”，并被评为全市政法系统“最强党支部”。

【平安桐庐创建】 2020年，县委政法委围绕政治安全、治安安全、经济安全、生产安全、食药安全、生态环境安全六大方面和疫情联防联控，以考核进前列为目标，建立健全“平安办+专班”运行等机制，通过县领导率先垂范，乡镇、部门全力推进，历经13次295天维稳安保应急响应，主攻信访、交通、安全、消防等重要顽疾，实施“守双节保平安”“交通安全整治百日攻坚”“雷霆”“飓风”等20余场专项行动，全县社会大局持续安全稳定，实现刑事命案、亡人火灾两个零发生，公安警情、法院收案双下降，信访积案、重点涉稳人员、交通事故起数、死亡人数四个减少。

【矛盾纠纷化解体系建设】 2020年，县委政法委在提升基层治理体系和治理能力上下功夫，高质量完成县乡两级矛调中心规范提升，高标准完成“基层治理系统四平台”系统迭代升级，个性化推出首席调解员全覆盖、村社书记担任调委会主任等一系列务实举措，用好平安季锻铸榜、平安村社月度红黑榜等手段措施，全县矛盾纠纷就地化解成功率99.7%，县域万人成讼率中民商事案件万人成讼率比上年下降3.81%，再次创成“省无信访积案县”。

【扫黑除恶】 2020年，县委政法委以“十大专项行动”和“六清”行动为抓手，全力开展扫黑除恶大决战，全县共打掉黑社会性质组织3个，恶势力犯罪集团2个，恶势力犯罪团伙2个，依法查封、冻结、扣押涉黑涉恶非法资产32573.7万元。县法院共受理涉黑恶一审案件17件72人，审结13件68人，全县纪检监察机关共查处涉黑涉恶腐败和“保护伞”6人，其中给予党纪政务处分3人，组织处理1人，移送司法机关2人。

【维护社会稳定】 2020年，县委政法委全面完成全国“两会”、中秋国庆维稳安保工作，实现重点时段社会稳定。对市级9件涉稳问题监管项目化解率100%。完成社会稳定风险评估项目50件。开展进京访专项治理工作，形成联动、预警、化解、管控、打击的全流程处置机制，梳理需专案经营对象7名，刑事拘留2人，行政拘留1人，教育训诫77人次，信访秩序得到有力维护。

【社会综合治理】 2020年，县委政法委完善县域社会治理现代化体系，统筹推进县级矛调中心规范提升工程，强化中心统领的龙头作用，加强中心平台与“基层治理四平台”有效对接，强化乡镇（街道）“一中心、四平台、一网格”作用发挥，避免责任上浮、矛盾上交。提升县域社会治理智慧化水平，深化推进雪亮工程建设，搭建基层治理要素视频资源共享平台，接入视频13300余路，推送20余个部门，在线率92%。完成县级大联动平台与省市两级协同应用平台对接和多通融合，完成四平台基础数据落图、统一地址库室外地址采集，采集编码户室地址总数404842个，室外地址27717个，地址丰富度95.83%。夯实县域社会治理精细化根基，实施网格划分优化调整，组织专职网格员选聘，改进网格工作考核办法。落实机制建设、数据交换、经费整合、业务培训、督查考核“五同步”，建立和落实网格事项准入和退出机制。建成“智慧安防小区”47个，提高智慧管理水平。“967000”百姓热线服务品牌不断提升，热线服务中心共受理各类来电207828件，外呼成功63539件，接打总量为271367件，接线量比上年增长39.34%，接打总量比上年增长48.42%。

【推进政法一体化单轨制试点】 2020年，县委政法委推进政法一体化单轨制协同办案模式省级试点和执法监督平台系统建设，一体化单轨制推送占比99.51%，全面实现一体化单轨制办案覆盖全部案件、覆盖全部诉讼流程、覆盖全部办案单位。创新建设“执法监督系统平台”和大容量音视频共享平台，实现执法司法全数字化流程，试点工作获得省、市委政法委肯定并在全省推广。

【平安村（社区）创建】 2020年，县委政法委制定平安村（社区）考评办法，每月进行平安村社考核排名，使用正向激励与反向督促并举的方式，改变平安建设县里热、村（社区）冷的局面，让村社一级和广大的群众参加到平安建设中来，实现从管理走向服务，明确村社平安建设工作重点，发挥村社区书记“领头雁”的作用。全县有效警情下降村社82个，比上年下降10.28%、案件受理数下降村社113个，比上年下降23.2%、205个村社未发生“命案”“两抢”“集资诈骗”等严重刑事案件，177个村社区未发生交通死亡事故或实有人员有责交通死亡事故，180个村社未发生火灾或其他安全生产事故。

【执法司法规范化提升年活动】 2020年，县委政法委成立工作专班，建立周例会、月汇报、阶段性交流、联络员制度等工作制度。全面覆盖问题排查，制定个人、科室和单位三张排查清单，通过个人查摆、部门自查、来信来访审查、召开座谈会、走访征求意见等多种形式，全面查找、发现问题。截至10月底，全县政法系统开展排查案件数1868件，召开群众座谈会44次，走访征求意见153人次，案件评查500件，梳理五大方面24项问题清单进行全面排查，共计排查出存在问题总数654个。全县政法各单位落实整改瑕疵案件340个，撤销案件2件，变更强制措施1人，发回重审1人，改判11件；开展专项治理28次，专题调研7次，警示44次1590人，完善制度29个，新建制度32个；通报62人，批评教育59人。

（陈学勤）

·公安·

【概述】 2020年，桐庐县公安局（以下简称县公安局）设2个综合管理机构和21个直属执法勤务机构，下辖9个派出所，2个监管场所。全局有在职民警447人。是年，在县委、县政府和上级公安的领导下，深入推进六大攻坚行动，全年有效警情、刑事警情、治安警情、交通警情分别比上年下降7.49%、14.01%、23.52%、14.92%。11月20日，桐庐县森林公安局正式转隶为桐庐县公安局森林警察大队。县公安局获省“扫黑除恶专项斗争成绩突出集体”、杭州市五一劳动奖状、县法治政府建设示范创建工作先进集体等多项荣誉。

【疫情防控】 2020年，新冠疫情期间，县公安局11次召开专题会议，研究落实县委、县政府提出的抗疫保卫战任务。同时，根据县委、县政府要求，实施精密智控，挖掘核查数据9万余条，梳理排查密接人员

2020年9月4日，乡镇（街道）政法平安创建月度例会召开

2300 余人，研判重点人员 131 人。严格卡点封控，全面启动高速出入口、入杭通道检查点，检查车辆 27.7 万余辆、人员 51.1 万余人。严打涉疫违法犯罪，查破涉疫案件 75 起，采取刑事强制措施 8 人、行政处罚 136 人。

【村级组织换届选举安保】 2020 年，县公安局投入警力 3000 余人次，指导参与全县 203 个村社、416 场次选举活动的安保工作，确保全县 3 个省级试点乡镇 51 个村社两委选举和 11 个乡镇（街道）152 个村社两委换届选举工作顺利完成。期间，排查化解涉选隐患 160 余处，资格审查 9857 名，发现“五不能”人员 34 名，“六不宜”人员 10 名，依法快速处置贿选、扰乱会场等涉选案件 10 余起，教育告诫 30 余人，协助落实教育警示 180 余人。

【护航经济社会发展】 2020 年，县公安局推出助力复工复产六条举措，走访企业商铺 1.9 万余家，解决困难 410 余件。落实重大项目“一项目一专班一方案”保障机制，出动警力 3000 余人次，有力保障富春未来城、湖杭铁路、临金高速、亚运马场等重点项目建设顺利推进。预警重点人员 7230 人次，有效稳控重点人员 481 人，化解矛盾纠纷 1620 起，成功阻断上访 50 人次，教育训诫 86 人次。持续“昆仑 2020”专项行动，集中打击生产销售劣质产品、非法狩猎等行为，侦破环食药案件 29 起，其中省督办案件 3 起，采取强制措施 47 人、移诉 63 人。

【重大活动安保】 2020 年，县公安局完成全国登山步道联赛浙江选拔赛、桐庐首届半程铁人三项赛、第九届桐庐“百姓日”活动、桐庐大地艺术节新闻发布会等 20 场次大型活动和 6 批次警卫安保任务，共计出动警力 800 余人次。

【公安信访】 2020 年，县公安局受理核查信访投诉 1152 件，其中信访部门转办 1141 件，其中来信来访 67 件，智慧治理平台、省统一政务咨询平台（市、县“12345”平台）1074 件，办结 1104 件，办结率 96.75%；“12389”投诉 11 件，经核实，均为失实件。6 月 17 日，公安信访窗口整建制入驻县矛盾调解中心，接待来访群众 28 批次 39 人次，其中县公安局领导接访 14 批次 21 人次，当场解决来访群众诉求 4 件。实现信访总量比上年下降 11.9%。是年，加大信访积案攻坚力度，成功化解长达 22 年之久的徐某姣信访积案。

【扫黑除恶】 2020 年，县公安局加大对黑恶势力的打击力度，至年末，累计打掉各类团伙 22 个，其中黑社会性质组织 3 个，恶势力犯罪集团 2 个；采取十类刑事强制措施 445 人，逮捕 294 人，移诉 452 人；查扣各类非法资金资产 3.24 亿元。51 条中央督导组线索、8 条省委巡视组线索和 14 条上级公安机关重点线索全部“清仓”办结。敦促 3 名中央政法委督捕逃犯投网，实现“逃犯清零”目标。

【刑事侦查】 2020 年，县公安局刑事案件立案 1224 起，比上年下降 0.08%；采取刑事强制措施 843 人，比上年下降 6.64%；移诉各类犯罪嫌疑人

国庆中秋期间安全巡防

718 人，比上年下降 14.66%；破获电信诈骗案件 435 起，比上年增长 68.6%。8 月 31 日，成立内部非编机构侦查打击服务中心，实行 1+4+8+N 的运行模式。侦破“5·15”蒙面持刀抢劫案、“6·5”特大跨境网络赌博团伙案件、1994 年“5·28”命案积案等一批大案要案，实现 21 年命案全破，连续两年命案零发生。完成全县 181 个行政村全部农村男性家系调查及数据录入工作，排查录入家系 32643 支，样本采集覆盖家系数 31544 份，家系覆盖率 96.63%，家系检验率 91.08%。是年，侦查打击服务中心被浙江省公安厅刑侦总队确定为重点培育县区级侦查中心。

【经济犯罪打击】 2020 年，县公安局开展“猎狐”“歼击 20”“百城会战”等专项行动以及云端打击工作，严厉打击经济领域违法犯罪。是年，侦破串通招投标、虚开增值税发票、假冒注册商标等经济案件，抓获各类犯罪嫌疑人 17 名，移送起诉 22 人，抓获逃犯 7 人。加强本地涉众型经济犯罪防控工作，排查私募基金、虚拟货币、会员制电商等新经济业态风险，信息采集率 100%。重点推进网贷平台案件侦办攻坚，红创金服、橘子金融等，网贷案件结案率、缉捕追逃率、追赃挽损率分别达 100%、83.3% 和 70.8%。

【涉林犯罪打击】 2020 年，县公安局森林警察大队共接处警 148 起，先后组织开展 2020 雷霆行动、2020 禁种铲毒、打击破坏野生动物资源违法犯罪等系列专项行动。共出动警力 480 人次，车辆 161 台次，清理非法征占用林地项目 8 个，清理木材、野生动物非法交易场所 2 处，清理木材、野生动物加工经营场所 46 处，检查野生动物活动区域 75 处。发现并依法处置毒品原植物种植点 4 处，收缴毒品原植物 198 株。是年，共查处林政案件 41 起，收缴罚款 43.2 万余元，破获刑事案件 10 起，移送起诉 11 人。

【公安政务服务】 2020 年，县公安局深化“最多跑一次”改革，打造桐庐公安政府服务中心，建成“一窗通办”窗口 12 个、网办中心 1 个。首批 85 个通办事项实现无差别受理，98% 以上高频事项实现 10 分钟内办结，解决群众近 30% 办理时间。推进政务服务 2.0 平台建设和数字化转型，人车证信息查询、网上身份证挂失等服务受理率 90% 以上。受理审核各类出入境证件 2815 本，其中护照 1485 本，港澳通行证 799 本，台湾通行证 531 本，台胞证换发 4 本。登记录入到桐庐的境外及港澳台地区人员 1083 人，其中外国 656 人，台湾地区 275 人，香港地区 142 人，澳门地区 10 人。登记率、准确率和及时率均为 100%，位列全市前列。开展第七次全国人口普查户籍整顿工作，分层分类核对户口数据，清理整顿重点数据 99 条，处理 16 周岁以上无身份证受理信息 351 件、死亡注销 84 件。

【治安管理】 2020 年，县公安局办理黄赌案件 155 起，打掉 3 人以上团伙 7 个，采取刑事强制措施 89 人，移送起诉 73 人，行政处罚 585 人，其中行政拘留 230 人。严管场所和特种行业，查处旅馆（民宿）81 家，网约房 5 家，开具 10 万元反恐罚单 3 张。持续开展“打击枪爆违法犯罪”专项行动，查破涉枪爆案件 20 起，行政处罚 15 人，处罚单位 4 家，行政罚款 25 万，收缴枪支、管制刀具等 33 件。查处非法储存烟花爆竹案件 13 起，收缴烟花爆竹 1624 件 2292 只。狠抓高铁站安检查危，查获违禁品 3400 余件，抓获逃犯、临控人员 43 人。

【禁毒管理】 2020 年，县公安局办理各类涉毒案件 43 起，其中刑事案件 4 起、行政案件 39 起，查处涉毒违法犯罪人员 46 人，破获 2020—387 部督目标案件。重新制定下发《桐庐县禁毒委员会成员单位职责（2020 年修订）》。是年，开展创建全省禁毒示范县活动。6 月 24 日，桐庐县第三届全民禁毒活动暨桐庐县创建全省禁毒示范县启动仪式举行。8 月 17 日，富春江镇顺利通过全国禁毒示范城市创建抽验。

【基层基础管理】 2020 年，县公安局新登记流动人口 202672 人，新登记出租房屋 6000 家，新登记流动人口与上年同期相比上升 26.57%。为做好基础管控服务工作，8 月 31

日，县公安局成立基础管控服务中心。试点推行警情分类优化处置机制，夯实基层基础工作。是年，化解各类矛盾纠纷1380余起，其中多元化化解365起，移交或配合四个平台处置210余起，“重点事”情报平台录入一时难以解决的各类矛盾纠纷41起，其中成功化解16起。定期梳理涉及精神病人警情，通报县精防办25起，建议出具危险性评估报告15人次。加强涉恐关注人员的日常管控和情报收集，动态管控120余人次，搜集情报信息11条，被省厅录用2条。推动落实“百万义警”工作，招募“桐城义警”31918人，占实有人口的6.3%；义警激活数10789人，激活率33.8%。加快智慧安防校园建设，与县教育局对接，制定《全县“智安校园”建设三年规划》。

【道路交通管理】 2020年，县公安局共接报交通事故警情15228起，比上年下降15.96%；立案道路交通事故89起，比上年下降41.06%；受伤104人，比上年下降25.18%；经济损失38.4万元，比上年下降0.67%；发生亡人事故26起、26人，比上年减少2人，下降7.14%。完成全县77家货运企业、1142辆工程运输车、14419辆电动三轮车基础排查。查处交通违法49.19万起，涉酒违法1174起、电动车违法10.02万起。制定下发《桐庐县道路源头安全隐患治理三年行动方案（2020—2022年）》，全县完成1处省安委会挂牌、3处市安委会挂牌、22处全市排名前十道路隐患和151处县乡级隐患治理，向乡镇街道和部门等11个主体发送整改建议函13件。推进交通安全“七进”宣传，推送微信179条，阅读量超过100万人次，开展各类交通安全讲座500余次，播放视频1500余场次，发放宣传资料4.2万份，教育训诫13477人次。

【水上管理】 2020年，县公安局共接处警51起，救起轻生跳江者3人，打捞尸体7具，当场调处各类纠纷8起，发放隐患整改通知书3份。办理、年审船舶户牌3本，办理、年

2020年7月2日，桐庐县道路交通安全大会战暨电动自行车整治百日攻坚战行动启动仪式举行

审船员证7人。协助渔政开展无证小型船专项整治，清理整治无证小船20余艘。开展水上“四联三防”建设，健全完善各类应急处置方（预）案。

【智慧警务建设】 2020年，县公安局完成《桐庐县实施“雪亮工程”三年行动计划（2018—2020年）》，安装和接入监控摄像头11000余个，其中治安监控4800个，整合社会面监控6100余个，智能卡口768余个，人脸识别点位620个，MAC采集500个。完善全县智慧防控网络，建成智安小区40家，新增视频监控300个，人脸识别550个。加快推动本地自建应用系统上云开发，新建（迁移）云上应用开发项目4个。

【执法规范化建设】 2020年，县公安局办理行政复议案件7件，维持行政处罚4件，撤销1件，未结2件；受理行政诉讼案件6件6人，维持处罚决定3件，未结3件，公安机关负责人出庭应诉率100%。通过开展执法突出问题专项整治活动，发现和整改执法问题1700余个；发放《执法意见书》9份，建立队所两级巡查机制，落实“三个当日”。是年，平均受案审查用时0.028天、立案审查用时1.19天，取保平均用时105.52天；刑拘直诉率19.7%，行政快办率78.33%。试行一体化单轨制协同办案模式，在全市率先实现报捕、移诉率双100%，法律文书系统开具率97.61%、笔录系统制作率88.63%、电子签名捺印率69.39%，均高于全省平均值，且列全市第一名。

【队伍建设】 2020年，县公安局严格层级管理制度，持续保持正风肃纪高压态势，全年查纠问题215个，局规计分210人次，诫勉问责2人，党内警告及严重警告3人。抓好《加强新时代桐庐公安工作的实施意见》落实，新建改造“三个中心”、5个健身房、30个民警宿舍，推进城北派出所新业务用房建设，更新警务用车16辆。开展党员奋战“疫”线、“好枫警”等系列专题活动，举办集中授奖仪式表彰3批60人，为90人次送奖到岗，179人次民警辅警立功获奖。是年，以“两好一强”标准提拔中层干部10名，在疫情一线“火线”提拔干部2名。

【宣传舆论】 2020年，县公安局围绕“全县打击治理跨境网络赌博和电信网络诈骗”“全县道路交通安全大会战”等中心工作积极开展宣传，制作视频短片20余部。各级主流媒体录用400余篇次，制作《桐江警视》12期，发布微信260余篇、微博600余篇、第三方客户端100余篇。是年，公安影视工作取得全市考核第二名。依托“好枫警”等载体加强各类先进典型人物进行策划宣传，20余名民警受到主流媒体报道，其中学习强国报道5期。

【教育训练】 2020年，县公安局制定《全警实战大练兵三年规划》，开展警察武力使用能级训练。同时，加强教官队伍建设和培训示范点培育工作。选拔5名骨干民警参加市局警察武力能级训练教官培训班；集中组织53名小教员进行武力使用能级训练培训；参与市局组织的实战化训练工作示范点创建工作。是年，县局刑事科学技术室被评为全市实战化训练工作示范点。为规范辅警队伍管理，4月，县政府下发《关于进一步规范公安机关警务辅助人员管理工作的实施意见》，根据文件精神，组织辅警队伍教育培训班5期。

【侦破省督“8·14”涉黑专案】 “8·14”朱某良涉黑恶专案，系省委巡视桐庐、市委提级巡察桐庐县局期间交办线索，主要犯罪人物关系网络复杂、社会关注度高，先后被省厅扫黑办、省扫黑办列为挂牌督办案件。自2019年8月14日立案，于2020年8月14日顺利移送起诉。全案抓获主犯朱某良在内的共计70名犯罪嫌疑人，移送起诉52人、其中37人以刑法294条移诉，查封扣押资产折合人民币3.12亿元，破获各类案件166起。

【侦破2020—387部督目标案件】 2020年7月29日，县公安局在案线研判分析中，发现陈某等人自2019年年底在桐庐县范围内贩卖冰毒，其背后还牵涉一个跨浙川两地的制贩毒团伙。经过侦查，掌握在四川乐山以何某为核心的制贩毒团伙的组织架构、活动轨迹、交易模式、资金流向等情况。该案上报后，10月15日，被公安部定为2020—387督办目标案件。多次与四川乐山公安机关沟通协调，并在四川乐山及桐庐两地设立联动指挥部，实时掌握分析两地制贩毒团伙活动迹象，制订抓捕方案。10月27日6时，两地公安机关150余名警力出击，在桐庐、乐山两地同时收网摧毁该制贩毒团伙。抓获违法犯罪嫌疑人44人，采取刑事强制措施24人（其中桐庐籍6人、乐山籍18人），捣毁冰毒“重结晶”（冰毒溶解加热再提纯过程）制毒窝点1个，缴获毒品晶体1公斤、麻古3000粒。

【侦破“5·15”持刀抢劫案】 2020年5月15日晚，事主徐某在城南街道海陆世贸大门口遭犯罪嫌疑人强行尾随上车、持刀威胁，并图谋抢劫钱财，因事主反抗和群众协助，案犯逃窜，未造成人员伤亡和财物损失。案发后，县公安局第一时间启动重大案件侦查协作机制，刑侦、视侦、网侦、行动技术同步上案、合成作战，快速锁定犯罪嫌疑人。5月16日晚，企图再次作案的抢劫犯罪嫌疑人彭某（男，33岁，河南信阳人）被成功抓获。经审查，犯罪嫌疑人彭某对因购买彩票导致资金紧张而实施持刀抢劫的犯罪事实供认不讳。

【处置“5·26”重大警情】 2020年5月26日11时27分，县公安局接市局指令：10时05分，松阳一名精神病人陈某洋（男，28岁）抢夺一辆车牌为浙K218B0小轿车后，从遂昌北界卡口上高速，时速一度达170公里，要求配合高速交警总队在高速桐庐服务区实施拦截。接到指令后，县公安局立即启动重大警情应急处置预案，指挥中心梯次调度警力，在调取人员、车辆等信息的基础上，指令江南所迅速赶到高速桐庐服务区配合高速交警总队实施截停准备；城南、凤川、富春江等派出所警力在沿途高速出口设卡；巡特警沿桐庐服务区方向搜索前进。12时03分，该男子在高速富春江出口被参战警力发现后控制，被抢车辆也在高速富春江互通附近主线应急车道查获。此次行动得到副省长、省公安厅厅长王双全批示肯定，并获处置专班集体三等功。

【侦破特大涉野生动物案】 2020年4月初，县公安局发现分水镇周某平父子非法收购野生动物的线索，迅速立案并成立专班，开展专案经营、循线追踪。通过走访、调查和取证工作，逐步掌握周某平父子经常打着收购药材的幌子往来分水镇及周边农村地区收购和贩卖野生动物的犯罪证据。4月22日，成功抓获周某平父子后，以周某平父子为圆心进行扩线侦查，特别对其“上游”的非法狩猎和“下游”的非法收购等违法犯罪行为进行追踪打击。经过半个多月的努力，组织警力进行集中收网，先后抓获犯罪嫌疑人11名，查获野生动物14只、各类野生动物皮毛4894张，涉案金额达113万元。此案是桐庐县迄今为止侦破的数量最多、涉案金额最大的涉野生动物案。

【侦破“6·5”特大跨境赌博案】 2020年5月，县公安局发现有人利用境外服务器网络平台组织大量人员进行赌博。经过专案调查侦查，查明季某明、孙某芬等人利欲熏心，为牟取非法利益，自2010年以来组织一些社会闲散人员，在境外缅甸等地建立营运“平心在线”百家乐赌博网站。并招揽350余名“会员”进入该网站，以百家乐形式赌博，涉及赌资流水达100余亿元，交易账户600余个。在全面掌握该犯罪团伙违法犯罪事实、资金支付方式及团伙骨干藏匿地点的基础上，精心制定抓捕方案，并集结36个抓捕组、近200名精干警力，于8月6日凌晨4时开展同步收网，一举抓获涉案人员42人，及时冻结银行资金600余万元，现场查扣现金38.2万元，作案电脑18台、手机36部、移动数据设备6件。

【侦破重大串投标案】 2020年，县公安局紧盯招投标建筑市场串标、围标等行业“潜规则”，强化情报经营，加强协作配合，多措并举、深度挖掘。7月31日，县综合客运枢纽（公路客运）工程（土建部分）在县公共资源交易中心开标，拟中标单位为南通五建控股集团有限公司，该项目投标报价异常，存在串通投标重大嫌疑，涉案标的达2.39亿元。发现该线索后，县公安局多次召开侦查工作会议，梳理工作思路，寻找案件突破口，最终锁定以刘某军等人为首的串投标犯罪团伙。经侦查查明，刘某军等人在无资质参与投标的情况下，通过中间人或中介公司，借用相关有资质竞标的公司参与竞标，进行统一排标报价（低于政府的标底，刻意压低投标报价），获取非法利益。此案的成功破获，有效打击建筑市场招投标中的串标犯罪行为。

（王国铭）

2020 年 12 月 4 日，“宪法日”检察官设点进行法律咨询

·检察·

【概况】 2020 年，桐庐县检察院（以下简称县检察院）坚持少捕慎诉办案理念，全面推进认罪认罚从宽制度，全年制度适用人数 692 人，适用率 86.39%。探索拟制《量刑建议说明书》，量刑建议提出率 98.64%、采纳率 99.6%。至年末，共审结提请批捕案件 266 件 408 人，审结移送起诉案件 531 件 802 人，其中，批捕 295 人，起诉 683 人。是年，县检察院获“浙江省节约型公共机构示范单位”、县年度综合考评优秀单位、县平安创建优秀单位、“城南保卫战”先进集体、县生活垃圾示范单位等称号。3 名检察干警荣获“城南保卫战”先进个人称号，1 名检察干警荣获杭州市检察院个人三等功，3 名检察干警被评选为“最美桐检人”。

【法律监督】 2020 年，县检察院坚持办案与监督协同推进，加强刑事立案、侦查和审判活动监督。是年，监督侦查机关立案 16 人，纠正侦查活动违法 9 件，纠正漏捕、追诉漏犯 11 人，提出抗诉 2 件，发出再审检察建议 1 份；办理羁押必要性审查案件 12 件、暂予监外执行提请审查案件 16 件；对监管场所、社区矫正、财产刑执行等开展刑事执行检察监督，发出纠正违法通知书 40 份，回复采纳率为 100%。同时，强化与监察机关衔接配合，依法起诉蔡某某受贿案，金某某贪污、受贿、挪用公款、国有公司人员滥用职权案等 6 件职务犯罪案件。依法办理司法工作人员“14 类罪名”职务犯罪案件，根据市检察院交办，立案侦查 1 件县域外司法工作人员徇私枉法案。

【民事检察职能】 2020 年，县检察院依法履行民事诉讼生效裁判监督、民事执行监督职能，发出再审检察建议 19 份；对 61 件案件就规范立案、文书送达、办案期限等进行专项监督；对 137 件案件就被执行人风险提示和网拍案件税费问题等进行监督；开展案件听证 3 次。合力惩治虚假诉讼犯罪，办理虚假诉讼监督案件 19 件，加强与县法院、县公安局沟通协作，共同完善虚假诉讼线索移送机制，严厉打击“套路贷”案件中的虚假诉讼行为。

【行政检察职能】 2020 年，县检察院依法履行行政诉讼生效裁判监督、行政执行监督职能，开展行政非诉执行监督专项行动，依法提出监督意见。推进行政争议实质性化解工作，联合县法院、县司法局出台工作意见，促进司法与行政良性互动，共化解行政争议 15 件。是年，首次举行行政检察案件公开听证活动，就许某某申请监督案邀请听证员、人民监督员、当事人和相关行政机关一起听证、评议，多元化解矛盾纠纷，助力推动法治政府建设。

【公益诉讼职能】 2020 年，县检察院共办理公益诉讼案件

51件。通过办案挽回经济损失60余万元，推动补植复绿2万余平方米，督促增殖放流鱼苗200余万尾。依托支付宝小程序完成全省首例非法狩猎案诉前赔偿协议线上签订工作。有效办理县域内首例公用事业特许经营监管公益诉讼案，助力破解“垃圾围城”疑难，共同守护蓝天净水。率先启动无障碍设施建设检察公益诉讼专项监督工作，督促相关行政机关对无障碍停车位、盲道等不符合标准的无障碍设施进行整改。是年，公益诉讼三周年工作成效获县委、县政协主要领导批示肯定。

【未成年人检察职能】 2020年，县检察院坚持“宽容不纵容”的司法理念，依法起诉猥亵儿童、故意伤害等侵害未成年人犯罪16人，依法办理的李某某猥亵儿童案入选最高人民检察院典型案例。审查起诉未成年人犯罪23人，对9人作出酌定不起诉、附条件不起诉决定。依托“法治进校园”“法治副校长”及“两微一端”等载体，向县域内广大师生宣传侵害未成年人强制报告制度。通过“强制报告”支付宝小程序，办理全市首例立案监督后成案的猥亵儿童犯罪案件。创新搭建未成年人关护帮教网上平台，研发“桐心护未”集成式服务平台，内设法治宣教、关护帮教、心理疏导等工作模块，实现专业化办案、社会化保护、精准化服务协同推进。

【县域治理】 2020年，县检察院开展未成年人“三不宜”、食品药品安全等专项监督，立足办案提出检察建议，促进依法行政，推动行业整治。全面保障村级组织换届，协同开展政治联审4058人次，指派干警入村进行换届选举法治宣讲，依法办理涉及基层组织换届的犯罪案件，对阻拦村镇工程施工、阻碍村民代表大会召开的俞某某，以涉嫌寻衅滋事罪批准逮捕。开展检察环节诉源治理，“12309”检察服务中心整体入驻县矛盾调解中心，建立涉检信访代办制，落实群众来信件件有回复制度，千方百计调纠纷、解难题、化民忧。

【疫情防控】 2020年，县检察院响应县委号召，组织全院检察干警参加志愿服务活动，参与高速卡点、基层村社、居民小区联防联控，累计开展志愿服务7700余小时。按照疫情防控工作要求，实行网上“面对面”、远程“零距离”办案。是年，共起诉销售假冒口罩、袭警冲卡妨害公务等涉疫刑事案件13件14人，其中，田某某妨害公务案入选全市妨害疫情防控犯罪典型案例。针对疫情背景下危害野生动物犯罪问题撰写的调研报告，获省政府、省委政法委主要领导批示肯定。

【扫黑除恶】 2020年，县检察院稳步推进“六清”行动，决战“扫黑除恶”专项斗争。是年，共批捕涉黑涉恶犯罪19人、起诉32人；参与侦查机关线索研判20余次，移送“保护伞”线索11条；力促侦查机关查封房产15处、扣押车辆3辆。依法起诉省扫黑办督办的李某某等37人“套路贷”系列涉黑涉恶案，15名涉黑涉嫌犯罪被告人全部认罪认罚，该案被评为全市检察机关优秀案例。提前介入兰州民百股份有限公司原实际控制人朱某某等人黑社会性质组织系列案，依法办理相关审查逮捕案件13件、38人，派员参与审查起诉，确保不枉不纵、打准打实。

【民生民利“保卫战”】 2020年，县检察院共起诉黄赌毒犯罪161人，依法办理涉案金额达3800余万元的“大浪淘沙”“水岸轩”等浴场组织卖淫案。加强与县公安局、县法院协作配合，统一“断卡”行动执法司法标准，合力遏制电信网络诈骗犯罪高发态势，是年，依法起诉151人；对提供个人手机卡、银行卡等进行谋利的13名被告人，以帮助信息网络犯罪活动罪提起公诉，从源头上阻断电信网络诈骗的非法洗钱渠道。妥善办理涉众型金融犯罪案件，推进依法办案、追赃挽损、风险防控“三同步”，依法起诉奋麦商城、力天置业、橘子金融等非法吸收公众存款案件7件20人。化解因案致贫的社会矛盾，办结司法救助案件19件，向故意伤害、交通肇事等案件被害人及其家属发放救助金9.35万元。

【非公企业服务保障】 2020年，县检察院立足依法、平等办案，保护各类市场主体权益，是年，起诉职务侵占、侵犯知识产权案件5件8人。坚持少捕慎诉司法理念，对7名犯罪情节轻微的企业主依法作出不起诉决定。增进检企联络，依托线下走访、“云”上见面，摸排企业法治需求，为企业复工复产、合规经营提供法律帮助，保障企业正常运转。

【社会监督】 2020年，县检察院自觉把检察工作置于人大、政协和社会各界监督之下，做好人大代表建议、政协委员提案办理工作，加强与人大代表、政协委员、人民监督员和社会各界的常态化联络。是年，邀请60余名市、县人大代表、政协委员、人民监督员参加检察开放日等活动，开展公开听证7次。强化律师权益保障，依法向辩护律师提供电子卷宗光盘399张，公开法律文书474份。

【检察队伍建设】 2020年，县检察院根据省委政法委统一部署，全面落实执法司法规范化水平提升年活动要求，严格对标查摆问题，开展案件质量评查等7个专项活动，出台或联合出台10余项长效机制。坚持以正规化、职业化、专业化为导向，综合运用选送培训、跟班学习、集中授课、业务竞赛等方式，全面提升检察干警业务素质和能力。组织春季读书、夏季辩论、秋季运动、冬季展示“桐检四季”文化活动，开展“最美桐检人”“桐检之星”评选活动，营造积极进取的浓厚氛围。严格落实中央八项规定及其实施细则精神和省市相关规定，认真开展市检察院政治巡察反馈意见落实整改，自觉接受纪委监委及其派驻机构监督，持续整肃检风检纪。加强日常警示教育，适时开展谈心谈话。积极打造廉政教育平台，层层签订党风廉政责任书，开展常态化廉政风险点排查，推动“三个规定”落地做细。坚持以“转作风、提能力、办实事、解难题”为遵循，持续深化“走亲连心三服务”，在“三联三送”活动中淬炼干警纪律作风。

【智慧检务建设】 2020年，县检察院进一步推进政法一体化单轨制试点工作，牵头制定电子卷宗制作标准等三项工作机制。5月后受理的488件单轨制案件，均实现电子卷宗线上流转，占同期受理案件的95.31%。全面应用刑事办案智能辅助系统，依托“啄木鸟”巡查系统纠错补漏案件数据，使用“浙江检察”APP增进检律良性互动，推广“非羁码”实现非羁押人员实时监控，运用数字赋能提升法律监督效能。探索搭建“一体化”办案指挥

2020年12月4日，旧县中心学校学生到县检察院参加宪法学习教育活动

中心，积极融入远程指挥、移动阅卷等智能元素，让引导侦查取证、指导出庭公诉等工作实现“云上”发力。

（滕　颖）

· 法院 ·

【概况】 2020年，桐庐县人民法院（以下简称县法院）共受理案件10803件，办结10975件（含跨年案件），比上年分别下降4.46%和5.27%。核心办案质效“七升五降”指标全部达标，在全市法院考核中保持前列。是年，县法院的信息工作位列全省法院第一；干警刘刚被省高级人民法院记个人二等功；干警方芳被省高级人民法院授予天平奖章；干警王涛被杭州市委、市政府评为“在杭州市国际一流营商环境创建工作中”先进个人。

【刑事案件审判】 2020年，县法院审结刑事案件457件，判处罪犯670人，其中审结非法持有、私藏枪支、弹药，非法买卖、存储爆炸物，交通肇事、危险驾驶等危害公共安全罪案件106件107人；审结合同诈骗，非法经营、生产、销售伪劣产品等破坏社会主义市场经济秩序罪案件26件51人；审结过失致人死亡、强奸、猥亵儿童、非法拘禁、重婚等侵犯公民人身权利、民主权利罪案件44件52人；审结抢劫、盗窃、诈骗、抢夺、挪用资金、敲诈勒索等侵犯财产罪案件135件189人；审结妨害公务、聚众斗殴、赌博、传播淫秽物品、容留他人吸毒、走私、贩卖毒品等妨害社会管理秩序罪案件115件257人；审结贪污、挪用公款、受贿罪案件5件6人。

【民商事案件审判】 2020年，县法院受理民商事案件4638件，比上年下降3.94%；审结4799件，结案标的额23.35亿元。审结婚姻家庭、遗产继承、抚养、抚育纠纷等案件379件，结案标的额113亿元；审结追索劳动报酬、经济补偿金、侵权赔偿、工伤保险等案件333件，结案标的额5371万元；审结买卖、承揽建设工程、房地产开发经营等案件171件，结案标的额2045万元；审结金融借款、信用卡纠纷案件281件，结案标的额2.08亿元；审结民间借贷纠纷案件1470件，结案标的额4.056亿元。

【行政案件审判】 2020年，县法院受理行政诉讼案件35件，审结案件30件，协调撤诉14件，撤诉率46.67%。审查行政非诉执行案件42件，全部裁定准予执行。深化行政与司法良性互动，参与协调涉重点工程、重大项目的行政争议，做到“中心工作推进到哪里，司法服务保障就跟进到哪里”；4月，与县检察院、县司法局联合发文《关于加强行政审判、行政检察与行政复议衔接推进行政争议实质性化解的工作意见》，40件行政争议化解在诉前。是年，受理异地交叉管辖行政案件7件，审结6件。

【案件执行工作】 2020年，县法院受理执行案件4505件，比上年下降6.23%，办结执行案件4525件，执行到位金额4.05亿元，首次执行案件实际执行到位率、恢复案件执行完毕率和实际执行到位率均列全市基层法院第一位，“3+1”核心数据指标全部达标。建立“黑财清底”审执机制，涉黑涉恶案件执行到位金额2034.37万元；开展“鲲鹏风暴”“秋日风暴”“冬日暖阳”专项集中行动6次，执行到位金额1950.93万元；开通“买卖合同”执行立案绿色通道，畅通“执转破”工作机制，实行专人专办，执前督促案件受案110件，履行完毕52件，执行到位金额109.94万元，移送审查执转破案件20件；对82人予以罚款、拘留、限制出境，以涉嫌拒不执行判决、裁定罪移送公安机关4人。依托网络执行查控系统，冻结银行账户金额9.3亿元、查封车辆980辆，录入全国法院失信平台2902名，发布限制高消费令2931人，微信、报纸、电视、户外大屏进行曝光193名；设立保全、查控、裁决、实施4个工作小组，实行执行员固定接待日、24小时备勤制度。

【阳光司法】 2020年，县法院接受人大及其常委会监督、政协监督，定期邀请代表、委员来法院旁听案件、参加活动。依法接受检察机关的法律监督，定期邀请检察长列席审判委员会会议。接受社会监督，组织“公众开放日”活动，邀请800余名市民代表走进法院。全年在中国裁判文书网公开文书7717份，中国庭审公开网直播庭审2634场。组织人民陪审员参与审理案件594件。

【扫黑除恶工作】 2020年，是扫黑除恶专项斗争工作收官之年。县法院受理涉黑恶案件9件38人，结案率100%，全部审结且无一改判。审结涉黑案件平均审理天数74天，比上年减少37天。审结涉恶案件平均审理天数66天。2018年以来，县法院在民商事审判、执行工作中发现并移送违法犯罪线索65条，刑事涉黑涉恶案件办理中发现并移送违法犯罪线索37条；针对涉黑涉恶案件执行到位2034万元，执行到位率94.43%；追缴、没收违法所得执行到位率100%，完成"黑财清底"任务。参与重点行业领域专项整治，帮助堵塞行业监管漏洞，三年来发出司法建议、行业建议12条。

【李某豹系列黑恶案件审理】 2020年5月21日，县法院受理李某豹系列黑恶案件，共计3起案件21人。经查，2012年以来，李某豹组织在杭州、温州、义乌、宜兴、济南、甘肃等地有组织地实施"套路贷"，采取签订虚高或虚假借条、制造虚假流水、肆意认定违约、转单平账等手段，通过非法拘禁、殴打他人、强行拖车、聚众造势、上门滋扰、虚假诉讼等方式向被害人索取"债务"，并以此为积累资本的手段，逐步形成层级分明、结构稳定、具备一定经济实力的黑社会性质犯罪组织。该组织违法犯罪活动共计50余起，非法获利1000余万元，造成被害人被迫关停企业、自杀、罹患抑郁症、老年及幼年家属被威胁、家庭生活被滋扰以及造成多起虚假诉讼和多次出警等后果，严重影响经济秩序和社会秩序。县法院成立专案组，对80余卷案卷进行梳理和摘录，形成621页50余万字的审理报告，多稿调整推敲，形成96页5万余字的一审判决书。7月31日，立案后70天，对该系列案件首要分子李某豹等10人涉黑案件公开宣判，判处李某豹有期徒刑十八年，剥夺政治权利三年，并处没收个人全部财产。宣判后，李某豹等10人均认罪伏法，未提起上诉，判决于8月10日生效。此系列案件，被《浙江日报》点评为"浙江省扎实开展扫黑除恶案件诉讼提质增效专项行动的典型案例之一"。

【金融"微法庭"成立】 2020年4月24日，县法院联合浙江银保监局桐庐县监管组、县银行业协会、县农商行，在桐庐县农商行挂牌成立桐庐县首家金融"微法庭"（也是桐庐县第81家"微法庭"），实施对县域范围内金融借款合同、信用卡等纠纷实现"快速高效"的多元化解工作。金融"微法庭"成立后，金融纠纷可通过"微法庭"的特邀调解员进行线上、线下调解，省去送达、排期、开庭等程序，为当事人节省诉讼成本。调解成功的，可在线向法院申请司法确认，经法院依法确认的，具有强制执行力。调解不成的案件，可以通过"浙江移动微法院"进行网上立案，实现调解和诉讼的"无缝对接"。7月7日，县法院与县农商银行签约"党建联盟"后，全县成立3个金融微法庭。是年，桐庐县首家金融"微法庭"获评为杭州市首批示范化"微法庭"。

【富春江科技城人民法庭成立】 2020年3月24日，浙江省机构编制委员会批复县法院，同意设立富春江科技城人民法庭。12月10日，正式揭牌成立。该法庭是浙江省首家定位服务法治化营商环境的人民法庭，主要职责：延伸司法服务，发挥审判职能，通过已搭建的桐庐县涉企商事纠纷联动化解中心、桐庐县金融纠纷快速处理中心，"双中心双引擎、八条快车道"，积极参与防范化解企业生产经营中的法律风险，指导金融纠纷诉前调解；审理全县范围内的买卖合同纠纷、应收账款质权纠纷、融资租赁合同纠纷、保险合同纠纷；审理桐君街道、城南街道、凤川街道、富春江镇辖区内的金融借款合同纠纷、小额借款合同纠纷，以及标的物在上述4个乡镇（街道）辖区内的租赁合同纠纷。

【智慧法院】 2020年疫情防控期间，县法院实行干警居家办公、在线办案，利用移动微法院、浙江ODR平台、短信、微信等方式服务执法办案。审

2020 年 12 月 10 日，富春江科技城人民法庭揭牌

结利用口罩诈骗、制售假劣药品等妨害疫情防控犯罪案件 10 件；审理因疫情引发的买卖合同、劳动争议、消费者权益保护等案件 34 件；办结执行受托案件 58 件，委托办结平均用时 1.07 天，居杭州市基层法院第一位；办理执行保全事项 48 次，通过移动微法院发送执行法律文书 362 份，约谈回告 208 次，通过电话、短信联系当事人 600 余人，通过网络查控系统执行完毕案件 80 件，执行到位金额6000余万元。2 月 6 日上午受理立案“横村防疫卡点滋事袭警案”，下午远程开庭并当庭宣判，依法快审快判，获新华社点赞。6 月，县法院用 5 天时间，通过微法院实现 50 万元工资发放，涉及全国 12 个省的 36 名员工。同月，最高人民法院发布《智慧法院建设评价报告（2019 年）》，县法院在全国 3066 家基层法院中排名第 61 位，列杭州地区基层法院（不含杭州互联网法院）第 1 位。

【无纸化办案办公工作】 2020 年 3 月，省高级人民法院印发《浙江法院全面推进无纸化办案实施方案》，县法院被市中级人民法院选取为试点单位。无纸化办案以“办案现代化、办公无纸化、管理数据化”为导向，依托“平台 + 智能”建设，推进贯穿立案、调解、审理、合议、裁判、执行、结案、归档等环节的全流程、全要素无纸化办案模式。6 月，全省法院“执行无纸化办案”现场会在桐庐召开。是年，全县近 5万件诉讼文书送达通过短信、邮箱“秒到”，7193 件案件全流程“无纸化”，让信息“自动回填”、公章“自动签章”、案卷“自动编目”。全部公文实现“线上跑”，行政办公在手机终端跑出“加速度”。

（章彩女）

·司法行政·

【概况】 2020 年，桐庐县司法局（以下简称县司法局）以全国法治政府创建为工作主线，强化统筹、破难攻坚、多点发力，纵深推进县域法治建设，各项工作成效明显。是年，桐庐县创成全国第一批法治政府建设示范地区，为浙江省唯一获此殊荣的县级单位；法治浙江（法治政府）建设考核以全省县级排名第一的成绩被评为浙江省法治浙江（法治政府）建设先进单位；桐庐县富春江司法所入选省级“枫桥司法所”，分水镇人民调解委员会被评为杭州市矛盾纠纷化解工作先进集体；晏燕被评为浙江省改革创新先进个人、杭州市担当有为好干部，应蕾洁被评为浙江省公共法律服务体系建设先进个人，张丽萍获全省司法行政系统法治化营商环境优化专项行动个人嘉奖，许丽获全省司法行政系统特赦实施工作个人嘉奖。梁毅获杭州市“十大金牌和事佬”荣誉，叶茂祥、李鹏举被评为杭州市矛盾纠纷化解先进个人。

【依法治县建设】 2020 年，县司法局发挥职能作用，在全县范围内探索领导干部履行法治职责体制机制，扎实开展党政主要负责人履行法治建设第一责任人职责年终述职内容试点，建立县乡两级政府年度法治政府工作报告制度，推动乡镇部门党委负责人述法、县乡两级政府法治建设情况向本级人大报告实现“两个全覆盖”。

【法治乡村】 2020年，桐庐县出台《关于全面加强法治乡村建设的实施意见》。将乡镇街道法治建设与平安考核挂钩，指导14个乡镇（街道）全面建立法治建设领导机构，把法治乡村建设和村干部换届一体谋划，会同组织部建立村社干部候选人任前测试、任中培训、年终述法制度。是年，指导富春江镇芦茨村申报创建全国民主法治示范村，并通过审核验收。钟山乡夏塘村等6个村获评省级民主法治村。

【法治督察】 2020年，桐庐县完善法治督察制度并开展第二批法治督察。对37个乡镇部门实行督察全覆盖，通过查阅案卷、实测函询、政务公开等多渠道获取信息，对被督察单位近两年的行政处罚、行政许可类案卷，进行逐件评查；根据相关部门提供的被督察单位相关人员的违法犯罪、行政诉讼、检察建议等问题线索，深度开展“法治体检”；下发督察意见书，列出整改问题清单，逐项明确整改问题和整改时限等工作流程。坚持实行党政主要负责人、分管领导和执法工作人员“三必谈”制度，并将督察后的整改情况作为考核依据。是年，桐庐“县域法治督察”项目获评全省县乡法治政府建设“最佳实践”典型案例。

【“最多跑一次”改革】 2020年，县司法局会同行政服务中心、县委改革办开展第二轮“无证明县”创建梳理审核论证，为告知承诺制改革提供制度支撑。是年，累计取消各类证明事项和证明材料864项，群众仅凭身份证可办事项352项，“一件事”联办事项70项。

【行政执法和执法监督规范化】 2020年，县司法局集成落实行政执法监督规范化建设、行政执法评估评议制度、统一行政处罚办案系统三个省级试点任务，以监督规范行政执法行为、行政规范性文件、行政协议、行政投诉等监督流程。加强行政执法监督数字化建设，会同数据资源局开发执法监督平台，部门提交政府审核决策的重大决策、规范性文件、重大合同等全部纳入平台管理，实现合法性审核网上运行。

【合法性审核】 2020年，县司法局履行县委、县政府重大决策、规范性文件合法性审查职责，全年开展合法性审核65件。推动基层政府决策行权规范化，指导各镇街建立以司法

2020年8月24日，桐庐县法治政府建设再出发动员会暨法治乡村（平安村社）建设工作推进会召开

所为主、公职律师补充，社会律师、专家参与的法律顾问制度。将政府重大决策事项电子信息平台向14个镇街延伸，实现县乡两级重大决策、规范性文件网上运行全覆盖。

【行政复议工作】 2020年，桐庐县进一步完善行政复议工作制度，出台《桐庐县行政复议意见书和行政复议建议书制度规定》《桐庐县司法局行政复议、行政应诉办案绩效考评办法》等文件，开展复议决定“回头看”等活动。是年，县政府共收到行政复议申请80件，正式收件39件，申请人总人数126人次，其中受理31件，审理结案31件，结案率100%，顺利通过省司法厅复议规范化建设评估。

【行政应诉工作】 2020年，县司法局积极推行行政负责人出庭应诉和旁听庭审制度，在县主要领导的示范带动下，全县县乡两级行政机关出庭应诉率100%，行政审结案件中，行政负责人出庭应诉出庭率100%。是年，全县行政诉讼发案34件，其中县政府为单独被告的有6件，发案量比上年下降6%；审结31件，败诉1件，败诉率3.23%，是杭州地区败诉案件最少，败诉率最低的地区。

【行政争议调解工作】 2020年，县司法局联合县法院、县检察院创新调解联动机制、强化多元调解；实施重大疑难行政案件会商研判机制［司法局提前介入把关审核部门、乡镇（街道）遇到的疑难行政案件］和行政案件报备制度［各行政机关收到行政复议、诉讼案件答复（答辩）通知书须向县司法局报备，出具的答复意见及证据材料等须经县司法局指导审核］。是年，成功化解行政复议、行政诉讼案件68件，协调解决乡镇部门各类矛盾纠纷52件次，“一部门化争议”作用充分显现。

【大调解工作】 2020年，县司法局出台《关于深化新时代大调解工作的实施意见》，以“六化”（组织体系化、运行规范化、能力专业化、参与社会化、激励市场化、调解品牌化）为牵引，县人民调解协会实现实体化运作，全县产业规模较大的制笔、针纺织协会和关心支持调解工作的各方力量（农商行、华茂律师事务所等）纳入协会，落实秘书长和财务人员各1名，高规格召开调解协会换届会议。完成政府购买人民调解服务改革，县矛调中心调解员整建制转入协会管理。推动全县专职调解员力量配备，全面落实村书记兼调委会主任，新建物业纠纷、知识产权纠纷等四个行业性专业性调委会，调解组织网络进一步丰满。建立首席调解员、人民调解志愿者、人民调解员等级评定和奖励等制度。建立律师调解工作室。开展第三届最美人民调解员评选活动，选出8位“最美人民调解员”。“社会化调解组织培育”项目获得18万元杭州市政法专项资金补助。是年，各级人民调解组织共调处矛盾纠纷3467起，调解成功3462起（疑难纠纷55起），调处成功率99.9%，涉案赔偿及补偿金额1.95亿元。

【普法教育】 2020年，县司法局配合举办县委理论中心组会议专题学法，推动县委常委会、县府常务会常态化学法，全面落实全体公职人员宪法宣誓活动，组织新任领导干部法律知识考试。发布首批法治能力提升系列书籍，推进宪法公园等法治宣传阵地建设。率先探索“快递+普法”，开展“全民学宪法”、百场《中华人民共和国民法典》讲座活动。组建民法典讲师团，设置民法典课程单，实行点单式普法。是年，桐庐县“七五”普法考核验收全市第三。

【律师行业管理】 2020年，县司法局出台《关于推进律师行业健康发展的实施意见》，并在全县律师队伍开展职业教育整顿活动、清理违规兼职行为专项清理活动，指导中小型律师事务所参与规范化创建。是年，桐庐县与市局、市律协对接，促成浙江六和律师事务所与华茂、青诺、合强3家中小型律师事务所的结对帮扶。加大青年律师培育力度，推荐青年骨干律师参加省市律协组织培训，为全县青年律师队伍快速健康发展提供保障。

【法律顾问和公职律师制度建设】2020年，县司法局印发《关于进一步规范政府法律顾问和公职律师工作的通知》，加大对法律顾问制度推行和作用发挥情况的考核力度。明确对县同级政府部门、乡镇街道，以及省市垂直管理各单位的公职律师实行属地管理。鼓励具有律师资格或法律职业资格的党政机关工作人员申报公职律师，动员组织全县12名公职人员参加全市公职律师岗前培训，对考核通过人员进行跟踪指导，确保顺利完成申报工作。

【法律援助工作】 2020年，县司法局对照《全国刑事法律援助服务规范》《全国民事行政法律援助服务规范》对2019年度法律援助已结案件进行案卷自查。率先探索法律援助差异化政策，共受理指派法律援助案件623件，其中民事案件174件，刑事案件449件，法律帮助318件，代写法律文书125件，提供法律咨询1572人次。接收政法一体化平台推送案件228件，其中侦查阶段31件，审查起诉阶段82件，审判阶段115件。

【社区矫正工作】 2020年，县司法局探索利用数据研判与共享平台获取的数据对在册在矫社区矫正矫正对象进行精细化、智慧化管理，对特殊类型矫正对象予以实时监控。会同县检察院、县法院草拟《公检法司单轨制案件材料流转暂行办法》，结合社区矫正管理业务实际，制订工作方案。探索完善社会矫正教育形式，发挥“易帮矫”平台作用，记录社区矫正对象教育学习和公益活动开展情况。开展社区矫正宣传月活动，广泛宣传《中华人民共和国社区矫正法》。上门开展走访经济困难急需救助的社区矫正对象，全年共开展关心救助14人次。

【疫情防控与复工复产】 2020年，县司法局根据省厅、市局、县委、县政府疫情防控统一安排，及时调整工作方案，组建法制专班，出台企业复工复产法治保障10条意见，保障疫情防控；组建线上公益法律服务团，开展“法雨春风”服务月等活动，助力企业复工复产。利用“小桐普法”全媒体平台，开展依法防疫主题宣传。严格落实社区矫正安全稳定工作情况每日报告制度和每日信息化核查。开展远程视频会见工作，在疫情期间保障服刑人员会见亲属的法定权利。

（杨加利）

·人民武装·

【概况】 2020年，桐庐县人民武装部（以下简称县人武部）以习近平新时代中国特色社会主义思想为指导，深入贯彻落实习近平强军思想，按照警备区党委和县委的决策部署，较好地完成各项工作任务。是年，被浙江省军区评为“情报工作先进单位”和“征兵工作先进单位”。

【党管武装】 2020年，桐庐县坚持“党管武装”基本原则，层层压实“书记亲自抓总、党政部门合力推进”的责任链条，严格落实党委议军会、过军事日等基本制度。为加强对新时代党管武装工作在县域的探索和实践，年初，对全年武装工作和县四套班子开展“军事日”活动作出安排，11月，对乡镇（街道）党管武装工作进行年度考核。

【思想政治建设】 2020年，县人武部在基层调研的基础上，以难题破解、成果转化为重点，联系工作实际，制订学习计划，精选理论学习内容，学习贯彻习近平强军思想并不断走深走实；学习贯彻军委《全面深入贯彻军委主席负责制监督问责规定》，落实请示报告、督促检查、信息服务“三项机制”，确保“两个维护”一贯到底。巩固深化“不忘初心、牢记使命”“传承红色基因、担当强军重任”主题教育成果；按照新修订的《民兵政治工作条例》及依托《桐庐国防》等载体，规范年度民兵政治教育形式内容；常态抓好预防犯罪、防间保密、涉军舆情监控，突出防范政治性问题。是年，参加上级政治理论学习4次，本级组织学习10次；落实各类政治教育37课，其中法纪教育10课、四反教育4课、预防犯罪3课、主题教育3次、形势政策6次，上级文件精神传达、观看电影视频、节日战备、党课等11次。

【基层规范化建设】 2020年，县人武部按照《基层建设纲要》和上级基层建设会议精神要求，严格落实战备、训练、工作、生活四个秩序。完善战备设施，提升作战值班室建设，通过视频监控全覆盖，增强与上级军事机关和地方有关单位共联互通，有效应对和处置各种突发情况的能力。配齐现役军官和文职人员作业箱、野战背囊等物资器材；继续开展后备力量基层建设“评星挂牌”活动，是年，全县90%的乡镇（街道）武装部、30%的民兵连达标；加强制度建设，严格涉密文件、办公设备、手机网络等保密管理。5月8日，县人武部组织人员到绍兴柯桥区人武部参观该部正规化建设，通过参观学习，汲取相关经验，为正规化建设提供借鉴。

【备战练兵】 2020年，县人武部修订各类军事行动预案，如期完成年度军事训练任务。与桐庐县应急管理局建立军地联合应急响应机制，将民兵应急分队纳入地方应急管理体系；按照“模块化、箱组化、托盘化、信息化”要求，规范日常战备秩序；按照“月训三天、季考一次”要求，开展指挥、业务训练，建立个人军事训练档案；组织专武干部、新任民兵连长和民兵教练员专业轮训；结合民兵整组，组织新入队民兵共同基础课目训练，结合季节特点，开展防汛抗洪行动和森林防火实兵演练；按照“三个一”（一支专业组训队伍、一套专业训练教案、一批专业训练器材）标准，完成杭州警备区交通运输分队承训任务。是年，全县普通民兵按照应急、专业、特殊三类力量建设。三支队伍比例全部符合规定，基干民兵“三种人”比例达到95%以上，基本达到“力量精编、编组科学、布局合理”的要求，组建面达到100%。6月，县人武部组成两个工作组，完成全县后备力量建设“十三五”规划检查评估暨民兵整组工作检查验收。

【征兵工作】 2020年，县人武部以征兵“五率”（报名率、上站率、合格率、择优率、退后率）量化考评为抓手，以对口精准征集为突破，以确保廉洁征兵为底线，提高征兵工作质量。是年，新兵大学生比例达到86.2%，大学毕业生比例达到34.7%。9月，在县委党校举行2020年度新兵出征仪式，县委、县政府、县人武部领导等参加。

【国防动员工作】 2020年，县人武部以“新时代完善国防动员体系”重难点问题调研为重点，抓好国防动员年度和专项潜力调查核实，组织县国动委各办公室专职副主任和成员单位联络员开展培训，研究落实重点建设任务。

【“双拥”工作】 2020年，桐庐县安置军队转业干部、士官，安置文职干部家属就业1人。县领导看望慰问到桐庐驻训部队，县人武部分期分批组织新兵父母和基干民兵免费体检、组织人员迎接退役军人光荣返乡、上门看望志愿军老战士等活动。同时，继续建立“八一”光荣榜，在《今日桐庐》专栏刊出胡玉龙、甘银斌两位二等功臣、杜钟炎等16名三等功荣立者和109名优秀士兵的照片和名单，并通过电视台播放、宣传画等形式进行宣传。是年，瑶琳镇兴荣家庭农场向毅荣获“浙江省模范退役军人”荣誉称号；志愿军老战士罗林

2020年8月9日，县人武部对富春中学学生开展军训

玉、杨柏林获“中国人民志愿军抗美援朝出国作战70周年”纪念章。

【共建工作】 2020年，县人武部发挥军地双重领导优势，构建双拥共建平台，推进军地互促共赢。参与全国文明城市复评、垃圾分类、基层治理及平安建设、文明出行劝导等志愿服务活动。7月，受梅雨带连续强降雨影响，县人武部启动防汛Ⅰ级响应，参与对道路、桥梁、河道、水库、山塘、危旧房、山洪地质灾害点全面巡查，转移被困群众，洪水过后积极投入环境大整治行动。9月，组织军训教官为桐庐中学、分水中学、富春中学、洋塘职高和桐庐杭州传媒高级中学开展学生军训工作。

【疫情防控】 2020年，新冠肺炎疫情期间，县人武部统一调动全县基干民兵精锐力量，在县城高速路口、高铁站、国道和重要路段增援设卡，参与疫情防控。2月1日，县人武部派出城南街道应急排民兵，全程负责县集中隔离点的封控任务。3日，再次抽调民兵增援富春江一桥、二桥等重要路段。截至3月5日，全县民兵在各卡点执勤任务中，共检查各类车辆86203辆、190222人次；参加高铁站、高速出口检查2026人次，共查各类车辆14735辆，21916人次。是年，县人民武装系统3个集体、45名个人受到县委、县政府表彰。

（徐伟泉）

2020年9月，县退役军人事务局在高铁站设置“退役军人返乡报到接待站”，讲解退役报到有关事项

·退役军人事务·

【概况】 2020年，桐庐县退役军人事务局（以下简称县退役军人事务局）统筹抓好退役军人政治引领、服务保障和作用发挥等工作，软硬件建设同步推进，打造功能齐全的“军人之家”。在争创“新时代枫桥式退役军人服务站”的同时，高标准实施县级退役军人服务中心改造提升项目。是年，横村镇退役军人服务站通过杭州市验收。完成社保接续补缴650人，开展首届最美退役军人评选活动。认真落实退役军人来访接待工作，全年办理上级转办件共计46件。

【拥军优抚】 2020年，桐庐县发放重点优抚对象优抚金5350人次，使用资金2318.93万元（其中为生活困难退役军人发放临时生活补助8.6万元）；为重点优抚对象发放物价补贴207.85万元；为义务兵家庭发放年优待金748.51万元；为立功受奖义务兵发放奖励金11.81万元；为60周岁以上部分农村籍退役士兵发放生活补贴1091.28万元；使用拥军优属经费93.55万元；使用优抚对象医疗补助250.25万元（其中支付702名优抚对象14344人次、优抚医疗补助210万元以及753名重点优抚对象城乡居民基本医疗保险补贴37.65万元）；对3座县级管理的凤凰山烈士墓、分水五云山烈士墓、钟山吴宅烈士墓以及6座零散烈士墓进行维护管理使用资金19.737万元。

【军人综合服务平台建设】 2020年，县退役军人事务局提升军人“一件事”服务。深化打造军人线上综合服务平台，线上线下同步推进军人全生命周期服务管理，线下设置综合服务窗口，实现办事只跑一个窗口；线上搭建军人综合服务平台，设置“入伍、服役、退役、就业、优待”五大模块，实现“一平台流转、一站式办理、一链式服务”。

【疫情防控】 2020年，县退役军人事务局组织退役军人参与卡点、隔离点执勤，捐款27.65万元、捐赠口罩等防护物品7.8万只（件）。城南街道20名退役士官志愿服务队因战疫表现突出，被授予桐庐县五一劳动奖状。103名企退军转干部主动向桐庐县13名援鄂医务人员捐赠1000元/人慰问金。

（吴丹翡）

教育·科技

Education & Science & Technology

教育·科技

·教育综述·

【概述】 2020年，桐庐县有中小学、幼儿园92所，在校学生59425人。其中普通高中5所，在校学生5692人；职业高中2所，在校学生2034人；初中（含九年一贯制学校）12所，在校学生11385人；小学27所，在校学生25603人；特殊学校1所，在校学生38人（不含附设中职班17人）；幼儿园45所，在园幼儿14673人。有社区学院1所，成人文化技术学校14所。全县学前三年儿童入园率100%，全县等级幼儿园在园儿童覆盖率超过100%，其中省一级、省二级幼儿园覆盖率达到79%左右。城乡互助共同体覆盖率100%，九年义务教育入学率、巩固率均为100%。义务教育标准化学校比例100%。残疾儿童义务教育入学率99.3%。新装空调488台，实现公办学校、幼儿园教室空调100%全覆盖。叶浅予建兰学校开工建设。改革招生办法，幼儿入园、小升初报名首次实行网上办理。出台《桐庐县中小学教师“减负清单”》。

【居家学习】 抗击新冠肺炎疫情期间，县教育局组织全县5.6万余名在校学生居家学习。组织400余名教师整理、录制视频课2600多节，开展线上研训活动2000余次；针对不同年龄段、不同家庭条件、不同类型的学生群体，通过配送教科书，采用电视、网络、电话指导等途径开展居家学习指导。居家学习的做法和经验被《课堂内外》《基础教育论坛》等国家、省级杂志做专题报道。

2020年，桐庐县叶浅予中学电脑排位招生现场

【“清廉学校”建设】 2020年，县教育局发布《教育系统作风建设倡议》和《清廉学校建设宣言》，召开党风廉政建设专题会议，完善党风廉政建设任务分解表、履职清单、问题清单，并延伸至各基层党组织。实施“清廉学校五五工程”，创建首批杭州市教育系统“清廉学校”示范点1所，入选“清廉学校”优秀案例1个。

【人才招引】 2020年，桐庐县招引16名名优教师（含7名特级教师、1名正高级教师），优秀高校毕业生85名（含硕士研究生或“双一流”高校本科毕业生40名、“211工程”高校本科毕业生11名）；依托高校启动“领航校长”“未来校长”“君山名师”等高端培训；签约杭州师范大学小学全科定向委培生5名、其他公费师范生7名。

【升学红包发放】 2020年，桐庐县首次为2000余名高校录取新生每人发放升学红包1000元，总计200余万元。其中，县四套班子领导和各乡镇（街道）领导走访高考优秀学子、困难学生代表500余名，为他们当场发放高考升学红包和慰问信，其余学生通过银行转账形式进行发放。

【省外支教】 2020年，桐庐县开展短期支教百余人次。滕雷峰等4位教师前往新疆支教。孙松海、申屠国良、齐琳瑛3位校（园）长和15位骨干教师前往贵州榕江开展1—2年支教活动，3位校（园）长分别担任榕江四中、古州四小、桐君幼儿园校（园）长。桐庐县组织40所学校与榕江县69所学校开展结对帮扶，全体师生为榕江教育捐赠现金与物资总计230余万元。

【困难学生资助】 2020年，桐庐县幼儿园减免保育费426人次，金额41.06万元；义务教育学校营养餐、困难生生活补助惠及3292人次，金额237.01万元；普通高中免学杂费资助216人次，金额27.3万元；普通高中享受国家助学金人数966人次，金额96.6万元；中等职业技术学校享受国家助学金461人次，金额46.1万元；中等职业技术学校享受免学费4020人次，金额402万元。

【教育研究成果】 2020年，桐庐县教育专题论文获省一等奖1篇、二等奖5篇、三等奖16篇，获市一等奖14篇、二等奖21篇、三等奖39篇；德育专题论文获市二等奖2篇、三等奖5篇。各类省市规划课题结题率100%，获省一等奖2项、二等奖2项、三等奖7项，市一等奖3项、二等奖9项、三等奖14项；教师小课题获市一等奖5项、二等奖2项、三等奖4项。在2020年杭州市各学科优质课评比中获得一等奖9项，杭州市班主任基本功大赛中获一等奖1项，浙江省职教类教学能力比赛中获一等奖1项。

【课改项目】 2020年，桐庐县新建第三批县级课改培训基地13个，评选课改示范校15所。开展国家基础性课程校本化研究，评选县第九届精品课程评24门，获评市精品课程3门。编写心育主题特色校本课程，建成省级心理辅导示范点6所、省级心理辅导站标准化48所。

【素质教育】 2020年，县教育局加强素质教育，推进“人人会游泳”项目，全县近7500名学生完成培训。桐庐县在杭州市中小学生体能素质检测中总平均分列7个县市区第一名。重视艺术教育，基本实现每位学生参与艺术活动，培养一两项艺术爱好。

【资优生培养】 2020年，县教育局制订出台《桐庐县中学生创新型后备人才培养方案》，建立学校、互助共同体和县级区域层面的三级梯队培养体系。构建小学、初中、高中一体化的创新人才培养体系：小学高段组建学科兴趣小组——初中阶段组建创新实验小组（社团）——高中阶段通过招收创新实验班、成立朝阳书院等方式对创新拔尖的学生进行针对性培养。

·学前教育·

【概况】 2020年，桐庐县出台《桐庐县发展学前教育第三轮行动计划（2020—2023）》。全面完成小区配套幼儿园治理。有幼儿园45所，其中公办19所（含幼教教育集团8个），占总数的42.2%；民办26所，占总数的57.8%。班级482个，在园幼儿14673人，其中公办幼儿园在园幼儿10369人，占在园幼儿的70.66%。3—5岁毛入园率为112.6%，公办率72.25%，普惠率89.6%，优质率80.5%，集团化覆盖率60.6%。

【幼儿园规范办园行为督导】 2020年，县教育局出台《幼儿园办园行为督导评估实施方案》，计划从2020年至2022年，完成对全县幼儿园的规范办园行为督导评估。是年，对第一

毕浦小学学生创作垃圾分类创意石绘

批17所公办幼儿园的28个园区，开展规范办园行为督导。

【幼儿教育优质均衡发展】2020年，桐庐县新评省二级幼儿园4所、省三级幼儿园1所；8所幼儿园顺利通过省二级幼儿园复核，16所幼儿园顺利通过省三级幼儿园抽检；完成24所民幼儿园年度考核，7所普惠园认定。

【幼儿园及教学点增减】2020年，桐庐县富春江幼儿园教育集团中心园区、桐庐县科技城未来幼儿园、桐庐县滨江幼儿园教育集团桐中园区投入使用，增加普惠学位780个。桐君街道高岭幼儿园、分水镇小精灵幼儿园、江南镇莲塘幼儿园、旧县街道幼儿园、富春江镇春晖幼儿园等5所民办幼儿园停止办学。

·九年义务教育·

【概况】2020年，桐庐县有九年制义务教育阶段学校40所（含民办）、特殊学校1所。小学、初中入学率、巩固率均为100%，三类残疾儿童义务段入学率99.3%，九年义务教育完成率100%。出台《2020年桐庐县城区义务教育学校招生工作方案》，将县城义务段学生生源分成A（房户一致）、B（有户无房）、C（有房无户）、D（无户无房）四类，实行义务教育学校网上报名录取和公民办同步招生。新增3所学校开展互联网+同步课堂应用。

【义务教育学校实行公民同招】2020年，桐庐县首次实施公民同步招生，民办学校叶浅予中学取消入学测试，实行电脑派位招生。叶浅予中学计划招收初中新生240名，吸引1349名小学毕业生报名。县教育局工作人员、县纪检监察人员、公证处公证员、政风行风监督员、“两代表一委员”、学校代表、家长代表及新闻媒体记者全程参与并监督叶浅予中学的招生工作。

【玉华小学成立】2020年，桐庐县整合分水片的义务段教育资源，将东辉小学、百江小学、怡合小学、合村小学、保安小学等5所小微学校合并到分水初中玉泉校区，成立玉华小学（马云寄宿制乡村学校）。

【标准化学校建设】2020年，科技城未来学校、创业学校、徐凝小学、文正小学、玉华小学、方埠小学、横村小学等7所学校创建为省标准化学校，桐庐县所有学校100%创成省标准化学校。

【全国区域教育高质量发展交流研讨会】2020年12月18—19日，来自上海、广东、广西、山西、山东、安徽、四川、河北、浙江等全国10余个省份的教育局局长、校长、教育专家及桐庐县科协和桐庐县社科联领导、桐庐县教育局中层以上干部、教师发展中心教研员、全县校（园）长等共计近300人同聚桐庐，以“区域教育高质量发展”为主题进行研究讨论。研讨会期间，全体与会人员听取主题讲座、工作汇报、经验介绍，观摩桐庐县“提质强校”阶段性成果，碰撞区域教育高质量发展的思想火花。其中，桐庐县“提质强校”阶段性成果展示活动在学府小学、实验初中等两所学校进行。全县各中小学通过展板、拓展性课程现场演绎、各学科公开课展示等形式向到桐庐的专家全方位呈现桐庐县“提质强校”阶段性成果。此外，实验初中、分水初中、方埠初中、富春江初中、三合初中、城关初中6所初中和学府小学、洋洲小学、徐凝小学、实验小学、分水实验小学5所小学做教育高质量发展的工作汇报；广东省汕尾市海丰县黄羌镇小学及桐庐县城关初中、方埠初中、实验初中、洋洲小学5所学校分别分享“提质强校”的故事。

【中小学班主任基本功大赛】2020年，在杭州市中小学班主任基本功大赛中，桐庐县222位班主任老师参赛，有89名老师获奖，其中一等奖1名，二等奖1名，三等奖3名，优胜奖3名，获奖率和名次位列7个县市（区）第二名。

·高中阶段教育·

【概况】2020年，桐庐县有高中阶段学校5所，班级138个，在校学生5692人。全县初中升高中3683人，升学率99.7%，其中普通高中招生2051人，占总人数的55.52%；职业高中812人，占总人数的21.98%；普通中专160人，占总人数的4.33%；技工学校468人，占总人数的12.67%；其他192人，占总人数的5.2%。

【合作办学】 2020年，桐庐县推进浙师大与富春高中合作，明确合作办学的策略、工作路径，制定实施方案与细则。桐庐中学与杭二中继续合作开办创新实验班，创新实验班的学子们在全国化学奥林匹克竞赛中获一等奖2名、二等奖4名、三等奖9名。

【高考成绩】 2020年，桐庐县普通高校招生报名人数1777人，职高单独考试报名人数189人，总计1966人。普通高校录取人数1696人，高职类录取184人，总计录取1880人。普通高中高考一段上线484人（含艺体类），上线率为30.1%，比上年增加1.7个百分点。职业高中高职单独考试上线率97.3%，其中本科4人排名均在全省前100名。

·职业教育·

【概况】 2020年，桐庐县有县属职高1所——桐庐县职业技术学校，是国家级重点中等职业学校、浙江省中职改革发展示范学校。开设13个专业，在校学生2017人。职业学校学生在各类竞赛中获奖77项（含国家省市级58项），其中全国二等奖3项、三等奖1项，省一等奖5项、二等奖6项、三等奖8项。职业学校教师在教师职业技能大赛、信息化说课大赛、教科研评比等比赛中获奖100项(含国家省市级29项)，其中全国一等奖1项、全国银奖2项，省一等奖3项、省二等奖1项、省三等奖1项。

【助力企业复工复产】 2020年，桐庐县职业技术学校走访杭州千芝雅卫生用品有限公司、海康威视（桐庐）、桐庐海博大酒店等47家企业，了解岗位需求，安排178名实习生到企业顶岗实习，解决企业用工紧张，帮助复工复产。

【“1+X证书”制度试点工作】 2020年，桐庐县在职业教育中新增研学旅行策划与管理（EEPM）（初级）、网店运营推广（初级）、数控车铣加工（初级、中级、高级）、金税财务应用（初级）等4项证书制度试点项目，总共实施“1+X证书”制度试点5类9个初中高级试点项目。

2020年高考桐庐中学考点现场

·成人教育·

【概况】 2020年，桐庐县有14所成校，成校覆盖率和标准化乡镇成校达标率均为100%，其中江南成校、横村成校、富春江成校、分水成校被认定为浙江省现代化成校。成立6个成校互助共同体。构建社区学院、牵头成校、乡镇成校“1+6+8”社区教育网络。完成社会培训12万人次。新增老年学位4630个。完成家政培训8605人次，占桐庐县常住人口的2%。全年存入学分银行学习成果数125617人次，占桐庐县常住人口的29.2%。是年，桐庐县被评为浙江省示范学习型城市，分水镇获“杭州市示范街道（乡镇）30分钟市民学习圈”称号。孝义梅花锣鼓学共体(江南镇)、君山红形体社团（桐君街道）、分水茗婉旗袍队（分水镇）、春江旗袍舞蹈社团(富春江镇)获“2020年杭州市社区示范性学习型社团（学习共同体）”

称号。胡家成（富春江镇）获杭州市“百姓学习之星”称号。

【桐君老年学堂改建】 2020年，县教育局改建桐君老年学堂，投入30万元。桐君老年学堂面积250平方米，8月开班，首批招收102名老年学员。

【一校一品】 2020年，桐君成校课题《农村成校“庭院课堂”培训模式的探索与实践》入选浙江省中职教育教学成果精品化项目，并被列入浙江省教育科学规划“中职精品化”专项课题。城南成校率先在杭州地区开设“电商直播带货培训”，自编教材《电商直播——网红初级课程》获得杭州市优秀特色课程、浙江省非学历课程。

【社会活动】 2020年，县教育局举办“全民终身学习活动周”“职业教育活动周”“社区教育开放日”等活动，全县公办中小学、幼儿园开展开放活动，吸引3万多名市民参加。

·师资队伍建设·

【概况】 2020年，桐庐县在职教职工5258人（含民办学校），其中专任教师4216名，在编教职工3637人。全县65名教师晋升高级职称，110名教师晋升中级职称，41名教师初定为初级职称。公开招聘新教师45名、名优教师16名，引进高校优秀毕业生85名，定向培养农村幼儿园教师5名，桐庐县培养的免费师范生入编就业7名。受理教师资格认定申请158人，认定具有相应教师资格158人。幼儿园、小学、初中专任教师学历达标率均为100%。小学教师具有大专以上学历、初中教师具有本科以上学历比例分别为99.54%和96.98%。新增D类以上人才8人、E类人才183人。新增“511”中青年人才一层次1人、二层次2人、三层次32人。获评浙江省绿叶奖1人、浙江省“春蚕奖”3人、浙江省“三育人”岗位建功二等奖1人、杭州市优秀校长2人、杭州市优秀班主任6人、杭州市优秀教育工作者4人、杭州市农村教师突出贡献者2人、杭州市优秀教师11人。

【教师周转房启用】 2020年，县城区域教师周转房启用，共有21个单人间、8个双人间。每个房间均配备床、空调、桌椅、橱柜等设施，基本满足拎包入住条件。35位青年教师入住。

【教师培训】 2020年，县教育局启动未来校长培养工程，组织参训学员围绕理想教育的内涵、面向未来的学校变革、360°领导力提升、技术引领的学校变革四大板块，进行为期一年的学习与实践。开展新入职教师上岗系列培训活动，147名新入职教师参加培训。开展教师职业道德培训活动，全县四个学段270余位老师参加培训。启动“君山名师”培养项目。

【人事制度改革】 2020年，县教育局深化“适岗竞聘”，完善“县管校聘”背景下的教师流动机制，扩大学校用人自主权；扩大职称校评范围，“高级校评”扩大至所有普通高中，“中级校评”试点扩大到所有高中段学校和城区初中小学；修订教师专业技术岗位聘任制度，实现专技岗位等级“能下能上”“有下有上”。

【名师工作室】 2020年，桐庐县新增25个名师工作室（含7个在职特级教师工作室），近百个名师工作室覆盖各个学段，基本形成区域化设置、学段全覆盖、学科门类多的格局。

【师德师风建设】 2020年，县教育局开展廉政风险排查防控，梳理廉政风险清单1437条，制定整改举措1511条，推行廉政风险防控制度11条及防控措施目录清单985条。开展抗疫先锋、第七届“感动校园·美丽教师”等评选活动，评选出65名教育系统“抗疫先锋”、10名“美丽教师”及10名“美丽教师提名奖”。

·改善办学条件·

【概况】 2020年，桐庐县财政性教育经费投入150977万元，其中财政教育事业费拨款144074万元，征收教育费附加6903万元，政府性基金（彩票公益金）37万元。县财政安排261万元用于课程建设、教学改革、分类辅导、教育科研。预算内人均公用经费，职业高中2831.33元、普通高中1899.14元、初中1742.05元、小学1296.43元、幼儿园1422.82元，分别比上年增加52.58元、28.03元、98.66元、96.77元、86.92元。制定“十四五”学校建设规划，拟定22个项目，总投资16.8亿元。建成基本级“智安校园”27所，示范级“智安校园”3所。

【项目建设】 2020年，桐庐县科技城未来幼儿园、桐庐县徐凝小学投入使用。富春江幼儿园、文正小学、职高园林基地（一期）、职高商科楼等项目竣工。桐君幼儿园、横村初中改扩建、学府小学食堂综合楼、富春江小学迁建工程、富春未来城学校、青山幼儿园、下轮幼儿园、健康城幼儿园等项目按计划推进。年度暑期校园维修和美丽校园项目全面完成。

【后勤管理】 2020年，县教育局出台《桐庐县教育系统小额公共资源交易管理细则》《桐庐县教育系统基建维修管理细则》《桐庐县教育系统政府采购管理细则》《桐庐县进一步加强中小学校服管理办法》等文件，明确后勤工作规范。

（潘胜君）

2020年桐庐县各级各类学校概况一览表

表24

学校类别	学校（所）	班级数（个）	招生数（人）	毕业学生数（人）	在校学生数（人）	教职工数（人）	专任教师数（人）
普通高中	5	138	2051	1699	5692	635	587
职业高中	2	57	812	774	2034	169	159
成人文化技术学校	14	—	—	—	—	41	41
初级中学	12	285	3751	3694	11385	1015	961
小　学	27	658	4549	3920	25603	1569	1528
幼儿园	45	482	5260	4772	14673	1857	969
特殊教育学校	1	8	5	6	38	13	12
社区学院	1	—	—	—	—	4	4
合　计	107	1628	16428	14865	59425	5303	4261

·科学技术·

【概述】 2020年，县科技局围绕科技创新治理能力建设，改革创新，荣获2019年度市创新发展专项考核优胜等次。市对县考核的高质量发展指标体系中涉及科技的3项指标明显进位。桐庐县研究与试验发展经费投入占GDP比重为1.99%，比上年提高0.25个百分点，占比位列全市第七位，增幅位列全市第五位。

【政策服务】 2020年，县科技局出台《关于加快科技创新推动高质量发展的若干意见》科技新政15条，兑现科技创新政策奖励7879万元。科技政策上“杭州亲清在线”平台6条，便捷兑付额达到90%以上。疫情期间，科技政策率先实现全县“马上兑”，兑付资金2394万元，惠及企业159家。在全省率先实现创新券即用即兑。全年走访服务企业1721余家次。

【研发体系建设】 2020年，桐庐县新增省重点企业研究院1家、省级企业研究院2家、省级高新技术企业研发中心3家，新增市级企业研发中心11家。

【科技型企业培育】 2020年，县科技局启动新一轮“科技初创—高新潜力—国家高企—创新引领”科技型企业全生命周期梯度培育计划，新增国家高新技术企业63家，完成率全市

2020 年 11 月 13 日，2020 洞见·智慧物流新时代第二届中国快递物流创新创业大赛举办

第一；新增省科技型中小企业 116 家，完成率全市第三。创新主体培育两项指标增幅排名全市前列。

【创新平台建设】 2020 年，县科技局实施平台提质增量行动，新认定（备案）国家级众创空间、省级科技企业孵化器各 1 家，省级众创空间 2 家，市级众创空间 1 家，省级国际合作基地 1 家，省级农业科技园区 1 家，市级产业创新服务综合体 1 家。实现国家级众创空间、省级科技企业孵化器、省级国际合作基地、省级农业科技园区四个零突破。

【科技服务】 2020 年，县科技局探索建设桐庐科技创新云服务平台，实施“百名专家进桐庐，百家企业进高校”科技成果转化双百工程，实施产学研合作项目 35 项。科技特派员改革创新工作分别获副省长高兴夫，副市长陈新华、柯吉欣、王宏批示肯定。培育艾罗能源为市领军型创新创业团队，实现西部县（市、区）零突破。协助办理外国人来华工作许可证 43 人，其中高端人才（A 类）13 人。举办第二届中国快递物流创新创业大赛，5 个获奖项目入驻中国快递物流装备物资集中采购交易中心，推荐 19 个优质项目与“三通一达”进行资源对接。

【技术攻关】 2020 年，县科技局紧扣“大智造、大健康”主导产业的关键核心技术组织攻关，实现省级重大科技专项立项 3 项，创历史新高。社发类（大健康）省重大科技专项实现零突破。备案实施县级新制造业科技项目 20 项，助力制造业高质量发展、传统产业转型升级两大攻坚战。

【农业与民生科技工作】 2020 年，县科技局完成县级科技项目成果鉴定 13 项。征集县科技项目（社发类）68 项，立项 34 项。完成以百江镇为建设主体的浙江省桐庐“稻香樱语”生态农业科技园区创建工作。完成 2019 年市特派员项目验收 5 项，拨付资金 50 万元。会同县财政局，完成 2019 年县特派员项目结题和绩效评价 21 项。

（高小云）

2020年新认定国家高新技术企业一览表

表25

序　号	公司名称
1	桐庐东方彩印针织有限公司
2	杭州安厨电子商务有限公司
3	浙江祥煜电力配件有限公司
4	桐庐新宇机电设备有限公司
5	桐庐富禾针织服饰有限公司
6	桐庐瑶琳电子科技有限公司
7	杭州高峰蓝莓种植有限公司
8	桐庐富霖针织服饰有限公司
9	桐庐裕泰拉链有限公司
10	杭州桐庐华盛拉丝机械有限公司
11	杭州亿通塑胶实业有限公司
12	杭州永杰研磨材料有限公司
13	桐庐富瑞达针织服饰有限公司
14	杭州爱加文具有限公司
15	桐庐九代文具有限公司
16	杭州华盛围巾有限公司
17	浙江明辉电力设备有限公司
18	浙江高而基钢构材料有限公司
19	杭州威成实业有限公司
20	杭州桐阁堂中药饮片有限公司
21	杭州天汇精细化工有限公司
22	杭州拉丝机制造有限公司
23	浙江赛渤电力科技有限公司
24	杭州华博汽车零部件有限公司

续表 25

序　号	公司名称
25	桐庐创新磁业有限公司
26	杭州科兴磁业有限公司
27	浙江奔腾交通工程有限公司
28	杭州华佳标准件有限公司
29	桐庐雄鹰科技有限公司
30	浙江磐海科技有限公司
31	桐庐科立磁材有限公司
32	桐庐富力电力器材有限公司
33	桐庐荣升机电设备有限公司
34	杭州云正科技有限公司
35	浙江颂康制盐科技有限公司
36	桐庐益诚包装有限公司
37	杭州大泉泵业科技有限公司
38	杭州瑞霖化工有限公司
39	桐庐斯科医疗器械股份有限公司
40	杭州天丰光电科技股份有限公司
41	杭州佳思米新材料有限公司
42	杭州桐庐江南医疗器械有限公司
43	杭州齐创机器人有限公司
44	杭州智见科技有限公司
45	杭州中果食品有限公司
46	桐庐华邦五金工具有限公司
47	杭州东诚汽车电子有限公司
48	桐庐县伟山镁钢保温工程有限公司
49	浙江盛元文化艺术有限公司

续表 25

序号	公司名称
50	杭州西屋个人护理用品有限公司
51	杭州隆硕科技有限公司
52	杭州中科凯凌科技有限公司
53	杭州西红柿环保科技有限公司
54	杭州祥龙物流设备科技股份有限公司
55	杭州得道医疗设备科技有限公司
56	杭州正行能源科技有限公司
57	杭州九州环保科技有限公司
58	杭州科锐特医疗设备有限公司
59	杭州者聚电子科技有限公司
60	杭州南林新型保温材料有限公司
61	杭州复尚科技有限公司
62	杭州里德精密结构件有限公司
63	浙江富春江水电设备有限公司
64	杭州重力脚轮科技有限公司
65	杭州泛亚卫浴股份有限公司
66	杭州新湖电子有限公司
67	杭州华润老桐君药业有限公司
68	杭州科德磁业有限公司
69	杭州桐庐时空侯医疗器械有限公司
70	杭州星冠机械科技有限公司
71	杭州光典医疗器械有限公司
72	杭州康友医疗设备有限公司
73	杭州元创新型材料科技有限公司
74	杭州春江阀门有限公司

续表 25

序　号	公 司 名 称
75	杭州伊贝实业有限公司
76	浙江天松医疗器械股份有限公司
77	杭州康基医疗器械有限公司
78	浙江鼎昊新能源设备股份有限公司
79	浙江金帆达生化股份有限公司
80	杭州天厨蜜源保健品有限公司
81	杭州妙洁日化科技有限公司
82	浙江新发电机股份有限公司
83	杭州湘滨电子科技有限公司
84	浙江多川电机技术有限公司
85	杭州腾宇光电有限公司

2020 年新列入市雏鹰计划企业一览表

表 26

序　号	企 业 名 称
1	杭州隆硕科技有限公司
2	浙江祺跃科技有限公司
3	杭州西屋个人护理用品有限公司
4	杭州鹏杰机械制造有限公司
5	杭州凌洲塑胶科技有限公司
6	杭州中科凯凌科技有限公司
7	杭州宝协机电科技有限公司

2020年新认定省科技型中小企业一览表

表27

序号	企业名称
1	创胜磁业（杭州）有限公司
2	杭州力锦环保建材有限公司
3	杭州索德医疗设备有限公司
4	杭州澳光医疗器械有限公司
5	浙江赛渤电力科技有限公司
6	桐庐智博自动化设备有限公司
7	桐庐富力电力器材有限公司
8	杭州西红柿环保科技有限公司
9	杭州极致文化传媒有限公司
10	杭州淳通新材料科技有限公司
11	杭州丹鹏科技有限公司
12	杭州科兴磁业有限公司
13	桐庐瑶琳电子科技有限公司
14	桐庐盘古信息科技有限公司
15	浙江明辉电力设备有限公司
16	桐庐恒浩服装有限公司
17	杭州吾尚食品有限公司
18	桐庐特威电源有限公司
19	杭州织慧科技有限公司

续表 27

序　号	企 业 名 称
20	桐庐福克医疗仪器有限公司
21	杭州乐品科技有限公司
22	桐庐威特工程塑料有限公司
23	桐庐正能量精密机械有限公司
24	杭州中易节能科技有限公司
25	桐庐鑫旺中药材有限公司
26	浙江永誉机械制造有限公司
27	浙江祥煜电力配件有限公司
28	桐庐艺天化工有限公司
29	桐庐纳泰医学检验实验室有限公司
30	桐庐华凌机械制造有限公司
31	杭州羿顿企业管理咨询有限公司
32	杭州兴科机械有限公司
33	桐庐琳珑石雕工艺有限公司
34	桐庐神龙石材有限公司
35	桐庐九月良品家庭农场有限公司
36	桐庐宏雁针织有限公司
37	杭州凌洲塑胶科技有限公司
38	杭州桐阁堂中药饮片有限公司
39	浙江新发电机股份有限公司
40	桐庐祥通科技有限公司

续表 27

序 号	企业名称
41	桐庐金榜笔业有限公司
42	杭州临兴新材料有限公司
43	杭州乌托邦工业设计有限公司
44	桐庐俊锋保温材料有限公司
45	浙江万辰节能科技有限公司
46	杭州华盛围巾股份有限公司
47	桐庐原乡人农业开发有限公司
48	杭州青蜓遵序堂健康管理有限公司
49	杭州美磁科技有限公司
50	杭州立威化工涂料股份有限公司
51	桐庐宏远医疗器械有限公司
52	桐庐彩庆工艺品有限公司
53	浙江润城环保集团股份有限公司
54	杭州祥龙钻探设备科技股份有限公司
55	杭州西屋个人护理用品有限公司
56	桐庐科立磁材有限公司
57	杭州圣力电气有限公司
58	杭州嘉顺印务有限公司
59	浙江祺跃科技有限公司
60	杭州耐思自动化设备有限公司
61	杭州露之源环保科技有限公司

续表 27

序号	企业名称
62	杭州晟创激光科技有限公司
63	桐庐斯科医疗器械股份有限公司
64	桐庐升泰农业开发有限公司
65	桐庐深萌农产品开发有限公司
66	杭州鹏杰机械制造有限公司
67	杭州恒津印务有限公司
68	杭州牛耳科技有限公司
69	杭州佳思米新材料有限公司
70	杭州绿第环境科技有限公司
71	杭州海贝游乐设备有限公司
72	浙江兴能自动化设备有限责任公司
73	杭州瑞峰包装材料有限公司
74	杭州云正科技有限公司
75	物产中大横村（桐庐）水处理有限公司
76	杭州新元素医疗科技有限公司
77	杭州英彤生物科技有限公司
78	浙江盛元文化艺术有限公司
79	杭州宇权环境工程有限公司
80	杭州鼎胜医疗器械有限公司
81	桐庐圆通寺茶业有限公司

续表 27

序　号	企 业 名 称
82	杭州爱唯生命科技有限公司
83	杭州维基尔科技有限公司
84	桐庐峰云科技有限公司
85	杭州祐安消防科技有限公司
86	浙江紫电新材料有限公司
87	杭州正环实业有限公司
88	杭州云同步网络科技有限公司
89	杭州宝协机电有限公司
90	杭州步焰健康科技有限公司
91	杭州绿赛克林科技有限公司
92	桐庐嘉瑞美容科技有限公司
93	杭州杰莺医疗科技有限公司
94	浙江奔腾交通工程有限公司
95	桐庐日新精密元件有限公司
96	杭州佳桐电器科技有限公司
97	杭州鼎利五金制造有限公司
98	桐庐富美服饰有限公司
99	桐庐富城墙体材料有限公司
100	桐庐祥云机械制造有限公司
101	桐庐强基新型建材有限公司

续表 27

序　号	企 业 名 称
102	桐庐恒丰医疗器械有限公司
103	杭州彩贝化工有限公司
104	杭州桐中机械有限公司
105	桐庐伟炜塑料制品有限公司
106	杭州万程科技有限公司
107	浙江合萍科技信息有限公司
108	桐庐科邦磁性材料有限公司
109	桐庐巴特斯科技有限公司
110	浙江立晶新型材料开发有限公司
111	桐庐春江蜡制品有限公司
112	杭州鼎申新材料科技有限公司
113	杭州中汽冷链车科技有限公司
114	杭州喜相缘科技有限公司
115	浙江准提实业有限公司
116	杭州腾宇光电有限公司

2020 年新认定省级企业研究院一览表

表 28

序　号	研 究 院 名 称	企 业 名 称
1	浙江省龙生科技智能座椅研究院	浙江龙生汽车部件科技有限公司
2	浙江省富春江高端流体动力装备研究院	浙江富春江水电设备有限公司

2020年新认定省级、市级企业研发中心一览表

表29

序　号	中心名称	依托单位
1	象限高性能精密磁性器件省级高新技术企业研究开发中心	杭州象限科技有限公司
2	春风球墨铸管机械省级高新技术企业研究开发中心	杭州春风机械工程股份有限公司
3	海康微影红外探测器省级高新技术企业研究开发中心	杭州海康微影传感科技有限公司
4	妙洁环保型日化用品市级高新技术企业研发中心	杭州妙洁日化科技有限公司
5	华佳标准件市级高新技术企业研发中心	杭州华佳标准件有限公司
6	祥龙智能物流装备市级高新技术企业研发中心	杭州祥龙物流设备科技股份有限公司
7	胖猩猩高性能塑料制品市级高新技术企业研发中心	杭州胖猩猩科技有限公司
8	天龙油墨制造市级高新技术企业研发中心	杭州天龙油墨有限公司
9	创胜高性能磁性组件市级高新技术企业研发中心	创胜磁业（杭州）有限公司
10	索德医疗设备市级高新技术企业研发中心	杭州索德医疗设备有限公司
11	美磁科技永磁市级高新技术企业研发中心	杭州美磁科技有限公司
12	圣力电气智能配电市级高新技术企业研发中心	杭州圣力电气有限公司
13	英飞特光电LED驱动技术市级高新技术企业研发中心	浙江英飞特光电有限公司
14	海康微影红外探测器市级高新技术企业研发中心	杭州海康微影传感科技有限公司

2020年新认定（备案）众创空间一览表

表30

序　号	企业名称	认定级别
1	浙江天逸网络科技有限公司	国家级
2	杭州安厨实业有限公司	省级
3	桐庐聚邦科技有限公司	省级
4	杭州平悦科技有限公司	市级

2020年新认定科技企业孵化器一览表

表31

序　号	企业名称	认定级别
1	桐庐县富春科技建设投资有限公司	省级
2	阿尔法智能制造产业园（杭州）有限公司	市级
3	杭州忠欧生物医药科技园有限公司	市级
4	杭州平悦科技有限公司	市级

2020年新认定桐庐县飞地研发中心一览表

表32

序　号	申报主体	飞地研发中心名称
1	浙江富春江水电设备有限公司	浙富大型水轮发电机组研究中心
2	杭州新湖电子有限公司	杭州新湖电子 LED 制造与应用飞地研发中心
3	杭州里德通信有限公司	里德锂电池保护管理系统飞地研发中心

文化·体育·旅游

Culture & Sports & Tourism

文化·体育·旅游

·文化·

【事业单位改革】 2020年4月29日，桐庐县文化和广电旅游体育局（以下简称县文广旅体局）各下属事业单位进行清理规范整合，清理规范整合后共有桐庐县文化市场综合行政执法队、桐庐县文化发展中心（文化馆、非遗中心）、桐庐县旅游发展中心、桐庐县图书馆、叶浅予艺术馆、桐庐县博物馆、桐庐县青少年体育学校、桐庐县体育发展中心、桐庐县越剧传习中心9个下属事业单位。

【文化设施】 2020年，县文广旅体局完成各场馆无障碍设施提升改造工程，全面达成杭州市基本公共文化服务保障60条标准，提升县图书馆、县文化馆等文化场馆服务功能。其中，县图书馆设置母婴室1间，新建桐庐悦空间漫书咖生活馆、获浦乡村图书馆2家杭州书房。

【文化惠民】 2020年，县文广旅体局举办全民艺术节、桐庐百姓日、新年音乐会，承办2020杭嘉湖三地原创歌曲创作加工会暨桐庐文旅歌曲创作采风活动、2020浙江省第十九届音乐新作演唱演奏大赛等群众文化活动30余场。组织开展送春联、送福字、送剪纸、送文艺演出进农村文化礼堂、进社区活动，共开展静态类送文化下乡活动40场，动态类送文化下乡活动220场。开展美术、书法、乐器、剪纸等培训216场次，4040余人次；组织开展排舞、腰鼓等培训活动121场，培训文艺骨干973人次；开展线上线下相结合展览讲座9场，参加1630人次；组织开展越剧惠民演出、越剧商演、下乡演出等文化活动274场。

【“桐庐印记”第二届全民艺术节】 2020年6月20日，“桐庐印记”第二届全民艺术节启动仪式在桐庐剧院举行。仪式上，发布以“桐庐印记”为主题的剧、乐、画、技、鉴、书六大板块活动内容，包含“看一本书，游一座城”、“疫路桐行·为爱而歌”音乐分享会、“梅红春江·致敬经典”戏曲名家专场等活动32项。其中，“梅红春江·致敬经典”戏曲名家专场演出在启动仪式后上演，豫剧名家金不换，越剧名家谢群英、陈晓红、陈雪萍、王杭娟等5位中国戏剧梅花奖得主倾情演绎。桐庐越剧优秀青年演员喻咪、方伶俐分别拜入豫剧名家金不换、越剧范派名家陈雪萍门下。启动仪式采用现场直播形式，14万人次在线观看。

【“越剧与桐庐”论坛暨杭州越剧艺术研究会落户桐庐签约仪式】 2020年6月21日，“越剧与桐庐”论坛暨杭州越剧艺术研究会落户桐庐签约仪式在桐庐禧瑞达酒店举行。现场，戏曲梅花奖得主、国家一级演员陈雪萍为县越剧传习中心授牌，标志着杭州越剧艺术研究会正式落户桐庐。聘任浙江省戏剧协会主席黄先钢、著名昆曲表演艺术家汪世瑜、著名戏剧评论家翁思再、著名编剧包朝赞及著名编剧、导演陈伟龙担任桐庐县越剧名家工作室首

“桐庐印记”第二届全民艺术节启动仪式暨“梅红春江·致敬经典”戏曲名家专场演出举行

期艺术顾问；聘任著名戏曲表演艺术家谢群英、单仰萍、陈晓红、王杭娟、陈雪萍、金不换和陈飞担任桐庐县越剧名家工作室首期艺术指导。

【“桐庐百姓日”文化活动】 2020年5月6日，县文广旅体局举办第九届“桐庐百姓日”系列文化活动，组织开展文体设施大开放、战疫青年集体婚礼等13项文化惠民活动。

【艺术乡村建设】 2020年，县文广旅体局牵头制定《桐庐县艺术乡村建设实施方案》，开展艺术乡村建设，确定白云村、联盟村、芦茨村等11个村为艺术乡村建设试点村。在百江镇联盟村举办“田园音乐节”活动，国内外30余家媒体报道，其中由新华网制作的《稻田里的音乐会》视频播放量近百万；引进肖邦钢琴艺术中心、杭州西子画院等艺术企业与百江镇建立合作关系。在横村镇白云村举办首届“白云之上”民谣音乐节，聘请刘卓辉、洛兵、黄中原等为白云村艺术乡村建设顾问；成立芦茨村青龙坞声态艺术基地，举办“青龙坞脱口秀突击之夜”等系列文化艺术沙龙活动。

【非物质文化遗产保护和传承】 2020年，县文广旅体局开展国家级非遗代表性项目申报工作，桐君传统中药文化被列入第五批国家级非遗代表性项目公示名单。开展省级文化传承生态保护区创建工作，由桐庐、富阳、建德共同申报的钱塘江诗路（富春山水）文化传承生态保护区成功入选浙江省省级文化传承生态保护区创建名单。组织开展第二批浙江省优秀非遗旅游商品申报工作，新增省级优秀非遗旅游商品2个（畲乡红曲酒、桐君堂破壁灵芝孢子粉）；参加浙江省传统美食展评活动，省级非遗项目“十六回切家宴”荣获浙江传统美食展评活动“薪传奖”。完成第一批杭州市传统工艺振兴目录项目申报，新增第一批杭州市传统工艺振兴目录项目6个（桐庐剪纸、合村绣花鞋制作技艺、畲乡红曲酒酿制技艺、深澳灯彩制作技艺、雪水云绿茶制作技艺 、钟山石雕）。完成第三批杭州市非物质文化旅游景区（民俗文化村）的申报，新增杭州市非物质文化旅游景区（民俗文化村）3个（梅蓉村、石舍村、合村村）；完成第九批桐庐县非物质文化遗产代表性项目申报评定，新增县级非物质文化遗产代表性项目27项。开展桐庐县首批非遗旅游体验点、非遗主题民宿、非遗生产性保护示范基地的申报评审，评选出桐庐十大非遗旅游体验点，县非遗主题民宿5个，县非遗生产性保护示范基地5个。是年，举办2020桐庐县“抗疫”剪纸作品展（线上线下展）、杭州市第二届“廉值千金心向党”剪纸大赛（艺术展）、第三届“少年非遗说”浙江传说故事讲述大赛桐庐赛区选拔赛暨第二届桐庐县少年非遗故事大赛、“非遗传承、健康生活”浙江省传统养生非遗项目展示展演等非遗活动50余场。

【文化馆】 2020年，县文化馆举办桐庐县战疫情促发展暨奋进2020大会、致敬最美逆行者——桐庐县援鄂医务人员凯旋欢迎仪式、“人民之声”纪念桐庐县人大常委会成立40周年暨“最美人大代表”表彰大会、第十九届音乐新作演唱（演奏）大赛等活动28场。开展建德—桐庐文化走亲、滨江—桐庐文化走亲、德清—桐庐文化走亲等文化活动6场。开展下乡培训30余场；举办线上线下展览、讲座11次，累计参加2000余人次；开展少儿美育课程、精品古琴培训、暑期培训、“一人一艺”全民文艺普及计划、“2020幸福生活创造营”系列趣味培训等活动200余场，受益4000余人。

【文艺创作】 2020年，县文广旅体局编辑出版《潇洒桐庐·富春山居文旅丛书》第一辑《诗说桐庐》；完成复排越剧大戏《梁祝》；创作《不惧风雨迎新年》《我来守护你》等战疫歌曲；拍摄原创歌曲《爱上桐庐爱上你》的童声版MV。创编舞蹈《请到我家来坐坐》获2020年浙江省群众舞蹈大赛银奖；男声独唱《泰山压顶不弯腰》获浙江省第十九届音乐新作大赛金奖；原创故事《意外的选择》获2020浙江省委宣传部、浙江省农业农村厅举办的“老乡说小康”农民故事演讲大赛银奖；小品《铁窗寄语》获杭州市纪念夏衍诞辰120周年暨“杭州有戏”戏剧大赛创作金奖、表演银奖。

【图书馆】 2020年，县图书馆接待读者18.8万人次，新老两馆累计借阅42671人次，借阅册次累计246542册。全馆入库文献47270册。全馆共征集地方文献388种，525册。新建乡村生活书吧3个，配送图书7971册，累计为各乡镇图书分馆、农家书屋配送图书13961册，订阅报刊450种。举办各类读者活动168场，17.79万人次参与，其中“看一本书 游一座城”桐庐名家带你走进桐庐系列直播活动5期，从古诗词角度解读桐庐风景文化，吸引6.7万余人次观看。

【叶浅予艺术馆】 2020年，叶浅予艺术馆举办中国美术家协会水彩画艺术委员会2019年度提名画家作品巡展、叶浅予真迹作品展、两江同梦——浦江·桐庐两地书画交流展、清风徐来——李岚清素描作品展、好风相从——清廉主题作品联展等临时展览13场；开展百名小书法家写春联送祝福活动、青少年课堂之书画艺术欣赏体验活动、创意环保DIY等第二课堂活动5场；开展暑期少儿公益书画培训10场，800余人次参与。全年共接待团体及散客并提供讲解服务60场次，参观人数18000人次。

【县越剧传习中心（杭州桐庐越剧演艺有限责任公司）】 2020年，桐庐越剧传习中心完成《春江花月夜》演出79场，观众30000余人次；完成越剧大戏演出63场（含惠民演出35场），桐庐剧院商演、外出商演及政府性活动32场；通过公开招标，引进优秀民办演艺团队，完成文化下乡演出100场。邀请梅花奖得主陈雪萍、陈飞、王杭娟等指导排练越剧大戏《梁祝》《血手印》，并赴临平、绍兴等地巡演；持续推进越剧名家工作室项目；邀请央视戏曲频道工作团队到桐庐拍摄《梁祝》、折子戏专场，并在央视播出。与杭州演艺集团开展战略合作，桐庐剧院加入杭州演艺剧场联盟，成为第三家“加盟店”，引进杭州爱乐乐团“动听夏日”音乐会、致战役者——弦重奏音乐会、儿童剧《我不是霸王龙》、越剧大戏《德清嫂》等各类演出。

【文化市场】 2020年，桐庐县共有文化、广电、体育经营单位238家。其中文化经营单位121家（网吧34家，歌舞娱乐场所66家，游艺娱乐场所4家，文艺演出团体17家），体育经营单位24家（游泳21家，攀岩2家，滑雪1家）；广播影视8家（广播电视节目制作经营单位6家，广播电台、电视台2家）；文物保护单位85家，其中省级11家、县级74家。

【文化行政许可】 2020年，县文广旅体局按照省、市、县政府数字化转型工作和“最多跑一次”改革工作部署，严格遵守各项审批流程，依法办理各类行政许可和备案共23件，全年无投诉举报，群众满意率100%。

【文化文物执法】 2020年，县文化市场行政执法大队开展日常巡查，出动检查6255人次，检查3971家次，查处违规4家次；举报（督查）受理1件，属实案件1件；行政处罚立案调查12件，办结案件17件，警告10家次，收缴罚款6万元，停业整顿1家次，没收非法所得257844.89元，没收违法物品172个，重大案件1家次。全年未发生行政复议和诉讼情况。

·文物·

【文物保护】 2020年，县文广旅体局开展荻浦村咸和堂、深澳村孝思堂、听彝堂、前房厅、徐畈村馀庆堂、石埠村方逸夫故居、存庆堂、翙岗村梧新堂、竹桐坞二进老屋9个文物建筑维修保护工程，维修面积5200余平方米，总投资700余万元。实施文物平安工程，开展文保单位安防工程(二期）和“智慧消防”建设工程。完成87处古井水源调查工作。完成1107处“三普”登录点复核工作。完成4次文保单位季度巡查工作，开展不定期安全巡查60余次。

【文物考古】 2020年，县文广旅体局联合杭州市文物考古研究所对横村镇城东行政村双湖自然村马山、方埠行政村上店自然村庙山被盗墓进行抢救性发掘清理，共清理东汉至南宋墓葬4座，发现残存随葬品15件（组）。配合县公安部门，对横村镇柳岩村黄泥山南坡被盗墓进行抢救性发掘清理，清理两晋时期砖室墓1座。推行土地出让考古前置政策，保障富春未来城快递产业、县第一人民医院（县120急救指挥中心）迁建等9个建设项目地块土地出让考古前置勘探工作，勘探面积663568.6平方米。

【文物征集】 2020年，根据桐庐五年文物征集计划，县博物馆征集明崇祯二年刘原起高士访友图折扇面文物1件，征集费用13.8万元。截至年底，县博物馆馆藏可移动文物2294件，其中一级文物5件，二级文物16件，三级文物240件，一般文物85件，馆藏未定级文物1948件。

【展览宣教】 2020年，县博物馆推出“契约中国——马鞍山市博物馆馆藏契约展”“2020桐庐县‘抗疫’剪纸作品展”“瑞祥古鉴——夏国权青铜镜收藏展”“文心情缘——雅俗共赏的折扇艺术”“陶瓷之间——萧山博物馆馆藏古陶瓷精品展”5个主题临时展览。被认定为“第五批杭州市社会科学普及基地”和“武警杭州合作教育实践基地”。开展流动博物馆进社区、进校园巡展活动20次，参观人数15240人次；结合桐庐百姓日和国际博物馆日，开展民间收藏品免费鉴宝活动；举办第二课堂活动66场次，少儿民间剪纸培训班23期。共接待团体及散客并提供讲解服务43场次，参观人数48000人次，其中青少年13800人次，境外游客50余人次。

瑞祥古鉴——夏国权铜镜收藏展

·广播电视管理·

【农村应急广播体系建设】 2020年，县文广旅体局继续完善农村应急广播“村村响”工程，2月1日至3月31日，通过华数应急广播平台，启用181个行政村的531个喇叭和音柱，每天播出10次。

【广电惠民工程】 2020年，县文广旅体局继续实施广播电视“低保工程”，委托华数公司为低保户家庭办理有线电视减免相关手续，开展实地抽查督促验收。减免有线电视收视费3690户。

【安全播出】 2020年，县文广旅体局在主要节假日和各重要安全播出保障期间，对辖区内播出机构严格执行零报告制度，完成元旦、春节、国庆、全国“两会”、省市“两会”等重要时间节点的安全播出任务；开展安全播出应急演练2次。调整县广播电视安全播出领导协调小组成员单位，县无线电管理办公室设在县经信局。制定下发《2020年桐庐县非法卫星电视接收设施整治工作方案》，召开非法卫星电视接收设施集中整治工作会议2次，联合相关部门执法4次，出动执法人员60人次，拆除非法卫星电视接收设施261座。

·旅游·

【概况】 2020年，桐庐县有旅游（村落）景区（点）36个，其中国家AAAA级景区6个，AAA级景区9个，AA级景区11个，浙江省旅游经济强镇5个，浙江省休闲旅游示范村8个。受新冠肺炎疫情影响，全年旅游接待人数2049.64万人次，比上年下降0.65%；旅游业总收入235.79亿元，比上年增长0.37%，其中，乡村旅游接待人数1520.82万人次，乡村旅游收入15.04亿元，分别比上年增长8.99%和25.05%。创成第二批国家全域旅游示范区。

【旅游规划编制】 2020年1月，县文广旅体局公开招标，确定由中标单位北京巅峰智业旅游文化创意股份有限公司编制《桐庐县全域旅游发展规划》，中标价90万元；6月规划初稿编制完成，总体定位以“全域化、国际化、品质化”为策略，以富春江、分水江为廊带串联，形成“一城一路一带四区”的旅游空间格局，构建“富春山居图”国家文化公园，品牌突出、人民满意的全域旅游目的地城市，国际知名、国内一流的“富春山居图”文化休闲度假目的地。7月，县文广旅体局公开招标，确定由中标单位浙江大学城乡规划设计研究院有限公司编制《桐庐县十四五文旅体产业发展规划》，中标价60万元；10月底，编制完成规划大纲，规划回顾十三五时期文旅体产业发展情况，具体分析文旅体资源和产业发展现状，提出十四五发展目标，通过优化产业空间布局、构建文旅产品体系、完善公共服务设施、打造文旅品牌形象，创新旅游管理体制等举措，打造“国际知名、全国一流的旅游目的地城市”。

【旅游休闲养生项目】 2020年，桐庐县14个乡镇（街道）新（续）建旅游休闲养生类项目41个，完成旅游休闲养生类固定资产投资额25.1亿元。是年，瑶琳大景区项目（一期）、印象新合综合体、中国丝绸文化博览中心项目、2019年富春绿道建设（湾里段）等8个项目竣工。

【百千万创建工程】 2020年，桐庐县创成浙江省AAAA景区城。富春江镇、莪山畲族乡创成浙江省AAAA景区镇，分水镇、瑶琳镇创成浙江省AAA景区镇；茆坪村、武盛村等5个行政村创成浙江省AAA级景区村庄，仁智村、阆苑村等11个行政村创成浙江省AA级景区村庄。至是年底，累计创成AAA级景区村庄34个，AA级景区村庄33个，景区村庄覆盖面62%。

【配套设施建设】 2020年，桐庐县新（改）建旅游公厕12座，主要以旅游景区、村落景区为主。完成桐君山景区次入口、山顶厕所提升改造，5月6日起，桐君山景区向全球免费开放。

【旅游项目扶持】 2020年，桐庐县争取杭州市重大休闲旅游建设和景区提升改造项目及旅游规划编制补助资金256.9万元，杭州市特色潜力行业转换为旅游产品项目及旅游特色休闲示范点创建扶持补助资金68万元，杭州市现代服务业旅游专项（旅游厕所）补助项目资金12.86万元。

【旅游节庆活动】 2020年，县文广旅体局以全民旅游节为主轴，开展各类旅游节庆活动。6月12日，2020欢乐游杭州非遗进景区暨桐庐县“全民旅游节”启动仪式在获浦花海举行。活动发布“钱塘江诗路”古诗词音乐节、“药祖桐君”文化旅游体验节乡村旅游嘉年华等九大主题推广活动和七条特色旅游线路。开展“欢乐游杭州”系列活动，举办“家门口的健康游——欢乐游杭州”桐庐分会场、“欢乐游杭州——致敬之旅”公安干警桐庐公益体验游等；开展南京高淳旅游推介活动、长三角森林康养旅游推介会、名车自驾游、杭州奇妙夜、“5·19”中国旅游日、“城市记忆工坊”桐庐周、杭州全球旗袍日等旅游推广活动。

【“好嬉桐庐·有礼相伴”2020年文旅伴手礼创意设计大赛】 2020年7月7日，“好嬉桐庐·有礼相伴”2020年文旅伴手礼全国创意设计大赛正式启动。大赛共征集作品203件，其中实物产品类作品108件，创意设计类作品95件。通过网络投票（20%）与专家评审（80%）相结合的方式，融合创意创新、产品品质、桐庐元素、市场潜力等四方面要素综合评定，分别评出实物产品类、创意设计类金奖1名，银奖3名，铜奖5名，人气奖10名。

【旅游直播】 2020年，县文广旅体局借力淘宝、飞猪、一直播、目睹直播、杭州电视台生活频道等多个平台，组织“春江水暖·好嬉桐庐”分享会、城市活力周飞猪直播、叶璇带货直播、“嬉桐庐·话桐君”文旅推介、杭州电视台生活频道带货直播、FM93电台“浙里好玩·云游浙江”6场直播活动，推介桐庐山水风光，带货桐庐农文旅产品，共产生50万+的播放量，40 万 + 的点赞量，带货销售农文旅产品成交额 40 万 +。

【“诗画浙江·百县千碗”桐庐味道推广工作】 2020 年，县文广旅体局开展“诗画浙江·百县千碗”特色美食体验店、示范店、旗舰店评选活动，评定 2 家特色美食体验店（金艺饭店、老太婆餐饮）、2 家示范店（桐庐人餐饮、绿岸石舍饭店）、2 家旗舰店（七里人家、久缘宴会厅）；推进“百县千碗”五进工作，组织桐庐十碗进景区（严子陵钓台）、饭店（6 家百县千碗美食店）、院校（杭商院）、机关食堂（县政府食堂）、高速服务区（杭千高速南北服务区）等；推进“六个一”工作（一张美食地图、一套美食视频、一本美食图书、一首美食歌曲、一份美食榜单、一群美食达人），完成桐庐美食地图和美食榜单的设计制作，开展桐庐民间美食达人评选活动；制定“桐庐十碗”质量标准，引导培育“桐庐十味”标准化制作。

【旅游政策与消费】 2020 年，县文广旅体局出台《桐庐县支持旅游行业共渡难关的七条意见》和《关于进一步拓宽市场激发旅游消费潜力四条政策》。2—9 月，推出全球医护工作者免景区门票、全国健康码（绿码）免费游、A 级景区免费开放、公安干警免费游等活动；发放“爱上桐庐”消费嘉年华景点景区、宾馆酒店消费券 7 万张，开展“好嬉桐庐文旅体拉手卡”促销活动，线上线下发放 5500 万元旅游促销券，面向“三省一市”发放 4000 万元桐庐旅游消费券；丰富“夜旅游”，打造青龙坞、戴家山等多元乡村“夜民宿”集聚区。

【旅游宣传】 2020 年，县文广旅体局与人民日报、中国旅游报、文旅中国合作，刊登《@全国医护工作者：2020 年桐庐全域所有收费景区对你们免费》《文旅伴手礼，你有新解法？桐庐广发“英雄帖”期待好设计》等文章；中国蓝新闻视听点播栏目播放桐庐“我的家乡我代言”视频宣传片，阅读量 100 万 +；桐庐以文化和历史目的地入选美国《国家地理》杂志公布 2021 年 25 个全球最佳旅行目的地。

【旅游服务中心运营】 2020 年，桐庐县全域旅游服务中心共接待散客（包括航站楼）16357 人次，接待旅游及咨询 7360 人次，发放资料 6650 册；接待各类考察团队 8 批次。是年，“96123”及旅游热线接听回复旅游咨询电话 6750 个，办理桐庐旅游市民卡 1078 张。

2020 年 7 月 18 日，首届富春江渔获节暨“百县千碗·桐庐味道”江南美食体验季在江南镇举行

【旅游人才培养】 2020年，县文广旅体局开展《风景名胜区管理条例》培训、文旅融合的专业知识培训、启动“桐心主播”培养计划、旅游统计业务培训等旅游从业人员培训6期，参训521人次。

【数字旅游建设】 2020年，县文广旅体局指导宾馆酒店进行数字化改造，完成18家酒店自助入住设备安装。完成AAAA级以上景区的智能导览。成为中国首个数字团建示范城市，完成5个乡村的数字团建目的地主题化打造，分别是“旧县——向往的生活”“江南镇——江南手艺村”“合村——逐彩竹溪”“横村——白云之上”“富春江镇——笑傲江湖”。

【旅游市场规范】 2020年，县文广旅体局进一步加强旅游市场规范工作，开展旅游质量监督联合检查6次。全域旅游综合执法办公室开展例行检查165次，约谈旅游企业3家，下发责令整改通知书2份。是年，县旅游质监所共接到旅游诉求786件，包括旅游咨询651件、工作建议类6件、表扬件1件、投诉128件，全部办结，投诉结案率100%。

【旅游安全管理】 2020年，县文广旅体局启动全县第二轮旅游安全专项整治三年行动，制定《桐庐县旅游安全专项整治三年行动工作实施方案》，开展队伍建设、智慧化安全管理以及景区廊桥凉亭、旅游包车、消防安全等系列安全专项整治行动，开展安全检查200余次，联合检查12次，排查隐患40余处，整改率100%。对22个景区的最大承载量进行测算，按新冠肺炎疫情要求核减景区日最大承载量并予以公布，采取预约、限流等方式控制景区流量。举办漂流企业护漂人员、水上救生员、消防安全等培训6场，参训500余人次。是年，未发生旅游安全责任事故。

·体育·

【体育基础设施建设】 2020年，桐庐县新建省级百姓健身房14个，市级健身广场2个，省级拆装式游泳池1个，省级小康体育村升级工程2个。完成体育健身设施维护更新250件，累计新增体育场地面积32.36万平方米，人均体育场地面积3.64平方米。

【群众体育】 2020年，桐庐县举办男子篮球甲乙级联赛、第十一届羽毛球团体甲乙级联赛、第七届百村乒乓球赛、首届钓鱼（路亚）比赛等县级赛事50余场，镇乡级比赛、活动、培训30余场次。承办国际50后羽毛球达人赛、浙江省羽毛球俱乐部联赛、杭州市少年儿童羽毛球公开赛等比赛9场。举办健身气功、太极拳、工间操等项目社会体育指导员培训班4期，完成三级社会体育指导员的继续教育培训150人，新增指导员培训90人，新增县级社会体育指导员健身服务站示范点5个。继续开展国民体质测试工作，全年共测试2000余人。

【桐庐县第四届全民运动节】 2020年8月8日，桐庐县第四届全民运动节在县体育馆开幕，运动节以“全民健身 共享亚运”为主题，包括五大系列、21项赛事活动。举办“勇攀画城”线上千人登山活动、“万步有约”云上健步走挑战赛等活动120余场。开展2020杭州市全民健身日全市大联动活动，设置跳绳、波速球深蹲、仰卧起坐等全能闯关项目；运动节期间，健身房、体育馆等各体育场馆免费对外开放。

【第五届国际50后羽球达人邀请赛】 2020年11月6—8日，“波力杯”第五届国际50后羽球达人邀请赛在江南体育馆开幕。受新冠肺炎疫情影响，参加比赛的运动员、裁判员、志愿者均来自浙江省，共400余人。比赛分为男子单打、女子单打、男子双打、女子双打、混合双打五个项目，参赛人员年龄最大75岁，最小50岁，“羽坛皇后”李玲蔚到场助威。

【第四届中国·桐庐抢渡富春江挑战赛】 2020年9月13日，第四届中国·桐庐抢渡富春江挑战赛在富春江畔开幕，来自上海、河南、浙江等地的52支队伍1500余名游泳健将参加。比赛分为600米抢渡与1000米畅游两个项目。

【浙江省农村文化礼堂运动会启动仪式暨“我们的村运”首站——桐庐站】 2020年6月16日，浙江省农村文化礼堂运

2020 年 11 月 6—8 日，“波力杯”2020 年第五届国际 50 后羽球达人邀请赛在桐庐举行

动会启动仪式暨“我们的村运”首站——桐庐站在富春江镇芦茨村开幕。比赛设置象棋、拔河、乒乓球、体能比赛、包粽子五个项目，来自乡镇（街道）的 49 支代表队伍 400 余人参加。启动仪式上，为 14 名农村文体管家颁发三级社会体育指导员证书，4 位村民运动员代表接受孟关良、马林奥运冠军签名的体育器材，同时宣布鼓励社会力量办体育赛事相关政策。桐庐籍羽毛球运动员陈雨菲通过视频为家乡助力。

【浙江省首届街舞冠军赛】 2020 年 8 月 21—23 日，“桐舞·春江”2020 年浙江省首届街舞冠军赛在桐庐体育馆举行，来自浙江省 11 个市级代表队 1325 名运动员参赛。赛事分为青少年组和成年组，分别为街舞（霹雳舞 BREAKING）个人斗舞、自由风格个人斗舞 ALLSTYLE BATTLE（16 周岁以下）、街舞业余运动员等级测评规定套路组（16 周岁以下）、自编齐舞组（16 周岁以下，人数 5 人至 30 人）、BREAKING 冠军团体赛（成年组）。央视新闻移动网、今日头条、浙广直播、新华社云、新浪新闻、优酷视频等 6 平台进行赛事直播。

【首届桐庐·生仙里半程铁人三项赛】 2020 年 9 月 20 日，首届桐庐·生仙里半程铁人三项赛在合村生仙里景区开赛。铁人三项运动属于新兴综合性运动竞赛项目，由天然水域游泳、公路自行车、公路长跑三项目按顺序组成，比赛设半程分龄组、企业家体验组两个项目，杭州、宁波、温州等地 250 余名选手参赛。

【嗨六·体育夜市活动】 2020 年 9 月 13 日，嗨六·体育夜市活动在县体育馆举办，20 家体育企业和俱乐部一起“摆摊”，展示销售体育装配、体育用品、户外用品、体育新产品、培训课程、健身卡办理等购买服务，同时还有射气球、轮滑等体验项目。

【竞技体育】 2020 年，桐庐县共有 20 余名运动员输送至杭州市；参加杭州市中小学生阳光体育射箭、羽毛球等比赛 15 场，组织开展桐庐县中小学生篮球、羽毛球等赛事 4 场；在杭州市中小学生阳光体育锦标赛中获 74 金 39 银，4 个大项获得团体总分第一。现有陈雨菲（羽毛球）、俞诗梦（皮划艇）、蒋雨露（自行车）、张天祥（攀岩）4 位桐庐籍国家队运动员。

（王　洁）

2020 年桐庐县参加市级以上比赛获奖情况表

表 33

序号	项　目	姓　名 （组　别）	参赛项目	名 次	时间地点
1	2020 年杭州市中小学生阳光体育射箭锦标赛	赵　丽	初中组女子反曲弓 25 米单轮	第一	2020 年 5 月 杭州
		赵　丽	初中组女子反曲弓 18 米单轮	第一	
		赵　丽	初中组女子反曲弓个人单轮全能	第一	
		赵丽、赵钰玲、俞雅斐	初中组女子反曲弓团体	第一	
		张　喆	初中组男子反曲弓 25 米单轮	第一	
		张　喆	初中组男子反曲弓 18 米单轮	第一	
		张　喆	初中组男子反曲弓个人单轮全能	第一	
		赵钰玲	初中组女子反曲弓 25 米单轮	第三	
		黄可馨	小学组女子反曲弓 18 米第一单轮	第一	
		黄可馨	小学组女子反曲弓 18 米双轮全能	第一	
		黄可馨	小学组女子反曲弓 18 米第二单轮	第三	
		邱宇梵	小学组男子复合弓 18 米双轮全能	第三	
2	2020 杭州市攀岩锦标赛	王悦潼	女子 D 组速度	第二	2020 年 9 月 桐庐
		王悦潼	女子 D 组攀石	第二	

续表 33

序 号	项　目	姓　名 （组　别）	参赛项目	名 次	时间地点
2	2020 杭州市攀岩锦标赛	王悦潼	女子 D 组难度	第二	2020 年 9 月 桐庐
		王悦潼	女子 D 组全能	第二	
		陈添乐	男子 D 组速度	第一	
		陈添乐	男子 D 组攀石	第一	
		陈添乐	男子 D 组难度	第一	
		陈添乐	男子 D 组全能	第一	
		杨钶霏	女子 C 组速度	第二	
		杨钶霏	女子 C 组攀石	第二	
		杨钶霏	女子 C 组难度	第二	
		杨钶霏	女子 C 组全能	第二	
		代永坤	男子 C 组速度	第一	
		林煜涵	男子 C 组速度	第三	
		代永坤	男子 C 组攀石	第一	

续表 33

序号	项　目	姓　名 （组　别）	参赛项目	名 次	时间地点
2	2020 杭州市攀岩锦标赛	林煜涵	男子 C 组攀石	第二	2020 年 9 月桐庐
		代永坤	男子 C 组难度	第一	
		蔡哲男	男子 C 组难度	第二	
		林煜涵	男子 C 组难度	第三	
		代永坤	男子 C 组全能	第一	
		林煜涵	男子 C 组全能	第二	
		高尚源	女子 B 组速度	第一	
		高尚源	女子 B 组攀石	第一	
		高尚源	女子 B 组难度	第三	
		高尚源	女子 B 组全能	第一	
		王银东	男子 B 组速度	第一	
		王银东	男子 B 组攀石	第一	
		王银东	男子 B 组难度	第一	

续表 33

序号	项　目	姓　名 （组　别）	参赛项目	名次	时间地点
2	2020 杭州市攀岩锦标赛	王银东	男子 B 组全能	第一	2020 年 9 月 桐庐
		张天祥	女子 A 组速度	第一	
		刘宜欣	女子 A 组速度	第二	
		刘宜欣	女子 A 组攀石	第一	
		张天祥	女子 A 组攀石	第二	
		刘宜欣	女子 A 组难度	第一	
		张天祥	女子 A 组难度	第二	
		刘宜欣	女子 A 组全能	第一	
		张天祥	女子 A 组全能	第二	
3	2020 年杭州市青少年阳光体育举重锦标赛	袁泽亚	男子乙组 55 公斤级	第二	2020 年 10 月 杭州
		刘俊铭	男子丙组 +61 公斤级	第二	
		王诗琪	女子乙组 +59 公斤级	第二	
		董柔洁	女子乙组 +59 公斤级	第三	

续表 33

序 号	项 目	姓 名（组 别）	参赛项目	名 次	时间地点
3	2020年杭州市青少年阳光体育举重锦标赛	张黎明	男子甲组 55 公斤级	第二	2020年10月杭州
		袁 茹	女子甲组 59 公斤级	第一	
		徐孝彬	男子甲组 +89 公斤级	第三	
4	2020年杭州市中小学射击锦标赛	汪鼎睿麟	男子 10 米气步枪	第二	2020年11月杭州
		王天佑	男子 10 米气手枪	第二	
		钟希泽	男子 10 米气手枪	第三	
		王柳迎	女子 10 米气手枪	第三	
		王柳迎 王天佑	10 米气手枪混合团体	第二	
		王柳迎 高雨薇	女子 10 米气手枪团体	第二	
		严丁依	女子 10 米气步枪	第二	
		赵许诺	女子 10 米气步枪	第三	
		刘昕旖 俞鸿材	10 米气手枪混合团体	第二	
		方依城 邹榭影	10 米气步枪混合团体	第三	

续表 33

序号	项　目	姓　名（组　别）	参赛项目	名 次	时间地点
4	2020 年杭州市中小学射击锦标赛	李晨绮 邹榭影 赵许诺	女子 10 米气步枪团体	第一	2020 年 11 月 杭州
		刘锦泽 俞鸿材	男子 10 米气手枪团体	第二	
		金　矿 柴树杰	男子 10 米气手枪团体	第三	
		徐佳钰 刘昕旖	女子 10 米气手枪团体	第三	
5	2020 年杭州市青少年阳光体育散打锦赛	裴　兵	男子乙组 65 公斤级	第三	2020 年 12 月 临安
		赖瑞航	男子甲组 56 公斤级	第一	
		陈顺民	男子甲组 60 公斤级	第一	
		徐　伟	男子甲组 65 公斤级	第一	
		宣泽杰	男子甲组 85 公斤级	第二	
6	2020 年杭州市中小学生阳光体育拳击锦标赛	赵冠富	男子甲组 +81 公斤级	第一	2020 年 12 月 千岛湖
		舒梦宇	男子甲组 +81 公斤级	第二	
		毛文康	男子甲组 49 公斤级	第一	
		徐永乐	男子甲组 49 公斤级	第二	

续表 33

序 号	项　目	姓　名 （组　别）	参赛项目	名 次	时间地点
6	2020 年杭州市中小学生阳光体育拳击锦标赛	杨　瑞	男子甲组 52 公斤级	第一	2020 年 12 月 千岛湖
		刘　毅	男子甲组 69 公斤级	第一	
		陈毓琦	男子甲组 69 公斤级	第二	
		陈威尔	男子甲组 81 公斤级	第二	
		王晨阳	男子乙组 40 公斤级	第一	
		温博凯	男子乙组 42 公斤级	第一	
		朱振刚	男子乙组 53 公斤级	第一	
		郑子凡	男子乙组 56 公斤级	第一	
		章凯乐	男子乙组 60 公斤级	第一	
		余健坤	男子乙组 64 公斤级	第三	
7	2020 年杭州市中小学生阳光体育自行车锦标赛	周元涛	BMX 小轮车男子甲组个人计时赛	第一	2020 年 12 月 杭州
			BMX 小轮车男子甲组个人越野赛	第一	
			男子甲组 1 千米计时赛	第一	

续表 33

序号	项 目	姓 名 （组 别）	参赛项目	名 次	时间地点
7	2020 年杭州市中小学生阳光体育自行车锦标赛	刘文昊	公路车男子丙组个人赛	第一	2020 年 12 月 杭州
			山地车男子丙组个人计时赛	第一	
		吴家宝	男子乙组 2 千米计时赛	第一	
		潘贞伊	女子乙组公路车训练台踏频赛	第一	
		孙鑫昊	男子乙组滚筒训练台 30 秒踏频赛	第一	
		游宸钰	女子乙组公路车训练台踏频赛	第一	
			BMX 小轮车女子乙组个人越野赛	第一	
		黄雨怡	女子甲组公路车训练台踏频赛	第一	
			女子甲组滚筒训练台 30 秒踏频赛	第一	
			公路车女子甲组个人赛	第一	
		高慧婷	女子乙组原地 400 米计时赛	第一	
			女子组原地启动 200 米	第一	
			女子乙组公路车训练台耐力赛	第一	

续表 33

序号	项目	姓名（组别）	参赛项目	名次	时间地点
7	2020 年杭州市中小学生阳光体育自行车锦标赛	高慧婷	公路车女子乙组个人赛	第一	2020 年 12 月杭州
			山地车女子乙组个人计时赛	第一	
			山地车女子乙组个人越野赛	第一	
		陈丁灵	女子乙组行进间 200 米	第一	
		叶骏豪	男子乙组行进间 200 米	第一	
			山地车男子乙组个人计时赛	第一	
			山地车男子乙组个人越野赛	第一	
		程卢芬	女子甲组公路车训练台耐力赛	第一	
		边宇恒	公路车男子乙组个人赛	第一	
			山地车男子乙组个人越野赛	第二	
8	2020 杭州市羽毛球阳光赛	尚子轩	B 组男子单打	第二	2020 年 12 月桐庐
		陈雨汐	B 组女子单打	第二	
		李雨熙	B 组女子单打	第三	
		袁才骏 尚子轩	B 组男子双打	第二	

续表 33

序号	项　目	姓　名 （组　别）	参赛项目	名 次	时间地点
8	2020 杭州市羽毛球阳光赛	陈雨汐 李雨熙	B 组女子双打	第三	2020 年 12 月 桐庐
		王维麟	C 组男子单打	第二	
		李恩慧	C 组女子单打	第一	
		宣奕如	C 组女子单打	第二	
		李恩慧 宣奕如	C 组女子双打	第一	
		钱昱冰	D 组女子综合	第二	
		李子墨	E 组女子综合	第一	
		何昕辰	E 组女子综合	第二	

·县融媒体中心·

【概况】 2020 年，县融媒体中心播发、推送广播电视新闻 5802 条次，专题 2353 期，新媒体消息 1.35 万条次；移动端总阅读量突破 5500 万人次；发行《今日桐庐》242 期，《诗乡画城》10 期，日发行量 1.5 万份。全年被上级台录用新闻 500 余条，学习强国市级平台录用 1598 篇，省级平台录用 325 篇，全国平台录用 237 篇。《田园之声》《农民之友》栏目获 2020 年度浙江省对农节目服务工程建设考核优秀。23 件作品获省市奖项，电视新闻外宣工作获省电视新闻协作三等奖。《精准扶贫 助力圆梦》电视公益广告获杭州市一等奖。《桐榕情》获“圆梦在路上”小康故事电视专题片优秀作品奖。《做好依法治县的“曲突徙薪者”》《二十三年不打烊 护村队护心安》获省县市区域报一等奖。是年，获省“融媒中心 20 强”，市广播电视安全播出考核优秀奖；1 人获市级抗疫先进个人，2 人获县级抗疫先进个人。注重业务技能人才培养，2 人获副高职称，6 人获中级职称。

是年 1 月，县融媒体中心关闭桐庐电视台三个副频道，仅保留桐庐电视台综合频道。拓展新闻移动端，“潇洒桐庐”客户端新增装机 3 万多户，广播、电视及报纸网络版均在客户端呈现，实现“安装一个客户端 桐庐资讯全覆盖”。投入 430 余万元改造高清播出系统，12 月 25 日系统改造完成，进

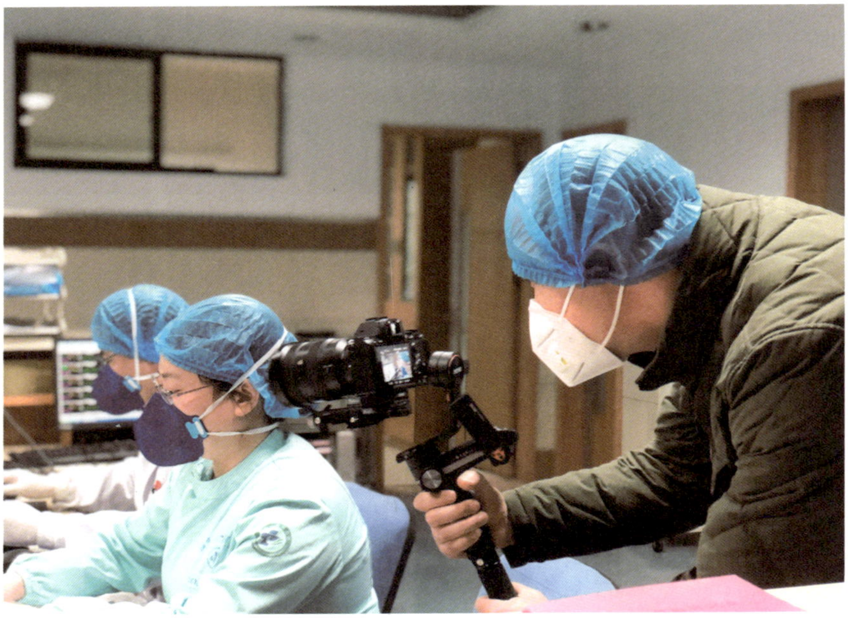

2020 年 2 月 7 日，县融媒体中心记者在县第一人民医院隔离病房拍摄

入试运行。

【防汛宣传】 2020 年 6 月至 7 月，受持续强降雨及新安江水库开闸泄洪影响，桐庐防汛形势严峻。县融媒体中心紧急启动应急报道机制，开设“万众一心 抗洪救灾”专栏，及时报道抗洪动态和防汛救灾工作决策部署。新闻产品通过碎片化、组合式优先在“潇洒桐庐”客户端、“桐庐发布”微博、“桐庐发布”微信公众号等移动端 24 小时滚动发布，新媒体累计阅读量超 90 万人次。广播节目调整播出形态，推出 5 个半小时的防汛直播。整个防汛救灾宣传在全省新闻阅评中被作为典型。

【重大主题报道】 2020 年，县融媒体中心围绕县“两会”、抗击新冠肺炎疫情、奋进 2020 等主题，利用多家平台推出《两会进行时》《抗击新冠肺炎疫情》《复工复产进行时》《重整行装 奋进 2020》《创建两山理论实践基地》等 20 多组主题报道，电视、报纸共刊播主题报道 700 多篇。同时，围绕经济建设中心、两山理论实践创新基地等主题加强策划，推出《制造业高质量发展》《打造两城两地两区》《打造新时代中国民营快递之乡》《奋战一个月实现半年正》《美丽乡村 3.0 版》等系列报道。

【外宣提升】 2020 年，县融媒体中心注重策划，内外挖潜，外宣报道有新提升。1 月 28 日，县融媒体中心拍摄的防疫工作的画面被央视《关于怎样用大数据加网格化寻找无意识密接人》内参录用；《雨夜送孕妇》《制药企业复工遇难题 热心民警来帮忙》等被央视采用、报道。疫情期间，共有 16 条新闻被浙江卫视录用。《桐庐萌娃：“因为上面有妈妈的味道”》被新华社、浙江卫视、钱江频道、钱江晚报、杭州电视台等媒体录用，总阅读量超 1000 万人次。5—6 月，广播外宣稿件被中国之声、人民日报客户端、央广网录用 8 条次；“学习强国”云助力直播活动，获杭州地区第一名。

（吴敏秋）

卫　生

Public Health

卫　生

· 医疗卫生 ·

【概况】 2020年，桐庐县设有医疗卫生机构350个，其中县级卫生单位2个，县级医疗机构5个，乡镇卫生院（社区卫生服务中心）13个，纳入乡村卫生服务一体化管理社区卫生服务站88个、村卫生室102个，医务室、卫生站等9个；民营医疗机构131个，其中民营医院16个，各类诊所49家，各类门诊部30个，村卫生室、卫生服务站29个，医学检验实验室、健康体检中心、卫生院、卫生所、医务室等7个。新审批设置医疗机构11个，注销医疗机构执业许可证7个。

核定县公立医疗卫生单位编制2887人，其中在岗职工2341人（编内正式职工2275人、编外人事代理66人），临时性合同工934人。其中高级职称430人，占18.9%；中级职称711人，占31.25%。是年，取得正高级卫技职称21人、副高级卫技职称37人，士级31人、师级107人、中级174人。

【县域医共体建设】 2020年，桐庐县卫健局（以下简称县卫健局）调整医共体党组织架构，实行垂直管理。整合区域化五大中心共享资源，提升医疗救治水平。完成各医共体差异发展布局，县一院医共体筹建江南院区血透室，中医院医共体启动“心衰房颤中心”建设，县二院医共体开设百江院区消化内科等。统筹县乡村级医疗资源，制定“两慢病”全周期健康管理，推进分级诊疗改革工作实施方案，各医共体牵头医院专科医生98人加入，188个家庭医生签约团队，进一步构建“基层首诊、双向转诊、急慢分治、上下联动”的就医秩序。

2020年桐庐县卫生系统医疗机构基本情况表

表34

单位名称	实际开放床位（张）	职工人数（人）	卫技人员数（人）
桐庐县第一人民医院	600	1050	884
桐庐县第二人民医院	185	362	314
桐庐县中医院	400	748	622
桐庐县妇幼保健院	98	430	371
桐君街道社区卫生服务中心	0	105	94
凤川街道社区卫生服务中心	15	72	58
旧县街道社区卫生服务中心	7	29	23
横村镇中心卫生院	100	138	120
江南镇中心卫生院	10	88	79
富春江镇中心卫生院	20	88	66
百江镇中心卫生院	5	54	46
钟山乡卫生院	9	51	48

续表 34

单 位 名 称	实际开放床位（张）	职工人数（人）	卫技人员数（人）
分水镇卫生院	4	99	90
莪山畲族乡卫生院	10	33	29
瑶琳镇卫生院	5	84	71
合村乡卫生院	7	35	32
新合乡卫生院	0	49	46
合　计	**1475**	**3515**	**2993**

2020 年桐庐县新审批医疗机构一览表

表 35

机构名称	法定代表人	注册日期	机构地址
桐庐丽身艾兰朵医疗美容门诊部	赵玉燕	2020 年 4 月 23 日	桐庐县城南街道迎春南路 221 号 301 室
桐庐杭州传媒高级中学卫生站	陈成隆	2020 年 6 月 5 日	桐庐县城南街道大奇山路 539 号（传媒高中教学楼一楼 103 室）
桐庐康家医院	叶丽芬	2020 年 6 月 5 日	桐庐县分水镇九龙路 115 号（1—2 层及 4—6 层）
桐庐澳圣口腔门诊部	方　真	2020 年 6 月 18 日	桐庐县城南街道春江路 18 号（1—2 层）
桐庐沈燕飞口腔诊所	沈燕飞	2020 年 6 月 24 日	桐庐县城南街道白云源路 324 号(1—2 层)
杭州桐君堂旅游开发有限公司医务室	朱伟良	2020 年 9 月 29 日	桐庐县城南街道城南路 619 号（行政大楼 3 层最西侧）
杭州桐庐乐聚养老服务有限公司医务室	童丽霞	2020 年 9 月 29 日	桐庐县分水镇天溪路 516 号（乐聚养老公寓 B 楼一层最北侧）
桐庐洁诚口腔门诊部	宋　昱	2020 年 12 月 18 日	桐庐县城南街道富春路 50、52 号
桐庐钟静华盲人医疗按摩所	钟静华	2020 年 1 月 7 日	桐庐县桐庐经济开发区春江东路 366 号（1—2 层）
桐庐王霞内科诊所	王　霞	2020 年 1 月 20 日	桐庐县凤川街道翙岗村梅山鹁鸪岭（方国荣自有住房一楼）
桐庐施强医院	何小林	2020 年 1 月 22 日	桐庐县城南街道健康路 9 号凤栖生命港 1 号楼（1—2 层）

2020 年桐庐县注销医疗机构一览表

表 36

机构名称	法定代表人	注销原因	注销日期
桐庐县计划生育宣传技术指导站	杨小珍	自动歇业	2020 年 12 月 24 日
桐庐怡生堂大药房连锁有限公司横村中医诊所（桐庐怡生堂横村连锁药店中医诊所）	王　冰	自动歇业	2020 年 10 月 13 日
桐庐怡生堂大药房连锁有限公司大奇山中医诊所（桐庐怡生堂大奇山连锁药店中医诊所）	王　冰	自动歇业	2020 年 8 月 17 日
桐庐姚飞口腔诊所	姚　飞	自动歇业	2020 年 6 月 18 日
桐庐桐润口腔门诊部	张丽君	自动歇业	2020 年 6 月 2 日
桐庐何知脉中医诊所	何知脉	自动歇业	2020 年 5 月 20 日
桐庐李向明内科诊所	李向明	自动歇业	2020 年 4 月 23 日

【卫生健康事业高质量发展大会】 2020 年 9 月 11 日，县卫健局召开卫生健康事业高质量发展大会暨“三医联动”“六医统筹”工作推进会。表彰首批“桐君奖”获得者；分别与市卫健委、上海瑞金医院、杭州师范大学签订合作协议；聘请中国科学院院士尚永丰，中国工程院院士长宁光，市卫健委副主任谢道溥，省中医院原院长王坤根，市卫健委原副主任王明法为桐庐县卫健事业发展顾问。桐庐县以“三医联动”“六医统筹”集成改革试点为契机，完成六个方面共 103 项问题整改，制定整改措施 41 项。

【瑞金—桐庐合作医疗联合体】 2020 年，上海瑞金医院专家到桐庐开展病例讨论 619 次，教学查房 476 次，手术示教 4 例，门诊诊疗 693 人次。开设远程教学培训、在线讨论等 147 次，在线参与 15322 人次。开展 MDT242 例，在原有基础上向贫困地区提供远程会诊和培训。县一院国家标准化代谢性疾病管理中心（简称“MMC”）入组 910 例，患者的基本信息、病史采集等基线数据总完成度 99.05%，在第八届糖尿病、肥胖和高血压从辩论到共识大会（CODHy AP）上获 2020 国家标准化代谢性疾病管理中心“患者至上奖”。县一院成立桐庐首家肺结节多学科联合门诊（MDT），县中医院获中国高血压联盟 iHEC 项目组颁发的“最佳 iHEC 中心”称号。

【杭州市一医院桐庐分院】 2020 年，市一医院下沉专家 566 人次，开展门诊 5753 人次，指导开展手术 87 例。每周安排牵头医院医生到成员单位坐诊 222 人次，门诊人次 9972 人；接受成员单位进修 14 人次；举办学术讲座，参加 1071 人次；开展操作培训 223 人次。

【医疗质量管理】 2020 年，县卫健局联合执法队和县级医院院感专家对辖区内发热门诊、定点医院、设病房的各类医疗机构（含医养结合机构）、社区卫生服务中心（乡镇卫生院）开展检查。在复工复产期间，对申请复工的医疗机构，逐一进行现场复核，并要求各医疗机构备足防护物质，设置预检分诊，开展亮码测温。6 月，组织县质控小组专家按室间质控标准对全县医疗机构开展质控专项检查，内容包含医疗质量、护理、院感、药事、麻醉、临床用血等方面。对全县公立医疗机构及乡镇卫生院（社区服务中心）开展医疗质量考核，是年，组织相关科室进行院感督察10余次，实现全覆盖，对存在问题的医疗机构下发整改通知单，要求限期整改。全年组织民营医疗机构业务知识培训2次，邀请专家讲解医疗机构院感防控知识。

【中医药服务能力提升工程】 2020年，桐庐县中医药事业发展专项基金增至300万元/年。建设国家级名中医王坤根工作室和浙江省名中医过建春工作室，发挥名中医的示范、引领作用。开展“校院合作”，通过定期邀请浙江中医药大学老师来桐开展中医经典理论授课等方式，提升中医医疗服务水平。开设畲医畲药馆，探索基层中医药服务新模式。7月，中医药适宜技术推广桐庐基地通过省中管局验收。

【卫生信息化】 2020年，县公立医疗卫生机构新建心电会诊中心、临床检验中心，在各医共体之间实现数据互联互通。在县中医院医共体推行医共体内信息系统一体化工作试点，实现总院和分院无缝对接，对辖区内成员单位上线处方点评、合理用药等辅助软件，在分院可以直接预约总院的大型仪器检查。建立区域“健康医疗大数据平台”，为疾病监测预警提供数据支持。完成困难群众“两慢病”免费用药信息化平台以及免费基本避孕手术费用的开发工作；完成“新冠检测浙里办自助开单”功能；继续推广城市大脑“舒心就医”APP使用。

【医疗业务数据】 2020年，县公立医疗单位业务收入11.57亿元，比上年下降9.76%，其中县级医院8.92亿元，比上年下降12.99%；乡镇（街道）卫生院（社区卫生服务中心）2.65亿元，比上年增长3.17%；门急诊人次346.5万人次，比上年下降14.12%，其中县级医院183万人次，比上年下降22.42%；13家公立乡镇卫生院（社区卫生服务中心）163.5万人次，比上年下降2.44%。公立医疗单位全年出院44907人次，总住院床日39.2万床日，其中县级医院36.3万床日、乡镇（街道）卫生院（社区卫生服务中心）2.9万床日；全县病床平均使用率66%，其中县级医院病床使用率77.05%、乡镇（街道）卫生院（社区卫生服务中心）病床使用率42.73 %。

2020年9月11日，桐庐县召开卫生健康事业高质量发展大会暨“三医联动”“六医统筹”工作推进会

2020年桐庐县卫生系统医疗单位主要业务指标一览表

表37　　单位：万元

类别指标 \ 医院		县级医院	乡镇（街道）卫生院（中心）	合计
业务收入	2019年	102551.87	25663.18	128215.05
	2020年	89225.92	26477.85	115703.77
增长幅度（%）	-12.99	3.17	-9.76	2.23
业务支出	2019年	110049.26	36183.98	146233.24
	2020年	97613.74	37962.64	135576.38
增长幅度（%）	-11.3	4.92	-7.29	1.15
业务收支结余	2019年	-7497.39	-10520.8	-18018.19
	2020年	-8387.82	-11484.79	-19872.61
增长幅度（%）	11.88	9.16	10.29	6.93
全年平均职工人数	2019年	2451	948	3399
	2020年	2527	929	3456
门诊人次（人次）	2019年	2358527	1676341	4034868
	2020年	1829723	1635461	3465184
住院床日（床日）	2019年	431028	31058	462086
	2020年	363012	29391	392403
人均业务收入	2019年	41.84	27.07	37.72
	2020年	35.31	28.5	33.48

本表统计范围为公立医疗机构，业务收入不包括财政补助和上级补助收入。2019年的业务支出与全年平均职工人数因口径问题有变动，使得收支结余和人均业务收入也随之变动

2020 年 5 月 11 日，县第一人民医院进行新护士授帽仪式

【人才队伍建设】 2020 年，县卫健局引进全日制本科及以上学历 35 人，其中硕士研究生 7 人，副高 1 人，三甲中级 2 人；面向社会公开招聘临床、护理等岗位医务人员 56 人；委托杭州医学院招收临床医学专业的定向委培生 20 名，其中本科 10 名，专科 10 名。是年，232 人取得高一级卫生专业技术资格，其中中级职称 174 人、正高职称 21 人、副高职称 37 人。116 名乡村医生参加注册再教育培训；300 余名专业技术人员参加初级继续医学教育医学岗位培训；4 家县级医院举办 2 期省级继教项目培训班、15 期市级继教项目培训班；3 个医共体牵头单位举办各类知识讲座 86 期，6000 余人次参加；教学查房 45 次，500 余人参加；技能比武 15 次，400 余人参加；利用上级继教平台和上海瑞金医院学习平台开展培训，培训人员 12000 余人次。选派 58 名临床、医技、管理岗位医务人员，参加为期 3—12 个月的县外培训。

【行风建设】 2020 年，县卫健局执行医药代表来访接待制度、处方点评等管理制度。药品、信息等高风险岗位实行“满三必调”（在原工作岗位满三年必须调离原岗位），轮岗 32 人次。“阳光接待室”接待药（械）代表 32 场、200 余人次，严禁药商与医务人员非正当见面。廉政教育常态化，将常规式廉政提醒贯穿于工作各个环节，通过钉钉群、院周会、“警示一刻钟”等载体强化廉洁提醒，实现廉政教育全覆盖。37 人次主动上交红包、礼卡金额 3.4 万元。廉政监督网格化，以医共体纪委—支部为网格，组建 69 人的特邀监督员队伍，实行事前、事中、事后全过程监督和干预。开展联合监督 25 次，纠正项目 6 个，叫停项目 2 个。

【依法行政】 2020 年，县卫健局做出行政处罚 161 例，罚没资金 130.45 万元，行政许可 2998 例，申请法院强制执行 2 例。行政处罚实行电子化缴纳。桐庐分水东溪社区卫生服务站未按规定开展压力蒸汽灭菌器灭菌效果监测工作案被评为桐庐县行政执法优秀案卷，获杭州市卫生行政处罚案卷评查三等奖。是年，组织“防控疫情法治同行”专项普法、《中华人民共和国基本医疗卫生与健康促进法》、《中华人民共和国民法典》以及“宪法宣传周”系列主题普法活动，面向民营医疗机构开展依法执业专题普法，5000 余人参加。

【新闻宣传】 2020 年，县卫健系统利用报纸、电视、微信等加大宣传力度，在浙江日报、浙江新闻客户端等平台刊登《推进集成改革　深化区域合作　桐庐吹响卫健事业高质量发展“集结号”》《桐庐分子生物学实验室正式启用　疫情防控新增硬核力量》等文章。在健康浙江微信公众号和杂志刊登《桐庐：医院食堂的泔水少了大半》《桐庐中医院：五措并举助力中医适宜技术推广走深走实》等文章。在健康杭州微信公众号刊登《崩溃！杭州大伯眼睛流脓 3 年不愈！医生从他眼里挑出多颗“石头”》《4 名杭州医生高铁上救人：哪里需要我们，我们就必须挺身而出！》《“快送去抢救室”！正按摩的她突然昏迷，医生在肾脏里发现……》等。利用健康桐庐微信公众号每周更新卫生健康知识，发送图文消息 442 篇。

【无偿献血】 2020 年度，桐庐县组织无偿献血 70 场，献血3629人次，献血总量616.19升。临床用血总量1167升，无偿献血占临床用血比例105.6%。是年，60人获“浙江省无偿献血荣誉证”。7家医疗机构建立血费减免系统，实现血费医院直免为主，网上申请为辅的模式，161人次实现在医院用血直免，30人次采取线上报销。

·疾病控制·

【新冠肺炎疫情常态化防控】 2020年，县疾控中心根据“外防输入，内防反弹”防控策略，对“三返”人员实施重点监测，对各农贸市场冷链食品、环境、从业人员开展新冠病毒核酸采样，对隔离点开展消毒指导，并对相关人员、物品、环境开展监测。实行医疗机构主动报病监测，发现疑似病例及时展开调查，按照确诊病例要求落实隔离，对密切接触者实行管控和健康监测；加强疫点内人群健康监测，落实属地乡镇（街道）每日开展健康状况监测，发现发热、咳嗽等呼吸道症状人员及时送医就诊，采集样品监测。

【重大活动防疫保障】 2020年，桐庐县制定下发《关于建立桐庐县重大活动防疫指导工作制度的通知》，明确重大活动防疫工作流程、人员安排、指导内容及工作要求。是年，配合各单位做好“桐庐百姓日”“药祖桐君中药传承与创新高端论坛”“第二届哲学家论坛”等重大活动防疫保障60余次。

【公共卫生补短板百日攻坚行动】 2020年，桐庐县投入14万元改造县疾控中心应急仓库及相关设施，储备医用防护服1500件，隔离衣1000件，N95医用防护口罩1500个，医用外科口罩3500个，配备现场调查用具及消杀药品等物资；升级检测实验室信息管理系统，规范中心内部的检测流程。组建流行病学调查及应急处置队伍，邀请省、市流行病学专家到桐庐授课，并对秋冬季新冠疫情形势进行科学判断和重点安排。选送年轻骨干到市疾控中心进修，学习实验室新技能、新方法，提升检验能力；建立疾控人员驻点指导制度，推进“两员一中心一团队”公共卫生工作模式。

【传染病管理】 2020年，桐庐县共报告法定乙、丙类传染病14种6287例，报告发病率1441.95/10万，较上年下降46.68%。报告乙类传染病10种1052例，报告发病率241.28/10万，较上年下降13.49%；丙类传染病4种5235例，发病率为1200.67/10万，较上年下降62.27%。无甲类传染病报告，有按甲类管理的乙类传染病报告24例，为新型冠状病毒肺炎。对法定传染病疫情信息及时统计、分析，每月发布一期疫情分析简报。对传染病网络信息实行24小时监控，及时对医院报告的传染病报卡进行审核、订正和信息反馈；同时对传染病自动预警信息系统发出的预警信息及时核实。是年，审核传染病报告卡6855张，审核及时6855张，审核及时率100%；报告卡片数6858张，报卡及时6858张，报告及时率100%。确诊结核病293例，其中肺结核249例（病原学阳性肺结核病人120例、阴性肺结核病人98例，结核性胸膜炎31例），肺外结核44例。报告手足口病561例，发病率为129.86/10万，较上年下降76.65%，无重症病例和死亡病例报告。接到麻疹疑似病例报告9例，实验室确诊麻疹0例，实验室确诊风疹0例，排除为其他疾病9例，排除病例报告发病率2.08/10万。除县妇保院因硬件不达标、中医院因场地原因未能设肠道门诊外，其余2家县级医院均开展霍乱、O157:H7监测等肠道门诊工作，其中县第一人民医院作为监测点医院常年开设。县疾控中心检查2家肠道门诊开设情况2次，检查结果以简报形式通报。

【突发事件应对】 2020年，县疾控中心接到传染病暴发（聚集）疫情24起，其中新冠肺炎暴发（聚集）疫情10起（其中1起为桐庐县首例病例，参照聚集处置），水痘暴发疫情3起，流感暴发疫情1起，感冒暴发疫情1起，诺如病毒感染急性胃肠炎8起，手足口病聚集性疫情1起。所有疫情均及时展开调查和采样，通过采取病例隔离、疫点消毒和封锁、密切接触者集中医学隔离、健康宣教等防控措施，有效控制疫情，防止二代病例发生。

【新冠肺炎疫情防控应急演练】2020年，县疾控中心组织200多人参加新冠肺炎疫情防控应急演练，演练采用“桌面推演+现场演练”的方式，共设置15个环节，通过情景构建，模拟一小区发现1例新冠肺炎病例，县疫情防控指挥部根据应急响应要求立即启动应急预案，召开全县疫情防控会议部署防疫工作。整个演练过程涵盖基层医疗单位哨点发现、报告、隔离留置，“120”指挥负压救护车隔离转运，定点医疗单位规范诊治，防疫人员流行病学调查，公安和大数据部门严密分析，社区和农贸市场测温亮码等疫情防控全过程。通过多部门联动，快速反应、集结有序、迅速评估、协调作战、精准施策，达到科学有效控制疫情。

【性病、艾滋病防治】2020年，桐庐县新发现HIV/AIDS病例22例，截至年底，在管HIV/AIDS病例191例；加强对HIV感染者随访管理和心理干预，对纳入管理的艾滋病人进行淋巴细胞检测、肺结核、梅毒筛查；落实国家“四免一关怀”政策，协助病人办理规定病种病历；建立4个艾滋病自愿咨询检测（VCT）门诊；组织人员对4家艾滋病初筛实验室和13家艾滋病快检点实验室检查指导；对监管人员、外来婚嫁女、性病门诊就诊者等艾滋病重点人群开展HIV筛查。是年，对县看守所在押人员334名待服役人开展艾滋病知识宣传教育，艾滋病免费检测274人次，均为阴性。对全县4所高中及杭州商学院各开展1次艾滋病专题讲座，结合世界艾滋病日，在杭州商学院、杭州技师学院开展“携手防疫抗艾，共同健康责任”公益活动。

【结核病防治】2020年，桐庐县报告肺结核病人数390人，报告率100%，发现率100%，未到结防机构就诊病人数159人，追踪到位病人135人，到位病人数366人，总体到位率93.84%；肺结核患者成功治疗率91.4%，肺结核患者规范管理率达到95.85%；对120例病原学阳性肺结核病人的383位密切接触者进行筛查，筛查率100%；新确诊4例耐药肺结核病人并纳入治疗管理，其中1例耐多药，3例单耐药，协助耐多药肺结核病人办理规定病种病历；学校肺结核病人密切接触者筛查率100%。

县第一人民医院感染科新上岗医护人员培训

【免疫规划】2020年，桐庐县有预防接种门诊14家，其中数字化门诊3家，非数字化门诊11家。完成14家数字化门诊SAAS系统升级；围绕基本公共卫生服务项目，开展免疫规划业务培训和检查指导；开展预防接种专项整治活动，组织各接种单位预防接种规范性自查，加强督导，提高接种规范性；落实“出生一件事”预防接种证办理最多跑一次项目；开展各类宣传活动；开展麻疹脊灰集中式查漏补种工作，麻疹补种率89.45%，脊灰补种率82.13%；对麻疹、脊灰、流脑、乙肝等疫苗针对传染病疑似病例及异常反应开展监测、处置，处置疑似麻疹疫情9例；加强疫苗冷链管理，实现疫苗扫码出入库。

【地方病防治】2020年，桐庐县开展碘盐、学龄儿童及孕妇家庭碘盐和尿碘监测；1—12月采集县盐业公司盐样36份，合格36份，碘盐合格率100%，碘盐中位数是26.3毫克/千克；采集合村、分水、瑶琳、钟山、凤川5个乡镇各一所小学42名学生随机尿样5毫升和家中食用盐30克，检测盐碘、尿碘含量，结果显示尿碘中位数为157微克/升，尿碘值＜50微克/升的人数为21人，盐碘中位数为24.6毫克/千克；合格碘盐食用率90.95%，碘盐食用率94.29%；在上述各乡镇抽取105名孕妇（早、中、晚孕期各7人）随机尿样5毫升和家中食用盐30克，进行尿碘和盐碘检测，结果显示随机尿碘中位数为123微克/升，盐碘中位数为24.3毫克/千克。做好血吸虫病传播阻断后监测，开展领导干部查螺日活动，未发现有血吸虫病例及钉螺；是年，对493人进行血清学监测，其中344人来自历史血吸虫病流行区，94人来自本地和其他省份的。经检测，未发现有血吸虫病例。

【慢性非传染性疾病防治】 2020年，县疾控中心开展业务培训和工作检查指导，提升基层人员业务水平和规范工作流程；开展社区慢性病自我管理小组试点工作；开展国家慢阻肺监测点工作；开展慢病和死因漏报调查工作。桐庐县常住总人口数432000人，建档人数397040人，人口建档率为91.91%；高血压病人建档管理人数41665人，糖尿病人建档管理人数11009人；共审核死亡人数2723人，报告死亡率650/10万。

【健康教育】 2020年，县疾控中心开展全国高血压日、世界糖尿病日等卫生主题宣传日活动11场；组织讲座1302场，参加讲座38106人次；组织省市金牌讲师讲座9场，700余人参加。在华数数字电视科普平台每天定时播放健康教育短片，全年共400余时；在县城公交车、电影片头、桐庐电视台、《今日桐庐》、FM89.3广播等载体投放健康宣传66条；利用“桐庐疾控”微信公众号开展健康科普宣传，推送科普宣传信息303篇。发放健康教育资料及支持性工具8万余份。开展4个乡镇街道健康素养监测；配合浙江大学开展“十三五”重大科技课题传染病健康素养调查项目。

【水质监测】 2020年，县爱卫办完成554份（4个检测项目）农村集中式供水站（点）监测。其中，浙江省农村生活饮用水监测项目中，城市生活饮用水水质监测水样12件，水质合格率100%。农村生活饮用水水质监测结果：采集水样130件，其中分散式供水20件不做卫生学评价，合格率为90%。没有发生由生活饮用水污染引起的传染病暴发疫情。

【职业卫生】 2020年，县疾控中心指导、审核桐庐县区域职业病与职业卫生信息监测、报告，开展煤工尘肺、矽肺、石棉肺等重点职业病监测与健康风险评估。加强职业病防治宣传，开展职业病防治法宣传周活动。开展职业性尘肺病患者随访与回顾性调查，对桐庐县范围内1949—2018年报告的所有职业性尘肺病病例开展调查，共调查218例，死亡114例，现存活69例，失访35例。对1070家企业开展职业病危害现状调查。对5家医疗机构开展医用辐射防护监测和职业性放射疾病监测。

【食品安全】 2020年，县疾控中心共采集监测食品样品441份，符合辖区每千人1批次监测样品量要求，所有结果均按要求及时上报。全年监测点医院通过省食源性疾病监测系统上报有可疑食物暴露史的接诊病例238例。是年，4家哨点医院无食源性异常病例/异常健康事件报告。

【营养与学校卫生】 2020年，县疾控中心对各乡镇（街道）人群营养教育工作现场督导覆盖率100%；通过联合各乡镇（街道）开展讲座、咨询，有效提高辖区内人群膳食指导覆盖率和认知度；利用“健康桐庐”、“桐庐疾控”微信公众号，开展全民营养周科普宣传；开展营养指导员集中培训；开展营养健康知信行调查；开展学生常见病防治督导，做好学生健康体检质控，督导覆盖率100%。

·妇女保健·

【妇保指标】 2020年，桐庐县管理孕产妇3013例，建卡3010例，系统管理2978例，系统管理率97.22%。住院分娩3063例，住院分娩率100%。新法接生3063例，新法接生率100%。开展孕24—32周县级高危孕产妇筛查及追踪管理，组织中级职称以上妇产科、内科医生129人次到基层开展高危筛查，筛查孕妇3000例，高危筛查率99.57%，经筛查评定高危孕妇2440例，100%实行追踪管理。产前筛查2999例，筛查率99.54%。筛选出高风险孕妇465例，产前诊断73例，其中确诊21三体综合征畸形2例，性染色体1例，其他染色体异常1例，4例均在28周前终止妊娠。血清学筛查出生缺陷同时积极动员超声检查，发现5例心脏畸形、1例肾脏异常、1例颅脑畸形、3例唇腭裂、8例其他畸形，18例均在28周前发现，及时进行医学终止妊娠，减少出生缺陷发生。是年，各接产点分娩产妇3338例，活产数3378人，新法接生3378人。其中县内产妇2544例、县外流动人口产妇794例。开展围产儿死亡及出生缺陷监测，各接产单位上报死胎6例、死产0例，7天内新生儿死亡0例，围产儿死亡率1.77‰。出生缺陷儿35例，出生缺陷发生率10.34‰。

【孕产妇健康教育】 2020年2月6日至3月31日，桐庐县妇保医生开通56个微信群，进行微信互动和网上会诊，对30余例需医学观察的居家或集中隔离孕妇，每日通过微信或电话查房，了解体温、心理疏导，帮助合理选择就医，保证疫情期间辖区内所有孕产妇的安全。指导孕妇下载健康通母子手册APP，通过APP了解孕检情况、学习孕育知识、申请“出生一件事”等事项。

【妇女病检查】 2020年，桐庐县20—64岁妇女116015人，应查39331人，实际检查38970人，检查率99.08%。其中筛查宫颈癌17025例，筛查乳腺癌16403例。查出患妇科病人数6206人，其中阴道炎2688例、宫颈炎1423例、宫颈癌8例、乳腺癌8例。

【婚前医学检查】 2020年，桐庐县继续实行免费婚检制度，结婚登记2450对，参加婚检2223对，婚前医学检查率90.73%；婚检查出患疾病人数1753人，患病率39.43%，治疗率100%。

【重大公共卫生项目】 2020年，桐庐县免费孕期检查减免3748人；免费产前筛查3124人次；免费发放叶酸1483人。3家助产单位共分娩产妇3338人，产时接受艾梅乙检测10例，孕期检测率99.7%。无HIV感染产妇分娩，有23例梅毒产妇分娩，孕期均已接受治疗，孕期治疗率100%，22例（畸形引产1例死胎）新生儿均进行滴度检测，滴度阳性8人，均给预防性抗梅毒治疗一次，新生儿预防治疗率100%，无先天梅毒发现；合并乙肝阳性产妇145人，活产数146人，及时注射了乙肝高价免疫球蛋针和乙肝疫苗，新生儿母婴阻断率100%。乙肝阳性产妇所生儿童随访情况：2018—2020年共管理乙肝阳性产妇620人，应药物阻断87人，孕期服药81人（6人拒绝），620人所生儿童均接受乙肝免疫球蛋白和乙肝疫苗注射预防，现已随访到儿童检测252人，排除感染250人，确诊乙肝感染2人（孕期未药物阻断6人中，2例感染，4例排除）。

【出生一件事多证联办】 2020年，县卫健局推行出生一件事多证联办和邮寄便民措施。是年，办证3311例，线上办证95%以上，本市户籍联办率86.61%，出生证邮寄率9.46%。

·儿童保健·

【儿保指标】 2020年，桐庐县0—6岁儿童数25877人，健康管理25651人，健康管理率99.13%；0—6岁儿童系统管理25279人，系统管理率97.69%；全县调查登记0—3岁流动儿童307人，接受管理292人，管理率95.11%。5岁以下儿童死亡14例（桐庐籍11例），其中婴儿8例（包括新生儿4例）、1—4岁儿童6例，本地5岁以下儿童死亡率3.59‰，婴儿死亡率1.96‰，新生儿死亡率0.98‰，死亡率均较上年上升，主要原因是活产数下降明显。6个月内婴儿母乳喂养率94.34%，纯母乳喂养率73.79%。对桐庐县户籍0—6岁儿童实施免费健康体检。

【营养性疾病和高危儿管理】 2020年，桐庐县5岁以下检查人数18840人，体重低下人数55人，体重低下发生率0.29%；生长迟缓人数64人，生长迟缓发生率0.34%；消瘦人数57人，消瘦发生率0.3%；超重人数

1271人，超重发生率为6.75%；肥胖人数449人，肥胖发生率为2.38%。5岁以下血红蛋白检查人数15019人，贫血人数499人，贫血患病率3.32%，其中中重度贫血患病人数18人，中重度贫血患病率0.12%。本地0—3岁儿童共管理营养性疾病和高危儿4033例，其中新发现2052例；各类营养性疾病和高危儿均按照要求给予专案管理，管理率100%；结案1859例，结案率46.09%。

【新生儿疾病筛查】 2020年，桐庐县新生儿疾病筛查3407人（活产数3378人），筛查率100.86%（部分血片为2019年遗留）。筛出可疑患儿151例，召回151例，召回率100%。共确诊异常患儿15例（先天性甲低4例、G6PD缺乏症10例、肾上腺皮质增生症1例），除1例肾上腺皮质增生症患儿死亡外，其余均在治疗、随访中。是年，新生儿听力筛查3373人，新生儿听力筛查率99.85%，确诊9人，异常率2.67‰。实施免费新生儿疾病筛查新项目，包括4项新生儿疾病筛查2888人，免费率84.76%；新生儿听力筛查2885人，免费率85.53%。

【儿童早期发展监测和发育筛查】 2020年，桐庐县实施0—3岁儿童早期发展发育筛查工作，参与DDST筛查9789人，筛查率91.54%。发现可疑或异常患儿124人次，转诊45人次，主要是语言发育迟缓，评估42例，确诊35例异常，对异常例进行体弱儿管理。

【0—6岁儿童眼保健和视力筛查】 2020年，桐庐县开展0—6岁儿童进行眼保健和视力筛查。14家乡镇卫生院均配备视力筛查仪，提高儿保门诊的视力检查率。0—6岁儿童视力保健人数25447人，覆盖率98.34%，其中6岁组进行视力检查3700人，检出视力不良220人，异常率5.95%。

县第一人民医院医共体、县疾控中心监测科联合富春江镇中心卫生院到茆坪村开展义诊

【双指标法筛查新生儿先天性心脏病】 2020年，桐庐县开展双指标法筛查新生儿先天性心脏病筛查，共筛查3353人，筛查率99.26%，共筛出阳性患儿30例，均进行心超检查，确诊患儿均反馈给辖区卫生院儿保医生，进行高危儿专项管理。

·初级卫生保健·

【参合农民健康体检】 2020年，县卫健局联合县财政局下发《关于做好2020年参合农民健康体检和国家重大传染病专项体检工作的通知》。全年完成参合农民健康体检157775人，其中60岁以上老年人58072人，0—6岁儿童24973人，中小学生43123人；检出各类常见病、慢性病78660人次，其中高血压18915人，糖尿病5797人，胆囊炎、胆石症5778人，慢性阻塞性肺疾病（COPD）151人。对体检过程中发现的慢性病人建立专项档案，进行随访管理。

【全科医生签约服务工作】 2020年，桐庐县有家庭医生服务团队188个，签约医务人员640名。签约服务对象14.24万人，签约覆盖率32.97%，重点人群签约率80.27%。签约居民电话回访知晓率87.22%、满意率99.15%。慢病长处方政策实现乡镇卫生院（社区卫生服务中心）和县妇保院所属村卫生站室全覆盖，享受人员209570人次，主要覆盖高血压、糖尿病、冠心病、高血脂、骨质疏松症等病种。

【精神病防治】 2020年，桐庐县有严重精神障碍患者2227人，新发现353人，检出率5.10‰。其中，精神分裂症1081名，情感性精神障碍333名，癫痫所致精神障碍216名，精神发育迟滞587名，偏执性精神病2名，分裂情感性障碍8名，严重精神障碍管理率99.91%，治疗患者2223名，治疗率99.82%。门诊服用基本抗精神病药物费用得到全额保障，新增免费服药105人，免费36万余元。做好严重精神障碍患者监护人以奖代补工作，发放人数320人，发放补助37.75万元，2017—2020年发放补助151.64万元。全年住院精神病人信息反馈67人。

【社会心理服务体系建设】 2020年，县级服务指导中心提供电话咨询96人次，提供一对一的心理疏导服务116人次；14个乡镇（街道）心理服务指导站提供心理服务760余人次，203个村（社区）心理咨询（服务）站提供服务1280余人次。组织县内社会心理服务体系建设专项培训，260余人参加。2月6日—3月31日，开通24小时心理咨询热线和开展线上咨询服务；开通健康桐庐微信公众号"心理健康"模块，为50余名因疫情导致心理压力的人员提供心理咨询。

·爱国卫生·

【健康桐庐建设】 2020年，县卫健局下发《2020年健康桐庐建设工作要点》《2020年度健康桐庐建设考核评分细则》《健康桐庐建设三年行动计划实施方案（2020—2022年）》等文件，成立健康桐庐建设三年行动计划（2020—2022年）专项行动办公室。举办健康桐庐建设主题培训班1场，开展各类健康活动30场，选送2件微视频参加健康中国微视频大赛，开展健康素养相关活动528场。成功创建浙江省健康促进医院1家，浙江省健康促进（银奖）学校8家，市级健康社区（村）59个、市级健康企业33家、市级健康机关1个，浙江省健康促进（铜奖）学校8所、县级健康单位7个，健康家庭388户。是年，桐庐县居民健康素养水平28.59%。

2020年桐庐县健康单位、无烟单位创建名单一览表

表38

创建类型	创建单位
浙江省健康促进医院	桐庐县妇幼保健院
杭州市健康促进学校	桐庐县科技城未来学校、桐庐县玉华小学、桐庐县瑶琳小学、桐庐县迎春小学、桐庐县分水实验小学、浙江省桐庐富春高级中学、桐庐县学府小学、桐庐县洋洲小学
杭州市健康村（社区）	桐君街道鑫鑫社区、桐君街道迎宾社区、桐君街道东门社区、桐君街道麻蓬村、桐君街道南门社区、桐君街道洋塘社区、城南街道上杭社区、城南街道中杭社区、城南街道下杭社区、城南街道梅林社区、城南街道白云社区、城南街道乔林社区、凤川街道凤栖社区、凤川街道桑园村、凤川街道外源村、凤川街道潇源村、江南镇彰坞村、江南镇深澳村、江南镇荻浦村、江南镇华丰村、横村镇双溪村、横村镇白云村、横村

续表38

创建类型	创建单位
杭州市健康村（社区）	镇近江社区、横村镇杜预村、富春江镇大洋坪社区、富春江镇芦茨村、富春江镇黄坡岭社区、富春江镇石舍村、瑶琳镇何宋村、瑶琳镇舒家村、瑶琳镇百岁村、瑶琳镇姚村村、分水镇玉华社区、分水镇分江社区、分水镇儒桥村、分水镇后岩村、百江镇双坞村、百江镇后河村、百江镇金塘坞村、百江镇奇源村、钟山乡魏丰村、钟山乡歌舞村、钟山乡陇西村、钟山乡仕厦村、合村乡合村村、合村乡岭源村、合村乡三源村、合村乡高凉亭村、新合乡新四村、新合乡新合村、新合乡松山村、莪山乡沈冠村、莪山乡塘联村、莪山乡尧山村、旧县街道西武山村、旧县街道母岭村、旧县街道旧县村、旧县街道鸿儒村、旧县街道合岭村
杭州市健康企业	密尔沃基（桐庐）阀门有限公司、浙江施强制药有限公司、桐庐三星玉米产业科技有限公司、桐庐富瑞达针织服饰有限公司、桐庐富禾针织服饰有限公司、桐庐富霖针织服饰有限公司、桐庐富春江织造集团有限公司、浙江恒大数控机床制造有限公司、杭州芬麦特机械有限公司、桐庐林佳针织有限公司、桐庐农村商业银行江南支行、杭州科德磁业有限公司、农村商业银行百江支行、菲瑞健身馆、桐庐韦德健身管理有限公司、杭州优搏健身管理有限公司、杭州爱唯生命科技有限公司、桐庐华医医院有限公司、桐庐纳泰医学检验实验室有限公司、桐庐施强医院有限公司、浙江春燕文化创意有限公司、杭州霍普曼旅游开发有限公司、桐庐国丰石材有限公司、桐庐县富春江镇龙湾商务酒店、杭州德有文具有限公司、杭州冠华王食品有限公司、杭州生仙里景区管理有限公司、桐庐红狮水泥有限公司、杭州华润老桐君药业有限公司、杭州千芝雅卫生用品有限公司、浙江桐君堂中药饮片有限公司、杭州蜂之语蜂业股份有限公司、杭州霍普曼电梯有限公司
杭州市全面禁烟示范单位（3家）	桐庐县实验幼儿园教育集团桐君园区、桐庐县瑶琳镇幼儿园、桐庐县江南幼儿园教育集团
杭州市无烟单位（5家）	桐庐县江南灌区工程管理、旧县街道办事处、桐庐县气象局、凤川街道凤栖社区、桐庐县博物馆

【卫生创建工作】 2020年，旧县街道、分水镇、江南镇、富春江镇、百江镇、合村乡、莪山乡、新合乡成功创建国家卫生乡镇（街道）；横村镇、瑶琳镇启动国家卫生乡镇创建，均通过市级评估，横村镇通过省级卫生乡镇暗访；金茂村、严陵村、孝门村、芝夏村、皇甫村、毕浦村、翙岗村、乐明村、松村村、联盟村、百岁坊村、天英村成功创建省级卫生村。

【改水改厕】 2020年，县爱卫办制定农村生活饮用水水质监测计划，县疾控中心按计划开展水质卫生监测。完成农村饮用水卫生监测524份，任务完成率100%，水质监测结果及时抄告相关乡镇（街道）及林水部门。3个市级饮用水补助项目通过验收，补助资金拨付到位。农村新建、改建无害化户厕500座，梳理历年拆迁农户信息，整理后录入省农村改厕信息系统，全县卫生厕所普及率100%，无害化卫生户厕普及率99.06%。

【除“四害”】 2020年，县卫健局制定下发《关于做好2020年病媒生物防制除“四害”工作的通知》，结合全国文明城市复评、巩固国家卫生县城及各乡镇卫生乡镇创建、复评等，开展除“四害”工作。6月，由各乡镇（街道）自行招标专业消杀公司负责公共外环境、社区（村）除“四害”工作的组织实施。强化环境整治行动，采取物理、化学、生物等防制措施控制和降低蚊媒等“四害”密度，预防和控制登革热等蚊媒传染性疾病的发生与流行；委托第三方开展病媒生物防治效果监测评估，将公共外环境“四害”密度控制在国家标准C级以上。

【城乡整洁行动】 2020年，县卫健局下发《关于在精神文明创建活动中深入开展爱国卫生运动的通知》，组织开展美化家园大整治、清洁乡村大比武等活动。开展“乡村环境一季一督查”3次，下发通报3期，累计督查乡村集镇36次、行政村114次、企业12家。评选“清洁行动示范村”10个，发出乡村环境督查抄告单8份。持续推进美丽庭院“两两PK大比美”活动，评选“美丽庭院”示范户200户、综合先进单位10个、优胜单位14个。开展“小区环境大整治”“道路环境大清理”等五类专项整治活动，创设“蓝橙红”三色抄告制，累计发出抄告单45份，常态化曝光138次。

· 计划生育 ·

【概况】 2020年，桐庐县共出生婴儿3234人，其中计划内出生3126人，计划外出生108人；计划生育率96.66%，多孩违法生育发生率2.23%，统计误差率控制在1.5%以内，出生上报及时率98%以上；办理生育登记服务卡2572张；审核审批再生育102件，审批合格率100%；群众工作中无违反“七不准”行政侵权行为，无恶性事件和行政败诉案件；群众对计划生育工作的满意率99%以上。出生人口性别比为108，未发现有关“两非”违法案件发生。稳妥做好社会抚养费征收工作。是年，有891位孕产妇申请并审核通过施强“关爱母亲”基金补助。继续实施“幸福宝宝”新生儿红包项目，三家助产单位审核发放新生儿红包和银质纪念品2743人次，各乡镇街道审核发放989人次，合计发放3732人次。

【生育服务证制度改革】 2020年，县卫健局深化计生领域“最多跑一次”改革，完善全员平台，提高统计质量，在政务2.0平台申请办理生育登记服务、再生育审批，与民政部门推行“婚育户”一件事联办项目，实现群众“零跑趟”。简化再生育审批，优化办事流程，推行婚育情况承诺制、代办制、容缺受理制，取消提供婚育情况证明，切实提升群众的幸福感和获得感。

【独生子女父母养老保险补助】 2020年，县卫健局继续推行计划生育家庭社会基本养老保险制度，开展农村独生子女父母参加城乡居民养老保险补助工作，发放补助对象11349人，补助金113.49万元。

【计生家庭奖扶特扶制度】 2020年，桐庐县新增奖扶对象682人，退出189人。新增特扶对象76人，退出特扶对象9人。新增计划生育手术并发症1人。是年，桐庐县计划生育奖励扶助金享受对象5499人，发放奖扶金527.9万元；计划生育特别扶助对象575人，发放特扶金553.92万元，其中49—59周岁对象263人，60周岁及以上和未满60周岁但失能、失智等生活不能自理的独生子女伤残死亡家庭对象312人。计划生育手术并发症对象84人，其中60周岁以下对象23人，60周岁及以上对象61人。合计发放奖特扶金1081.82万元。

【两癌筛查】 2020年，桐庐县两癌筛查总数19006人，其中TCT检查10375例，HPV检查8207例，乳腺彩超检查16409例。TCT异常587例，其中不典型鳞状上皮细胞不能明确意义（ASC-US）430例、低度鳞状上皮内病变（LSIL）98例、高度鳞状上皮内病变（HSIL）32例、不典型鳞状上皮细胞，不除外上皮内高度病变（ASC-H）27例。HPV检查8207人，检出其他13型阳性855例、16、18型阳性558例。共检出宫颈癌8例。乳腺彩超检查异常4274例，占26.05%。其中乳腺导管扩张422例，乳腺结节、囊肿474例，乳腺包块15例，共检出乳腺癌7例，乳腺癌前病变1例。

【孕前优生健康检查】 2020年，桐庐县继续实行免费孕前优生健康检查，计划怀孕夫妇人数2450对，参加孕前优生健康检查2223对（4446人），孕前检查率90.73%。查出生殖系统疾病259例（男性53例、女性206例），内科系统疾病1479例（男性940例、女性539例），其中性病23人，提供咨询1752人次。

【母婴设施建设】 2020年，桐庐县15个点位的母婴设施建设通过验收，投入使用。推进所辖区域、企事业单位等母婴设施建设，建立健全母婴设施管理制度，提高设施利用率和服务可及性。在县二级医疗机构建立母婴室，实现全覆盖。

·卫生监督·

【双随机任务】 2020年，县卫健执法队承担“双随机、一公开”监督抽查任务339家，其中国家级160家、省级179家；设置抽取省级双随机任务30个，抽取任务涉及覆盖19个监管事项，监管事项覆盖率100%；联合县医保局、县环保局跨部门抽查任务3个，跨部门抽查监管率10%；对339家单位的监督、抽检、处罚结果按规定完成并予以公开，任务及时完成率100%、违法行为查处率100%、信息公开率100%。同时，对在双随机执法中发现的97家问题单位实施行政处罚，共计罚款15.7万元。

【公共场所监管】 2020年，县卫健执法队完成节假日、大型活动公共卫生保障、游泳场所专项督查，集中空调通风系统专项督导等系列检查，共出动932人次，检查1987户次。组织80余家集中空调使用单位培训，抽检97家场所的空气及公用物品，对督查发现的问题及抽检不合格的47家单位实施行政处罚，共计罚款7.13万元；对3家亚运会承办酒店推行“阳光消毒间”——客房保洁全过程在线监控试点工作，通过消毒间安装在线监控系统，配备智能插座探头，自动实时联网

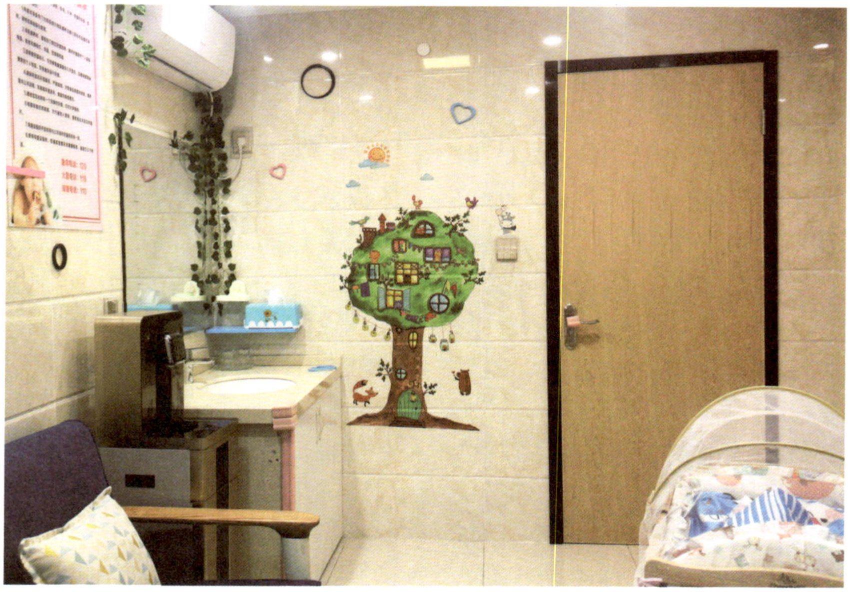

桐庐爱幼早教中心母婴室

“智慧卫监信息平台”，实现客房保洁全过程监控。

【控烟专项执法】　2020年，县卫健执法队结合世界无烟日开展控烟宣传活动，发放禁烟标识、宣传册160余份，现场答疑25余次；对医疗机构、公共场所开展控烟常态化督查，联合县爱卫办等相关单位开展联合检查。全年检查365余家次，查处违法行为4起，共计罚款6050元。

【学校卫生监管】　2020年，县卫健执法队共出动200人次，检查学校56所、226户次，做好校园卫生健康行动、学校直饮水、教学环境监测自查等工作。结合国家双随机任务，对辖区内10所学校进行教学环境监测，对9家环境监测不合格学校、1家直饮水不合格学校实施行政处罚，并抄告教育部门。

【饮用水卫生】　2020年，县卫健执法队对辖区7家集中式供水单位开展全覆盖监管和水质监测公示。全年采水样277件，合格274件。对1家检测不合格单位执行行政处罚，罚款5000元；开展量化分级管理，确定A级单位2家、B级单位5家；开展居民龙头水监测项目、社区生活饮用水卫生检测示范项目，选取3个社区随机设15个监测点，进行每月末梢水、每季龙头水监测，并向社会公示；结合饮用水宣传周开展生活饮用水宣传150余次，发放宣传资料200份，接受咨询200余次。

【医疗机构监管】　2020年，县卫健执法队开展医疗机构依法执业质量提升专项行动、依法执业自查自律、抗菌药物临床应用管理等，查处医疗机构各类违法行为49起，共处罚没款101.72万元；探索医疗机构多元化监管，制定下发《桐庐县医疗机构规范执业多元化监管制度》《桐庐县推进医疗卫生行业综合监管制度实施方案》，建立由县卫健局牵头、多部门协同监管机制，明确各部门工作职责；联合县纪委、县医保局开展民营医院联合执法，成功查处3家机构未经许可擅自配置使用大型医用设备的行为，共处罚没款77.38万元；重点加强对限制使用级、特殊使用级抗菌药物临床应用监管，查处门诊违规使用特殊使用级抗菌药物、医师越级开具抗菌药物等行为10起，共计处罚款10.4万元；完成138家医疗机构的系统自查工作；开展医疗机构放射卫生检查，对介入放射单位情况进行摸排。共检查50余家次，查处违法4起，罚款3000元；以流动人口聚集地、涉嫌非法行医人员等为重点，打击非法行医，全年回访排查70余家次，立案处罚无证行医2起，罚没款7.93万元。

【传染病管理】　2020年，县卫健执法队开展新冠肺炎防控、院感联合督查、消毒隔离专项监督、预防接种专项检查工作、病原微生物实验室生物安全督查。开展重点风险领域消毒隔离全覆盖监测，共抽检医疗机构59家、样品送检553件，对23家抽检不合格单位实施行政处罚，共计罚款4.6万元；开展消毒产品生产经营单位监督抽检。检查82家医疗机构，抽检5家消毒产品生产经营单位，抽检卫生用品12件，均合格。查处消毒产品违法行为2起，罚款4000元；开展传染病防治分类监管综合评价试点工作，综合评价50家，优秀单位23家，合格单位27家；开展病原微生物实验室专项检查，检查5家（16家次），对发现问题责令落实整改；选取12家口腔诊疗机构试点推行在线智慧监管试点工作，完成在线监控及灭菌感应设备与省平台系统数据传输，根据系统预警自查自纠，规范消毒隔离。

【医疗废物管理】　2020年，县卫健执法队对全县产生医疗废物的280家单位实行监督全覆盖，其中杭州大地维康回收处置77家、“小箱进大箱”回收处置203家，医疗废物安全处置率100%。共查处医疗废物违法行为18起，其中警告14起，罚款4起，共罚款6000元；推进医疗废物智慧监管，在4家县级医院、13家乡镇卫生院（社区卫生服务中心）使用医疗废物信息采集运输终端，完成采集终端与省平台的数据传输，实时掌握医疗废物量，实现全过程信息化管理。

【餐饮具集中消毒】　2020年，县卫健执法队累计出动58人次，检查消毒服务单位26户次，警告5家次；监督抽检48批次120件，产品合格率为95.83%，对检测不合格产品予以及时召回及公示。

【职业卫生监督】 2020年，县卫健执法队对辖区396家企业进行职业危害摸排，随机抽取80家企业开展职业危害现状评价；分批组织危害企业负责人、乡镇街道专管员、协管员共70余人参加尘毒专项整治工作推进会；加大尘毒危害专项治理重点企业执法力度，出动120人次开展检查，覆盖矿山、建材、冶金、化工等重点企业，查处企业23家，罚款16.3万元。

（方　菲）

社会生活

Social Activities

徐军勇／摄

社会生活

·民政事业·

【概况】 2020年，桐庐县民政局（以下简称县民政局）坚持“以民为本、为民解困、为民服务”宗旨，组织召开全县民政会议，出台《关于推进新时代民政事业高质量发展的实施意见》。动员全县235家社会组织、1200名社会工作者、3万余名志愿者参与疫情防控，募集慈善捐赠1800万元。圆满完成全县203个村社组织换届工作，选举产生“一肩挑”人员202人，村社“两委”班子成员1406人。聚焦精准扶贫，开展城乡低保、低边专项整治，推进低保低边、扶贫标准“两线合一”，全年共计发放各类救助金9017.71万元，新增低保1020人，退出低保1730人。完成9家示范型居家养老服务中心建设工作，新增床位325张，完成200户困难老年人家庭适老化改造。升级“垂暮不离亲、养老不离家”的“家院一体”农村小型养老2.0模式，民政部、清研智库、全国老龄协会先后到桐庐考察调研，桐庐养老工作获省人大常委会副主任姒健敏，副市长王宏批示肯定。

【社会救助】 2020年，桐庐县有在册低保家庭6821户8464人，低边家庭952户1852人，特困家庭607户610人，临时救助家庭295户375人。是年，发放基本生活保障金、物价补贴、消费补贴等各类救助资金9017.71万元。创设农村散居特困人员关爱项目，对全县306名散居特困老人开展每周不少于一次的走访慰问，累计走访1.72万余人次。联合县农业农村局推进低保低边、扶贫标准“两线合一”，8504户11200人同时享受救助和扶贫相关政策，将低收入农户中的非民政救助对象14人纳入低保。创新低保户籍地拓展试点，通过属地镇街、村社开展宣传摸排，将“新桐庐人”中的1户3名云南籍困难群众纳入最低生活保障范围。采取季度评估模式，实现留守、困境儿童的动态管理，发放困境儿童生活补贴235.4万元。全年救助流浪乞讨人员53人，其中男性50人，女性3人。

【慈善事业】 2020年，桐庐县第二十次“送温暖献爱心”活动共募集资金917万元，春节慰问困难群众733.05万元。是年，开展新冠肺炎疫情捐赠，共接受款物1800万元；开展各类“慈善助学”活动，对201名困难学生发放助学金65.52万元；开展大病公益金救助工作，帮扶救助大病致贫困难群众45人，发放救助金112.16万元。“清·情”百姓米、“惠普惠民”基金、施强药业“关爱母亲”、散居特困人员“微心愿”、帮扶榕江县开展“新窝行动”等18个项目共计捐资826万元。

2020年，县民政局加强过程指导和选情研判，完成全县村社组织换届选举工作

【移民工作】 2020年，桐庐县实施移民扶持项目70个（包括2019年变更项目），投入移民资金共计5233.57万元。其中，大中型水库移民后期扶持项目63个，补助资金4589.57万元；分水江移民后期扶持项目7个，补助资金644万元。建立移民后扶人口动态管理机制，做好移民后扶人口核减工作，核减死亡及财政供养人员共342人，核减后全县移民直补人口32203人。

【基层政权建设】 2020年，桐庐县出台《激励关爱疫情防控一线社区工作者的通知》，从优落实社工各类待遇。对表现突出、符合条件的社区党组织书记，优先纳入专项事业编制2名、提拔使用1名。出台《专职社区工作者年休假工资报酬的通知》和《调整专职社区工作者薪酬待遇的通知》，提高并规范全县专职社区工作者薪酬待遇。组织发动577人参加全国社会工作者职业水平考试，新增持证社工115人，城市社区社工持证率达65%。探索城乡社区协商民主个性化应用和推广，新培育“彰义会事”“老娘舅梨园议事会”“中杭社区六步法”等多个特色品牌。建成乡镇（街道）社会工作站1家、社区特色社会工作室2家。

【换届选举】 2020年，桐庐县203个村社组织全面完成换届选举工作，选举产生“一肩挑”人员202人，村社“两委”班子成员1406人，干部队伍不断优化，实现“五好两确保”既定目标。该工作得到省、市委领导的批示肯定，“干换结合”“六事定人”“开门一件事”等相关工作经验做法被《中国社会报》《浙江日报》《杭州日报》等主流媒体刊发报道80余次。

【社会组织管理】 2020年，桐庐县有登记注册社会组织共887家，其中社会团体248家，民办非企业单位632家，基金会7家。为加强管理，有序发展社会组织，县民政局强化社会组织公益创投工作，实施创投项目21个，投入创投资金84.5万元；开展社会组织年度检查评比工作，全县488家社会组织完成年检。7家社会组织被评为AAA级以上社会组织，其中2家为AAAAA级以上社会组织；组织社会组织综合能力提升培训班6期，乡镇枢纽社会组织中心能力提升培训班5期；引导社会组织参与基层治理，全县共有378家次社会组织参与社会服务活动150余次，服务人群2.5万余人次；推动社会力量参与对口帮扶，捐赠贵州榕江321.16万元。清理僵尸组织5家，查处非法社会组织16家。

【殡葬整治】 2020年，县民政局加大“两路两侧”“四边三化”的巡查及骨灰安放跟踪检查的力度。是年，全县2263具骨灰全部按规定安放，未发生乱葬情况。为方便市民，开展“身后一件事”全流程网上联办业务，市民在平台提出“身后一件事联办”申请，便可一次性办理死亡证明开具、户籍注销等。同时举行“绿色回归生态礼葬”暨桐庐县不保留骨灰节地生态安葬仪式，探索绿色生态殡葬，倡导树立殡葬文明新风。新冠肺炎疫情期间，全县实施丧事简办和分时分段预约扫墓防范措施，控制人流，减少人群集聚。是年，劝阻送殡人员4700余人次，减少丧席2850余桌。清明节期间，排门山公墓通过分时分段预约祭扫，累计接待祭扫市民7115人次。

【地名管理】 2020年，县民政局建立统一地名地址信息库，对接桐庐县“天地图”数据，实现通过门牌查询定位功能，查看地名地址数据对应的楼盘数据。完成以地名地址为核心的二维码门牌基本信息展示，形成智慧地名数据体系，市民可通过二维码扫描获取该地名的详细信息。是年，共审批道路命名8条，住宅区13处及建筑物3处；办理门牌证6940本。

【婚姻登记及收养登记】 2020年，县民政局按照省民政厅部署，在全县试行浙江省内地居民婚姻登记全省通办。推出线上婚姻家庭辅导服务，实行线上线下相结合的婚姻家庭辅导新模式。在分水镇徐桥村建成首家桐庐县婚俗馆。全年共办理结婚登记2425对，离婚登记1245对，补领婚姻登记证件1055本；办理收养登记5件；周末、节假日预约办理结婚登记303对；跨区域办理婚姻登记319对。

【民生实事项目】 2020年，县民政局加大示范型居家养老服务中心建设和敬老院提升改造工作力度。建成江南镇、富春江镇等9家示范型居家养老服务中心并投入运营。完成江南镇、富春江镇、钟山乡、合村乡4家敬老院按国家二级标准进行的提升改造工作；新增获浦孝义风情园、阳光家园养老服务中心等养老机构床位325张；完成200户困难老年人家庭适老化改造、验收。利用银龄互助、养老互助会、老年协会、助老员等组织和志愿者的服务功能，开展“夕阳红”供餐。全年全县共有135家老年食堂提供助餐服务66.89万余人次。

【养老服务】 2020年，桐庐县根据《敬老院改造三年行动计划》，对保留的6家乡镇五保供养中心进行软硬件双提升，盘活闲置床位资源，实施引入第三方运营机制，3家乡镇五保供养中心引入第三方运营团队。简化社会力量利用闲置资源举办养老服务机构手续，新增民办养老机构3家。升级“垂暮不离亲、养老不离家”“家院一体”农村小型养老2.0模式。全面推行政府购买养老服务补贴市民卡（长者卡）结算，启动新一轮智慧养老综合服务项目试点，将养老机构、老年食堂、照料中心等信息融入“浙里养”平台，实现功能整合。

（邵叶丹）

·人民生活·

【全体居民收入】 2020年，桐庐县全体居民人均可支配收入47763元，比上年增加2576元，增长5.7%。其中人均工资性收入28270元，比上年增加1655元，增长6.2%，占人均可支配收入的比重为59.2%；人均经营净收入10985元，比上年增加227元，增长2.1%，占人均可支配收入的比重为23.0%；人均财产净收入2563元，比上年增加160元，增长6.7%，占人均可支配收入的比重为5.4%；人均转移净收入5945元，比上年增加534元，增长9.9%，占人均可支配收入的比重为12.4%。

2020年桐庐县居民人均可支配收入情况表

表39

指标名称	全体居民（元）	同比增长（%）	城镇居民（元）	同比增长（%）	农村居民（元）	同比增长（%）
人均可支配收入	47763	5.7	56450	4.0	34176	7.0
（一）工资性收入	28270	6.2	34225	4.0	18956	8.5
（二）经营净收入	10985	2.1	10865	1.0	11173	3.8
（三）财产净收入	2563	6.7	3452	4.2	1171	8.6
（四）转移净收入	5945	9.9	7908	8.0	2876	9.4

【城镇居民收入】 2020年，桐庐县城镇居民人均可支配收入56450元，比上年增加2171元，增长4%。其中，人均工资性收入34225元，比上年增加1332元，增长4%，占人均可支配收入的比重为60.6%；人均经营净收入10865元，比上年增加111元，增长1%，占人均可支配收入的比重为19.2%；人均财产净收入3452元，比上年增加140元，增长4.2%，

占人均可支配收入的比重为6.1%；人均转移净收入7908元，比上年增加588元，增长8%，占人均可支配收入的比重为14%。

【农村居民收入】 2020年，桐庐县农村居民人均可支配收入34176元，比上年增加2236元，增长7%。其中，人均工资性收入18956元，比上年增加1489元，增长8.5%，占人均可支配收入的比重为55.5%；人均经营净收入11173元，比上年增加408元，增长3.8%，占人均可支配收入的比重为32.7%；人均财产净收入1171元，比上年增加93元，增长8.6%，占人均可支配收入的比重为3.4%；人均转移净收入2876元，比上年增加246元，增长9.4%，占人均可支配收入的比重为8.4%。

【全体居民生活消费】 2020年，桐庐县全体居民人均生活消费支出25302元，比上年减少281元，下降1.1%；恩格尔系数为33.7%，比上年上涨3.3个百分点。其中人均食品烟酒支出8534元，比上年增加769元，增长9.9%；人均衣着支出1411元，比上年减少467元，下降24.9%；人均居住支出6103元，比上年增加920元，增长17.8%；人均生活用品及服务支出1858元，比上年增加209元，增长12.7%；人均交通通信支出2927元，比上年减少873元，下降23%；人均教育文化娱乐支出2165元，比上年减少691元，下降24.2%；人均医疗保健支出1837元，比上年增加121元，增长7.1%；人均其他用品和服务支出467元，比上年减少267元，下降36.4%。

【城镇居民生活消费】 2020年，桐庐县城镇居民人均生活消费支出29254元，比上年减少433元，下降1.5%；恩格尔系数为34.2%，比上年上涨4.3个百分点。其中人均食品烟酒支出10001元，比上年增加1116元，增长12.6%；人均衣着支出1525元，比上年减少829元，下降35.2%；人均居住支出6892元，比上年增加1462元，增长26.9%；人均生活用品及服务支出2381元，比上年增加262元，增长12.4%；人均交通通信支出3495元，比上年减少1048元，下降23.1%；人均教育文化娱乐支出2347元，比上年减少1127元，下降32.4%；人均医疗保健支出2055元，比上年增加163元，增长8.6%；人均其他用品和服务支出558元，比上年减少432元，下降43.6%。

2020年桐庐县居民人均生活消费支出一览表

表40

指标名称	全体居民（元）	同比增长（%）	城镇居民（元）	同比增长（%）	农村居民（元）	同比增长（%）
人均生活消费支出	25302	-1.1	29254	-1.5	19120	-2.5
1. 食品烟酒	8534	9.9	10001	12.6	6242	1.7
2. 衣着	1411	-24.9	1525	-35.2	1232	4.0
3. 居住	6103	17.8	6892	26.9	4867	0.9
4. 生活用品及服务	1858	12.7	2381	12.4	1039	7.8
5. 交通通信	2927	-23.0	3495	-23.1	2040	-24.9
6. 教育文化娱乐	2165	-24.2	2347	-32.4	1880	-3.8

续表 40

指标名称	全体居民（元）	同比增长（%）	城镇居民（元）	同比增长（%）	农村居民（元）	同比增长（%）
7. 医疗保健	1837	7.1	2055	8.6	1496	2.4
8. 其他用品和服务	467	-36.4	558	-43.6	324	-10.5

【农村居民生活消费】 2020年，桐庐县农村居民人均生活消费支出19120元，比上年减少483元，下降2.5%；恩格尔系数为32.6%，比上年上涨1.3个百分点。其中，人均食品烟酒支出6242元，比上年增加107元，增长1.7%；人均衣着支出1232元，比上年增加47元，增长4%；人均居住支出4867元，比上年增加42元，增长0.9%；人均生活用品及服务支出1039元，比上年增加75元，增长7.8%；人均交通通信支出2040元，比上年减少676元，下降24.9%；人均教育文化娱乐支出1880元，比上年减少75元，下降3.8%；人均医疗保健支出1496元，比上年增加35元，增长2.4%；人均其他用品和服务支出324元，比上年减少38元，下降10.5%。

【全体居民家庭主要耐用消费品】 2020年，桐庐县居民每百户家庭拥有家用汽车45辆、摩托车15辆、洗衣机102台、电冰箱（柜）122台、彩色电视机214台、空调209台、热水器108台、固定电话19部、移动电话240部（其中接入互联网237部）、计算机62台（其中接入互联网58台）。

【城镇居民家庭主要耐用消费品】 2020年，桐庐县城镇居民每百户家庭拥有家用汽车49辆、摩托车10辆、洗衣机100台、电冰箱（柜）112台、彩色电视机203台、空调224台、热水器108台、固定电话20部、移动电话244部（其中接入互联网242部）、计算机75台（其中接入互联网70台）。

【农村居民家庭主要耐用消费品】 2020年，桐庐县农村居民每百户家庭拥有家用汽车40辆、摩托车21辆、洗衣机104台、电冰箱（柜）133台、彩色电视机227台、空调193台、热水器109台、固定电话18部、移动电话237部（其中接入互联网231部）、计算机48台（其中接入互联网46台）。

【城乡居民住房面积】 2020年，桐庐县居民人均住房建筑面积72.77平方米，城镇居民人均住房建筑面积61.75平方米，农村居民人均住房建筑面积84.33平方米。

（钟文炜）

·民族宗教·

【概况】 2020年，桐庐县有少数民族乡1个，少数民族村7个，宗教团体3个，佛教场所28处，基督教场所49处，天主教场所1处。6月29日，在浙江省民族团结进步表彰大会上，莪山畲族乡获得“浙江省第六批民族团结进步模范集体”荣誉称号。

【“全国少数民族5G示范应用第一乡”建设】 2020年，桐庐县在莪山畲族乡以打造一个“乡村智脑”，建设全乡域集成管理的信息化智慧平台，探索产业、民生、治理三大领域应用，实现“N”个具体5G场景落地应用，让畲乡群众过上数字化、智能化、便捷化生活为重点，推动数字乡村建设。是年，乡创间、直播间、智慧农业驾驶舱、云课堂、智能居家养老服务站、全域景区大数据分析等十大领域的5G应用，在莪山畲族乡主要集聚区全面展开，初步实现5G全区域覆盖、全产业融合、全场景应用。7月22日，“全国少数民族5G示范应用第一乡”建设暨数字乡村试点启动仪式在莪山畲族乡举行，国家信息中心信息化和产业发展部主任单志广和杭州市政协主席潘家玮等参加。活动上，莪山畲族乡与中国移动桐庐分公司正式签订合作协议，张剑博士工作站、中国美院风景建筑设计院等将首批入驻新丰民族村乡创间。

【数字乡村丰收嘉年华活动】 2020年10月23日，莪山数字乡村丰收嘉年华在莪山畲族乡沈冠村举行。沈冠村将5G技术广泛应用到田间地头，利用农田里的传感器实时收集传输各类数据，完成精准投饵、环境监控、病虫害监测等一系列工作。推广试行稻田认养，让客户通过手机APP实时观察稻田情况，完成水质、气温、鱼的品质、病虫害的管控，利用5G技术实现“云养殖”。通过举办丰收节，把农产品变成旅游产品，打造农旅结合的综合田园项目，提高农业的附加值。

【项目资金使用与管理】 2020年，县民宗局争取到省级少数民族发展专项资金105万元。确定补助项目3个，对莪山民族乡畲族文化馆、富春江镇大庄民族村文化礼堂建设、横村镇湾下民族村林道修复等项目加强日常管理，通过资金项目发展民族特色文化产业，带动低收入农户增收，助力民族村产业发展。

【宗教领域法治建设】 2020年，县民宗局在全县宗教界开展“宗教团体建设年”活动和“宗教政策法规学习月”活动，完成基督教“两会”、佛教协会的换届工作，健全全县宗教代表人士季度学习会机制，组织宗教代表人士学习十九届五中全会等重要会议精神和省市关于宗教工作的决策部署。组织宗教界人士学习《中华人民共和国民法典》《宗教团体管理办法》《浙江省非通常宗教活动管理办法》等法律法规。持续完善全县宗教活动场所的“五进”工作、“三人驻堂”制度。开展“三教同行”学习活动，提升宗教界爱国爱教、和谐共处的意识。

【民宗领域数字化转型和综合执法改革】 2020年，县民宗局持续推进民宗领域数字化转型，配合县行政服务中心完善“一窗受理”平台建设工作，定期到窗口指导，现场解决困难。开展宗教领域的综合执法改革，是年，共梳理出行政执法事项共20项。

【宗教领域规范化管理】 2020年，县民宗局加强宗教场所规范化管理，对照平安宗教场所创建“1+9”指标体系，开展“浙江掌上宗教”巡查和财务上线工作。将县内宗教活动场所、民间信仰场所建立“三人驻堂小组”工作机制并纳入网格化管理，并对基督教私设聚会点进行排查和整治。

（徐云鹤）

2020年10月23日，莪山数字乡村丰收嘉年华在莪山畲族乡举行

·老龄事业·

【概况】 2020年年末，桐庐县60周岁及以上老年人口104563人，占户籍总人口的24.94%，比上年增长0.75%；全县65周岁及以上老年人口75620人，占总人口的18.04%，比上年增加4223人，增长2.71%；70周岁及以上老年人口45555人，占总人口的10.87%，比上年增加2598人，增长0.61%；80周岁及以上老年人口15142人，占总人口的3.61%，比上年增加279人，增长0.06%；90周岁及以上老年人口1913人，

2020 年桐庐县各乡镇（街道）老年人口概况情况表

表 41

乡镇（街道）	60 周岁及以上老年人口数（人）	占总人口比例（%）
桐君街道	12356	28.14
城南街道	10888	16.84
旧县街道	2289	27.70
凤川街道	7133	22.01
江南镇	12702	24.55
富春江镇	7198	29.42
新合乡	1387	26.84
横村镇	11113	26.74
莪山乡	2363	25.93
钟山乡	5498	25.82
瑶琳镇	10009	28.85
分水镇	13951	26.45
百江镇	5103	26.40
合村乡	2573	26.00
合　计	104563	24.94

占总人口数的 0.46%；100 周岁以上老年人口 18 人，最年长者为 104 岁。全县纯老年家庭 6697 户，失能与半失能老年人 7160 人，占老年人口的 6.8%。

【养老服务】 2020 年，桐庐县有养老机构 37 家、养老床位 3468 张（其中护理型床位 2625 张），入住老人 1039 人。累计建成照料中心 216 家，老年食堂 188 家，全年投入资金 2230 万元，其中财政投入 1023 万元。通过开展“银龄互助”工作，全县有 8.14 万名老年人结对帮扶。是年，享受政府购买养老服务人数 4041 人，占老年人总数的 3.9%，政府补贴资金 221.58 万元。

【敬老爱老】 2020 年，桐庐县向全县 4.83 万名 60 周岁及以上享受城乡居民社会养老保险基础养老金的老年人，每人发放 1000 元春节慰问金。“敬老月”期间，县领导、机关部门、乡镇（街道）、村组织开展集中上门走访慰问老年人活动。第九届“桐庐百姓日”期间，各乡镇（街道）、村（社区）开展敬老爱老送关爱活动，共有 10.67 万名老年人参与活动。根据《桐庐县老年人团体意外伤害统筹保险工作实施意见》，县财政出资 317.83 万元，为桐庐籍 60 周岁及以上老人每人购买意外保险 1 份，最高保额 5 万元。

【老年活动】 2020年6—10月，县老龄办、县老年书画研究会、县老龄事业发展基金会联合举办以“建设美丽乡村，提升城市文明”为主题的老年书画摄影比赛。大赛共收到老年人书画摄影大赛作品123件，评选出优秀作品51件，所有作品同时参加2020年杭州市老年书画摄影大赛，获优异成绩。是年，全县开展老年人抗疫书画作品线上展出6期，城市规划馆展出1期，共展出抗疫作品200余幅。“敬老月”期间开展2期老年书画摄影展，240件老年人作品参与展出。12月，组织14名老年门球爱好者前往建德参加第二十六届“长寿杯”门球邀请赛。

【老年教育】 2020年，桐庐县老年电大有学员10140人，入学率占全县老年人口数的10%。开展老科技工作者协会“健康知识讲座”、老年电大辅导员培训班、基层老年协会骨干培训班、老年人防诈骗视频播放、送道路交通安全知识进村进社区等活动，丰富老年电大第二课堂。是年，共开展各类授课活动130余次。富春江镇大洋坪老年电大评定为省级示范教学点。

【老年健康宣传】 2020年“老年健康宣传周”活动期间，县老龄办在全县范围开展“懂健康知识，做健康老人”系列主题宣传活动，向老年人宣传普及20条老年健康核心信息，发放宣传资料2000余份；利用健康桐庐和各家医共体、医疗单位的微信公众号平台，发布新型冠状病毒肺炎疫情常态化防控知识、老年健康生活小视频等20余期。邀请国家二级营养师程红霞在《健康大讲堂》上普及老年人合理膳食相关知识。

【医养结合工作】 2020年，桐庐县有医养结合机构7家。全县正常运行的188家日间照料中心有186家与当地的公立医疗机构签订医养结合服务协议，签约率达到98.9%。医疗机构按养老机构一个月三次、日间照料中心一个月一次的频率开展巡诊服务，开展高血压、糖尿病随访、健康咨询、康复训练、中医药服务等。

（方　菲）

·关心下一代工作·

【青少年社会主义核心价值观培育】 2020年，桐庐县关心下一代工作委员会（以下简称县关工委）以爱国主义教育为重点，开展传承红色基因、弘扬红船精神主题教育活动15场，受益青少年学生4000余人。县关工委招募擅长红色宣讲、诗歌朗诵等领域的“五老”成立红色吟诵团，暑假期间赴假日学校开展教育活动10场，受益学生450余人，为假日学校学生送去慰问品200余份。

【志愿服务】 2020年，桐庐县有1664名“五老”志愿者累计捐助22.08万元爱心捐款。百余名“五老”主动加入社区抗疫志愿服务队伍。120余名老同志创作抗疫文艺作品1000余幅（件）。“五老”志愿者开展“公筷公勺”宣传演出12次。成立老干部垃圾分类宣传队，开展垃圾分类督查。

【基地建设】 2020年，县关工委创建“凤川校门爷爷”展示长廊、县关工委科技服务馆展示厅两个关心下一代教育基地，结合老干部局老党员驿站

2020年11月18日，县关工委宣讲团到城关初中为同学们讲述红色故事

建设，融入革命传统爱国主义元素，建成共享基地。是年，桐庐县分水镇南堡纪念馆被评为第二批“杭州市关心下一代教育基地”。

【银龄助学】 2020年，县关工委发放奋飞助学奖学金5万元，受助学生40名。组织“五老”志愿者开展“银龄助学”，31个离退休干部党支部和榕江四中结成对子，捐助球类、笔记本、毛巾、牙刷牙膏等学习、生活及体育用品等爱心物资，价值5.2万元。

【校门爷爷】 2020年，县关工委“校门爷爷”志愿服务队伍进一步壮大。至年末，拥有队员160余位。是年，“校门爷爷”志愿服务队伍创始人周村源被中国关心下一代工作委员会、中央精神文明建设指导委员会办公室评为“全国关心下一代工作先进工作者”。

（诸婵娜）

乡镇·街道

Townships & Streets

乡镇·街道

·城南街道·

【概况】 2020年，城南街道坚持“稳中求进”总基调，破难突围、担当实干，克服疫情影响，实现经济社会稳定有序发展。是年，实现财政收入34328万元，比上年增长3%；其中地方财政收入15826万元，比上年下降10.4%；农村居民人均纯收入26494元，比上年下降1.7%。获杭州市抗击新冠肺炎疫情先进单位、杭州市全域土地综合整治和土地要素保障工作先进集体。

【农业农村经济】 2020年，城南街道完成5个村乡村振兴规划编制、3个新时代美丽乡村达标创建目标。实施“一事一议”项目3个。新增百万亩国土绿化8.5公顷，森林抚育40.1公顷，平原绿化6.7公顷、彩色健康森林建设61.3公顷，建成“一村万树”推进村3个。实施大丰村2个池塘生态修复工程。投资321万元，实施高标准农田建设项目2个（仁智村和金牛村）、52.6公顷，新建1.68公里灌渠8条、2.51公里生产道路9条。是年，行政村集体经济总收入4427.48万元，其中经营性收入3112.18万元，完成“5030”目标（即村集体经济总收入达到50万元，经营性收入达到30万元）。

【工业经济】 2020年，城南街道有工业企业562家，新增规模企业8家，完成规模工业总产值52.7亿元，比上年增长21.6%；规模工业增加值12.3亿元，同比增长20.3%；固定资产投资52.2亿元，完成年度目标任务的117.4%；实际利用外资3380万美元；高新技术产业投资3.4亿元，完成年度目标任务134.1%；社会消费品零售额30.71亿元，比上年下降7.5%；服务业增加值40.3亿元，比上年增长3.5%；新增限上服务业31家。出台促进产业发展扶持奖励政策、“人才招引奖励补助”措施；盘活青山工业园区闲置低效用地5.3公顷，推进磁性材料产业园征迁改造；有序推动300余家工业企业和3000余家服务行业复工复产；创新开展“扫街扫楼、颗粒归仓”服务业提升专项行动，新增企业及个体单位27家。

【重点项目保障】 2020年，城南街道保障推进101个重点项目建设，其中99个为服务保障类项目：未来城区块39个，健康城区块25个，城西区块17个，其他区块18个。健全项目单位对接协调机制，完善

城南街道高速入城口

“一站”接单服务，破解项目建设难题。完成未来城、健康城、大庄里农房拆迁遗留户清零；拆除建筑30万平方米及处置建筑垃圾；完成49.6公顷土地青苗补偿和征地、33.2公顷土地青苗清点和评估、土地借用5.7公顷；完成东兴村集体资产处置和土地留用；完成小来大厂房、新城医院拆除；完成城西区块43家租赁企业腾空和高压临时迁改项目矛盾纠纷处置；完成大联区块（垅背、石马边、武举塘）城中村改造项目调查摸底、资料收集、评估清单核对和三轮人房分析工作。

【生态环境建设】 2020年，城南街道继续开展无违建创建，做好新增违建管控，大棚房问题点位整改。开展杭黄铁路沿线整治，整改点位65处；实施违规别墅专项整治，完成大奇山郡第53幢违章别墅拆除及土地复耕。完善农村违建“网格化”巡查，落实“即查即拆”，实现物管小区违建信息登记报告制度全覆盖。开展大气污染防治，加强扬尘管控、企业废气治理及秸秆焚烧管控。实施仁智村、湾里村、金联村等6处水利设施修复改造工程。完成龙潭溪青山段生态化治理项目。对金牛村、大丰村、春江村30处农村生活污水处理终端及管网进行提升改造。81个农村污水池出水水质达标。开展垃圾分类，建设规范垃圾厢房189个，配齐督导员195名，设置再生资源回收站（房）75个，特殊垃圾临时堆放点82个。成功创建垃圾分类省市级示范小区23个，省级示范村（社）5个。

【民生事业】 2020年，城南街道坚持教育优先发展，做好青山幼儿园、下轮幼儿园、健康城幼儿园等服务保障。投入资金160余万元，实施春江小学和学府小学设施配套改造。开展“护校安园”专项行动。完善低保、残疾人等特殊群体困难救助，城乡居民基本养老参保人数27778人，参保率98%；城乡居民基本医疗保险参保人数22583人，参保率99.36%。

【平安城南建设】 2020年，城南街道按照“季季都是平安季”要求，落实安全生产排查，规范流动人口管理，加强“微型消防站”建设，推进消防隐患整改，多途径宣传“平安三率”。打响“光明顶”调解工作室品牌，建立“老书记调解室”、乡贤议事厅等民主协商、民主自治平台。是年，受理、调处矛盾纠纷68起，各类交办3854件次，接待来人来访42人次，化解信访积案22件。推进智慧消防、智慧安防小区建设，以大奇山社区“区网融合”及上尚府小区线上“微法庭”“数字春江”“智慧大丰”“平安金牛”等建设为抓手，推进基层“智治”。

【大联区块城中村改造项目启动】 2020年8月，城南街道大联区块（垅背、石马边、武举塘）城中村改造项目启动。改造项目面积9.8公顷，其中垄背搬迁面积3.7公顷、石马边3.5公顷、武举塘2.7公顷，搬迁住宅总建筑面积86950平方米、260户、933人。

【“全面示范村”建设】 2020年，城南街道以“一强五美”（基层党建强、人居建设美、生态环境美、产业经济美、基层治理美、人文风尚美）为目标，打造大奇山风光带、“春丰渡”特色街区建设，推进“全面示范村”建设。其中，大奇山风光带以建设“风情仁智”“山水金东”“印象金牛”和“活力金溪”为目标，优化贯通仁智村至金溪村10.17公里绿道。实施沿线村庄整治、驿站建设、节点打造、文化礼堂改造、两侧绿化景观改造提升，建成村中产业，村中看城，城中观村的示范带。结合村庄特色引进产业项目、观光农业和各类采摘园，在绿道主轴周边延伸产业项目的副线，完成必要的基础配套项目。

【“670”工程无物管小区建设】 2020年，城南街道无物管小区67个2700余户，总建筑面积约27万平方米，小区点散面广，多为开放式。为推动无物管小区功能完善和服务提升，街道启动“670”工程无物管小区建设，对相对封闭独立、配套设施较为完善，具有一定建筑规模小区，配合辖区物业管理部门选聘物业服务企业，实施专业化物业管理服务；对基础设施配套不足、规模不够，但经围合改造后达到规模的小区，改造后引入物业公司提供服务管理；探索由街道或社区牵头组建安保、清卫服务，统一打包，实行兜底管理服务，实现街道辖区内无物管小区零失管。

【新冠肺炎疫情防控】 2020年，城南街道实施“外防输入、内防扩散”，建立和完善常态化疫情防控。8个区块、303个网格联动，志愿者6000余人次参与卡点一线设防。设置青山（街道层面）、王巢、鸿翔、温州港酒店的317间房、594个床位为集中隔离室。开展重点疫区、三返人员、境外人员返桐日常排摸管控，落实重点人员核酸检测。累计管控4049人，摸排三返人员15195人，开展核酸检测1055人。

（华亦通）

2020年城南街道各行政村、社区、经联社基本情况表

表42

行政村 经联社 社区	行政村、经联社 社区党组织书记	村（居）委会主任、 社区主任经联社董事长	人　口 （人）	年人均收入（元）
金东村	叶萍莉	叶萍莉	2389	29850
金溪村	朱双林	吴正阳（—2020年12月） 朱双林（2020年12月—）	3741	21884
金中村	温新华（—2020年4月） 戴金军（2020年7月—）	方周青（—2020年12月） 戴金军（2020年12月—）	2138	24000
金牛村	王荣明	王伟权（—2020年12月） 王荣明（2020年12月—）	1480	28010
金联村	赵志林	赵良浩（—2020年12月） 赵志林（2020年12月—）	2834	27000
春江村	戴小忠（—2020年4月） 郑　明（2020年5月—）	郑勋专（—2020年12月） 郑　明（2020年12月—）	2598	21708
湾里村	施永清	周海滨（—2020年12月） 施永清（2020年12月—）	2747	27000
仁智村	袁烈波	周毅（—2020年12月） 袁烈波（2020年12月—）	3012	26053
乔林村	邢伟勇	邢伟勇（2020年12月—）	1180	35687
新建村	胡雨海	胡秋珍（—2020年12月） 胡雨海（2020年12月—）	658	26158
大丰村	汪勇飞	朱世林（—2020年12月） 汪勇飞（2020年12月—）	1310	28245

续表 42

行政村 经联社 社区	行政村、经联社 社区党组织书记	村（居）委会主任、 社区主任经联社董事长	人　口 （人）	年人均收入（元）
东兴村	潘政权	蒋国军（—2020 年 12 月） 潘政权（2020 年 12 月—）	3302	28744
下轮村	吴雪平	吴新华（—2020 年 12 月） 吴雪平（2020 年 12 月—）	832	30000
上杭经联社	杨兴国	赵春荣	1860	——
中杭经联社	劳　宏	吕　峰	1250	——
大联经联社	许永伟（2020 年 12 月—）	吴军平	2875	——
兰田经联社	郑金卫	王洪宜	498	——
中杭社区	胡　欢	胡　欢	12000	——
下杭社区	季红卫（—2020 年 3 月） 阙　斐（2020 年 4 月—）	阙　斐	13066	——
梅林社区	姚　扬	姚　扬	14142	——
上杭社区	邵惠芳	邵惠芳	13819	——
白云社区	陈　沁	陈　沁	9047	——
乔林社区	朱雯静	朱雯静	14730	——
大奇山社区	刘梦姗	刘梦姗	10128	——

·桐君街道·

【概况】 2020年，桐君街道按照“目标不降、任务不减、决心不变”年度工作总要求，发扬“敢叫荒滩变绿洲”的梅蓉精神，经济社会和各项事业稳步发展。实现财政总收入3.8亿元，比上年增长3.2%；地方财政收入完成1.8亿元，比上年下降2%；居民人均收入36146元，比上年增长10.2%。是年，获县年度乡镇（街道）综合考评第一名、大党建考核第一名、最佳乡镇（街道）班子。创建全国法治政府建设示范地区、浙江省美丽乡村示范乡镇。

【农业农村经济】 2020年，桐君街道发展特色产业优势，实现行政村集体收入2020.94万元；债务总额469.05万元，化债率83.28%；各村经营性收入30万元以上，阆苑村、君山村、浮桥埠村集体年收入继续保持100万元以上，完成“5030”创收目标。阆苑村投入1200万元，实施精品村建设通过县级验收；梅蓉村投入3000万元，完成九里梅洲风情小镇14个项目建设。

【工业经济】 2020年，桐君街道有工业企业217家，其中规模企业 17家，新增2家。实现规模工业增加值94934万元，比上年增长3.9%；固定资产投资47704万元，完成目标任务144.6%；高新技术产业投资12359万元，完成目标任务224.7%；项目民间投资15417万元，完成目标任务123.3%；工业投资12962万元，完成目标任务216%；高新技术产业投资1.08亿元，比上年增长76%；服务业增加值171361万元，比上年增长1.5%；社会消费品零售总额141779万元，比上年增长8.2%。盘活供而未用、用而低效及闲置土地12.4公顷，保障富春阳明山度假酒店、跨境文创园、鼎昊技改等项目建设，红狮5G试点项目投入运行。新增国家高新技术企业5家，培育省科技型中小企业7家，新落地亿元以下项目4个。“群生活”超市、东门里音乐餐吧、桐君阁开业。

【重点项目建设】 2020年，桐君街道推进富春绿道北线工程建设。梅蓉至红狮水泥码头段完成80%；红狮水泥码头至南方码头段开始施工；南方码头至桐君山段进入招标阶段。启动洋塘新村、公安小区、公园山区块20万平方米老旧小区改造，洋塘新村改造涉及473户车棚附房签约拆除；完成既有建筑电梯加装28台，完成年度任务170%。投入资金610.1万元，完成应急修缮项目45处。

【美丽乡村建设】 2020年，桐君街道推进阆苑、君山、濮家庄、梅蓉村全域土地综合整治，新增建设用地复垦耕地3.3公顷、旱改水田12.7公顷，高标准农田提升44.3公顷，盘活低效土地24.5公顷，土地流转66.7公顷，通过指标收益4600万元；继续推动农村环境大整治，梅蓉村农村生活污水处理设施提升改造工程为全省农村生活污水治理会议现场考察点；君山村创成市级美丽宜居示范村，麻蓬村获省级村庄设计与农房设计落地试点优秀村庄。

【基层社会治理】 2020年，桐君街道多途径提升基层治理

2020年10月23日，梅蓉举行千亩水稻收割活动

能力。“红色网格业委会”全覆盖激活社区治理。7个社区建成13个“红色网格业委会”，探索有特色、可复制、能持续基层治理之路，该项工作经验做法被新华社《高管信息》和学习强国全国平台刊发；各村（社）配备一名律师、一名民警、一名城管员、一名法治指导员驻点办公，协助村（社）开展依法治理、法律服务、法治宣传、矛盾纠纷调处等。调处矛盾纠纷62件，接待法律咨询117人次，化解信访积案1件。完善基层协商民主制度，开设“请你来协商”桐君议事堂。

【民生保障】 2020年，桐君街道推进“四好”农村路建设、美丽校园提升改造工程等6个民生实事项目，其中县城老城区排涝治理工程，牛山坞、迎宾路、泰鑫路等区块改造获居民点赞；关心百姓健康，家庭医生十类重点人群签约率81.7%，失独家庭、特困人群、残疾人签约实现全覆盖，创建市级健康村社6个，县级健康单位2家；杭州书房（百姓健身房）建成投入使用；桐庐达利教育基金出资27万元表彰桐君优秀师生；完成城镇义务兵、志愿兵（士官）养老保险补缴，为多名退役军人申请生活补助和临时困难救助，完成街道“退役军人服务站”建设。

【垃圾分类】 2020年，桐君街道实施垃圾分类定时定点投放，新建垃圾厢房85处，设置大件垃圾堆放点20处，再生资源回收点17处，实现农村垃圾分类四分法全覆盖。6个行政村购买垃圾收集车18辆，更换小垃圾桶4137对；再生资源回收站点、积分兑换点、特殊垃圾临时堆放点建成投入使用。是年，麻蓬村成功创建省级垃圾分类示范村，君山村成功创建市级示范村。

【梅蓉村新时代乡村生活样板地建设】 2020年，桐君街道编制完成梅蓉村乡村振兴规划，构建“多规合一”体系。流转梅蓉前畈土地46.7公顷，农户流转率92%；收购企业厂房9家，涉及土地约3公顷，建筑面积9981平方米；收储古建筑空闲房屋8幢；完成“新梅州十景”规划；推进市级风情小镇建设，乡贤馆、文化礼堂、蓉湖公园完成改建，完成美丽庭院整治；挖掘地域文化，编辑完成15万字《口述梅蓉》。

【“亲清地图”乡村治理数字化平台】 2020年，桐君街道原创开发集信息公开、廉情收集、自动预警等功能为一体的乡村治理数字化平台——亲清地图，通过专业测绘和智能坐标定位，将辖区13个村（社区）资产、资源、小额工程项目等基础数据信息录入“亲清地图”平台，依托大数据精准科学监督村级小微权力。该做法获得王宏副市长批示肯定，在省改革办《竞跑者》编发，获学习强国全国平台首页推荐。

【新冠肺炎疫情防控】 2020年，桐君街道推出“一名党员一栋楼、一面党旗一个村、一个支部一堡垒”疫情防控法，建立起“党员先锋”“红管家”等9支队伍，动员1600多名党员干部和志愿者抗击新冠肺炎疫情，确保辖区疫情零发生、零感染。其间，成立街道“助企”帮帮团，变“备案承诺”为“上门服务”，走访辖区263家企业，收集和解决难题25个，帮助企业复工复产。

（章　琴）

2020年桐君街道各行政村、社区基本情况表

表43

行政村 社区	行政村、社区党组织 书　记	行政村、社区 主　任	人　口 （人）	年人均收入（元）
梅蓉村	吴方云	吴方云（2020年12月—）	3433	35700
濮家庄村	江明东（—2020年11月） 江义高（2020年11月—）	江明东（—2020年12月） 江义高（2020年12月—）	1505	27035

续表 43

行政村 社区	行政村、社区党组织 书　记	行政村、社区 主　任	人　口 （人）	年人均收入（元）
君山村	濮志明	闻一明（—2020 年 12 月） 濮志明（2020 年 12 月—）	1181	38848
浮桥埠村	徐文干	方林才（—2020 年 12 月） 徐文干（2020 年 12 月—）	2094	41068
麻蓬村	余加星	余林峰（—2020 年 12 月） 余加星（2020 年 12 月—）	1833	37878
阆苑村	戴华锋	包国昌（—2020 年 12 月） 戴华锋（2020 年 12 月—）	2971	36348
迎春社区	陆群英（—2020 年 11 月） 王宇放（2020 年 11 月—）	王宇放	5287	——
圆通社区	朱　琼	朱　琼	5318	——
南门社区	罗秋英	罗秋英	5485	——
东门社区	方美平	方美平	6008	——
鑫鑫社区	王健美	王健美	3845	——
迎宾社区	戴欣峰	戴欣峰	3194	——
洋塘社区	郑　英	郑　英	2990	——

·旧县街道·

【概况】 2020 年，旧县街道以继续打造“现代版富春大岭图、高品质美丽新旧县”为目标，统筹推进产业融合发展、城乡品质提升、民生福祉改善、平安建设等工作，经济社会实现持续健康发展，财政收入 4825 万元，比上年下降 7.8%；地方财政收入 1258 万元，比上年增长 3.3%；农民人均纯收入 35622 元，比上年增长 9.6%。是年，成功创建国家级卫生街道、杭州市无烟街道，获评省五水共治考核优秀街道。西武山村被评为全国文明村，夏柏松家被评为全国最美家庭，王良忠被评为全国劳动模范。

【农业农村经济】 2020 年，旧县街道粮食播种面积 776.33 公顷，粮食总产量 3589 吨。加大对闲置农房、山林资源收储力度，依托鸿儒古驿道、母岭桂花、合岭民宿、野生杜鹃基地等资源特色，发展休闲旅游和现代观光农业，完成连片

旧县街道合岭村阳田山野杜鹃

优化种养结构30.8公顷，增加连片设施农业面积25.3公顷，建设林道4公里，完成母岭村美丽田园项目、高标准农田项目4个、建设用地复垦立项2.9公顷、旱改水项目4公顷；推进垦造耕地项目立项4个，面积13.3公顷。是年，村集体经济总收入488.98万元，比上年增长13.9%；经营性收入215.74万元，比上年增长24.39%；5个行政村全面完成“5030”目标。

【工业经济】 2020年，旧县街道有工业企业156家，其中规模企业9家，新增规模企业2家。规模工业增加值7709万元，比上年增长0.6%；规模工业总产值4.2亿元；完成固定资产投资9213万元，完成目标任务141.7%；项目民间投资3831万元，完成目标任务127.7%；工业投资3469万元，完成目标任务346.9%；招商引资项目5个，其中亿元以上项目1个；盘活闲置低效土地6.1公顷、闲置厂房2万余平方米。华佳标准件、九州环保科技、东方彩印、裕泰拉链4家企业获评国家高新企业，华佳标准件认定为市高新技术企业研究开发中心，华凌机械、羿顿、喜相缘、鑫联皮革认定为省科技型中小企业，华佳标准件、东方彩印认定为市专利试点企业。天锋电子申报市知识产权管理规范企业。建立旧县企业基础数据库，省级平台羿顿安全生产云服务企业突破600家。

【城镇建设】 2020年，旧县街道编制《旧县街道发展概念性规划》《旧县街道历史文化街区风貌规划》，按照美丽城镇建设“十个一”标志性工程要求，启动市民广场扩建一期、农贸市场扩建、旧县溪箱涵、城乡自来水一体化工程建设。完成集镇无障碍设施提升改造、分水江旧县段综合生态治理、洋塘西路沿分水江绿道、母岭路口停车场建设等工程方案设计。开通合岭至高铁桐庐站旅游客运直达班线，实现区域智能公交站牌全覆盖。完成桐郑线改造工程，基本建成旧钟线“四好”农村路示范路，新建改建农村联网公路12条16.17公里。

【美丽乡村建设】 2020年，旧县街道结合产业发展，推进美丽乡村3.0版建设。编制《母岭村村庄提升工程规划》。母岭村、合岭村和西武山村成功申报县数字乡村、艺术乡村、创业乡村、法治乡村、文明乡村试点村。母岭村、鸿儒村分别创成省级美丽宜居示范村和市级美丽宜居示范村，母岭村获省级优秀示范村。成功举办桐庐（旧县）第五届国际金秋桂花旅游文化节暨母岭村美丽乡村3.0版启动仪式。

【全域旅游景区建设】 2020年，旧县街道编制《旧县街道富春大岭美丽经济景观廊道提升工程规划》。投资600余万元，新建旧县溪及合岭环湖游步道，贯穿旧县、母岭、鸿儒、合岭村乡野休闲游步道。

招引合岭向往的乐园等项目6个。华宜园、君悦雪莉等高端民宿开业运营，母岭桂食山坊对外开放，天空秘岭、未迟二期、星野隧道酒窖旅游项目完成主体建设，华宜园二期通过项目论证。完善全域旅游标识系统，巩固富春大岭图AAA景区创建成果。完成《富春大岭图》景区旅游标识系统。是年，旅游人次47.25万，比上年增长21%，旅游收入7543.71万元，比上年增长17%。

【五水共治】 2020年，旧县街道投资1700万元，建设“五水共治”项目8个，其中2个节水项目完工，2个治理污水项目完成工程进度的60%。实行“三级河（湖）长制”，开展河道整治保洁，旧县溪断面水质持续保持Ⅱ类以上。推进农村饮用水达标提标工程、县城自来水扩网工程。强化集镇“污水零直排区”创建长效管理，委托专业运维单位负责日常管护。完成农村生活污水设施提升改造全覆盖，翻修老旧污水处理终端16个，整合新建终端5个，新增农村污水管网0.8公里。是年，获评浙江省“五水共治考核优秀街道”。

【民生事业】 2020年，旧县街道关爱保障弱势群体，发放分散供养老人供养经费36万余元，落实适老化改造9户，新增集中供养老人2人。为66名重度肢残人员提供就业、培训、文化体育等服务，为58名残疾人提供电动轮椅。启动西武山村天然气入户试点建设，完成聚龙湾小区雨污管网改造、照明工程、智慧安防工程建设。审批农民建房11户、完成困难群众危旧房救助改造4户，整治地质灾害点2处，实现地质灾害隐患点区域内居民安全码赋码全覆盖。旧县中心幼儿园民转公；投资300余万元，提升旧县中心学校办学环境，建立中高考学生走访慰问机制；上峰养老服务照料中心成功创建杭州市五星级照料服务中心，被列为杭州市为民办实事项目比学赶超现场考察点，得到市委主要领导点赞。市级民生实事项目“欣尚”残疾人之家提星改造项目通过验收。投入5万余元，建设街道级“百姓健身房”。

【基层社会治理】 2020年，旧县街道优化23个全科网格，健全网格管理机制，将禁毒、防诈骗、交通劝导等纳入网格管理，实现“平安三率”入户宣传全覆盖。成立矛盾纠纷调处中心，受理各类矛盾纠纷85件，调解成功率100%；受理信访平台投诉405件，反馈率和办结率100%。推进数字建设，开发完成智慧旅游、应急管理、流动人口管理和垃圾分类四大场景应用。安装6套河道视联网感知系统，安装20套天翼云喇叭声音广播。修订完善安全生产1+X责任体系，对辖区156家企业、寺庙、学校、民宿等重点场所开展安全检查，并委托专业机构对企业进行隐患排查，督促整改。

【新冠肺炎疫情防控】 2020年，旧县街道部署新冠肺炎疫情防控工作，重点摸排疫区归来人员，值勤设卡隔离，确保“零感染”“零确诊”，实现无疫情发生。疫情期间统筹推进企业复工复产，制定落实企业分时分批复工方案、企业员工返程返岗，实现规上企业复工复产健康码申领全覆盖，推行企业防疫标准化流程。

（夏　芳）

2020 年旧县街道各行政村基本情况表

表 44

行政村	行政村党组织书记	行政村主任	人口（人）	年人均收入（元）
西武山村	王良忠	王良忠	285	38877
旧县村	沈雪军（—2020 年 11 月） 虞志伟（2020 年 11 月—）	虞志伟（2020 年 11 月—）	4097	37137
母岭村	邵双贤	邵双贤	1356	34572
鸿儒村	张柏金	张柏金	1625	34782
合岭村	邵小龙	邢红根（—2020 年 11 月） 邵小龙（2020 年 11 月—）	923	30910

·凤川街道·

【概况】 2020 年，凤川街道以“产城融合”为目标，以“区街共建”为载体，实现疫情防控、基层党建、经济发展、平台保障、乡村振兴、民生福祉“六战全胜”。实现财政总收入 24197 万元，比上年增长 0.7%，其中地方财政收入 2302 万元，比上年下降 16.8%；农民人均纯收入 32968 元，比上年增长 9%。

【农业农村经济】 2020 年，凤川街道投资 85.7 万元，完成大源村、三鑫村、岩桥村水毁修复项目 13 处，其中堤防修复 475 米，挡墙护脚加固 550 米。对 6 家保留养殖场开展常规巡查 24 次，突击检查 12 次，完成生猪疫苗接种 500 余头。与县政府签订《农村饮用水达标提标行动计划责任书》，完成大源村 8 座单村供水站提升工程建设并通水。是年，行政村集体总收入 2069.89 万元，其中经营性收入 1216.83 万元，13 个行政村集体收入 30 万元以上、经营性收入 20 万元以上，其中 7 个行政村村集体收入 50 万元以上、经营性收入 30 万元以上。

2020 年 8 月 1 日至 2 日，首届“洗街”活动在凤川街道翙岗村开展

【工业经济】 2020 年，凤川街道有本级工业企业 243 家，其中规模企业 11 家，新增 3 家，实现规模工业增加值 22918 万元，比上年增长 2.6%；固定资产投资 311030 万元，完成目标任务 135.2%；高新技术产业投资 124381 万元，完成目标任务

185.6%；项目民间投资193651万元，完成目标任务124.9%；工业投资121737万元，完成目标任务86.3%；服务业增加值22839万元，比上年增长1.8%；社会消费品零售总额82420万元，完成目标任务94.2%。实施腾笼换鸟，原杭州意都工艺品厂8000余平方米厂房出租给桐阁堂为二厂区生产车间。引导桦桐家私，通过线上直播、线下推介洽谈，加大国内市场投入。制定实施《凤川街道关于优化营商环境推动民营经济高质量发展的实施意见》，出台惠企十条大礼包。招商项目3个（熔喷布项目2个，高新涂装厂房扩建项目1个），资金3.5亿元。

【县级重大项目服务】 2020年，凤川街道全力保障县级重大项目实施。湖杭铁路连接线（凤川段）完成临时土地征用10公顷，涉及园林村、翙岗村、岩桥村8公顷；完成房屋签约83户，红线内房屋全部拆除。循环产业园完成土地征用6.13公顷，理赔清理56户农户地面附属物；医疗器械产业园完成土地征用7.8公顷；配合完成申通国际总部项目征用土地房屋拆除、附着物清零，破解韵达全球科创中心项目、中通快递第二总部和快运全球总部项目所涉相关问题；解决历史遗留问题23个，涉及下洋洲里庄坞土地8.47公顷；推进艾罗能源产业园项目及申通、韵达工房施工建设；解决春江阀门扩建项目；实施基础设施配套项目清理，涉及石珠路、七里山路、桑园路以及银泰城等项目用地16.67公顷，及3个村青苗材积赔付；完成滩头安置小区车位和储藏室交付。

【村社组织换届选举】 2020年10月15日，凤川街道对照“五好两确保”总目标，启动村社换届选举。11月11日完成村社党组织换届，12月13日完成村（居）委会选举，产生新一届村社两委干部90人。引入创业返乡人员、退役军人、急难险重表现优秀人员33人，换届调整新任书记6人，占比42.86%，新任村社两班子58人，占比64.44%；完成“两高一好”（得票率高、参会率高，选举秩序好）既定目标。

【生态环境整治】 2020年，凤川街道开展“美丽杭州”创建暨“迎亚运”环境大整治、面貌大提升专项行动，3次获市级月度考评优胜单位；实施三鑫村乡村振兴大比武项目8个，打造岩桥数字乡村、翙岗艺术乡村；完成翙岗、上洋洲、下洋洲、桑园区块“污水零直排区”创建；完成大源村、潇源村、三鑫村、翙岗村（梅山）、园林村农村生活污水提升改造工程；完成农村饮用水达标提标实施工程9个（潇源村、外源村松香坞联村水厂1座、大源村8个单站），受益人口5000余人；开展垃圾分类大比拼，设置红、蓝、黑旗榜，成功创建省级示范小区1个（桐城府）、市级示范小区3个（美凯西姆、紫郡花苑、香樟花园）。

【基层社会治理】 2020年，凤川街道多途径提升基层治理能力，投入700余万元，提升建设洋洲警务室（智慧安防体验馆），建成凤栖社区微型消防站；投入330万元，按照流动人口数与专职协管员1000∶1要求外包配备流动人口专职管理员，设置电瓶车安全驾驶文明劝导岗；开展出租房消防安全“敲门行动”、出租房“旅馆式”服务、“护校安园”等工作；利用“四平台”、网格化管理等联动处置机制，打好“三治”组合拳，完成3个“智安小区”建设；搭建小板凳议事会、“新桑园人之家”“佬周到”调解室等基层协商民主载体。是年，排查调处矛盾纠纷455起，调解率100%。

【民生事业】 2020年，凤川街道开展低保对象核查清理，做好新增低保户入户调查，新增低保28户37人，核减低保83户106人；落实残疾人社会保险政策，做好两项补贴动态管理，新增护理补贴27人，生活补贴22人；实施临时救助11户，发放救助金3.53万元；开展困难儿童慈善助学12人，发放助学金2.6万元。发放老年人春节慰问金2648人；重阳节慰问80周岁以上高龄老人930人，发放慰问金10.73万元。

【圆通国家工程实验室项目开工】 2020年11月1日，圆通国家工程实验室项目在富春未来城开工。项目总投资约35亿元，将建设2栋总部办公大楼及配套设施，打造快递产业链互联、物联、智联工程技术国家级研发基地，圆通直属网络运营中心、客户服务中心、人才培训中心及全网车辆管理中心等部门将迁至未来城开展实体化办公。县委书记方毅、县长齐力、南京邮电大学现代邮政学院院长孙知信，圆通速递董事长喻渭蛟等参加开工仪式。

【杭义温铁路凤川段征迁工作启动】 2020年12月23日，凤川街道杭义温铁路（凤川段）征迁工作启动。杭义温铁路（二期）全长120公里，设计时速350公里，自杭州西站，经桐庐、浦江、到义乌，其中杭州西站至桐庐东站与湖杭铁路共线，桐庐东站至义乌段新建正线61公里，桐庐县境内全长21.28公里，涉及新合、江南、凤川。完成征地拆迁数量调查，其中凤川段涉及翙岗、三鑫、西庄、外源、大源5个行政村，征用土地10.4公顷，补偿农户青苗186户。

【第二届"廉值千金心向党"剪纸艺术展】 2020年7月，杭州市第二届"廉值千金心向党"剪纸艺术展在凤川街道翙岗村廉政剪纸艺术馆开展。从全国21个省（市）征集剪纸作品428件（组），评选出45件（组）一、二、三等奖作品参展。作品风格多样、寓意深刻。

【支农大比武暨青创人才助力乡村振兴活动】 2020年6月13日上午，凤川街道支农大比武暨青创人才助力乡村振兴活动在大源村桐庐农商银行学农基地举行，镇街、部门、县实训班学员代表及县内外农信机构36支参赛队、108名党员干部参加插秧大比武。活动旨在培养广大年轻干部助力乡村振兴，感受艰苦奋斗和农耕文化内涵。举行"桐庐县党建联盟实践基地""桐庐县金融服务党建联盟共建共享基地"和党建联盟"红色礼堂"揭牌仪式。省农村信用社联合社党委书记、理事长王小龙和县委书记方毅宣布活动启动。

【新冠肺炎疫情防控】 2020年，凤川街道新冠病毒疫情防控根据辖区"四区融合"属性，做到内防扩散、外防输入，严格执行城区内外村社同标准同部署，设置疫情健康服务点54个；对重点疫区、重点场所、重点人群开展专项摸排和检查100余次，摸排登记县外返桐人员2万余人，常态化健康监测5万余人，掌握境外返桐200余人；企业家、党员群众捐款捐物200余万元。下洋洲村党总支被评为杭州市抗疫先进集体。

（冯丽莎）

2020年凤川街道各行政村基本情况表

表45

行政村 社区	行政村、社区党组织 书　记	行政村、社区 主　任	人　口 （人）	年人均收入（元）
翙岗村	吴军龙（—2020年9月） 吴小明（2020年9月—）	奚增良（—2020年12月） 吴小明（2020年12月—）	4901	31869
园林村	方增力	杨　春（—2020年12月） 方增力（2020年12月—）	3674	38709
柴埠村	皇甫红英（—2020年11月） 江权兴（2020年11月—）	俞　亮（—2020年12月） 江权兴（2020年12月—）	2033	38135
西庄村	郎勤燕（—2020年11月） 华立军（2020年11月—）	华立成（—2020年12月） 华立军（2020年12月—）	1470	28680

续表 45

行政村 社区	行政村、社区党组织 书　记	行政村、社区 主　任	人　口 （人）	年人均收入（元）
三鑫村	洪国根（—2020 年 11 月） 郑国有（2020 年 11 月—）	郑国有	1887	29978
外源村	钟　良（—2020 年 11 月） 高杭军（2020 年 11 月—）	郑芳弟（—2020 年 12 月） 高杭军（2020 年 12 月—）	1519	28104
潇源村	黄国亮	申屠盛良（—2020 年 12 月） 黄国亮（2020 年 12 月—）	1187	28188
大源村	李　铖	潘祥春（—2020 年 12 月） 李　铖（2020 年 12 月—）	2133	38391
上洋洲村	朱雪东	柯立兴（—2020 年 12 月） 朱雪东（2020 年 12 月—）	6907	——
下洋洲村	朱樟平	朱樟平（2020 年 12 月—）	6357	——
桑园村	赵有金	王潮富（—2020 年 12 月） 赵有金（2020 年 12 月—）	899	——
滩头村	黄　辉（—2020 年 11 月） 范鹤群（2020 年 11 月—）	范鹤群（2020 年 12 月—）	3331	——
岩桥村	王平川	皇甫斌（—2020 年 12 月） 王平川（2020 年 12 月—）	2409	36355
凤栖社区	许　斐	许　斐	1149	——

·江南镇·

【概况】 2020 年，江南镇以促进经济增长为主线，以夯实基层治理为保障，协调推进融杭拥江、产业发展、美丽生态、社会治理、乡村振兴和民生福祉，经济社会稳步发展。是年，财政收入 3.4 亿元，比上年下降 7.3%；地方财政收入 1.3 亿元，比上年下降 7%；农村居民纯收入 35114 元，比上年增长 10%。获全县综合考评优秀单位。

【农业农村经济】 2020 年，江南镇出台《关于加快现代农业农村发展的实施办法》，流转土地 66.7 公顷，清理非粮化土地 33.3 公顷，下拨农业产业化奖励补助资金 500 万元。粮食播种面积 1245.9 公顷，成功培育市级示范性农民专业合作社 2 家、县级农业龙头企业 2 家，市、县级示范性家庭农场各 1 家。石阜村、彰坞村粮油产业和环溪村莲产业转型升级，实现一田双丰收，亩均产值增加 1000 元以上。实施大规模河蟹养殖技术试验和套养模式，整体河蟹亩产量提高 23.1%，产值提高 500—800 元 / 亩。实施新型种养模式“稻渔共养”10公顷、“莲鳅共生”4公顷，亩均增加产值1000元以上。是年，行政村集体总收入1994万元，比上年增长12.9%，经营性收入989万元，比上年增长29.6%，10个行政村完成“5030”目标

【工业经济】 2020年，江南镇有工业企业358家，其中规模企业25家，新增5家；工业园区内重点企业45家，规模企业14家，高新技术企业25家。完成规模工业增加值2.8亿元，比上年下降4.6%；规模工业总产值11.9亿元。完成固定资产投资9.7亿元，比上年增长45.7%；工业投资4亿元，比上年增长91%；高新技术投资1.3亿元，比上年下降13%；项目民间投资4.9亿元，比上年增长72.2%。推进6家企业新建厂房、7家企业续建厂房项目，引进中深动力、紫伦智电、程天科技等智能制造项目。实施先进装备制造业、医疗器械、人工智能制造项目布局，完善项目前期把关程序，准入项目25个，禁入项目7个。招引落地符合产业导向的项目，完成中泰深冷、贵佳贵金属、弘承实业、森乐实业、金色生命塑业等8家企业腾笼换鸟，盘活土地20.5公顷、低效厂房9.5万平方米。指导企业申报政府项目20余个，组织企业申请省级企业研发中心1家、市级企业技术中心2家、市级企业研发中心1家、浙江省科技型中小企业7家，成功申报国家高新技术企业7家，申报发明专利30个，获得授权专利12个。

【重大项目推进】 2020年，江南镇继续推进阿尔法人工智能产业园、医疗器械孵化园、西屋智能产业园、江南忆、星耀花炮等重大项目建设。阿尔法人工智能产业园项目新供地0.6公顷，培育规模企业1家，国家高新技术企业2家，项目二期从2019年9月起，累计建设标准厂房22幢5.3万平方米，注册企业54家；项目一期招商21家制造类企业，其中17家投入生产。医疗器械孵化园招引注册医疗器械经营公司302家，入库税收1700万元。

大美江南

13个美丽城镇项目开工建设，其中新时代文明实践中心等11个项目竣工。悦城大酒店、物美超市综合体投入运营。基本完成疏港公路征迁清零，启动干堤加固二期征迁工作。

【城镇环境综合整治】 2020年，江南镇开展城镇环境综合整治，新增机动车位359个、非机动车停车点316个、大货车临时停车场，增加20套机动车违停抓拍装置。取缔流动摊5400余个（次），整治出店经营2700余家（次），整治农贸市场出摊经营513家（次），暂扣流动摊76个，予以教育摊位61个。处罚出店经营案6起。劝导及帮助非机动车规范停放5300余辆（次），大货车违停告诫450余辆，贴单处罚60余辆。办理违规运输渣土类案件20起。完成公路、铁路环境问题点位整治79处，建设公交停靠站3座。推进违建防控，拆除新增违建37处、3120平方米。确认并拆除存量违建29处、6140平方米。

【生态文明建设】 2020年，江南镇开展镇村环境综合整治、垃圾分类、美丽庭院PK赛等，推进省级垃圾分类示范片区创建。彰坞村被评为省级高标准农村生活垃圾分类示范村。投入1000万元，建成垃圾厢房22个，招募垃圾分类收集员75人，建设特殊垃圾临时堆放点、再生资源回收站各19处，实现“撤除大垃圾桶+上门收集四分”3.0模式。清除卫生死角214处、杂草2780平方米，消灭病菌生物滋生地538处，清除乱张贴345处。落实河长制长效管理，300个小微水体及河道水质定时定点监测，清理小微水体176处。投入1600万元，对65个自然村实施农村生活污水处理终端、管网设施提标改造，环溪村、青源村污水处理终端建设得到央视、浙江经视等媒体关注报道。

【基层社会治理】 2020年，江南镇依托基层治理四大平台，开展“大数据+网格化”精准治理，配强配优专职网格员队伍。围绕大平安建设，推进“平安三率”宣传、社区戒毒、反邪教、道路交通安全治理，电动车“头盔租借”模式得到杭州电视台等媒体报道。社区消防安全体验馆投入运行。实施“雪亮工程”，建设智慧安防小区，彰坞、环溪、荻浦等村建立清廉乡村“二维码”数字化平台。继续实施村级重大事项民主决策、群众利益诉求收集解决机制，排查受理矛盾纠纷88件，调解率100%。建立信访超市，开展“你动嘴，我跑腿”信访代办服务，落实镇领导包案制度，成功化解信访积案13件。完成镇级矛盾调解中心建设，建立“2+6”人民调解专家库，实施行政合同备案制度，合法审查OA管理平台，以柔性“杠杆”撬动诉讼源头治理，实现“小事不出村，大事不出镇”。

【民生事业】 2020年，江南镇继续推进民生实事项目建设，完成省级民生项目3个（江南镇拆装式游泳池、石阜村体育小康村创建、深澳村农村健身房建设），新建农房100户，困难家庭危旧房改造22户，重度残疾人家庭无障碍设施改造10户，深澳村、荻浦村创成市级示范型居家养老服务中心。建成省文艺创作采风基地、杭州书房荻浦乡村图书馆、残疾人之家。环溪、锦江村申报杭州市福彩公益金资助农村社区工程项目。推进农村饮用水提标改造、生活污水处理设施提升工程。新增残疾人补贴对象210名，办理低保341户、残保695户、失地农民养老保险501人。

【村社组织换届选举】 2020年，江南镇成立村级组织换届选举专门班子。开展“访民情、听民意、解民忧”活动，走访党员群众8000余户，严把“选人关”，将25名综合素质强的人员列为村级组织考察对象；关注非现任村党组织书记，把乡村振兴业绩表现优秀的5名同志作为“一肩挑”人选。开展换届纪律教育129场次，约谈135人次，查处线索9个。化解小潘、凤鸣、莲塘等村信访积案，确保换届选举风清气正。选出村社党组织成员84名，村居委会成员63名，其中20名党组织书记平均年龄47.65岁，较换届前下降3.1岁。

【江南古村落风景区建设】 2020年，江南镇全面整治提升江南古村落景区设施、环境卫生和旅游服务，推进国家AAAA级景区复核和全域旅游示范区创建。完成游客接待中心、景区标识标牌、旅游区域厕所、景区环境、讲解服务、景区安全等方面整改。举办首届富春江渔获节暨“百县千碗·桐庐味道”江南美食体验季。开展全民旅游节暨第九届中国·桐庐休闲乡村旅游季；推进深澳古村百匠慢生活态文化综合体建设，21家业态店入驻开业；青源伴山营地项目接待上海交大等高端团体50余批4000余人。

【荻浦花海项目】 2020年，江南镇与桐庐乡村振兴公司合作，对荻浦花海项目从经营管理、投资方式、盈利模式进行改革、尝试。举办全民旅游节荻浦花海免费开园发布仪式、暑期自然研学教育活动、“十一”假期热气球放飞、秋季稻田体验等5个大型活动，接待游客10余万人次，营业收入75万余元，推动荻浦打造“乡村自然体验度假目的地”。

【深澳百匠艺术文化街区】 2020年，江南镇推进深澳百匠慢生活态综合体建设，签订项目36个，装修开张营业27个，施工建设中9个，举办百匠艺术文化节、音乐节，尝试开启夜间旅游新模式，带动大学生就业岗位29个，文旅街区雏形形成。

【邻里公园开园】 2020年5月6日，江南镇邻里公园开园。园址位于昔日渔村窄溪，北至振兴路，西临窄石路，东依市场路，用地面积约1.35公顷，是一处集文化展示、康体运动、生态利用等功能于一体城镇休闲绿地开放空间。公园总体绿化风格定位为“绚彩四季型”，以营造饱满绿意和多彩四季景观为重点，展现四季美景变化，内部设置树阵广场、活动平台、儿童游乐场、友善湖水景、康体步道、樱花草坪等区域。公园工程设计由浙江省城乡规划设计研究院负责，运用雨水花园生态理念，利用原场地内泄洪水渠改造成“友善湖”水体景观，增强整体景观丰富性，展现“富春风韵 诗画江南”风采。

【首届富春江渔获节暨“百县千碗·桐庐味道”江南美食体验季】 2020年7月18日，首届富春江渔获节暨“百县千碗·桐庐味道”江南美食体验季举行。开幕式上，推介“百县千碗·桐庐味道”桐庐十大碗菜及特色美食体验店、示范店和旗舰店，发布以“畅享激情漂流”“尽享溶洞纳凉”“慢享清凉氧吧”“乐享夏日小城”为主题的桐庐夏日出游线路。县文化广电旅游体育局与杭州紫荆网络科技有限公司签约，联手发放价值2000万元“紫荆通”消费卡；中国农业银行桐庐县分行与县餐饮行业协会签约，共同推出餐饮消费券满减活动；江南镇发放价值30万元代金券，用于当地超市、店铺及江南美食节消费等。体验季结合省级非遗项目江南时节、深澳高空狮子抢绣球，市级非遗项目深澳灯彩、原创大型鱼文化彩灯、手绘宫灯等为主的江南民俗技艺，重现窄溪老街商贸繁荣之景，吸引众多游客。

【桐庐东站区块征迁】 2020年，江南镇完成湖杭连接线和杭义温铁路（江南镇段）的土地房屋搬迁补偿，征用地土30.7公顷，征迁农户房屋41户，搬迁企业5家，及补偿青苗附属物。

【新冠肺炎疫情防控】 2020年，江南镇严格落实新冠肺炎疫情防控措施，排查43686人（15472户），登记重点疫区（湖北、温州、台州、河南南阳、信阳、安徽安庆等）来桐返桐人员1012人，按规定居家隔离，解除医学观察295人。在320国道桐庐县界设立疫情防控服务站，抽调公安、城管及村党员先锋队、群众志愿服务队、基干民兵队324人，采用“拦截、检查、询问、测量、登记、消杀、劝返”七步工作法，确保外部人员不输入。检查车辆5199台次6022人次。关停68家公共文化场所、13处宗教场所，取消一切群体性集聚活动。农贸市场、酒店、村口、小区楼院醒目位置张贴疫情防控倡议书1.1万余份，设置宣传板、条幅184块，发放宣传页1.2万张，通过微信群、QQ群、走访居民等多种形式宣传疫情防控知识，2300名志愿者、巡防队员参与疫情防控工作。杭州运东建材有限公司等22家民营企业捐赠防疫资金60余万元，口罩25430只，消毒水及其他用品396箱。

（张益铭）

2020年江南镇各行政村（社区）基本情况表

表46

行政村 社 区	行政村、社区党组织 书 记	行政村、社区 主 任	人 口 （人）	年人均收入（元）
青源村	申屠雪良	潘谷平（—2020年11月） 申屠雪良（2020年11月—）	1912	34381
环溪村	周忠平	周忠莲（—2020年11月） 周忠平（2020年11月—）	1984	35752
徐畈村	朱永武	申屠增军（—2020年11月） 朱永武（2020年11月—）	1275	34793
深澳村	申屠永军	申屠作平（—2020年11月） 申屠永军（2020年11月—）	3912	35124
荻浦村	申屠永惠	申屠祥军（—2020年11月） 申屠永惠（2020年11月—）	2396	36123
华丰村	许源雄	许源雄	1127	34613
凤鸣村	邓胜安	吴梅琴（—2020年11月） 邓胜安（2020年11月—）	3076	34354
金茂村	姚永树（—2020年11月） 石春成（2020年11月—）	俞南通（—2020年11月） 石春成（2020年11月—）	1845	35718
石泉村	吴宏华（—2020年11月） 吴安友2020年11月—）	吴明来（—2020年11月） 吴安友（2020年11月—）	1269	34700
梧村村	李 海（—2020年11月） 李 波（2020年11月—）	李永权（—2020年11月） 李 波（2020年11月—）	1408	34926
彰坞村	徐 健	徐传虎（—2020年11月） 徐 健（2020年11月—）	3150	34962
小潘村	潘仲毅	潘聪聪（—2020年11月） 潘仲毅（2020年11月—）	1367	33529
珠山村	吴建良	徐学军（—2020年11月） 吴建良（2020年11月—）	4155	34885
石阜村	方明亮	方明亮	3805	34873
莲塘村	徐群伟（—2020年11月） 徐立强2020年11月—）	徐立强	1738	34862
舒川村	赵惠平（—2020年11月） 戚纪锋（2020年11月—）	方向华（—2020年11月） 戚纪锋（2020年11月—）	1615	34388

续表 46

行政村 社　区	行政村、社区党组织 书　记	行政村、社区 主　任	人　口 （人）	年人均收入（元）
窄溪村	沈雪炎	徐再建（—2020 年 11 月） 沈雪炎（2020 年 11 月—）	8361	35560
锦江村	胡江平	胡江平	4689	35749
横山埠村	王宇鹏（—2020 年 11 月） 王金伟（2020 年 11 月—）	申屠军军（—2020 年 11 月） 王金伟（2020 年 11 月—）	1168	33660
鼓楼社区	毛梦夏	徐晓宇	1482	——

·富春江镇·

【概况】 2020 年，富春江镇全力打造高质量发展城镇样板地，以建设“富春曼城·智创小镇”为目标，坚持“以工促城、以镇带村、以旅添彩”产城融合总体发展思路，推进经济社会各项事业发展。实现财政总收入 3.55 亿元，比上年增加 1%；其中地方财政收入 1.1 亿元，比上年增加 36.9%；农村居民人均纯收入 36371 元，比上年增长 9.4%。是年，成功创建浙江省农村文化礼堂建设示范乡镇、浙江十佳韵味江南小镇、AAAA 级景区镇，芦茨慢生活区被认定为浙江省“森林康养基地”“职工疗休养基地”，芦茨村获评国家级“民主法治村”。

【农业农村经济】 2020 年，富春江镇推进乡村振兴战略，培育新型农旅融合经营主体，新增流转土地 24.3 公顷、家庭农场 5 家，举办丰收节、放鱼节等农事节庆活动 10 场，成功申报省级示范家庭农场 1 家、市级专业合作社 1 家。成功申报一事一议项目 5 个，精品村建设项目 2 个，化债增收项目 5 个。投资 860 万元，实施大庄村、芦茨村、石舍村等 4 个农村饮用水达标提标项目。投资 1250 万元，实施俞赵、七里泷、里董村高标准农田建设项目 34.7 公顷。投入 1477 万元，完成俞赵大坞堤防修复等 26 个水利工程。发展新型村级集体经济，整合资金 1100 万元，引进富春江镇集体资产经营有限公司，以购买服务方式参与集体资产经营，拨付经营性收入 300 万元。

2020 年 9 月 29 日，芦茨村举办长寿宴

【工业经济】 2020 年，富春江镇有工业企业 350 家，其中规模企业 33 家，新增 2 家，实现规模工业增加值 9.7 亿元，比上年下降 2.4%；工业新产品产

值率43.4%；固定资产投资6.3亿元，比上年增长120.7%；高新技术产业投资7876万元，比上年增长408.1%；项目民间投资1.4亿元，比上年增长134.4%；工业投资2.1亿元，比上年增长239.7%；实际利用外资1627万美元。三杭电梯产业园、联翔重工合金钢生产制造项目签约。东芝水电高端清洁能源装备项目投资协议初步达成。招引杭州迪可盛文化艺术有限公司等一批成长性公司落户。新增国家级高新技术企业8家、省级科技型中小企业8家，新认定省级企业研究院2家，市级企业研发中心1家，市级企业技术中心3家，浙富水电、杭州中水、祥龙物流企业装备产品获评年度省级首台（套）装备产品，其中浙富水电“200兆瓦级特大型转桨式水轮发电机组”被认定为国际首台（套）产品，实现桐庐县国际级首台（套）装备零突破。引进和认定杭州市高层次人才38人，引进市“115”国外智力项目3个，入选首批桐庐“候鸟工程师”2人、县“首席技师”1人、县“511”中青年人才14人，新建技能人才实训基地1家。

【工业产业转型】 2020年，富春江镇加快传统产业改造升级。通过资产收购，清退低散乱企业10家，收回老杭拖厂、印象富春江及十二局部分地块，盘活工业用地28.7公顷；通过兼并重组，东芝水电铸造车间转让给杭州联翔重工，实现从单一为东芝水电服务到为整个产业链配套服务转变；金慧达由水泥制品生产向玻璃纤维导管生产转型，鼎力建材由商品混凝土加工向干粉砂浆加工转型，星冠科技通过科技赋能扩大产能，祥龙物流拓展市场至“三通一达”等企业，浙富水电向浙富核电延伸。

【装备制造产业园建设】 2020年，富春江镇融入县域发展大格局，建设装备制造产业园。推进产业园（二期）建设，完成房屋征迁19幢、厂房征迁2处、坟墓迁移171穴、土地征用46.7公顷；完成环评报告、控规和土规编制，完成24.5公顷的产业园林地各项审批手续。完成三通一平招投标及施工。

【集镇建设】 2020年，富春江镇坚持规划先行，科学编制全域土地、国土空间和绿道建设规划，“美丽城镇”建设方案获省级优秀。开展城镇有机更新，实施老旧小区改造、320国道入城口改造、污水零直排等工程，打造滨江画廊步行带，推进富春绿道、街心公园、小镇客厅等工程建设。化解国企改制遗留问题，对原桐庐造纸厂江边5处8000余平方米老旧宿舍实施拆除，推进白云源景区资产收购。

【AAAA级景区镇创建】 2020年，富春江镇以全域旅游为主引擎，打响“慢生活”品牌，创建旅游名镇。招引庆余良（原乡二期）、枕山溪谷民宿等特色业态项目4个；引进资金4500万元，建成严陵坞慢村一期、云外民宿、明怀书院、隐逸瑜伽三期、石舍香樟咖啡馆等特色项目；新增民宿7家，新增企业40家。举办慢生活体验节、山地穿越挑战赛、青龙坞音乐节等活动百余场。慢生活体验区被认定为浙江省“森林康养基地”“职工疗休养基地”。是年，成功创建AAAA级景区镇。

【社会综合治理】 2020年，富春江镇实施智慧治理工程，开展法治乡村创建。围绕“推动矛盾纠纷调处化解最多跑一地”要求，推进矛盾调解中心建设。接待群众来访1000余人次，受理矛盾纠纷210件，成功化解203件（其中非正常死亡案件2件），涉及金额690.5万元。化解荣正山水半岛供电问题、春江公馆房产证办理和老造纸厂国企改制遗留问题等疑难信访8起。推进“雪亮工程”，融入基层要素视频资源共享平台，接入推送垃圾分类、水利江堤、公安安防、交警卡点视频监控78路，在线率92%。新安装人脸识别监控32路，并入公安大数据平台。打造省级“枫桥式”司法所，芦茨村创成全国民主法治村。芦茨村善治广场提档升级，推进法治广场、法律图书角、法治讲堂、公共法律服务点等阵地建设。

【生态环境】 2020年，富春江镇落实“河长制”“湖长制”，明确专员动态监管，水质检测长期稳定在Ⅲ类以上。推进污水零直排建设，在原有城镇管网体系基础上完成管网检测修复、常规管网建设。完成10个行政村29处生活污水管网和池体改造，推行智能化生活垃圾四分类。是年，被评为杭州市乐水小镇，15个行政村评为杭州市水美乡村。

【民生事业】 2020年，富春江镇改造农村危房13户，农村安全饮水工程提升单站9个。实施11个行政村29处农村生活污水终端提升改造项目。富春江幼儿园新园区投入使用；城镇居民医疗保险全覆盖，困难群众免费服药121人次，流感疫苗免费接种1350人次，体检5393人次。新建农村文化礼堂5家、社区文化家园1家，建成富春江镇百姓健身房。开展低保清理核查，变更低边户5户，取消低保户52户。向残疾人、困难老人、社会孤儿、流浪人员等发放救助金641.88万元。走访慰问退伍军人及优抚对象1047名，建成“枫桥式”退伍军人服务站5个。投资500万元，完成富春江镇绿道（扬帆路至电厂）工程主体建设；投资200万元，完成黄坡岭老旧小区综合改造；投资100万元，完成镇区重要道路交通安全设施建设；投资1500万元，完善镇区道路安全设施，包括重点路段交通标示、标牌、信号灯，优化停车设施。完成镇市民活动中心改造、“四好农村路”孝获线建设、社会治理综合服务中心室外配套设施建设、富春江镇扬帆路街心公园建设、北渠（宅前段）清淤及改造提升、芦茨溪清淤、俞赵嘉欣园环境整治提升改造工程。

【防汛救灾】 2020年7月8日，建德新安江水库建成61年来首次9孔全开泄洪，水库水位为历史最高值108.45米。为确保人民生命财产安全，富春江镇紧急转移安置群众855人，投入7万余元购买救生衣、编织袋、手电筒等防汛物资，向应急局申请防汛麻袋1万个、发电机和水泵等设备50台，动用挖掘机、运输车等70余台次，除险加固山塘水库3座。投入100万元，用于恢复生产和受灾补助。

【芦茨村“全国民主法治示范村”创建】 2020年，芦茨村以法治促发展，探索乡村治理促乡村振兴新路径。制定村规民约，强化村民依法依规治村理念。将民主法治、乡亲和谐、家风传扬、村庄美化、文明风尚五大内容“上墙入地”；创设“芦茨红议事+”模式，引导党员群众、民宿业主、游客成为村级事务的参与者、决策者；落实村法律顾问定期坐班制度，严格村务合法性审查，引导村民间协议经法治审核并报备村委会；打造法治宣传教育新平台、新阵地，将善治广场打造成芦茨旅游网红“打卡点”，定期开设法治讲堂，授课内容贴近农村实际。

【新冠肺炎疫情防控】 2020年，富春镇按照内防扩散、外防输入要求做好新冠肺炎疫情防控，统筹镇驻村（社）干部、村（社）干部、网格员和志愿者四级力量2600余人，累计盘查车辆33000余辆、人员54000余人，劝返7960余人。15个行政村、2个社区设立卡点，实行封闭式管理。开展多轮全覆盖健康排查，累计摸排8500余户，对疫区回桐149人居家隔离。确保疫情确诊病例和重大负面民社情“零”发生。

（韩大庆）

2020年富春江镇各行政村基本情况表

表47

行政村	行政村党组织书记	行政村主任	人口（人）	年人均收入（元）
横山村	刘小华	刘小华	1320	34381
七里泷村	姜小龙	宋鑫群（—2020年12月） 姜小龙（2020年12月—）	2305	35484

续表 47

行政村	行政村党组织 书　记	行政村 主　任	人口（人）	年人均收入（元）
俞赵村	严勇樑	徐宝根（—2020 年 12 月） 严勇樑（2020 年 12 月—）	3281	33948
渡济村	沈阿平（—2020 年 8 月） 俞　丰（2020 年 8 月—）	沈静华（—2020 年 12 月） 俞　丰（2020 年 12 月—）	618	34285
上泗村	邹春华	杨勇成（—2020 年 12 月） 邹春华（2020 年 12 月—）	810	33290
严陵村	江发根（—2020 年 8 月） 徐云燕（2020 年 8 月—）	徐云燕	1523	33950
里董村	沈纯浩（—2020 年 6 月） 许　林（2020 年 6 月—）	吴伟英（—2020 年 12 月） 许　林（2020 年 12 月—）	1269	32541
大庄村	张建华（—2020 年 11 月） 雷张俊（2020 年 11 月—）	雷张俊（2020 年 12 月—）	530	34001
象山桥村	吴小明	吴小明（2020 年 12 月—）	599	32731
芝厦村	吴　昊	潘利民（—2020 年 12 月） 吴　昊（2020 年 12 月—）	1600	35038
孝门村	陈刚（—2020 年 6 月） 刘国群（2020 年 6—9 月） 张解欢（2020 年 9 月—）	刘国群（—2020 年 12 月） 陆关和（2020 年 12 月—）	1695	32933
金家村	陶先垚（—2020 年 8 月） 郑登峰（2020 年 8 月—）	郑登峰	781	34311
芦茨村	方祖春	章红华（—2020 年 12 月） 方祖春（2020 年 12 月—）	1412	41340
茆坪村	胡宗扬	方森源（—2020 年 12 月） 胡宗扬（2020 年 12 月—）	1267	32967
石舍村	蒋勇飞	蒋勇飞	910	32683

·新合乡·

2020年12月26日，第四届桐庐味道·新合索面文化节开幕

【概况】 2020年，新合乡以经济建设为中心，扛起美丽生态、乡村振兴、改革创新、文化文明、民生幸福“五面大旗”，扎实做好“六稳”“六保”工作，经济社会发展取得新进展。是年，实现财政总收入1659万元，比上年下降14.8%；地方财政收入396万元，比上年增长2.5%；农村居民人均纯收入26766元，比上年增长8%。获“国家卫生乡”称号。

【农业农村经济】 2020年，新合乡推进山区农业产业发展项目，发展茶业、蔬菜、水果三大主导产业，完成“一带、三园、两基地”建设。干茶产量60吨，产值4000万元；香榧产量10吨，产值300万元。完成绿化造林13.3公顷，建设省级林道9公里，建造森林消防蓄水池3座；森林病虫害成灾率控制在0.2‰以下，监测覆盖率90%以上，防治率80%以上，种苗产地检疫率90%。5个行政村集体经济总收入319.35万元，全面实现消薄任务。

【工业经济】 2020年，新合乡有工业企业15家，其中规模企业4家。规模工业增加值2881万元，比上年下降17.5%；规模工业总产值1.5亿元；固定资产投资1.2亿元，完成目标任务224%；工业投资6783万元，完成目标任务271.3%；项目民间投资2769万元，完成目标任务92.3%；服务业增加值2847万元，比上年增长1.5%；社会消费品零售总额6856万元，比上年增长0.3%。收储低效企业13家、低效用地10.3公顷。招引工业企业2家，数控机床上下游产业链实现亩均税收由7000元提升到10万元。投资8000万元，启动小微园区建设。

【美丽镇村建设】 2020年，新合乡以建设环境美、生活美、产业美、人文美、治理美为目标，推进城镇风貌大转变、大提升。投入330万元，建设新四村外松山村农居点，铺设污水管1000米，弱电管网500米，自来水管网1931米，砌筑窨井358座。投入3000余万元，建成全域旅游集散中心（印象新合馆）、杏溪广场、壶源江绿道、索面晒场、特色村标等项目，引坑村中国传统村落和松山村浙江省传统村落通过验收。拓宽村庄道路，推进仁檀线、坑山线、外外线等精品示范路建设，实施乡域河道清淤工程、“八清零”行动、“污水零直排区”建设，加大“农村公厕”改造项目，提升宜居环境。依法依规处置新违建2处，审批落实农民建房26户。完成困难群众危旧房改造14户。

【全域土地综合整治】 2020年，新合乡开展全域土地综合整治，统筹编制规划方案。根据三年计划，挖掘复垦土地19.3公顷，其中工业用地13.4公顷、宅基地5.9公顷；立项建设用地复垦14公顷，其中工业用地8.1公顷、宅基地5.9公顷，已招标宅基地复垦2.3公顷，恒晨箱包厂0.7公顷。挖掘各村生态环境资源和村庄特色，布局新增农居点、基础设施建设、产业发展用地7.9公顷；实施复垦项目及土地开发项目，预计可新增耕地30公顷，作为永久农田规划后备资源。

【民生事业】 2020年，新合乡城乡居民养老保险参保率100%，城乡居民医疗保险参保率100%。全乡有低保户42户,残保户92户，五保户25户。推荐残疾人就业6人。临时救助困难群众31户，发放救助款15万元。投入80万元，建成新合乡居家养老服务中心。

【社会综合治理】 2020年，新合乡在重要路段、人员聚集处悬挂平安宣传横幅100余条，发放法律法规宣传资料5000余份，播放宣教视频100余次，发送平安信息短信10万余条，实现“大事不出乡，小事不出村”。是年，处置各类重大矛盾纠纷15起，化解积压10余年信访积案6起。全乡电动车综合违法率降低至5%。

【新合索面文化节】 2020年12月26日，“索面闹丰年 新合新印象”暨第四届新合索面文化节在新合乡引坑村开幕。桐君堂中药饮片有限公司总经理、省级非遗代表性传承人、中华老字号杰出工匠申屠银洪和杭州心合农业科技发展有限公司总经理白延芳签订《红曲索面健康产品合作推广协议》。杭州知名餐饮企业老头儿油爆虾、洲际酒店、新白鹿餐饮等多家餐饮企业与新合索面专业合作社签订新合索面意向采购合同。首家新合索面直营店在县城瑶琳路上开业。是年，新合索面销售规模突破1000吨，销售额1800万元，创造营业收入360万元。

（唐园园）

2020年新合乡各行政村基本情况表

表48

行政村社区	行政村党组织书记	行政村主任	人口（人）	年人均收入（元）
新四村	阮如芬	方忠大	1335	24512
新民村	钟雪广	钟雪广（2020年11月—）	888	25652
新合村	何海港	何海港（2020年11月—）	1396	25011
松山村	钟黎萍	郭锋飙（—2020年4月） 钟黎萍（2020年11月—）	794	24851
引坑村	钟一平	钟根土	755	24512

·横村镇·

【概况】 2020年，横村镇围绕“重要窗口·桐庐风采”目标定位，拼搏实干、砥砺奋进，经济社会发展取得新进展。实现财政总收入3.6亿元，比上年增长1.4%；地方财政收入8560万元，比上年下降10.3%；农民人均纯收入34395元，比上年增长2.4%。是年，获县综合考评优秀单位，成功创建“中国围巾之乡”，白云村获评全国乡村治理示范村。

【农业农村经济】 2020年，横村镇完成24个行政村乡村振兴规划及凤联、元村、华凤等5个村全域土地整治规划。白云村成功创建省级引领型农村社区，获全县美丽乡村建设大比武第一名。板头村获评市级美丽宜居示范村。开展美丽公路、美丽绿道、美丽菜园等系列创建活动，大坑溪获市级“美丽河湖”。是年，村集体经济总收入2367.22万元，经营性收入1325.16万元，24个行政村完成“3020”目标。

【工业经济】 2020年，横村镇有工业企业887家，其中规模企业50家，新增13家。实现规模工业增加值3.7亿元，比上年下降8.9%；规模工业总产值26.3亿元；固定资产投资7.1亿元，完成目标任务213.9%；工业投资2.6亿元，完成目标任务150.3%；高新技术产业投资7489万元，完成目标任务136.2%；项目民间投资1.8亿元，完成目标任务142%。招引美丽生态牧场、圆通智创园、时尚智造产业园等重大项目16个，其中亿元项目4个，引进服务业项目2个，入库项目46个，重点项目开工率实现100%。拓展新兴产业，形成传统针织、运动器械、新型建材、健康养生、保温新材料五大板块产业结构。辖区71家保温新材料企业建立联盟，年贡献税收1500余万元。招引培育各类人才120余人，培养认定F类以上人才9人。新增“小升规”企业13家。新冠肺炎疫情防控期间，开展惠企政策解读、跨境电商培训等专场活动，发放惠企政策补贴1000余万元，无偿转贷1.3亿元。

【产业平台建设】 2020年，横村镇打造“一城三园”，以平台发展促转型。投资2.4亿的“时尚智造产业园”开工建设。圆通速递投资项目“圆通物流智创园”启动。“针织小微企业孵化园”与上海晟达国际贸易有限公司签约；开展产学研发，与成都纺专、东华大学等院校合作，实现产业品牌转型升级。试点运行“织为云”协同制造云平台，培育上云企业206家，推动企业数字化生产。引导林佳针织、琪利琪羊绒等24家针织企业触网发展，实现线上销售。建立“一对一”服务机制，有效解决企业招工、项目审批、融资转贷等企业发展实际问题1400个。通过征地拆迁、腾笼换鸟等举措，盘活低效用地22.1公顷。

【村落景区建设】 2020年，横村镇依托“一轴两翼”空间布局，以分水江为主轴，以阳山畈村和白云村为核心，建设东西两大乡村旅游集聚示范区。东翼阳山畈景区以建设桃花源生态旅游综合体项目为重点，有效整合周边双溪、柳茂等村，发展水果采摘、民宿体验等特色产业。西翼白云间景区以创建国家AAAA级景区为目标，持续完善景区配套设施，加快打造“白云间”十景。是年，接

2020年10月31日，“白云之上”民谣音乐节在横村镇白云村举行

待游客158万人次，实现旅游收入1.52亿元。香山、后岭两个村成功创建AA级村落景区。

【小城镇建设】 2020年，横村镇抓项目进度，改善镇村环境。实施旧县至横村、老横村区块等道路提升工程，打造沿江绿道、独山古道等节点；引进物美超市、汉庭酒店等服务行业，新建集镇公厕、公共停车场等基础配套，推进“翡翠城”“望江月”“怡景花园”等房地产楼盘建设；完成11条“四好”农村路、11座农村饮用水单村供水站、8个农村文化礼堂建设。加强农村住房改造和地质灾害点管理，排查危房1080处，上报、改造9处C级、D级危房。完成胜峰、柳岩、柳茂和龙伏村村庄规划修编评审、公示。引进物业管理团队，11个小区完成业主委员会选举。

【生态环境建设】 2020年，横村镇高起点谋划、高质量建设、高标准运维，做好生态环保建设。投入3400余万元，完成双湖、徐家埠、校前弄等“污水零直排区”建设项目。投入1700万元，提升改造孙家、胜峰等11个村农村生活污水处理设施。关停淘汰落后产能，重点攻坚扬尘问题。协助环保督查，执法检查734次，下达整改意见50余份。26个村社、31个小区实现垃圾分类全覆盖。是年，白云村成功创建省级高标准农村垃圾分类示范村，杜预村“杜掌柜”、近江社区“绿色存折”垃圾分类特色品牌被评为县优秀志愿服务项目。

【平安横村创建】 2020年，横村镇首创“书记话平安”系列活动，消防警情、治安警情实现两连降，信访效能指数、积案化解率实现两连升。整治交通隐患点位127处，实现小区充电桩全覆盖，新建老旧小区微型消防站8个，组建火焰蓝消防巡查队，排查整改隐患1756处。组建18人的全科专业化网格员队伍，参与城区交通劝导、流动人口管理、消防排查、平安宣传等事务。是年，白云村获全国乡村治理示范村。培育近江社区“邻聚里”服务平台、暖阳志愿服务队等特色项目队伍。

【社会事业发展】 2020年，横村镇成功创建全县首家新时代“枫桥式”退役军人服务站。完成横村避灾安置中心和方埠村安置点规范化建设，完成无障碍设施进家庭和适老化改造项目，完成五保供养中心省级改造提升项目。是年，发放各类救助、慰问金664.5万元，百姓日幸福餐补助51万元。申报库区移民后期扶持项目7个，移民补助资金590万元。

【村社组织换届选举】 2020年，横村镇完成26个村（社区）换届选举。围绕“五好两确保”目标，坚持“五个100%”工作机制（调研摸底100%、宣传到户100%、研判部署100%、督促指导100%、履职尽责100%）。11月14日完成党组织换届工作，12月13日完成村（居）委会换届工作，12月22日完成股份制经济合作社、村监会换届，选出新一届村社两委班子163名，平均年龄41.7岁，村社换届考核列全县第一名。

【2020“白云之上”民谣音乐节】 2020年10月31日，横村镇2020“白云之上”民谣音乐节暨第三届丰收节在白云村开幕。白云村被评为中国新乡村音乐演艺交流基地，刘卓辉、洛兵、黄中原被聘为白云村艺术乡村建设顾问。通过举办音乐节，提升白云村知名度，推动艺术融入村庄建设、品牌打造、“三农”发展等各领域。

【圆通智创园项目征地拆迁】 2020年，圆通智创园项目完成前期土地征用签约。项目位于横村镇城东村徐家埠毛家后山地，投资约2亿元，涉及征用土地4.7公顷、征迁15户。项目规划设计快递物流服务、电商新零售运营、培训和创业孵化、科技创新、园区服务五大功能模块，建成后将涵盖智慧电商转运及仓储配送中心、电商产业园及电商孵化基地、行政综合办公楼及其他配套设施等。

【新冠肺炎疫情防控】 2020年，横村镇通过“提认识、广宣传、细摸排、强管控、常防控”五步筑牢健康底线。疫情防控期间，凤联村“宅急送”党员服务队、新举措推动生产加速度等做法被新华社、新华网、人民日报、浙江日报等主流等20余家媒体关注报道。

（孔云云）

2020年横村镇各行政村基本情况表

表49

行政村	行政村党组织书记	行政村主任	人口（人）	年人均收入（元）
湾下村	毛樟良（—2020年11月） 陈杭华（2020年11月—）	毛樟良（—2020年12月） 陈杭华（2020年12月—）	308	32977
横村村	朱勇军	周　杰（—2020年12月） 朱勇军（2020年12月—）	4913	35709
杜预村	姚兴军	华良国（—2020年12月） 姚兴军（2020年12月—）	1391	37176
城东村	张红明	张红明（2020年12月—）	4197	34916
龙伏村	王樟荣	王樟荣（2020年12月—）	1014	34186
阳山畈村	包洪弟	滕海炎（—2020年12月） 包洪弟（2020年12月—）	933	33286
板头村	邵洪德	陈炎明（—2020年12月） 邵洪德（2020年12月—）	758	34264
柳岩村	李世洪	吴爱良（—2020年12月） 李世洪（2020年12月—）	1667	33451
双溪村	程建军（—2020年11月） 余晓云（2020年11月—）	余晓云（2020年12月—）	1116	35674
方埠村	濮樟国	濮樟国（2020年12月—）	1590	37348
孙家村	许海锋（—2020年11月） 洪双琴（2020年11月—）	陆炎法（—2020年12月） 洪双琴（2020年12月—）	1749	35298
华凤村	曹　标	钱林根（—2020年12月） 曹　标（2020年12月—）	1003	33268
浪石村	陈小勤	陈小勤（2020年12月—）	582	34000
上唐村	陈　军	殷　明（—2020年12月） 陈　军（2020年12月—）	1715	34579
元村村	周海明（—2020年11月） 厉建民（2020年11月—）	厉建民	1387	32579

续表 49

行政村	行政村党组织书　记	行政村主　任	人　口（人）	年人均收入（元）
九岭村	俞振洪（—2020 年 11 月） 吴森钢（2020 年 11 月—）	吴森钢	1396	32039
胜峰村	柴国炎	柴国炎	3094	34433
东南村	方志明	吴金虎（—2020 年 11 月） 方志明（2020 年 12 月—）	1831	33420
柳茂村	洪献军	李炎林（—2020 年 12 月） 洪献军（2020 年 12 月—）	1523	34312
宅里村	王文汉	王文汉	1221	33794
香山村	赵　军	王清凉（—2020 年 12 月） 赵　军（2020 年 12 月—）	1086	34000
白云村	林雪标	袁国华（—2020 年 12 月） 林雪标（2020 年 12 月—）	1634	35110
后岭村	喻世明（2020 年 8 月—）	喻世明	1576	33106
凤联村	余伟标	余伟标（2020 年 12 月—）	2460	32830

·莪山畲族乡·

【概况】 2020 年，莪山畲族乡以继续建设“中国畲族第一乡”为目标，构建“一核一圈四区”（以集镇山哈风情街区为核心构建 15 分钟交通圈、生活圈、旅游圈，戴家山森林小镇、大尧山田园综合体、塘联农业小微园、莪山文创小微园四大发展空间，形成“农田连片、产业集聚、村庄集中”集约化发展布局），经济社会发展稳中有升，实现财政收入 5086 万元，比上年增长 3.4%；地方财政收入 927 万元，比上年增长 1.8%；农民人均收入 34803 元，比上年增长 15%。是年，获评全国文明乡、浙江省民族团结进步模范集体、县综合考评最佳班子，创建浙江省第四批省级旅游风情小镇、省级美丽城镇样板、省级 AAAA 级景区镇。

【农业农村经济】 2020 年，莪山畲族乡以整乡推进项目为支撑，以“粮、果、蔬”为基础，推进农业产业发展。创建“畲味莪山”品牌，打造塘联小微园区、大尧山粮油区块、中门新丰蔬菜基地。投入 175 万元，完成莪山民族村、中门民族村小农水提升改造，涉域面积 43.3 公顷。投入 1100 万元，完成尧山村精品村建设。投入 754 万元，实施农村生活污水处理设施提升改造，为全省农村生活污水现场会考察点之一。投入 500 万元，完成文创中心县级扶持集体经济项目。新增民宿 2 家，床位 17 张。是年，村集体经济收入 472.22 万元，其中经营性收入 243.68 万元，各行政村经营性收入超

莪山乡美丽城镇建设——西金坞村区块

30万元，莪山、塘联、沈冠、中门、新丰村村级债务清零，完成“5030”目标任务

【工业经济】 2020年，莪山畲族乡有工业企业50家，规模工业企业3家，新增规模工业企业1家。实现规模工业增加值1045万元，比上年下降40.8%；规模工业总产值6487万元；固定资产投资1.1亿元，比上年增长65.32%，完成目标任务244.8%；项目民间投资4941万元，完成目标任务164.7%；工业投资1944万元，完成目标任务194.4%。服务业增加值8360万元，比上年增长2.4%；社会消费品零售额1.02亿元，比上年增长7.5%；招引项目4个，其中亿元项目1个。推进文创中心、徐七线美丽精品示范路、非遗街区等重点项目建设，艺福堂、蜂产品技改、凤栖·西金坞特色红色村等项目签约落户。

【平安莪山建设】 2020年，莪山畲族乡化解矛盾纠纷800件，处理重大复杂纠纷案件10件，线上纠纷受理30件，化解率97%。检查安全生产、消防、建筑施工、交通等领域533家次，发现、整改隐患175处。制定出台“四个上管一级”“村级事务十六问”“村级工程过程化管理”“村级政治生态评价指标20条”等机制措施。与中国移动合作建立以“乡村智脑”为主体的综合信息指挥室。安装对重点区域、山林防火等实时预警“天眼”3个。完成精准投饵、环境监控、病虫害监测等系列工作数字驾驶舱。完成由监管平台、手机App及水质监测设备组成的5G水质监测系统。

【民生事业】 2020年，莪山畲族乡推进矿山关停和石材企业整治，深化垃圾分类、污水治理、厕改、美丽庭院建设等，实现污水零直排、垃圾四分类、全域景区化。完成尧双线、旧钟线、潘戴线“四好”农村路提升改造，优化全域旅游公交环线，缓解群众出行“最后一里”难题。推进城乡供水一体化改造，提升群众饮水保障能力。发布“幸福八条”，开放畲医畲药馆引进名老中医。建设首个5G+VR数字课堂。打造幸福莪山居家养老服务中心和残疾人之家，实现农村文化礼堂全覆盖，基本形成15分钟生活服务圈。

【全域土地综合整治】 2020年，莪山畲族乡以美丽城镇建设为契机，开展全域土地综合整治，做好拓增量、挖存量、求变量，最大程度激活土地利用潜能。完成9家石材企业3.1公顷低效用地整治，4.1公顷零星宅基地复垦项目，收储50余幢闲置农房用于招引开发高端民宿和休闲旅游产业。通过生态化造地、高标准农田建设，盘活低效用地，重整各类土地资源要素。高标准农田建设实现率83%，新增连片优质耕地28.8公顷，土地后备资源9.7公顷，储备产业空间5公顷，宅基地用地2公顷。是年6月17日上午，杭州市全域土地综合整治与生态修复工程现场会在莪山畲族乡举行。

【村级组织换届选举】 2020年7月14日，莪山畲族乡启动县村级组织换届试点工作。按过程稳、信访少、结构优原则，选出一批政治坚定、工作务实、能力出众的村干部队伍。村两委班子平均年龄比上届降低3.6岁，大专以上学历比上届提高

13.26%，实现至少1名大学生、1名30周岁左右年轻干部和1名女干部的目标，每个民族村配有至少1名少数民族干部。

【“全国少数民族5G示范应用第一乡”建设】 2020年7月22日，“全国少数民族5G示范应用第一乡”启动仪式在莪山畲族乡举行。国家信息中心信息化和产业发展部主任单志广、市政协主席潘家玮应邀出席，县长齐力致辞。莪山畲族乡于2020年1月正式启动全域5G网络建设，至年底实现5G信号全域覆盖。利用5G应用，打造“乡村智脑”，确定首批十大场景应用，智慧农业驾驶舱、直播间、乡创间、全域景区大数据检测、云课堂、智能居家养老服务站、智慧绿道、水质全天候检测等实现5G全区域覆盖、全产业融合、全场景应用。张剑博士工作站、中国美院风景建筑设计院等首批入驻乡创间。

【复工复产】 2020年，莪山畲族乡全力推进企业新冠肺炎疫情期间复工复产。制定出台纳税奖励、产业补助、转贷基金等“助企十条”政策，深化驻企联络、三联三送等服务机制，为企业复产提供保障。开展云游畲乡、云上“三月三”等系列活动，推动民宿产业复业。协调开通“绿色直通车”，帮助农业企业生产保供。

【莪山畲族乡入围世界休闲大会“金叶奖”】 第三届中国（北京）休闲大会上，莪山畲族乡“周末躲进原乡山野里”案例入围“2020北京平谷世界休闲大会”国际休闲生活方式案例“金叶奖”评选。2020国际休闲生活方式案例“金叶奖”评选活动案例遴选征集面向全球推广，于2020年7月中旬前提名30项案例作品入围终评。评审委员会从文化意义、共享意义、创新意义、社会意义和产业意义等方面评选出最终10项获奖案例作品，旨在向世界传递休闲健康生活新理念，发现“休闲生活目的地”，引领和倡导“国际休闲生活方式”，开启全民生态休闲新篇章。

（陈艺华）

2020年莪山畲族乡各行政村基本情况表

表50

行政村	行政村党组织书记	行政村主任	人口（人）	年人均收入（元）
塘联村	张平	姚国良	1289	35214
莪山民族村	姚樟水	蓝志炎	1967	34470
尧山村	姚世庆	潘明亮	1037	33523
沈冠村	黄金源	应潮林	1495	33787
龙峰民族村	雷天星	钟生明	1495	35451
中门民族村	姚朝水（—2020年7月） 姚鑫城（2020年7月—）	傅汉华	1042	33691
新丰民族村	钟春培（—2020年7月） 雷国良（2020年7月—）	雷国良	864	29918

·钟山乡·

【概况】 2020年，钟山乡围绕贯彻落实县委、县政府“六大攻坚战”总体部署，以推进“4+4”(打造快递回归示范区、农旅融合产业区、城镇综合服务区、石材石雕集聚区四大片区，推进快递大道改造、垃圾分类、招商引资和项目推进、平安建设）重点工作为抓手，全乡经济社会发展取得新成效。财政收入8991万元，比上年下降12.2%；地方财政收入1013万元，比上年增长12.5%；农村人均纯收入35389元，比上年增长11.5%。是年，被评为浙江省文明乡镇、省“五水共治”优秀乡镇、市“五水共治”二十佳乡镇。

【农业农村经济】 2020年，钟山乡编制农旅产业发展规划，推进农旅产业融合发展。成功申报省级农村产业融合发展示范园，形成以山地运动产业为轴心，精品水果产业带和休闲旅游产业带为两翼“一轴两带”新格局。大市蜜梨合作社被评为市级专业农民合作社，高峰蓝莓种植有限公司获国家高新技术企业。高峰村以“菜园文化”为主题建设精品村通过市级验收。樟祥家庭农场获省级示范性家庭农场。11个行政村完成集体经济收入“3020”（村级集体经济收入30万以上，其中经营性收入20万以上）目标，6个行政村完成“5030”目标。

【工业经济】 2020年，钟山乡有工业企业85家，规模企业2家，新增规模企业1家，

快递助力蜜梨销售

规模工业增加值825万元，比上年增长15.8%；规模工业总产值3148万元；固定资产投资1.8亿元，完成年度目标的257.2%；高新技术投资4183万元；项目民间投资5446万元；工业投资5176万元，完成年度目标任务207%；服务业增加值3.4亿元，比上年增长2%；社会消费品零售总额2.22亿元，比上年下降0.7%；网络零售1078万元，完成年度目标任务215.6%。签约项目7个，协议资金3.5亿元。新增限上服务业单位2家。投资10.2亿元的“快递之源”项目、投资1.2亿元的“陇西生活”项目正式签约。投资9800万元，占地2.7公顷的石材石雕小微园项目完成土地摘牌，确定建设方案。

【民生事业】 2020年，钟山乡出台《钟山乡困难群众临时救助办法》，推进城乡居民社会保障，确保惠农惠民政策落实到位。新增低保64户89人，取消低保户82户106人。临时救助24人，救济金6.65万元。举行“百年千名”助力小康助残捐赠仪式，中通快递为152位残障人士捐赠爱心电动轮椅。困难老年人家庭适老化改造项目纳入省、市为民办实事重点工程，19名老年人家庭完成适老化改造。乡敬老院实行“公建民营”，创成县级示范型居家养老服务中心。完成重度残疾人家庭无障碍设施改造11户。

【惠民实事工程】 2020年，钟山乡完成民生实事工程8个。启动“快递服务村村通工程”，实现行政村快递服务全覆盖。投资2600万元，完成快递大道（钟洛线）一期改造工程并实现通车。完成第一阶段石材行业整治。完成仕厦至洪山岭、城马线至后坑、陇清线、天井源至外棚等6条农村道路提升改造工程。投资980余万元，完成洪涝灾害中冲毁、冲空的210个点位的水利堤坝挡墙、堰坝和水渠修复工程。投资900余万元，完成中一村、钟山村、子胥村、夏塘村污水管网和终端建设。投资900余万元，完成农村生活污水处理设施提升改造项目。投资80.12万元，完成钟山小学教育设施维修改造工程。

【美丽乡村建设】 2020年，钟山乡投入1200万元，实施陇西村人居环境试点项目，完成道路设施、梯田区美丽田园、才子湖等项目建设。投资900余万元，完成农村生活污水处理设施提升改造。投资2500万元，实施农村饮用水达标提标工程、“污水零直排区”创建和固废堆场整治销号。投资900万元，实施天井潭水库、寺坞水库、林塘水库的除险加固工程。推进农村生活垃圾分类，组建“桶嫂”“桶管家”“桶先锋”“桶小青”队伍，垃圾分类正确率提升30%，垃圾减量10%，“桶嫂”等特色亮点工作被中央和省市媒体报道。开展环境卫生大整治专项行动。

【石材行业整治】 2020年，钟山乡开展石材行业整治。拆除“低小散乱”石材企业51家，涉及面积14公顷，处置违法用地13.2公顷，拆除存量违法建筑6万余平方米。制定《钟山乡石材产业布局规划》，中一工业园区、恒鑫铜厂、仕厦村工业园区建立小微园，总面积7.2公顷，整合混杂石材企业，从源头上规范企业发展，促进企业转型升级。

【平安钟山建设】 2020年，钟山乡持续深化“1+11”矛盾纠纷调解体系。建立乡班子成员“二四六”轮班接访制度和村书记每月15日接访制度，信访总量比上年下降21.9%，化解一批历史遗留信访积案。成立大市村“老娘舅梨园议事会”、陇西村“老娘舅湖畔议事会”议事平台。落实重大隐患按期整改责任制，定期排查各领域风险隐患。开展企业日常检查170余次，整改安全隐患243处。排查辖区内工业企业、“三合一”场所、老旧农民房、出租房、煤气供应站等重点场所50余处，整改安全隐患61处。组建村级义务消防队11支，邀请县消防大队专业培训。开展道路交通安全集中整治行动，处理违法违章车辆40余辆。

【快递产业回归】 2020年，钟山乡依托快递人服务中心，强化服务保障，引进“快递之源”“陇西生活”等重点快递产业项目，新注册快递关联项目公司15家，协调快递人家乡事232件，出版《钟山快递人》，增进快递人家乡归属感。快递业助力“三农”发展，帮助销售蜜梨8万箱、粽子10万只。

【快递大道改造】2020年3月，钟山乡快递大道改造工程启动，项目总投资2300万元，涉及徐家路段、魏丰王家桥路段、高峰天井潭水库路段等。钟洛线弯多坡急、平纵线形差，且临水路段常被洪水冲毁，未经防护的裸露边坡常发生石块坠落和土方坍塌，沿线通行能力差、安全隐患多。按照“一次规划、分段实施”要求，实施路基路面整修提升、沿线环境综合整治、节点景观打造等项目建设。一期工程于11月竣工通车。

【快递服务村村通】 2020年4月，钟山乡实施“快递服务村村通工程”，以集镇中转站和村便民服务中心为基础，由快递公司网点运营服务人员负责集镇中转站与各村便民服务中心的快递寄取工作，村民到村委办公楼即可寄取快递。是年，在全县率先实现行政村快递服务全覆盖，累计配送快递3万余件，快递进村率100%。

【新冠肺炎疫情防控】2020年，钟山乡为重点疫区返乡人员数量最多乡镇。启动返乡人员摸排，落实重点人员管控，实行交通管制，设立卡点116处，工作人员24小时在岗值班，350余名志愿者参与，186名重点人员实施管控。

（赵晓君）

2020年钟山乡各行政村基本情况表

表51

行政村	行政村党组织书　记	行政村主　任	人　口（人）	年人均收入（元）
中一村	胡明龙（—2020年5月） 胡方华（2020年5月—）	季法春（—2020年12月） 胡方华（2020年12月—）	2362	36765

续表 51

行政村	行政村党组织书　记	行政村主　任	人　口（人）	年人均收入（元）
钟山村	毛正国	吴勇富（—2020年12月） 毛正国（2020年12月—）	4650	33753
陇西村	蒋志芳	陆根洪（—2020年9月） 蒋志芳（2020年12月—）	1629	30968
城下村	洪华军	赖小平（—2020年12月） 洪华军（2020年12月—）	2299	34991
仕厦村	项柏泉	周炳兴（—2020年12月） 项柏泉（2020年12月—）	1155	31836
大市村	陶先林	戴柏良（—2020年12月） 陶先林（2020年12月—）	2715	33996
魏丰村	刘立泉	王学明（—2020年12月） 刘立泉（2020年12月—）	1038	27354
高峰村	麻樟生	滕雪根（—2020年12月） 麻樟生（2020年12月—）	1050	31925
子胥村	吴根贤	陈浪峰（—2020年7月） 吴根贤（2020年12月—）	1752	43643
歌舞村	郑土根（—2020年7月） 钟胜良（2020年7月—）	郑土根（—2020年12月） 钟胜良（2020年12月—）	1913	42176
夏塘村	刘莹军（—2020年8月） 刘忠言（2020年8月—）	郑志平（—2020年12月） 刘忠言（2020年12月—）	680	43441

·瑶琳镇·

【概况】 2020年，瑶琳镇围绕“12345”总体发展思路，经济社会各项事业稳步发展。是年，实现财政总收入8994万元，比上年增长0.8%；地方财政收入4022万元，比上年增长20.4%；农村居民人均可支配收入30153元，比上年增长1.9%。获国家全域旅游示范区创建先进集体。

【农业农村经济】 2020年，瑶琳镇完成《瑶琳镇现代农业产业发展规划（2020—2022）》《五带五十八规划》编制。推进中低产田改造、高标准农田项目建设，提升农业基础设施。实施新型农业经营主体培育，恒信农业完成茶体验区、茶树品种、主道硬化等基础设施建设，成功创建市级农业龙头企业。完成村集体经济创收“一村一策”编制。元川村实施重楼小苗种植培育项目；舒家村启动山核桃基地基础设施修建；高翔村推进村级小微产业园建设。行政村化债2220万元，集体经济收入1382万元，经营性收入706万元，完成30万元经营收入目标村12个。

【工业经济】 2020年，瑶琳镇有工业企业420家，规模企业12家，新增规模企业2家，规模工业增加值1.2亿元，比上年下降17.7%；规模工业总产值6.1亿元；固定资产投资1.7亿元，完成目标任务139.1%；高新技术产业投资4081万元，完成目标任务204.15%；项目民间投资4130万元，完成目标任务51.6%；工业投资1.1亿元，完成目标任务356.9%；电子商务4063万元，完成目标任务101.6%；招引亿元以上项目2个、亿元以下项目3个。引进锐驰机械智能水表生产项目，一期投资约5000万元，已完成厂房主体建设。恩成纸塑二期扩建项目投资1710万元，已投产。北方中意上马电力管生产项目，计划投资5050万元，已完成厂房主体建设。实施腾笼换鸟，原哈托利海托厂区引进祥煜电力，预计年产值1.5亿元，亩均税收超30万元。盘活低效用地8.1公顷，正大重工盘活厂区低效用地，引进鹏杰机械。推进三鹰小微园区建设，计划投资1.38亿元，园区设计建筑面积5.8万平方米，可集聚10—15家企业入驻，已进入方案审查和安评设计。

【小城镇环境综合整治】 2020年，瑶琳镇开展城市控规、城市设计、旅游规划、乡村振兴等规划编制。启动美丽城镇建设前期准备工作。全覆盖推进全域土地综合整治，实施建设用地复垦项目30公顷，盘活建设空间53.3公顷，解决农民建房、村级增收、公共配套、产业发展用地。实施启动神仙洞废物库处理处置项目。开展碧水行动交叉检查4次。落实河湖长效管理。完成中央生态环保督察反馈问题整改6件。开展“美丽杭州”创建百日集中攻坚行动。实施垃圾分类投放全覆盖，完成高翔村智能化垃圾分类收集系统试点工作。盘活新天地烂尾楼。

【全域旅游建设】 2020年，瑶琳镇启动《瑶琳镇旅游专项发展规划》《风情小镇创建专项规划》编制。投入150余万元，完成“小镇会客厅”建设和重要节点旅游标识标牌建设，举办2020国家登山健身步道联赛浙江区选拔赛、“瑶池宴瑶琳美食武林英雄汇”厨艺大赛。引进飞拉达、蹦极、高空秋千等新兴项目。霍普曼探索完善甜蜜小镇建设，引进新项目、新产品，填补工业旅游空白。是年，受新冠肺炎疫情影响，景区接待游客76.6万人次，比上年下降52.5%；旅游收入0.43亿元，比上年下降58.3%，其中户外拓展企业接待游客4.14万人，收入541.1万元。

【美丽乡村建设】 2020年，瑶琳镇完成高翔村、姚村村、桃源村省新时代美丽乡村达标创建。投资1125万元，完成何宋村精品村建设。推进“四好”农村路建设，实施道路提升改造15条20余公里。开展农村户厕改造，无害化卫生厕所普及率98.47%。投资1341万元，完成农村饮用水达标提标建设。投资2550余万元，实施农村生活污水处理设施提升改造。

【社会综合治理】 2020年，瑶琳镇推进法治政府建设，出台《瑶琳镇法治政府建设实施方案》。借鉴“枫桥经验”，健全人民调解委员会组织架构18个。完善信访处理机制，实行包案领导、镇干部、村干部、网格员四级联动责任制，信访总量697件，比上年下降23%。普及村级“微法庭”，将法治力量延伸基层一线。加强企业安全生产管理，排查整改问题739个。开展道路交通安全隐患整治，缺少安全护栏临水临崖道路整改4.5公里；农村公路“五个一”隐患点位整治16个；208省道瑶琳重点路段安装智能交通信号灯系统2处。开展食品安全百日专项整治，查处食品安全案件5件。

【民生事业】 2020年，瑶琳镇完成全国文明城市复评。打造皇甫村“稻草基金”、大山村“孝心监控2.0”品牌。成立瑶琳镇教育基金分会，募集资金126.5万元。实施“护校安园”专项行动，完成问题整改12处。开展低保专项治理，低保、低边、特困持证人数下降20%；低保边缘户专项治理，注销264户。低保申请办理62户；临时救助42人；实施助学助困32人。新增享受独生子女家庭奖扶人数128人，特扶3人。完成20户困难群众建房救助。落实好残疾人“两项补贴”政策，发放困难残疾人生活、护理补贴1179人。为肢体残疾人发放轮椅180台。

【十大民生实事工程】 2020年，瑶琳镇实施十大民生实事工程：皇甫老大桥改建。投资7000万元，完成分水江沿岸盗砂整治、防洪堤绿道建设、江滨公园提升、蓄水坝建设等。推进姚村、桃源、东琳、高翔、琴溪、元川、何宋、百岁、舒家、大山、文源、潘联等12个村16条道路21.5公里提升改造，改造病危桥项目3个。完成百岁、何宋、文源、舒家、东琳、琴溪、潘联、后浦、元川、高翔村153个污水处理设施改造和翻修。完成分水水厂至瑶琳总管网铺设项目，永安、何宋（部分）、毕浦、东琳、后浦、元川、潘联（部分）、高翔、琴溪实施自来水管网铺设和一户一表安装；新建百岁、文源、舒家、桃源村13个供水站，新增净化消毒设备，实施管道铺设、水表安装等工程。完成皇甫、姚村、桃源、毕浦、文源、何宋、百岁、后浦、琴溪、元川、高翔村河道堤防、山塘、渠道等水毁水利设施修复。新卫生院迁建，占地1公顷，建筑面积6000平方米，床位72张。新增、更换镇机关、行政村、农村家庭户四分法垃圾桶，完成高翔村积分兑换场地改造，引进智能化分类系统；更换提升镇垃圾中转站处理设备。推进瑶琳境内低压农用线路绝缘化改造、台区内低压线路重新规划和供电能力提升改建，涉及16个自然村28个台区。实施毕浦小学危墙维建，幼儿园操场草坪悬浮地板更换、下水道重修、厕所改建等工程。

2020年11月22日，2020国家登山健身步道联赛浙江区选拔赛（桐庐站）在瑶琳镇举行

【亚运会马术项目建设】 2020年，瑶琳镇亚运会马术主场馆开工建设。完成临时赛道、国内马匹隔离场、110千伏林场变、皇甫老大桥改造、分水江（瑶琳段）水环境提升等项目的用地政策处理。投入1400万元，推进无疫区建设，完成辖区马属动物迁出和5公里范围内易感动物养殖场搬迁，涉及养殖场11家、马属（易感）动物6358只（匹）。

【临建高速项目服务保障】 2020年，临建高速瑶琳段项目完成征迁“三清零”。征迁房屋68户，征用土地87.7公顷，迁移青苗668户。完成3.3公顷安置区块土地平整。投入1600余万元，推进“三线”迁改。妥善处理失地养老保险安置，涉及群众508人。调处信访矛盾142件。

【国家登山健身步道联赛总决赛浙江区选拔赛在瑶琳举行】 2020年11月22日，国家登山健身步道联赛总决赛浙江区选拔赛在瑶琳举行。比赛分专业组和体验组，专业组赛道30公里，最低海拔17米，最高海拔728米，累计爬升1445米；体验组赛道5.5公里，最低海拔17米，最高海拔130米，累计爬升168米。参赛人员从杭州2022年第19届亚运会马术项目建设主场馆出发。经过角逐，男子专业组前三名为张交、谢斌、王申申，女子专业组前三名依次为方苗苗、周卫琴、施爱苹。

【村级组织换届选举省级试点】 2020年7月，省村级组织换届选举试点工作在瑶琳镇展开。选举产生村两委班子成员98名，平均年龄43.8周岁，其中35周岁以下24人，大专及以上学历42人，村干部年龄、学历等指标优化提升。16位村书记通过法定程序被选为村委会主任，实现“一肩挑”。

（谢　媚）

2020年瑶琳镇各行政村基本情况

表52

行政村	行政村党组织书记	行政村主任	人口（人）	年人均收入（元）
潘联村	徐洪展	徐洪展	815	27533
姚村村	向移苟（—2020年8月） 沈华明（2020年8月—）	向移苟（—2020年8月） 沈华明（2020年8月—）	3004	29128
皇甫村	叶芳忠	叶芳忠（2020年8月—）	3076	36084
桃源村	许建英	巫剑鑫（—2020年8月） 许建英（2020年8月—）	2412	36588
东琳村	皇甫权国（—2020年8月） 吴世军（2020年8月—）	吴世军	4989	28954
毕浦村	王金木（—2020年8月） 张　力（2020年8月—）	钱　勇（—2020年8月） 张　力（2020年8月—）	1598	28877
永安村	高江平（—2020年8月） 王红强（2020年8月—）	冯文军（—2020年8月） 王红强（2020年8月—）	1918	40709
何宋村	李建芳	仰长林（—2020年8月） 李建芳（2020年8月—）	1987	29100
大山村	洪正明	洪正明（2020年8月—）	983	30040
文源村	郑联华（主持工作） （—2020年8月） 金建国（2020年8月—）	沈金龙（主持工作） （—2020年8月） 金建国（2020年8月—）	1457	22770
舒家村	项戴笠（2020年8月—）	胡卫平（—2020年8月） 项戴笠（2020年8月—）	989	36673
百岁村	刘正荣	赵荣炳（—2020年8月） 刘正荣（2020年8月—）	2756	26340
元川村	赵炳生（—2020年8月） 金　炎（2020年8月—）	袁庆生（—2020年8月） 金　炎（2020年8月—）	1451	28060
后浦村	袁德勤（—2020年8月） 王叶军（2020年8月—）	袁德勤（—2020年8月） 王叶军（2020年8月—）	1562	22950

续表 52

行政村	行政村党组织书　记	行政村主　任	人　口（人）	年人均收入（元）
高翔村	汪　勤	喻来贤（—2020 年 8 月） 汪　勤（2020 年 8 月—）	2604	23117
琴溪村	王小军	王小军（2020 年 8 月—）	3097	31112

·分水镇·

【概况】 2020 年，分水镇以打造“两镇一地”（全省美丽城镇样板镇、基层治理现代化示范镇、新时代乡村生活样板地）为目标，抓经济、抓建设、抓改革、抓民生，完成经济社会发展年度目标任务，实现财政总收入 3.4 亿元，比上年增长 7.8%；地方财政收入 1.2 亿元，比上年增长 39.8%；农村居民人均可支配收入 39678 元，比上年增长 33.5%。是年，分水镇被评为浙江省美丽乡村示范镇，列入首批中国特色小镇名单，成功创建国家 AAA 景区城镇，入选浙江十大美丽宜居小城镇。

【农业农村发展】 2020 年，分水镇粮食播种面积 10786.7 公顷，产量 6500 吨。建设高标准农田 799.3 公顷，实施西坞水库综合整治工程；投资 2995 万元，完成 29 个饮用水单站工程。培育白茶、油茶、青笋、中药材等基地 866.7 公顷；幼林抚育面积 237.3 公顷，绿化造林面积 107.7 公顷；是年，村级集体经济总收入 3327.31 万元，其中经营性收入 2168 万元，26 个行政村完成“5030”目标。举办丰收节、收割节、古树节等活动。

【工业经济】 2020 年，分水镇有工业企业 1663 家，其中制笔 506 家，新增规模企业 8 家。规模工业增加值 3.1 亿元，比上年下降 8.6%；规模工业总产值 15.8 亿元；固定资产投资 8.1 亿元，完成年度任务 118.5%；工业投资 3.56 亿元，完成年度任务 177.9%；民间项目投资 3.3 亿元，完成年度任务 217.7%；高新技术投资 3.3 亿元，完成年度任务 334.4%。电子商务销售 11.31 亿元，其中跨境出口 5102 万美元。社会消费品零售额 13 亿元，比上年下降 5.8%；服务业增加值 10.7 亿元，比上年增长 1.2%。招引签约项目 7 个，总投资 8.59 亿元，完成意向签约项目 4 个。中高端智造产业基地、智能制造产业园与浙江大学、温州大学等高校开展战略合作，引进高端优质产业，引领传统产业转型发展。共建模具智能制造中心、制笔技术创新中心等重大公共服务平台项目

分水蜜蜂小镇入口

合作签约4个，落地项目1个。出台《推进制造业高质量发展和传统产业转型升级23条意见》，兑现企业补助1127.6万元。完成杭州市高层次人才分类认定D类人才2人、E类人才6人。

【产业平台建设】 2020年，分水镇“一体七园”的模具园、电商孵化园、电镀园、喷涂园、文具产业园建成运营，集聚各类企业65家。拉丝园一期项目开工建设，二期项目完成征地。天英小微园一期、柘坞小微园将投产使用。省级笔业产业创新服务综合体建成“线上+线下”公共服务平台，引进服务机构43家，建立六大研发中心，研发关键性项目19项，申报知识产权43项；新增国家高新企业3家，制笔企业首次获评2家。拓展营销平台，承办中国礼品行业百强桐庐峰会，举办第七届中国笔业博览会。与“拼多多”等网络营销平台合作，建立线上区域品牌馆，入驻企业17家。是年，笔业产业创新服务综合体通过省科技厅综合体验收考核。

【民生事业】 2020年，分水镇打造养老生活服务示范带，创建省级示范型居家养老服务中心2家，其中分水康瑞养老服务中心被国家卫健委授予全国“敬老文明号”，引进民营资源创建阳光幸福家园养老院。新增村级避灾所1家，田园社区1家。推进“四好”农村路建设项目25个，建设断头路11条，合计里程36公里。新客运中心、消防救援站、智慧停车系统启用，分水农贸市场建成招租。投资874万元，实施16个村21个水毁工程项目。完成国家卫生镇市级督查，创成市级示范小区3个。

【平安分水建设】 2020年，分水镇依法开展各类专项整治52起，制止纠正违法行为1600余起，排查安全隐患376个，发出各类执法文书560份，调处化解矛盾95起，摸排六小行业560家。开展交通安全隐患排查，整治交通隐患点48处；加强校园周边环境集中整治，出动人员200余次。处理信访1400件，县领导包案信访5件，化解国家级新增、重复信访专项交办积案8件。是年，获浙江省县乡法治政府建设“最佳实践”奖，浙江省县乡法治政府建设“最佳实践”单位。

【美丽乡村建设】 2020年，分水镇实施《分水镇美丽城镇建设行动方案》，以“高品质建设美丽乡村3.0版，全面打造新时代乡村生活样板地”为目标，成功创建国家AAA景区城镇，武盛村、富源村AAA景区村庄，里湖村、徐桥村AA级景区村庄，九龙绿道获杭州市最美绿道。完成26个村多规合一规划编制，推进生态养生带建设项目43个，复耕建设用地4公顷。推进中国蜜蜂小镇建设，完成蜂产品孵化中心、展示展销体验中心装修。谋划“五大乡村”建设项目，重点推进大路数字乡村、后岩法治文明乡村建设，培育大路产业增收项目，小源、塘源创成精品村，完成一事一议项目13个。开展垃圾分类，建成小区垃圾厢房36个，创成市级垃圾分类示范小区3个，示范村6个。

【村社组织换届省级试点】 2020年7月，分水镇为浙江省村社组织换届工作试点单位。按照选出忠诚担当好头雁、堪当重任好班子、创业奋进好气象、风清气正好生态、干群齐心好局面总目标，以事业选人、“六事定人”机制为抓手，将晒绩鉴事、党群提事、两委议事、镇街审事、民主定事、竞选领事六个环节贯穿村社换届选举工作，选举政治强、敢担当、能带富、善治理、口碑好的村两委班子成员。镇28个村社产生新一届两委班子205人，其中党组织成员116名，村（居）委会成员89名，平均年龄41.2周岁，较上届下降7.3周岁。大专以上人员79人，35周岁以下村党组织书记4人，32周岁以下村社干部实现全覆盖。28个村社参选率96.26%，“一肩挑”平均得票率为92.79%。

【美丽城镇省级样板创建】 2020年，分水镇开展美丽城镇创建省级样板行动，编制美丽城镇行动方案。投资6.5亿元，实施创建项目64个。提升城镇“五力”（产业集聚力、城镇辐射力、便民服务力、环境承载力、综合竞争力），打造产业之城、文旅之城、魅力之城、温暖之城、生态之城，实现全域提质。通过“2511”工程助力传统产业转型升级与制造业高质量发展；挖掘南堡文化、状元文化、隐逸文化等历史资源发展乡村旅游；整治生态环境，创建“污水零直排”示范区，实施垃圾分类“十百千”工程。推进全域景区化建设，创建国家AAA级景区城镇，入选浙江十大美丽宜居小城镇。

【国企改革】 2020年，分水镇推进国企改革，整合12家镇属国有公司，注销合并7家，保留5家，通过股权划转、增加资产、增厚资本，做强平台，小城市公司由镇级平台升格为县级平台。探索公共投资项目代建代管模式，完成64个项目入库，总投资3亿元；委托第三方实施工程过程审核把控，节约资金1500余万元。推进国有企业内审监督全覆盖，开展镇属一级国有企业内部审计，实施《2017—2019年度分水镇小城市建设开发有限公司财务收支审计》等一批审计项目。内审项目《桐庐县分水镇对桥东村2017—2018年财务收支审计》获2020年度杭州市一等奖。

【分水湾新城建设】 2020年，分水镇分水湾新城建设城市设计项目启动，以新型城镇化为动力，拓展发展新空间，合理规划分水湾新城、网易产业园、天英产业园与固废园区产业布局，调优发展用地和产业结构。以东溪、天英区块为发展主阵地，推进沿江土地征收与外沈家畈整体搬迁。推进玉华区块、天英中渡农户与低小散企业排摸搬迁，腾挪产业发展空间，打通老城区与新城区“升级转换”通道，实现城区有机更新与园区丰满提质“双达标”。

【第七届中国笔业博览会】 2020年10月15日，第七届中国笔业博览会在分水开幕。中国制笔协会理事长王淑琴、副理事长吴少平，县领导齐力、俞建华、郑为民参加开幕式。博览会为期3天，500家企业参展，格力模具、白雪文具、派克、蓝图等行业知名品牌企业参展，15个文具行业顶尖设计师和20余个头部IP参加，众多零部件厂家和机械设备厂家出席，专业采购商1万余人。本次博览会展品分书写工具、绘图文具、收纳文具等全品类产品。浙江大学技术转移中心服务项目、深圳晟邦公司品牌策划与营销服务项目与桐庐制笔协会达成合作。展会期间，举办中国制笔行业文创联盟成立大会、文具行业创新设计对接峰会等活动。

（吴哲滨）

2020年分水镇各行政村、社区基本情况表

表53

行政村 社　区	行政村、社区党组织 书　记	行政村、社区 主　任	人　口 （人）	年人均收入（元）
武盛村	李　鑫	蒋义平（—2020年9月） 李　鑫（2020年9月—）	5083	38338
城西村	刘　祥	龚青山（—2020年9月） 刘　祥（2020年9月—）	1897	36597
天英村	吴泉生	韩正明（—2020年9月） 吴泉生（2020年9月—）	3263	35935
塘源村	燕鹏飞	燕鹏飞	2113	35860
里湖村	王海鹏	金　杰（—2020年9月） 王海鹏（2020年9月—）	1898	34725

续表 53

行政村 社　区	行政村、社区党组织 书　记	行政村、社区 主　任	人　口 （人）	年人均收入（元）
儒桥村	练林平	陈关根（—2020 年 9 月） 练林平（2020 年 9 月—）	1638	32690
大路村	查正文（—2020 年 9 月） 申屠超仕（2020 年 9 月—）	陈林华（—2020 年 9 月） 申屠超仕（2020 年 9 月—）	2802	34810
桥东村	丁都君	周爱华（—2020 年 9 月） 丁都君（2020 年 9 月—）	1378	29805
东溪村	林　斌	程军祥（—2020 年 9 月） 林　斌（2020 年 9 月—）	3898	37689
三合村	朱雪强（—2020 年 9 月） 缪文荣（2020 年 9 月—）	郎金淦（—2020 年 9 月） 缪文荣（2020 年 9 月—）	1719	34702
新龙村	叶洪波（—2020 年 9 月） 汤军华（2020 年 9 月—）	胡连平（—2020 年 9 月） 汤军华（2020 年 9 月—）	1374	33885
怡华村	徐　勤	王苏波（—2020 年 9 月） 徐　勤（2020 年 9 月—）	769	31509
百岁坊村	卢月明	汪贤钧（—2020 年 9 月） 卢月明（2020 年 9 月—）	2329	31009
外范村	华　亮（—2020 年 9 月） 毛祝华（2020 年 9 月—）	洪解军（—2020 年 9 月） 毛祝华（2020 年 9 月—）	1743	25292
高联村	毛春宝	李金良（—2020 年 9 月） 毛春宝（2020 年 9 月—）	1142	29940
保安村	张启勇	张国豪（—2020 年 9 月） 张启勇（2020 年 9 月—）	1985	26652
小源村	江远战（—2020 年 9 月） 费　彬（2020 年 9 月—）	费　彬（—2020 年 9 月）	2245	27423
徐桥村	胡志兵	张希才（—2020 年 9 月） 胡志兵（2020 年 9 月—）	1220	28434
盛村村	徐坚钢	徐坤荣（—2020 年 9 月） 徐坚钢（2020 年 9 月—）	1388	23417
三溪村	周国清	林土炎（—2020 年 9 月） 周国清（2020 年 9 月—）	762	27874
太平村	刘黎明	刘祝平（—2020 年 9 月） 刘黎明（2020 年 9 月—）	1358	28652

续表 53

行政村 社 区	行政村、社区党组织 书 记	行政村、社区 主 任	人 口 （人）	年人均收入（元）
朝阳村	郎一元（—2020 年 9 月） 任雪莲（2020 年 9 月—）	柯金炎（—2020 年 9 月） 任雪莲（2020 年 9 月—）	1189	26505
富源村	王关友	方海忠（—2020 年 9 月） 王关友（2020 年 9 月—）	1345	28127
三槐村	季国红（—2020 年 9 月） 朱 琳（2020 年 9 月—）	储高弟（—2020 年 9 月） 朱 琳（2020 年 9 月—）	886	28360
砖山村	郑根法（—2020 年 9 月） 陈云峰（2020 年 9 月—）	柴春跃（—2020 年 9 月） 陈云峰（2020 年 9 月—）	991	29675
后岩村	沈柏潮	沈柏潮	539	27972
分江社区	吴忠美	余 靖（—2020 年 9 月） 吴忠美（2020 年 9 月—）	2577	——
玉华社区	陆一萍	胡 玥（—2020 年 9 月） 陆一萍（2020 年 9 月—）	3902	——

·百江镇·

【概况】 2020 年，百江镇围绕发展建设“庄园小镇·戏水天堂·旅游高地”目标，推进“游在百江、住在百江、康养百江”总体布局，做好“六稳、六保”工作，打好七大攻坚战，全镇经济社会发展取得新进展。实现财政总收入 1646 万元，比上年增长 4%；地方财政收入 630 万元，比上年增长 2.9%；农民人均收入 3.05 万元，比上年增长 12.9%。是年，获杭州市“国家卫生镇（2020—2022）”、杭州市消除集体经济薄弱先进集体称号。

【农业农村经济】 2020 年，百江镇推进乐水小镇、田园综合体建设，通过科创 + 文创 + 助力产业振兴，稻香樱语农业科技园区建设项目为县首个省级农科园区、省级粮油产业园区。完成 12 个村乡村振兴规划编制。全域土地综合整治工作入选国家级试点项目。新增建设用地复垦 23.3 公顷，累计立项实施项目 7 个 12.9 公顷；完成垦造水田项目 3 个 14 公顷，新立项实施项目 7 个 12.9 公顷；完成高标农提升项目 9 个 56.5 公顷，新立项实施项目 4 个 37.1 公顷；完成批而未供等“三块地”盘活 3.7 公顷。天子地景区被列入国家级森林康养基地建设名单，省级旅游风情小镇、省级森林休闲康养小镇、市级整乡镇推进产业项目被列入培育创建名单，双坞村创成 AAA 级景区村庄。

【工业经济】 2020 年，百江镇有工业企业 51 家，新增规模工业、服务企业各 1 家。新签约项目 9 个，总投资 3.5 亿元，其中亿元项目 2 个。固定资产投资 11476 万元，完成目标任务 255%；工业投资 2341 万元，完成目标任务 234.1%；项目民间投资 7484 万元，完成目标任务 249.5%；服务业增加值 10634 万元，比上年增长 1.9%；社会消费品零售额 16139 万元，比上年下降 7.6%。快递回归投资项目开工建设，百源湖项目完成一期旅游接待中心；大野水岸项目开工建设；天子地玻璃桥项目完成土地招拍挂供地

2020年10月11日，稻香百江田园音乐节举行

程序。新冠肺炎疫情防控期间，171家企业复工复产，通过就业直聘会、专车抢人、亲清在线政策兑现等服务，为49家企业解决保障、采购、运输、人员、资金等问题。

【全域旅游建设】 2020年，百江镇农文旅产业深度融合，百果之乡建设实质进展，现代农业孵化园项目开工建设，与省市农科院合作引进水果节瓜、基质蓝莓、无籽沃柑等新品种；抓“云上经济”，以直播+主播带货模式组织田园音乐节、主播带你游百江、“武林夜市”展销等系列旅游节庆活动，拓宽农产品市场。19家“七彩民宿”改建升级，增加床位120余张，产业集聚效益凸显；推进农旅小镇建设，创建1个AA级、7个A级景区村庄。天子地景区获首批“国家级森林康养基地”。是年，接待游客70余万人次，旅游、农产品销售等收入突破7800万元。

【生态环境整治】 2020年，百江镇拆除新增违建8处790平方米、既有违建19处7600余平方米，对1317个疑似违建图斑进行核查。排查整治小微水体50余处，7条主要河流水质Ⅱ类以上；完成集镇内环线景观游步道工程，基本完成集镇污水设施再提升工程，完成水郭翰林精品线路等6个项目，完成 35.7公里绿道串联，完成观景新平台建设；开展全国文明城市复评迎检和镇域环境大整治；美丽庭院整治915户；举办垃圾分类培训讲座13场，发布宣传稿160篇，其中国家级媒体报道5篇、省级媒体报道27篇、市级媒体报道12篇，全镇垃圾分类准确率达99%。5个村被评为垃圾分类省市示范村。是年，成功创建国家级卫生乡镇。

【民生事业】 2020年，百江镇完成12个省市民生实事工程。其中农村饮水提标达标项目完成2个水厂、11个单村供水站和83公里主支管铺设建设，受益人口1.6万人。投入2000万元，完成12条“四好农村路”提升改造，总里程18.34公里；投入891万元，完成镇民生实事项目10个。完成地质灾害治理工程及应急排险工程10个、廊桥牌坊治理2座，不动产确权登记1700余户。完成27户困难群众危旧房救助；慰问60周岁以上老人4287人；保障低保困难群众460余户，清退低保人员17人。建成运维市场化养老机构1家。对失地农民养老保险历史遗留问题开展专项清理，妥善处理175户，资金1825万元。投入43万元，实施花坛葬公墓建设。小京村A级和联盟村B级农村家宴中心完成验收。

【新冠肺炎疫情防控】 2020年，百江镇克服疫区返乡人员多、居家监测点位多、卡口分散管控难压力大，164名重点疫区返乡人员无感染，500多名居家隔离无外出。防疫期间，98名乡贤捐款捐物52万余元。

【快递人慈善基金】 2020年，百江镇筹集快递人基金慈善捐款73.32万元，帮助大病家庭61户，发放大病救助金22.5万元。贫困助学12人，困难群众临时救助200余人，实施困难家庭危旧房救助33户，慈善基金会工作被杭州电视台宣传报道。

【平安百江建设】 2020年，百江镇开展“四无村创建”，处置各类信访328件，问题解决率95%；化解矛盾纠纷500余件，成功化解上访22年的徐云姣等4名重点信访积案；推进平安村创建，39名专职网格员阻止违建行为13起、非法盗采10起、非法电鱼15起。开展“平安三率”宣传，发送宣传短信47.2万余条，提升群众知晓率、参与率、安全感。投入60万元，建成应急救援站1个、综合救援库室 15个；对辖区1056间老旧民房进行消防检查，排查治理火灾安全隐患点260个；对镇域15个重要交通卡点实行“两站两员”制度，劝导不文明行为1100余人次。

【桐庐“稻香樱语”生态农业科技园区】 2020年，桐庐“稻香樱语”生态农业科技园区建设项目被列入省级创建名单。园区规划总面积746公顷，分核心区和辐射区两大板块。核心区占地293公顷，依托院士领衔专家团队，聚力建设“一院两园三中心”（一个优质稻米品质生物学技术研究院，现代农业科技孵化园和星创天地产业园及新品种引试示范中心、新模式种植中心、新技术推广中心）；辐射区占地453公顷，打造“两带三基地”（农旅融合带和生态水果带；农技农机推广基地、国家森林康养基地、农产品加工基地）。是年，完成农业科技示范园区规范方案，优质稻米品质生物学技术研究院动工建设。

【稻香百江田园音乐节】 2020年10月11日，稻香百江田园音乐节在百江镇省级田园综合体区块联盟村举行。启动仪式上肖邦国际艺术中心、杭州西子画院、北京袈蓝等多家文创企业与百江镇签订合作协议。活动分设音乐欣赏、稻田迷宫、稻田涂鸦等活动。直播网红进行线上推销售百江特色农副产品。音乐节期间，网络直播带货成交额11.5万元，吸引300多万网民关注。活动被人民日报、浙江日报、杭州日报等20余家媒体报道。新华社发布的《稻田里的音乐会》，获得100万人次点击浏览。

【村级组织换届】 2020年10月14日，百江镇村级组织换届工作启动，15个行政村选举产生村两委班子成员93人（含书记），其中女性28人（书记2人），村两委平均年龄43岁，较上届降低3.4岁，大专以上学历25人，较上届提高4.1%。

【大野水岸度假村建设】 2020年11月，百江镇大野水岸度假村动工建设。项目投资1.5亿元，为桐庐快递人回归重点项目。依托百江良好自然生态资源，建设集养生、休闲、度假、娱乐、体验为一体的高档休闲养生度假基地。

（翁燕萍）

2020年百江镇各行政村基本情况表

表54

行政村	行政村党组织书记	行政村主任	人口（人）	年人均收入（元）
双坞村	潘志敏	潘志敏	594	31109
联盟村	臧社军	邵华军（—2020年11月） 臧社军（2020年12月—）	3020	34160

续表 54

行政村	行政村党组织书　记	行政村主　任	人　口（人）	年人均收入（元）
金塘坞村	钟玉明（—2020 年 11 月） 蓝晓玲（2020 年 12 月—）	钟玉明（—2020 年 11 月） 蓝晓玲（2020 年 12 月—）	351	28118
百江村	郑爱华（—2020 年 11 月） 陈军红（2020 年 12 月—）	吴玉坤（—2020 年 11 月） 陈军红（2020 年 12 月—）	3247	32648
奇源村	谢春明	王文军（—2020 年 11 月） 谢春明（2020 年 12 月—）	894	34031
苎坑村	江春法（—2020 年 11 月） 梅樟平（2020 年 12 月—）	梅樟平	767	29115
乐明村	徐　文	朱　敏（—2020 年 11 月） 徐　文（2020 年 12 月—）	1144	29604
罗山村	蒋伟军（—2020 年 11 月） 黄　锋（2020 年 12 月—）	黄卸平（—2020 年 11 月） 黄　锋（2020 年 12 月—）	1173	28747
松村村	胡伟平（—2020 年 11 月） 陈国栋（2020 年 12 月—）	陈树平（—2020 年 11 月） 陈国栋（2020 年 12 月—）	1494	29038
钱家村	邓加富（—2020 年 11 月） 汪菊珍（2020 年 12 月—）	邓加富（—2020 年 11 月） 汪菊珍（2020 年 12 月—）	1230	29978
小京村	邱国平（—2020 年 11 月） 邱建华（2020 年 12 月—）	胡关宝（—2020 年 11 月） 邱建华（2020 年 12 月—）	1283	30665
后河村	吴立鑫	吴立鑫	1000	29865
东辉村	杨荣寿（—2020 年 11 月） 项　军（2020 年 12 月—）	杨荣寿（—2020 年 11 月） 项　军（2020 年 12 月—）	1689	28120
郭村村	黄水林	朱国根（—2020 年 11 月） 黄水林（2020 年 12 月—）	778	28585
翰坂村	赵金峰	徐江采（—2020 年 11 月） 赵金峰（2020 年 12 月—）	878	30076

·合村乡·

【概况】 2020 年，合村乡围绕“全力创建乡村振兴示范标杆、全面打响生仙里全域景区品牌”目标，打造“农文旅融合样板、社会治理标杆、党建引领示范”，经济社会保持持续良好发展态势。实现财政总收入 985 万元，比上年增长 0.9%；地方财政收入 250 万元，比上年增长 0.3%；农民人均收入 23400 元，比上年增长 11.8%；服务业增加值 5925 万元，比上年增长 1.6%；社会消费品零售额 12489 万元，比上年增长8.7%；固定资产投资总量5655万元，完成年度任务125.7%；项目民间投资3125万元，完成年度任务104.2%；生态环保和公共设施投资2316万元，完成年度任务231.6%。是年，获全市“四好农村路”示范乡镇、浙江省消除集体经济薄弱村工作成绩突出集体称号，后溪村创成省级美丽河湖。

【农业农村经济】 2020年，合村乡实施整乡镇推进山区农业产业发展项目，统一指导、规模种植、集中收购，为经济薄弱村和低收入农户增收致富。做强农业主体培育，成功申报市级专业合作社1家、县级龙头企业1家、县级示范家庭农场1家、县级专业合作社1家，拥有省级科技示范户1位，新型职业农民45位，农业养殖大户12位，种植大户15位。行政村完成“5030”工作目标。

【全域旅游建设】 2020年，合村乡按照全域“两心一轴三片区”功能布局，完成生仙里国际滑雪场、雅鲁激流闯滩、竹溪乐园等现有项目提档升级。探索以赛促游，举办生仙里半程铁人三项赛，杭州、宁波、温州等地260余名专业选手参加，新华社、浙江日报、浙江新闻客户端等媒体报道。提升合村总体交通环境，实施“四好农村路”建设项目16个。投资1100余万元，建设高凉亭隧道。是年，新增民宿18家，接待游客77.66万人次，实现旅游收入6282万元。

合村“国土空间规划、全域土地整治大家谈”活动

【环境综合整治】 2020年，合村乡开展“创五美、治五乱”专项整治，投入512余万元，实施农村生活污水改造，实现农村生活污水处理终端及管网建设全覆盖，接入户数721户，受益2662人。拆除违建3000余平方米。做好域内临水、临崖安全隐患排查，完成3个点位320余米的公路护栏建设项目及7个点位的警示标牌建设；探索“垃圾小分类、社会大治理”模式，建成“垃圾分类变废为宝馆”“垃圾分类村级回收部”，全乡生活垃圾回收量同比下降10%，清洁桐庐综合排名小组第一。

【民生保障】 2020年，合村乡继续推进低收入农户“两不愁三保障”工作，开展救助帮扶，对281户低保户实行动态管理，清理核销低保户58户64人，发放低保救助金244.9万元。做好城乡居民医疗保险，投入配套资金92万余元。开展临时救助12人，发放救助金3.7万元。困难户住房救助12户，发放补助金55.5万元。慈善助学9人，发放助学金3.4万元。乡商会“励志文化教育基金会”资助优秀学子14名，发放资助金5.8万元。

【民生实事工程】 2020年，合村乡实施民生实事项目7个。完成农村饮用水提标、农业主导产业提升、交通基础提升、垃圾分类处置提升5个项目；公共服务配套提升项目完成合村加油站主体建筑，商贸综合体进场施工；入乡口改造提升项目，小镇客厅进场施工；农田水利设施建设提升项目，完成后溪村、合村村、岭源村、三源村水毁修复及大琅坞山塘清淤、电站渠道修复。

【社会治理创新】 2020年，合村乡建立健全“两核一轴多点全网”智慧化治理架构，开发“和合善治”智慧平台，为独居老人、残障人士等特殊群体安装“暖宝卫士”，“智能预警+多手段处置”获市首批数字赋能基层社会治理十佳乡镇。推广“五大议事平台”“六合工作法”“和合十法”，设立“请你来协商·合村议事堂”，开展“星空下的协商”活动得到人民政协网等线上线下媒体关注。成功化解重点信访积案4件。

（詹怡翎）

2020年合村乡各行政村基本情况表

表55

行政村	行政村党组织书记	行政村主任	人口（人）	年人均收入（元）
后溪村	胡建富	陈学海	1415	23256
合村村	严财华	潘勇	3706	23531
高凉亭村	顾永龙	毛亚君	596	23256
岭源村	陈美英	鲍永平（—2020年11月） 徐灶金（2020年11月—）	2308	23524
三源村	丁士文	金文	1498	23121
瑶溪村	陈亚妃	陈嫩平（—2020年11月） 陈亚妃（2020年11月—）	632	23300

重大平台

Major Platforms

胡 军/摄

重大平台

·桐庐经济开发区（富春江科技城）·

【概况】 2020年，桐庐经济开发区（富春江科技城）实现财政总收入20.14亿元，比上年增长5%。全年规模工业增加值增幅5%，完成固定资产31.57亿元，完成率140.3%，其中工业投资12.6亿元，比上年增长37.28%；新增规模工业企业23家；高新技术投资12.44亿元，比上年增长73.73%，完成率185.64%；实到外资13356万美元，完成目标任务，其中制造业外资6005万美元，完成率100.1%。

【项目供地】 2020年，桐庐经济开发区（富春江科技城）深化“亩均论英雄”改革，通过亩均效益评价、低效盘活、闲置收储等方式，盘活土地93.67公顷。完成项目新供地71.14公顷（收储盘活后的土地27.22公顷，利用存量土地26.94公顷，新增用地16.98公顷）；其中工业供地60.64公顷，占新供地总数的85.23%，在全县占比86.3%。是年，新开工项目用地45.13公顷、建设面积72万平方米。

【协议引资】 2020年，桐庐经济开发区（富春江科技城）签约落户亿元以上项目14个，其中10亿元以上项目有光储智慧能源系统项目、新能源系列商用车研发生产项目、海康威视智能安检产品产业化基地项目、年产1000台（套）云应用开发支撑平台制造项目、年产10亿件卫生健康及其他配套用品项目、甲醇重整氢燃料电池动力总成系统产业化项目等6个，协议引资101.04亿元。全年完成有效投资超30亿元，完成率133%。

【企业扶持】 2020年，桐庐经济开发区（富春江科技城）支持并鼓励企业通过资本市场赋能，重点扶持海康威视、千芝雅、康基医疗、施强制药、英飞特、艾罗网络能源等企业的发展。是年，海康威视实现产值102.3亿元，比上年增长4.1%；海康微影实现产值4.48亿元，比上年增长415.2%；千芝雅实现产值18.17亿元，比上年增长6.5%；康基医疗实现产值5.48亿元，比上年增长14.3%，6月在港股上市，实现开发区上市企业零的突破；启动千芝雅、施强制药、泛亚卫

2020年5月，开发区（科技城）电子器械产业园结顶

浴等多家上市企业培育计划。

【项目推进】 2020年，桐庐经济开发区（富春江科技城）推进项目落地改革，光储智慧能源系统、新能源系列商用车研发生产两个“152”项目，实现从项目供地到开工建设仅用18天的高效率，刷新项目从供地到开工的桐庐新纪录。

【品牌创建】 2020年，桐庐经济开发区（富春江科技城）打造首个县级“152”（要求全省各级政府、各有关单位负责人牵头谋划招引重大项目，相关领导每年牵头谋划推进总投资分别为100亿元、50亿元、20亿元的重大产业项目）智能制造产业园，成为建设“千亩百亿”大平台的典范。富春院士村、浙江省院士之家、浙江大学电子显微镜中心等创新平台相继落成并投入使用。建成中国微创外科器械小镇（核心区），创建浙江省微创外科器械产业创新服务综合体品牌；设立“国家药监局天津中心”医疗器械检测业务受理桐庐服务窗口，进一步提升医疗器械产业链价值。艾罗网络能源公司打造的“光储智慧能源系统研究创新团队”入选2019年度杭州市领军型创新团队。

（徐　敏）

2020年桐庐经济开发区（富春江科技城）规模工业企业一览表

表56

序号	企业名称	序号	企业名称
1	杭州海康威视电子有限公司	17	浙江艺福堂茶业有限公司
2	杭州千芝雅卫生用品有限公司	18	杭州吾尚食品有限公司
3	杭州泛亚卫浴股份有限公司	19	桐庐三星玉米产业科技有限公司
4	浙江施强制药有限公司	20	思拓凡生物科技（杭州）有限公司
5	浙江环益资源利用有限公司	21	浙江福朗特汽车设备有限公司
6	杭州康基医疗器械有限公司	22	杭州里德通信有限公司
7	浙江英飞特光电有限公司	23	杭州润畅数码科技有限公司
8	杭州海康微影传感科技有限公司	24	桐庐中汽商用汽车零部件有限公司
9	浙江艾罗网络能源技术有限公司	25	威立雅资源再生（杭州）有限公司
10	杭州三恒包装材料有限公司	26	密尔沃基（桐庐）阀门有限公司
11	中艺花边集团有限公司	27	浙江金贝能源科技有限公司
12	杭州润品金属制品有限公司	28	杭州嘉顺印务有限公司
13	杭州欣源电梯部件有限公司	29	今麦郎饮品（杭州）有限公司
14	杭州永强金属制品有限公司	30	杭州汇家厨卫用品有限公司
15	杭州富利登塑胶制品有限公司	31	杭州华鼎太阳能科技有限公司
16	桐庐富春江织造集团有限公司	32	杭州北辰轻工机械有限公司

续表 56

序 号	企业名称	序 号	企业名称
33	桐庐富霖针织服饰有限公司	59	桐庐恒英电子有限公司
34	杭州圣力电气有限公司	60	浙江圣兰德厨卫有限公司
35	杭州金益科技有限公司	61	杭州锦昌塑业有限公司
36	浙江瑞晶特种玻璃有限公司	62	杭州成宏卫生用品有限公司
37	杭州华大海天科技有限公司	63	浙江田泰凯特金属制品有限公司
38	杭州华润老桐君药业有限公司	64	杭州惠顺生物科技有限公司
39	浙江隆源环境科技股份有限公司	65	浙江拓卡斯科技股份有限公司
40	浙江金鸿源金属有限公司	66	杭州富士达特种材料股份有限公司
41	桐庐久利金属有限公司	67	杭州永杰研磨材料有限公司
42	杭州妙洁日化科技有限公司	68	廷镁创智（浙江）服饰股份有限公司
43	杭州励齐科技有限公司	69	杭州安烨户外休闲用品有限公司
44	杭州和韵科技有限公司	70	桐庐新佳服饰有限公司
45	杭州力高旅游用品有限公司	71	杭州嘉和金属制品有限公司
46	杭州乐拼精密模具有限公司	72	杭州碧于天保健品有限公司
47	杭州澳格金属科技有限公司	73	杭州三延金属制品有限公司
48	浙江华锦制管有限公司	74	杭州斗源机械电子有限公司
49	浙江华博电力科技有限公司	75	杭州瑞峰包装材料有限公司
50	桐庐益诚包装有限公司	76	杭州畅翔玻璃有限公司
51	杭州光典医疗器械有限公司	77	杭州瑞坤时装有限公司
52	杭州伊贝实业有限公司	78	桐庐富瑞达针织服饰有限公司
53	杭州重力脚轮科技有限公司	79	杭州元创新型材料科技有限公司
54	桐庐瀚威健身器材有限公司	80	桐庐富禾针织服饰有限公司
55	浙江英飞特新能源科技有限公司	81	杭州世派克服饰有限公司
56	杭州励平科技有限公司	82	桐庐广裕旅游用品有限公司
57	杭州立山皮件有限公司	83	浙江瑞能通信科技股份有限公司
58	杭州天龙油墨有限公司	84	杭州丰元味食品有限公司

续表 56

序号	企业名称	序号	企业名称
85	杭州圣果印务有限公司	96	杭州申达通信工业有限公司
86	杭州振兴医疗器械制造有限公司	97	国家电投集团杭州桑尼新能源有限公司
87	浙江磐海科技有限公司	98	桐庐三瑞电力有限公司
88	杭州亿美科技有限公司	99	杭州励希科技有限公司
89	桐庐维尔利水务有限公司	100	桐庐腾昊针纺织有限公司
90	桐庐华邦五金工具有限公司	101	浙江汉德邦建材有限公司
91	杭州正久机械制造股份有限公司	102	桐庐德瑞塑料制品有限公司
92	桐庐赛林手帽服饰有限公司	103	杭州笑雪服饰有限公司
93	杭州万丰建筑装饰有限公司	104	桐庐圆通印务有限公司
94	浙江兴能自动化设备有限责任公司	105	杭州索康博能源科技股份有限公司
95	杭州迪可盛文化艺术有限公司	106	浙江鼎通晟新材料科技有限公司

·桐庐迎春商务区·

【概况】 2020年，桐庐迎春商务区范围内有22幢商务楼宇和1个商贸综合体，全年新注册企业309家，累计入驻单位2565家，从业人数8613人。是年，实现税收1.73亿元，比上年下降39.1%；地方财政收入0.82亿元，比上年下降40.5%；实现社会消费品零售总额5.19亿元，比上年下降7.8%；实现电商销售额43.94亿元，比上年增长7.38%；实现服务业增加值11.07亿元，比上年增长3.6%；实现货物出口9.4亿元，比上年增长7.64%。

【创业创新】 2020年，迎春商务区围绕数字经济类、科研类、人才类优质项目，共招引落户车易加、流线数字科技、纳米王子“富勒烯”、高通量高敏感性新冠病毒核酸检测试剂盒等项目23个；柔性引进国家级海外高层次人才1名、国万人才1名，培育D类以上人才5名，E类和F类人才各9名；

2020年12月28日，桐庐迎春商务区春江云渡直播基地启用仪式暨桐庐县首届直播大赛颁奖典礼举行

实现海田成、天奕环保项目的成果转化。“春江渡口·聚邦智创”被评为省级众创空间。12月28日，举办“春江云渡潇洒桐庐”桐庐县首届直播大赛，建设启用“春江云渡”直播基地。

【楼宇党建】 2020年，迎春商务区深化“亲清”楼宇党建红盟服务机制，整合党建资源、企业资源、人才资源，开展“亲清”红盟集中活动6次。新建楼宇两新党组织1个，至年底，共有楼宇两新党组织14个，覆盖楼宇16幢、企业200余家。迎春商务区党群活动中心持续发挥联系群众主阵地作用，承办会议、群团活动30余场，接待党员、群众3100余人次。举办“迎亚运、庆元旦”2020年迎春商务区人才联谊赛，300余名企业人才参加。

【楼宇安全管理】 2020年，迎春商务区严格落实安全责任制度，召开消防安全、安全生产等相关会议5次，开展安全大检查4次、专项检查5次、社会化安全生产检查12次，组织楼宇消防培训、演练15次，参与人员2300余人次；实施楼宇提升改造项目化考核奖励措施，推动华光、光典、东方君兰等楼宇完成基础设施提升与安全隐患整改；开展商务区楼宇生命通道集中治理行动，提升楼宇消防安全管理水平。

（陆夏青、诸　渊、蒋　毅）

·富春山健康城·

【概况】 2020年，富春山健康城实现营业收入9.1亿元，同比增长1157%，其中健康产业营业收入6.33亿元，比上年增长3227%，占总营收比重的69.56%。完成固定资产投资21.21亿元（含房地产）。申请发明专利17件，申请实用新型专利19件；新增院士工作站1个，B类专家工作站1个；凤栖生命港正式命名为浙江省小微企业园。桐庐通策医疗中心、江南养生文化村二期入场开工；莱IN体育生活之城完成整体工程78%；达利健康博览中心主体建筑完工；爱唯（国际）细胞工程与再生医学产学研基地进入试运营阶段；康君康复医院、桐庐爱尔眼科医院、桐庐施强医院正式对外运营。全年共招引落地医用可降解结扎夹生产基地、微瑞体外诊断试剂产学研中心、医工光学医疗器械检测创新平台等16个项目，其中，10亿元以上项目1个、1亿元以上项目4个、快递产业项目1个、产业链项目11个。新注册健康产业企业47家。柔性引进院士、国家、省、市特殊人才4名，完成海外人才项目落户4个，认定D类及以上人才6人。健康·同心荟被评为第四批市级“新的社会阶层人士统战工作实践创新基地”。9月25日，富春山健康城管委会被长三角现代服务业联盟授予首批长三角现代服务业示范基地。

【获评“2020中国健康产业百佳县市”】 2020年4月，在小康杂志社主导发起的“2020中国健康产业百佳县市”评选中，桐庐县位列榜首。桐庐县立足健康产业平台，加大生物技术、细胞、基因等生命科技高端项目和人才引进。累计柔性引进中科院院士吴祖泽、魏于全，美国国家科学院院士邓兴旺，中国工程院院士郎景和、俞梦孙等国内外大健康领域人才22人，自主培育哈菲等市“521”人才1名，认定D类及以上人才9名。

【市级以上科技创新平台“零突破”】 2020年，富春山健康城杭州纳泰医学检验实验室有限公司院士工作站、杭州忠欧生物医药科技园有限公司专家工作站、浙江中欧国际双向生物医药孵化器分别入选年度浙江省国际科技合作基地、杭州市院士工作站、杭州市专家工作站、杭州市市级标准化科技企业孵化器，实现市级以上科技创新平台的“零突破”。

【桐庐县首个产业平台引导基金】 2020年9月，富春山健康城管委会与县财政局共同设立富春山健康产业引导基金，与上海博润资本达成意向，成立桐庐康润生物医药产业引导子基金，旨在发挥财政资金杠杆作用，引导社会资本投资桐庐县健康产业发展重点领域，支持健康产业绿色发展。基金总规模10亿元，首期规模2亿元。重点投资新药研发，药品及医疗器械CRO、CDMO，体外诊断试剂研发、生产，高端医疗器械研发、生产等领域。该引导基金的募集、投资、投后管理、退出等按照“政府引导、市场运作、科学决策、防范风险”的原则进行运作。

【中国医药生物技术十大进展评选】2020年1月9日至11日，“富春山·中国医药生物技术行业年度报告会暨2019中国医药生物技术十大进展”发布会在桐庐召开。国内知名生物医药专业、企业负责人、投资机构等近200名行业精英出席发布会。本届“中国医药生物技术十大进展评选”新增“生物医药项目路演暨项目对接沙龙”专题活动。发布会上，上海药明康德新药开发有限公司、杭州梧桐树药业有限公司、魏于全院士和桐庐县人民政府四方签订小分子靶向药物研发转化项目战略合作协议，首批5个一类新药研发启动。

【药祖桐君·中药传承与创新高端论坛】 2020年11月1日，“药祖桐君·中药传承与创新高端论坛”在桐庐召开，来自上海、湖北、浙江等地的中医药及相关行业专家、学者、企业家代表和从业人员近120名参加活动。围绕“中药传承与创新”主题，专家们通过演讲和问答的方式，共享疾病防治、药效分析、制药技法等领域新思维，全方位交流中医药领域研究的新进展、新成果。

2020年11月1日，“药祖桐君·中药传承与创新高端论坛”在桐庐召开

【医用植入级可降解结扎夹研发生产中心】 2020年5月20日，医用植入级可降解结扎夹研发生产中心项目落户健康城。项目总投资1亿元，选址位于凤栖·生命港3号楼，建设医疗器械研发生产GMP车间，未来将自主研发推出医用植入级可降解高分子材料和可吸收双层结扎夹两大系列产品。该项目的实施，既能实现可吸收结扎夹关键技术满足植入性器械应用，打破进口垄断的现状，又能实现产品结构规格的优化完善，具有较强的竞争优势和盈利能力，经济、社会、环保效益显著。

【微瑞体外诊断试剂产学研中心】 2020年9月23日，微瑞体外诊断试剂产学研中心项目落户健康城。项目总投资1亿元，选址位于凤栖·生命港3号楼，项目将组建标准化生产车间，建设一流疫病诊断实验室和研发中心，针对人畜共患病（病种：布鲁氏菌、牛结核病毒、小反刍兽疫病、包虫病等）、动物重大疫病、食品安全、环境安全的快速、精准诊断检测试剂的研发、生产和销售。该项目结合互联网+核心技术，打造人畜共患病，动物疫病检测和食品安全检测的主流诊断产品，并达到30%以上市场占有率。

【杭州医工光学创新平台项目】 2020年11月9日，杭州医工光学创新平台项目落户健康城。项目总投资1亿元，选址位于凤栖·生命港1号楼，项目分两期实施，一期包括医疗器械检测中心（含1个光学检测室，1个安规检测室，1个金属实验室）、医疗器械销售平台、与中科院合作建立内窥镜研发实验室、医疗器械生产中心。项目二期建设IVD检测实验室及普检特检中心。该项目的实施将为桐庐本地的医疗器械产业提供科研转化及生产制造服务、注册及临床试验服务、营销服务，提升桐庐医疗器械整个行业的管理水平和规范层次，提升桐庐内窥镜和微创手术器械产业基地的整体实力水平。

【桐庐凤栖生命港—公共创新服务平台建设】 桐庐凤栖生命港—公共创新服务平台是一个基于医疗器械注册人制度打造的集政府、专业机构、高校及创投为一体的特色化、专业性、精准服务体外诊断试剂产品 CDO（共享研发实验平台）+CDMO（共享 GMP 中试车间）+CRO（研发合同外包）一站式综合服务平台。选址位于桐庐—凤栖生命港 5 号楼，总面积 12059.32 平方米，包含专业孵化、公共技术平台两部分功能。致力于为体外诊断产业化提供从产品研发到上市的全生命周期一站式解决方案，可让科研人员安心做好科研工作，又可解决企业生产周期 GMP 产房闲置所增加的人员成本、时间成本，减少企业资金压力，同时增强桐庐县对相关产业化项目的吸引力，加速诊断试剂、医疗器械产业的集聚。

【桐庐施强医院】 2020 年 8 月 17 日，桐庐施强医院开业。施强医院作为凤栖生命港入驻企业，也作为桐庐施强互联网医院的实体医疗机构依托，使得桐庐施强互联网医院成为桐庐县第一家互联网医院、浙江省第一家医药工业企业主导的互联网医院。桐庐施强互联网医院通过线下医疗机构所具备的各项功能和资源，结合线上海量的病例大数据，构筑医、患、药、康复闭环，助力医疗服务的新模式。

（陆　璐）

·富春江（芦茨）乡村慢生活体验区·

【概况】 2020 年，富春江（芦茨）乡村慢生活体验区共有民宿 248 家，比上年新增 8 家。民宿床位 5081 张，比上年新增 128 张。全年接待游客 217 万人次，旅游经营总收入 24675 万元。体验区获评首批浙江省职工疗休养基地、2020 杭州·浙西文旅融合示范项目；芦茨村获评浙江省民主法治村、芦茨村青龙坞创成浙江省首批“乡村氧吧”；茆坪村被评为浙江省 AAA 级景区村庄、2019 年度浙江省善治示范村；石舍村被评为浙江省第九批历史文化（传统）村落保护利用重点村、第三批杭州市非物质文化遗产民俗文化村。溪山深渡入选 2019 年度杭州 TOP10 最佳民宿；静庐澜栅、天空之城分别获 2019 年度“行业标杆奖”“有口皆碑奖”。

【基础工程建设】 2020 年，富春江（芦茨）乡村慢生活体验区管委会以省级风情小镇创建、新时代乡村生活样板地打造为契机，不断完善体验区的基础设施配套和公共服务。启动青龙坞道路提升改造、慢生活游客咨询中心、茆坪老省道提升改造工程等工程建设。

【项目招引推进】 2020 年，富春江（芦茨）乡村慢生活体验区招引罗家边青少年教育基地、青龙坞枕山溪谷、庆余良民宿、明怀书院等 4 个项目，累计招引资金 4500 万元。服务保障千帆·严陵坞、云外民宿、明怀书院、隐逸瑜伽三期建成并营业，招引项目累计完成总投资约 2700 万元。

【文创产业】 2020 年，富春江（芦茨）乡村慢生活体验区管委会制定出台《关于实施富春江镇旅游产业扶持办法的通知》，加快慢生活体验区文化创意产业的发展，在业态布局

桐庐县 2020 年第三届农民丰收节暨富春江慢生活体验节活动现场

中逐步向慢餐饮、手工作坊、特色伴手礼购物、农事体验等特色项目侧重。利用现有项目及闲置农房，招引并服务养心庐、隐逸瑜伽三期、石舍香樟咖啡馆等项目落地，在非遗体验、手工体验、书店、茶吧、咖啡吧的业态基础上，新增花卉采摘、医药养生、针灸推拿等业态。

【策划营销】 2020年，富春江（芦茨）乡村慢生活体验区管委会举办慢生活体验节、农民丰收节、青龙坞国际音乐节、山地穿越挑战赛、非遗技艺体验、石舍夏日会等节会。通过电视广播、抖音、微信公众号等多种新型宣传方式对体验区的特色旅游产品、旅游路线、特色活动进行宣传推广。邀请各大新闻媒体全方位报道慢生活体验区，配合完成人民日报、新华社等6家中央媒体集中报道“高水平全面建成小康社会”；配合完成《今日桐庐》整版“文创之美”在慢生活里绽放专版介绍；结合浙江经视《周末去哪儿》栏目摄制完成四期节目投放。

（滕伟林）

·富春未来城·

【概况】 2020年，富春未来城市发展中心实现财政总收入1.6亿元，完成规上服务业营收78亿元，比上年增长108.71%。完成固定资产投资48.48亿元，完成率151%，其中民间投资3.47亿元，生态环境和公共设施3.14亿元，高新技术制造业3.34亿元，交通和

2020年9月30日，中通快递米其林康明斯项目签约仪式举行

房地产33.9亿元。全年开工土地面积68.1公顷。实施重大项目19个，其中社会投资项目7个，政府投资项目12个。石珠路、七里山路、桑园路贯通。

【双招双引】 2020年，富春未来城市发展中心签约项目27个，完成率135%。签约亿元以上项目10个，其中10亿元以上项目5个（韵达全球科创中心、申通国际总部、中通快递第二总部、圆通国家工程实验室、桐庐银泰城），5亿元以上项目1个（吉利—中汽新能源商用车联合研发基地）。招引落地产业关联企业122家。同米其林、康明斯、壳牌签订战略合作协议。全年实到外资6010万美元。引进孙哲、王志彬2名海外人才。

【韵达全球科创中心】 韵达全球科创中心项目总投资16.5亿元，用地面积1.98公顷。建设199米超高层韵达快递全球科创中心大楼，总建筑规模155730平方米。建成后拟入驻快递关联区域型总部及物流智能研发中心，包括物流装备智能可穿戴设备、物流无人机、物流自动驾驶等领域的研发设计产业。预计2021年6月达到正负零标高，12月底前完成主体100米进度，2023年10月建成投入运营。

【申通国际总部】 申通国际总部项目总投资15.85亿元，用地面积1.91公顷，建筑规模161368平方米。建成后将迁入申通快递国际业务总部实体化办公，并注册成立申通国际供应链公司培育上市。设立申通国际产业培训中心、申通国际产业研究中心和申通国际业务管理中心。预计2021年6月达到正负零标高，12月主体建筑达100米以上，2023年10月建成并投入运营。

【中通快递第二总部】 中通快递第二总部项目总投资17.95亿元，用地面积3.91公顷，建

筑规模197995平方米。建成后将迁入中通总部直属的科技信息研发管理中心、服务质量保障中心、网络运营管理中心和全网车辆信息化管理中心共四大部门实体化办公。预计2021年7月达到正负零标高，12月份主体建筑达100米以上，2023年11月建成并投入并运营。

【圆通国家工程实验室】 圆通国家工程实验室项目总投资16.89亿元，用地2公顷，建筑规模141734.8平方米。建成后将迁入由国家发改委授牌的“圆通物流信息共享及应用国家工程实验室”及圆通集团直属的网络运营中心、客户服务中心、人才培训中心、全网车辆管理中心共4个部门实体化办公。预计2021年6月达到正负零标高，12月份主体建筑达100米以上，2023年年底前建成并投入运营。

（倪惠丹）

文　献

Documentary Material

·重要文件目录·

中共桐庐县委文件一览表

表 57

序　号	文　号	文件标题
1	县委〔2020〕7 号	中共桐庐县委《新时代加强和改进人民政协工作的实施意见》
2	县委〔2020〕22 号	中共桐庐县委《关于打造浙江大花园“耀眼明珠”奋力展现“重要窗口”桐庐风采的决定》
3	县委〔2020〕23 号	中共桐庐县委　桐庐县人民政府《关于印发〈桐庐县贯彻落实省生态环境保护督察反馈意见整改方案〉的通知》
4	县委〔2020〕27 号	中共桐庐县委　桐庐县人民政府《关于印发〈新时代桐庐产业工人队伍建设改革的若干措施〉的通知》
5	县委〔2020〕31 号	中共桐庐县委　桐庐县人民政府《关于促进卫生健康事业高质量发展的实施意见》
6	县委〔2020〕36 号	中共桐庐县委　桐庐县人民政府《关于印发〈桐庐县推进新时代美丽乡村建设暨打造美丽乡村 3.0 版实施意见〉的通知》

桐庐县人民政府文件一览表

表 58

序　号	文　号	文件标题
1	桐政发〔2020〕7 号	桐庐县人民政府《关于印发桐庐县 2020 年政府投资项目计划和重点建设项目计划的通知》
2	桐政发〔2020〕13 号	《关于深入实施“新制造业计划”推进高质量发展二十六条政策》

续表 58

序　号	文　号	文件标题
3	桐政发〔2020〕21 号	桐庐县人民政府《关于印发桐庐县加强知识产权建设助推高质量发展十条政策的通知》
4	桐政发〔2020〕24 号	桐庐县人民政府《关于印发桐庐县发展村集体经济消除集体经济相对薄弱村三年行动（2020—2022 年）实施方案的通知》
5	桐政发〔2020〕25 号	桐庐县人民政府《关于实施乡村振兴战略实现农村产业高质量发展的意见》
6	桐政发〔2020〕30 号	桐庐县人民政府《关于加快科技创新推动高质量发展的若干意见》
7	桐政发〔2020〕76 号	桐庐县人民政府《关于印发〈桐庐县快递特色产业发展规划（2020—2024 年）〉的通知》
8	桐政发〔2020〕84 号	桐庐县人民政府《关于印发〈桐庐县新型城镇化建设示范实施方案〉的通知》

中共桐庐县委办公室文件一览表

表 59

序　号	文　号	文件标题
1	县委办〔2020〕4 号	县委办公室　县政府办公室《关于印发〈桐庐县美丽城镇建设工作实施方案〉的通知》
2	县委办〔2020〕6 号	中共桐庐县委办公室《关于印发〈2020 年法治桐庐建设工作要点〉的通知》
3	县委办〔2020〕14 号	县委办公室　县政府办公室《关于印发〈桐庐县 2020 年“比武季”活动实施方案〉的通知》
4	县委办〔2020〕15 号	县委办公室　县政府办公室　《关于印发〈2020 年度桐庐县干部教育培训计划〉的通知》

续表 59

序　号	文　号	文件标题
5	县委办〔2020〕24 号	县委办公室　县政府办公室《关于印发〈桐庐县亚运城市行动实施方案〉的通知》
6	县委办〔2020〕28 号	县委办公室　县政府办公室《关于印发〈桐庐县推进医疗卫生事业高质量发展行动计划（2020—2022 年）〉的通知》
7	县委办〔2020〕33 号	中共桐庐县委办公室《印发〈进一步加强检察机关法律监督工作重点任务分工方案〉的通知》
8	县委办〔2020〕34 号	县委办公室　县政府办公室关于高质量做好 2020 年村（社区）组织换届选举工作的实施意见
9	县委办〔2020〕35 号	县委办公室　县政府办公室《印发〈关于深化新时代大调解工作的实施意见〉的通知》
10	县委办〔2020〕38 号	县委办公室　县政府办公室《关于印发〈桐庐县农村乱占耕地建房问题专项整治三年行动实施意见（2020—2022 年）〉的通知》
11	县委办〔2020〕43 号	县委办公室　县政府办公室《关于印发〈桐庐县规范乡镇（街道）“属地管理”的实施意见〉的通知》

桐庐县人民政府办公室文件一览表

表 60

序　号	文　号	文件标题
1	桐政办〔2020〕2 号	桐庐县人民政府办公室《关于下达桐庐县 2020 年度新增百万亩国土绿化行动计划的通知》
2	桐政办〔2020〕3 号	《关于印发桐庐县支持中国快递物流装备物资集中采购交易中心建设七条政策的通知》
3	桐政办〔2020〕10 号	桐庐县人民政府办公室《关于加强产业项目全过程履约监管的通知》

续表 60

序　号	文　号	文件标题
4	桐政办〔2020〕11 号	桐庐县人民政府办公室《关于印发桐庐县增进民生福祉共享幸福生活惠民七条（2020）政策的通知》
5	桐政办〔2020〕18 号	桐庐县人民政府办公室《关于印发〈桐庐县基层司法所示范型建设三年行动方案（2020—2022 年）〉的通知》
6	桐政办〔2020〕19 号	桐庐县人民政府办公室《关于印发〈桐庐县发展学前教育第三轮行动计划（2020—2023 年）〉的通知》
7	桐政办〔2020〕21 号	桐庐县人民政府办公室《关于印发〈桐庐县“无废城市”建设实施方案〉的通知》
8	桐政办〔2020〕23 号	桐庐县人民政府办公室《关于优化工业用地转让交易管理的实施意见（试行）》
9	桐政办〔2020〕24 号	桐庐县人民政府办公室《关于印发桐庐县 2020 年公共场所配置自动体外除颤器（AED）项目实施方案的通知》
10	桐政办〔2020〕29 号	桐庐县人民政府办公室《关于印发桐庐县特困人员救助供养实施办法的通知》
11	桐政办〔2020〕31 号	桐庐县人民政府办公室《关于印发〈桐庐县农村村民建房管理办法〉的通知》
12	桐政办〔2020〕32 号	桐庐县人民政府办公室《关于印发桐庐县“快递驿站”行政村全覆盖工程实施方案的通知》
13	桐政办〔2020〕36 号	桐庐县人民政府办公室《关于印发桐庐县政府投资应急工程项目建设管理办法的通知》
14	桐政办〔2020〕40 号	桐庐县人民政府办公室《关于印发桐庐县关心关爱企业家　助企强企增活力“春风 2021”的通知》
15	桐政办〔2020〕41 号	桐庐县人民政府办公室《关于印发〈桐庐县省级物流示范县综合改革创新试点实施方案〉的通知》

·重要文件辑录·

中共桐庐县委
关于打造浙江大花园“耀眼明珠”
奋力展现“重要窗口”桐庐风采的决定

县委〔2020〕22 号

为深入贯彻落实习近平总书记考察浙江重要讲话精神和省委十四届七次全会、市委十二届九次全会精神，加快推进大花园典型示范建设，打造浙江大花园“耀眼明珠”，奋力展现“重要窗口”的桐庐风采，作出如下决定。

一、深刻认识打造浙江大花园“耀眼明珠”的重要意义

大花园的本质是人与自然和谐共生，初心是建设幸福美好家园，是实现高质量发展和高品质生活有机结合的战略之举。桐庐作为“中国最美县”，本身就是个大花园，必须牢牢抓住全省首批大花园典型示范建设单位的契机，举全县之力加快推进建设，努力打造大花园里的“耀眼明珠”，奋力展现“重要窗口”的桐庐风采。

（一）打造浙江大花园“耀眼明珠”是桐庐夯实生态底板的有效载体。加快大花园典型示范建设、打造浙江大花园“耀眼明珠”，最基础的就是要坚守蓝天白云、绿水青山的底色和底线。美丽生态一直以来都是桐庐最靓丽的底色，也是桐庐打造浙江大花园“耀眼明珠”的生态基础和先天优势。必须牢固树立“生态过去是、现在是、未来仍然是桐庐发展根基”的理念，坚定不移扛起美丽生态大旗，以创建“绿水青山就是金山银山”理论实践创新基地为抓手，下大力气打好美丽牌生态特色牌，努力把生态底板夯得实而又实，重塑生态优势、重建美丽品牌，确保步步领先、始终领跑。

（二）打造浙江大花园“耀眼明珠”是桐庐扮靓美丽城乡的有力举措。加快大花园典型示范建设、打造浙江大花园“耀眼明珠”，最关键的就是要打造自然和谐、宜居宜业的人居环境。必须始终秉持“不以规模拼大小，而以品质论高低”的理念，坚持特色差异发展和精美精致发展，持续推进桐庐城市的空间拓展、形态重塑、功能更新、价值整合，加快构建美丽城市、美丽城镇、美丽乡村有机贯通的美丽桐庐建设体系，着力打造现代版“富春山居图”。

（三）打造浙江大花园“耀眼明珠”是桐庐壮大美丽经济的必由之路。加快大花园典型示范建设、打造浙江大花园“耀眼明珠”，最核心的就是要实现绿色发展方式、推动更高质量的发展。生态本身就是经济，保护生态就是发展生产力。必须深入践行“绿水青山就是金山银山”理念，始终坚定生态优先、绿色发展的战略定力，积极探索生态产品价值实现机制，努力把美丽生态转化为美丽经济，走出一条具有时代特征、桐庐特色的“绿水青山就是金山银山”实践创新之路，让绿色成为桐庐高质量发展的普遍形态，让绿色经济成为桐庐经济新的增长点，让绿色发展成为全县人民的自觉行动。

（四）打造浙江大花园“耀眼明珠”是桐庐提升软实力的必然要求。加快大花园典型示范建设、打造浙江大花园“耀眼明珠”，深层次的要求是不断提高市民文化素养、文明素质，进一步提升城市品牌、展示城市形象。文化是大花园的灵魂，文明是大花园的气质。必须牢牢扛起文化文明大旗，深入挖掘桐庐深厚的历史积淀和文化内涵，积极弘扬社会主义核心价值观，纵深推进新时代文明实践中心试点建设，巩固发展全国文明城市创建成果，

持续打响"温暖之城"品牌，切实增强文化自信、文明自觉，进一步提升桐庐城市发展软实力。

（五）打造浙江大花园"耀眼明珠"是桐庐增进民生福祉的重要内容。加快大花园典型示范建设、打造浙江大花园"耀眼明珠"，最根本的就是要不断满足人民日益增长的美好生活需要，创造更高品质的生活。必须坚持以人民为中心的发展思想，坚决扛起民生幸福大旗，进一步在民生领域厚植优势、补齐短板、做强弱项，全面提升教育、医疗、养老、幼托等公共服务供给能力，推动公共服务更加优质均衡，努力让全县人民在大花园中幸福生活，共同分享大花园"红利"。

二、准确把握打造浙江大花园"耀眼明珠"的总体要求

大花园是自然生态与人文环境的结合体、现代都市与田园乡村的融合体、历史文化与现代文明的交汇体，基本要求是生产空间集约高效、生活空间宜居适度、生态空间山清水秀，基本路径是串珠成链、共建共享。

（一）总体要求。以习近平新时代中国特色社会主义思想为指导，全面贯彻落实党的十九大精神和习近平总书记在浙江考察时的重要讲话精神，持续加强生态环境保护、擦亮美丽品牌、培育绿色发展动能、厚植文化文明优势、提高人民生活水平，高质量推进绿色美丽富强文明幸福的全域大花园建设，全面构建现代版"富春山居图"，奋力在打造浙江大花园"耀眼明珠"上展现桐庐风采。

（二）发展目标。到2022年，全县绿色产业化、产业绿色化发展和城乡人居环境改善取得显著成效，山水与城乡融为一体、自然与文化相得益彰，"绿水青山就是金山银山"转化通道持续拓宽，绿水青山越来越美，金山银山越做越大，努力成为践行习近平生态文明思想和美丽中国的示范区。

——绿色大花园。境内主要河流水质明显改善，达到Ⅱ类以上水质，确保全省领先水平；细颗粒物（PM2.5）浓度、单位生产总值能耗、单位生产总值用水量、单位生产总值二氧化碳排放持续下降，空气质量优良天数不断增加，全省空气质量排名稳步提升；能源和水资源消耗、建设用地、碳和主要污染物排放总量得到有效控制，城乡生活垃圾分类实现全覆盖，"绿水青山就是金山银山"理论实践创新基地、国家生态文明建设示范区等国家级创新试点加快创建。

——美丽大花园。最美县城内涵不断丰富，富春未来城一期核心区建设加快建设、初见成效，美丽乡村3.0版建设全面推进，美丽城镇建设提质增效，全面实现全域景区化、镇村景点化目标；城乡基础设施日趋完善，危旧房、城中村、老旧小区改造基本完成，公共服务均等化水平进一步提高，"四高速两高铁两水道"综合交通网络逐步推进；县城、小城市和中心镇的集聚辐射能力显著增强，社会治理模式创新和城乡统筹发展走在全省前列。

——富强大花园。全县生产总值、人均GDP年均增速分别保持在6.5%、6%以上，一般公共预算收入年均增长8%以上；服务业增加值年均增长8.5%以上，规模以上工业增加值年均增长6.5%以上，战略性新兴产业、高新技术产业占GDP的比重持续上升，全员劳动生产率、资源能源利用率等大幅提高，三二一的产业结构持续优化；县域创业创新体系更具活力，研究与试验发展（R&D）经费支出占生产总值（GDP）比重达到2.5%；全面融入杭州都市圈，开放型经济水平显著提升。

——文明大花园。新时代南堡精神、严如湛精神、快递人创业精神得到广泛弘扬，文化的引领涵养作用更加突出；诗路文化带和山水福地、桐君故里的知名度显著提高，文化的特色品牌效应更加明显；新时代文明实践中心建设走在全国前列，注册志愿者数量突破12万人，活跃志愿者占比突破60%；城乡文化阵地更加完善，农村文化礼堂实现全覆盖，15分钟文化服务圈全面形成；文明城市建设水平稳步提升，文

明乡村建设全域覆盖，公民思想道德建设取得长足进步，“最美桐庐人”群体不断壮大，文明实践成果得到全面巩固；文创产业加快发展，年均增长6%以上。

——幸福大花园。城乡居民人均可支配收入年均增速分别保持在7%、7.5%以上，收入差距进一步缩小，低收入群众收入持续较快增长；形成比较完善的社会保障、国民教育和全民医疗卫生体系，创业就业质量不断提升，教育事业持续高质量发展，卫健事业实现跨越提升；“最多跑一次”改革持续深化，要素市场化改革、金融体制改革和行政审批制度改革等体制机制改革取得重大突破，政府主导、社会共同治理格局基本形成，努力取得更多实质性、系统性、集成性成果；人民民主更加健全，法治政府基本建成，司法公信力明显提升，平安建设更加扎实，群众获得感、幸福感、安全感进一步增强。

三、加快打造浙江大花园“耀眼明珠”，奋力展现“重要窗口”的桐庐风采

大花园建设实际上是在新的历史条件下深入贯彻“八八战略”、“绿水青山就是金山银山”理念、“重要窗口”的一个重大部署，是在更广领域、更深层面、更高水平续写“美丽浙江”的新篇章。桐庐必须根据自身优势，对标对表，加快推进大花园典型示范建设，努力打造成为浙江大花园建设中的“耀眼明珠”，积极为全省大花园建设进行新的探索、积累新的样本、作出新的贡献。

（一）立足美丽生态，高质量建设绿色大花园

1. 持续提高生态环境质量。统筹推进山水林田湖草系统治理，加快森林康养示范区建设，深化省级彩色健康森林建设，构建现代生态林业体系，打造长三角森林康养目的地。开展美丽河湖建设和美丽田园建设，加强湿地保护修复，积极打造“乐水小镇”“水美乡村”，推动“美丽河湖”向“幸福河湖”升级。强化生活垃圾治理攻坚，加快配套分类运输系统和分类处理设施建设，完善“源头分类精准、末端处置到位”工作闭环，按照“一步到位、全域开展、全民参与、全链发力、文明先行、法治保障”要求，加快创建全国生活垃圾分类文明示范县。

2. 持续抓好污染防治攻坚。坚决打赢蓝天保卫战，加大灰霾、臭氧、VOCs等治理力度，空气质量力争达到国家二级标准。坚定不移推进“五水共治”，开展“治水剿劣”“碧水亮剑”等行动，加快全域“污水零直排区”建设，推进老旧小区雨污分流改造，地表水主要断面水质达到或优于Ⅱ类水比例达到100%。开展农村饮水达标提标建设工程，确保农村饮水安全。着力打好清废净土保卫战，全面启动“无废城市”创建，强化土壤污染管控和修复，加强农业面源污染防治，推行厕所革命，加快形成绿色发展方式和生活方式。

3. 持续加大生态保护力度。严守生态安全红线和生态保护底色，落实最严格生态环境保护制度，推进全省自然保护地整合优化试点县建设工作，完善生态文明建设目标评价考核、责任追究等制度，做到“源头严防、过程严管、后果严惩”。强化“生态保护红线、环境质量底线、资源利用上线和生态环境准入清单”约束，加强生态环境空间管制，加大重要生态功能区、生态脆弱区的保护力度，实施分区差别化环境管理政策，约束和引导开发布局，确保国土开发布局与生态安全格局相协调。建立健全生态保护红线管控制度，对县域内生态保护红线区实施严格的环境准入和管理政策，实行常规性巡查、动态维护、奖惩和责任追究。严把产业准入标准和“标准地”制度，建立资源环境承载力监测预警长效机制，制定重点生态功能区产业准入负面清单，严格管控各类开发活动，全面推广实施对标竞价的“标准地”制度，切实筑牢生态安全屏障。

（二）坚持精致精美，高质量建设美丽大花园

1. 高品质建设富春未来城。对标国内一流新城，按照“两城两地两区”总体定位，构建以东兴路发展驱动轴、科技大道发展轴为“两轴”，以富春未来城市之心为“一心”，以高铁商业商务综合体、公共文化艺术综合体为“两体”，

以生态活力外环、智慧创新内环为“两环”的空间格局。精益求精建设“快递科技小镇”，纵深推进“双招双引”，全力打造以快递（物流）业全产业链经济为核心，数字经济、科创经济、总部经济为重点，商业、会展、教育培训、现代金融、休闲旅游、文化创意、生产性服务业等高端高新产业为支撑的“1+3+X”产业体系。坚持“追求卓越、止于至善”的高标准，高质量推进重点标志性项目和重大公共基础设施建设，加快富春未来湖、会展中心、未来城学校、县第一人民医院、综合客运枢纽中心等项目建设，努力打造“能级更强、品质更高”的最美县域示范样本。

2. 高起点打造美丽城镇。深入开展新一轮国土空间规划编制，高标准推进“十四五”规划以及综合立体交通网等专项规划编制工作，充分发挥规划的引领作用。深化对富春江未来城、柴埠区块、东站片区等重点区块规划研究，精心打造城市轴线、城市天际线和建筑轮廓线。全面推进美丽城镇建设，联动提升环境美、生活美、产业美、人文美、治理美，打造小城镇环境综合整治的升级版、高质量发展的现代版。

3. 高标准做靓美丽乡村。以深化国家级乡村振兴发展规划试点为引领，以数字乡村、法治乡村、艺术乡村、创业乡村、文明乡村 “五个乡村”建设为抓手，推进以人的需求为核心的美丽乡村3.0版建设。全面构建“两进两回”长效机制，实施新一轮村级集体经济攻坚行动，深入实施低收入农户高水平全面小康计划，高质量推进省级乡村振兴产业发展示范县建设，持续做大“蜂茶药果”四大主导产业、打造四条超10亿元农业产业链。不断提高桐庐的城乡融合度、乡村魅力度和创新活力度，打造“经济美丽、全域景区、人人文明、崇德尚法、幸福向往”的新时代乡村生活样板地。

4. 高水平完善基础设施。编制实施交通强国战略综合立体交通网规划、高水平推进交通强国示范县建设的实施意见和基础设施建设六年行动计划，进一步推进枢纽和综合交通网络建设，推进现代铁路、高速公路、普通国省道、农村公路等多层次路网建设，提升内河水运航道码头等项目建设，加快推进富春绿道和乡镇绿道、骑行绿道网络建设，构建“四高速两高铁两水道”综合立体交通体系。谋划“两横一纵”市域快速铁路，进一步完善信息通信、能源设施网络建设，逐步部署5G网络，加快推进管输天然气供应，实现管输天然气供应覆盖中心城区和重点镇街，加快推进清洁能源替代，布局建设综合供能服务站，扩大新能源汽车分时租赁网点覆盖面，构建宜居宜业、舒适便捷的生活圈。

（三）注重能级提升，高质量建设富强大花园

1. 加快推动大智造产业发展。加快实施“新制造业计划”，全面推进“12065”行动，持续做强产业链、布局创新链、配置资金链、部署服务链、谋划替代链，加快构建企业集聚、产业集群、要素集约、技术集成、服务集中的产业生态体系。全力支持龙头链主企业做大做强，在细分领域培育一批“隐形冠军”和独角兽企业。坚持传统产业升级与外源产业引进并举，推动电子信息、新能源新材料、先进装备制造、时尚制造等重点产业固链强链补链，培育具有全国乃至全球竞争力的先进产业集群。推动制笔、针织等传统产业转型升级，打造妙笔小镇、中国围巾城等平台，全面提升传统产业产品品质、制造层次。

2. 加快推动大健康产业发展。深入推进富春山健康城建设，培育壮大生命健康产业，改造提升医疗器械产业，特色化发展中医药养生产业，着力引进一批具有核心竞争力、市场号召力、经济贡献力的“大高新”项目，争取设立浙江省细胞制备中心、国家综合性创新药物研发大平台浙江合作中心以及中关村医学工程转化中心分中心，激发大健康产业发展新动能，打响国家级生命健康产业先行试验区品牌。

3. 加快推动大旅游产业发展。全面提升全域旅游能级，高水平建设国家全域旅游示范县，全力打造浙江省AAAA级县城景区和国家全域旅游示范区。紧抓杭黄世界级自然生态和文

化旅游廊道建设战略机遇，加快全行业旅游基础要素建设，谋划一批融合秀美山水、运动休闲、历史文化、民俗风情等元素的旅游产品，规划一批特色旅游精品线路，推动大瑶琳景区、合村乡AAAAA景区乡镇建设，做足“文旅体融合”文章，全力拉长旅游产业链、提升旅游层次，重振桐庐旅游品牌，努力打造成为长三角潇洒旅居目的地。

4. 加快推动快递物流产业发展。深入实施“快递回归”工程，编制《桐庐快递产业发展规划》，进一步明晰桐庐快递产业发展的方向、路径、政策和规划。优化产业布局，加快构建“一核、两翼、多点”的快递特色产业体系，打响“快递之城”品牌。抓好快递产业项目的招引和推进，持续做强快递物流装备物资集中采购交易中心，打造快递物流高端智能制造及集采基地、科技研发及功能性总部基地、教育培训及疗休养基地、新模式新技术试验基地，构建多业联动、产城融合、相生互进的快递全产业链生态，着力打造链条完整、公司云集、文化浓郁、贡献突出的“快递之乡”“物流之都”。

5. 加快推动新兴产业布局。紧盯全球新兴产业发展趋势，结合富春未来城建设，谋划打造新兴产业园，在大数据、云计算、移动互联网、物联网、虚拟现实、区块链等重点前沿领域率先探索布局，大力发展新基建、新智造、新消费、新健康等新经济，加强金融、信息、研发、设计、商贸等生产性服务业招引与培育，全面增强原始创新能力和配套服务能力，加速构建先发优势，实现高端引领发展。

（四）强化内涵发展，高质量建设文明大花园

1. 持续涵养独特文化气韵。进一步挖掘、传承“药祖文化、隐逸文化、诗词文化”等优秀传统文化，推动越剧、剪纸、故事、书画等地方特色文化加快发展，持续打响“诗歌之乡”“故事之乡”“书法之乡”等品牌。守好乡愁古韵，深度发掘乡村传统、民俗文化、民族风情、非遗传承，注重历史文化遗迹保护、历史建筑修缮，加快诗路文化带和文化艺术村建设，推动历史文化街区、历史建筑和历史文化村落等串珠成链，全方位展示处处有历史、步步有文化的深厚底蕴。

2. 不断提升文明实践成效。深入践行社会主义核心价值观，大力弘扬新时代南堡精神、严如湛精神、快递人创业精神，凝聚爱国爱乡、向上向善的价值共识。纵深推进新时代文明实践中心试点建设，优化“线下＋线上”阵地建设，升级网络实践和管理平台，加快实现农村文化礼堂阵地建设全覆盖，持续发挥志愿服务作用，推动文明实践走在全国前列。巩固全国文明城市创建成果，常态化开展“公筷公勺”“文明出行”“垃圾分类”等“文明好习惯”养成行动，加快文明乡村建设，持续擦亮文明城市品牌。深入开展“暖城”营造、“暖行”培育、“暖意”传扬三大行动，全面提升群众精神文明素养和社会文明程度。

3. 聚力推动文化事业和文化产业发展。健全公共文化服务体系，加大文化人才引育力度，推动桐庐会展中心、桐庐大剧院、快递业博物馆等综合性文体设施建设，充分发挥叶浅予艺术馆、范仲淹纪念馆等公共文化场所功能作用，开展高质量的文艺展览和文化活动，争取承办有影响力的文体赛事活动，努力提供更多更好的文化体育产品和服务。大力推动文创产业发展，主动对接之江文化产业带、钱塘江诗路文化带建设，培育数字内容、影视创作、创意设计、诗画产业、现代演艺等新兴产业，推动文化与制造业、旅游业、会展业等融合发展，形成具有浓郁地域文化特色的文化产业布局，打造全省重要的文化创意产业基地。

（五）突出共建共享，高质量建设幸福大花园

1. 持续加强基础民生保障。始终把人民对美好生活的向往作为奋斗目标，聚焦群众急、难、愁、盼的问题精准发力，持续擦亮“最具幸福感县级城市”的金字招牌。健全“为

民办实事”长效机制，滚动推出惠民政策，高质量完成政府民生实事项目。坚持就业优先战略，落实积极就业政策，加大对农民工、高校毕业生、退役军人、零就业家庭等重点群体就业帮扶力度，鼓励引导多渠道灵活就业创业。统筹实施各类综合社会保障和困难救助政策，促进低收入居民增收，更大力度保障好所有困难群众基本生活，防止因病致贫、因残致贫、因灾致贫，确保全面小康“一户不漏、一个不少”。健全各类风险隐患排查防控和处置机制，切实保障人民生命财产安全。

2. 着力优化公共服务供给。聚焦系统融合、综合集成，纵深推进“最多跑一次”改革，提升政务公共服务水平。全面加强教育、医疗、养老、幼托等公共服务供给能力，推动公共服务更加优质均衡。实施“美好教育”桐庐行动、桐庐县教育民生实事工程攻坚战，加快名优教师外引内育，深化名校合作办学，补齐学前教育短板、提升义务教育水平、提高高中教育质量，全面达到浙江省教育现代化县要求，创成全国基础教育优质均衡县。实施公共卫生跃升工程，扎实做好“三医联动、六医统筹”集成改革试点工作，完善“三位一体”疾控网络，加快提升医疗卫生服务能力、疾病预防控制能力，加快建成健康浙江的县域示范区。加快构建以居家养老为基础、社区养老为依托、机构养老为补充的城乡养老服务体系，改善养老托育设施，支持社会力量发展普惠托育服务，进一步优化社会保障体系。

3. 全面提升社会治理水平。巩固深化全国首批法治政府建设示范县创建成果，围绕打造县域法治首善之区目标，加快构建全域法治大格局。大力弘扬新时代“枫桥经验”，深入推进“最多跑一地”改革，持续提升县乡两级社会矛盾纠纷调处化解中心（信访超市）运行水平，推动“1+3+1”基层治理工作体系制度化，总结提升更多桐庐特色的基层治理经验。坚持“大平安”理念，全力维护社会平安稳定，持续打好防范化解重大风险、扫黑除恶专项斗争、平安桐庐建设等攻坚战，加快全国治安最好县创建，全力打造县域治理现代化示范县。

四、着力构建更加有力的工作保障体系

（一）加强组织领导。按照《浙江省大花园建设行动计划》，进一步落实《桐庐县大花园典型建设实施方案》，细化目标任务，强化责任分工，科学安排资金、土地、人员等保障，发挥最大效益。大花园建设领导小组要切实担负起牵头抓总、协调保障、督查推进等职责，全县各部门要各司其职、各尽其责、协同推进，切实把工作抓实抓细抓好。

（二）深化改革创新。要以“最多跑一次”改革为牵引，统筹推进生态保护、“三农”事业、社会治理、民生保障等领域改革，重点在生态产品价值实现机制、“多规合一”空间规划体系、全域土地综合整治、营商环境改善、城乡融合机制等方面进行攻坚，不断增创市场有效、政府有为、企业有利、百姓受益的体制机制新优势。

（三）强化督查考核。将各地各部门的大花园典型示范建设情况纳入年度工作目标考核，严格工作标准，形成工作责任链。加强督查调度，定期下发任务清单，滚动督查推进。建立重点工作、重点项目定期分析制度，及时发现、分析工作推进过程中存在的问题，及时督促解决。完善过程性工作的考核办法，健全考核结果与纪检、组织部门共享机制，加大考核督查结果的运用。

（四）汇聚各方合力。坚持人民群众不仅是大花园的建设者，也是大花园的受益者。全面开展“人人成园丁、处处是花园”活动，动员广大群众积极主动参与大花园建设，汇聚各方面力量共同推进。强化舆论宣传引导，综合运用传统媒体、新媒体等多种宣传手段，全方位、多渠道对大花园典型示范建设成果进行宣传报道，积累总结更多好经验、好做法、好典型，让打造浙江大花园“耀眼明珠”理念深入人心、见到实效。

中共桐庐县委　桐庐县人民政府
关于促进卫生健康事业高质量发展的实施意见

县委〔2020〕31号

各乡镇党委、人民政府，街道党工委、办事处，县级机关、企事业各单位：

为加快推进桐庐卫生健康事业高质量发展，构建优质高效的整合型医疗卫生服务体系，推进健康桐庐高水平建设，结合我县实际，现提出如下意见。

一、总体目标

以习近平新时代中国特色社会主义思想为指导，围绕新时期卫生健康工作方针，把保障和促进人民健康作为各项工作的出发点和落脚点，坚持以人民健康为中心、以整体智治为路径、以改革创新为动力、以唯实唯先为导向，优化卫生健康资源配置，促进健康事业发展。到2022年基本建成与桐庐城市人口需求相适应，与经济社会发展相匹配的防治融合新型整合型卫生健康服务体系，成为全省卫生健康事业集成改革的先行区。到2030年，大幅提高健康水平，显著改善健康公平，高水平高质量推进健康桐庐建设，建成健康浙江的县域示范区。

二、重点任务

（一）实施名院提升扩容工程

1. 推进公立医疗卫生机构基础设施建设。加快推进县第一人民医院、县妇保院迁建等工程，规划实施县二院迁建、县三院精防大楼建设、县中医院感染楼改建工程、全面推进乡镇卫生院标准化改造。2022年底，完成县中医院感染楼改建、县妇保院迁建工程和所有乡镇卫生院标准化改造。加大投入，多措并举更新公立医院设施设备。

2. 加快等级医院创建。以全面推进深化医药卫生体制改革、推动医院全面发展为抓手，加快新一轮创建等级医院步伐。加快补齐卫技人才配备、医疗收入成本率、医共体建设专科能力提升等指标短板，持续改进医疗质量，提升医疗机构整体服务水平和能力。力争在全省第四轮评审周期内，完成县一院三级乙等综合性医院和县中医院三级乙等中医院创建工作，启动县妇保院二级甲等专科医院创建工作。

3. 健全现代医院管理制度。坚持公立医院的公益性，以政事分开、管办分离、指导分类为原则，进一步落实政府对公立医院的领导、保障、管理和监督责任。扩大公立医院在人事编制、科室设置、岗位聘任、收入分配等方面的自主权。完善人事管理制度，推行院科两级定岗定编管理，建立以岗位职责要求为基础，以品德、能力、业绩、贡献为导向的人员评价机制，创新医务人员全员目标年薪制。建立权责清晰、管理科学、治理完善、运行高效、监督有力的现代医院管理制度，实现医院治理体系和管理能力现代化。

4. 实施龙头医院提升行动。按照三级综合医院标准和定位，开展县一院能力建设大提升活动。紧扣质量、服务、安全，大力推进智慧医院建设，着力加强设施设备、重点学科、人才队伍建设，提高医疗卫生服务能力和水平，增强人民群众就医获得感。在医疗质量、服务效率、管理效益等方面，力争达到全市同类同级医院前列的水平。

（二）实施公共卫生跃升工程

5. 健全公共卫生服务体系。完善县乡村三级公共卫生组织，建立规范化基层工作人员队伍，健全管理运作机制，组建专家咨询委员会，定期研判分析，及时发布疾病预警信息，为制定政策提供咨询建议。完善早期监测预警机制，健全各级各类医疗机构预检分诊系统，完善全县传染病及突发公共卫生事件监测哨点布局，做到早发现、早报告、早处置。加快卫生健康领域相关系统集成，推进“互联网+”公共卫生服务。

6. 提升公共卫生服务能力。加快疾控中心实验室改造，加强技术能力和标准化建设，完善设施设备配置，组建县乡两级流调、消杀专业队伍，进一步提高疾病防控能力。构建县乡一体的平战结合医疗救治网络，加强突发传染病定点救治医院建设，制定应急床位紧急保障机制，强化院前急救体系和院前急救队伍建设，进一步加强应急救治能力。提高医疗废弃物处置能力。

7. 夯实公共卫生基础设施。加强卫生应急基础设施建设，将应急防疫隔离场所和突发公共事件卫生应急场所建设纳入国土空间规划体系，拓展大型学校、会展中心、体育场馆、酒店、商场等公共基础设施的灾备功能。合理布局设置县乡两级集中隔离点，并完善相关配套设施。加快实施发热、肠道门诊等感染性疾病门急诊（病区）标准化建设和实验室建设项目。加快推进乡镇卫生院（社区卫生服务中心）快速分诊、隔离转送等场所、设施建设。

8. 大力开展爱国卫生运动。坚持预防为主的卫生与健康工作方针，推进城乡环境整治，完善公共卫生设施，大力开展健康知识普及，倡导文明健康、绿色环保的生活方式。健全政府主导、单位负责、专业机构支持、全社会参与的病媒生物防制机制，广泛开展全民健康生活方式行动和全民健身运动。

（三）实施卫生健康综合改革工程

9. 推动“三医联动、六医统筹”集成改革。以全省“三医联动、六医统筹”改革试点为契机，推进综合改革各项工作。依托省药械采购平台，加大药品耗材集中采购改革落地。深化医保支付方式改革，实施总额预算管理下的多元复合式医保支付方式改革。巩固和完善全民医保制度建设，合理确定动态调整医保基金预算指标，落实“结余留用、合理超支分担”等支付标准。建立体现医务人员劳务价值的人事薪酬改革机制，落实“两个允许”。推进医疗服务价格改革，加快建立医疗服务价格改革动态调整机制。

10. 加快推进医共体建设。实施杭州市卫健委与桐庐县政府卫生健康帮扶项目，加强现代医院管理、医共体建设、“数字卫生”建设、科研教学提升、医疗质量管理等全方位的合作和帮扶。以卫生健康数字化为切入口，加快推动医共体人力资源、财务、医保、医疗、公共卫生和信息化“六统一”，加快实现县域医共体“一家人”“一盘棋”“一本账”。加快推进MMC（标准化代谢性疾病管理中心）、iHEC（智慧化高血压诊疗中心）“两个慢病”管理中心建设，打造医共体建设的桐庐样本。

11. 深化医疗卫生服务领域“最多跑一次”改革。全面落实“放管服”要求，努力实现群众全生命周期健康服务“一件事”“掌上办”，所有政务服务事项实现“一网通办”、民生事项实现“一证通办”，在巩固20项改善医疗卫生服务项目的基础上抓深化，积极向基层和公共卫生机构延伸拓展，逐步实现服务项目全覆盖，实现检查检验结果电子化推送100%全覆盖。构建医疗资源畅通、业务协同的紧密型医共体。

（四）实施医疗服务综合能力提升工程

12. 推进重点学科建设。加大政府投入，支持县级医院薄弱学科、重点学科建设工程，持续加强“专科联盟”建设。修订完善《桐庐县县级重点专科管理办法》《桐庐县医药卫生学科带头人管理办法》，实现重点学科和专科错位发展。推进瑞桐医联体长三角健康一体化项目的实施，深化和拓展与上海瑞金医院的合作。推进与浙江中医药大学、杭州师范大学医学院等医学院校开展“校院合作”，全力打造专家工作站（国医大师工作室）、名院协作、校地合作等项目。

13. 加快中医药事业发展。大力弘扬中医药文化，制定全县中医药发展规划，加快中医重点专科建设和中医药适宜技术推广，探索中药制剂研发，推动中医药事业发展。做强桐君药祖国医（药）馆、名中医工作室、治未病中心建设。培养实用性高层次中医药和中西医结合人才，完善中医药服务体系和符合中医药特点的医保支付政策。巩固提升全国基层中医药工作先进单位建设。

14. 提升基层医疗卫生服务能力。切实加强基层医疗队伍专业建设，选派县级优质医护人才资源融入基层医疗机构，进行诊疗、临床带教、教学查房、示范教学、疑难病会诊等。县级医疗资源下沉，多种形式提供医疗服务、技术支持、业务指导和普及健康干预，提高基层常见病和慢性病的诊治能力，完成“优质服务基层行”国家推荐标准三家医院建设、“优质服务基层行”国家基本标准全覆盖。加大基层医疗机构全科医生梯队建设，开展以全科兼顾专科的模块化培训，为基层医疗机构大力培养优秀的全科医生。

（五）实施卫生健康人才建设工程

15. 加强院长队伍的培养。落实党管干部原则，完善干部选拔、任用、培训机制。探索建立职业化的院长队伍，完善院长后备力量选拔培养，建立考核机制，加强交流。建立完善挂职锻炼、监督管理、走访联系、考察考核等动态管理制度，不断强化干部过程管理和视线管理。

16. 加大专业人才引进力度。加大医学院校毕业生、特岗全科医生、农村订单定向医学生招录力度，重点提高全县本科以上医学院校毕业生比例，着力提升高级职称人员比例。设立医疗卫生科研专项经费，支持专业技术人才加强医疗卫生技术研究，提高医疗卫生科研水平和自主创新能力。支持县一院、县妇保院的人才储备。

17. 拓宽专业人才培养渠道。健全卫生重点人才培养制度，加强全科医师队伍建设。加大外出培训、科研协作和引进专家授课等力度，重点培养学科（学术）带头人。实施全科医师转岗培训、骨干医师培训、西学中培训、中医师承教育、住院医师规范化培训等项目，培养实用型卫生专业技术人才。探索中医师带徒基层医生培养模式，加强乡村医生岗位培训，建立乡村医生退出机制，加快乡村医生培养替换。支持公立医院根据工作需要定向招录系统内编外医务人员。

（六）实施智慧健康工程

18. 推进全民健康信息化平台建设。实施卫生健康信息化建设，以“整体规划、标准执行”为重点，加快县域卫生信息化体系建设，实现全县公立医疗机构信息互通互享。大力实施“互联网+医疗健康”促进行动，推进医共体业务协同平台改造，搭建统一智慧服务门户入口，拓展互联网及人工智能服务。

19. 建成县域健康医疗大数据中心。瞄准智慧健康全省新标杆目标，把智慧健康建设同“数字桐庐”建设紧密结合起来，整合县级医疗信息资源，做到信息共享及业务协同。提升智慧服务能力，统一服务入口及模式，将区域内号源、医生资源等统一规划、统一管理。改善人民群众的就医模式和优化医疗卫生机构的服务模式，提升区域“互联网+医疗健康”服务能力。

20. 推进杭州健康码常态化应用。推进医疗服务领域卫生健康数字化建设，进一步深化“杭州健康码”常态化应用，2020年全面完成“健康码”数字信息系统建设及相关硬件配套建设，大力推进一批与市民群众身心健康密切相关的普惠应用。加快建设“杭州健康码”应用集群，提升公共健康领域治理体系和治理能力现代化水平。

（七）实施全周期健康保障工程

21. 加快健康素养大提升。组建健康讲师团，继续办好“健康大讲堂”，加大健康科普知识的宣传力度，开展“健康细胞”建设，实施控烟行动，强化食品安全、精神卫生、地方病和职业病防治工作，引导居民建立科学健康生活方式，全面提升居民健康素养、健康水平和生活质量。以县一院与杭师大医学院 “校院合作”为契机，依托杭师大附属医院心理健康干预的优质资源，加强青少年心理健康干预。

22. 深入开展全民健身活动。加强健身步道、骑行道、全民健身中心、体育公园、社区多功能运动场等场地设施建设，逐步提高体育设施覆盖率，进一步增强群众体育健身意识。鼓励推行公共体育场地设施和符合开放条件的内部体育设施向社会开放。推广适合老年人、慢性病患者、亚健康人群等重点人群的健身运动方式，发挥科学健身在健康促进和慢性病预防中的积极作用。大力开展青少年体育运动，健全学校体育场地设施与器材，严格落实学生校内体育活动时间。

23. 提升妇幼和老年健康服务水平。加强妇幼健康服务体系标准化建设，完善危重孕产妇和新生儿急救、会诊、转诊网络，推动重症出生缺陷筛诊治一体化，提升孕产妇和儿童感染性疾病诊疗能力。拓展老年医康养护领域，推进老年病房、家庭病房、康复诊疗、安宁疗护、家庭照护等多样性医康养护一体保障体系。实施老年健康促进行动和老年人心理关爱项目，实现医疗卫生机构与养老机构合作全覆盖。做实做细家庭医生签约服务，扩大签约覆盖率达40%，完善以高血压、糖尿病为突破口的全周期健康管理和基层首诊改革工作。

24. 优化生育健康服务供给。加强人口发展态势和生育形势分析，完善人口监测预警工作机制。认真落实计划生育特殊家庭扶助政策，优化计生特殊家庭联系人、家庭医生签约、就医“绿色通道”等三项制度，建立健全人口监测体系和网络，公共场所、企事业单位母婴设施建设水平达到省级标准。

三、组织实施

1. 加强组织领导。健全党委统一领导、党政齐抓共管、各方联动推进的工作格局，形成工作合力。各部门要高度重视，把发展卫生健康事业放在重要位置，建立统一的协调机制，落实配套工作方案和政策。发改、卫健等部门做好各项任务举措的跟进和督促。

2. 强化投入保障。将健康融入所有政策，在制定各项重大政策时，更加注重预防为主和健康促进、资源下沉和整合协作、结构调整和优化升级、治理能力现代化建设，健全投入机制，加大对卫生事业的保障力度。

3. 营造发展环境。加强舆论宣传，激励和引导卫健系统广大党员干部和医务人员砥砺初心，提升医务人员服务意识，塑造行业清风正气，依法严厉打击伤医闹医辱医等违法行为。增强全社会对卫健事业的普遍认知和认同，根据有关规定表彰和奖励优秀医务人员。

中共桐庐县委　桐庐县人民政府
关于印发《桐庐县推进新时代美丽乡村建设暨打造美丽乡村3.0版实施意见》的通知

县委〔2020〕36号

各乡镇党委、人民政府，街道党工委、办事处，县级机关、企事业各单位：

《桐庐县推进新时代美丽乡村建设暨打造美丽乡村3.0版实施意见》已经县委、县政府同意，现印发给你们，请结合实际认真抓好贯彻落实。

桐庐县推进新时代美丽乡村建设暨打造美丽乡村3.0版实施意见

为深入实施乡村振兴战略，深化“千村示范、万村整治”工程，推动新时代美丽乡村建设，全力打造我县美丽乡村3.0版，根据《中共浙江省委办公厅 浙江省人民政府办公厅关于深化“千村示范、万村整治”工程高水平建设新时代美丽乡村的实施意见》（浙委办发〔2019〕60号）和全省高水平建设新时代美丽浙江推进大会精神，现制定如下实施意见。

一、指导思想

以习近平新时代中国特色社会主义思想为指导，坚持“绿水青山就是金山银山”发展理念，贯彻落实省委、省政府关于当好“重要窗口”建设者、维护者、展示者的部署要求，全力实施美丽乡村“115”工程，聚焦“打造新时代乡村生活样板地，争创全国乡村振兴示范县”总目标，以实施国家级乡村振兴发展规划为引领，抓好数字乡村、法治乡村、艺术乡村、创业乡村、文明乡村“五大乡村”建设，全面建成美丽乡村3.0版，持续丰富内涵，彰显特色，确保桐庐新时代美丽乡村始终走在前列，争当示范。

二、基本原则

1. 坚持问题导向。以问题为导向破解瓶颈，增强工作的主动性和针对性，紧紧围绕当前我县乡村在数字、法治、艺术、创业、文明等方面的突出短板，因势利导、统筹谋划、精准施策，明确工作重点，以改革创新的精神破解重点和难点问题，推进新时代美丽乡村建设迈出更扎实步伐，取得更大实效。

2. 突出亮点特色。以特色为目标打造亮点，坚持把特色化发展作为“五大乡村”建设的关键，充分发掘乡村特质，根据不同的区位与资源条件、历史人文、特色产业、发展潜力，因村施策，努力打造具有桐庐特色的数字乡村、法治乡村、艺术乡村、创业乡村和文明乡村，彰显别样精彩的桐庐新时代美丽乡村气质。

3. 注重创建实效。以项目为抓手体现实效，坚持把项目建设作为重要支撑和主要抓手，“五大乡村”建设要以落地见成效为目标，将方案落实到具体项目中，制定工作任务表，从2020年到2022年明确每年的试点村和建设目标、建设计划、时间节点等内容，做到抓实、抓细、抓落地，把发展蓝图变成美好现实。

4. 凝聚共建合力。以共建为载体集中发力，要加强部门协同，强化资源整合，“五大乡村”在点位的选择上要相对集中，选取基础较好有发展潜力的村，集中资源优势合力推进，打造一批集“五大乡村”于一体高质量、有特色的典型示范村，形成可借鉴可推广可复制的实践经验。

三、目标要求

按照“试点先行、示范引领、总结推广”的要求，驰而不息推进美丽乡村3.0版建设，打造“经济美丽、全域景区、人人文明、崇德尚法、幸福向往”的“新时代乡村生活样板地”。在巩固现有美丽乡村建设基础上，到2022年底建成各具特色的数字乡村、法治乡村、艺术乡村、创业乡村、文明乡村，同步推进清廉乡村、平安乡村建设，不断提高桐庐的城乡融合度、乡村魅力度和创新活力度，争当诗画浙江“大花园”先行区，奋力展现“重要窗口”的桐庐风采。

四、重点任务

（一）实施乡村振兴发展规划

以规划为指引，高起点谋篇布局，推动新时代美丽乡村纵深发展，一是加快全域覆盖。在总结“五带五十八村”扩面推广实践的基础上，因地制宜，分类推进乡村振兴规划。通过深度修编、条带集合编制、现有规划完善修编等方式，力争2020年实现全县所有行政村乡村振兴规划全覆盖。二是推动规划落地。制定规划长期陪伴实施计划，规划单位做好跟踪服务，全程参与规划实施。谋划乡村振兴规划成果大比武等活动，加快规划成果落地，多维度展示乡村振兴规划成效及美丽乡村建设亮点。三是注重总结推广。按照“试点先行、示范推广、全面覆盖”的工作路径，不断探索改进实践经验，总结提炼“两带一点”首批试点规划探索出的村庄发展新路径，完善“一图一表一说明”的规划体现形式，力争为全国乡村振兴提供经验总结与输出。

（二）推进“五大乡村”建设

1. 数字乡村。数字是引擎，是实现美丽乡村3.0版的重要路径，要把改善民生服务作为重要导向，推进数字技术与乡村产业发展、公共服务和社会治理融合。一是数字赋能乡村产业。加快数字化融入，推动“线上线下”融合。抓好数字化生产、流通和监管，不断提升乡村产业等数字化水平。二是数字赋能公共服务。以“最多跑一次”改革为引领，充分发挥数字乡村在公益、便民、商务和惠民等方面作用。三是数字赋能乡村治理。实施乡村治理数字化建设，推进特色应用场景开发，推动数字赋能农村社会治理。

2. 法治乡村。法治是保障，为实现美丽乡村3.0版提供有力的法治保障，要着力推进乡村依法治理，构建乡村共建共治共享社会治理格局。一是提升法治意识。加强对村社干部法治培训，推动建设法治阵地，增强村社干部和群众法治意识。二是夯实组织建设。实施好农村“头雁工程”和“雏雁计划”，持续抓好农村基层党组织和农村党员队伍建设。三是抓好多元治理。深化党组织领导的自治、法治、德治和智治相融合的乡村治理体系。

3. 艺术乡村。艺术是灵魂，是传承和表达乡村文化的有效方式，要让艺术融入乡村，提升乡村价值魅力，激发乡村的内在潜能，丰富美丽乡村3.0版建设内涵。一是在村庄建设中融入艺术。通过设计和艺术，把乡村内在的美和文化挖掘出来，植入艺术元素，进一步彰显乡村魅力。二是在品牌打造中融入艺术。坚持业态融合，在乡村品牌、农产品包装营销、乡村活动等方面加强艺术介入，激活艺术的生命力。三是在促进农民全面发展中融入艺术。提升农民文化艺术素养和地方文化的认同感、自信力，促使自觉参与建设艺术乡村，增强艺术乡村内生动力。

4. 创业乡村。创业是核心，乡村有人才有项目有产业，美丽乡村才能活起来，要持续改善农村创新创业环境，提升乡村的发展活力，让乡村成为美好生活的实现地。一是构筑创新创业生态体系。以“两进两回”行动为牵引，积极发挥新乡贤在引进项目、资金、技术、人才等方面优势，进一步完善政策措施，培育一大批农村人才，使乡村成为文创、互联网、旅游民宿等产业创业的平台。二是充分发挥改革牵引作用。持续用好改革利器，深化农村宅基地、农村承包地“三权分置”、集体土地入市、农合联改革等改革工作，提升发展动能。三是加强要素保障助创发展。加强创业的要素保障，不断完善农村公共服务和基础设施，优先保障土地、资金等资源要素。

5. 文明乡村。文明是基础，也是美丽乡村3.0建设的重要推动力量和软件基础，为打造美丽乡村3.0版提供智力支持和精神动力，要以社会主义核心价值观为引领，不断提高乡村文明程度。一是推进文明实践工程。在农村深入开展新时代文明实践活动，推动桐庐淳朴的乡村文化转化为人人践行文明的内在自觉。二是提升村民文化素养。以开展除陋习，重乡规、振家风、乐公益为重点，不断提升村民文化素养。三是凝聚村民共建力量。引导群众自己家园自己建自己管，提升群众主体主角意识，以助推垃圾分类等为载体来推进农村环境综合治理。

五、保障措施

（一）加强组织领导。成立桐庐县新时代美丽乡村建设暨打造美丽乡村3.0版工作专班，下设办公室和五个专项工作组，负责统筹协调新时代美丽乡村建设暨打造美丽乡村3.0版工作，有关部门和各乡镇（街道）主要领导要结合自身职能和本地实际，切实加强打造美丽乡村3.0版工作的领导，认真谋划研究、明确目标、完善举措，全力推进。

（二）强化要素支持。全县各级各部门要牢固树立“一盘棋”思想，进一步整合资源、统筹管理，在资金、土地、技术、政策等资源要素配置上，对“五大乡村”建设予以重点倾斜和有效保障。要坚持立足当前、着眼长远、量力而行、逐步推进的方针，法治乡村和文明乡村按照以奖代补方式予以补助；数字乡村、艺术乡村、创业乡村要制订一村一方案，可由县美投公司等按照一村一策参与投资建设，同时要努力破解社会资本下乡的瓶颈制约，积极鼓励、服务社会资本投入，强化与社会资本的有效对接、高效承接，推动社会资本加速下乡，汇聚打造美丽乡村3.0版的磅礴之力。

（三）加强机制保障。新时代美丽乡村建设暨打造美丽乡村3.0版工作列入年度综合目标考评。各牵头部门按照“优胜劣汰、竞争安排”原则，每年动态调整试点村名单，制定建设、验收、补助以及考核等细则，加强对美丽乡村3.0版建设各类乡村的督查考核，严格把好建设标准关，按照创建要求，加强质量监管，提高项目建设成效和资金使用绩效。

（四）浓厚舆论氛围。运用电视、报刊、网络等媒体，加大打造美丽乡村3.0版工作的宣传力度，及时发现、总结、提炼、宣传建设中的好经验好做法，做到对内有获得感，对外有影响力，充分调动基层干部和群众的积极性和创造性，营造各界都来关心支持新时代美丽乡村建设的浓厚氛围。

关于深入实施“新制造业计划”推进高质量发展二十六条政策

桐政发〔2020〕13号

各乡镇人民政府、街道办事处，县政府各部门、各直属单位：

为全面贯彻执行《中共杭州市委杭州市人民政府关于实施“新制造业计划”推进高质量发展的若干意见》（市委〔2019〕17号）有关精神，深入实施“桐庐县制造业高质量发展三年行动计划（2019—2021）”（县委办〔2019〕127号），全力聚焦制造业“五高五倍增”目标，实施“12065”计划，推进制造业高质量发展，特制订如下政策。

一、鼓励企业做大做强

1. 对年营收首次达到100亿元、50亿元、20亿元、10亿元、5亿元、1亿元的企业，分别给予400万元、200万元、150万元、100万元、50万元、10万元奖励（进档的奖励差额）。对年营收5亿元（含）以上且连续三年实缴税收同比增长保持10%（含）以上的企业，当年增长超10%以上部分的县级地方贡献给予全部奖励。

2. 对税收收入首次达到2亿元、1亿元、5000万元的企业，分别给予200万元、100万元、50万元奖励（进档的奖励差额）。对税收收入300万元（含）以上且亩均税收30万元（含）以上的企业，给予10万元奖励，亩均税收每提高10万元再给予5万元、不超过100万元奖励。

3. 对首次上规企业给予10万元奖励，对上规后连续三年在规企业再给予20万元奖励。对国家级制造业“单项冠军”示范企业、省级制造业“隐形冠军”企业，分别给予200万元、100万元奖励。

二、鼓励企业扩大有效投资

4. 对总投资5000万元（含）以上的项目，自签订土地出让合同6个月内且取得施工许可证1个月内开工建设并入库的，给予20万元奖励。

5. 对企业购置工业机器人的，给予购置额10%补助。对企业生产性设备投资300万元（含）以上的项目，给予投资额5%补助。对企业生产性设备投资500万元（含）以上的项目，给予投资额8%补助。对企业设备、外购技术及软件投资1000万元（含）以上的项目，给予投资额10%、不超过5000万元补助。

6. 对企业设备、外购技术及软件投资1000万元（含）以上的新一代信息技术及应用、高端装备、生物医药、集成电路、新能源新材料产业的项目，给予投资额20%、不超过1亿元补助。

三、鼓励企业数字化转型

7. 对经评审认定的工厂物联网、信息化应用等数字化改造项目，给予设备、外购技术及软件投资额20%、不超过80万元补助。对经评审认定的市级、县级智能制造应用示范项目，分别给予300万元、50万元奖励（进档的奖励差额）。

8. 对当年获得国家、省、市级两化融合各类示范试点的企业（项目），分别给予50万元、20万元、10万元奖励。对获得《国家信息化和工业化融合管理体系》评定证书的企业，给予30万元奖励。

9. 对经评审认定的国家、省、县级工业互联网平台，分别给予500万元、300万元、50万元奖励。企业首次应用经认定的工业互联网平台产品，给予设备、外购技术及软件投资额50%、不超过5万元补助。

10. 对省行业云应用示范平台，给予30万元奖励。对首次应用经认定的云平台产品，并通过省“企业上云”认定的企业，给予设备、外购技术及软件投资额50%、不超过1万元补助。对被评定为省、市级企业上云标杆的企业，分别给予20万元、10万元奖励。

四、鼓励企业利用资本市场

11. 对完成上市辅导备案的企业，给予80万元奖励；对递交首次公开发行股票（含境外五大交易所）申请材料并获受理的企业，再给予100万元奖励；对上市成功的企业，再给予220万元奖励。对通过借壳、买壳、并购县外上市企业等方式实现间接上市并将注册地和纳税登记地迁入我县的，或县外上市企业将注册地和纳税登记地迁入我县的，给予400万元奖励。

12. 对列入县凤凰行动培育名单并在新三板、浙江股权交易中心成长板挂牌成功的企业，分别给予130万元（其中精选层160万元）、80万元奖励。企业在股权交易市场挂牌成功后转至新三板精选层或转板上市的，补足奖励差额。

五、鼓励企业提升品质标准

13. 对新获得“中国驰名商标 ”、“品字标”品牌认证的企业，分别给予100万元、30万元奖励。对获得市政府质量奖（提名奖）、县政府质量奖的企业（组织），分别给予100万元（提名奖30万元）、30万元奖励。

14. 对主导制（修）订国际标准、国家标准（“品字标”品牌标准）、行业标准、省级地方标准、市级地方标准（团体标准）的企业（组织），分别给予100万元、20万元、15万元、10万元、5万元奖励。对参与制（修）订国际标准、国家标准（“品字标”品牌标准）、行业标准（省、市级地方标准、团体标准）的企业（组织），分别给予30万元、6万元、3万元奖励。对牵头完成国家、省、市级标准化项目的企业（组织），分别给予20万元、15万元、10万元奖励。

六、鼓励企业创新驱动

15. 对省级认定的国内、省内重大技术装备首台（套）项目，分别给予100万元、50万元奖励。对首台（套）产品应用企业，给予采购额10%、不超过300万元奖励。

16. 对通过国家高新技术企业省级评审（含重新认定）的，给予20万元奖励；对认定为国家高新技术企业的，再给予40万元奖励。对县外国家高新技术企业（有效期内）迁入我县的，给予30万元奖励。对新认定为市高新技术企业、市科技型初创企业的，给予20万元奖励。

17. 对新认定为省级企业研究院的，给予50万元奖励。对新认定为国家、省、市级企业研发中心（企业技术中心）的，分别给予50万元、20万元、10万元奖励。

七、鼓励企业集约绿色发展

18. 对小微企业园的市场化运营主体，通过县外招引入驻的企业，两年内年营收首次达到2000万元、1亿元的，分别给予运营企业每家3万元、5万元奖励（进档的奖励差额）。

19. 对企业投资30万元（含）以上且节能（含水、材）率达10%以上的项目，给予设备投资额10%、不超过50万元补助。

20. 对列入淘汰落后产能计划的退二优二项目，在实施完毕后，给予设备评估值30%补助。

八、鼓励传统特色产业加快发展

21. 对针织（服装、服饰）、制笔、箱包、医疗器械等传统特色产业的企业（以下简称企业）生产性设备投资100万元（含）以上的项目，给予投资额10%补助。对企业生产性设备投资800万元（含）以上的项目，给予投资额15%补助。单个企业补助最高不超过企业当年或下一年税收县级地方贡献额。

22. 对年营收2000万元（含）以上的企业，当年实缴税收同比增长超8%以上部分的县级地方贡献（增值税、企业所得税）给予全部奖励。

23. 对经评审认定的传统特色产业数字化车间样板项目，给予设备、外购技术及软件投资额50%、不超过100万元补助。

24. 对首次评定为传统特色产业龙头企业的，给予10万元奖励。

九、鼓励企业拓展市场

25. 对年营收500万元（含）以上的企业，参加县重点境内展会的，给予展位费70%补助，每个展位补助不超过3万元，每家企业补助不超过50万元。对组织15家（含）以上企业参加县重点全国性展会的行业协会、产业联盟，给予每次3万元、不超过15万元奖励。

十、鼓励桐产品在桐应用

26. 加大桐庐产品应用推广力度，鼓励本地优质产品纳入政府采购目录，支持桐庐产品纳入《杭州市优质产品推荐目录》并在地应用。

十一、附则

本政策适用对象为在本县注册并依法纳税的制造业企业。企业信用良好，并未被列入杭州市公共信用信息平台失信联合惩戒对象名单。

根据上年度制造业企业“亩产效益”综合评价结果，对当年投资类项目的补助比例，A类企业增加1个百分点，C类企业下降1个百分点，D类企业不享受政策。一企一策企业不重复享受。

同一主体、同一项目，享受省、市、县政策按照“从高、不重复”原则执行。

本政策自2020年1月1日起实施。其中，第1—10条，第15条，第18—26条，由县经信局负责组织实施；第11、12条由县发改局（县金融办）负责组织实施；第13、14条由县市场监管局负责组织实施；第16、17条由县科技局负责组织实施。

桐庐县人民政府
关于实施乡村振兴战略实现农村产业
高质量发展的意见

桐政发〔2020〕25号

各乡镇人民政府、街道办事处，县政府各部门、各直属单位：

为深入贯彻落实中央农村工作会议精神，大力实施“产业强县”发展战略，以农业转型升级为核心，进一步深化农业供给侧结构性改革，积极培育新型农业经营主体，大力推进农业产业的规模化经营、标准化生产、产业化发展，实现村集体增收、农民收入改善，特制定如下政策意见：

一、落实三大保障，稳固农业生产基础

（一）农业生产安全保障

1. 粮食生产安全。每年安排不少于500万元资金，专项用于配套落实国家、省市规定的粮食生产补贴政策和推进粮食功能区建设，创新耕作制度，保障粮食生产安全。

2. “菜篮子”基地建设。每年新安排100万元资金，专项用于蔬菜保供基地建设、美丽菜园建设等，切实保障市场供应。

3. 畜禽规模生产。每年安排500万元资金，用于推进规模畜禽养殖场标准化建设和畜禽生产其他产业，保障肉禽产品自给率。对新建扩建新增存栏1万头以上的猪场，在省、市财政补助基础上，县级一次性配套补助100万元。对规模猪场引种在省、市补助基础上，县级配套补助100元/头。改扩建后新增存栏1000千头以上，不到万头的规模猪场，按照不超过项目新增投资50%的比例进行补助，最高不超过200万元。用于生猪产业以外其他畜禽生产发展建设的，按投入额的50%予以补助，最高不超过30万元。

（二）政策落实保障

推进“强农十条”及土地流转政策落实。每年安排700万元资金，聚焦关键环节，坚持问题导向，重点用于解决制约“三农”发展的难点、痛点、堵点等问题，主要用于支持农企发展、土地连片流转利用、创新利益联结机制（具体补助内容及补助方式见桐政办〔2019〕23号、桐政办〔2019〕24号）等建设。

（三）农业灾害救助保障

设立总额500万元的农业救灾风险基金，用于因洪涝、台风、雨雪冰冻等灾害性气候对农业造成损失进行救助，具体补助根据各受灾乡镇上报情况，进行统筹安排并实行“马上兑”。其中每年安排50万元用于养蜂业风险救助基金。

二、推行五大农业，增强产业内生动力

（一）设施农业

每年安排160万元资金，用于加快先进适用农机的试验引进和推广应用，推进农业领域“机器换人”，对本县范围内农

业经营主体、种养大户购置列入国家、省市农业部门农机推广目录的先进适用农机具，按照省市规定县级配套标准给予相应购置及报废补贴。

（二）数字农业

每年安排60万元资金，用于推进农业智慧化装备建设（不含路、渠等基础设施及大棚、喷滴灌建设等生产设施投入）。对达到相应规模、智能生产管控系统覆盖面达到80%以上，投入额超过20万元的按投入额的40%予以补助，最高不超过30万元。

（三）生态农业

每年安排100万元资金用于推进农业绿色发展。

1. 推广使用有机肥。加大测土配方施肥技术应用，对当年累计施用商品有机肥20吨以上的用户，按每吨50元的标准给予补助，每个用户各级财政补助最高不超过10万元。

2. 秸秆粉碎还田。对农作物秸秆机械化粉碎还田200亩以上的单位和大户，经验收确认，给予每亩30元的补助。

（四）休闲农业

鼓励按照“三产融合”理念，深入拓展农产品加工、农业休闲观光、农事体验功能，每年安排310万元资金，打造一批农旅结合的一、二、三产融合发展产业园（综合体）和小微农业产业园建设，开展农事节庆活动。

1. 三产融合园建设。每年安排200万元资金用于精心打造核心基地连片300亩（含）以上的县级三产融合园，新增基础设施投入按其实际投入给予最高40%的补助，配套休闲设施按实际投入给予30%的补助。单个项目总投入不低于300万元，单个项目补助原则上不超过200万元（含各级财政相关政策补助）。

2. 小微农业产业园建设。每年安排100万元资金用于支持茶业、特色水果、蜂业、蚕桑、中药材、食用菌、健康水产等小微产业园建设，重点用于完善基础设施、生产设备，建设精品基地，当年设施（设备）投资额达到15万元及以上的，给予设施（设备）投资额50%的一次性补助［由村集体、“农民之家”创业服务社为主体实施的产业化项目，给予设施（设备）投资额80%的一次性补助］，最高不超过30万元。

3. 农事节庆。鼓励各镇、村举办具有地方特色的农事节庆活动和区域品牌推介活动，对在县农业农村局备案举办活动的主办方给予3万、5万元补助。

（五）品牌农业

每年安排50万元资金用于农产品品质认证和质量安全追溯管理。

1. 品牌建设。对新增农产品区域公共品牌建设的实施主体给予10万元的奖励。

2. 品质认证。对各类农业新型经营主体开展农产品“三品一标”认证、品牌打造的给予以奖代补。对新认证无公害农产品基地、绿色食品（产品）、农产品地理标志的分别给予1元万、2万元（同一单位申报3个以上的，最多补助5万元）、10万元奖励；对开展无公害农产品复查换证、绿色食品（产品）续展的单位，分别给予0.5万元、1万元补助（每个单位最多不超过3万元）。

3. 质量安全。为推进农产品“产地准出”与“市场准入”衔接管理，每年安排10万元资金对农产品质量安全追溯（以市农产品质量安全监管系统数据为准）开展情况给予补助，按生产主体打印二维码合格证批次数量多少，从高到低按10元/批次进行补助，每个主体补助最高不超过600批次。生产主体上市销售的农产品须加贴农产品合格证，如发现农产品正常采收期间合格证为零或农产品二维码合格证打印低于100批次，且数量在500张以下的生产主体不予补助。

三、注重两大体系培育，促进农业高质发展

（一）农业新型经营主体培育

每年安排250万元资金，用于示范性合作社（联合社）、家庭农场建设和“农创客”培育，推进示范引领作用。对当年获得国家级、省级、市级、县级农业龙头企业分别给予30万元、20万元、10万元、3万元一次奖补；国家级、省级、市级专业合作社（联合社）示范分别给予20万元、10万元、3万元一次奖补，县级规范化一星级、二星级、三星级分别给予1万元、2万元、3万元一次奖补（同一合作社升级实行补差）；获得县级示范性家庭农场给予一次性奖励2万元，获评国家级、省级、市级

示范性家庭农场，在上级奖补资金的基础上分别给予5万元、3万元、2万元一次性奖补。对合作社（含联合社）、农村资金互助会、土地股份组织、家庭农场等经营主体开展基地建设、经营服务场所建设、生产技术培训、农产品初加工和市场（业务）拓展的，每个按实际投入的50%给予一次性补助，最高不超过15万元。开展县级及以上农业龙头企业培育，对新认定市级及以上农业龙头企业，按国家、省、市三级，当年或次年分别给予安排最高50万元、10万元、5万元贴息项目，按其生产性贷款的3%标准给予贴息，同一企业升级实行补差。对在省、市农创客创业创新比赛中获奖并在桐庐落地的项目分别给予一次性20万元、10万元补助。

（二）农村实用人才培育

实施“两进两回”行动，强化科技支撑与人才支撑，统筹安排省市人才资金使用，县级每年安排170万元资金用于农业农村人才培育。对大学毕业生从事现代农业，到合作社（联合社）、示范性农民之家创业服务社、乡村民宿就业或自主创办农业经营实体、民宿，每人每年给予2万元的补助，连补2年，同一单位最多补助3人次。对农民工返乡创业以及大中专毕业生、退伍军人到农村自主创业，投资农林基地、农产品专卖店或电子商务、乡村民宿等涉农行业，在土地流转、场地租赁、产业发展、装修投入等方面给予实际投入30%的一次性补助，最高不超过5万元。组织开展“民宿金管家”、乡村产业技能大师、乡村产业技能大师工作室评选活动，县级“民宿金管家”、乡村产业技能大师给予每个0.5万元补助，县级乡村产业技能大师工作室给予每个3万元的补助；市级乡村产业技能大师给予每个1万元的补助。

四、推进三个新业态建设，提高产业经济效益

每年安排总额1000万元新产业、新业态发展及宣传营销专项资金，与上级专项补助资金整合，用于扶持乡村特色民宿规范发展，农家小吃、农产品电商提质增效。

（一）推进民宿产业做精做优

1. 民宿示范项目建设。

对资源、区位、基础适合民宿经济发展，经营户达到15户、总床位100张以上，在公共服务配套设施方面支出达到100万元以上的民宿示范村，每年选择2—3个进行重点培育，验收通过后，给予每个80万元的补助。对设立村级民宿管理机构，实现统一管理、统一服务、统一配套，作用明显、经营户普遍认可的，给予一次性补助5万元。

利用农房（或集体用房）改建有特色、有品位、有主题的精品民宿示范项目，客房6间以上，投资200万元以上，按其实际投资10%给予奖励，最高不超过80万元。

村集体以资金、房屋、土地等入股发展民宿的，或5户以上民宿委托管理机构统一管理运营的，按回报额20%进行奖励，奖励额最高不超过20万元。

2. 民宿行业规范管理。

对年营业额达200万元（含）以上，且新纳入限上个体户的民宿，给予一次性3万元奖励。

对纳入规上企业或限上个体户的民宿，年营业额达220万以上的，每增加50万元营业额给予2万元奖励。

（二）推进特色小吃做大做强

每年安排100万元资金，用于农家特色小吃的产业提升、品牌推广和市场拓展，优化产业布局，增强发展活力，推进规模经营、连锁经营，扩宽农民就业增收渠道（特色小吃主推品种和具体实施细则另行制定）。

1. 对具有一定产业规模、地方特色和发展潜力的农家特色小吃，选取若干种进行重点扶持，新开县外门店（含机场、高速、高铁等服务区）经申请报备、验收合格后，给予一定补助。

2. 对年销售额达200万以上的农家特色小吃加工企业新购置加工设备的，按投资规模、设备购置费用给予一定补助。

（三）推进农产品电商发展做深做广

促进农村电商产业发展，对第三方农产品电子商务专业平台年度新增销售桐产农产品达50万元以上的，每50万元奖励2万元，最高不超过20万元。

农产品直供配送城区居民的企业或基地销售金额在10万元以上的，市级“菜篮子”基地一次性补助2万元，其他主体补

助 1 万元。

（四）推进新业态宣传做好做新

每年安排 100 万元资金，由领导小组办公室统筹，专项用于农业产业的媒体宣传、手册编印、网络营销和组织开展旅游促销、项目招商、农旅对接活动，重点拓展上海、江苏以及杭绍甬等地客源市场。

五、强化林业产业和基础设施建设，做好绿色富民文章

每年安排 600 万元资金，用于高水平推进国土绿化美化，强化林业基础设施建设，适度发展林下经济、木本油料及森林康养产业建设。

（一）健康彩色森林和林业产业基地建设

每年安排 400 万元林业生态产业发展资金，用于木本油料、林下经济、珍贵树种、森林康养等林业特色产业，林业适度规模基地基础设施，一村万树示范村，珍贵彩色森林和生态文化基地等建设，以及林地流转、林权抵押贷款贴息。

1. 新发展山核桃（薄壳山核桃）、良种油茶、香榧基地连片面积 30 亩以上的，给予每亩 300—800 元的一次性补助；

2. 引导发展林药、林菌等林下经济，起点面积在 20 亩以上的，按种植品种分别给予每亩 500—1000 元的一次性补助，单个项目主体最高补助 30 万元；

3. 扶持竹业（不含毛竹）、木本油料、珍贵树种等产业适度规模经营基地的基础设施建设，重点支持扩大产业规修改模、完善基础设施、建设示范基地等环节，当年生产性基础设施（设备）投资额达到 50 万元及以上的，给予其基础设施（设备）投资额 40% 的一次性补助，最高 30 万元。

4. 新发展珍贵树种基地，连片面积 20 亩以上的，符合营造林标准的，给予每亩 1500 元的一次性补助

5. 建设保障性苗圃，新建标准化设施苗圃面积 10 亩以上，年产容器苗 10 万株以上的保障性苗圃地给予生产设施设备投资额 40% 的一次性补助，单个项目最高补助限额 30 万元；培育珍贵树种容器苗，年提供珍贵树种造林补植等合格苗木 10 万株以上的，给予 2 元 / 株补助。

6. 林地经营权流转并与工商资本合作开展林业适度规模经营的，林地流转合同期限不少于 10 年，流转面积 200 亩以上，并取得林权证的（包括林地经营权证），给予流出流入方各 30 元 / 亩的补助；当年度开展规模经营面积 50 亩（含）以上的给予流入方经营面积 100 元 / 亩的补助。

7. 利用林权抵押贷款的单位和大户，符合林业产业发展导向的，给予贷款人按实际贷款额 3% 贴息（不含省财政贴息）。

8. 新组建的省示范性家庭林场、林业股份合作社，创建森林康养基地、林业特色小镇、森林氧吧、森林人家、森林乡村、生态文化村、生态文化基地、自然保护地融合发展示范（镇）村等乡镇、村或经营单位，给予一次性 1 万—5 万元的一次性补助。

（二）林区道路建设和森林古道修复

每年安排 200 万元，用于林区道路建设和森林古道保护开发。立足生产发展需要和生态景观保护，在规划立项严格把关前提下，积极推进标准化林区道路的建设提升和森林古道的保护修复。

六、附则

1. 本意见自 2020 年 7 月 24 日起施行，有效期至 2022 年 12 月 31 日，县财政按三年安排总额 1.5 亿元资金，专项用于现代农业发展，在严格把关、厉行节约前提下，年度间、项目间资金安排可以根据实际需要进行调剂，滚动使用。政策执行期间如有调整由领导小组集体决策后执行。

2. 本意见所涉主要项目的实施细则由县农业农村局、县林水局等职能部门会同县财政局另行制定。对列入财政补助计划的建设项目，按照《桐庐县财政专项资金管理办法》等文件要求，在下达项目计划、补助资金前应通过县政府门户网站或县级主要媒体进行公示。

3. 乡镇、街道是农业产业发展各类项目管理和相关工作组织实施的责任主体，负责做好项目前期申报初审、中期检查监督和后期考评初验。

4. 同一事项、同一建设内容不重复享受政策，按最优惠政策执行。

5. 本意见所指农业企业为在我县注册并具有独立法人资

格、内部财务管理制度健全的农（林）业企业。污水治理未达标或当年发生安全生产、农产品质量安全、环境污染等重大责任事故以及较大群体性事件的农业生产经营主体，不享受本政策。

县委办公室　县政府办公室
关于印发《桐庐县亚运城市行动实施方案》的通知

县委办〔2020〕24 号

2022 年亚运会是党中央交给杭州的重大政治任务，是牵动杭州城市发展的重要抓手。桐庐县作为 2022 年亚运会马术项目承办地，将迎来一轮“新时代·新亚运·新气象”的发展黄金期。为促进赛事筹备和城市发展联动，实现“一马当先，赛出加速度，筑起暖心城”目标，全面提升城市综合能级和发展水平，向世界展示“杭州韵味、潇洒桐庐、最美画城”，特制订本方案。

一、指导思想

以习近平总书记在浙江考察时及关于办好亚运会的重要讲话精神为指引，从总书记对于“中国马文化发展”的重要论述中学思践悟，在城市建设与发展中全面融入“万马奔腾的气势、快马加鞭的劲头、一马当先的勇气”，按照“基础设施更全、城乡面貌更靓、城市品牌更响、经济发展更快”定位，拓视野、补短板、见特色、促提升，全面实施“八大行动”，为加速开创潇洒桐庐转型跨越绿色崛起新境界添足“马”力，为奋力展现“重要窗口”桐庐风采提供支撑，为办好“中国新时代、杭州新亚运”作出应有贡献。

二、实施阶段

赛前筹备阶段（2020 年 4 月—2022 年 8 月）：根据实施计划，建立协调推进机制，各牵头单位会同配合单位细化工作方案，形成年度工作任务清单，并按照工作任务有序推进。

赛时运行阶段（2022 年 9 月—10 月）：各项筹办及城市保障工作全部就绪，亚运会顺利开幕，赛事圆满平稳举行。

赛后利用阶段：用好亚运带来的巨大人流、资金流、信息流、物流等，最大程度发挥场馆社会效益，持续开展文化体育、会议会展、赛事赛会等活动，放大亚运效应。

三、行动内容

城市行动包括健康城市打造行动、城市国际化推进行动、基础设施提升行动、山水画城守护行动、数字治理赋能行动、产业发展提质行动、文化名城传播行动、文明城市共建行动等内容。

（一）健康城市打造行动

1. 深化全民健身活动。实施“喜迎亚运·全民健身”计划，每年组织开展各类健身活动 120 场次以上，全民健身培训服务 50 场次以上，国民体质测试服务 2200 人次。实施“人人会游泳”培育行动计划，扩大全民健身影响力和辐射面。全面开展亚运进学校、进社区（村）、进社团、进机关（企业）行动，实施“一所学校、一个运动项目”，鼓励每所学校开展一项与亚运会有关的体育活动；依托社区（村）体育俱乐部和健身队，引导市民群众开展体育健身；鼓励各类体育社团搭建参与平台，组织市民群众参与各项体育锻炼活动；组织全县机关、企事业单位开展形式多样的体育健身活动。（牵头单位：县文广旅体局、县卫健局，配合单位：县教育局、县民政局、县总工会、县妇联、团县委、县文联、县科协、县残联、县工商联、各乡镇街道）

2. 提升公共健身设施。加快群众身边体育设施建设，构建“10 分钟健身圈”。新建（改建）健身绿道 350 公里。实施公共体育场馆服务能力提升工程，建成大型综合体育场馆 1 个，完成省级小康体育村升级工程 20 个，提升城乡公共体育设施 6 处，完成体育健身设施维护更新 750 个。实现百姓健身房建设乡镇街道全覆盖。推进公共体育场馆定期免费开放，逐步提高校园体育场地、机关体育设施向社会开放比例，推动社会经营性场馆重大节日免费开放或低收费开放。（牵头单位：县文广旅体局；配合单位：县教育局、县卫健局、县住建局、县规划资源局、各乡镇街道）

3. 提升健康服务能力。依托富春山健康城国家级生命健康产业先行试验区品牌，加快推进莱茵体育生活之城、中青五星健康城等项目建设，扩大健康产品和服务供给。完善重大疫情防控体制机制，健全公共卫生应急管理体系，提高突发公共卫生事件应急处理能力和管理水平。完善院前急救管理，打造“1 小时急救圈”。健全院前急救网络体系，完成急救站点、AED 项目建设任务，提升急救服务能力，确保 2022 年城区急救反应时间小于 12 分钟，实现每 4 万名常住人口 1 辆救护车的配置标准。公共场所全面禁烟。（牵头单位：县卫健局；配合单位：县住建局、健康城管委会、各乡镇街道）

（二）城市国际化推进行动

4. 加快接轨国际步伐。落实长三角一体化发展国家战略，主动融入“名城名江名湖名山名村”世界级黄金旅游线，以亚运为契机加快长三角城市旅游产品和线路互推。扩大中国（杭州）国际快递业大会、中国（桐庐）国际民宿发展论坛等活动影响力，探索国际赛事、国际会议联合申办和落地机制。依托富春未来城“三通一达”总部经济、富春山健康城国家级生命健康产业先行试验区，谋划国际总部经济落户、集聚。加强城市间协作共享，联手打造国际展示交流文化品牌和海外推广平台，共同展示桐庐诗词、隐逸、中医药等文化魅力和新时代新亚运风采。（牵头单位：县发改局；配合单位：县委宣传部、县邮政管理局、县农业农村局、县文广旅体局、富春未来城市发展中心、健康城管委会）

5. 提升公共服务水平。引进国内外优质教育资源，加快华师大桐庐双语学校、富春未来城双语幼儿园等项目建设，提升桐庐教育国际化水平。开展卫生健康事业“市县合作”，深化与上海瑞金医院医联体建设。完成县第一人民医院、县妇保院迁建项目建设。（牵头单位：县发改局；配合单位：县教育局、县卫健局、县城投集团）

6. 加强对外沟通交流。强化国际化人才引育，加大对海外高层次人才招引力度。组织本地人才赴海外培训，参与国际交流活动。建立完善多语种服务平台，在各类单位、社区、社团中组织广大市民学习外语，重点对窗口行业从业人员进行针对性的外语培训。积极组织参加“亚洲文明之光”系列文化体育交流，增强亚洲命运共同体意识。（牵头单位：县委人才办；配合单位：县委统战部、县外办、县商务局、县人社局、县文广旅体局、县行政服务中心、各乡镇街道）

7. 推进标识系统升级。以规范、易读、简约为原则，实施国际化标识改造，在亚运场馆、公共交通、主要景区、医疗机构、城市生活区等公共场所及重点机构设立多语种图文标识及语音服务系统，实现重要场所国际化标识全覆盖。倡导在大型宾馆、饭店等服务行业配备中英文双语服务清单。（牵头单位：县外办；配合单位：县住建局、县城管局、县交运局、县商务局、县文广旅体局、县马管委、县交警大队、各平台、各乡镇街道）

（三）基础设施提升行动

8. 提升亚运区块建设。以符合亚运会等国际一流赛事为标准，按照功能全面、布局合理、造型简约、利于赛后的要求，高质量建设亚运马术比赛场馆及马术配套功能区。加快场馆周边市政、节能、园林绿化、交通服务等配套设施的规划建设工作，实施瑶琳老大桥改造、分水江（瑶琳段）水环境提升、赛场周边环境综合提升等项目，优化场馆周边环境。推进马术场馆等重要场所供电设施建设，建成 110 千伏林场变、10 千伏配套送出工程。加强能耗管理，推广使用清洁能源技术，做好场馆运行中固体废物减量化工作。提高应对极端天气和极端事件能力。（牵头单位：县马管委；配合单位：县发改局、

县财政局、县交运局、县林水局、市生态环境局桐庐分局、国网桐庐县供电公司、县城投集团、县交发集团、瑶琳镇）

9. 完成“无疫区”建设。按照“防控达到无疫、监测证明无疫、评估确认无疫、监管维持无疫、应急恢复无疫”工作要求，完成“区域管理体系、法规制度体系、机构体系、屏障体系、基础设施体系、管理技术体系”无规定马属动物疫病区建设，确保通过国家农业农村部评估验收，获得世界动物卫生组织（OIE）认可，为举办国际马术比赛和推动中国马术运动的国际交流与发展奠定基础。（牵头单位：县马管委；配合单位：县农业农村局、县发改局、县司法局、县财政局、县城投集团、各乡镇街道）

10. 加快无障碍设施建设。实施《桐庐县“迎亚运”无障碍环境建设行动计划（2020—2022年）》。在亚运马术场馆及周边地区、接待酒店、交通工具等按标准建设无障碍设施。在重点公共区域、交通枢纽、景区景点、商场超市、教育机构、医疗卫生机构等场所普及无障碍设施，建设残疾人无障碍通道、卫生间和相关设施，设立母婴哺乳专区。设置无障碍国际标准通用标识系统。鼓励各乡镇街道因地制宜建设无障碍设施，全面提升无障碍保障水平。（牵头单位：县住建局、县残联；配合单位：县委宣传部、县马管委、县城管局、县财政局、县规划资源局、县商务局、县交运局、县文广旅体局、县教育局、县卫健局、县市场监管局、县公安局、县城投集团、各乡镇街道）

11. 构建综合交通体系。实施《桐庐县高水平推进交通强国示范县基础设施建设六年行动计划（2020—2025年）》，统筹推进轨道交通、综合路网、数字交通等八大特色工程以及63个重大交通基础设施项目建设。开展亚运交通走廊专项行动，加快杭义温高铁、湖杭连接线、临建高速等重点配套项目建设，全力构建“四高速双高铁两水道”立体化交通体系。深化“四好农村路”建设，完善城乡道路网络，优化城乡公共交通体系，加强交通治堵工作，营造安全舒适的道路交通环境。（牵头单位：县交运局；配合单位：县规划资源局、县交警大队、县交发集团、各乡镇街道）

12. 拓展亚运观赛空间。利用现有可以用于观赛、举办文化活动的室内外广场、展馆、剧院等，建设“亚运公共空间”。鼓励发展多元化观赛模式，推进宾馆、学校、餐厅、酒吧等场所设立“亚运观赛空间”。通过与媒体、学校、体育俱乐部、艺术团体等组织合作，招募主持人，在城市公共空间引导和主持观众观看比赛，形成全民参与的浓厚氛围。（牵头单位：县文广旅体局；配合单位：县住建局、县城管局、县公安局、县教育局、县商务局、县融媒体中心、各乡镇街道）

（四）山水画城守护行动

13. 优化城乡生态环境。厚植美丽生态底色，推进“两山”理论实践创新基地、国家级生态文明建设示范县创建。持续深化污染防治“八清零”，坚决打赢蓝天、碧水、清废、净土保卫战。实施大气污染防治行动，统筹推进工业废气、车船尾气、扬尘灰气、餐饮排气、秸秆烟气综合治理，着力改善大气环境质量。全力抓好“五水共治”，深入开展“美丽河湖”创建，高标准推进污水零直排区建设，实现农村生活污水处理设施提升改造全覆盖。加强饮用水源地环境保护，实施农村饮水达标提标建设工程，饮用水源地水质达标率100%。扎实推进清废净土行动，加快“无废城市”创建，提升固体废物处置能力，强化土壤污染风险防控，污染地块安全利用率达100%。（牵头单位：市生态环境局桐庐分局；配合单位：县规划资源局、县住建局、县林水局、县城管局、县农业农村局、县城投集团、各乡镇街道）

14. 擦亮城乡美丽品牌。抢抓国家新型城镇化示范县城试点机遇，加速城市能级蝶变。高品质建设富春未来城，按照“两城两地两区”定位，不断优化未来城的规划体系、产业格局、城市设计和基础设施，全力打造驱动桐庐城市发展、产业发展的新城区、新平台、新窗口。做精美丽城镇，加快打造省级美丽城镇样板，全力创建全省首批大花园典型示范县。到2022年，全县10个乡镇全部完成“十个一”指标，建成省级示范镇2个。做优美丽乡村，深入实施乡村振兴战略，整体推进“五个乡村”建设，打造一批新时代乡村生活样板地。（牵头单位：市生态环境局桐庐分局；配合单位：县发改局、县住建局、县农业农村局、县文广旅体局、县城管局、县规划资源局、富春未来城市发展中心、各乡镇街道）

15. 改善城乡环境风貌。强化城市公共环境治理，消除短板死角，鼓励市民自愿开展城市清理，清除涂鸦、小广告等城市污垢。深入实施垃圾分类行动，建成再生资源分拣中心、易腐垃圾末端处置项目，提升垃圾分类管理水平，实现年生活垃圾总量零增长。推广新能源汽车应用，投放新能源汽车150辆，实现城区公交全覆盖。深入实施公厕提升改造行动，提升改造城区公厕19座，农村厕所10座，旅游厕所15座。（牵头单位：县城管局；配合单位：县规划资源局、县交运局、县住建局、县农业农村局、县文广旅体局、县商务局、县国投公司、各乡镇街道）

（五）数字治理赋能行动

16. 探索智能亚运“新模式”。建成“城市大脑”桐庐平台亚运会数字驾驶舱，实施亚运马术智能化场馆建设，引入智能场景应用等先进技术，实现旅游推介、马匹监测、智能安保等功能，落实“先停车后付费”“畅快出行”等场景应用，全流程服务亚运赛事。全力打造“最强快递”助力智能亚运。依托“三通一达”市场资源和“快递科技小镇”平台，加快中科灵动快递无人机、韵达桐庐5G物流无人机等智能物流项目落地，努力为智能亚运增添快递科技新亮点。（牵头单位：县数据资源局、县邮政管理局；配合单位：县马管委、富春未来城市发展中心、各乡镇街道）

17. 推进数字领域“新基建”。优化通信基础设施建设，到2022 年，确保县城、亚运场馆及周边、主要旅游景点、交通枢纽等重要区域实现5G信号连片优良全覆盖，实现好亚运赛事实时信号、电视转播等功能。推动新能源汽车充电桩、物联网等新型基础设施建设，适度整合序化场馆周边及沿线强电弱电杆线。（牵头单位：县经信局；配合单位：县数据资源局、县马管委、县文广体旅局、县交运局、县城投集团、国网桐庐县供电公司、移动公司、电信公司、联通公司、铁塔公司、华数公司、各乡镇街道）

18. 构建数字治理“新体系”。深化县域社会治理现代化示范区建设，完善数字化社会治理体系。推进基层治理四平台迭代升级，推广“乡村大脑”数字化治理平台、智慧安防、“雪亮工程”智慧治理CIM系统等应用，加强数据收集、应用和分析，确保对亚运会相关活动进行有效掌控和隐患预防。推进政府数字化转型，深化“互联网+政务服务”“互联网+协同办公”“互联网+监管”等改革，加快“移动办事（办公）之城”建设。引导发展线上医疗、线上教育、线上消费、无人场景等生活新方式。推进行政事业单位无纸化办公，倡导亚运会期间机关企事业单位和各类民营机构实行远程办公。（牵头单位：县委政法委；配合单位：县委改革办、县数据资源局、县公安局、县应急局、县行政服务中心、县市场监管局、县卫健局、县教育局、各乡镇街道）

（六）产业发展提质行动

19. 培育体育运动产业。全面落实制造业高质量发展三年行动计划，积极培育“体育+智能”产业，推进体育用品制造企业数字化改造，提升企业数字化设计、制造水平，加大智慧智能体育用品的研发生产，推动体育用品实体经济智慧发展。强化体育相关产业招引，引育一批以户外运动、健身器材等为主的体育装备制造企业和健身休闲、竞赛表演等体育服务业。鼓励大型体育赛事市场开发，推动体育产业平台孵化建设。（牵头单位：县经信局；配合单位：县科技局、县商务局、县文广旅体局、各平台、各乡镇街道）

20. 加快赛事经济发展。深入谋划马术场馆赛后利用，组建马关联产业研究团队，培育马术俱乐部、马术培训等马术及关联产业发展，集聚马术赛事、演艺商业、教育培训、会议会展、马育种交易、文化展示等多业态，努力打造成华东地区乃至全国马术运动对外交流的“重要窗口”。以马术赛事项目为核心，加快引育品牌体育赛事，力争亚运会后每年引进2场次以上的国际星级赛事，每年组织5场次以上的星级赛事活动，每年举办品牌赛事活动20场次以上。继续办好国际半程马拉松赛、国际50后羽球达人邀请赛、抢渡富春江挑战赛、中国（桐庐）毅行大会等赛事。开展“迎亚运、促消费”专项活动，促进大众体育消费。（牵头单位：县马管委、县文广旅体局；配合单位：县发改局、县商务局、瑶琳镇）

21. 推动文旅融合发展。抓住亚运会契机，推动“赛事+旅游”融合发展，促进马文化马产业与体育、文化、旅游等产业的深度融合。整合县域旅游资源，开发亚运旅游专线，加快AAAA级县城景区、大瑶琳景区、合村乡AAAAA景区乡镇建设，谋划一批特色旅游产品和精品线路。加快“文旅+体育”“文旅+农业”“文旅+制造业”联动发展，吸引游客“到最美桐庐过向往生活”。（牵头单位：县文广旅体局；配合单位：县马管委、县农业农村局、县经信局、县城投集团、县文旅集团、各平台、各乡镇街道）

（七）文化名城传播行动

22. 丰富城市文化内涵。注重保护和传承桐庐文脉，深入挖掘“中医药文化、隐逸文化、诗词文化”等内涵，讲好桐庐故事。注重将亚运文化元素植入城乡建设，在城市公共空间改造、户外公益广告制作中，做好亚运元素、马文化元素、桐庐元素融合展示，丰富桐庐城市文化内涵。（牵头单位：县文广旅体局；配合单位：县委宣传部、县卫健局、县马管委、县住建局、县城管局、各乡镇街道）

23. 传播“潇洒桐庐”城市品牌。深入开展城市文化表达与传播研究，深化“越剧、书画、剪纸、故事”四大特色品牌建设。结合亚运会宣传活动，扩大桐君老人、严子陵、范仲淹、黄公望和叶浅予等名人名家效应，加大传播力度，提升桐庐城市品牌的知名度、美誉度，在亚运中增加桐庐文化参与度。充分发挥大地艺术节品牌效应，全面展示“美丽乡村”、古村古镇的文化与乡愁。（牵头单位：县委宣传部，配合单位：县融媒体中心、县文广旅体局；县农业农村局、县商务局、县文联、各乡镇街道）

24. 开展“桐庐欢迎你”系列活动。在各级媒体和社交网站加强旅游推介，提升酒店、商务、文化、交通等服务水平，营造友好、热情的城市氛围。加大品牌传播力度，组织各类媒体深度体验桐庐城市发展与亚运轨迹，传播城市和亚运品牌。通过开辟媒体专栏、设置倒计时系统等形式，有序启动亚运氛围营造工作。（牵头单位：县委宣传部；配合单位：县融媒体中心、县文广旅体局、县商务局、县外办、各乡镇街道）

（八）文明城市共建行动

25. 深化“文明城市”建设。持续巩固全国文明城市创建成果，深化新时代文明实践试点，常态化开展“点赞斑马线”、“文明路口”认领、“文明城市共管日”等活动，组织开展“桐庐好人”“文明家庭”评选等主题活动，推动“最美现象”成为社会风尚，着力提升市民文明素质。培育新时代文明实践志愿服务组织，积极开展城市共管、垃圾分类、交通文明劝导等文明城市建设志愿服务活动，打造“温暖之城”。（牵头单位：县委宣传部；配合单位：县城管局、团县委、县妇联、县总工会、县交警大队、各乡镇街道）

26. 深化“平安桐庐”建设。坚持“大平安”理念，深化“平安季”活动，充分发挥“平安办+专班”工作机制作用，构建县乡村网四级同抓、一盘棋推进的工作格局。强化群防群治工作机制，组织广大干部群众参与城市安全与治安建设。严格落实安全生产责任制，狠抓安全生产、消防、交通等重点领域的隐患整治，杜绝各类安全事故。完善应急管理体系，提高防灾救灾减灾能力。实施社会治安整治、安全生产、安全保卫、交通安全、消防安全等各类安全保障计划，强化大型活动安保统筹协调，确保亚运会各项活动平安有序进行。

（牵头单位：县委政法委；配合单位：县应急局、县公安局、县信访局、县卫健局、县市场监管局、县数据资源局、消防救援大队、各乡镇街道）

四、保障措施

（一）强化组织保障。成立桐庐县亚运城市行动领导小组，下设办公室和八大行动专班。领导小组办公室负责任务清单交办、日常推进工作协调和监督、考核。八大专班分别由相关县领导领衔，牵头单位负责联络协调，适时组建专班运行。专班牵头单位要会同配合单位制定各项行动具体实施方案，明确年度任务。亚运城市行动推进情况纳入县委督查考评体系。

（二）强化服务保障。要从项目经费、人才、后勤服务等方面为列入城市行动年度计划的项目做好全方位服务保障。优化健全2022年亚运马术赛事相关机构和人员配置。实施亚运服务专业队伍锻炼计划，将亚运专班作为干部实践锻炼的重要平台。实施运行保障队伍建设计划，加强行业专业化培训，提高安保、卫生、交通、餐饮、旅游、商贸、宾馆、民宿等重点行业服务质量。实施文体赛事服务团队培养计划，推动体育教师、基层教练员、裁判员等人才队伍建设。

（三）强化宣传引导。充分利用各种宣传阵地和渠道，设计丰富载体，全方位宣传亚运行动方案，增强市民的知晓度、认可度和参与度，引导社会机构、志愿团体等参与亚运筹办，调动最多数群众的积极性，营造多元共治的有效机制和浓厚氛围，确保办好出色亚运，展示桐庐风采。

关于印发桐庐县支持中国快递物流装备物资集中采购交易中心建设七条政策的通知

桐政办〔2020〕3号

各乡镇人民政府、街道办事处，县政府各部门、各直属单位：

《桐庐县支持中国快递物流装备物资集中采购交易中心建设七条政策》已经县政府第五十二次常务会议审议同意，现印发给你们，请认真抓好贯彻实施。

桐庐县支持中国快递物流装备物资集中采购交易中心建设七条政策

为积极打造新时代“中国快递之乡”，根据国家和省、市促进快递业发展的决策部署，围绕“快递产业升级提质、产业规模快速壮大”目标，经县政府研究，决定建设全国一流的中国快递物流装备物资集中采购交易中心（以下简称集采中心）。现就支持集采中心建设提出如下七条政策：

一、为入驻集采中心的供应商、采购商免费提供办公场地和物业服务。（责任单位：县民营快递发展中心）

二、为入驻供应商提供工商登记、银行开户、税务登记、社保办理等“一条龙”代办服务，并做到“一日办、零费用”，同时赠送“开业标准五件套”(包含营业执照正本、副本、印章、发票、税控盘）。（责任单位：县民营快递发展中心、县市场监管局）

三、给予入驻供应商通过集采中心交易产生的税收留县部分（指增值税和企业所得税）40%的奖励，其中集采中心成立前两年（2020年1月1日至2021年12月31日），给予入驻供应商通过集采中心交易产生的税收留县部分（指增值税和企业所得税）80%的奖励。（责任单位：县财政局、县民营快递发展中心）

四、鼓励符合桐庐产业导向的供应商生产企业落户桐庐，并在项目用地、扶持政策上优先予以保障。（责任单位：县民营快递发展中心、县规划资源局、县经信局、县商务局、富春未来城指挥部、富春江镇）

五、新落户供应商生产企

业自投产之日起在我县年纳税500万元以上的（含500万元），前二年按税收留县部分（指增值税和企业所得税）的80%予以奖励，后三年按税收留县部分（指增值税和企业所得税）的40%予以奖励。（责任单位：县财政局、县民营快递发展中心）

六、县政府设立总额1亿元的采购商专项奖励基金，对年采购额5000万元以下的采购商给予年采购额1‰的奖励，对年采购额5000万元以上（含）的采购商给予年采购额2‰的奖励。（责任单位：县财政局、县民营快递发展中心）

七、桐庐现有快递物流供应商入驻集采中心的，享受同等奖励。（责任单位：县财政局、县民营快递发展中心）

本政策自2020年1月1日起施行，有效期5年。具体由县财政局会同县民营快递发展中心负责解读。

桐庐县人民政府办公室
关于印发《桐庐县农村村民建房管理办法》的通知

桐政办〔2020〕31号

各乡镇人民政府、街道办事处，县政府各部门、各直属单位：

《桐庐县农村村民建房管理办法》已经县政府同意，现印发给你们，请认真组织实施。

桐庐县农村村民建房管理办法

第一章　总则

第一条　为进一步加强和规范农村村民建房管理，科学规划村庄布局，引导村民节约集约和合理利用土地，依照《中华人民共和国村民委员会组织法》《中华人民共和国土地管理法》《中华人民共和国城乡规划法》等法律法规和省市有关文件精神，结合我县实际，制定本办法。

第二条　桐庐县行政区域内农村村民建房审批和管理，适用本办法。

第三条　村民委员会依法负责本村农村宅基地的分配、使用和管理，做好村民建房资格的初审，鼓励建立村民登记册制度。

村民委员会将登记册报乡镇人民政府、街道办事处备案。登记册发生变更的，在变更公示后15日内报备。村民委员会保存的登记册与备案的登记册不一致的，以备案为准，但有证据证明备案的登记册确有错误的除外。

第四条　村民之间、村民与村民委员会之间就建房资格发生争议的，由村民委员会提请村民会议或村民代表会议讨论决定。

公安机关户籍落户登记不作为认定农村村民建房资格的直接依据，但可以作为认定的参考。

第五条　乡镇人民政府、街道办事处负责本行政区域内的用地审批审核，受县规划和自然资源局委托实施规划审批工作，依照本办法规定，报县规划和自然资源局备案；强化农村住房建设审批事前、事中、事后监管。

第六条　县农业农村局负责农村宅基地改革和管理工作，建立健全宅基地分配、使用、流转、违法用地查处等管理制度，指导宅基地合理布局、闲置宅基地和闲置农房利用；组织开展农村宅基地现状和需求情况统计调查，及时将农民建房新增建设用地需求通报县规划和自然资源局；参与编制国土空间规划和村庄规划。

县规划和自然资源局负责国土空间规划、土地利用计划编制，做好国土空间规划布局，统筹安排宅基地用地规模和布局，依法办理宅基地农用地转用审批手续，做好村民建房规划许可业务指导和监督工作，做好不动产登记工作。

县住房建设、林业水利、交通运输、生态环境、财政、民政、公安、综合执法等其他部门在各自职责范围内做好农房管理相关工作。

第七条　县农业农村、规划和自然资源、公安等部门要加强信息共享，协同推进村民建房数字化档案建设；建立协调机制，由县农业农村局牵头，各部门参与，共同做好村民建房资格认定指导等工作。

第二章　农村村民建房规划

第八条　农村宅基地的使用应当符合国土空间规划和村庄规划，遵循合理布局、规划先行、节约用地、因地制宜、保护耕地、利用存量、控制新增的原则，体现当地历史文化和乡村风貌。

第九条　村民建房申请使用建设用地以外其他土地的，应当办理农用地转建设用地报批手续。

第十条　乡镇人民政府、街道办事处要科学规划村庄布点，依法组织编制村庄规划，合理控制村庄规模；尚未编制村庄规划或局部规划的行政村，不安排村民建房新增用地。

第十一条　鼓励村民委员会盘活存量村庄建设用地。村庄整治腾出的集体建设用地空间，可用于发展壮大村级集体经济。

乡镇人民政府、街道办事处要加强村庄建设用地管理和运用，新规划的农居点人均建设用地规模应严格控制在100平方米以内。

第十二条　按照城市现代化和新型城镇化要求，对农村村民建房实行分区域管控。

县城城市规划区设重点管控区和一般管控区，重点管控区内采用多（高）层公寓式住宅，一般管控区内鼓励采用多层公寓式住宅。分水镇、横村镇、富春江镇、江南镇规划范围内原则上采用多层公寓式住宅，在符合规划的条件下，可以采用高层公寓式住宅。利用原有宅基地、村内空闲地确实无法满足多层公寓式住宅建造条件的，可以采用两户以上联体式住宅，原则上不安排单户独立式建房。

其他乡镇集镇规划范围内原则上采用两户以上联体式住宅，鼓励采用多层公寓式住宅。

其余区域农村村民依照规划审批建房，应本着节约集约用地的原则，优先考虑两户联体式建房，鼓励开展多层公寓式住宅试点。

第十三条　农村村民建房实行规划控制，除多高层公寓和统一规划住宅小区外，村民建房应当符合以下规划要求：

1. 建筑总高度（建筑物室外设计地面至檐口）不得超过11.2米；

2. 采用坡顶屋面的，檐口坡度不得超过30°；

3. 地下空间利用不得超过批准宅基地范围，不得影响周边建筑安全，层数不超过一层；

4. 外立面和风格，应当与村庄规划相协调；

5. 其他法律法规规范性文件规定的规划管控要求。

第十四条　鼓励规划建设多（高）层公寓式住宅。采用多（高）层公寓式住宅解决村民建房的，人均建筑面积不得超过90平方米。

多（高）层公寓式住宅和规划农居点需实施统一建设的，由村民委员会按基本建设项目办理规划、用地和建设审批手续，报有批准权的机关批准。

第十五条　县住房和城乡建设局要组织编制农村住房设计通用图集供村民免费选用，并根据村民需求无偿提供适当修改服务。

村民可使用通用图集，也可自行委托具有建筑、结构专业中级以上职称的设计人员进行规划和施工图设计。

第十六条　禁止在永久基本农田保护区、公（铁）路建筑控制区、生态红线区、河道湖泊管理范围、已查明的地质灾害隐患点安排建房。

第三章　宅基地分配管理

第十七条　农村宅基地的分配应当坚持依法、公开、公平、规范、有序原则，优先安排无房、危房、住房困难和地质灾害等安全隐患的农户。鼓励村民委员会通过调剂、配建等方式落实一定比例的村集体公寓，解决鳏寡孤独人员的居住需求。

第十八条　农村宅基地使用坚持“一户一宅、拆旧建新”的原则。宅基地面积包括附房等附属用地。

农村村民建房以家庭户为单位提交申请，面积实行限额管理，其中3人及以下户不得超过100平方米，4人户不得超过120平方米，5人户不得超过130平方米，6人及以上户不得超过140平方米；占用耕地的不得超过125平方米。

分户申请宅基地的，审批面积与原家庭已使用宅基地面积之和，不得超过符合条件家庭成员人均35平方米的总和。

第十九条　村民有下列情形之一的，应当认定为不符合宅基地申请条件：

1. 现有宅基地面积达到本办法限额标准80%的；

2. 出租、出卖、赠予、分家析产或以其他形式转让宅基地及其地上建筑物，再申请宅基地的；

3. 以所有家庭成员作为一户批准宅基地后，不具备分户条件而申请分户审批的；

4. 在已列入旧村改造、搬迁（拆迁）或其他重点管控的区域内申请建房的；

5. 在存在土地权属争议尚未处置到位的地块申请建房的；

6. 存在违法建筑未依法处理到位的；

7. 因承诺退出或放弃宅基地已享受有关安置政策或待遇的；

8. 其他不符合申请建房条件的。

第二十条　在户有所居和意思自治的基础上，经村民委员会同意，闲置农房可调剂给本村无房户或置换给住房困难户。不符合建房审批条件的人不得接受调剂。禁止以调剂之名变相买卖农村宅基地和房屋。房屋调剂和置换应当办理土地房屋变更登记手续。

第二十一条　农村世居户合法住房，因村庄规划或重点工程建设需要，经村民（代表）会议表决通过，可通过房屋使用置换、货币补偿等方式予以安置。

第二十二条　因高山移民、地质灾害避让搬迁、土地整治等确需使用本村以外的集体土地建设住宅的，经安置地所在村的村民（代表）会议同意，依法申请使用宅基地。县城城市规划控制区范围内不适用农民宅基地跨村审批的规定。

第二十三条　跨村流转宅基地的村民，不改变其在原集体经济组织内的身份和其他权利义务，也不因宅基地跨村流转而取得安置所在村除宅基地使用权以外的其他权力和利益。

第二十四条　非农村村民因遗赠、继承等合法取得农村住房的，在房屋存续期间享有宅基地使用权。不动产登记时，登记机关应在不动产登记簿及证书中记载“非农村村民因遗赠、继承等原因取得，不得拆建”字样。

第二十五条　探索宅基地有偿退出机制，村民自愿放弃宅基地资格权和使用权，村民委员会可以实物、货币或股权等形式给予补偿。

第二十六条　禁止城镇居民等非农村村民到农村购买宅基地和村民住宅。

村民住宅出租他人使用的，租赁期限最长不得超过20年。

第四章　农村村民建房审批管理

第二十七条　按照“最多跑一次”理念优化程序，实施用地许可和规划许可“一表式”联合审批。

（一）村民申请；

（二）村委审核、村民代表会议讨论；

（三）宅基地使用方案公示；

（四）现场踏勘；

（五）乡镇人民政府、街道办事处审批；

（六）部门备案。

第二十八条　申请建房，应当以户为单位向所在村民委员会提交申请，并提交以下材料：

1. 建房申请书。申请由户主为代表提出，户主由家庭自主申报确定，推荐有申请建房资格和民事行为能力的家庭成员担任；

2. 现有家庭成员身份情况证明或说明、承诺等；

3. 现有家庭成员审批或占有住房情况等证明或说明；

4. 拟新建住房设计图。尚未编制的，村民可以在乡镇人民政府、街道办事处审核同意前提交或选择。

村民对其提供材料的真实性负责，虚假申报、虚假承诺或提供虚假资料的，依法严肃处理。

第二十九条　村民申请建房，应拆除原所有宅基地上房屋，并办理权属注销登记。不宜拆除的，由村集体收回或组织调剂，并办理权属转移登记。

申请人不办理权属注销或转移登记的，不予批准。

第三十条　村民委员会应对村民建房资格、人口认定、原宅基地情况等，以及提交资料的真实性和完整性进行审核，并承担审核责任。

经审核不符合条件的，应及时告知申请人。经审核符合建房条件的，村民委员会应将宅基地使用方案提交村民（代表）会议讨论决定。宅基地使用方案应包括家庭成员、现有宅基地和处置情况、拟安排宅基地位置和面积，拟建设房屋层高和面积等。

村民（代表）会议通过的宅基地使用方案，应在所在村村务公开栏和拟建房地块附近进行公示，公示期不少于5日。利害关系人有异议的，应当组织协商，协商一致的应达成调解协议；协商不成，提交村民代表会议讨论决定。

第三十一条　公示无异议或异议解决后，村民委员会将相关审核材料连同村民申请建房材料一并报所在乡镇人民政府审核审批。有关审核材料，应包括以下内容：

1. 申请人家庭成员属于本村村民的身份情况的证明或说明；

2. 原宅基地房屋处理情况的说明和证明材料；

3. 宅基地使用方案，以及经村民代表会议讨论通过的会议记录材料；

4. 宅基地使用方案经公示无异议的证据和情况说明；

村民委员会对上述材料的真实性和完整性负责。

第三十二条　乡镇人民政府、街道办事处应当对申请材料进行审查，并组织现场踏勘。现场踏勘应通知申请人和村干部到场。乡镇人民政府、街道办事处就以下内容承担审核审批责任：

1. 是否符合国土空间规划和村庄规划，或应当办理农用地转建设用地审批手续的，是否依法办理；

2. 宅基地使用方案是否符合本办法规定的程序和要求，宅基地面积是否符合法律法规和本办法规定；

3. 拟新建住房设计图是否符合规划要求；

4. 申请人和村民委员会提供的材料是否充分证明申请人符合审批条件；

5. 其他法律法规和本办法规定的审核内容。

经审核，不予批准的，应书面告知申请人并说明原因。

审批批文应当在批准之日起15日内，报县农业农村、自然资源部门备案。

第五章　监督和管理

第三十三条　建房开工前，村民应向乡镇人民政府、街道办事处提出定点放线要求；乡镇人民政府、街道办事处应及时组织相关人员按照经批准的住房设计图现场定点放线；定点放线应通知建房人、村干部到场。

农村村民应当按线施工，超出定点放线四至的，按违法建筑依法处置。

第三十四条　乡镇人民政府、街道办事处应严格落实村民建房挂牌施工公示制度，在批建房屋附近醒目位置挂牌公示村民建房审批内容，接受群众的监督。

挂牌公示应当包括户主、家庭成员、建房位置和占地面积、建造层次及檐口高度、承建工匠、批准时间，以及原有宅基地处理情况等。

施工结束前，任何人不得拆除、破坏和损毁施工公示牌。

第三十五条　村民委员会应当落实巡查责任，发现违法行为应当及时制止并向乡镇人民政府、街道办事处报告。

乡镇人民政府、街道办事处应严格执行“四到场”制度，确保选址踏勘、定点放样、砌基检查、竣工验收到场，有关责任人员应当到场签字。

第三十六条　乡镇人民政府、街道办事处应当建立健全对农村住房建设的日常巡查和综合防控制度，定期开展村民建房监督检查，发现非法占地、违反规划行为，应及时进行制止和处理，对拒不改正、继续建设的，依法或联合有关职能部门对抢建部分强制拆除。

第三十七条　村民应当严格按照批准的住房设计图施工，加强建筑安全管理。利用地下空间的，应当选择有资质的建筑施工企业作为施工人。

建房村民应当与施工人签订施工合同，明确施工人按图施工、依法施工、安全施工责任，约定农村住房保修期限和保修责任。

第三十八条　施工人应当

履行核实查验义务，向建房村民核实农村建房审批情况，不得承建未经审批的农村住宅。应当按照批准的住房设计图纸施工，未经审批部门同意，不得改变施工方案。

施工人应当严格落实安全施工措施、技术安全标准和操作规程，对农村住房建设的施工质量和安全负责，及时发现和消除施工、消防等安全隐患。

第三十九条　住房竣工后，建房人应组织承建人现场验收，有设计人、监理人员的，应到场验收。验收应形成建房质量情况验收书面意见。

第四十条　质量验收合格后，建房人应当向乡镇人民政府、街道办事处申请土地和规划复核验收。乡镇人民政府、街道办事处应当组织相关人员进行验收，实地核查建房是否超出宅基地批准范围，是否符合住房设计方案。

通过复核验收的，可申请办理不动产登记。

第四十一条　乡镇人民政府、街道办事处应规范农村村民建房档案管理，及时做好村民建房审批、登记材料的立卷归档。

第四十二条　县农业农村局、规划和自然资源局、住建局等部门应当建立健全农村建房“双随机、一公开”监督检查制度，指导和监督农村建房审批、规划、建设安全和批后监管工作，定期开展联合执法行动，发现问题及时处理。

县农业农村局、规划和自然资源局等部门应当着力推动农村建房大数据建设，规划和建设审批“一张图”管理，推动数字化审批和智慧监管。

第四十三条　县农业农村局、规划和自然资源局应当加强村民建房诚信档案建设，对村民建房涉及违反诚信的行为，按照《浙江省公共信用信息管理条例》的有关规定纳入诚信管理。县住建局加强农村建筑工匠和建筑施工企业管理，建立依法安全施工诚信体系。

第六章　附则

第四十四条　政府在国有土地上统一安排农村村民建房的，除本办法规定的审批程序外，其余条款均适用。

第四十五条　征收集体土地房屋的补偿政策对村民建房的安排和审批与本办法不一致的，按照征地补偿政策执行。

第四十六条　本办法自2020年11月1日起施行。本办法施行前已批准建房的，按原政策执行。法律法规和上级政策另有规定的，从其规定。

名　录

Directory

名　录

·2020年县级主要机构及负责人·

·中共桐庐县委·

书　记：方　毅

副书记：齐　力

周　扬（女）（—2020年3月）

马利阳（2020年5月—）

常　委：王优健（—2020年5月）

盛春霞（女）

张启成

周海静

许康波（—2020年11月）

潘　渭

李　军

申屠增标

余荆棘

施建华

翁　嫣（女）（2020年5月—）

张鸿军（2020年5月—）

委　员：（按姓氏笔画为序排列）

丁有理　王先勇

王金才　毛旭红

申屠群雄　华　健

仰忠明　孙叶华

孙峰民　沈国红

陆忠明（—2020年9月）

邵　政　邵卫华

季建平　周政洪

胡亚明　姚　民

夏　涛（—2020年1月）

钱潮力　倪天震

徐文波　游　宏

候补委员：钟一平　滕建明

施　伟　王兴春

方飞燕（女）（—2020年10月）

吴志忠（—2020年1月）

罗秋英（女）

·县委工作部门·

【县委办公室】

主　任：王红春

县委政策研究室主任：王红春

县委保密委员会办公室（县保密局）主任（局长）：王红春

县委机要局（县密码管理局）局长：王红春

县档案局局长：王红春

县纪委、县监委派驻第一纪检监察组组长：方义成

【县委台湾工作办公室（县政府台湾事务办公室）】

主　任：王红春

【县委组织部】

部　长：李　军

常务副部长：沈国红

人才办常务副主任：

沈国红（—2020年9月）

杜拥祥（2020年9月—）

县委两新工委书记：夏　敏（—2020年9月）

县委直属机关工委书记：

夏　敏（—2020年1月）

李　军（2020年1月—）

县纪委、县监委派驻第三纪检监察组组长：裴　昶

【县委宣传部】

部　长：王优健（—2020年6月）

翁　嫣（2020年6月—）

常务副部长：赵雄军

新闻出版局局长：周桂平（女）
县政府新闻办公室主任：
何小华（2020 年 9 月—）
文化创意产业办公室主任：邹建华
县纪委、县监委派驻第四纪检监察组组长：
皇甫秋宏

【县委统战部】
部　长：余荆棘
常务副部长：潘胜华
县政府侨务办公室主任：
陈　刚（2020 年 7 月—）

【县委政法委】
书　记：周　扬（女）（—2020 年 5 月）
马利阳（2020 年 6 月—）
常务副书记：施　伟

【县委全面深化改革委员会办公室】
主　任：黄建军（—2020 年 7 月）
杜玉玉（2020 年 7 月—）
最多跑一次改革办公室主任：
黄建军（—2020 年 7 月）
杜玉玉（2020 年 7 月—）

【县委机构编制委员会办公室】
主　任：方劲松

【县委、县政府信访局】
局　长：朱伟民

【县委老干部局】
局　长：唐根云

【县委党校（行政学校）】
校　长：李　军
常务副校长：李　芸

【县委党史研究室】
主　任：余志明

【县融媒体中心】
党委书记、主任：叶剑铭（—2020 年 11 月）
徐向国（2020 年 11 月—）

【档案馆】
党组书记、馆长：金世勇

· 中共桐庐县纪律检查委员会 ·

书　记：张启成
副书记：姚　民　　方静根

· 桐庐县监察委员会 ·

主　任：张启成
副主任：姚　民
方静根

【中共桐庐县委巡察工作领导小组办公室】
主　任：李　立（2020 年 9 月—）

中共桐庐县委第一巡察组
组　长：陈忠民（—2020 年 7 月）
徐　军（2020 年 9 月—）

中共桐庐县委第二巡察组
组　长：李　立（—2020 年 9 月）
徐建宏（2020 年 9 月—）

中共桐庐县委第三巡察组
组　长：杜拥祥（—2020 年 9 月）
林　群（2020 年 9 月—）

中共桐庐县委第四巡察组
组　长：潘小英

·桐庐县人民代表大会常务委员会·

党组书记：华　健

主　任：游　宏（—2020 年 1 月）

华　健（2020 年 1 月—）

党组副书记：俞建华

副主任：俞建华　潘晓萍（女）

徐海初　吴爱群

徐志勇　申屠群雄

委　员：（按姓氏笔画为序排列）

王水良　王利平

叶林茂（—2020 年 6 月）

叶爱军　刘曙明

江芬儿（女）

许丽娟（女）

严根巨　苏建军

李法强　李世豪(—2020 年 4 月)

沈国红（2020 年 1 月—）

吴生明　吴国龙

吴柏存　吴紫娟（女）

宋健民　杨柯忠

周忠平　周政洪

郑怀勇　郑建伟

赵建忠　姚鼎文

徐昌东　董永泉

阙炳军

·县人大办事机构·

【办公室】

主　任：周政洪

【法制与监察和司法工作委员会】

主　任：严根巨

【财政经济工作委员会】

主　任：李法强

【教科文卫（民宗侨）工作委员会】

主　任：郑建伟

【代表工作委员会】

主　任：吴紫娟

【城建环保工作委员会】

主　任：吴生明

【农业和农村工作委员会】

主　任：吴国龙

【社会建设工作委员会】

主　任：刘曙明

·桐庐县人民政府·

党组书记、县长：齐　力

党组副书记：周海静

副县长：翁　嫣（—2020 年 5 月）

徐晓东

陈伟琴（女）

徐文波

王先勇（2020 年 7 月—）

丁　干（2020 年 1 月—）

祖哈尔（2020 年 11 月—）

·县政府工作部门及所属企事业单位·

【县政府办公室】

党组书记、主任：钱潮力

外事办公室主任：钱潮力

县纪委、县监委派驻第二纪检监察组组长：

王华杰

【发展和改革局】

党委书记、局长：王先勇（—2020 年 7 月）

倪天震（2020 年 7 月—）

政府金融工作办公室主任：

王先勇（—2020 年 7 月）

倪天震（2020 年 7 月—）

对口支援和区域合作局局长：

王先勇（—2020 年 7 月）
倪天震（2020 年 7 月—）

【经济和信息化局】
党委书记、局长：岑洪伟

【教育局】
党委书记、局长：季建平

【科学技术局】
党组书记、局长：雷会鑫（—2020 年 5 月）
王　青（2020 年 5 月—）

【民族宗教事务局】
局　长：潘胜华

【公安局】
党委书记、局长：徐晓东
党委副书记、政委：许国宏
党委副书记、常务副局长：许　琨
县纪委、县监委派驻县公安局纪检监察组组长：徐伟强

【民政局】
党委书记、局长：丁有理

【司法局】
党组书记、局长：晏　燕（女）
行政复议局局长：晏　燕（女）

【财政局】
党委书记、局长：孙叶华
国有资产监督管理办公室主任：孙叶华

【人力资源和社会保障局】
党委书记、局长：申屠庆良

【规划和自然资源局】
党委书记、局长：吴志忠（—2020 年 1 月）
濮樟平（2020 年 1 月—）

【住房和城乡建设局】
党委书记、局长：倪天震（—2020 年 7 月）
金焕梁（2020 年 7 月—）
人民防空办公室（县民防局）主任（局长）：
倪天震（—2020 年 7 月）
金焕梁（2020 年 7 月—）
县纪委、县监委派驻第六纪检监察组组长：
潘兴华

【交通运输局】
党委书记、局长：邵卫华

【林业水利局】
党委书记、局长：金焕梁（—2020 年 7 月）

【农业农村局】
党委书记、局长：毛旭红
县纪委、县监委派驻第七纪检监察组组长：
章建钟

【商务局】
党委书记、局长：钟关贤
县粮食和物资储备局局长：钟关贤
县投资促进局局长：钟关贤

【文化和广电旅游体育局】
党委书记、局长：雷启迪（女）

【卫生健康局】
党委书记、局长：胡亚明
县纪委、县监委派驻第八纪检监察组组长：
吴媚玉（女）

【医疗保障局】
党组书记、局长：王国荣

【审计局】
党组书记：滕建明
局　长：贾安琪（女）

【统计局】
党组书记、局长：刘建钟
桐庐县社会经济调查队队长：刘建钟

【市生态环境局桐庐分局】
党组书记、局长：徐江宏

【数据资源管理局】
党组书记：方新东（—2020 年 11 月）
徐利民（2020 年 11 月—）
局　长：方　中

【城市管理局（综合行政执法局）】
党委书记、局长：李承敏

【应急管理局】
党组书记、局长：郑宝成

【退役军人事务局】
党组书记、局长：毛铁兵（—2020 年 5 月）
张晓良（2020 年 5 月—）

【市场监督管理局】
党委书记、局长：陈　彬
知识产权局局长：陈　彬

【行政服务中心、公共资源招投标管理委员会办公室】
党组书记：周海静
主　　任：杜玉玉（女）（—2020 年 7 月）
赵　浩（2020 年 9 月—）

【桐庐经济开发区（科技城、新城建设）管理委员会】
党委书记：华　健（—2020 年 1 月）
施建华（2020 年 1 月—）
主　任：周跃群（2020 年 9 月—）
县纪委、县监委派驻第五纪检监察组组长：吴有良

【桐庐迎春商务区管理委员会】
党委书记、主任：钟关贤

【民营快递发展中心】
党组书记、主任：钟关贤（—2020 年 5 月）
郑　玲（2020 年 5 月—）

【高铁新城发展服务中心】（2020 年 1 月 15 日《中共杭州市委机构编制委员会办公室关于同意桐庐县高铁新城发展服务中心更名的函》：同意桐庐县高铁新城发展服务中心更名为桐庐县富春未来城市发展中心。）
党组书记、主任：钱潮力（—2020 年 5 月）

【富春未来城市发展中心】（2020 年 3 月 3 日《桐庐县富春未来城市发展中心职能配置、内设机构和人员编制规定》：富春未来城市发展中心是县政府直属事业单位，机构规格相当正科级。）
党委书记：施建华（2020 年 5 月—）
主　任：张丁玎（2020 年 5 月—）

【杭州桐庐富春山健康城管理委员会】
党委书记：申屠增标
主　任：张丁玎（—2020 年 5 月）
雷会鑫（2020 年 5 月—）

【富春江（芦茨）慢生活体验区管理委员会】
党委书记：徐文波

主　任：张苏平

【杭州住房公积金管理中心桐庐分中心】

主　任：申屠海荣（—2020 年 11 月）

方新东（2020 年 11 月—）

【机关事务服务中心】

党组书记、主任：陈　刚（—2020 年 7 月）

杨振武（2020 年 7 月—）

【供销合作总社】

党委书记、主任：张利军

· 政协桐庐县委员会 ·

党组书记、主席：王金才

党组副书记：周媛玉（女）

余荆棘（2020 年 8 月—）

副主席：周媛玉（女）

王志炎

郑为民

雷国兴

周建英（女）

潘立铭

秘书长：仰忠明

常　委：（按姓氏笔画为序排列）

马志群

王　青（女）

王茂祥

方　中

方向明

申屠建荣

申屠银光

申屠霞萍（女）

田玲秀（女）

刘仲勋

严晓燕（—2020 年 1 月）

杨金龙

吴土荣

吴国平

余良军

陈德军

邵翰云

周柏根

赵志楠

柳江虹（女）

俞旻贝（女）

郦晓良

皇甫秋强

徐嘉卫

姚明军

盛　梅（女）

喻渭蛟

赖梅松

廖　猛

潘爱芳（女）

· 县政协办事机构 ·

【办公室】

主　任：袁利华

【提案委员会】

主　任：郑萍萍（女）

【委员工作委员会】

主　任：方培泉

【经济科技委员会】

主　任：毛有良

【城建和人口资源环境委员会】

主　任：赵新华

【社会法制和港澳台侨委员会】

主　任：江明德

【文史和教文卫体委员会】

主　任：王樟松

·县人民法院·

党组书记：陆忠明（—2020 年 9 月）
朱晓燕（2020 年 9 月—）
院　长：陆忠明（—2020 年 10 月）
党组副书记、常务副院长：王　华
县纪委、县监委派驻县法院纪检监察组组长：兰世民（—2020 年 11 月）
林清坤（2020 年 11 月—）

·县人民检察院·

党组书记：夏　涛（—2019 年 12 月）
冯晓音（2019 年 12 月—）
检察长：夏　涛（—2020 年 1 月）
冯晓音（2020 年 1 月—）
党组副书记、常务副检察长：陈柏其
县纪委、县监委派驻县检察院纪检监察组组长：袁建方

·群众团体·

【总工会】
主　席：俞建华
党组书记：余红坚（2020 年 1 月—）
常务副主席：余红坚（2020 年 4 月—）

【共青团桐庐县委】
书　记：李世豪（—2020 年 1 月）
宋立鹏（2020 年 11 月—）

【妇女联合会】
党组书记、主席：毛杏丽（女）

【文学艺术界联合会】
党组书记、主席：申屠保华

【工商业联合会】
党组书记：姚明军
主　席：陈晓军

【科学技术协会】
党组书记、主席：刘仲勋

【残疾人联合会】
党组书记、理事长：叶林茂（—2020 年 5 月）
陈忠民（2020 年 7 月—）

【红十字会】
会　长：陈伟琴（女）
常务副会长：陈金星（—2020 年 5 月）
叶林茂（2020 年 5 月—）

【社会科学界联合会】
主　席：濮忠平

·双重和垂直管理单位·

【国网桐庐县供电公司】
执行董事、党委书记：楼华辉
党委副书记、总经理：方明俊

【桐庐农商银行】
党委书记、董事长：朱晓龙
行　长：潘　丽（女）

【烟草专卖局（烟草公司）】
党组书记、局长（经理）：
黄　征（—2020 年 7 月）

【华数数字电视公司】
党委书记、总经理：
余晓群（女）（—2020 年 7 月）
叶建新（2020 年 7 月—）

【国家税务总局桐庐县税务局】
党委书记、局长：朱志远（—2020 年 9 月）
叶发贵（2020 年 9 月—）

【县气象局】
党组书记、局长：张　宏

【桐庐邮政管理局】

局　长：翁　磊（—2020 年 5 月）

党组书记、局长：郑　玲（女）（2020 年 5 月—）

【国家统计局桐庐调查队】

党组书记、队长：王樟云

【人民银行桐庐支行】

党组书记、行长：楼国涛

【浙江银保监局桐庐监管组】

组　长：俞轶群

· 乡镇（街道）·

【桐君街道】

党工委书记：杨洪平

办事处主任：方纪锋（—2020 年 9 月）

郑守忠（2020 年 9 月—）

人大工委主任：姚鼎文

【城南街道】

党工委书记：申屠增标

办事处主任：李昌坤

人大工委主任：阙炳军

【旧县街道】

党工委书记：朱世权

办事处主任：顾时新

人大工委主任：吴柏存

【凤川街道】

党工委书记：陈锦强

办事处主任：余红坚（—2020 年 1 月）

罗孙一鸣

（2020 年 1 月—2020 年 9 月）

杨志强（2020 年 9 月—）

人大工委主任：董永泉

【富春江镇】

党委书记：张苏平

镇　长：周钰明

人大主席：陈红卫

【江南镇】

党委书记：申屠洪平（2020 年 5 月—）

镇　长：申屠洪平（—2020 年 5 月）

朱　杰（2020 年 6 月—）

人大主席：杨柯忠

【新合乡】

党委书记：潘武伟

乡　长：方姬宇（女）

人大主席：孟小云（—2020 年 5 月）

俞　峰（2020 年 6 月—）

【横村镇】

党委书记：邵　政

镇　长：包来顺

人大主席：叶爱军

【莪山乡】

党委书记：李春龙

乡　长：蓝智伟

人大主席：袁跃明

【钟山乡】

党委书记：潘其君

乡　长：王利华

人大主席：苏建军

【瑶琳镇】

党委书记：王维洪

镇　长：邵旭华

人大主席：姚强军

【分水镇】

党委书记：余哲华

镇　长：孙　年

人大主席：徐昌东

【百江镇】

党委书记：濮樟平（—2020 年 1 月）

　　　　　舒　丹（女）（2020 年 1 月—）

镇　长：舒　丹（女）（—2020 年 1 月）

　　　　吴　磊（2020 年 4 月—）

人大主席：申屠忠平

【合村乡】

党委书记：方飞燕（女）（—2020 年 9 月）

　　　　　夏　敏（2020 年 9 月—）

乡　长：姚者新

人大主席：杨志强（—2020 年 9 月）

　　　　　周文华（2020 年 11 月—）

·国有公司·

【县国有资产投资经营有限公司】

总经理：卢利华

【县城市建设投资集团有限公司】

总经理：叶向前

【县交通发展集团有限公司】

总经理：周新强

【县文化旅游投资集团有限公司】

总经理：江　峰

专 刊

Special Issues

·国家及部属颁发的荣誉称号·

获奖单位一览表

表 61

单　位	荣誉称号	颁奖单位	颁奖时间
桐庐县	全国法治政府建设示范县	中央依法治国办	2020 年 8 月
桐庐县	县城新型城镇化建设示范名单	国家发改委	2020 年 6 月
桐庐县	全国村庄清洁行动先进县	中央农办、农业农村部	2020 年 3 月
桐庐县	2020 中国健康产业百佳县市	小康杂志社	2020 年 4 月
桐庐县	2020 中国最具幸福感百佳县市榜首	小康杂志社	2020 年 9 月
桐庐县	2020 年度中国全面小康十大示范县市	中国全面小康论坛	2020 年 12 月
桐庐县	2020 年度中国十大社会治理创新典范	中国全面小康论坛	2020 年 12 月
桐庐县	第二批国家全域旅游示范区	文化和旅游部	2020 年 11 月
桐庐县	全国公共资源交易百强县	第三届全国公共资源交易平台整合高峰论坛	2020 年 11 月
桐庐县	2020 全国县域数字农业农村发展先进县	农业农村部信息中心	2020 年 11 月
桐庐县	中国创新百强县	中国县域工业经济发展论坛(2020)	2020 年 11 月
旧县街道	国家卫生镇	全国爱国卫生运动委员会	2020 年 8 月
百江镇	国家卫生镇	全国爱国卫生运动委员会	2020 年 8 月
分水镇	国家卫生镇	全国爱国卫生运动委员会	2020 年 8 月

续表 61

单 位	荣誉称号	颁奖单位	颁奖时间
莪山畲族乡	第六届全国文明村镇	中央文明委	2020 年 11 月
旧县街道西武山村	第六届全国文明村镇	中央文明委	2020 年 11 月
县电影发行放映有限公司	第八届全国服务农民、服务基层文化建设先进集体	中宣部、文化和旅游部、国家广电总局	2020 年 12 月
分水康瑞养老服务中心	全国敬老文明号	国家卫生健康委、全国老龄工办	2020 年 12 月
天子地	国家森林康养基地（第一批）名单	国家林业和草原局发改司、民政部养老服务司、国家卫生健康委老龄健康司、国家中医药局国际合作司	2020 年 3 月
横村镇白云村	2019 年全国乡村治理示范村镇	中央农办、农业农村部	2020 年 1 月
县行政服务中心	2020 年全国政务服务软实力指数最具创新力政务服务大厅	一窗（北京）互联网科技研究院	2020 年 9 月
县行政服务中心	第三届（2020）营商环境政务环境创新奖	智慧中国年会组委会国脉研究院	2020 年 11 月

获奖个人一览表

表 62

姓 名	单 位	荣誉称号	颁奖单位	颁奖时间
王良忠	旧县街道西武山村	全国劳动模范	中共中央、国务院	2020 年 11 月
周村源	县委老干部局	全国关心下一代工作先进工作者	中国关心下一代工作委员会、中央精神文明建设指导委员会办公室	2020 年 8 月
陈彬彬	杭州技师学院	第一届全国技能大赛汽车喷漆项目冠军、"全国技术能手"称号	人力资源和社会保障部	2020 年 12 月
王樟云	国家统计局桐庐调查队	2020 年国家统计局调查队系统抗击新冠肺炎疫情优秀共产党员	国家统计局	2020 年 12 月

续表 62

姓　名	单　位	荣誉称号	颁奖单位	颁奖时间
王樟云	国家统计局桐庐调查队	2020 年国家统计局调查队系统抗击新冠肺炎疫情及时奖励三等功	国家统计局	2020 年 12 月
袁晓良	县商务局	2018—2019 年度全国无偿献血奉献奖铜奖	国家卫生健康委员会、中国红十字会总会、中央军委后勤保障部卫生局	2020 年 12 月
赵　倩	县第一人民医院	军队科学技术进步奖二等奖	中央军委科学技术委员会	2020 年 2 月
王锴莉	横村初级中学	第十四届宋庆龄奖学金	教育部	2020 年 7 月

· 省级及省属部门颁发的荣誉称号 ·

获奖单位一览表

表 63

单　位	荣誉称号	颁奖单位	颁奖时间
桐庐县	一星平安金鼎	中共浙江省委、浙江省人民政府	2020 年 4 月
桐庐县	2019 年度法治浙江（法治政府）建设先进单位	中共浙江省委全面依法治省委员会	2020 年 5 月
桐庐县	2018 年以来在实行最严格水资源管理制度中成绩突出的集体和个人	浙江省水利厅、省人力资源和社会保障厅	2020 年 4 月
桐庐县	征兵工作先进单位	浙江省军区	2020 年 12 月
县第一人民医院医共体党委	浙江省抗击新冠肺炎疫情先进集体	中共浙江省委、浙江省人民政府	2020 年 11 月
县第一人民医院医共体党委	浙江省先进基层党组织	中共浙江省委	2020 年 11 月

续表 63

单　位	荣誉称号	颁奖单位	颁奖时间
分水镇后岩村	2020 年度浙江省志愿服务最美（最佳）典型：“最美志愿服务村”	浙江省委宣传部、浙江省文明办、浙江省民政厅	2020 年 12 月
旧县街道	2019 年度省“五水共治”考核优秀	浙江省治水办（河长办）	2020 年 3 月
杭州康基医疗器械有限公司	浙江省亩均效益领跑榜	浙江省发展改革委、浙江省经信厅、浙江省科技厅、浙江省商务厅	2020 年 3 月
桐庐经济开发区	浙江省亩均效益领跑榜	浙江省发展改革委、浙江省经信厅、浙江省科技厅、浙江省商务厅	2020 年 3 月
桐庐智慧安防小镇	浙江省亩均效益领跑榜	浙江省发展改革委、浙江省经信厅、浙江省科技厅、浙江省商务厅	2020 年 3 月
分水镇后溪、百江镇双坞溪	2020 年浙江省“美丽河湖”	浙江省水利厅	2020 年 12 月
桐庐扶手文化助残公益服务中心	2020 年度浙江省志愿服务最美（最佳）典型：“最佳志愿服务组织”	浙江省委宣传部、浙江省文明办、浙江省民政厅	2020 年 12 月
县气象局	省级文明单位	中共浙江省委、浙江省人民政府	2021 年 1 月
开发区管委会	省级科技企业孵化器	浙江省科学技术厅	2020 年 10 月
恒信农场	省级青创农场	共青团浙江省委员会	2020 年 12 月
百江镇	省级农业绿色发展示范区	浙江省农业农村厅	2020 年 12 月
百江镇食安办	2020 年浙江省三星级乡镇（街道）食安办	浙江省食品药品安全委员会办公室	2020 年 11 月
分水镇	浙江省县乡法制政府建设“最佳实践”	浙江省人民政府办公厅	2020 年 7 月
分水镇	浙江省 2020 年度优秀样板创建乡镇行动方案	浙江省城乡环境整治工作领导小组	2020 年 6 月

续表 63

单　位	荣誉称号	颁奖单位	颁奖时间
分水镇	浙江十大美丽宜居小城镇	浙江日报、浙江大学区域与城市发展研究中心、浙江新型城市化研究委员会	2020 年 12 月
分水镇	浙江省新时代美丽城镇建设省级样板	浙江省城乡环境整治工作领导小组	2020 年 12 月
分水镇劳动人事争议调解中心	2020 年度调解仲裁案件处理工作成绩突出基层调解组织	浙江省人力资源和社会保障厅	2020 年 2 月
桐君街道	2020 年度浙江省美丽乡村示范乡镇	浙江省“千村示范、万村整治”工作协调小组办公室	2020 年 12 月
桐君街道麻蓬村	浙江省生态“坡地村镇”建设项目规划设计优秀成果奖	浙江省土地学会	2020 年 8 月
桐君街道麻蓬村	省村庄设计与农房设计落地试点优秀项目	浙江省住建厅	2020 年 10 月
桐君街道君山村	2019 年度浙江省善治示范村	浙江省乡村振兴领导小组办公室	2020 年 3 月
桐庐华数数字电视有限公司	2020 年度省级“平安单位”暨省级“智安单位”	浙江省公安厅	2021 年 1 月
桐庐华数数字电视有限公司	2020 年度浙江省广播电视主干传输网技术维护先进集体	浙江广播电视集团	2021 年 3 月
县中医院四病区	浙江省巾帼文明岗	浙江省妇女联合会	2020 年 5 月
县医疗保障局	先进县（市、区）医疗保障局	浙江省医疗保障局	2021 年 1 月
桐庐县	省级小微企业园建设提升重点县	浙江省经信厅、浙江省财政厅	2020 年 11 月
横村镇白云村	浙江省白云云上森林氧吧	浙江省林业局	2019 年 12 月
横村镇方埠村	2020 年省电子商务示范村	浙江省商务厅	2020 年 11 月

续表 63

单　位	荣誉称号	颁奖单位	颁奖时间
横村镇杜预村	2019 年度浙江省善治示范村	浙江省乡村振兴领导小组办公室	2020 年 3 月
横村镇阳山畈村	2019 年度浙江省善治示范村	浙江省乡村振兴领导小组办公室	2020 年 3 月
县市场监管综合行政执法队	2020 年度市场监管执法工作成绩突出集体	浙江省市场监督管理局	2021 年 2 月
县市场监督管理局	全省食品安全工作成绩突出集体	浙江省食品药品安全委员会	2020 年 12 月
市场监督管理局瑶琳所	浙江省“放心消费在浙江”成绩突出集体	浙江省市场监督管理局	2021 年 1 月
钟山乡	浙江省文明乡镇	中共浙江省委、浙江省人民政府	2021 年 1 月
钟山乡	2020 年度全省“五水共治”（河长制）工作考核优秀乡镇（街道）	浙江省治水办（河长办）	2021 年 3 月

获奖个人一览表

表 64

姓　名	单　位	荣誉称号	颁奖单位	颁奖时间
米金燕	县中医院	浙江省抗击新冠肺炎疫情先进个人	中共浙江省委、浙江省人民政府	2020 年 11 月
陶鸿杰	县第一人民医院	浙江省抗击新冠肺炎疫情先进个人	中共浙江省委、浙江省人民政府	2020 年 11 月
田　珍	县中医院	浙江省抗击新冠肺炎疫情先进个人	中共浙江省委、浙江省人民政府	2020 年 11 月
吴忠美	分水镇分江社区	浙江省抗击新冠肺炎疫情先进个人	中共浙江省委、浙江省人民政府	2020 年 11 月
张启成	县纪委监委	浙江省抗击新冠肺炎疫情先进个人	中共浙江省委、浙江省人民政府	2020 年 11 月

续表 64

姓　名	单　位	荣誉称号	颁奖单位	颁奖时间
韩伦语	分水镇小源村	2020 年“最美诚信浙江人”	浙江省委宣传部、浙江省文明办、浙江省发改委、浙江省市场监督管理局、共青团省委	2020 年 9 月
余哲华	桐庐经济开发区管委会	浙江省“绿叶奖”	浙江省人民教育基金会	2020 年 8 月
徐玉华	桐庐中学	浙江省“春蚕奖”	浙江省人民教育基金会	2020 年 8 月
范双荣	横村小学	浙江省“春蚕奖”	浙江省人民教育基金会	2020 年 8 月
徐志莲	桐庐中学	浙江省“三育人”岗位建功二等奖	浙江省教育工会	2020 年 8 月
杨　栩	县气象局	浙江省气象行业监测预警职业技能竞赛个人全能三等奖	浙江省气象局	2020 年 9 月
周　婷	分水镇	2020 年度调解仲裁案件处理工作成绩突出调解员	浙江省人力资源和社会保障厅	2021 年 2 月
戴志洪	分水镇	全省地质灾害隐患综合治理“除险安居”三年行动成绩突出个人	浙江省人民政府办公厅	2020 年 8 月
俞智鹏	县城管局	2020 年度浙江省生活垃圾分类工作成绩突出个人	浙江省生活垃圾分类工作领导小组办公室	2021 年 1 月
俞高翔	县环卫处	2020 年度浙江省城市市容环境卫生工作成绩突出个人	浙江省住房和城乡建设厅	2020 年 10 月
蔡文书	县城管局	2020 年度全省“最美综合行政执法人”	浙江省综合行政执法指导办公室	2021 年 1 月
邵晓红	杭州市生态环境局桐庐分局	给予生态省建设突出贡献集体和个人记功奖励：个人二等功	浙江省人民政府	2020 年 8 月
钟长峰	杭州市生态环境局桐庐分局	浙江省第二次全国污染源普查成绩：突出个人	浙江省生态环境厅	2020 年 12 月
徐春华	桐庐华数数字电视有限公司	浙江省广播电视局广播电视安全播出专家库第一批入选成员	浙江省广播电视局	2021 年 2 月

续表 64

姓　名	单　位	荣誉称号	颁奖单位	颁奖时间
汪　铭 徐春华	桐庐华数数字电视有限公司	2020 年度浙江省广电主干传输网技术维护先进个人	浙江广播电视集团	2021 年 3 月
徐军勇	县委组织部	2020 年度全省组织系统优秀网宣员	中共浙江省委组织部	2021 年 3 月
刘柏洪	县中医院	浙江省县域医共体先进个人	中共浙江省委办公厅	2020 年 5 月
杨昕伟	县委宣传部	2020 年度全省网信工作先进个人	中共浙江省委网信办	2021 年 3 月
林雪标	横村镇白云村	浙江省担当作为好支书	中共浙江省委组织部	2019 年 12 月
杨　伦	旧县街道	2019 年度全省劳动人事争议案件处理成绩突出调解员	浙江省人力资源和社会保障厅	2020 年 1 月
陆杨洁	县人民法院	全省法院信息工作先进个人	浙江省高级人民法院	2021 年 3 月
钟　妍	县人民法院	全省政法系统矛盾纠纷化解先进个人	中共浙江省委政法委	2021 年 1 月
刘　刚	县人民法院	个人二等功	浙江省高级人民法院	2021 年 2 月
王樟云	国家统计局桐庐调查队	2020 年国家统计局浙江调查队系统抗击新冠肺炎疫情优秀共产党员	国家统计局浙江调查总队	2020 年 10 月
王樟云	国家统计局桐庐调查队	2020 年国家统计局浙江调查队系统抗击新冠肺炎疫情及时奖励三等功	国家统计局浙江调查总队	2020 年 10 月
毛旭红	县农业农村局	浙江省消除集体经济薄弱村工作成绩突出个人	中共浙江省委、浙江省人民政府	2021 年 1 月
方坚辉	县农业农村局	浙江省扶贫开发工作突出个人	中共浙江省委、浙江省人民政府	2021 年 1 月
卢茂华	县市场监督管理局	2020 年度“放心消费在浙江”成绩突出个人	浙江省市场监督管理局	2021 年 1 月

• 中共杭州市委、市政府颁发的荣誉称号 •

获奖单位一览表

表 65

单　位	荣誉称号	颁奖单位	颁奖时间
县中医院医共体党委	杭州市抗击新冠肺炎疫情先进集体	中共杭州市委、杭州市人民政府	2020 年 12 月
县妇幼保健院党总支	杭州市抗击新冠肺炎疫情先进集体	中共杭州市委、杭州市人民政府	2020 年 12 月
县第二人民医院医共体	杭州市抗击新冠肺炎疫情先进集体	中共杭州市委、杭州市人民政府	2020 年 12 月
城南街道党工委	杭州市抗击新冠肺炎疫情先进集体	中共杭州市委、杭州市人民政府	2020 年 12 月
桐君街道鑫鑫社区党委	杭州市抗击新冠肺炎疫情先进集体	中共杭州市委、杭州市人民政府	2020 年 12 月
凤川街道下洋洲村党总支	杭州市抗击新冠肺炎疫情先进集体	中共杭州市委、杭州市人民政府	2020 年 12 月
县委直属机关工委	杭州市抗击新冠肺炎疫情先进集体	中共杭州市委、杭州市人民政府	2020 年 12 月
杭州千芝雅卫生用品有限公司	杭州市抗击新冠肺炎疫情先进集体	中共杭州市委、杭州市人民政府	2020 年 12 月
浙江华茂律师事务所党支部	杭州市抗击新冠肺炎疫情先进集体	中共杭州市委、杭州市人民政府	2020 年 12 月
城南街道党工委、办事处	杭州市创建“全国文明城市”工作突出贡献集体	中共杭州市委、杭州市人民政府	2021 年 4 月
分水镇	2013—2020 年美丽杭州建设突出贡献集体	中共杭州市委、杭州市人民政府	2020 年 6 月
中共桐庐县妇幼保健院总支部委员会	杭州市先进基层党组织	中共杭州市委	2020 年 11 月
桐庐县援鄂医疗队	杭州市援鄂医疗队集体立功奖	中共杭州市委	2020 年 2 月
旧县街道	杭州市消除集体经济薄弱村三年行动工作行政奖励	杭州市人民政府	2021 年
县金融办	获 2019 年度杭州市网贷风险处置工作集体嘉奖	杭州市人民政府	2020 年 6 月
县发展和改革局	获 2019 年度杭州市国际一流营商环境创建工作突出贡献集体	中共杭州市委、杭州市人民政府	2020 年 12 月

获奖个人一览表

表 66

姓　名	单　位	荣誉称号	颁奖单位	颁奖时间
钭　杰	县第一人民医院	杭州市抗击新冠肺炎疫情先进个人	中共杭州市委、杭州市人民政府	2020 年 12 月
徐哲锋	县中医院	杭州市抗击新冠肺炎疫情先进个人	中共杭州市委、杭州市人民政府	2020 年 12 月
吴　炜	县第一人民医院	杭州市抗击新冠肺炎疫情先进个人	中共杭州市委、杭州市人民政府	2020 年 12 月
何晓波	县第一人民医院	杭州市抗击新冠肺炎疫情先进个人	中共杭州市委、杭州市人民政府	2020 年 12 月
喻炳奎	县中医院	杭州市抗击新冠肺炎疫情先进个人	中共杭州市委、杭州市人民政府	2020 年 12 月
江　峰	县妇幼保健院	杭州市抗击新冠肺炎疫情先进个人	中共杭州市委、杭州市人民政府	2020 年 12 月
陈　沁	城南街道白云社区	杭州市抗击新冠肺炎疫情先进个人	中共杭州市委、杭州市人民政府	2020 年 12 月
王雪英	横村镇近江社区	杭州市抗击新冠肺炎疫情先进个人	中共杭州市委、杭州市人民政府	2020 年 12 月
裴雪娟	富春江镇大洋坪社区	杭州市抗击新冠肺炎疫情先进个人	中共杭州市委、杭州市人民政府	2020 年 12 月
姚樟水	莪山畲族乡莪山民族村	杭州市抗击新冠肺炎疫情先进个人	中共杭州市委、杭州市人民政府	2020 年 12 月
徐　健	江南镇彰坞村	杭州市抗击新冠肺炎疫情先进个人	中共杭州市委、杭州市人民政府	2020 年 12 月
孙咏烈	县公安局交通警察大队	杭州市抗击新冠肺炎疫情先进个人	中共杭州市委、杭州市人民政府	2020 年 12 月
胡亚明	县卫生健康局	杭州市抗击新冠肺炎疫情先进个人	中共杭州市委、杭州市人民政府	2020 年 12 月
钱潮力	县人民政府	杭州市抗击新冠肺炎疫情先进个人	中共杭州市委、杭州市人民政府	2020 年 12 月
王樟云	国家统计局桐庐调查队	杭州市抗击新冠肺炎疫情先进个人	中共杭州市委、杭州市人民政府	2020 年 12 月
岑洪伟	县经济和信息化局	杭州市抗击新冠肺炎疫情先进个人	中共杭州市委、杭州市人民政府	2020 年 12 月
邵卫华	县交通运输局	杭州市抗击新冠肺炎疫情先进个人	中共杭州市委、杭州市人民政府	2020 年 12 月

续表 66

姓　名	单　位	荣誉称号	颁奖单位	颁奖时间
章　结	县融媒体中心	杭州市抗击新冠肺炎疫情先进个人	中共杭州市委、杭州市人民政府	2020 年 12 月
周　梁	桐庐富春公益救援中心	杭州市抗击新冠肺炎疫情先进个人	中共杭州市委、杭州市人民政府	2020 年 12 月
方智明	韵达浙江杭州分拨中心	杭州市抗击新冠肺炎疫情先进个人	中共杭州市委、杭州市人民政府	2020 年 12 月
李旭光	中通快递股份有限公司安全监察中心	杭州市抗击新冠肺炎疫情先进个人	中共杭州市委、杭州市人民政府	2020 年 12 月
梁志广	杭州圆通货运航空公司	杭州市抗击新冠肺炎疫情先进个人	中共杭州市委、杭州市人民政府	2020 年 12 月
倪　烈	桐庐汇丰生物科技有限公司	杭州市抗击新冠肺炎疫情先进个人	中共杭州市委、杭州市人民政府	2020 年 12 月
王为民	桐庐县市场发展有限公司	杭州市抗击新冠肺炎疫情先进个人	中共杭州市委、杭州市人民政府	2020 年 12 月
孙叶华	县财政局	美丽杭州建设工作突出贡献奖（2013—2020 年）	中共杭州市委、杭州市人民政府	2020 年 6 月
刘建新	百江镇	美丽杭州建设工作突出贡献奖（2013—2020 年）	中共杭州市委、杭州市人民政府	2020 年 6 月
沈全林	城南街道	美丽杭州建设工作突出贡献奖（2013—2020 年）	中共杭州市委、杭州市人民政府	2020 年 6 月
李承敏	县城管局	美丽杭州建设工作突出贡献奖（2013—2020 年）	中共杭州市委、杭州市人民政府	2020 年 6 月
徐江宏	杭州市生态环境局桐庐分局	美丽杭州建设工作突出贡献奖（2013—2020 年）	中共杭州市委、杭州市人民政府	2020 年 6 月
余丽宾	桐君街道	美丽杭州建设工作突出贡献奖（2013—2020 年）	中共杭州市委、杭州市人民政府	2020 年 6 月
华林祥	新合乡	美丽杭州建设工作突出贡献奖（2013—2020 年）	中共杭州市委、杭州市人民政府	2020 年 6 月
赵新华	政协桐庐县委员会	美丽杭州建设工作突出贡献奖（2013—2020 年）	中共杭州市委、杭州市人民政府	2020 年 6 月
杨洪平	桐君街道	杭州市基层站（所）“十佳公务员”称号（个人二等功）	中共杭州市委、杭州市人民政府	2020 年 4 月

续表 66

姓　名	单　位	荣誉称号	颁奖单位	颁奖时间
雷启迪	县文化和广电旅游体育局	2020 年度杭州市“最美公务员”	中共杭州市委	2021 年 4 月
胡亚明	县卫生健康局	杭州市优秀共产党员	中共杭州市委	2020 年 11 月
钭　杰	县第一人民医院	杭州市优秀共产党员	中共杭州市委	2020 年 11 月
米金燕	县中医院	杭州市优秀共产党员	中共杭州市委	2020 年 11 月
汪文峰	县发展和改革局	2019 年度杭州市国际一流营商环境创建工作突出贡献（个人）	中共杭州市委、杭州市人民政府	2020 年 12 月
周　伟	城南街道	垃圾分类个人嘉奖	杭州市人民政府	2021 年 2 月
吴国健	桐君街道	2019 年度杭州市全域土地综合整治和土地要素保障工作先进个人	杭州市人民政府	2020 年 11 月
吴平亚	县委组织部	2019 年度高质量高水平推进农村人居环境提升行动先进个人	杭州市人民政府	2020 年 4 月
马志群	县发展和改革局（金融办）	2019 年度杭州市网贷风险处置工作个人嘉奖	杭州市人民政府	2020 年 6 月

·2020 年度乡镇（街道）、重大平台和县直机关单位综合考评·

【最佳乡镇（街道）、重大平台班子】

桐君街道　　莪山畲族乡
未来城

【乡镇（街道）、重大平台综合考评优秀等次】

桐君街道　　城南街道
横村镇　　江南镇
莪山畲族乡　　百江镇
未来城　　开发区（科技城）
商务区

【乡镇（街道）、重大平台综合考评良好等次】

富春江镇　　凤川街道
分水镇　　瑶琳镇
钟山乡　　旧县街道
合村乡　　新合乡
健康城

【县直机关综合考评优秀单位】

县规划资源局　　县财政局
县农业农村局　　县市场监管局
县公安局　　市生态环境局桐庐分局
县司法局　　县委组织部
县委宣传部　　县委统战部
县委政法委　　县法院

县检察院　县委办公室
县人大常委会办公室　县政府办公室
县政协办公室　县纪委县监委（巡察办）
县委改革办

【县直机关综合考评良好单位】
县经信局　县发改局
县科技局　县税务局
县文广旅体局　县林水局
县行政服务中心　县住建局
县邮管局　县交通运输局
县统计局　县民政局
县城管局　县教育局
县卫生健康局　县应急管理局
县人力社保局　县消防大队
县医疗保障局　县信访局
县总工会　县文联
县委党校　县妇联
团县委　县委党史研究室
县科协　县委编办
桐庐国调队　县机关事务服务中心

【最佳服务型机关】
县发改局　县公安局
县委组织部　县司法局

·2020年度经济工作表彰名单·

【工业产值百亿企业】
杭州海康威视电子有限公司

【数字化领跑企业】
浙江艾罗网络能源技术股份有限公司
浙江龙生汽车部件科技有限公司
杭州祥龙物流设备科技股份有限公司
杭州海康威视电子有限公司
杭州象限科技有限公司

【科技创新领跑企业】
杭州象限科技有限公司
杭州光典医疗器械有限公司
浙江创想节能科技有限公司
浙江富春江水电设备有限公司
桐庐精锐医疗器械有限公司
杭州祥龙物流设备科技股份有限公司
杭州中水科技股份有限公司
安厨农业大数据重点农业企业研究院
浙江省龙生科技智能座椅研究院
浙江省富春江高端流体动力装备研究院
杭州爱唯生命科技有限公司

【工业亩均税收领跑企业】
杭州康基医疗器械有限公司
杭州海康微影传感科技有限公司
杭州千芝雅卫生用品有限公司
杭州美磁科技有限公司
杭州圣力电气有限公司
浙江艾罗网络能源技术股份有限公司
杭州里德通信有限公司
桐庐宏基源混凝土有限公司
桐庐华博混凝土有限公司
杭州科朗卫生用品有限公司

【产业投资领跑项目】
韵达全球科创中心项目
申通国际总部项目
圆通国家工程实验室项目
中通快递第二总部项目
中通快运全球总部项目
桐庐银泰城项目
海康威视安防产业基地（桐庐）二期项目
千芝雅全球研发中心及智能制造产业基地项目
中汽商用新能源系列商用车研发生产项目
艾罗能源光储智慧能源系统产业园项目

【服务业行业领跑企业】
杭州和弘科技有限公司
桐君堂药业有限公司
桐庐大润发商业有限公司

浙江富春江旅游股份有限公司
桐庐宝之驿汽车销售服务有限公司
杭州东方文化园桐庐旅业开发有限公司
桐庐励骏酒店有限公司
桐庐久缘餐饮管理有限公司
杭州市桐庐县浙富小额贷款股份有限公司
桐庐县保安服务有限公司

【工业利税十强企业】
杭州千芝雅卫生用品有限公司
杭州康基医疗器械有限公司
桐庐南方水泥有限公司
杭州海康威视电子有限公司
杭州海康微影传感科技有限公司
桐庐红狮水泥有限公司
杭州象限科技有限公司
浙江富春江水电设备有限公司
杭州泛亚卫浴股份有限公司
桐庐鼎力建材有限公司

【服务业利税十强企业】
浙江中吉物流有限公司
浙江桐庐农村商业银行股份有限公司
杭州杭千高速石油发展有限公司
浙江中通吉祥速递服务有限公司
浙江联铁建设有限公司
桐庐粤盛运输有限公司
桐庐大奇山郡置业有限公司
桐庐创彩货运有限公司
桐庐运洲运输有限公司
桐庐丰驰运输有限公司

【自营进出口十强企业】
杭州桦桐家私集团有限公司
浙江艾罗网络能源技术股份有限公司
杭州泛亚卫浴股份有限公司
杭州象限科技有限公司
浙江金帆达生化股份有限公司
桐庐富春江织造集团有限公司
杭州富利登塑胶制品有限公司
浙江福朗特汽车设备有限公司
思拓凡生物科技（杭州）有限公司
密尔沃基（桐庐）阀门有限公司

【服务保障经济发展优秀单位】
中国人民银行桐庐县支行
中国银行保险监督管理委员会浙江监管局桐庐监管组
浙江桐庐农村商业银行股份有限公司
国网浙江桐庐县供电有限公司

·2020年度推动转型跨越绿色崛起高质量发展先进集体和先进个人·

【制造业高质量发展攻坚战先进集体】
县人大财经工委　县经信局
县科技局　县商务局（商务区）
城南街道　江南镇
富春江镇　开发区（科技城）

【传统产业转型升级攻坚战先进集体】
县政协经科委　县财政局
县市场监管局　桐君街道
凤川街道　分水镇
横村镇

【快递回归攻坚战先进集体】
县发改局　县经信局
县财政局　县税务局
县规划资源局
桐庐邮管局（快递发展中心）
县国投公司　江南镇
钟山乡　未来城

【富春未来城建设攻坚战先进集体】
县统计局　市生态环境局桐庐分局
县行政服务中心
桐庐邮管局（快递发展中心）
县城投集团　县交发集团
县铁路指挥部（县铁投公司）

城南街道	凤川街道
未来城	

【全国法治政府建设示范地区创建先进集体】

县法院	县经信局
县公安局	县司法局
县交运局	县文广旅体局
县市场监管局	县城管局
桐君街道	分水镇

【全域旅游示范区创建先进集体】

县法院	县规划资源局
县住建局	县商务局（商务区）
县文广旅体局	桐君街道
城南街道	瑶琳镇
莪山畲族乡	合村乡

【文明城市复评先进集体】

县委宣传部（县文明办）	
县公安局	县住建局
县商务局（商务区）	
县文广旅体局	县市场监管局
桐庐国调队	县城管局
县融媒体中心	凤川街道

【制造业高质量发展攻坚战先进个人】

华良东	方纪锋	翁继锋
蓝祧彪	何小敏	徐　依
黄晓峰	吴权威	申屠洪平
徐俊娥		

【传统产业转型升级攻坚战先进个人】

周超波	钟　玲	马志群
许　莉	钟长峰	童　屹
胡轶敏	朱欣明	朱　勃
俞　峰		

【快递回归攻坚战先进个人】

吴亦亚	夏　雨	章　斌
季建平	何建忠	吴田金
童祖龙	郑　玲	雷　炜
周　鑫	金继民	艾剑兵
苏建军	方　新	吴　君

【富春未来城建设攻坚战先进个人】

汪文峰	徐志强	方志宏
陈小马	李　营	汪　瑶
范裕和	邵卫华	陈　华
张斌锋	夏林青	潘峻峰
吴忠斌	徐伟军	姚苏华

【全国法治政府建设示范地区创建先进个人】

姚　锋	汪文清	余力银
郑　雷	王　华	谢　凯
宋华沼	徐登华	朱卫英
柴玉林	徐社红	翁仕丹
郑杨舟	张炎林	陆满青
苏　莹		

【全域旅游示范区创建先进个人】

陈　鑫	刘　佳	祝　均
方一凡	周晓东	张军强
方权根	盛　梅	方正荣
郑守忠	方　彪	杨柯忠
孙凌涛		

【文明城市复评先进个人】

俞执一	郑建伟	王　茗
张　戈	皇甫秋宏	陈　琳
林圆圆	程大鹏	胡　丹
潘　艺	王　迅	方立新
朱红霞	徐国华	吴忠军
项忠信	李晓沛	徐　强
张　华	徐永茂	王国铭
陆春雷	俞　斌	应萍君
汪宏华	柴生标	江　昆
黄　盼	王丽晓	皇纯健
蒋　毅	李宇龙	郑　农
江　波	杜凤姣	蓝樟春
王潇云	吴燕峰	陆　艳

柴红兵	王　勇	胡诗思
陈　余	唐志立	戴凌云
申屠保华	黄振宇	朱运钱
吴晓燕	詹水德	童志萍
陈　娥	陈　莹	赵　杰
叶晓明	汤征钢	沈诗华
宋　璐	吴彩萍	陈红卫
邵旭华	吴权新	钱　锐
袁跃明	钟志伟	方姬宇

· 2020 年度“担当作为好干部” ·

【“担当作为好干部”】

潘萍萍　桐君街道办事处副主任
倪　丁　城南街道党工委委员、纪工委书记、监察办主任
周春儿　富春江镇党委副书记
赵　丹　横村镇综合办主任
吴忠华　瑶琳镇党委副书记
戴志洪　分水镇副镇长
申屠晶　合村乡党委委员
宋　南　县监委委员
程大鹏　县委宣传部部务会议成员、县精神文明创建指导中心主任
皇甫林　县委政法委副书记（正局级）
吴方千　县发改局对口支援和区域合作科负责人
林坤生　县公安局水上派出所民警
易　辉　县规划和自然资源局办公室负责人
洪春潮　县交通运输局党委委员、副局长
陈界华　县林业水利局党委委员、总工程师
江立勇　县市场监督管理局党委委员、副局长
王　涛　富春未来城市发展中心党委副书记、副主任
练建强　桐庐邮政管理局党组成员、副局长，桐庐民营快递发展中心党组成员、副主任

· 2020 年桐庐县劳动模范和模范集体表彰名单 ·

【桐庐县劳动模范名单】

张　锋　桐庐县妇幼保健院
杨明芳　桐庐县疾病预防控制中心
姚鱼清　桐庐县第二人民医院
施永清　桐庐县城南街道湾里村
胡　迪　桐庐县人民政府城南街道办事处
阙炳军　桐庐县人民政府城南街道办事处

【桐庐县模范集体名单】

桐庐县援鄂医疗队
桐庐县中医院
城南街道退役士官志愿服务队
安厨控股有限公司

· 2020 年度党管武装好书记和优秀专武干部 ·

【党管武装好书记】

申屠增标　城南街道党工委书记
杨洪平　桐君街道党工委书记
申屠洪平　江南镇党委书记
舒　丹　百江镇党委书记

【优秀专武干部】

诸立铭　城南街道武装部部长
高　森　江南镇武装部部长
徐　晖　富春江镇武装部副部长
滕新星　分水镇武装部副部长
徐　瀚　百江镇武装部副部长

· 县第十六届人大四次会议好议案建议 ·

【一等奖】

1. 申屠增标等 14 名代表提出的《关于加快推进富春未来城建设　打造县域城市样板的议案》（第 7 号）

2. 王维洪等 16 名代表提出的《关于加快提升桐庐县医疗卫生服务能力的议案》（第 25 号）

【二等奖】

1. 张苏平等 11 名代表提议的《关于进一步加快快递特色产业发展的建议》（第 6 号）

2. 朱琼等 5 名代表提议的《关于加快推进垃圾分类工作的建议》（第 111 号）

3. 顾林通等 3 名代表提议的《关于加大桐庐县人才引进相关政策力度的建议》（第 185 号）

【三等奖】

1. 李法强等 12 名代表提议的《关于进一步推进我县政务信息化建设共建共享的建议》（第 28 号）

2. 胡江平等 8 名代表提议的《关于要求对农村安全饮用水提升改造的建议》（第 30 号）

3. 张菊秀等 6 名代表提议的《关于对中国针织围巾城建设给予扶持的建议》（第 55 号）

4. 李金宝等 6 名代表提议的《关于深化“最多跑一次改革”切实帮助企业解决困难的建议》（第 58 号）

5. 苏建军代表提议的《关于要求给予钟山乡石材行业整治工作相关政策扶持的建议》（第 64 号）

6. 吴忠美代表提议的《关于健全物业管理协调机制的建议》（第 80 号）

7. 陆元花等 2 名代表提议的《关于要求天然气管网向农村延伸 加大城乡居民燃气供气力度的建议》（第 88 号）

8. 陈美英等 5 名代表提议的《关于完善偏远地区卫生医疗急救资源的建议》（第 168 号）

·县第十六届人大四次会议议案建议承办先进单位和个人·

【承办工作先进单位】

县发改局　县经信局　县交运局

县规划资源局　县林水局

县农业农村局　县文广旅体局

【承办工作先进个人】

县政府办：郑杨杰　周健灵

县委宣传部：何国栋

县委改革办：钟　铃

县发改局：蔡　翼

县经信局：叶　挺

县教育局：程国平

县规划资源局：李杭君

县住建局：朱国平

县交运局：李东红

县林水局：吴海峰

县农业农村局：叶生月

县文广旅体局：李英丽

县城管局：陈弟伟

·2020 年度先进县人大代表小组和优秀县人大代表·

【先进县人大代表小组】

城南街道县人大代表小组

分水镇县人大代表小组

桐君街道县人大代表小组

莪山畲族乡县人大代表小组

瑶琳镇县人大代表小组

百江镇县人大代表小组

横村镇县人大代表小组

富春江镇县人大代表小组

【优秀县人大代表】

倪　烈　余樟炎　范国政

袁素华　钟刚强　张新宇

华红义　李睿萍　胡江平

汪迎华　周忠平　曹　标

朱言玉　郑玉英　郑怀勇

王金木　袁德琴　丁都君

阮禾丰　徐坤荣　杨荣寿

郑　敏　骆　平　胡建富

·2020 年度政协工作各类先进·

【“双好”政协委员】

柳江虹　黄淑女　虞玲红

王　琼　俞旻贝　俞　祥
江　飞　黄卫红　张丽霞
黄勤民　叶家祥　朱　瑾
徐秀娟　田玲秀　马志群
申屠建荣　盛　瑶　汪辰笑
李　军　卢爱华　濮伟华
王亮英　徐嘉卫　周华新

【政协工作先进集体】

财金旅贸组　社会法制组
民宗台侨组　医药卫生组
政协桐庐县委员会横村镇工作委员会
政协桐庐县委员会富春江镇工作委员会
政协桐庐县委员会分水镇工作委员会
政协桐庐县委员会莪山畲族乡工作委员会
县政协之友联谊会一组
县政协摄影书画会书法分会
县政协企业家联谊会
派驻县卫健局民主监督小组

【政协工作积极分子】

杜　婉　华力锋　吴艳华
陈瑶倩怡　谢晓洁　周俊博
皇甫高　董佳培　向华莹
王　鹏　臧晶萍　陈艺华
申屠奇波　赵晓君　杨　柳
蓝　天　王维粽　姚昌苏
方　娟　李潮清　何　璟
黄伯君　施悦儿　张　警
陆一铭　卢俊英

【优秀提案】

1. 提案名称：关于加快推进富春未来城高质量建设的建议

提案者：钟一平　饶德有

2. 提案名称：关于打造乡村生活样板地建设美丽乡村新地标的建议

提案者：民宗台侨组

3. 提案名称：关于促进公共卫生事业发展的建议

提案者：农工党桐庐基层委、医药卫生组

4. 提案名称：关于服务快递企业发展，打造快递服务示范县的建议

提案者：刘仲勋

5. 提案名称：关于加大推进桐庐县农产品区域品牌和地理标志建设的建议

提案者：医药卫生组

6. 提案名称：关于加强公益诉讼工作　助力县域法治首善之区建设的建议

提案者：社会法制组

7. 提案名称：关于重视县中小学生心理健康教育及创设大生命教育基地的建议

提案者：冯永平

8. 提案名称：关于城乡生活垃圾分类和资源化利用的建议

提案者：陈　柳

9. 提案名称：关于对江南古村落古水系开展疏浚保护的建议

提案者：周华新

10. 提案名称：关于桐庐乡贤带动乡村振兴的有关建议

提案者：商学兵

11. 提案名称：关于发展桐庐红茶产业的建议

提案者：民进桐庐总支部

12. 提案名称：关于进一步构建历史文化名人形象的建议

提案者：九三学社桐庐支社

13. 提案名称：关于盘活存量工业用地保障制造业高质量发展的建议

提案者：江明德

14. 提案名称：关于重视“两票制”对我县医疗器械产业集聚影响的建议

提案者：郦晓良

【优秀社情民意】

1. 反映内容：关于提前谋划县第一人民医院新院人才队伍建设的建议

反映人：周华新

2. 反映内容：关于进一步规范快递代收管

理的建议

反映人：方向明

3. 反映内容：关于因地制宜设置居住区生活垃圾分类设施的建议

反映人：方　中

4. 反映内容：关于加强儿童医保政策宣传的建议

反映人：王　青

5. 反映内容：关于做好抗疫文献资料收集保存的建议

反映人：徐嘉卫

6. 反映内容：关于提升扩面助老服务对象的建议

反映人：徐　强

7. 反映内容：关于加强公租房小区管理的建议

反映人：祝　丹

8. 反映内容：关于解决乔林新城外墙砖脱落“头顶风险”问题的建议

反映人：潘爱琴

9. 反映内容：关于完善公厕建设管理的建议

反映人：毛有良

10. 反映内容：关于加大乡村医疗健康知识普及力度的建议

反映人：潘爱琴

【优秀调研报告】

1.《关于深化中国快递物流装备物资集中采购交易中心建设，积极打造“最强快递”的建议》

办公室　工业经济组

2.《心系大局谋新篇　全力建设“中国全域旅游第一江”——关于“深化全域旅游，打造分水江流域旅游大景区”的建议》

财金旅贸组

3.《关于提高我县农业产业化水平，推动农业产业高质量发展的建议》

农业科技组

4.《关于规范村级“小微权力”运行　全面推进“清廉乡村”建设的建议》

办公室

索　引

Index

索 引

说 明

一、本索引收录正文中的所有条目（不包括彩图、特载、大事记、组织机构、人物、文献、名录、专刊、阅读延伸等）。部分条目因语言环境需要，在名称中酌加修饰词。

二、本索引按条目首字汉语拼音（同音字按声调）排序；首字相同的，按第二字拼音，以下依次类推。

三、各条目后的数字为该条目在文中所在页码。

阿拉伯数字·字母

A

B

C

D

E

F

G

H

J

K

L

M

N

P

Q

R

S

T

Y

Z